SV

Hans Mayer
Richard Wagner

Herausgegeben von
Wolfgang Hofer

Suhrkamp Verlag

Zweite Auflage 1998

Satz und Druck: Pustet Regensburg
Printed in Germany

Richard Wagner

Wir wissen, daß wir Vorläufige sind
Und nach uns wird kommen: nichts Nennenswertes.

Bertolt Brecht

Im Gedenken
an Ernst Bloch
und Wieland Wagner

Inhalt

I. Richard Wagners geistige Entwicklung

Richard Wagners geistige Entwicklung

Am 30. April 1874 bezog Richard Wagner in Bayreuth sein neuerbautes villenartiges Wohnhaus, dessen Gartenseite dank besonderer königlicher Erlaubnis durch ein Türchen mit dem angrenzenden Hofgarten verbunden werden konnte. Am 25. Mai schreibt der neue Hauseigentümer an den bayrischen König:

> Mein Haus steht nun: dank dem Gnädigen! Ich sollte ihm einen Namen geben und suchte lange: endlich fand ich ihn, und ich lasse ihn jetzt in folgenden Versen eingraben:
>
> Hier wo mein Wähnen Frieden fand –
> Wahnfried
> sei dieses Haus von mir benannt!

Wagners Absicht wurde verwirklicht. Der Spruch zieht sich über die dreigegliederte Front des Bayreuther Herrschersitzes: »Wahnfried«, der Hausname, findet sich isoliert über dem Mittelteil, über dem Hauseingang. Als Haus Wahnfried ist die Stätte weltbekannt geworden; sie bedeutete und bedeutet eine kulturpolitische Macht großen Ausmaßes. So war es von Wagner geplant, und so hat er es ausgeführt, wie er alles auszuführen vermochte, was er jemals und ernstlich geplant hatte. Hier, in Haus Wahnfried, errichtete er sich den Herrschersitz: im Garten des Hauses befindet sich sein Grab. Seit 1930 ruht Cosima Wagner neben dem Gatten. Wer Wagners letzte Ruhestätte besuchen will, durchschreitet heute den Hofgarten und betritt durch das Pförtchen den Garten von Haus Wahnfried. Der Besucher weiß nicht mehr, daß es damals, 1874, langer Verhandlungen und eines königlichen Gnadenaktes bedurfte, um den Garten des Königs und des Künstlers miteinander zu verbinden.

Hier wo mein Wähnen Frieden fand –
Wahnfried sei dieses Haus von mir benannt.

Wähnen und Wahn: auf Klang und Inhalt dieser beiden Wörter hat Richard Wagner das Motto seiner letzten Lebenszeit gestellt. Es sind eigentümliche, zwielichtige und zweigesichtige Wörter. Befragt man das Deutsche Wörterbuch der Brüder Grimm nach der genauen Wortbedeutung, so werden wir belehrt, daß das Wort Wahn in der alten wie der neuen deutschen Sprache gleich häufig vorkommt, daß sich die Wortbedeutung aber stark veränderte. Wahn bedeutet »Erwartung, Hoffnung, Verdacht, unsichere Annahme, Einbildung«. Und Wähnen bedeutet »erwarten, hoffen, vermuten und falsch annehmen«. Wähnen ist also gebräuchlich als Bezeichnung berechtigter wie unberechtigter Erwartung, als gegründete und illusionäre Annahme. Wahn bedeutet Hoffnung und Erwartung, aber auch trügerische Meinung und Vertrauen auf – Wahngebilde. Nicht genug mit dieser schillernden Wortbedeutung, so wie sie das Wörterbuch als Ergebnis lebendigen Sprachgebrauchs mitteilt. Auch bei Richard Wagner selbst, in seinen Schriften und Dichtungen, werden Wahn und Wähnen sowohl im Sinne der gegründeten Hoffnung und sicheren Erwartung wie der trügerischen Wahnvorstellung gebraucht. Bei der Benennung des Bayreuther Alterssitzes versteht Wagner sein einstiges und nunmehr befriedigtes Wähnen als begründete und erfüllte Hoffnung. Als eine Erwartung, der die Erfüllung zuteil geworden ist. Aber wir kennen auch den berühmten Wahnmonolog des Hans Sachs aus den *Meistersingern,* der mit den Worten beginnt: »Wahn, Wahn! Überall Wahn!« Hier wird Wahn verstanden als sinnloses Menschenleid, als Daseinsqual der Menschen, »unnütz und voller Wut!« Es ist jener Wahn, den es zu heilen, jene Illusion, die es zu desillusionieren gilt. So hatte es Wagner diesmal verstanden, wenngleich er seinen Hans Sachs bloß darauf sinnen läßt, den Wahn zu lenken, nicht aber zu heilen.

Ein merkwürdiges Motto in der Tat, das sich nun für Haus Wahnfried fand. Hier wurde die Erwartung und Hoffnung eines leidenschaftlichen, ebenso hartnäckigen wie ichsüchtigen großen Künstlers erfüllt. Hier wurden Hoffnungen gekrönt. Aber wurden hier nicht auch Illusionen begraben? Bedeutet das Haus Wahnfried nicht zugleich, vom Erbauer des Hauses her

gesehen, die Aussperrung und Verbannung einstigen »Wähnens« im Sinne irriger Vorstellungen, phantastischer Annahmen, gegenstandsloser Illusionen? Man muß es annehmen; denn Richard Wagner war mit der Übersiedlung nach Bayreuth aus dem Exil zurückgekehrt, zum ersten Mal war er wirklich seßhaft geworden. Die Kapellmeisterjahre in Dresden 1842 bis 1849 hatten keine wirkliche Erfüllung seiner Lebenspläne bedeutet; in dem Häuschen auf dem grünen Hügel bei Zürich, im Garten der Villa Wesendonck, konnte er nicht bleiben, außerdem war Zürich das Exil; aus München und der von Ludwig II. in der Brienner Straße bereitgestellten Villa war Richard Wagner vertrieben worden; dann besaß er ein Haus auf Tribschen bei Luzern, aber es war bloß ein gemietetes Grundstück – und außerdem war es wieder die Fremde. Hier in Wahnfried erst wurde Richard Wagner in Deutschland wahrhaft seßhaft. Hier hatten sich alle früheren Träume und falschen Hoffnungen aufgelöst und der neuen Wirklichkeit, dem Begriff »Richard Wagner in Bayreuth«, Platz gemacht. Wagner hatte seinen Frieden gemacht, wie er glaubte, mit einstigen Wahnideen und wähnenden, aber eitlen Hoffnungen.
Auch mit denen des Revolutionärs Richard Wagner, des steckbrieflich verfolgten Flüchtlings, der sich selber meinte, wenn er Siegmund in der *Walküre* zu Hunding sagen ließ:

Friedmund darf ich nicht heißen;
Frohwalt möcht' ich wohl sein:
Doch Wehwalt muß ich mich nennen.

Damit war es nun hier, in Bayreuth, zu Ende. Als 1876, zwei Jahre nach Wagners Einzug in Haus Wahnfried, die ersten Bayreuther Festspiele mit dem *Ring des Nibelungen* eröffnet werden, spricht Karl Marx in einem Brief an Engels mit unmutigen Worten vom »Staatsmusikanten Wagner«. Ein Urteil liegt in diesen Worten über den einstigen politischen Flüchtling, der nunmehr – wie ein Künstlermonarch – den deutschen Kaiser Wilhelm I. als prominentesten Besucher seiner Festspiele empfängt: den gleichen Wilhelm von Hohenzollern, der als verhaß-

ter »Kartätschenprinz« im Jahre 1849 die deutsche Revolution niedergeschlagen hatte. Damals, beim Dresdner Mai-Aufstand des Jahres 1849, standen der Revolutionär Richard Wagner und der Prinz Wilhelm von Preußen als Exekutor der Gegenrevolution auf verschiedenen Seiten der Barrikade. Im Jahre 1876 aber ist aus dem Kartätschenprinzen der Deutsche Kaiser geworden – und aus dem Flugblattschreiber und Flugblattverteiler Wagner der Gastgeber des Kaisers, eben jener Mann, den Marx als »Staatsmusikanten« tituliert, wodurch er gleichsam zwischen sich und Wagner ebenfalls eine Barrikade, eine neue Barrikade, zu errichten strebt. Es ist nicht zu leugnen, daß der Spruch vom befriedeten Wähnen der eigentümlichsten Auslegung fähig ist. In der Tat läßt sich von hier aus die Gesamtentwicklung Richard Wagners verstehen: wenngleich in einer Akzentsetzung, die der »authentischen« Bayreuther Interpretation in wesentlichen Punkten widersprechen muß.
Nach wie vor ist die Auseinandersetzung über Richard Wagner, diesen großen, oft beglückenden, oft erschreckenden, oft begeisternden und ebensooft auch befremdenden Genius, nicht zur Ruhe gekommen. Wohl kaum ein Künstler der neueren Zeit ist glühender geliebt, ingrimmiger gehaßt worden. Wer seine Briefe liest oder die meisten seiner Schriften, wird zwischen Bewunderung und Widerwillen hin und her gerissen. Einer von denen, die Wagner genau kennen, einer, der Wagner ganz tief erlebt hat und sich nie zur Gänze von ihm freimachen konnte, Thomas Mann nämlich, hat 1951, in einer Einleitung zu einer Ausgabe neu aufgefundener Wagner-Briefe den Eindruck des heutigen Lesers vom Briefschreiber und Menschen Wagner in sehr scharfen, aber durchaus nicht unbegründeten Formulierungen verkündet. Thomas Mann schreibt: »Ein liebenswürdiger Mensch, nein, das war er nicht. Er war sogar eine unausstehliche Belastung und Herausforderung der Mitwelt.« Und dann spricht der Dichter des Musikerromans *Doktor Faustus,* der selbst früher das *Lohengrin*-Erlebnis des kleinen Hanno Buddenbrook geschildert hatte und das *Tristan*-Erlebnis des Schriftstellers Detlev Spinell, in folgenden Worten von diesem Briefschreiber: »Wagner, das Pumpgenie, der luxusbedürftige

Revolutionär, der namenlos unbescheidene, nur von sich erfüllte, ewig monologisierende, rodomontierende, die Welt über alles belehrende Propagandist und Schauspieler seiner selbst.« Aber plötzlich ändert auch Thomas Mann die Tonart. Plötzlich kommt – muß kommen – die erwartete Überleitung mit den Worten: »Und doch!« In der Tat: nichts von dem, was hier vom Briefschreiber Wagner gesagt wird und was in wesentlichen Zügen der heute lebende, weder als Wagnerianer noch als Antiwagnerianer eingeschworene Kulturhistoriker über Wagners Lebensgang aussagen muß, ist unbegründet. Alles läßt sich nur allzu genau durch Tatsachen belegen. Und doch! Dann sitzen wir im Opernhaus oder im Konzertsaal. Gar nicht einmal im Bayreuther Festspielhaus mit dem »mystischen Abgrund« des versenkten Orchesters, sondern in alltäglicher Kleidung in irgendeinem Theatersaal oder Konzerthaus: der Kapellmeister hebt den Stab, der Sturm des *Holländer*-Vorspiels braust vorbei, Lohengrin nimmt Abschied von Elsa, oder Wotan trennt sich von der Walküre, vom Englischhorn geblasen, erklingt die alte Weise des Hirten auf dem Felsen Kareol, wo der sterbende Tristan liegt, die glühend-sinnliche Venusberg-Musik wird beschworen oder das Getümmel der Festwiese aus dem *Meistersinger*-Vorspiel, wo sich die streitenden Themen Beckmessers und Walter von Stolzings verschlungen halten, bis das Volk herbeiströmt, den Merker verjagt und in kunstvoller thematischer Arbeit drei verkoppelte Themen den Sieg der deutschen bürgerlichen Kunst verkünden – und alle Erinnerung an das allzu Menschliche Richard Wagners ist verblaßt. Geblieben ist ein großes, bei vielen Brüchigkeiten immer von neuem ergreifendes Künstlerwerk. Wäre es anders, Richard Wagner bliebe uns ein bloßer Gegenstand deutscher Kulturgeschichte.

Unendlich viel ist über diesen Mann geschrieben worden: Hymnisches und Beleidigendes. Worte der Verzückung und der Verleumdung. Aber die Anfänge einer wissenschaftlichen Deutung von Richard Wagners geistiger und künstlerischer Entwicklung sind kaum erst sichtbar. Das mag vermessen klingen angesichts ganzer Bibliotheken, die von Wagner handeln. Trotzdem läßt sich unsere Behauptung verhältnismäßig leicht beweisen. Nahezu die gesamte bisherige Wagner-Literatur folgte nämlich einer vorgezeichneten Spur. Meist war es die Bindung an die Bayreuther, von Richard und dann von Cosima Wagner begründete Tradition. Kaum ein Künstler nämlich hat so genau wie Wagner danach gestrebt, die authentische Auffassung seines Werkes und Wirkens der Nachwelt zu hinterlassen. In weitaus stärkerem Maße als bei anderen Künstlern sind alle seine Schriften unverhüllt autobiographisch. Mag Richard Wagner von Weber sprechen oder von Beethoven, von Oper und Drama, vom Dirigieren oder von der Schauspielkunst: er spricht immer von Richard Wagner. Und nicht den geringsten Teil seiner gesammelten Schriften nehmen die autobiographischen Arbeiten ein. Wagner war noch nicht dreißigjährig, als er 1842 – auf Heinrich Laubes Anregung hin – eine erste autobiographische Skizze verfaßte, worin er seine Jugend bis zur Premiere des *Rienzi* in Dresden erzählt. 1851 verfaßt der Emigrant in Zürich eine *Mitteilung an meine Freunde*: abermals eine Lebensskizze mit eigenwilliger Stilisierung und Deutung der Ereignisse. Auf Tribschen endlich diktiert Wagner seine große Selbstbiographie ›Mein Leben‹, die zunächst als Geheimsache nur den vertrauten Freunden zugänglich gemacht und erst 1911 veröffentlicht wird. Sie reicht bis zum 5. Mai 1864, also bis zu Wagners erster Begegnung mit König Ludwig II. von Bayern. Heute wissen wir, daß auch diese Biographie bloß in zweiter Fassung auf uns gekommen ist. Eine erste Fassung hat existiert, war sogar gedruckt worden, bis Cosima Wagner dafür sorgte, daß die Exemplare aufgekauft und vernichtet wurden. Nur der Zufall hat ein Exemplar auch dieser ersten Fassung erhalten. Schon daran läßt sich zeigen, wie stark und bewußt das Haus Wahnfried darauf hinarbeitete, Richard Wagners Lebensgang zu stilisieren und zu idealisieren. Jahrzehntelang ist dieses Vorhaben gelungen. Ein großer Teil der umfangreichen Wagner-Literatur hat sich darauf beschränkt, das Wagner-Bild gemäß den gleichsam »amtlichen« Bayreuther Richtlinien zu formen. Aber dieses selbstgewollte Wagner-Bild Richard Wagners schildert nicht den wirklichen Wagner, sondern den Wagner, dessen Wähnen in Wahnfried den Frieden gesucht hat. Nicht bloß die persönlichsten Dinge des

jungen Wagner sind dabei beschönigt worden, was für unsere Deutung weniger wichtig sein mag; es betrifft vor allem die politische Entwicklung Richard Wagners, gerade auch die Entwicklung des Revolutionärs von 1849. Heute ist erwiesen, daß Cosima Wagner aus den Briefen des großen Künstlers vor der späteren Publikation all jene Stellen entfernte, die Richard Wagner noch lange nach 1849 als einen keineswegs reuigen Revoluzzer, sondern als einen nach wie vor leidenschaftlich politischen bürgerlichen Menschen offenbarten. Das Bayreuther Wagner-Bild kann unserer Deutung also nicht als Vorlage dienen.
Ebensowenig aber das Anti-Wagner-Bild, wie es gleichfalls in zahlreichen Büchern, psychologischen Deutungen, polemischen Essays und kritischen sogenannten »Abrechnungen« zu finden ist. Wie die gesamte Wagner-Literatur der Wagnerianer dem Wahnfried-Gedanken verhaftet ist, so bewegt sich nahezu das gesamte antiwagnerianische Schrifttum im Gefolge Friedrich Nietzsches. Auch über das Thema Wagner–Nietzsche sind ganze Kompendien geschrieben worden, und sicherlich ist diese Auseinandersetzung bemerkenswert als Auseinandersetzung zweier Tendenzen der spätbürgerlichen Ideologie. Gerade darum aber kann unsere Wagner-Analyse nicht anknüpfen an die scheinbar bloß psychologischen, in Wahrheit vor allem soziologisch bedeutsamen Wagner-Kritiken Friedrich Nietzsches, wie wir sie in Nietzsches Schrift *Der Fall Wagner* und im *Ecce Homo* nachlesen können. Indem Nietzsche der Mitleidsphilosophie Schopenhauers und des späten Richard Wagner, der eigentümlichen Parsifal-Mischung aus Christentum, Buddhismus und Schopenhauerianismus das Bild Zarathustras, des Übermenschen, die Thesen von der Identität der Wahrheit und Lüge »im außermoralischen Sinne« und die Prinzipien des »Willens zur Macht« entgegensetzte, verkündete er keine Widerlegung des bürgerlich-gesellschaftlichen Gehalts in Richard Wagners Werken, sondern dessen Weiterentwicklung. Darum vor allem kann der Antiwagnerianismus Nietzsches nicht in ein wissenschaftliches Wagner-Bild übernommen werden. Zumal diese Wagner-Feindschaft Nietzsches, was dieser selbst sehr genau wußte, nur allzu tief dem Wagnerianismus verbunden bleibt. So

wie auch alle scheinbar von Wagner wegstrebenden Musiker der spätbürgerlichen Ära noch in ihrer Antithese entscheidend geprägt sind durch Wagner und seine Kunst. Debussys Oper *Pelleas und Melisande* war als ein französischer Gegen-Tristan gedacht, aber dieser Gegen-Tristan ist in Text und Musik undenkbar ohne den *Tristan.* Arnold Schönberg und Alban Berg suchten sich bis in die Überwindung der bisherigen Tonalität hinein von Wagner unabhängig zu machen. Und doch verrät sogar ihre Zwölfton-Musik Wagner-Züge, wenn es nicht überhaupt, wie in Alban Bergs *Lyrischer Suite,* zu ausdrücklichen Tristan-Zitaten kommt.

Wie also sollte eine wissenschaftliche Wagner-Deutung verfahren? Sie wird nicht darauf verzichten können, Wagner in den Zusammenhang seiner Epoche zu stellen, und zwar ohne Rücksicht auf etwaige Verbotstafeln des Hauses Wahnfried. Die Tatsachen sind zu deuten, auch wenn unsere Deutung der Selbstdeutung Richard Wagners widersprechen sollte. Vieles wird dabei überhaupt erst neu untersucht werden müssen.

Es wird darauf ankommen, die Analyse der Gesamtentwicklung Richard Wagners von anderen Prinzipien ausgehen zu lassen, als sie bisher nach dem Willen des »Meisters« angewandt wurden. Wagner nämlich sah seine künstlerische Entwicklung bis zum Jahre 1849 als bloße Vorstufe an: erst von der Zeit seines Züricher Exils pflegte er die Vollendung seiner Ästhetik zu datieren. Wir werden vermutlich zu einem umgekehrten Ergebnis kommen müssen und nachweisen können, daß die wirklichen Höhepunkte und fruchtbaren Prinzipien der Wagner-Kunst in jenen Jahren zu finden sind, die in der Revolution von 1848/49 gipfeln. Es ist kein Zufall, daß alle bis heute lebenskräftigen Werke des großen Musikdramatikers in jener Zeit vollendet oder wenigstens in den Grundzügen konzipiert wurden. In jene Epoche fallen, neben dem *Rienzi*, drei der populärsten Wagner-Werke, nämlich der *Holländer,* der *Tannhäuser* und der *Lohengrin. Die Meistersinger* wurden bereits 1845 zusammen mit dem *Lohengrin* gedanklich konzipiert, auch der Grundkern des Nibelungen-Stoffes war mit der Niederschrift des Dramas *Siegfrieds Tod* im Herbst 1848 gegeben. Sieht man

also von dem Sonderfall des *Tristan* ab, so sind alle bis heute unverändert lebendigen Wagner-Schöpfungen als Erzeugnis dieser Jugendentwicklung zu betrachten.
Richard Wagner war von jeher darauf aus, seine Lebensgeschichte als die eines einmaligen, unverwechselbaren Genies zu verstehen, dem die Gesellschaft zum Dank für geniales Schaffen den äußeren Lohn schuldig sei. Immer wieder klingt in Wagners Briefen dieses Motiv an. Niemals war dieser Künstler bereit, sich selber in seiner Lebensweise den Normen irgendeiner gesellschaftlichen Gesetzlichkeit zu unterwerfen. Daß er dabei in gewissem Sinne recht hatte gegenüber den Entartungen und Korruptionen damaliger Sozietät, ist weniger bedeutsam als die Feststellung, daß Wagner überhaupt nicht gewillt war, irgendein gemeinsames Maß zur Beurteilung seines eigenen Tuns und des Tuns anderer, nicht genialer Menschen zuzulassen. Er glaubte in allem als große Ausnahme dazustehen und eine Sonderbehandlung zu verdienen. Nun, die Genialität des Künstlers Wagner steht nicht in Frage. Die Ausnahmebehandlung ist ihm in der Tat gewährt worden wie noch keinem Künstler vor ihm. Sein scheinbar allen Normen entstrebendes Treiben erwies sich in einem tieferen Sinne sogar als derart normgemäß, nämlich als Ausdruck höchst konventioneller und konservativer Gesellschaftsströmungen, daß, in sonderbarer Parodierung des klassischen Zitats, am Ende der Sänger mit dem König gehen konnte, der Achtundvierziger mit dem Kartätschenprinzen. Um so notwendiger scheint es also, die Entwicklung Richard Wagners nicht bloß als genialen Sonderfall darzustellen, sondern als Ausdruck typischer gesellschaftlicher und geistiger Tendenzen. Und dabei wird sich zeigen, daß Richard Wagner – unbeschadet aller Eigentümlichkeit seines Künstlertums – in einem bisher nicht einmal andeutungsweise geahnten Maße als typischer Ausdruck des bürgerlichen Denkens in Deutschland zwischen 1830 und 1883 betrachtet werden kann. Die Herausarbeitung aber dieser typischen Züge wirft gleichzeitig ein ganz neues Licht auf seine wichtigsten Werke: wir werden *Tannhäuser* und *Lohengrin* und selbst die *Götterdämmerung* oder *Parsifal* nicht mehr in der magischen Beleuchtung der Wahnfried-Tradition, im weitesten

Sinne also als Weihefestspiele betrachten, sondern als höchst zeitgebundene Auseinandersetzungen eines großen, aber widerspruchsvollen Künstlers mit den Problemen seiner Epoche. Richard Wagners Jugend- und Bildungsgang ist das Gegenteil eines stetigen humanistischen Formungsprozesses. Das neunte Kind aus der Ehe des Polizeiaktuars am Leipziger Stadtgericht, des Herrn Friedrich Wilhelm Wagner, verlor seinen Vater genau sechs Monate nach seiner Geburt. Der Leipziger Beamte war nach der Völkerschlacht dem Lazarettfieber erlegen. Ludwig Geyer, ein in vielen Künsten beschlagener Schauspieler, Sänger, Dichter und Maler, ging mit Johanna Wagner eine neue Ehe ein. Der Stiefvater Geyer wurde von Richard Wagner später in Dankbarkeit als sein eigentlicher »geistiger Vater« bezeichnet. Aber auch Geyer stirbt bereits im Herbst 1821. Richard Wagners Elternhaus stand am Brühl in Leipzig: in unmittelbarer Nähe vom Alten Theater. Der Knabe kam früh mit Theater und Theaterleuten in Berührung. Auch er wollte Schauspieler und Sänger werden wie Geyer. Drei seiner älteren Schwestern hatten gleichfalls als Schauspielerinnen oder Sängerinnen die Bühnenlaufbahn eingeschlagen. Nach Geyers Tod zieht die Familie nach Dresden. Richard Wagner verlebt die entscheidenden Jahre seiner Jugend unter ausschließlich weiblicher Leitung und Beaufsichtigung. Er ist ein eigenwilliger Schüler, dessen Studien immer wieder durch Ortsveränderungen unterbrochen werden. Er besucht die Kreuzschule in Dresden, erlebt früh eine *Freischütz*-Aufführung unter Webers Leitung, die ihn sehr beeindruckt: es ist der Zauber des Werkes, aber nicht minder das Bild des Dirigenten, der da steht und »leitet«. Auch Wagner möchte einmal so dastehen und die Menschen in Bann halten. Er liest viel und wahllos, hört viel – ebenso wahllos. Der Dreizehnjährige entdeckt für sich E.T.A. Hoffmann und Shakespeare. Er schreibt ein Gymnasiastendrama im Stil der Ritterstücke und der Shakespeareschen Haupt- und Staatsaktionen, mit dem Titel *Leubald*. Thomas Mann hat wiederholt davon gesprochen, in Wagners Jugendentwicklung seien die Züge des Dilettantischen nicht zu verkennen. Richtig ist daran, daß Richard Wagner keineswegs mit geniehaften frühen Leistungen aufzuwarten vermag, die einen Vergleich mit der Frühreife Mozarts oder Beethovens zuließen, mit dem jungen Mendelssohn, der die Ouvertüre zum *Sommernachtstraum* schreibt, oder dem noch knabenhaften Schubert, dem Komponisten des *Erlkönigs*. Wagners frühe dramatische und kompositorische Entwürfe sind ebenso leidenschaftlich in Angriff genommen wie schlecht durchgeführt. Aber sie werden eben durchgeführt und zu Ende gebracht. Gewiß, wenn man von der Entstehung des *Leubald* durch Wagner selbst erfährt, muß man an Primanerdramen denken. Aber Wagner hat sein Primanerdrama nicht nur geplant und skizziert, sondern zu Ende geführt. Dank bohrender Zähigkeit und Besessenheit wird in jahrelanger Arbeit eine schrittweise Steigerung künstlerischer Qualität erreicht, wie sie zunächst weder dem Talent des jungen Menschen noch seinem Können zugänglich schien. Über dem Gymnasiastendrama wird der Schulunterricht vernachlässigt. Inzwischen leben die Wagners wieder in Leipzig; Richard Wagner wird an die Nicolaischule versetzt, muß aber von der Sekunda den Rückweg in die Tertia antreten, da er noch keine wirkliche »Sekundareife« besitzt. Dadurch wächst seine Unlust am Studium. Es steigert sich dafür die Lust an Musik und musikalischer Komposition. Erst als Autodidakt, dann in gründlichen, aber zu früh abgebrochenen Theoriestunden lernt er die Grundzüge des kompositorischen Handwerks. Er komponiert eine Ouvertüre, die sogar aufgeführt wird. Sein Haupterlebnis ist Beethoven: die Siebente Sinfonie und der *Fidelio* in Wilhelmine Schröder-Devrients ergreifender Darstellung. Wagner hat das Erlebnis der Beethoven-Sinfonie getreulich aufgezeichnet. Beethovens Bild und Musik waren für ihn untrennbar zur Einheit geworden: Künstler und Kunstwerk. »Dieses Bild floß mit dem Shakespeares in mir zusammen: in ekstatischen Träumen begegnete ich beiden, sah und sprach sie; beim Erwachen badete ich in Tränen.« Hier ist bemerkenswert, daß Dichtungserlebnis und Musikerlebnis untrennbar ineinander übergehen, ohne daß der junge Wagner dem Dramatiker oder dem Musiker einen Vorrang einzuräumen gewillt wäre. Das ist kein Schwanken zwischen der Dichtung und einer Nachbarkunst, etwa der

Malerei oder Plastik, wie beim jungen Goethe, beim frühen Gottfried Keller oder beim jungen Gerhart Hauptmann. Wagner schwankt nicht zwischen zwei Künsten; er will beide zu gleicher Zeit. Der Text des *Leubald* ist beendet, nun beginnt der sechzehnjährige Gymnasiast mit der Komposition seines Dramas. Zu Ostern 1830 verläßt er die Nicolaischule, um Musiker zu werden, muß aber im Herbst des gleichen Jahres noch einmal auf die Schulbank, diesmal auf die Thomasschule, wo er bis zum Februar 1831 bleibt. Dann wird er entlassen: ohne Reifeprüfung, erhält aber die Erlaubnis, auch ohne Examen als Studierender der Musik an der Leipziger Universität immatrikuliert zu werden.

Zwischen der ersten dramatischen und musikalischen Produktion und dem Schulabschluß liegt jedoch ein Erlebnis ganz anderer Art. Ein neues Element, das für Richard Wagners geistige Entwicklung entscheidend sein sollte, mischt sich hinein: die Politik. Im Juli 1830 wurde das Bourbonenregime in Paris durch einen dreitägigen revolutionären Aufstand des Pariser Volkes vertrieben. Die Wirkungen sind ungeheuer auch außerhalb von Frankreich. Es kommt zu revolutionären Bewegungen in Belgien und Italien, in Spanien und auch an manchen Punkten Deutschlands. Bauernaufstände, gelegentliche Meutereien deutscher kleinfürstlicher Truppen, Abdankungen und Regierungswechsel an einigen deutschen Höfen. In Leipzig kommt es zu Revolten der jungen Demokraten, vor allem der Studentenschaft. Der siebzehnjährige Richard Wagner ist dabei. Er begeistert sich am Bilde von Aufruhr und Volkswiderstand gegen rückständige Verhältnisse. Aber er ist gleichzeitig auch ehrlich begeistert von den fortschrittlichen Gedanken der deutschen Einigungs- und Befreiungsbewegung. Er ist ein Anhänger der Juli-Revolution wie Heine und Börne, wie sein hessischer, gleichfalls 1813 geborener Altersgenosse Georg Büchner. Mit den meisten jungen und fortschrittsfreudigen Deutschen jener Tage ist er ein glühender Freund der polnischen Unabhängigkeitsbewegung. Noch sechs Jahre später gestaltet er seine Anteilnahme am Kampf des polnischen Volkes gegen den Zarismus in einer Polonia-Ouvertüre.

Überhaupt ist Richard Wagner in jenen Jahren ein typischer junger fortschrittlicher Deutscher. Die »Kunstperiode«, wie Heinrich Heine die Goethe-Zeit genannt hat, neigt sich ihrem Ende zu. Die bedeutendsten Künstler und Wissenschaftler im damaligen Deutschland beginnen zu verstehen, daß die Entwicklung der deutschen Nation nicht stehenbleiben darf bei den großen Leistungen nationaler Kunst, Dichtung und Wissenschaft, sondern daß die deutsche Nationalkultur sich fortan nur im Rahmen eines geeinten deutschen Nationalstaates entfalten kann. Nicht umsonst schreibt der erste wirkliche deutsche Literaturhistoriker, Georg Gottfried Gervinus, im Vorwort seiner seit 1835 erscheinenden *Geschichte der Nationalliteratur der Deutschen*: »Ich wollte auf dem Wege der Wissenschaft die Vorbereitung für das politische Leben fortsetzen, die Schiller auf dem Wege der Kunst erzielte.« Kunst und Wissenschaft sollen also den politischen Aufgaben der deutschen Nationalentwicklung dienen. Genauso denkt der junge Richard Wagner, wenn er in seiner autobiographischen Skizze von 1842 über das Erlebnis der Juli-Revolution berichtet: »Mit einem Schlage wurde ich Revolutionär und gelangte zu der Überzeugung, jeder halbwegs strebsame Mensch dürfe sich ausschließlich nur mit Politik beschäftigen. Mir war nur noch im Umgang mit politischen Literaten wohl: ich begann auch eine Ouvertüre, die ein politisches Thema behandelte.« Inzwischen dichtet und komponiert er weiter. Er schreibt einen Operntext *Die Hochzeit*: das Fragment gebliebene Libretto einer opernhaften Familientragödie, und eine Sinfonie, die im Leipziger Gewandhaus nicht ohne Erfolg aufgeführt wird.

Die frühen dreißiger Jahre stehen in der deutschen Literaturentwicklung im Zeichen des sogenannten Jungen Deutschland. Es handelt sich nicht eigentlich um eine literarische Schule mit engem Freundeskreis und scharf umrissenem ästhetischen Programm, wie es die Stürmer und Dränger von 1771 oder die Jenenser Romantiker um 1798 gewesen waren. Gemeinsam ist den Gutzkow und Laube und Wienbarg bloß die Opposition gegen das Metternich-System und die deutsche Zersplitterung, gegen die angeblich »unpolitische« Ästhetik der großen deutschen Klassiker, überhaupt gegen die Trennung von Literatur und Politik. Aber über die Ziele ihres eigenen politischen Wollens herrscht größte Unklarheit. Sie übersehen zum Beispiel die großen politischen Gemeinsamkeiten zwischen Börne und Heine, teilen sich in literarische Gruppierungen auf, von denen der eine Kreis auf Börne schwört, der andere auf den Verfasser der *Reisebilder*. Richard Wagner gehört zu den Verehrern Ludwig Börnes. Sogar seine späteren, ohnehin höchst widerspruchsvollen Schriften mit judenfeindlicher Tendenz bemühen sich immer wieder um verehrungsvolle Vorbehalte zugunsten Ludwig Börnes, des großen deutschen Demokraten und Patrioten. Im übrigen aber steht nicht ein eigentliches Programm sozialer und politischer Umgestaltung im Mittelpunkt der jungdeutschen Literatur, sondern ein Reservoir sekundärer Probleme, soweit es sich nicht überhaupt um Scheinprobleme handelt. Gutzkow, Laube und ihre Freunde wollen, wie Georg Büchner in einem sehr hellsichtigen Brief an Gutzkow vom Jahre 1836 bemerkt, bloß »die Gesellschaft mittels der Idee von der gebildeten Klasse aus reformieren«. Georg Büchner aber erkannte sogleich die Unmöglichkeit dieses Vorgehens und hatte hinzugesetzt: »Ich habe mich überzeugt, die gebildete und wohlhabende Minorität, so viel Konzessionen sie auch von der Gewalt für sich begehrt, wird nie ihr spitzes Verhältnis zur großen Klasse aufgeben wollen.« Wo aber diese Zusammenhänge übersehen wurden, mußte sich das Streben der Jungdeutschen in Scheinkonflikten verrennen. Einer davon war, um es mit Wienbargs Worten zu sagen, die »Emanzipation des Fleisches«: also nicht bloß Frauen-Emanzipation, sondern Kult der freien Liebe, in sonderbarer Mischung von Reinheitskult und Forderung nach erotischem Sichausleben.

Das Manifest dieser Richtung wurde der 1835 erscheinende Roman *Wally die Zweiflerin* von Karl Gutzkow, der zu einem Verbot des Jungen Deutschland durch die reaktionären deutschen Regierungen führte. Ludwig Börne, ein wahrhaft politischer Kopf, hatte das phrasenhafte Revoluzzertum, die auftrumpfende Kraftmeierei dieser Bestrebungen genau durchschaut, nicht minder Büchner. Richard Wagner aber war ein

überzeugter Gefolgsmann des jungdeutschen Credos. *Holländer, Tannhäuser* und *Lohengrin* sind ohne Literatur des Jungen Deutschland nicht zu denken.
Es kam hinzu, daß Richard Wagner nicht bloß die Bücher der Jungdeutschen verschlang, sondern inzwischen auch in Heinrich Laube eines der Häupter dieser Schule kennengelernt hatte. Ausgerechnet jenen Mann übrigens, der sich nach den Verbotsbeschlüssen des Frankfurter Bundestags als einziger höchst würdelos benahm und schon einen Monat nach dem Verbot seiner Schriften zu Kreuze kroch, indem er versprach, weiterhin nicht mehr »jungdeutsch« zu schreiben, sondern im bewährten reaktionären Sinne die »neuromantische« Schule zu begünstigen.
Richard Wagners Lektüre ist in jenen Jahren fast ausschließlich durch die jungdeutschen Prinzipien bestimmt. Er entdeckt in Wilhelm Heinses Künstlerroman *Ardinghello* (1785 erschienen) einen der Ausläufer der Sturm-und-Drang-Bewegung, den Verkünder eines eudämonistischen, auf Sinnenlust und Diesseits-Religion gegründeten Lebensprinzips. Diese jungdeutsche Verehrung der Sinnenlust, diese Scheinantinomie eines »Kampfes der Geschlechter« wird nun für Richard Wagner zum Grundgedanken seiner ersten auf die Bühne gelangenden Oper, des 1835/36 entstandenen *Liebesverbots*. Vorausgegangen war ein durchkomponierter Operntext der Weber-Nachfolge unter dem Titel *Die Feen*. Das *Liebesverbot* wird in Magdeburg, wo Wagner inzwischen als Kapellmeister wirkt, eineinhalbmal aufgeführt: der zweite Abend endet – übrigens nicht aus Gründen, die mit der Oper zusammenhängen – mit einem Theaterskandal und Abbruch der Vorstellung. Das *Liebesverbot* ist ein Libretto nach Shakespeares Schauspiel *Maß für Maß*. Abermals also ein Weiterwirken der Shakespeare-Verehrung im jungen Wagner. Aber der Text, der sich im übrigen eng an die Schauspielvorlage hält, ist in einem wesentlichen Punkt verändert worden. Die Gestalt der Herzogs ist verschwunden – und damit Shakespeares Grundproblem der Gerechtigkeit und des Strafgerichts, das über den Sittlichkeitsheuchler bestellt wird. Richard Wagner hat den Herzog beseitigt, der Oper selbst den sonderbaren Untertitel »Große komische Oper« gegeben. Für ihn steht im

Mittelpunkt bloß noch der Konflikt zwischen ungehemmter und gehemmter Sinnlichkeit. Wobei in einem ekstatischen Karnevalsjubel des Finales das Prinzip der Liebesfreiheit propagiert wird.

Auch in den folgenden Jahren bemüht sich Richard Wagner um eine merkwürdige Synthese zwischen seinen geistigen Grunderlebnissen: der Liebe zu Beethoven und Shakespeare, dem jungdeutschen Eudämonismus – und der Anteilnahme an den großen Freiheitsbewegungen jener Epoche. Er komponiert in Berlin 1836 die Polen-Ouvertüre, eine Britannia-Ouvertüre, die dem bürgerlichen England gilt als dem damaligen Widerpart und Gegenspieler der Heiligen Allianz, worauf als Schlußstück einer sinfonischen Trilogie eine Napoleon-Ouvertüre geplant wird, die aber nicht zur Ausführung gelangt. Auch hier ist die enge Beziehung Wagners zum politischen Zeitgeschehen unverkennbar: genau in jenen Jahren 1836/37 beginnt die erste Neuagitation für den Bonapartismus in Frankreich als Opposition gegen das Bürgerkönigtum. Genau um diese Zeit schreibt Louis Bonaparte, der spätere Napoleon III., seine Programmschrift ›Idées Napoléoniennes‹. Man sieht: Richard Wagners Schaffen ist überall geradezu in sinnfälligster Weise als typische Aufnahme und Verarbeitung von Ideen zu betrachten, die damals »in der Luft lagen«.

Im Sommer 1837 liest Wagner den überaus erfolgreichen historischen Roman des Engländers Bulwer *Cola Rienzi.* Der Kapellmeister Wagner liest ihn in Riga, wo er unter höchst mißlichen Verhältnissen am Theater wirkt. Er hatte im November 1836 die Sängerin Minna Planer geheiratet. Zwischen 1837 und 1839 entwirft er nun einen Operntext nach Bulwers Roman, den er als Riesenpartitur komponiert. 1839 muß er vor seinen Gläubigern aus Riga fliehen. Zusammen mit seiner Frau und dem Neufundländer gelangt er in abenteuerlicher Fahrt auf einem Segelschiff nach London und trifft Ende August 1839 in Frankreich ein, wo er Meyerbeer aufsucht und dann nach Paris weiterfährt. *Rienzi* ist vollendet, Meyerbeer soll zur Aufführung in der Pariser Oper verhelfen, außerdem hat Wagner bei der stürmischen Fahrt auf dem Segelschiff ein Meereserleb-

nis gehabt, das sich ihm bei der Lektüre von Heinrich Heines *Memoiren des Herrn von Schnabelewopski* zum Thema des *Fliegenden Holländer* verdichtet.
Nun erlebt Richard Wagner drei schwere Hungerjahre (1839 bis 1842) in Paris. Er sieht die bürgerlich-kapitalistische Gesellschaft in ihrer entwickelten Form: die »giftige Geldwirtschaft«, wie Börne das genannt hat, Elend des Volkes und Prachtentfaltung der herrschenden Bankiers, jener Rothschilds vor allem, denen Balzac um diese Zeit in der Gestalt des Barons von Nucingen ein schauerlich lebenswahres Konterfei in der Literatur geschaffen hat. Wagner erlebt die tiefe Kunstfeindlichkeit der bürgerlichen Produktions- und Aneignungsweise. Er ist in aller Bewußtheit Schüler und Verehrer der großen klassischen deutschen Kunst und Musik, Goethes und Schillers, Beethovens und Webers. Mit diesem Credo sieht er sich inmitten eines Kunstbetriebs und Getriebes, die alle Kunst in Waren verwandelt haben. Hier in Paris hat Richard Wagner gesellschaftliche Erfahrungen gesammelt, die sein ganzes späteres Weltbild beeinflussen sollten. Er sah und erkannte alle Verfallserscheinungen, allein, ihm gelang nicht ihre Deutung und die Einsicht in den Weg zu ihrer Überwindung. Er wird im Januar 1840 durch Laube mit Heinrich Heine bekannt gemacht und übernimmt von ihm die Stoffe zu *Holländer* und *Tannhäuser*. Er komponiert als Bekenntnissynthese aus Beethoven und Goethe seine *Faus*t-Ouvertüre und schreibt, als ihn die Not zwingt, durch Schriftstellerei etwas Geld zu verdienen, einige großartige novellistische Musikerzählungen nach Hoffmanns Vorbild, worin er den Gegensatz von echter Kunst und kunstfeindlicher Umwelt, wie in den Erzählungen *Eine Pilgerfahrt zu Beethoven* oder *Ein Ende in Paris*, mit großer dichterischer Kraft gestaltet hat. In Paris lernt er außer Heine noch einige der bedeutendsten fortschrittlichen Künstler der damaligen Zeit kennen; vor allem macht er die für sein späteres Leben so bedeutungsvolle Bekanntschaft Franz Liszts.
Inzwischen hatte sich in Deutschland, natürlich auch in Frankreich, das Emanzipationsdenken durch die Philosophie Ludwig Feuerbachs entscheidend weiterentwickelt. Feuerbachs *Wesen*

des Christentums erschien 1841 und erregte in ganz Europa stürmische Begeisterung. Hier war die bisherige Religionskritik ersetzt worden durch eine Darstellung der Beziehungen zwischen Mensch und Religion, die alle Religion als menschlich-gesellschaftliche Schöpfung zu enthüllen suchte. Eine neue Diesseits-Religion der Menschenliebe sollte von nun an das »abgeschaffte« Christentum ersetzen. Feuerbachs ungeheurer Einfluß auf den jungen Marx, den jungen Gottfried Keller und auf Georg Herwegh ist bekannt. Auch Richard Wagner ist von nun an Feuerbachianer und Atheist. Noch im Jahre 1852 schreibt er an seinen Freund Uhlig in Dresden aus dem Exil:

> Bringt mir von Eduard Devrient das Geständnis, daß er den lieben Gott und die Unsterblichkeit der Seele fahren lasse, so will ich an ihn glauben; wo nicht, so muß all sein Wissen und Wollen nur darauf hinausgehen, den lieben Gott und die Fortdauer der Seele nach dem Tode zu konservieren. Was aber habe ich mit solch einem Menschen zu tun, und was soll Wahrhaftiges an ihm sein, als seine Feigheit und Schwäche?

Damit aber sind die Keimzellen für den späteren *Nibelungenring* gegeben: das Ende der Götter und das Ende einer auf Herrschaft des Goldes gegründeten Gesellschaft! Auch hier gestaltet Richard Wagner überall konkrete gesellschaftliche Erlebnisse und Erfahrungen.

Im Frühjahr 1842 kann er endlich von Paris in die Heimat zurückkehren: der *Rienzi* wurde in Dresden, der inzwischen vollendete *Holländer* in Berlin zur Aufführung angenommen. Bei der Rückkehr durch das frühlinghafte Thüringen erlebt Richard Wagner den Anblick der Wartburg bei Eisenach: das Tannhäuser-Thema Heinrich Heines verschmilzt mit dem Motiv des Sängerkrieges auf der Wartburg.

Ludwig Feuerbachs Religionsersatz der Menschenliebe hatte Richard Wagner durchaus für sich im Sinne der Junghegelianer interpretiert. Seine Schriften zur Kunst- und Gesellschaftsreform, vor allem die Broschüren des Jahres 1848, zeigen ihn in Ausdrucksweise und Gehalt als typischen Anhänger der Stirnerschen Egoismus-Lehre, die sich mit Feuerbachs Diesseits-Ethik trotz aller scheinbaren Gegensätze in den Grundgedanken deckt. In Wagners rhapsodischer Schrift *Die Revolution* von 1849 heißt es:

> Ich will zerbrechen die Gewalt der Mächtigen, des Gesetzes und des Eigentums. Der eigene Wille sei Herr des Menschen, die eigene Lust sein einzig Gesetz, die eigene Kraft sein ganzes Eigentum, denn das Heilige ist allein der freie Mensch, und nichts Höheres ist denn er.

Solche Sätze gehören unverkennbar in den Bereich der *Deutschen Ideologie*: sie sind Feuerbach und Stirner in einem. Daß es sich dabei nicht, wie Wagner in der Spätzeit wahrhaben wollte, um Augenblicksstimmungen und Gelegenheitsäußerungen handelte, zeigt sein wichtigstes dramatisches Projekt aus der Zeit der achtundvierziger Revolution: das sehr weit durchgestaltete dramatische und zur Komposition bestimmte Gedicht *Jesus von Nazareth*.

Aber auch in *Tannhäuser* und *Lohengrin* finden sich, wie noch zu zeigen sein wird, die Spuren jungdeutschen und junghegelianischen »Wähnens«.

Während die Einflüsse der Jungdeutschen, Gutzkows und Laubes oder Feuerbachs unmittelbar dokumentarisch nachgewiesen werden können, die Wirkungen Stirners in mittelbarer Weise, indem man nämlich die völlige Übereinstimmung von Wagners damaligen Auffassungen mit den Einzigkeitstiraden des Sankt Max Stirner feststellt, gesellt sich als geistiges Erlebnis aus der Pariser Zeit noch eine Gestalt hinzu, der Wagner, wenn auch scheu und versteckt, doch bis an sein Lebensende den Zoll der Dankbarkeit entrichtet hat. Es handelt sich um Proudhon. Im Jahre 1840 war in Paris dessen berühmtes Buch mit dem Titel *Qu'est-ce que la propriété*?, also: Was ist *Eigentum*?, erschienen. Proudhon hatte bekanntlich auf die selbstgestellte Frage mit der lapidaren Feststellung geantwortet: Eigentum sei Diebstahl. Wagner lebte damals in Paris; er hat die Schrift Proudhons gelesen und sich zu eigen gemacht. Indem er

Proudhon zustimmte, zog er, wie ihm schien, Bilanz aus eigenen Erlebnissen und allgemein-gesellschaftlichen Erfahrungen. Er hat später immer wieder als die beiden Hauptschwierigkeiten seiner Lebensentwicklung die allzu früh geschlossene Ehe und das Fehlen eines ererbten Vermögens bezeichnet. Sehr schwer hat Richard Wagner darunter gelitten, daß es ihm nicht möglich war, »von Hause aus« als ein wirtschaftlich unabhängiger Mensch seine Künstlerlaufbahn zu verfolgen. Sein Ressentiment gegen Mendelssohn und Meyerbeer hat zweifellos hier auch eine höchst persönliche Ursache. Dann aber hatte Wagner in Paris die Allmacht des Geldkapitals und die Genußorgien der Bankiersgesellschaft erlebt – und auch diese Eindrücke machten ihn zum Jünger Proudhons. Hier bildete sich die Grundkonzeption des *Nibelungenrings*, denn bis in überraschende Einzelheiten kann man den Proudhonismus in Wagners Mythos vom Kreislauf des Rheingoldes verfolgen. Auch der Dramenentwurf *Jesus von Nazareth* ist unverkennbar proudhonistisch. Dort heißt es etwa: »Die Sünde gegen das Eigentum entspringt einzig aus dem Gesetze des Eigentums.« Oder: »Das Leben des Menschen ist Entwicklung im Egoismus und Wiederentäußerung desselben zugunsten der Allgemeinheit.« Hier vereinigen sich junghegelianische Auffassungen von der Selbstentfremdung des Menschen mit Proudhons Gedanken, wonach diese Selbstentfremdung durch Besitz und Eigentum bewirkt würde, und schließlich mit Feuerbachs Versuch, die Selbstentfremdung durch eine neue Ethik der Menschenliebe aufzuheben. Ganz folgerichtig schreibt Wagner – in diesen Grundfragen keineswegs »geläutert« – in einem Brief vom 30. Dezember 1851 aus Zürich an seinen Freund Kietz:

> In allem wurzelt bei uns der Knechtssinn: daß wir Menschen sind, weiß keiner in ganz Frankreich außer höchstens etwa Proudhon – und auch der nur unklar! – im ganzen Europa sind mir aber die Hunde lieber als diese hündischen Menschen. An einer Zukunft verzweifle ich dennoch nicht; nur die furchtbarste und zerstörendste Revolution kann aber aus unseren zivilisierten Bestien wieder ›Menschen‹ machen.

Solchen Gedanken hat Wagner niemals abgeschworen. Sein »Gefolgsmann«, der Wagnerianer Glasenapp, hat aus der allerletzten Lebenszeit des Künstlers, von Wagners letztem venezianischem Aufenthalt, berichtet, wie dieser auf die vielen unbewohnten Paläste in Venedig hinwies und dazu bemerkte: »Das ist Eigentum! Der Grund alles Verderbens! Proudhon hat die Sache noch viel zu materiell von der äußeren Seite her aufgefaßt; denn die Rücksicht auf den Besitz bedinge bei weitem die meisten Eheschließungen, und dadurch die Degeneration der Rassen.« Das ist immer noch der alte Proudhonismus der vierziger Jahre, vermehrt allerdings schon durch die Rassenideologie des Grafen Gobineau ...

Damit sind die wirklich nachhaltigen geistigen Erlebnisse Richard Wagners bis zur achtundvierziger Revolution umschrieben. Atheismus und sozialreformatorische Utopie, Antikapitalismus und unverkennbare Züge des anarchistischen Individualismus. Denn nicht bloß Stirners Gesetzes- und Autoritätsfeindlichkeit wird von Wagner übernommen, sondern auch die anarchistische These von der terroristischen »direkten Aktion« als einem Kampfmittel gegen die ausbeuterische Herrschaftsschicht. Man hat bisher – auch hierin getreu der wagnerischen Zurechtbiegung seiner Biographie – im gemeinsamen Auftreten Richard Wagners und Michael Bakunins beim Dresdner Maiaufstand von 1849 bloß eine zufällige Bekanntschaft und Begegnung erblicken wollen. Richard Wagner war später, vor allem Liszt gegenüber, bestrebt, seine »Ahnungslosigkeit« in bezug auf Bakunins Pläne zu beteuern. Auch an seine Frau Minna schrieb er unmittelbar nach der Flucht aus Dresden in einem Brief aus Weimar vom 19. Mai 1849: »Meine Bekanntschaft mit Bakunin hat nur ein rein menschliches und künstlerisches Interesse.« Allein, die Grundgedanken Wagners und Bakunins decken sich in jener Zeit in auffallender Weise. In Zürich ist Wagner eng befreundet mit Georg Herwegh, gleichfalls einem vertrauten Freund des russischen Anarchisten. Und schließlich ist es reiner Bakunismus, wenn Richard Wagner in einem Brief vom 22. Oktober 1850 an seinen Dresdner Freund Uhlig in einem leidenschaftlichen anarchistischen Ausbruch die folgenden Sätze niederschreibt:

> Wie wird es uns aber erscheinen, wenn das ungeheure Paris in Schutt gebrannt ist, wenn der Brand von Stadt zu Stadt hinzieht, wenn sie endlich in wilder Begeisterung diese unausmistbaren Augiasställe anzünden, um gesunde Luft zu gewinnen? – Mit völligster Besonnenheit und ohne allen Schwindel versichere ich Dir, daß ich an keine andere Revolution mehr glaube, als an die, die mit dem Niederbrande von Paris beginnt.

Wobei zu bedenken ist, daß diese Sätze niedergeschrieben werden, während Richard Wagner am *Nibelungenring* arbeitet. Der Brand von Walhall ist also von Wagner keinesfalls bloß »symbolisch« verstanden, sondern als Ergebnis einer »direkten Aktion« zur Vernichtung der verrotteten bisherigen, auf Egoismus und Geldherrschaft gegründeten Gesellschaft.
Richard Wagners politische Grundanschauungen sind also keineswegs als ein »Nebenher« gegenüber seinen großen musikdramatischen Gestaltungen zu verstehen. Ohnehin verbietet sich eine solche Aufteilung zwischen der politischen und der »rein künstlerischen« Sphäre bei Wagner von selbst. Denn er vor allem strebte in aller Bewußtheit nach der Einheit aus künstlerischer Form und weltanschaulichem Gehalt. Darin gerade suchte er den Gegensatz des Dramas und Musikdramas zur bisherigen bloßen Oper zu fassen. In der Tat sind auch die großen Wagner-Werke ihrem geistigen Gehalt nach eng mit dem Werdegang des Jungdeutschen, des Junghegelianers, des utopischen Sozialisten und anarchischen Individualisten Richard Wagner verknüpft. Allerdings besitzen sie – und darin liegt die Grundlage für ihre unverminderte Leuchtkraft und Lebensfähigkeit – als Ausgleich nicht bloß das musikalische Schöpfertum des großen Komponisten, sondern immer wieder auch die Beziehung zu echteren, in tieferem Sinne fortschrittlichen Gedankengängen, als sie Wagner bei Laube, Feuerbach, Bakunin oder Proudhon finden konnte. Die großen Musikdra-

men von *Rienzi* bis zu den *Meistersingern* enthalten neben dem sozialen oder utopisch-sozialistischen »Wähnen« gleichzeitig die echten Impulse eines nationalen Künstlers, der von der Einigung und vom nationalen Aufstieg seines Vaterlandes träumt. Und der überdies aus den Werken der großen deutschen Dichter und Musiker auch für sein eigenes Werk immer neue Kraft der Gesundung zu schöpfen vermag.

Das zeigt sich sogleich am *Rienzi*. Er wurde am 20. Oktober 1842 in Dresden aufgeführt. Man begann um sechs Uhr nachmittags, der Vorhang fiel erst nach Mitternacht, wobei keineswegs die gesamte vorhandene Partitur aufgeführt worden war. Es war ein ungeheurer Erfolg, und am 1. Februar des nächsten Jahres wurde Richard Wagner mit lebenslänglichem Vertrag als königlich-sächsischer Kapellmeister angestellt. Er war damit Nachfolger Webers. Nun stand er, wie er es sich als Knabe erträumt hatte, an der gleichen Stelle und vor dem gleichen Orchester. Der *Rienzi* verdankte seinen Erfolg nicht bloß der einfallsreichen und leidenschaftlichen Musik, nicht bloß der ersten Bekundung einer Meisterschaft in der Instrumentation, sondern vor allem den großen Freiheitsideen, die hier in leidenschaftlicher Parteinahme gestaltet waren. Gewiß, der *Rienzi* ist in gewissem Sinne noch »Große Oper« im Stile Meyerbeers, indem er Haupt- und Staatsaktionen, historische Prozesse mit unverkennbarer Aktualität auf die Bühne bringt. Dennoch ist Rienzi, der letzte der römischen Volkstribunen, nicht mit der Hugenotten- oder Wiedertäufer-Oper Meyerbeers zu vergleichen. Der Komponist der *Hugenotten* und des *Propheten* hatte – wie Heine sehr richtig und kritisch angemerkt hat – seine Stoffe bloß nach der äußeren Wirksamkeit, nach ihrer Möglichkeit zur Entfaltung von Staatsaktionen und Bühneneffekten ausgewählt. Richard Wagner aber, der sich nach Bulwers Roman selber seinen Operntext schreibt, gibt im *Rienzi* ein politisches Selbstbekenntnis. Die Aristokraten werden durch das Römervolk unter Rienzis Leitung verjagt. Der Volkstribun verkündet:

Ihr Freunde, ruhig geht in eure Häuser
Und rüstet euch, zu beten für die Freiheit!
Doch hört ihr der Trompete Ruf
In langgehaltnem Klang ertönen,
Dann wachet auf, eilt all herbei,
Freiheit verkünd ich Romas Söhnen!
Doch würdig, ohne Raserei,
Zeig' jeder, daß er Römer sei!

Hier liegt die Keimzelle dieser ersten großen Wagner-Oper. Bekanntlich beginnt schon die berühmte Ouvertüre mit »der Trompete Ruf in langgehaltenem Klang«. Unverkennbar ist allerdings auch die merkwürdig zwischen Fortschritt und konservativer Beharrung schwankende Haltung des Dramas. Revolution – aber nach Aufforderung von oben! Freiheitskampf – »doch würdig, ohne Raserei«!

Wenn der *Fliegende Holländer* bei der Uraufführung am 2. Januar 1843 ein Mißerfolg wurde, obwohl in der Geschlossenheit der dramatischen Komposition und an musikalischer Kraft das Werk mit seinen kühnen Naturstimmungen und wunderbaren Chören weit über den *Rienzi* hinausragt, so lag es wohl daran, daß das deutsche Publikum nicht die unmittelbare Beziehung zum eigenen Erleben jener Zeit finden konnte. Holländer und Senta sind Gestalten der jungdeutschen Literatur. In ihrem Konflikt zwischen Reinheit und Sinnlichkeit, wobei Sinnlichkeit als Schuld, Reinheit als Erlösung gedeutet wird, sind sie undenkbar ohne das jungdeutsche Menschenpaar Cäsar und Wally aus Gutzkows Roman *Wally die Zweiflerin.* In der Tat gehört unsere Anteilnahme heute nicht mehr dem Leid und Erlösungsbedürfnis des Holländers oder der ekstatischen Opferfreudigkeit der Senta, sondern den gewaltigen Volks- und Naturszenen, dem lyrisch-balladesken Element dieser Partitur.

Jungdeutsche Probleme durchziehen auch den *Tannhäuser.* Abermals die wohlbekannte »Emanzipation des Fleisches«; abermals die bei Gutzkow und Laube, übrigens gelegentlich auch bei Heine anklingende Lieblingsvorstellung von der Erlösungsfähigkeit des »Weibes«. »Das« Weib übrigens, in jener

Abstraktheit, die wir schon in der Liebesphilosophie Friedrich Schlegels und der Frühromantiker finden, später bei Wedekind und den Expressionisten, – das Weib ist hier nach jungdeutscher Tradition in die abstrakten Gegensätze der Hetäre und der Madonna aufgeteilt. Venus und Elisabeth. Die himmlische und die irdische Liebe. Tannhäuser selbst schwankend zwischen Sinnenlust und Seelenfrieden, zwischen Lust und Reue, Reinheit und Genuß. Aber auch hier hat es Wagner verstanden, als schöpferischer Künstler die abstrakte Gemeinplätzigkeit der Gutzkow-Nachfolge zu überwinden. Er hat das Reinheits- und Sinnlichkeitsmotiv mit der deutschen Sage vom Sängerkrieg auf der Wartburg – und vor allem mit der deutschen Landschaft verbunden. Dadurch erst, durch diese Verbindung des philosophischen Gehalts mit dem Landschaftserlebnis und der authentischen deutschen Volkssage, gelang ihm die eigentümliche Farbigkeit und Bewegtheit des Geschehens. Und nicht zuletzt natürlich dadurch, daß er in Tannhäuser, Elisabeth und Wolfram lebenswahre, menschlich liebende und leidende Geschöpfe auf die Bühne zu bringen vermochte.
Den Höhepunkt dieser geistigen und künstlerischen Entwicklung bildet zweifellos der *Lohengrin*, der im Juli 1845 zusammen mit der Grundkonzeption der *Meistersinger* in Marienbad entworfen und Ende März 1848 vollendet wurde. Hier hat Richard Wagner alle Elemente seiner bisherigen geistigen Entwicklung, die wahrhaft utopischen wie die echt fortschrittlichen, in einer Schöpfung vereinigt, die im Ergebnis einen Sieg der lebensvollen Weltanschauungselemente über die »Deutsche Ideologie« darstellt. Richard Wagner hatte die deutsche Mythologie der Brüder Grimm sehr genau studiert, desgleichen das mittelhochdeutsche Lohengrin-Gedicht. Er verstand es aber auch hier, das Mythologische mit dem Vaterländischen zu verbinden: nicht bloß durch die Bemühung um historisch konkrete Festlegung des Geschehens in die Zeit des Sachsenkönigs Heinrich I. und die Verteidigung Deutschlands gegen den Einbruch der Ungarn; sondern vor allem durch die unverkennbar hinter dem Geschehen spürbare Gegenwartsbeziehung, die einem Aufruf zur nationalen Einigkeit der Deutschen und zur Vertei-

digung der Heimat gleichkam. In jenen Jahren von 1846 bis 1848 wurde der Appell König Heinrichs von den Zeitgenossen im Sinne der Verteidigung der deutschen Heimat gegen den Zarismus verstanden. Es kam hinzu, daß auch die Frage Schleswig-Holsteins und seiner Zugehörigkeit zu Deutschland als echtes nationales Problem von den Zeitgenossen empfunden wurde.

Aber mehr noch: Richard Wagner gedachte im *Lohengrin* ausdrücklich auch die große tagespolitische Auseinandersetzung zwischen Fortschritt und Reaktion auf die Bühne zu bringen. In einem Brief vom 30. Januar 1852 an Liszt, der am 28. August 1850, also an Goethes Geburtstag, den Lohengrin uraufgeführt hatte, schreibt er über die Gestalt der Ortrud:

> Ortrud ist ein Weib, das die Liebe nicht kennt. Hiermit ist alles, und zwar das Furchtbarste, gesagt. Ihr Wesen ist Politik ... Sie ist eine Reaktionärin, eine nur auf das Alte Bedachte und deshalb allem Neuen Feindgesinnte, und zwar im wütendsten Sinne des Wortes: sie möchte die Welt und die Natur ausrotten, nur um ihren vermoderten Göttern wieder Leben zu schaffen.

Nun liegen in diesen Bemerkungen bereits Züge der Zurücknahme. Der nachrevolutionäre Wagner ist der Briefschreiber; deshalb heißt es im gleichen Brief: »Ein politischer Mann ist widerlich, ein politisches Weib aber grauenhaft: diese Grauenhaftigkeit hatte ich darzustellen.« Hier äußert ein politischer Mann scheinbar seine Ablehnung der Politik. Aber er äußert sie in politischer Form, als ein Politiker. Allerdings ein Politiker im Exil, der sich über seinen Mißerfolg als politisch handelnder Mann Rechenschaft ablegen muß. Dadurch erhält die Bewertung der Ortrud nunmehr 1849, eine Färbung, die ursprünglich, als der *Lohengrin* entstand, also in den vorrevolutionären Jahren, nicht vorhanden war. In der Tat hatte Wagner im Kampf zwischen Ortrud, und Telramund gegen Lohengrin und Elsa das dunkle und das helle Prinzip in politischer Gegensätzlichkeit von Fortschritt und Reaktion dargestellt. Hierin vor allem lag, unabhängig von allen musikalischen Schönheiten, das wesentlich Neue in der Gegensatzkonstellation des *Lohengrin* gegenüber seinem unverkennbaren Vorbild, nämlich Webers *Euryanthe*. Bei Weber hießen die Frauen Euryanthe und Eglantine, die Männer Adolar und Lysiart. Allein Carl Maria von Webers Textverfasserin, die unselige Helmine von Chézy, die wesentlich schuld ist am Mißerfolg der herrlichen Weber-Musik auf der Opernbühne, hatte bloß ein übliches Ritterspektakelstück zu zimmern gewußt. Richard Wagner übernimmt die Zuordnung der Gestalten und ihre wesentliche dramatische Funktion in den *Lohengrin*; dennoch ist der geistige Gehalt seines Werkes grundverschieden von der Weber-Oper. Seine Figuren nähern sich einem konkreten Mittelalter, agieren in einer Handlung, die mit entscheidenden Episoden deutscher Geschichte eng verknüpft ist; kein Märchenfürst, sondern der deutsche König Heinrich I. steht auf der Szene. Seine Reden haben hohe politische und vaterländische Bedeutung. Und außerdem ist Ortrud konkret gezeichnet als die Vertreterin des rückwärtsgewandten Prinzips: sie will mit allen Mitteln die alte Ordnung und die alten Götter gegen den Einbruch des Neuen verteidigen. Was dieses Neue jedoch betrifft, so erkennt man abermals die Unklarheit in Wagners politischer Zielsetzung. Unbezweifelbar ist er ein Vertreter des Fortschritts: doch wie blaß und symbolhaft ist dieser in den Gestalten Lohengrins und Elsas gezeichnet! Ortrud bedeutet ein genau umrissenes politisch-historisches Prinzip. Lohengrin aber ist die bare und konturlose Utopie. Er ist der Lichtbringer und Gralsritter. Die Utopie aber ist der Gral, in dessen lichtem Scheine alle Anschläge der Reaktion zuschanden werden. Wohlgemerkt: das Gralsprinzip hat hier im *Lohengrin* noch keineswegs die Beziehung zu Christus und Christentum wie später im *Parsifal*. Die Gralserzählung schließt sich zwar eng an die mittelalterlichen Gralsmythen an. Allein, gerade das politische und ethische Prinzip des Gralsritters, der vom Gral »in ferne Land' entsendet, zum Streiter für der Tugend Recht ernannt«, hat noch eine durchaus diesseitsgewandte Bedeutung. Erst sehr viel später konzipierte Wagner die Auffassung vom Gral als einer Opferschale, worin das Blut des sterbenden Christus aufgefangen wurde. Gral bedeutet Reinheit, Tugend, Licht. Unlöslich verknüpfen sich auch hier wieder jungdeutsche und junghegelianische Gedankengänge mit politischen Fortschrittsideen. Die seltsame Mischung führt sogar zu einem tiefen Bruch in der von Wagner so rein und einheitlich angelegten Lohengrin-Gestalt, denn einerseits erscheint der Schwanenritter im Auftrage des Grals, um dem Recht Elsas zum Sieg zu verhelfen und die politische Aufgabe eines »Schützers von Brabant« und Heerführers im Kampf gegen die Ungarn zu erfüllen. Zum anderen aber ist das Schweigegebot eingesetzt, dessen Bruch Lohengrin zum Scheiden zwingt, wenngleich die Aufgaben des Heerführers und Verteidigers deutscher Unabhängigkeit nach wie vor gestellt sind. Die »Lösung« durch Rückkehr des knabenhaften Herzogs Gottfried vermag die Brüchigkeit dieser aus Geschichte und Mythos, Politik und Utopie gemischten Grundidee bloß noch zu unterstreichen. Wagner selbst muß dies auch gespürt haben, denn es gibt einige Textfragmente zu Lohengrins Schlußworten, die nicht mit vertont wurden, weil hierdurch die innere Zwiespältigkeit der Lohengrin-Gestalt noch stärker zum Ausdruck gekommen wäre. In den Fragmenten bekennt der scheidende Lohengrin:

> O Elsa! Was hast du mir angetan?
> Als meine Augen dich zuerst ersah'n,
> fühlt' ich zu dir in Liebe schnell entbrannt
> mein Herz, des Grales keuschem Dienst entwandt.
> Nun muß ich ewig Reu und Buße tragen,
> weil ich von Gott zu dir mich hingesehnt,
> denn ach, der Sünde muß ich mich verklagen,
> daß Weiberlieb' ich göttlich rein gewähnt!

Das ist gleichsam das jungdeutsche Prinzip der Madonna ins Männliche übertragen; Mensch und Heiliger sind als schroffe Gegensätze verstanden. Gralsrittertum scheint unvereinbar mit menschlichen Liebesempfindungen, und alle Menschenliebe ist als Schuld verstanden. Noch stärker als in der von Wagner dann vertonten und zugelassenen Fassung äußert sich in den Fragmenten die Weiterführung jener Gutzkow- und Laube-Gedanken, die sich in *Holländer* und *Tannhäuser* konkretisiert hatten. Daß die Prinzipien des Neuen und der neuen, ersehnten Gesellschaftsordnung im Bilde des Grals und des Tempelrittertums verstanden wurden, wie es im *Lohengrin* geschieht, war zu Beginn der vierziger Jahre in Deutschland keineswegs ungewohnt. Richard Wagner hat seinen *Lohengrin* im Jahre 1845 entworfen. Drei Jahre früher aber konnte man in einer anonymen Broschüre, die lebhafte Verbreitung fand, über den »neuen Menschen« folgendes lesen:

> Nach undenklich langem Ringen und Streben ist der lichte Tag des Selbstbewußtseins über ihm aufgegangen ... Jetzt erst geht ihm das wahre Leben auf ... Er achtet es nicht, daß er es teuer erkauft, mit seinem besten Herzblut erkauft hat, denn die Krone war des Blutes wert; die lange Zeit des Werbens ist ihm nicht verloren, denn die hohe, herrliche Braut, die er in die Kammer führt, ist ihm dadurch nur desto teurer geworden; das Kleinod, das Heiligtum, das er gefunden hat nach langem Suchen, war manchen Irrweg wert. Und diese Krone, diese Braut, dies Heiligtum ist das *Selbstbewußtsein der Menschheit*, der neue Gral, um dessen Thron sich die Völker jauchzend versammeln und der alle, die sich ihm hingeben, zu Königen macht, daß alle Herrlichkeit und Macht, alles Reich und Gewalt, alle Schönheit und Fülle dieser Welt zu ihren Füßen liegen und zu ihrer Verherrlichung sich opfern muß. Das ist unser Beruf, daß wir dieses Grals Templeisen werden, für ihn das Schwert um die Lenden gürten und unser Leben fröhlich einsetzen in den letzten, heiligen Krieg, dem das tausendjährige Reich der Freiheit folgen wird.

Diese Sätze allerdings schrieb nicht Richard Wagner, wenngleich die Diktion, die ihre Beziehung zu Feuerbach und zur Selbstbewußtseinsphilosophie der Junghegelianer nicht verleugnet, auch stilistisch manches »Wagnerianische« besitzt. Die Formulierungen stammen von Friedrich Engels, dem zweiundzwanzigjährigen Junghegelianer, der mit ihnen in der Broschüre

über *Schelling und die Offenbarung* sein damaliges weltanschauliches Credo verkündet.
Die gesellschaftlich-politische Bedeutung des *Lohengrin* in seiner Entstehungszeit wird besonders klar, wenn man sie zum gleichzeitig entstandenen ersten Entwurf der *Meistersinger* in Beziehung setzt. Das Szenarium, das »Marienbad, 16. Juli 1845« datiert ist, enthält bereits den gesamten Grundaufbau des späteren Meisterwerks: seine dreiaktige Gliederung, die wesentliche Handlungsfolge, den eigentlichen Ideengehalt.
Auch die wichtigste These aus der Schlußansprache des Hans Sachs hat Richard Wagner in zwei Versen bereits damals zusammengefaßt, den einzigen Textworten, die er dem Entwurf jetzt bereits beifügt, so daß wir in ihnen wohl die wichtigste Keimzelle des Ganzen erblicken dürfen:

Zerging das heil'ge römische Reich in Dunst,
uns blieb doch die heil'ge deutsche Kunst.

Unverkennbar also wollte Richard Wagner in jenen Sommertagen des Jahres 1845 durch *Lohengrin* und *Meistersinger* zwei Themen deutscher Geschichte und Kulturtradition im Bewußtsein seiner deutschen Landsleute verankern.
Richard Wagner und die achtundvierziger Revolution – es gibt kaum eine Episode im bewegten Leben des großen deutschen Künstlers, die so sehr einer Neudeutung und wissenschaftlichen Aufklärung bedürfte. Die Autobiographie *Mein Leben* hat später versucht, Richard Wagners Beteiligung am Dresdner Mai-Aufstand als theatralische Ekstase eines leicht entflammten, aber eigentlich unpolitischen Künstlers hinzustellen. Cosima Wagner, das Haus Wahnfried haben dann die Bagatellisierung des Revolutionärs Wagner noch weiterzuführen versucht. Der »Rotstift« Cosimas wütete vor allem in all jenen Dokumenten und Briefstellen, die Richard Wagner in tiefere und engere Beziehung gebracht hätten zur eigentlichen Revolutionsbewegung. So entstand das Bild eines Künstlers, königlich-sächsischen Kapellmeisters, der eigentlich ohne Schuld auf die Barrikade geriet, flüchten muß, sehr schnell im Exil seine

Taten bereut und schließlich, trotz offensichtlicher Reue, spät und unter großen Schwierigkeiten die wohlverdiente Amnestie erhält.

Von alldem kann in Wahrheit keine Rede sein. Mit all seinen Illusionen, unklaren politischen Vorstellungen, abstrakten Reformideen war Richard Wagner doch unverkennbar ein Revolutionär. Seine Illusionen waren typische Illusionen, seine sozialistischen Utopien und Freiheitsbestrebungen muten an wie eine Illustrierung jener Sätze aus dem *Kommunistischen Manifest,* die sich mit dem »deutschen« oder »wahren« Sozialismus beschäftigen. Marx und Engels zeigen dort, wie sich die Ideen der französischen Utopisten (Proudhons vor allem also im Falle Wagners) auf deutschem Boden und in deutschen Köpfen sowohl nach der Substanz wie nach der Funktion verwandelt hatten. Man glaubt eine Analyse über den damaligen Wagner zu lesen, wenn es im Manifest heißt:

> Deutsche Philosophen, Halbphilosophen und Schöngeister bemächtigten sich gierig dieser Literatur und vergaßen nur, daß bei der Einwanderung jener Schriften aus Frankreich die französischen Lebensverhältnisse nicht gleichzeitig nach Deutschland eingewandert waren. Den deutschen Verhältnissen gegenüber verlor die französische Literatur alle unmittelbar praktische Bedeutung und nahm ein rein literarisches Aussehen an. Als müßige Spekulation über die wahre Gesellschaft, über die Verwirklichung des menschlichen Wesens mußte sie erscheinen.

Widergespiegelt seien darin, so meinen Marx und Engels, die reaktionären Interessen der »deutschen Pfahlbürgerschaft«. Deren gesellschaftliche Funktion bestehe darin, von allen wirklichen Angriffen gegen die industrielle und politische Herrschaft der Bourgeoisie abzulenken. Dadurch diene der »wahre« Sozialismus objektiv den Interessen der Reaktion. Unverkennbar ist in dieser Kennzeichnung ein Urteil über Richard Wagners politisches Wirken 1848/49 zu erblicken. Es handelt sich nicht um ein Urteil über den großen schöpferischen Künstler, sondern über Wagners Weltbild – und damit natürlich auch über wesentliche Bestandteile seiner Werke. Liest man Wagners Revolutions-Schriften und künstlerische Entwürfe aus jener Zeit, so gelten gerade sie als Illustrierung folgender Bemerkungen aus dem *Kommunistischen Manifest*:

> Das Gewand, gewirkt aus spekulativem Spinnweb, überstickt mit schöngeistigen Redeblumen, durchtränkt von liebesschwülem Gemütstau, dies überschwengliche Gewand, worin die deutschen Sozialisten ihre paar knöchernen »ewigen Wahrheiten« einhüllten, vermehrte nur den Absatz ihrer Ware bei diesem Publikum.

Und auch die weitere Kennzeichnung von Karl Grün nebst Anhang durch die Klassiker des wissenschaftlichen Sozialismus läßt sich Punkt für Punkt auf den Achtundvierziger Richard Wagner anwenden: Der deutsche Sozialismus »... zog die letzte Konsequenz, indem er direkt gegen die ›rohdestruktive‹ Richtung des Kommunismus auftrat und seine unparteiische Erhabenheit über allen Klassenkampf verkündete«. (Nebenbei: auch Wagners Antisemitismus, als Scheinprotest des »wahren« Sozialisten gegen den Kapitalismus bloß in der Form der jüdischen Kapitalisten, besitzt sein Vorbild und seine zeitgenössische Parallele in Karl Grün!)

Damit ist eigentlich die Charakteristik von Wagners Revolutionsanschauungen gegeben. Sie braucht bloß noch an den Wagner-Texten von 1848/49 erläutert zu werden. Die erste mit »Ein Mitglied des Vaterlandsvereins« unterzeichnete, aus Dresden »am 14. Juli 1848« datierte Flugschrift Wagners – als Rede im Vaterlandsverein gehalten – trägt den Titel: *Wie verhalten sich republikanische Bestrebungen dem Königtum gegenüber?* Sie verhalten sich höchst sonderbar dem Königtum gegenüber. Die Lieblingsidee des deutschen Bürgertums, der Ruf nach einer »Reform von oben«, erschallt von neuem. Richard Wagner schlägt vor: »Wir dürfen nur fordern, daß der König der erste und allerechteste Republikaner sein sollte. Und ist Einer mehr berufen, der wahrste, getreuste Republikaner zu sein als gerade der Fürst?« Der König von Sachsen also möge die Republik begründen: »Dieser Fürst, der edelste, der würdigste König, er spreche es aus: Ich erkläre Sachsen zu einem Freistaate.« Eigentümlich, in der Tat, wandeln sich in der deutschen Ideologie die realen Ideen der bürgerlichen Revolution, vor allem der Französischen Revolution. Schon 1796 nämlich hatte Friedrich Schlegel in seinem Versuch über den *Republikanismus* ähnlich argumentiert und geschrieben: »Das Kriterium der Monarchie ... ist die größtmögliche Beförderung des Republikanismus.« Schlegel wollte damit sein sogenanntes Republikanertum aus der verdächtigen Nachbarschaft des Jakobinismus entfernen. Mehr als fünfzig Jahre später ist Richard Wagner daran gelegen, seinen Republikanismus aus der Nähe des »rohdestruktiven« Kommunismus zu entfernen. Folglich heißt es in Wagners Schrift:

> Oder wittert ihr hierin etwa Lehren des Kommunismus? Seid ihr töricht oder böswillig genug, die notwendige Erlösung des Menschengeschlechts von der plumpesten und entsittlichendsten Knechtschaft gemeinster Materie als gleichbedeutend mit der Ausführung der abgeschmacktesten und sinnlosesten Lehre, der des Kommunismus, zu erklären? Wollt ihr nicht erkennen, daß in dieser Lehre der mathematisch gleichen Verteilung des Gutes und Erwerbes eben nur ein gedankenloser Versuch zur Lösung jener allerdings gefühlten Aufgabe gemacht worden ist, der sich in seiner reinen Unmöglichkeit selbst das Urteil der Totgeborenheit spricht?

1849 kommt Richard Wagner in einem Aufsatz *Der Mensch und die bestehende Gesellschaft* auf dieses Thema zurück. Er stellt fest: »Im Jahre 1848 hat der Kampf des Menschen gegen die bestehende Gesellschaft begonnen.« Allein, diese Gesellschaft, die es zu schaffen gilt, ist abermals die seit Ludwig Feuerbach wohlbekannte »menschliche Gesellschaft«, in deren Begriffe die konkrete bürgerlich-kapitalistische Ordnung unter den Zügen der Abstraktion »des Menschen« erscheint. Richard Wagner fordert zwar – das ist zweifellos ein Fortschritt gegenüber dem Gedanken von 1848 –, daß die bestehende Gesellschaft als eine verworfene beseitigt werden müsse. Allein, die Lösung erblickt er in Feuerbachscher Abstraktion bloß in folgendem: »Es ist die Bestimmung der Menschheit, durch die immer höhere Vervollkommnung ihrer geistigen, sittlichen und körperlichen Kräfte zu immer höherem, reinem Glück zu gelangen.« Dazu hieß es bereits bei Marx in der sechsten Feuerbach-These: »Feuerbach löst das religiöse Wesen in das menschliche Wesen auf. Aber das menschliche Wesen ist kein dem einzelnen Individuum innewohnendes Abstraktum. In seiner Wirklichkeit ist es das Ensemble der gesellschaftlichen Verhältnisse.« Auch zu diesen Anschauungen Richard Wagners gibt es zahlreiche typische Parallelerscheinungen. Bemerkenswert ist vor allem die Ähnlichkeit mit Wagners Zeit- und Altersgenossen Friedrich Hebbel, wenn man zum Beispiel Hebbels Sonett mit dem Titel *Die menschliche Gesellschaft* betrachtet, geschrieben schon 1841, im Erscheinungsjahr von Feuerbachs *Wesen des Christentums*, wie ein dichterischer Vorentwurf wirkend zu Richard Wagners Revolutionsschriften von 1848/49.

Ihren Höhepunkt finden Wagners Revolutionsideen in seiner berühmten Flugschrift *Die Revolution*. Zu Feuerbach und Proudhon hat sich nun der Einfluß Bakunins gesellt:

> Zerstören will ich die bestehende Ordnung der Dinge, welche die einige Menschheit in feindliche Völker, in Mächtige und Schwache, in Berechtigte und Rechtlose, in Reiche und Arme teilt, denn sie macht aus allen nur Unglückliche. Zerstören will ich die Ordnung der Dinge, die Millionen zu Sklaven von Wenigen und diese Wenigen zu Sklaven ihrer eigenen Macht, ihres eigenen Reichtums macht. Zerstören will ich diese Ordnung der Dinge, die den Genuß trennt von der Arbeit, die aus der Arbeit eine Last, aus dem Genuß ein Laster macht, die *einen* Menschen elend macht durch den Mangel und den *anderen* durch den Überfluß.

Hinzu kommen nun die großen dramatischen Pläne der Revolutionszeit. Zwei vor allem. Sie wurden beide nicht ausgeführt.

Jesus von Nazareth und *Wieland der Schmied*. Die geplante Christus-Oper gedachte gleichsam am urchristlichen Beispiel Proudhons These, wonach Eigentum und Besitz bloßer Diebstahl seien, zu illustrieren. Wagner schreibt dazu an Ferdinand Heine in einem Brief vom 4. Dezember 1849, daß er nach wie vor allen Widerständen zum Trotz an diesem Jesus-Stoff festhalte, »der euch heute als volle Chimäre erscheint, vielleicht schon in einem halben Jahre nicht mehr«. Und dann folgt ein Exkurs über Feuerbachs Idee von der Möglichkeit des Menschen, die sich, illustriert ausgerechnet am Jesus-Stoff, besonders eigentümlich ausnehmen muß:

> Die Macht, die aber gegenwärtig das Leben beherrscht, die all unser Sinnen, Trachten, Wollen, Sorgen und Streben einnimmt, – die wir immer und stündlich als die Mächtigste, Entscheidendste und Alles Durchdringendste fühlen und erkennen, diese Macht – überlege es Dir genau, ist nichts anderes als: – das Geld – d. i. der abstrahierte und idealisierte Eigennutz – Daß der einzelne Mensch – in diesem modernen Sinne – aber wirklich Gott ist, das beweist Dir jeder Reiche, denn er gebietet sogar Gott, nämlich dem Gelde.

Wesentlich bedeutender und weiter dem Wahn entrückt ist *Wieland der Schmied*. Der Grundgedanke wird in einem Brief an Liszt vom 6. Februar 1850 entwickelt: »Wieland, der freie, künstlerische Wunderschmied mit zerschnittenen Fußsehnen, erfindet und schmiedet sich Flügel, auf denen er sich seinem Elend entschwingt.« Was Wagner zeigen wollte, hat er in seinem Buch *Das Kunstwerk der Zukunft* geschildert, das in einer Nacherzählung der Wieland-Sage ausklingt, als einen Appell an das deutsche Volk: »O einziges, herrliches Volk! Das hast du gedichtet, und du selbst bist dieser Wieland! Schmiede deine Flügel, und schwinge dich auf!« Ist mithin die enge Verbindung Wagners mit den achtundvierziger Ideen bei aller Unklarheit und Unreife unleugbar, so läßt sich ebenso unverkennbar das Weiterwirken dieser Ideen auch bei dem Emigranten Richard Wagner feststellen. Er hat keineswegs danach gestrebt, wieder in Gnaden aufgenommen zu werden. Als ihm von der Möglichkeit seiner Amnestierung berichtet wird, während gleichzeitig einige seiner Freunde und Mitstreiter, wie August Röckel, in sächsischen Gefängnissen gehalten wurden, weist er entrüstet solchen Kniefall zurück. Er fühlt sich weiter in seiner Art als Revolutionär. Schuld am Scheitern der Bewegung gibt er den politischen Führern von 1849. Das setzt er in einem leidenschaftlichen Brief an Uhlig vom 22. Oktober 1850 auseinander. Diese hochbedeutsamen Ausführungen hatte Cosima bei der späteren Veröffentlichung der Uhlig-Briefe gestrichen. Desgleichen entfielen unter ihrer »glättenden« Hand alle Hinweise auf Wagners Traum von einer neuen Revolution. In der bisher bekannten Fassung zum Beispiel des Briefes an Uhlig vom 12. November 1851, worin der Plan einer künftigen Aufführung des *Nibelungen*-Werks geschildert wird, hieß es: »An eine Aufführung kann ich erst unter ganz anderen Umständen denken.« In Wirklichkeit hatte Wagner geschrieben:

> An eine Aufführung kann ich erst nach der Revolution denken, erst die Revolution kann mir die Künstler und die Zuhörer zuführen, die nächste Revolution muß notwendig unserer ganzen Theaterwirtschaft das Ende bringen: sie müssen und werden alle zusammenbrechen, dies ist unausbleiblich. Auf den Trümmern rufe ich mir dann zusammen, was ich brauche: ich werde, was ich bedarf, dann finden.

Nur aus der Kenntnis dieser realen Zusammenhänge und dieser Beziehungen Wagners zu den revolutionären und nachrevolutionären Ereignissen läßt sich der geistige Grundgehalt des *Nibelungenrings* erklären. Auch hier handelt es sich in der Keimzelle um ein Werk, das in die Jahre vor 1848 zurückreicht. Nach den Themen deutscher Sage und Geschichte, die mit *Lohengrin* und den *Meistersingern* angeschlagen worden waren, traten die Pläne eines Hohenstaufen-Dramas über Friedrich Barbarossa, von dem bloß eine kurze Skizze überliefert ist, und das im Jahre 1848 ausgeführte Drama *Siegfrieds Tod* in den Vordergrund. In Wagners Bericht über den *Nibelungen-Mythus* aus dem Jahre 1848 wird bereits die Grundkonzeption der Ringdramen ebenso klar ausgesprochen wie in dem Entwurf von 1845 das Grundmotiv der *Meistersinger*. Geplant ist ursprünglich als Musikdrama bloß das spätere Schlußstück *Siegfrieds Tod.* Vorhanden aber ist bereits der Gedanke vom Goldmythos: die Rückkehr des Rheingoldes in die Fluten des Rheins. Als Beendigung der Goldknechtschaft hat Wagner den Abschluß des Werkes konzipiert. Allein, der Ausklang ist hier, also 1848, doch wesentlich anders gedacht als später in der *Götterdämmerung*. Brünnhilde, die den Scheiterhaufen besteigt, verkündet:

Ihr Nibelungen, vernehmt mein Wort!
Eure Knechtschaft künd' ich auf.

Und es fehlt der Brand Walhalls. Wotan geht nicht mit der bisherigen Weltordnung zugrunde. Im Gegenteil verkündet die Walküre:

Nur einer herrsche:
Allvater! Herrlicher du!

Aber die antikapitalistische Deutung des Nibelungenmythos ist gerade an dieser Frühgestalt besonders klar sichtbar. Sie entspricht den proudhonistischen Gedankengängen. Ihr Ausklang ist in der Befreiung des arbeitenden Nibelungenvolkes, also der vom Gold geknechteten arbeitenden Menschheit, noch durchaus optimistischer Art. Erst die spätere endgültige Gestalt der *Ring*-Tetralogie enthält den pessimistischen Ausklang – und zugleich Bakunins Gedanken von der Inbrandsetzung der, wie Wagner an Liszt am 30. Januar 1853 schreibt, »von dem Qualm und dem Industriepestgeruch unserer städtischen Zivilisation« bemakelten Gesellschaftsordnung.
Auch Wagners große kunsttheoretische und kulturpolitische Schriften der ersten Emigrationszeit stehen noch durchaus im Bann seiner Revolutionserlebnisse. Unverkennbar sind überall die Utopismen und gewisse »liebesschwüle« (um mit dem

Kommunistischen Manifest zu reden) Tiraden des »wahren« Sozialismus. Der Substanz nach aber handelt es sich bei den Essays *Die Kunst und die Revolution* (1849), *Das Kunstwerk der Zukunft* (1850) und bei Wagners berühmtem Buch *Oper und Drama* (1851) um sehr bedeutsame Dokumente, deren antikapitalistische Gedankengänge ebenso bemerkenswert sind wie ihre Bemühungen, die große klassische Dichtung und Musik der Deutschen gegen ihre Schändung im kapitalistischen Alltag zu verteidigen. Richard Wagner stellt sich in dem Essay *Die Kunst und die Revolution* die sehr wichtige Frage, warum die Gegenwart keine echte Tragödie im Sinne der Griechen hervorgebracht habe. Er findet die Antwort im Fehlen einer wirklichen »Öffentlichkeit«: also einer lebendigen Beziehung zwischen Kunst und Volk, und er glaubt, daß nur eine »große Menschheitsrevolution« die Möglichkeit zu einer neuen echten Tragödie schaffen werde. Ein echtes tragisches Kunstwerk aber, und überhaupt alle echte Kunst, werde nur dann entstehen, wenn diese Menschheitsrevolution den Künstler vom kapitalistischen Marktgetriebe befreie und die Kunst aus der Abhängigkeit von den Geldmächten erlöst habe. Nur von einer solchen aus der antikapitalistischen Revolution erstandenen Kunst werde man sagen können: »Diese Kunst geht nicht nach Gelde!«

Das *Kunstwerk der Zukunft* führt diese Gedankengänge weiter. Hier allerdings finden sich neben ausgezeichneten Einzelbemerkungen über den Verfallszustand der verschiedenen Kunstarten zugleich die sonderbarsten Kunsturteile, bedingt durch die Tatsache, daß Wagner natürlich nicht allgemeine Probleme der Ästhetik behandeln will, sondern sich ein eigenes Bild der Kunstgeschichte und Kunstentwicklung im Interesse seiner höchstpersönlichen Ästhetik und Musikdramatik zurechtmacht. Auch der Einfluß Feuerbachs ist hier viel stärker spürbar als in der voraufgehenden Analyse über den Zusammenhang von Kunst, Profit, Volkstümlichkeit und Revolution. Das *Kunstwerk der Zukunft* wird in ursprünglicher Fassung mit verehrender Widmung dem Philosophen (oder vielmehr dem Nichtmehr-Philosophen!) Ludwig Feuerbach zugeeignet.

Auch in dem Buch *Oper und Drama* ist der Feuerbachianismus als wesentliches Leitmotiv vertreten, das von Wagner bis in die eigentlichen musikalischen und kompositionstechnischen Probleme hinein verfolgt wird. Allein, man spürt dennoch bei den wichtigsten Gedankengängen seines Buches den Künstler Wagner, der nach wie vor den Nachhall der revolutionären Bewegung in den Ohren hat und als gestaltender Musikdramatiker eben um diese Zeit am *Nibelungenring* arbeitet: der als meisterhaftes Geflecht aus Mythologie und Aktualität gedacht ist, aus deutscher Vorzeit, Gegenwart und Zukunft, der Siegfried und Brünnhilde als Paar neuer, freier, vom Golde unabhängiger Menschen den Zeitgenossen als Vorbild hinstellen möchte. Und so schließt Wagner sein Buch *Oper und Drama* mit Worten, die abermals tiefste dialektische Erkenntnis hart neben die undialektische Utopie stellen, wenn er schreibt:

> Der Erzeuger des Kunstwerks der Zukunft ist niemand anderes als der Künstler der Gegenwart, der das Leben der Zukunft ahnt, und in ihm enthalten zu sein sich sehnt. Wer diese Sehnsucht aus seinem eigensten Vermögen in sich nährt, der lebt schon jetzt in einem besseren Leben; – nur einer aber kann dies: – der Künstler.

Alles ist Optimismus und konkrete gesellschaftliche Aufgabenstellung in diesen Werken und den ersten Jahren des Züricher Exils. Nach wie vor bleibt Wagner – in seinen Begrenztheiten und mit allem »Wähnen« – der subjektiv fortschrittliche Künstler, der Gesellschaftskritiker, Kulturpolitiker und antikapitalistische Revolutionär. Wenige Jahre aber vergehen – und Richard Wagner stellt sich vor im Bilde des Kulturpessimisten, des Antipolitikers, des Vertreters einer aristokratischen Ästhetik und weltflüchtigen Mystik. Wie ist dieser erstaunliche Wandel, dieser erschreckende Bruch in der Entwicklung zu erklären? Er vollzieht sich übrigens nicht geradlinig und auch nicht ohne »Rückfälle«; noch der Schopenhauerianer Wagner hält immer wieder, wie vor allem der Briefwechsel enthüllt, gelegentliche Einkehr bei Feuerbach und Proudhon, Stirner und

Bakunin. Dennoch kann man seit dem Jahre 1854 eine grundsätzliche Wandlung Wagners feststellen: aus einem subjektiv fortschrittlichen Künstler, der objektiv in vielen Gedanken allerdings bereits Elemente des Reaktionären aufgewiesen hatte, wird nun ein subjektiv wie objektiv reaktionärer, antihumanistischer Denker und antirealistischer Ästhetiker. Die tiefe gesellschaftliche Tragödie, die sich hier vollzieht, wirkt um so erschütternder, als sich der Musiker Wagner um die gleiche Zeit eine Meisterschaft des Technischen, eine Kunst der Nuancierung, der Einfallsverwertung, der Instrumentation erworben hat, die von jetzt an weitgehend in den Dienst von Werken gestellt wird, deren Gehalt sie auf die Seite des Verfalls, der spätbürgerlichen Dekadenz, im tiefsten Sinne der Menschenfeindlichkeit verweist. Grotesk ist es bisweilen, an Einzelheiten zu bemerken, wie schrecklich konsequent Wagner bei diesem Positionswechsel, bei dieser »Zurücknahme« vorgeht. Als er den 3. und 4. Band seiner Schriften zusammenstellt und herausgibt, worin sich die großen Essays der Jahre 1849–51 finden, stellt er eine Einleitung zum 3. und 4. Band voran, die höchst kläglich dem Leser klarmachen möchte, wie wenig heute der Verfasser noch von seiner eigenen Berufung auf Feuerbach oder gar auf den Kommunismus halte. Die Einleitung wird 1871, also zur Zeit der Pariser Kommune, geschrieben, und Richard Wagner beeilt sich zu betonen: »Ich glaube nun zwar, daß der gewogene deutsche Leser, welchem dieser begriffliche Gegensatz sogleich einleuchten wird, über das Bedenken, ob er mich unter die Parteigänger der neuesten Pariser ›Kommune‹ zu zählen habe, ohne besondere Mühe herauskommen wird.« Er kommt sogar – im Zeichen des neugegründeten Bismarck-Reiches – zu der Meinung, das deutsche Volk brauche überhaupt keine neue Revolution, da ihm »durch seine vollbrachte *Reformation* eine Nötigung zur Teilnahme an der Revolution erspart zu sein scheint …«.
Es gibt wenige Fälle in der Kunst- und Literaturgeschichte, wo ein großer und den besten Traditionen seines Volkes eng verbundener Künstler so schmählich seiner eigenen Vergangenheit und den wirklichen Höchstleistungen seines Lebens abgeschworen hätte wie Richard Wagner.

Jener Übergang aber von Fortschritt zu Reaktion, vom revolutionären Optimismus zum Kulturpessimismus mußte auch zu einer umfassenden Verfälschung seiner eigenen Vergangenheit durch Richard Wagner und seine späteren Parteigänger führen. Daher wird schon in Wagners Autobiographie *Mein Leben* der Einfluß Feuerbachs allen Tatsachen zuwider bagatellisiert, wobei Wagner allerdings unfreiwillig wieder zugibt, daß es gerade Feuerbachs Gedanken gewesen seien, wonach die spekulative Philosophie Hegels zugunsten einer gesellschaftlichen Praxis tätiger Menschenliebe überwunden werden müsse, was ihn, Wagner, in den vierziger Jahren so tief beeinflußt habe. Die offiziellen Wagnerianer von Bayreuth haben sich dann bemüht, den Materialismus und Feuerbachianismus Wagners noch stärker zu »retuschieren«: allen voran der faschistische Ideologe Chamberlain, der rundheraus dekretierte, Wagner habe an Feuerbach vor allem dessen Kritik am – Materialismus bewundert! Und Chamberlain war immerhin Schwiegersohn Richard Wagners und vertrauter Hausgenosse von Frau Cosima.

Wie wenig allerdings all diese Stilisierungen und Retuschen am wirklichen historischen Sachverhalt ändern können, zeigen nicht bloß die Dokumente aus Wagners Entwicklung, nicht bloß die Gedankengänge all seiner frühen kulturpolitischen und ästhetischen Schriften bis zu *Oper und Drama*; stärker noch wird diese ideologische Umkehr spürbar in seinem Werk selbst: und zwar als geistige und schließlich auch dramaturgische Brüchigkeit des Kunstwerks. Das ist am schrecklichsten spürbar am *Nibelungenring* in seiner schließlich vollendeten Gestalt. Die Entwicklung dieses großen Werks, das heute stärkste realistische Momente unmittelbar neben schwache, abbröckelnde Episoden stellt und nur mühsam durch das überaus geistvolle Geflecht der Leitmotive eine äußere Einheit dort vorspiegelt, wo die innere Uneinheitlichkeit nur allzu klar hervortritt, muß noch einmal kurz rekapituliert werden. Die Tragödie *Siegfrieds Tod* entsteht 1848: sie besitzt in der Anlage bereits alle wichtigen Handlungselemente der späteren *Götterdämmerung*, schließt auch schon mit der großen Schlußdeutung des Geschehens durch Brünnhilde und der Rückkehr des Rheingoldes zu den Rheintöchtern. Wotan soll herrschen: was aber keineswegs als religiöses Symbol, sondern als Bekenntnis zur altdeutschen und altnordischen Mythologie gedacht ist. Die Nibelungen, also das Heer der arbeitenden Menschen, werden vom Fluch des Goldes befreit: die Herrschaft des Goldes ist zu Ende. Auch als Wagner in den ersten Züricher Exiljahren darangeht, das Bild des jungen Siegfried gleichsam als Vorspiel zu *Siegfrieds Tod* zu entwerfen, lebt er noch in den Gedankengängen seiner früheren Jahre. An August Röckel, der damals wegen Teilnahme am Dresdner Aufstand im Gefängnis sitzt, schreibt er am 24. August 1851:

> Siegfried durchdringt das Feuer und erweckt Brünnhilde, das Weib, zur wonnigsten Liebesumarmung. In unseren feurigen Gesprächen gerieten wir schon darauf: nicht eher sind wir das, was wir sein können und sollen, bis – das Weib nicht erweckt ist.

Siegfried ist ihm der freie Mensch, der neue Mensch, unberührt vom Fluch des Goldes, ein Symbol besseren und künftigen Menschentums. Der Glanz, womit Wagners Dichtung und Musik ihn umgeben, gleicht dem Schimmer der Gralsbotschaft im *Lohengrin*. Auch hier allerdings sind jungdeutsche und bakunistische Gedankengänge mit eingeflochten. Siegfried ist das Kind der Geschwisterliebe und damit Ausdruck der Verachtung für Sitte und Gesetze; er ist der schuldlose Brecher der Verträge. Aber er ist doch vor allem der freie, furchtlose, echten Gefühls fähige Mensch, den Wagner gestalten wollte und auch gestaltet hat.

Dann aber setzt der Einfluß Schopenhauers auch bei Richard Wagner ein. Abermals erleben wir Richard Wagner als typischen Vertreter der bürgerlichen deutschen Menschen und Künstler in der nachrevolutionären Zeit. Enttäuschung über das Scheitern der Revolution, Entsetzen vor dem Juni-Aufstand 1848 der Pariser Arbeiterschaft, eigene Nöte des Emigranten, die Unklarheit seines Weltbildes, die Unfähigkeit schließlich, eine wirkliche Beziehung zur Arbeiterklasse und damit zum

Volk zu gewinnen – alles treibt Richard Wagner zurück in die bürgerliche Welt, die er bis dahin mehr als zwanzig Jahre lang so leidenschaftlich gehaßt und bekämpft hatte. Er lebt nunmehr vorwiegend im Kreise wohlhabender Patrizier oder Großbürger, auf ihre Renten, Geschenke und Darlehen angewiesen; er glaubt sich überzeugt zu haben, daß auf eine neue Revolution in seinem Sinne nicht zu rechnen sei. In dieser Stimmung entdeckt er Arthur Schopenhauer und wird – wie so viele der anderen enttäuschten Achtundvierziger – zum Anhänger des philosophischen Pessimismus. Sehr bemerkenswert ist es zum Beispiel, daß er in Zürich die *Welt als Wille und Vorstellung* auf Empfehlung eines anderen bedeutenden deutschen revolutionären Emigranten, auf Empfehlung Georg Herweghs, las.
Hatte Wagner ursprünglich gleich seinen Zeitgenossen auf Hegel und den Hegelianismus geschworen, dann auf Feuerbach und Proudhon, so vollzieht er nun abermals in der Wendung zu Schopenhauer eine typische ideologische Entwicklung. In einem berühmten Brief vom 16. Dezember 1854 an Liszt schreibt er über dieses neue »Erlebnis«:

> Was sind vor diesem alle Hegels für Scharlatane! Sein Hauptgedanke, die endliche Verneinung des Willens zum Leben, ist von furchtbarem Ernste, aber einzig erlösend. Mir kam er natürlich nicht neu, und niemand kann ihn überhaupt denken, in dem er nicht bereits lebte.

Das schreibt er während der Arbeit am *Nibelungenring*. Nun wird Schopenhauers Kulturpessimismus in den geistigen Gehalt der *Ring*-Konzeption einbezogen. Die Folgen sind unabsehbar. Nicht minder erstaunlich ist die dadurch erzeugte Verwirrung. Denn so entsteht die Tetralogie als ein Werk, dessen »höchste Sinndeutung« in drei verschiedenen Varianten vor uns entwickelt wird.
Der *Nibelungenring* besitzt in der Tat einen dreifachen Schluß, also keinen. Die frühere Deutung aus *Siegfrieds Tod* wurde aufgegeben. Der erste, unmittelbar an der theatralischen Darstellung erkennbare Schluß ist bakunistisch, wenn man ihn nach

den heute vorliegenden Dokumenten richtig zu deuten weiß: Walhall verbrennt – und Wotan samt allen Göttern. Die vom Fluch des Goldes und der Verträge korrumpierten Herrschenden verbrennen, damit die neue Reinheit der vom Golde befreiten Menschheit entstehen kann, nachdem sogar Siegfried als Opfer des Goldes zugrunde gehen mußte. So hat Wagner die Schlußszene der *Götterdämmerung* gedichtet und komponiert.
Er hat aber der Veröffentlichung dieser Schlußszene noch sehr bedeutungsvolle Verse zugefügt, die nicht komponiert wurden – und die nun eine zweite Sinngebung und einen zweiten Schluß darstellen. Sie sind feuerbachianisch, wenn Brünnhilde erklärt:

Verging wie Hauch
der Götter Geschlecht,
laß' ohne Walter
die Welt ich zurück:
meines heiligsten Wissens Hort
weis' ich der Welt nun zu. –
Nicht Gut, nicht Gold,
noch göttliche Pracht;
nicht Haus, nicht Hof,
noch herrischer Prunk;
nicht trüber Verträge
trügender Bund,
nicht heuchelnder Sitte
hartes Gesetz:
selig in Lust und Leid
läßt – die Liebe nur sein. –

Das ist offensichtlich Feuerbachs Atheismus, Antikapitalismus, seine Liebesethik.
Aber nicht genug damit. Bei der Veröffentlichung des Textes der *Götterdämmerung* gab Richard Wagner noch eine weitere, dritte Versgruppe aus der Schlußrede der Brünnhilde bekannt, die gleichfalls nicht komponiert wurde. Bevor er sie dem Leser bekanntgibt, schreibt er – gleichsam als ein Wort des Dichters

an den Leser – in Form einer Regieanmerkung die folgenden Zeilen:

Hatte schon mit diesen Strophen der Dichter in sentenziösem Sinne die musikalische Wirkung des Dramas im voraus zu ersetzen versucht, so fühlte er im Verlaufe der langen Unterbrechungen, die ihn von der musikalischen Ausführung seines Gedichtes abhielten, zu einer jener Wirkung noch besser entsprechenden Fassung der letzten Abschiedsstrophe sich bewogen, welche er hier folgend ebenfalls noch mitteilt.

Und dann werden die neuen Sinndeutungen mitgeteilt in den folgenden Zeilen:

Führ' ich nun nicht mehr
nach Walhalls Feste,
wißt ihr, wohin ich fahre?
Aus Wunschheim zieh' ich fort,
Wahnheim flieh' ich auf immer;
des ew'gen Werdens
off'ne Tore
schließ' ich hinter mir zu:
nach dem wunsch- und wahnlos
heiligsten Wahlland,
der Welt-Wanderung Ziel,
von Wiedergeburt erlöst,
zieht nun die Wissende hin.
Alles Ew'gen
sel'ges Ende,
wißt ihr, wie ich's gewann?
Trauernder Liebe
tiefstes Leiden
schloß die Augen mir auf:
enden sah ich die Welt.

Das aber ist unverkennbar Arthur Schopenhauer! Es hat nichts mehr zu tun mit dem einstigen Protest aus dem Jahre 1848, nichts mehr mit Wagners Deutung des brennenden Walhall, nichts mehr mit der Grundkonzeption des Antikapitalismus. Es mutet an wie bare Verlegenheit, wenn Richard Wagner behauptet, diese letzten Verse seien nicht komponiert worden, da sich ihr Gehalt ohnehin aus dem musikalischen Gehalt des Werkes ableiten lasse. Das ist nicht wahr. Es gilt ebensowenig für den ursprünglichen Plan wie noch für das vollendete und durchkomponierte Werk. Drei Schlußfassungen: eine nach Bakunin, eine nach Feuerbach, eine nach Schopenhauer. Tragikomischer läßt sich der Zwiespalt in Richard Wagners künstlerischer Gestalt wohl kaum dokumentieren ...

Richard Wagners weitere geistige und gesellschaftliche Entwicklung ist bekannt. Das aus dem Jahre 1862 datierte Vorwort zur Dichtung des *Nibelungenrings* schließt mit höchst pessimistischen Bemerkungen über die Möglichkeit, daß die deutsche Nation aus eigener Kraft fähig sein könnte, diesem nationalen Kunstwerk, das Wagner für sie schuf, zum Leben zu verhelfen. Er hofft – ohne rechte Überzeugung – auf »eine Vereinigung kunstliebender, vermögender Männer und Frauen«: ein grotesker Zwiespalt zwischen diesem Plan und diesem Werk! Er hofft vor allem auf einen deutschen Fürsten und schließt mit der Frage: »Wird dieser Fürst sich finden?« Man weiß, daß er sich zwei Jahre später in dem jungen Bayernkönig Ludwig II. gefunden hat. Man weiß aber auch, daß sich Richard Wagner damit in seinem künstlerischen Wollen und seinem persönlichen Handeln vollkommen abgewandt hatte von allen Gedanken und Bestrebungen, die noch bis etwa 1852 seine Weltanschauung und sein Werk genährt hatten.

Da auch für den Schopenhauerianer Richard Wagner trotz aller Weltflüchtigkeitsbestrebungen das gesellschaftliche Geschehen im Mittelpunkt seiner Gedanken bleibt, da der Künstler Richard Wagner undenkbar wäre ohne diese unaufhaltsame und fast überscharfe Reaktion auf Zeitereignisse, wirkt sich die neue Konstellation seines persönlichen Lebens ebenso entscheidend aus auf seine Gedankenwelt wie die neue gesellschaftlich-politische Konstellation Deutschlands seit der Mitte der sechziger Jahre. Durch König Ludwig von Bayern ist Richard Wagners

Leben und Kunstschaffen von nun an materiell gesichert. Die gleichen Jahre aber, die in Wagners Biographie vom ersten und enthusiastischen Freundschaftsbund zwischen König und Künstler zur langsamen gegenseitigen Entfremdung führen (1864 bis 1868), stehen gleichzeitig im Zeichen einer neuen Phase der deutschen Einigungsbewegung: neuer Aufschwung des Nationalbewußtseins im Kampf um Schleswig-Holstein (1864); kriegerische Auseinandersetzung zwischen Preußen und Österreich um die Vorherrschaft in Deutschland (1866); erste Form der Reichseinigung in der »kleindeutschen« Gestalt des unter preußischer Hegemonie stehenden Norddeutschen Bundes. In jenen Jahren unternimmt Richard Wagner abermals in einer Reihe von größeren Aufsätzen den Versuch, seine politischen und kunsttheoretischen Auffassungen zu formulieren und – was bei Wagner damit stets identisch ist – zu propagieren. Aber die Beziehung des Schriftstellers zum Publikum hat sich inzwischen wesentlich gewandelt. Die Betrachtungen der Jahre 1848/49 zum Thema Kunst und revolutionäre Politik hatten sich an die Teilnehmer der Revolutionsbewegung gerichtet. Die großen theoretischen Arbeiten der ersten Züricher Exilzeit rechneten gleichfalls noch mit einem Leserkreis deutscher demokratischer Politiker, Künstler und Kunstfreunde. Die neuen Arbeiten Wagners jedoch, die zwischen 1865 und 1867 entstehen, sind gleichsam als »Fürstenspiegel« gedacht: gemäß einer berühmten Tradition der deutschen und außerdeutschen Literatur, die sich von der Renaissance als erstem Höhepunkt bis zur bürgerlichen Aufklärung des 18. Jahrhunderts erstreckt und jedesmal durch einen bürgerlichen Schriftsteller und Staatsheoretiker das Bild eines »idealen Fürsten« zum Gebrauch des jeweils »zuständigen« Monarchen entwerfen ließ, versucht Richard Wagner nun seine Gedanken über Kunst und Politik gleichsam für den Privatgebrauch »seines Fürsten«, des Bayernkönigs, niederzuschreiben. Schon die Studie *Über Staat und Religion* aus der ersten Münchener Zeit (1864) ist für Ludwig II. bestimmt und wendet sich ausdrücklich an ihn. Erst recht sind die späteren Aufsätze *Deutsche Kunst und deutsche Politik* von 1867, wenngleich sie in Fortsetzungen in der Presse erschienen, unverkennbar an Ludwig II. als eigentlichen Adressaten gerichtet. Und der Briefwechsel zwischen König und Künstler beweist auch, daß sich der Wittelsbacher in aller Bewußtheit als Empfänger dieser »Lehren« empfand.

Geändert also hat sich der Adressat und mit ihm das Verhältnis des Schreibenden zur Umwelt. Geändert hat sich demzufolge vor allem die weltanschauliche Grundposition Richard Wagners, denn ein anderes ist es, ob der Künstler von der Revolution, und nur von ihr, also von unten her, eine Erneuerung der deutschen Kultur erwartet, ein anderes, ob er, wie hier, auf fürstliche Reformen und eine Änderung »von oben her« hinzielt. Richard Wagner ist sich dieser geistigen Wendung durchaus bewußt, wenn er auch mit dem Anspruch auftritt, in allen früheren Gedankengängen »eigentlich« schon das Wesentliche seiner heutigen Auffassungen mitgesagt zu haben. So jedenfalls bemüht er sich zu Beginn der Studie *Über Staat und Religion* die Lage darzustellen. Es ist das gleiche Bestreben, das ihn genau zehn Jahre früher, 1854, bei Entdeckung Schopenhauers, den Fall so darstellen ließ, als sei er von jeher, sich selber unbewußt, bereits Schopenhauerianer gewesen. Dennoch klaffen unüberwindliche Widersprüche zwischen dem einstigen Materialisten und revolutionären Demokraten Wagner und dem nunmehrigen Essayisten, der – nach seinen eigenen Worten – dem Könige eine »so ungemeine, wiederholt als fast übermenschlich bezeichnete Stellung« zuerkennt und der seinen Gedankengang in folgender These gipfeln läßt:

> Die bezeichnete Eigenschaft der wahrhaften Religiosität, welche sich, aus dem angegebenen tiefen Grunde, nicht durch Disput, sondern einzig durch das tätige Beispiel kundgibt, wird, wenn sie dem König innewohnt, zur einzigen, dem Staate wie der Religion vorteilhaften Offenbarung, durch welche diese mit jenem in Beziehung tritt.

Das sind wohlbekannte Töne seit Novalis, seit der romantischen gegenrevolutionären Staatstheorie, seit Friedrich Wilhelm IV. von Preußen und der monarchisch-staatskirchlichen

Theorie eines Friedrich Julius Stahl. Wagner entsprach damit selbstverständlich den romantisch-absolutistischen Gedankengängen Ludwigs II., der sich im Kult des französischen »Sonnenkönigs« gefiel. Ebenso selbstverständlich aber hatte er damit den Übergang von der Revolution zur feudal-absolutistischen Konterrevolution beschritten.

Auch in *Deutsche Kunst und deutsche Politik* gibt es mancherlei Elemente der »Zurücknahme« früherer fortschrittlicher Ideen über Politik, Gesellschaft und Kunst. Dennoch enthalten diese Aufsätze eine Fülle durchaus richtiger und berechtigter Kritik an der Kunstfeindlichkeit der Bourgeoisie und der planmäßigen Verfälschung und Preisgabe großer deutscher Kulturwerte durch die kapitalistische Profitgesellschaft. Richard Wagner erweist sich abermals in seinen besten Geistes- und Kunstelementen als getreuer Erbe und Hüter der großen deutschen Dichtung und Musik, Beethovens und Webers, Schillers und Goethes. In ergreifenden Worten kämpft er gegen den Verfall des künstlerischen Geschmacks, gegen die Degradierung der größten deutschen Kunstschöpfungen zum Zweck eines billigen »Amüsements«. Wagner mag im einzelnen ungerecht sein gegen Rossinis Oper *Tell* oder Gounods opernhaften *Faust*: dennoch trifft er als scharfsinniger Gesellschaftskritiker ein wesentliches Element des kapitalistischen Kulturverfalls, wenn er zeigt, daß das deutsche bürgerliche Publikum nur noch bereit sei, Schillers *Tell* oder Goethes *Faust* in einer solchen »melodiösen« Veroperung zu akzeptieren. Erweist sich der Kulturkritiker Wagner also als überaus hellsichtig, wo es gilt, Symptome des geistigen Verfalls aufzuzeigen, so regiert wiederum chaotische Unklarheit in Wagners Darstellung der angeblichen Verfallsursachen und in seinem Projekt zur kulturellen Erneuerung. Gerade infolge seiner Unklarheit aber ist dieser Teil seiner Gedankenführung bei jenem deutschen Bürgertum »populär« geworden, dem Richard Wagner den Prozeß machen möchte. Bis zum Überdruß wiederholt wurde die folgende Formulierung: Deutsch sein heiße, »die Sache, die man treibt, um ihrer selbst und der Freude an ihr willen treiben«. Richard Wagner tritt sogar ein für eine neue und enge Verbindung zwischen

Schule und Religion. Dann jedoch macht sich plötzlich der Anhänger von Stirner und Bakunin von neuem bemerkbar: Richard Wagner erweist sich wiederum als ein Gegner des Staates und möchte den König gegen den Staat ausspielen, was auf die Identität von Staat und König, also bekanntlich auf das absolutistische Prinzip Ludwigs XIV. hinausläuft. Der Schluß der großen Aufsatzreihe aber – und hier spürt man doch von neuem das Miterleben der deutschen Einigungsbewegung – steht im Zeichen des Kampfes für die »Verteidigung der großen Schöpfer der deutschen Wiedergeburt des vorigen Jahrhunderts«, also der großen deutschen Klassiker. In ihrem Zeichen soll, so fordert Wagner, ohne den Weg zur Verwirklichung zeigen zu können, die geistige Wiedergeburt erfolgen …

Der Deutsch-Französische Krieg 1870/71 mit der Gründung des Bismarckschen Reiches zeigt Richard Wagner als begeisterten deutschen Patrioten, aber zugleich auch als entfesselten deutschen Nationalisten. Sein im Januar 1871 geschriebenes Gedicht *An das deutsche Heer vor Paris* ist nicht bloß der Form nach ein schlechtes Gedicht, sondern gleichzeitig ein Aufruf zur schrankenlosen Eroberungspolitik auf Kosten Frankreichs. Richard Wagner, der Barrikadenkämpfer von 1849, komponiert einen *Kaisermarsch* für Wilhelm von Hohenzollern. Er schreibt eine witzlose, angeblich »in antiker Manier«, also nach dem Vorbild des Aristophanes abgefaßte Verhöhnung der französischen Revolutionäre und Demokraten im belagerten Paris, wobei er vor allem Victor Hugo in fader Offenbachiade zu verspotten sucht. Auch hier werden übrigens seine kunstpolitischen Gegensätze zwischen deutscher klassischer Kunst und französischem Opernbetrieb mitverarbeitet, wenn sich etwa Victor Hugo mit folgendem Couplet an die deutschen Belagerer wendet:

Wir machen euch hier elegant.
Wer fänd' euren *Faust* appetitlich?
Gounod erst machte ihn niedlich:
Don Carlos und Wilhelm Tell,
denen gerbten wir erst das Fell.

Was wüßtet ihr von Mignon,
machten wir nicht dazu Mirliton?
Habt ihr euch den Shakespeare gestammlet,
wir schufen goutable erst Hamlet!
Doch hattet ihr wirklich Génie,
den Parisern entging dies nie:
Orpheus aus der Unterwelt,
ihn haben wir angestellt.

Richard Wagner verspürte später selbst Unbehagen über diesen polemischen Exzeß: das Vorwort zu dem kleinen Theaterstück äußert sich ziemlich geniert und etwas unangenehm berührt über dieses Produkt, das in seine Gesammelten Werke aufzunehmen sein Verfasser doch nicht umhin konnte.

Auch in den letzten Lebensjahren nimmt Richard Wagner – er ist nun Sieger, Meister, Haupt einer Schule, künstlerischer Diktator des Wagnerianismus – noch einmal zu großen weltanschaulichen Fragen Stellung. Wiederum handelt es sich um die Zusammenhänge von *Kunst und Religion.* Seine Aufsätze unter diesem Titel (1880) stellen sich vor als seltsame Mischung aus neuer Religiosität und altem Feuerbachianismus.

Abermals steht das Problem des Volkes im Mittelpunkt, was nicht wundernehmen kann, denn »Volk« bedeutet für Wagner »Publikum«: daß er sich mit einem Publikum aus deutschen Fürsten, Aristokraten und Patriziern nicht begnügen kann, hat ihm der finanzielle Mißerfolg der ersten Bayreuther Festspiele von 1876 zur Genüge bewiesen. Der Großherzog von Baden etwa war in seinem »Mäzenatentum« bloß so weit gegangen, für seinen Sohn, den Kronprinzen, einen halben Anteilschein für den Festspielfonds zu zeichnen! Also beschäftigt sich Richard Wagner mit der Erneuerung des Publikums, was identisch sein muß mit einer Erneuerung des gesamten kulturellen Lebens. »Publikum und Popularität« und »Publikum in Zeit und Raum« sind daher für ihn entscheidende Themen geworden. Erneuerung des Publikums bleibt also die Grundfrage. Aber Wagner sucht sie in einer Erneuerung der Gesellschaft durch religiöse Erneuerung zu finden. Sonderbar vermischen sich dabei christliche und schopenhauerianische Gedankengänge. Ausgerechnet der diesseitsgerichtete Künstler und Theatergründer Wagner bekennt sich zu Schopenhauers Prinzip, wonach Glückseligkeit nur dort wohne, »wo es kein Wo und kein Wann gibt«. Und so gelangt er zu der höchst widerspruchsvollen Forderung einer Erneuerung von Gesellschafts- und Kunstleben aus dem Geiste Arthur Schopenhauers! Der »Wille«, im Sinne Schopenhauers, blieb abermals bei einem so lebenskräftigen und zähen Künstler, wie es Wagner gewesen ist, Sieger.

Diese Eigentümlichkeit in Richard Wagners geistiger Entwicklung ist immer wieder hervorstechend: daß er in allen Wandlungen doch niemals völlig mit seinen früheren fortschrittlichen Anschauungen zu brechen vermag; daß immer wieder auch der Revolutionär Wagner auflebt und an einzelnen Stellen siegreich durchbricht.

Im ganzen gesehen hat Richard Wagner in den letzten zwanzig Jahren seines Lebens den Weg fortschrittlicher Entwicklung verlassen: er hat sich von seinen früheren Freunden und Anschauungen getrennt. Vergleicht man etwa Richard Wagners Haltung zur Reichsgründung von 1871 mit der klaren und sauberen Stellungnahme seines einstigen Gefährten Herwegh, so wird der Gegensatz besonders klar erkennbar. Dennoch ist Richard Wagner – glücklicherweise – immer wieder nicht bloß schreibender Kulturkritiker, Essayist, Politiker, Ratgeber eines Königs, sondern ein genialer Künstler, dem es vor allem um sein Werk geht. Dieses Werk aber triumphiert über alle werkgefährdenden Theorien und weltanschaulichen Kompromisse. Ein vollständiger Sieg freilich kann nicht möglich sein. Die subjektive Reaktion und philosophische Wirklichkeitsfeindschaft hinterlassen seit der Wende von 1854 auch im künstlerischen Schaffen des großen Musikers ihre unverkennbaren Spuren. Das Höchste und Lebensvollste hat Richard Wagner trotz allem geschaffen, als er auch im Subjektiven auf der Seite des fortschreitenden Lebens und der echten gesellschaftlichen Erneuerung stand. Dennoch wäre es absurd, seine letzten Schöpfungen als durchaus »reaktionär« und brüchig abzutun. Wie allerdings das größtangelegte Werk des Meisters, *Der Ring des Nibe-*

lungen, unter Wagners ideologischem Frontwechsel zu leiden hatte, wurde bereits gezeigt. Die *Götterdämmerung*, als Gipfelpunkt der Tetralogie gedacht, bedeutet zweifellos einen künstlerischen Rückschritt. Aber auch ein musikalisches Wunderwerk wie *Tristan und Isolde* hat schwer an seiner Schopenhauer-Hypothek zu tragen.
Seltsam war das Schicksal dieses großen Kunstwerks bei der Nachwelt. Bekanntlich hat Wagners Liebe zu Mathilde Wesendonck das große musikalische Liebesdrama in stärkerem Maße als irgendein anderes Wagner-Werk aus persönlichstem Erleben geformt, wenngleich auch alle früheren Werke des Musikdramatikers Wagner unverkennbar einen privat-erotischen Kern aufzuweisen hatten. In einem schonungslos offenherzigen Brief vom 15. Januar 1854 an Liszt hat es Wagner einmal ausgesprochen:

> Wahrlich, ich lebte bis in mein sechsunddreißigstes Jahr, ehe ich jener furchtbaren Öde ganz inne ward. Bis dahin erhielt sich mein Wesen durch das Gleichgewicht zweier in mir streitenden Elemente des Verlangens, von denen ich das eine durch meine Kunst zu stillen suchte, während ich dem anderen periodenweise durch brünstige, phantastische Ausschweifungen Luft machte. (Du kennst meinen *Tannhäuser,* diese Idealisierung dieses in der Wirklichkeit oft so trivialen Gebarens!)

Die Liebesentsagung des Mannes Richard Wagner verschmolz mit der Weltverneinungsphilosophie Arthur Schopenhauers. Alle Themen der Romantik sind von neuem in einer letzten synthetischen Gipfelung in das Werk eingegangen: Novalis mit den *Hymnen an die Nacht,* die Auffassung vom Tode als eigentlicher Höchstform des Lebens, von der Liebe als einer Form des Todes, von der Unerkennbarkeit und Unaussprechbarkeit der Welt, vom unübersteiglichen Gegensatz romantischer Liebe und öder Tageswirklichkeit. Bekanntlich ist auch Schopenhauers *Welt als Wille und Vorstellung*, bereits 1819 erschienen, ein durch und durch romantisches Werk.

Dennoch ist *Tristan und Isolde* als Gesamtkunstwerk ein Sieg echten musikalischen Schöpfertums über die Prinzipien romantischer Formlosigkeit. Es gelingt der Musik einfach nicht, auch nicht der Musik Richard Wagners, das Lebensfeindliche, das Nichtmehrseinwollen auszudrücken. Wagners Tristan-Musik ist ein gewaltiges Zeugnis der Lebensbejahung, des Lebenswillens, der Liebesleidenschaft. Außerdem ein Sieg kompositorischer Meisterschaft über alle romantischen Theorien vom Fragmentcharakter der Kunst. Kaum ein Werk Richard Wagners ist so ebenmäßig und »klassisch« gebaut in Dichtung und Musik wie diese der Absicht nach so weltabgewandte Musiktragödie. Der heutige Theaterbesucher empfindet Schönheit und schöpferische Fülle des musikalischen Kunstwerks; er erlebt die tiefe Menschlichkeit eines Konflikts zwischen Liebe und Treue; er wird mitgerissen von der Vitalität einer Musik, die auch dort formvoll und schön bleibt, wo sie – auf dem Höhepunkt des Liebesduetts und bei Isoldes Liebestod – scheinbar die Lebensverneinung und Todessüchtigkeit aussprechen möchte, aber nicht auszusprechen vermag. Dennoch ergibt sich eine Diskrepanz: die Musik des *Tristan* hat sich, vom heutigen Standpunkt aus betrachtet, weitgehend unabhängig gemacht von dem philosophischen Ideengehalt, den sie nach Wagners Willen auszudrücken bestimmt war. Das bedeutet, besonders wenn man Wagners eigenen Absichten folgt, eine innere Brüchigkeit, die trotz aller Schönheit der *Tristan*-Partitur nicht zu verkennen ist.

Im höchsten Maße dagegen siegt in den *Meistersingern* der Realismus über die inzwischen von Wagner eingenommene kulturpessimistische Grundkonzeption. Indem der Schöpfer des herrlichen Werks in allen wesentlichen Zügen seinem Grundentwurf von 1845 treu blieb, schuf er ein Werk, dessen Deutschheit und echte Volkstümlichkeit allen seitherigen Gesellschaftswandlungen standgehalten hat. Gewiß begegnet man auch hier den Spuren Schopenhauers, besonders in den Monologen des Hans Sachs. Dennoch sind die *Meistersinger* in noch weit stärkerem Maße als Wagners Aufsätze über *Deutsche Kunst und deutsche Politik* eine Widerspiegelung der deutschen Einigungsbewegung. Und so wurden sie auch von allen Zeitgenossen nach der Münchener Uraufführung am 21. Juli 1868 empfunden. Was die tiefe Lebenskraft und historische Bezogenheit der *Meistersinger*-Schöpfung ausmacht, hat Hugo von Hofmannsthal einmal in einem Brief vom 1. Juli 1927 an Richard Strauss sehr schön ausgedrückt:

> Das nun gibt dieser Oper ihre unzerstörbare Wirklichkeit: daß sie eine echte geschlossene Welt wieder lebendig macht, die einmal da war … das ist das, sozusagen Homerische an den *Meistersingern,* das, was sie mit *Hermann und Dorothea* in Verwandtschaft setzt und – cum grano salis – auch mit *Faust I* und sicher mit dem *Götz*, und was sie so fest und solid und frischbleibend macht.

Als wichtigstes Lebenselement der *Meistersinger* hat der Dichter des *Rosenkavaliers* mit Recht die historische Konkretheit erkannt. Er hebt als Wirkungsmoment auch hervor, daß »das nationale Pathos das Geschenk eines national erhöhten Zeitmomentes (des fühlbaren Werdens der deutschen Einigung) gewesen ist«. Und vor allem konnte sich Wagner in den *Meistersingern* auf eine große realistische Kunsttradition stützen: besonders hervorzuheben ist Goethes Gedicht über *Hans Sachsens poetische Sendung,* welches den Gedankengehalt für Wagners Preislied geliefert hat. So entstand im Zusammenwirken Wagnerscher Gedankengänge von 1845, eines Wiederauflebens bürgerlichen Selbstbewußtseins in Deutschland in den sechziger Jahren und von Richard Wagners fester Bindung an das nationale deutsche Kulturerbe eine Gesamtschöpfung, die wir heute als Höhepunkt des Wagnerschen Lebenswerks bezeichnen können.

Im *Parsifal* dagegen, dem Alterswerk des Künstlers, ist es nicht noch einmal zu einem Sieg realistischer Kunst über eine unrealistische und lebensfeindliche Philosophie gekommen. Auch der *Parsifal* bleibt ein großes musikalisches Kunstwerk. Thomas Mann schrieb dazu: »Das Alterswerk, viel unterschätzt, ist doch eigentlich das Aller-Interessanteste. Die großartigste Musik ist noch darin (Verwandlung im III. Akt), und die Figur

der Kundry ist zweifellos seine höchste dichterische Errungenschaft. Er wußte es.«
Merkwürdig sind die abermals auftauchenden jungdeutschen Gedankengänge. Kundry vereinigt in ihrer Person die Extreme der Hetäre und der Heiligen, die sich im *Tannhäuser* noch als Gegensätze von Venus und Elisabeth dargestellt hatten. (Auch Tristan und Isolde waren eigentlich in ihrer Ausnahmestellung gegenüber dem »öden Tag« des Alltagslebens abermals Gutzkow-Gestalten!) Dennoch hat Wagner dem *Parsifal* so stark den Stempel seiner spätbürgerlichen Philosophie aufgeprägt, daß alle musikalische Schönheit dem Befremden des heutigen Theaterbesuchers nicht mehr gebieten kann. Dabei ist auch der *Parsifal* nicht eigentlich ein religiöses und schon gar kein christliches Werk im orthodoxen Sinne. Es ist sogar nicht einmal schwer, Feuerbachs Gedanken noch an entscheidender Stelle des Bühnenweihefestspiels festzustellen. Wenn etwa Gurnemanz den Karfreitagszauber beschreibt: die Freude menschlicher Kreatur am frühlinghaften Blühen der vorösterlichen Landschaft:

> Ihn selbst am Kreuze kann sie nicht erschauen:
> da blickt sie zum erlösten Menschen auf;
> er fühlt sich frei von Sündenangst und Grauen,
> durch Gottes Liebesopfer rein und heil.

Dennoch erlebt man hier ein Geflecht aus altpersischen, altindischen, mittelalterlich-christlichen Mysterien, aus jungdeutscher Sinnlichkeit und Schopenhauers Welterlösungsmystik, das auch Wagners Musik nicht – wie etwa im Falle des *Tristan* – zu einer wirklich weiterlebenden Schöpfung zu formen gewußt hat.
Wagner und kein Ende; die Auseinandersetzung um ihn und sein Werk wird nach wie vor mit unverminderter Heftigkeit geführt. Darin äußert sich schließlich die starke und fortdauernde Gegenwartsbedeutung seiner Schöpfungen. Keiner der Zeitgenossen und keiner der Nachlebenden hat sich ihnen entziehen können. Verdi hat in seinen späteren Werken wesentliche Ele-

mente der Wagner-Musik mit seiner eigenen künstlerischen Substanz verschmolzen; nicht anders verhielten sich Tschaikowski oder Rimski-Korsakow. In schönen Worten hat Tschaikowski nach dem Anhören des *Nibelungenrings* diesen Tatbestand formuliert:

> Wie man sich auch zu Wagners titanischem Werk stellen mag, niemand kann jedoch die Größe der selbstgewählten und erfüllten Aufgabe und die geistige Kraft bestreiten, die ihn sein Werk, eine Heldentat, vollenden ließ – wahrhaft einen der größten künstlerischen Pläne, die jemals im Kopf eines Menschen zustande kamen.

Die Aufgabe des deutschen und heutigen Beurteilers aber muß darin bestehen, die großen und unvergänglichen Leistungen Richard Wagners von den verfallenden und brüchigen Partien seiner Weltanschauung und seiner Werke kritisch zu scheiden. Das aber ist nur möglich, wenn Richard Wagners geistige Entwicklung in seiner Zeit in aller Klarheit und Konkretheit erkannt wurde.

II. Anmerkungen zum Werk

Nicht-mehr und Noch-nicht im Fliegenden Holländer

> Wie aus der Ferne längst vergang'ner Zeiten
> Spricht dieses Mädchens Bild zu mir:
> Wie ich's geträumt seit bangen Ewigkeiten,
> Vor meinen Augen seh' ich's hier.

Scheinbar steht alles schon bei Heinrich Heine. Dessen Fragment *Aus den Memoiren des Herrn von Schnabelewopski* war 1831 entstanden und drei Jahre später im ersten Band des *Salon* veröffentlicht worden. Heine hat die Geschichte angeblich nicht erfunden, sondern will bloß die Nacherzählung eines in Holland gesehenen Theaterstücks geben. Durchaus möglich, daß es sich so verhält. Der Stoff war damals in der europäischen Literatur gut bekannt und recht beliebt. Daß Richard Wagner die Handlungsführung von Heine oder auch von der durch Heine vermittelten Vorlage übernahm, ist offensichtlich. Dennoch entstand etwas, woran Heine bei seinem Bericht kaum gedacht haben mochte. Will man den *Fliegenden Holländer* Richard Wagners richtig verstehen, so ist ein Vergleich geboten zwischen Heines epischer Version und Richard Wagners romantischer Ballade.

Im siebenten Kapitel der *Memoiren des Herrn von Schnabelewopski* steht zu lesen: »Die Fabel von dem fliegenden Holländer ist Euch gewiß bekannt. Es ist die Geschichte von dem verwünschten Schiffe, das nie in den Hafen gelangen kann und jetzt schon seit undenklicher Zeit auf dem Meere herumfährt. Begegnet es einem anderen Fahrzeuge, so kommen einige von der unheimlichen Mannschaft, in einem Boote, herangefahren und bitten, ein Paket Briefe gefälligst mitzunehmen. Diese Briefe muß man an den Mastbaum festnageln, sonst widerfährt dem Schiffe ein Unglück, besonders wenn keine Bibel an Bord oder kein Hufeisen am Fockmaste befindlich ist. Die Briefe sind immer an Menschen adressiert, die man gar nicht kennt, oder die längst verstorben, so daß zuweilen der späte Enkel einen Liebesbrief in Empfang nimmt, der an seine Urgroßmutter gerichtet ist, die schon seit hundert Jahren im Grabe liegt. Jenes hölzerne Gespenst, jenes grauenhafte Schiff, führt seinen Namen von seinem Kapitän, einem Holländer, der einst bei allen Teufeln geschworen, daß er irgendein Vorgebirge, dessen Name mir entfallen, trotz des heftigsten Sturms, der eben wehte, umschiffen wolle, und sollte er auch bis zum Jüngsten Tage segeln müssen. Der Teufel hat ihn beim Wort gefaßt, er muß bis zum Jüngsten Tage auf dem Meere herumirren, es sei denn, daß er durch die Treue eines Weibes erlöst werde …

Auf diese Fabel gründet sich das Stück, das ich im Theater zu Amsterdam gesehen. Es sind wieder sieben Jahre verflossen, der arme Holländer ist des endlosen Umherirrens müder als jemals, steigt ans Land, schließt Freundschaft mit einem schottischen Kaufmann, dem er begegnet, verkauft ihm Diamanten zu spottwohlfeilem Preise, und wie er hört, daß sein Kunde eine schöne Tochter besitzt, verlangt er sie zur Gemahlin. Auch dieser Handel wird abgeschlossen. Nun sehen wir das Haus des Schotten, das Mädchen erwartet den Bräutigam zagen Herzens. Sie schaut oft mit Wehmut nach einem großen verwitterten Gemälde, welches in der Stube hängt und einen schönen Mann in spanisch-niederländischer Tracht darstellt; es ist ein altes Erbstück, und nach der Aussage der Großmutter ist es ein getreues Konterfei des fliegenden Holländers, wie man ihn vor hundert Jahren in Schottland gesehen, zur Zeit König Wilhelms von Oranien. Auch ist mit diesem Gemälde eine überlieferte Warnung verknüpft, daß die Frauen der Familie sich vor dem Original hüten sollten. Eben deshalb hat das Mädchen, von Kind auf, sich die Züge des gefährlichen Mannes ins Herz geprägt. Wenn nun der wirkliche fliegende Holländer leibhaftig hereintritt, erschrickt das Mädchen, aber nicht aus Furcht. Auch jener ist betroffen bei dem Anblick des Porträts. Als man ihm bedeutet, wen es vorstelle, weiß er jedoch jeden Argwohn von sich fernzuhalten, er lacht über den Aberglauben, er spöttelt selber über den fliegenden Holländer, den ewigen Juden des Ozeans, jedoch unwillkürlich in einen wehmütigen Ton übergehend, schildert er, wie Myn Heer auf der unermeßlichen Wasserwüste die uner-

hörtesten Leiden erdulden müsse, wie sein Leib nichts anders sei als ein Sarg von Fleisch, worin seine Seele sich langweilt, wie das Leben ihn von sich stößt und auch der Tod ihn abweist: gleich einer leeren Tonne, die sich die Wellen einander zuwerfen, so werde der arme Holländer zwischen Tod und Leben hin- und hergeschleudert, keins von beiden wolle ihn behalten; sein Schmerz sei tief wie das Meer, worauf er herumschwimmt, sein Schiff sei ohne Anker und sein Herz ohne Hoffnung.
Ich glaube, dieses waren ungefähr die Worte, womit der Bräutigam schließt. Die Braut betrachtet ihn ernsthaft und wirft manchmal Seitenblicke nach seinem Konterfei. Es ist, als ob sie sein Geheimnis erraten habe, und wenn er nachher fragt: Katharina, willst du mir treu sein?, antwortet sie entschlossen: Treu bis in den Tod.«
Der Kapellmeister Wagner hatte Heines Erzählung in Riga gelesen, kurz bevor er mit Minna und dem Neufundländer Robber vor den Gläubigern von dort fliehen mußte. Mit Schmugglerhilfe war man nach Pillau gelangt; von dort sollte ein altes Segelschiff, »Thetis«, die beiden Flüchtlinge, den Riesenhund und sieben Mann Besatzung nach London bringen. Im Skagerrak erfaßte sie ein furchtbarer Sturm, trieb die »Thetis« nach Norwegen, wo sie in einer Bucht Zuflucht fand. Die Matrosen freuten sich der Rettung und sangen ein Seemannslied. Nach all der Aufregung und Angst vermischten sich in Wagners Vision die Bilder, die Klänge, die literarischen Reminiszenzen. Klänge des Matrosenliedes, der Schreckensanblick des wütenden Meeres, Erinnerung an Heines Erzählung vom Gespensterschiff und vom fliegenden Holländer. Der Konflikt aber war in der Tat ganz anders angelegt als bei Heine. Den hatte das Thema des Ahasver auch in der Holländerversion gereizt, weshalb Heine vom »ewigen Juden des Ozeans« sprach. Ahasver übrigens war damals als Gestalt in der europäischen Literatur nicht weniger beliebt als der fliegende Holländer. In Wilhelm Hauffs *Mitteilungen aus den Memoiren des Satans* war er schon in der Mitte der zwanziger Jahre aufgetaucht, also fünf Jahre vor Heines Beschäftigung mit dem »Ahasver des Ozeans«. Richard Wagner dagegen läßt sich in seinem Frühwerk die ahasverische Parallele

entgehen: ihn beschäftigt weniger die Ursache des Fluches, der auf dem Holländer lastet, als die Tatsache einer menschlichen Gestalt, die gezwungen ist, zeitlos zu werden. Heinrich Heine denkt beim fliegenden Holländer an den Ahasver, den Fluch des Judentums, an Erlösung des Einsamen durch »Emanzipation«: durch seine Verbindung mit einem sterblichen, daher zeitgebundenen Menschen der Alltagswelt. Weshalb sich Heine sehr wohl hütet, den Ausgang der Geschichte mitzuteilen. Sein Bericht vom fliegenden Holländer klingt aus im Verlöbnis des seltsamen Bräutigams mit der Tochter des habgierigen Schotten. Da für Heine hinter dieser Geschichte (wie auch hinter seinem anderen großen epischen Fragment, dem *Rabbi von Bacharach*) das Thema der Judenemanzipation steht, kann und will der Erzähler keine Lösung geben. Der Bericht ist zwar so dramatisch gegliedert, daß sich Wagner im szenischen Aufbau daran genau zu halten vermochte, aber es bleibt bei einer Erzählung, die auf dem »dramatischen Höhepunkt« plötzlich abgebrochen wird.

Einen solchen Verzicht auf Lösung des Konflikts konnte es für Wagner, den Dramatiker und Musikdramatiker, nicht geben. Da ihn weder Ahasver kümmert noch das Thema der Judenemanzipation, muß das Geschehen auf der Bühne schließlich über Tod oder Weiterleben des Holländers dramatisch entscheiden. Bei Heine gab es den Hintergrund des Fluches und der Fluchursachen. Diese Ursachen des Fluches treten bei Wagner sehr stark zurück. Seiner romantischen Oper geht es um die Zeitlosigkeit des Holländers, weit weniger um Ereignisse, die dazu führten. Wagners Holländer ist kein Ahasver, für ihn stellt sich die Bindung an eine treue Frau nicht als Problem der Emanzipation. Die geheime Judenproblematik bei Heine verwandelte sich in eine geheime Künstlerproblematik, denn mit dem *Fliegenden Holländer* beginnt die Reihe verschlüsselter Künstlerdramen Richard Wagners.

Beim ersten Anblick freilich scheint nicht diese Künstlerproblematik im Vordergrund zu stehen, sondern ein Motiv, das den *Fliegenden Holländer* eng mit der deutsch-romantischen Kunsttradition verknüpft. Wie stets beinahe in der Handlungs-

führung romantischer deutscher Opern bildet auch hier der Zusammenstoß zwischen Menschenwelt und Geisterwelt das geistige Zentrum. Mit diesem Grundprinzip war bereits E. T. A. Hoffmanns Oper *Undine* nach der Erzählung des Barons Fouqué angelegt worden. *Freischütz* und *Oberon* hatten den Konflikt abgewandelt; auch Heinrich Marschners Opern waren der Überlieferung treu geblieben. Zu dieser Tradition aber gehörte es, daß die Begegnung eines Menschen, der sich liebend und vertraulich mit der Geisterwelt einließ, tragisch zu enden hatte. Die Vermischung beider Sphären, der irdischen wie der außerirdischen, vollzog sich als Konstellation von Liebe und Tod.
Diese Problematik aber nimmt abermals die ambivalente Form einer sonderbaren Vermischung von konservativer Überlieferung und »heftiger Umkehr« an. Traditionsgebunden war nicht bloß die Konstellation der Menschenwelt mit der Geisterwelt oder die Weltschmerzthematik. In einem viel tieferen Sinne hatte die gesamte Gestalt des Holländers mit der Vergangenheit zu tun, mit einer nicht mehr existierenden Wirklichkeit. Das liegt nicht bloß am Fluch, dem der Holländer unterliegt und der ihn zwingt, »aus der Ferne längst vergang'ner Zeiten« in eine stets neue, für ihn mit Notwendigkeit anachronistische Wirklichkeit eingehen zu müssen. Das Menschenbild einer treuen, vollkommen ergebenen Frau, das er in sich trägt und immer wieder vergeblich sucht, gehört der Vergangenheit an: des Holländers Vorstellungen von Reinheit und bedingungsloser Treue sind verklärte Vergangenheit. Traumbilder der Erinnerung. Man könnte von Utopie einer Vorzeit sprechen. Diese Vorstellungswelt der Holländer-Gestalt (und ihres Schöpfers) gehört zur regressiven Tradition der deutschen Romantik. Novalis, dem sich alle Menschengeschicke schließlich als Rückweg »nach Hause« darstellten, Rückkehr ins Kinderland, in die ungebrochene Gemeinschaft eines angeblich noch einheitlichen corpus christianum im Mittelalter; Eichendorffs »gute alte Zeit«. Sonderbar vermischten sich antike Vorstellungen mit romantischen Illusionen eines bilderbuchartig ausstaffierten Mittelalters. Das Goldene Zeitalter stand – nach Meinung der Alten – am Anfang der Menschengeschichte. Alles Spätere wurde

zum Verfall und Zerfall. Der christliche Gedanke vom Sündenfall nahm das Thema auf; Novalis verband ihn in seinem Traktat *Die Christenheit oder Europa* mit der These, Aufklärung sei eigentlich ein neuer Sündenfall des menschlichen Geistes und müsse wieder zu einer Rückkehr zu den Ursprüngen, zur wirklichen Heimat führen.

Im Sinne dieser Tradition ist auch das Sehnen des Holländers zu verstehen. Seine Idole und Ideale gehören einer längst vergangenen Zeit des Nicht-mehr an. Mit ihnen steht er fremd in den jeweils neuen Realitäten, die er zu durchleben hat. Er mißt die neuen Generationen am Maßstab seiner Träume von einst – und glaubt sie verwerfen zu müssen. In einem noch tieferen und unheimlicheren Sinne hat der Holländer mit der Tradition und Vergangenheit zu tun, denn sein tiefster Wunsch zielt nicht bloß nach einem Menschenideal der Vergangenheit, sondern nach dem Sterben-können, dem Nicht-mehr-sein. Der Holländer braucht die Erfüllung seines Ideals einer vollkommen reinen und treuen Frau, um sterben zu dürfen. Die Überlieferung erweist sich hier insgeheim als eine Tradition zum Tode. Auch dies Motiv ist deutsch-romantisch. Es verbindet Richard Wagners frühe romantische Oper mit Novalis und Hoffmann, weist aber zugleich auch schon hinüber ins Zentrum des romantischen Gipfelwerks *Tristan und Isolde*.

Tradition, Welt des Nicht-mehr, Rückkehr in die verlorene Heimat, die Kinderland und Totenreich in einem bedeutet. Unter all diesen Aspekten ist bereits Wagners *Fliegender Holländer* eine Gipfelung deutsch-romantischer Tradition und Regression. Er hat aber zugleich mit der Zukunft zu tun, mit einer echten Utopie des Noch-nicht-Seins. Der Hinweis auf das Werk einer »heftigen Umkehr« ist berechtigt. Repräsentiert die Holländer-Gestalt vor allem die Bindung an das Vergangene, so verkörpert *Senta* die Sehnsucht nach dem Neuen, Unerhörten, nach dem Ausbruch aus der Gegenwart und Umwelt. Senta ist keine Närrin oder Hysterikerin, wie man so oft gesagt und auf der Bühne dargestellt hat. Sie ist ein junger, leidenschaftlicher, sehr einsamer Mensch in einer engen und geistig platten Umwelt. Die Tochter eines bedenkenlosen Geschäftsmannes, verlobt mit einem Mann, den sie nicht liebt, dem sie sich überlegen fühlt, den sie bloß anhörte, um vielleicht einen Ausweg aus der Einsamkeit zu finden. Unbeteiligt am Gesumme und Geplapper der Mädchen, sitzt sie in der Spinnstube und wird ärgerlich.

> O, macht dem dummen Lied ein Ende,
> es summt und brummt nur vor dem Ohr!
> Wollt ihr, daß ich mich zu euch wende,
> so sucht 'was Besseres hervor!

Der Holländer, dessen Bild in ihrem Vaterhause hängt, bedeutet für sie weder bloße Phantasie noch bloße Vergangenheit: er ist für sie Wirklichkeit und Gegenwart. Daher kann ihre Ballade in den ekstatischen Ruf ausbrechen:

> Ich sei's, die dich durch ihre Treu' erlöse!
> Mög' Gottes Engel mich dir zeigen!
> Durch mich sollst du das Heil erreichen!

Das ist eine Lebens- und Zukunftsaufgabe. Die große Tat eines Menschen in kleiner Umwelt. Damit aber kam bereits die Tragödie in das Haus des Fischers Daland: noch ehe der Holländer selbst die Schwelle überschritt. Senta versteht ihre Tat zwar als Erlösung, aber als Erlösung des Holländers durch ein Leben in Liebe und Treue. Der Holländer hingegen muß die Erlösung als ein Sterben-können verstehen. Die Gemeinschaft zwischen ihm und Senta ist ungeheuerlich als Verbindung des Nicht-mehr mit dem Noch-nicht, der romantischen Regression des Holländers mit Sentas aus der Bürgerwelt wegstrebender Utopie. Das Terzett Holländer-Senta-Daland in E-Dur das den zweiten Aufzug beschließt, bietet musikalisch scheinbar eine Gemeinsamkeit der musikalischen Linie. Alle drei Stimmen streben im Septimenakkord leidenschaftlich empor: aber die scheinbar gleiche musikalische Bewegung hat, nicht bloß dem Text nach, ganz verschiedene Bedeutung. »Bis in den Tod«, heißt es bei Senta; »Hohn, Hölle, dir«, in der musikalischen Gegenstimme des Holländers; »Es soll euch nicht gereuen«, singt der erfolgreiche Daland, den der gute Abschluß freut. Das dann folgende più stretto und più presto bringt Taumel und leidenschaftliche Entschlossenheit; ein Bündnis zwischen Tod und Leben, todessüchtiger Vergangenheit, geschäftiger Gegenwart und sehnsüchtig erhoffter Zukunft.

Eben dadurch aber erweist sich der *Fliegende Holländer* Richard Wagners als ein Werk jener eigentümlichen gesellschaftlichen Übergangszeit zwischen 1830 und 1848, von der Alfred de Musset in seiner *Confession d'un enfant du siècle* von 1836 gesagt hatte, das Unbehagen der jungen Menschen jener Epoche liege darin, daß nichts mehr von dem Bestand habe, was ehemals war, aber auch noch nichts von dem, was einmal sein werde. Dieser Zustand einer Übergangszeit zwischen den Revolutionen, zwischen Restauration und Ancien régime, bürgerlicher Revolution und sozialistischer Utopie (von sozialistischer Wissenschaft ganz zu schweigen) bildete die eigentliche gesellschaftliche Grundlage der Weltschmerzthematik. Hier findet sich die Ursache einer gemeinsamen Prägung so verschiedenartiger Künstler wie Büchner und Lermontow, Mickiewicz und Musset. Auch die Senta Richard Wagners ist in Mussets oder Lermontows Sinne eine »Heldin ihrer Zeit«. Gerade die Ambivalenz aber von Tradition und Neugestaltung, Nichtmehr und Noch-nicht, die Bindung Sentas an den Holländer, der selbst manchen Zug der gleichen Zukunftssehnsucht besitzt, aber vor allem doch durch den Fluch gezeichnet ist, stellt Richard Wagners romantische Oper in den Zusammenhang der großen europäischen Emanzipationsbewegung und offenbart gleichzeitig bereits den Zwiespalt, der Wagners ganzes späteres Werk durchziehen sollte: Regression und Utopie, Lebenskraft und Todessüchtigkeit in unlösbarer Verstrickung.

Nicht mehr und noch nicht. Ein Werk der Tradition und der Umkehr in einem. In Gehalt und Form, Dichtung wie Musik das ehrliche Erzeugnis einer gesellschaftlichen Übergangszeit. Aufbegehren eines Künstlers und seiner Gestalten aus der Bürgerwelt des Juste-Milieus, die Wagner voller Entsetzen in Paris erlebt hatte und die sein Denken und Schaffen von nun an unablässig beschäftigen sollte. Gegen diese Welt stehen Senta und der Holländer gemeinsam, aber es ist eine ungute, tief fragwürdige Gemeinsamkeit als Bündnis der Zukunft mit der Vergangenheit. Versteht man sie recht, so ist mit dieser ersten Wagner-Oper bereits alles gegeben, was Thomas Mann an Wagners fünfzigstem Todestag in jenem Jahr 1933 durch die Formel »Leiden und Größe Richard Wagners« ausdrücken sollte.

Tannhäuser *und die künstlichen Paradiese*

> Tannhäuser bedeutet den Kampf zweier
> Prinzipien, die sich das menschliche
> Herz als Kampfplatz erwählten:
> Kampf zwischen Fleisch und Geist,
> Hölle und Himmel, Satan und Gott.
>
> Baudelaire.
>
> Richard Wagner und *Tannhäuser*
> in Paris (1861)

Wagners romantische Oper vom Sänger Tannhäuser im Konflikt zwischen himmlischer und irdischer Liebe, Venushölle und heiliger Elisabeth, entstand als textliche Verschmelzung zweier ursprünglich durchaus voneinander unabhängiger Sagenstoffe. Um es mit Wagners eigenen Worten zu sagen, die erläutern, warum er den ursprünglichen Titel *Der Venusberg* widerstrebend aufgab und die heutige Überschrift wählte, die *Tannhäuser* und Sängerkrieg als gleichberechtigt nebeneinanderstellt: »Ich fügte dem Namen meines Helden Tannhäuser die Benennung desjenigen Sagenstoffes hinzu, welchen ich, ursprünglich der Tannhäuser-Mythe fremd, mit dieser in Verbindung gebracht hatte, woran leider später der von mir so sehr geschätzte Sagen-Forscher und Erneuerer Simrock Anstoß nahm.« In der Tat: Tannhäuserlegende und Wartburgsage sind ganz unabhängig voneinander entstanden. Geographischer Bereich und geistiger Standort scheinen kaum eine Verbindung möglich zu machen. Wagner war genötigt, wie er in *Mein Leben* ausführlich berichtet, beim Anblick der Berglandschaft rings um die Wartburg einen seitlich gelegenen Bergrücken einfach zum »Hörselberg« zu ernennen. Ganz fremd freilich war das Tannhäuser-Thema dem Thüringer Sagenbereich doch nicht. Eine sehr alte Fassung der Sage vom Venusberg hatte Ludwig Bechstein im Jahre 1835 in seiner Sammlung *Sagenschatz des Thüringer Landes* abgedruckt. Trotzdem bestanden Venusberg und Wartburg ursprünglich in der Sagenwelt nicht als Gegenbereiche. Auch Ofterdingen aus dem Sängerkrieg und Tannhäuser, der im Venusberg weilte, waren noch nicht zu einer einzigen Gestalt verschmolzen.

Getrennte Sagenbereiche, getrennte literarische Traditionen. Für jeden der beiden Stoffe – Tannhäuser und Wartburgkrieg – gab es auch eine eigene Genealogie dichterischer Verarbeitungen. Richard Wagner studierte, wie immer in solchen Fällen, sowohl die ursprünglichen Sagenelemente als auch die literarischen Nachgestaltungen seiner Zeitgenossen aus dem 19. Jahrhundert. Das Tannhäuser-Thema war ein Jahr nach Bechsteins Sagenbuch von Heinrich Heine, als gereimtes Reisebild gestaltet, in die Sammlung der *Neuen Gedichte* aufgenommen worden. Heines Gedicht vom Tannhäuser mit dem Untertitel *Eine Legende* erschien zuerst im Jahre 1837 im dritten Band des *Salon*. Dort lernt es Wagner ebenso kennen, wie er bereits im ersten Band des »Salon« von 1835 das Handlungsschema des *Fliegenden Holländers* gefunden hatte.

Eine literarische Vorstufe zur Behandlung des Sängerkrieges fand sich bei E.T.A. Hoffmann. Dessen serapiontische Erzählung vom *Kampf der Sänger* gesellte sich zur Heine-Reminiszenz. Heine, das mittelhochdeutsche Lied vom Wartburgkrieg und die Sage vom Venusberg. Erlebnis der Thüringer Frühlingslandschaft und Weiterführung der Künstlerproblematik aus dem *Fliegenden Holländer* verschmolzen in Wagners Tannhäuser-Text zur neuen geistig-künstlerischen Einheit.

Zwei Themen also mit eigener Tradition und Genealogie. Indem Wagner sie aber zur Einheit zwingt, stellt er sich überdies in eine höchst eigentümliche künstlerische Tradition, die weniger leicht erkennbar ist als die Verbindung von Tannhäusersage und Wartburgtradition. Gemeint ist ein geistiger Zusammenhang, der keineswegs in frühere Jahrhunderte zurückreicht, sondern eine Tradition des 19. Jahrhunderts bedeutet: als Ergebnis einer eigentümlichen geschichtlichen Konstellation, die für die europäische Kunst ganz unabsehbare Folgen haben sollte.

Man nenne sie einmal die Tradition der künstlichen Paradiese. Der Schöpfer des *Tannhäuser* wußte genau, was er tat, als er seinem Werk den Titel *Der Venusberg* zu geben gedachte. Erst im

Augenblick, da der fertige Klavierauszug versendet werden soll, stellt sich heraus, daß der Kommissionsverleger C. F. Meser in Dresden mit triftigen Gründen auf Änderung des Titels drängt. In Wagners Autobiographie heißt es darüber: »Er behauptete, ich käme nicht unter das Publikum und hörte nicht, wie man über diesen Titel die abscheulichsten Witze machte, welche namentlich von den Lehrern und Schülern der medizinischen Klinik in Dresden, wie er meinte, ausgehen müßten, da sie sich auf eine nur in diesem Bereich geläufigere Obzönität bezögen. Es genügte, eine so widrige Trivialität mir bezeichnet zu hören, um mich zu der gewünschten Änderung zu bewegen.« Die Titeländerung verhinderte nun zwar, daß dumme Witze gemacht werden konnten, aber sie hat zugleich auch für lange Zeit den Blick auf die geheime Grundstruktur des Werkes verstellt. *Der Venusberg*: das war und bleibt der richtige Titel, denn er stellt schon in der Überschrift den Anschluß an die Tradition der künstlichen Paradiese her. Der Venusberg nämlich ist ein künstliches Paradies. Wagners *Tannhäuser* gehört in die Geschichte der künstlichen Paradiese in Kunst und Literatur des 19. Jahrhunderts.

Der Künstler und Zeitgenosse Richard Wagner war dazu ebenso prädestiniert, die Kunst der »paradis artificiels«, wie Baudelaire das später genannt hat, weiterzuführen, wie er durchaus recht hatte, später von Zürich aus, nach der Schopenhauer-Lektüre, an Liszt zu schreiben, eigentlich sei er von jeher, noch vor aller Kenntnis, ein Schopenhauerianer gewesen. Bereits durch die Wahl bestimmter künstlerischer Vorbilder hatte sich der Musiker und Dramatiker Richard Wagner für die artistische Tradition der künstlichen Paradiese entschieden. Wenn der junge Wagner die Erzählungen E.T.A. Hoffmanns verschlang, die Harmonien und Instrumentationskünste von Hector Berlioz studierte, so befand er sich bereits in Gesellschaft zweier Künstler, die sich im Hörselberg moderner Artistik auskannten. Das ergab später, als Wagners *Tannhäuser* in der Pariser Oper gegeben wurde, eine seltsame Konstellation und Konfrontierung zweier Meister einer Artistik der künstlichen Paradiese. Wagner war folgerichtig geblieben, und Charles Baudelaire, der vermutlich gar nicht so besonders musikalisch war, erkannte den Meister und das Vorbild, wenn er in einem Brief vom 17. Februar 1860 an Wagner nach Anhören der Tannhäuser-Musik schrieb: »Was ich empfunden habe, ist unbeschreiblich, und wenn Sie geruhen wollen, nicht zu lachen, will ich versuchen, die Empfindung wiederzugeben. Zuerst erschien es mir, daß ich diese Musik kannte, und als ich später nachdachte, begriff ich den Grund dieser Täuschung: es schien mir, daß diese Musik *mein sei,* und ich erkannte sie wieder, wie jeder Mensch die Dinge wiedererkennt, die er zu lieben bestimmt ist.« So schrieb und empfand der Nicht-Musiker Baudelaire; aber der Musiker Berlioz als Kritiker des Wagner-Konzerts äußerte sich wesentlich reservierter, so daß Baudelaire in seinem Wagner-Buch von 1861 mit vollem Recht rügen konnte, Berlioz habe »viel weniger Wärme der Kritik gezeigt, als man von ihm hätte erwarten können«. Der gleiche Hector Berlioz, dessen *Symphonie fantastique* von 1830, fünfzehn Jahre vor Vollendung des *Tannhäuser,* mit ihren Ballszenen, Opiumvisionen und Höllenklängen geradezu als Modell aller künstlichen Paradiese angesehen werden darf. Hoffmann dagegen war, wie später Wagner, sich selbst und dem Grundprinzip seines Schaffens treu geblieben. Mehr noch: sein Märchen vom *Goldenen Topf* mit der jähen Aufspaltung der Welt in den poetischen Atlantisbereich und die philiströse Realität eines Lebens in Dresden kann geradezu als erste und traditionsbildende Gestalt des Themas der künstlichen Paradiese betrachtet werden. Nicht bloß in der Stoff- und Motivwahl ist Richard Wagner als Künstler durch den Berliner Kammergerichtsrat zu sich selbst geführt worden.

Gemeint ist dies: in der Kreation künstlicher Paradiese durch Künstler der Epoche etwa zwischen 1810 und 1860 wird nicht bloß die Grundlage für eine Kunstauffassung gelegt, die bis heute nichts an Bedeutung verlor, sondern auch eine Schaffensweise preisgegeben, die aufgehört hatte, künstlerisch produktiv zu sein. Merkwürdiger Fall: Der *Tannhäuser* trägt den Untertitel einer romantischen Oper, und den Zeitgenossen der Mitwelt wie zahllosen Nachgeborenen mußte diese Welt aus Märchen und Sage, hoher Liebe und höllischer Wollust als Inbegriff deutscher Romantik erscheinen. Es war deutsch-romantische Überlieferung, aber doch von weitaus anderer Art, als man sie zu nennen gewohnt ist, wenn man von romantischer Dichtung Eichendorffs und romantischer Weber-Musik spricht. Dies hier war eine neue, artifizielle, einigermaßen unheimliche Art der Romantik. Sie war schon bei Novalis spürbar gewesen, gelegentlich bei Brentano, zur Vollendung geführt von Hoffmann. Baudelaire wußte, warum er sich auf Hoffmann ebenso berief wie auf Wagner oder E. A. Poe. Die Surrealisten des 20. Jahrhunderts irrten sich ebensowenig, wenn sie jene unvertrauten Aspekte der deutschen Romantik, diejenigen nämlich, die mit den künstlichen Paradiesen zu tun haben, in ihre eigene Ästhetik des 20. Jahrhunderts aufnehmen.

Die Grenze zwischen der »eigentlichen« deutschen Romantik und einer romantischen Kunst artifizieller Kunstkreationen (sie läßt sich auch historisch genau situieren) verläuft dort, wo die »Dinge« aufhörten, für den Künstler eine Poesie in sich zu bergen, die man entdecken und besingen kann. Tannhäusers Auftreten im Wartburgsaal drückt diesen Vorgang mit unübertrefflicher Symbolkraft aus. Ein Thema ist gestellt worden, das nach allgemeiner Überzeugung wie kaum irgendein anderes mit Poesie der Dinge zu tun hat: der Liebe Wesen zu ergründen. Wolframs Lied von der hohen Minne ist traditionelle Romantik der reinsten Art. Romantisch war die glückliche Liebe in der Idyllendichtung der deutschen Stürmer und Dränger; romantisch war die unglückliche Liebe bei Werther und vorher bereits bei Rousseau. Romantisch waren Eremitagen und unberührte Landschaften. Überraschungen waren möglich im poetischen Bereich der Dinge. Eichendorff entdeckte den deutschen Wald, Brentano den Rhein, Heine die Nordsee, Lermontow den Kaukasus, in den dreißiger Jahren mußte man bereits die Poesie der Dinge im Exotismus suchen. Die Häßlichkeit des modernen Lebens und der neuen menschlichen Siedlungen schuf einen Kontrast. Hier war »Poesie der Dinge« offensichtlich nicht mehr zu entdecken, weshalb die Künstler mit Vorliebe von neuem den vorbürgerlichen Bereich aufsuchten. Zeitflucht und

Stadtflucht in einem. Erst die Expressionisten um 1910 fanden den Mut zu einer Dichtung der fest angeschauten Häßlichkeit. Hundert Jahre vorher aber, als Hoffmann das Märchen vom *Goldnen Topf* schrieb, das den Untertitel *Ein Märchen aus der neuen Zeit* trug, stand es bereits schlecht um die romantische Poesie der Dinge. Der Kontrast zwischen unpoetischer Realität und poetischer Sehnsucht des Künstlers war evident geworden. Wagners Tannhäuser, der ein Künstler ist, Dichter und Musiker in einem, stellt daher in seiner ersten Antwort an Wolfram mitten im Sängerkrieg gegen Wolframs unerschütterliches Festhalten an einer Poesie der hohen Minne die moderne Künstlerthese von der Diskrepanz zwischen subjektivem Sehnen nach dem Ideal und dessen objektiver Unerreichbarkeit. Bei Wolfram: objektive Gegebenheit der poetischen Liebessubstanz. Bei Tannhäuser:

> Denn unversiegbar ist der Bronnen,
> wie mein Verlangen nie erlischt.
> So, daß mein Sehnen ewig brenne,
> lab' an dem Quell ich ewig mich.

So hätte auch der Anselmus im Märchen vom *Goldnen Topf* sprechen können: glückliche Liebe ist nur in Atlantis möglich, im Reich der Poesie, jenseits der deutschen Wirklichkeit. Was Tannhäuser verkündet, hatte der Kapellmeister in ähnlicher Weise im *Kater Murr* ausgesprochen. Das Künstlersehnen, das zugleich Liebessehnsucht bedeutet, war bei Berlioz in der *Phantastischen Symphonie* als »fixe Idee« komponiert worden: ewige Sehnsucht, ewig unerfüllt.

Aber diese Subjektivität ist nur Ausdruck einer Übergangsepoche. Das Subjekt kann nicht immer wieder Kunst bloß aus dem Zustand unerfüllter Sehnsucht destillieren. Hoffmann hatte es getan. Auch Heine, wenn er, nach den eigenen Worten, aus den großen Schmerzen die kleinen Lieder entstehen ließ. Baudelaire beschrieb diesen Zustand später im großartigen Gedicht vom Albatros. Aber hier konnte man nicht stehenbleiben. Auch Tannhäuser vermag es nicht, wenn er den Wolfram und Walther und Biterolf zuzuhören gezwungen ist. So kommt es zum Preisgesang auf die künstlichen Paradiese, an die Hölle, an Venus, die Herrscherin über die künstlichen Paradiese.

> Wer dich mit Glut in seinen Arm geschlossen,
> was Liebe ist, kennt er, nur er allein: –
> Armsel'ge, die ihr' Liebe nie genossen,
> zieht hin, zieht in den Berg der Venus ein!

Das ist der Höhepunkt im Aufbau des Werks. Mit Tannhäusers Preislied dringt die Venuswelt in den Wartburgsaal, denn ihr ist eigentümlich, in jedem Augenblick auf bloßen Anruf hin aufzutauchen, wie es im dritten Akt die Nebelbildung in der Wartburg-Landschaft zeigt, die in »rosige Dämmerung« übergeht, um das Erscheinen der Höllenfürstin anzukündigen.

Auf diesem Höhepunkt der romantischen Oper stehen in Wolfram und Tannhäuser zwei Antipoden romantischer Dichtung gegeneinander. Ästhetische Antithetik wie später in den *Meistersingern* im Konflikt zwischen Beckmesser und Stolzing, Sachs und Stolzing, Sachs und Beckmesser. Wolframs Romantik glaubt an der Poesie als einem »normalen« Lebensbestandteil festhalten zu können. Tannhäuser preist die romantische Kunst als Kunst jenseits allen Lebens in der Oberwelt. Wahre Kunst und wahre Liebe sind nur als künstliche Paradiese möglich. Liebende und Künstler, zieht in den Berg der Venus ein!

Natürlich kann und darf die romantische Oper nicht mit dem Sieg der Venus enden. Das ließ der Ausgang der Tannhäuser-Sage nicht zu. Kirchliche und weltliche Orthodoxien der Wagner-Zeit hätten diese Lösung nicht zugelassen. Auch das Liebesglück des Geschwisterpaares Siegmund und Sieglinde durfte keinen Bestand haben. Goethes *Faust* endete nicht mehr, wie in aller früheren Tradition, mit der Höllenfahrt. Grabbe freilich hatte sechzehn Jahre vor Wagners *Tannhäuser* den Don Juan wie den Faust zur Hölle fahren lassen, ohne selbst die Verdammten am Schluß noch poetisch zu verdammen. Tannhäuser aber wird erlöst, wie Goethes Faust. Durch das Ewig-Weibliche, durch die Heilige, durch Elisabeth. Buchstäblich an der

Schwelle zum künstlichen Paradies wird Tannhäuser durch die Gnade von außen und oben gerettet. Der Sieg der Hölle findet nicht statt.

Wirklich nicht? Es gibt den Ablauf des Dramas, es gibt aber auch den Ablauf der Musik. Musikalisch siegt bei Wagner der Venusberg. Wenn es um Potenz, Kühnheit, Beharrlichkeit in der Kreation einer Kunst der artistischen Verlockungen geht – und dem Schöpfer des *Tannhäuser* ging es darum –, so trägt die Oper nach wie vor mit Recht den Titel *Der Venusberg.* Schon im *Fliegenden Holländer* waren die musikalischen Bereiche der Daland-Welt und der utopischen Künstlerträume des Holländers und Sentas auch stilistisch scharf aufeinandergeprallt. Was man in der Wagnerliteratur allzu häufig als bloße musikgeschichtliche Wandlung Wagners von der Großen Oper zur eigenen musikalischen Ausdruckswelt verstanden hatte, war in Wirklichkeit bereits als Gegensatz zweier Formen der musikalischen Ästhetik aufgetreten. In der Spinnstube als Gegensatz von Spinnerlied und Senta-Ballade. Im *Tannhäuser* entsteht daraus der musikalische Gegensatz der Wolframwelt und der Tannhäuserwelt. Auch hier hat man den Eindruck, als sei Wagner bisweilen vor der eigenen Kühnheit zurückgewichen: genauso wie beim dramatischen Ablauf, der schließlich doch nicht mit dem Sieg des Venusbergs endete. Ein sonderbarer Reiz nämlich der Tannhäuser-Musik liegt darin, daß der Musiker Wagner ersichtlich bemüht war, gleichzeitig Musik traditioneller Romantik und Musik der künstlichen Paradiese zu schreiben. Mit allen musikalischen Mitteln soll die Wolframwelt erhöht und auf ihre Rolle als endliche Siegerin vorbereitet werden. Mehr noch: auch die Tannhäusergestalt selbst möchte der Künstler am liebsten doch wieder für den deutsch-romantischen Wolfram-Bereich zurückgewinnen.

Nur äußere Züge hat die Tannhäusergestalt Richard Wagners mit dem schweifenden, irrenden, schließlich zum Heil gelangenden Rittertyp der deutschen romantischen Oper gemein. Er steht aber ebensowenig, wie die Weltschmerzgestalten Grabbes, Immermanns oder Lenaus, in der Tradition des Don Juan: weshalb Baudelaire an Wagners Tannhäuser besonders zu rühmen weiß, daß er sich nicht mit der lästigen Menge der erotischen Opfer, den »unzähligen Elviras«, eingelassen habe. »Wir sehen hier keinen gewöhnlichen Wüstling, der von einer Schönen zur anderen flattert, sondern den allgemeinen, universalen Mann, in morganatischer Verbindung mit dem absoluten Ideal der Wollust, mit der Königin über alle Teufelinnen, alle Fauninnen und alle Satyrinnen, die seit dem Tode des Großen Pan unter die Erde verbannt wurden: mit der unzerstörbaren und unwiderstehlichen Venus.« Tannhäusers Bindung aber an Venus besitzt religiöse Inbrunst. Auch diese Erkenntnis steht schon bei Baudelaire, der das Verhalten des Sängers im Venusberg als Übermaß einer kraftvollen Natur beschreibt, die sich mit aller Kraft dem Bösen statt dem Guten ergibt und ihre Leidenschaft bis zur Hölle einer Gegenreligion erhebt. Weil dem so ist, muß der zynische »dissoluto« Don Juan zur Hölle fahren, während die Höllenreligion Tannhäusers durch himmlische Gnade und das Liebesopfer der Elisabeth zunichte gemacht wird. Fortiter peccare. Das Unmaß der Sünde führt eher zum Heil als der Zynismus des Don Giovanni. Das lehrte bereits die mittelalterliche Legende vom Gregorius. Auch Tannhäuser im Venusberg ist eigentlich, mit Thomas Mann zu sprechen, ein »Erwählter«. Hier spürt man ein Grundprinzip alles Kunstschaffens der unechten Paradiese. Schon bei Hoffmann schlug das Hochgefühl eines Lebens in der Poesie immer wieder in Alltagsmisere um. Der schöngeistige Kater Murr wurde zum Gegenstück des Kapellmeisters Kreisler. Bereits der Tannhäuser Heinrich Heines sehnte sich in der Wollust nach Schmerzen. Wenn die künstlichen Paradiese ihre höchste Beglückung vermitteln, ist der Umschlag nahe.

Text und Musik Richard Wagners geben diesen Augenblick mit größter Eindringlichkeit. Tannhäuser erwacht zu Füßen der Venus, »als fahre er aus einem Traume auf«. Seine ersten Worte bedeuten bereits den Umschlag. Die Grenze ist erreicht, wo das künstliche Paradies erneute Sehnsucht nach der irdischen Unvollkommenheit erweckt. Zum ersten Mal bei Wagner jene Konstellation, die sich später als Auftaumeln Parsifals aus der Umarmung Kundrys wiederholen soll. Auch dort tritt die Lei-

densvision – Amfortas und die Wunde – mitten im künstlichen Paradies auf, denn natürlich ist die Welt der Blumenmädchen abermals ein künstliches Paradies der höchsten Vollendung.
»Zu viel! Zu viel! oh, daß ich nun erwachte!« Das Absinken der musikalischen Linie mit dem charakteristischen Vorhalt weist Tannhäuser an dieser Stelle bereits als Gefährten des siechen Tristan aus. Die Stelle könnte im dritten Tristan-Akt stehen. Das Liebeslager Tannhäusers zu Füßen der Venus ist so weit gar nicht vom Schmerzenslager Tristans entfernt.
In der Religion Tannhäusers und der Ästhetik künstlicher Paradiese wird eine seltsam dualistische Weltsicht spürbar, die durchaus gnostische Züge besitzt. Gleichzeitigkeit von Religion und Gegenreligion, Himmel und Hölle, Venus und Elisabeth. Die Welten sind nicht streng voneinander zu scheiden. Die Schmerzensvision dringt ein im Venusberg, die Venuswelt taucht an der Oberfläche auf und breitet sich plötzlich zu Füßen der Wartburg aus. Es gehört zu den genialsten Zügen des *Tannhäuser*, dieses Ineinander, das Wechselspiel der Welten, bereits in der Ouvertüre gestaltet zu haben.
Die Venuswelt wird bei Wagner als gegendeutscher Bereich verstanden. Der Venusberg ist Hölle, aber er ist gleichzeitig auch eine Reminiszenz des Komponisten an die schweren Hungerjahre in Paris. Daß gerade für die Tannhäuser-Aufführung an der Pariser Oper das Bacchanale seine endgültige Gestalt empfing, war nur folgerichtig. Der Venusberg ist Gegenreligion, die stets bedroht ist durch Tageslicht, regelmäßige Wiederkehr der Jahreszeiten, denn in der Hölle steht die Zeit still, durch menschliches Leid und Glück, durch die natürliche Unvollkommenheit alles Menschlichen. Zu dieser Fülle der Dualismen fügt Wagner überdies noch die geschichtliche Antithese von Antike und mittelalterlichem Christentum. Frau Venus ist ein Geschöpf der antiken Mythologie; in ihrem Bereich gibt es nicht bloß die Inkarnation von Trieb und Lust, Faune und Satyre und Bacchantinnen, sondern auch die drei Grazien, die ganz nahe das Liebeslager der Venus umstehen und dafür sorgen, daß der erotische Taumel schließlich als maßvolle Schönheit in malerisch-plastischen Gruppen gebändigt wird. Die

Verbindung des Tierischen und des Göttlichen wird – fast unnötigerweise – durch die Symbolik der Leda und Europa, von Schwan und Stier, noch unterstrichen.
Höchst merkwürdig ist der musikalische Ausdruck dieses Übergangs vom Trieb zum Maß. »Bei Ausbruch der höchsten Raserei«, wie Wagner schreibt, muß der Paukenwirbel auf H einen regelrechten Orgelpunkt markieren, über dem sich Akkorde der Wollust drängen, die aber unverkennbar schon ein Absinken der Sättigung, eine Ermattung erkennen lassen. Höhepunkte der Leidenschaft versteht Wagner – auch schon in der Tannhäuserpartitur – als Form der reinen Grundakkorde, etwa im punktierten Rhythmus der Dreiklänge von C, F und G. Der reine Dreiklang als Ausdruck natürlicher Vorgänge ist von Wagner immer wieder verwendet worden. Das Venusberg-Bacchanale bedeutet nicht bloß Auflösung aller Formen, ziellose Ekstase, sondern ist bei Wagner gleichzeitig streng geformt, antike Gegensätzlichkeit, geprägte Form. Der Venusberg als künstliches Paradies ist – wie Baudelaire schon beim ersten Anhören der Tannhäusermusik erkannte – gleichzeitig Leidenschaft und Ordnung. Die Hölle selbst hat ihre Rechte und Gesetze.

Tannhäuser als Außenseiter

Das rätselhafte Wort des späten Richard Wagner: er sei der Welt noch einen Tannhäuser schuldig, ist meistens als Projekt einer musikalischen Erneuerung gedeutet worden. Man mochte vermuten, daß Wagner, nach den musikalischen Innovationen der Pariser Fassung, durchgängiger eine Erneuerung der Dresdener Partitur aus den Erfahrungen mit der Tetralogie und dem *Parsifal* plante. Da nichts bewiesen werden kann und offensichtlich auch keine Anfänge des neuen Tannhäuser-Planes aufzufinden waren, ist es immerhin denkbar, daß der Meister des *Parsifal* ein grundsätzlich neues Konzept der musikalischen Tragödie um den Sänger Tannhäuser zwischen den profanen und den geistlichen Welten vor Augen hatte.

In Cosimas Tagebüchern aus der letzten Lebenszeit wird als bevorstehende Arbeit im allgemeinen nur ein Zyklus von Symphonien erwähnt: zusammen mit einigen kulturphilosophischen und politischen Traktaten. Ein großes musikdramatisches Projekt wird nicht mehr im Gespräch mit Cosima und den engen Freunden erwogen. Der Gedanke liegt nicht fern, den Thomas Mann einmal dahin formulierte: Wagner habe seine Lebenskraft bis zur Neige aufgebraucht, um alles zu vollenden, was er sich innerlich vorgenommen hatte. Daß der schwerkranke Künstler, der als einziger offenbar sein Herzleiden richtig diagnostizierte, im Gegensatz zu seiner Umwelt und auch zu seinen Ärzten, nach der Premiere des Bühnenweihfestspiels den eigenen Weg als Musikdramatiker für vollendet hielt, ist evident. Wagner bedurfte offensichtlich keiner neuen Anspannung der Kräfte für ein neues Projekt der musikalischen Dramatik.

Trotzdem das Gefühl des Ungenügens vor dem *Tannhäuser.* Auch hier hat der Werkschöpfer klarer gesehen als seine Interpreten, und als zahllose Musiker, Sänger, Opernbesucher seither. Diese »Große Romantische Oper in drei Akten«, die zustande kam als ein Amalgam aus zwei mythologischen und literarischen Konzepten, nämlich der Sage vom Tannhäuser und vom Wartburger Sängerkrieg, ist rätselhaft geblieben bis auf den heutigen Tag. Die Schwierigkeiten, die jeder Regisseur bei der Arbeit als tiefes Ungenügen verspürt, hängen mit dialektischen Spannungen innerhalb des Werkes und auch an wesentlichen Stellen mit Diskrepanzen zwischen Dramaturgie und Partitur zusammen. Ein großer Musiker, der viel von Dramaturgie und Literatur verstand, nämlich Wilhelm Furtwängler, hat einmal den Übergang vom Venusberg zum Wartburgtal im ersten Akt des *Tannhäuser* wie folgt gedeutet: »Was wir an dieser Stelle in der Musik hören, ist kaum der Rede wert. Eine belanglose Melodie des Hirten, unterbrochen von einem wenig besagenden Ritornell des Englischhorns. Und die Szene selber – nun, sie besteht schließlich aus nichts als Pappe und Leinwand. Und doch glauben wir, wir hätten noch nie einen Maimorgen so erlebt ...« Man muß nicht zustimmen, wenn Furtwängler das Hirtenlied und das Ritornell des Englischhorns etwas abschätzig bedenkt. Im Gegenteil gehört es, als erstaunlicher musikalischer Einfall, eben als Kontrastelement zur Ekstase des Venusbergs, zur Gesamtdramaturgie der Szene und zu ihrer auch von Furtwängler konstatierten tragisch-musikalischen Wirkung. Furtwänglers Beispiel ist deshalb vielleicht nicht allzu gut gewählt. Dennoch stimmt der Hinweis auf die Widersprüche zwischen musikalischer Gestaltung und konzeptioneller, doch nicht restlos gelöster Dramaturgie.

In keinem anderen Werk Richard Wagners, weder im *Holländer* noch in den auf den *Tannhäuser* folgenden Schöpfungen, hat Wagners Dramaturgie so viele Unklarheiten und unerklärliche Vorgänge stehenlassen wie eben hier. Der *Fliegende Holländer* setzte die Kenntnis der alten Sage voraus. Der *Lohengrin* war aufgebaut auf der tradierten Mythologie des Gral und seiner Ritterschaft. Die gleichzeitig archaische und höchst moderne, nämlich bürgerliche Szenerie der Ring-Tetralogie hatte Wagner mit subtilen Mitteln durchkonstruiert.

Einzig im *Tannhäuser* häufen sich die Dunkelheiten. Wie gelangte der edle Sänger in den Venusberg? Den psychologischen Mechanismus, der ihn selbst zwang, in einem Zustand der wirtschaftlichen und erotischen Frustration das Bacchanale zu ent-

werfen und innerlich zu schauen, hat Richard Wagner, vor allem gegenüber Franz Liszt, höchst freimütig gedeutet. Wie aber gelangte sein Sänger Tannhäuser aus der christlich-katholischen Welt des Landgrafen und seiner »lieben Sänger« in die heidnische Hölle der Frau Venus? Gewiß, der Venusberg ist ein künstliches Paradies im Sinne einer romantischen Tradition im Gefolge E.T.A. Hoffmanns, bei dem Wagner die Geschichte vom »Kampf der Sänger« vorgefunden hatte. Charles Baudelaire wußte genau, warum er sich beim ersten Anhören des *Tannhäuser* gleichsam auf eigenstem Boden zu befinden glaubte. Trotzdem wird durch diese psychologische oder literarisch-historische Deutung bloß der Tatbestand »Tannhäuser im Venusberg« historisch situiert. Er wird jedoch nicht kausal erklärt. Warum strebte Tannhäuser fort aus der Wartburggesellschaft? Wie fand er den Eingang in die offensichtlich neben allem Christentum und Mittelalter koexistierende Heidenwelt der Venus-Aphrodite?
Daß Wagner dabei nicht allein eine zeitliche Koexistenz, sondern auch eine räumliche Nachbarschaft vor Augen hat, beweist sein Bericht über die Rückkehr aus Paris und die belebende Vision der Wartburg: »Einen seitab von ihr gelegenen ferneren Bergrücken stempelte ich sogleich zum ›Hörselberg‹, und konstruierte mir so, in dem Tal dahinfahrend, die Szene zum dritten Akte meines *Tannhäusers* ...«
In jenem dritten Akt aber kennt Tannhäuser bereits die Technik. Die Anrufung scheint zu genügen.

Dies ist das Zauberreich der Minne,
(außer sich)
im Venusberg drangen wir ein!

Diese Stelle spricht gegen alle Verinnerlichung, gleichsam gegen eine private Vision des ekstatischen Künstlers. Seine Anrufung der heidnischen Hölle zwingt diese selbst herbei. Auch Wolfram entdeckt sich plötzlich zu seinem Entsetzen, und wider allen Wunsch, umgeben vom »Zauberreich der Minne«. Entsetzt möchte er abwehren.

Weh! böser Zauber tut sich auf!
Die Hölle naht mit wildem Lauf!

Hat Tannhäuser – um die Frage zu wiederholen – auch bei der ersten Transzendierung der Wartburgwelt und seiner eigenen Wirklichkeit willentlich gehandelt? Dann wollte er in aller Bewußtheit der christlichen Zeitära entfliehen und dem deutschen Raum. Um zwar in Enttäuschung zu enden, um sich in aller Lust, ganz wie der Doktor Faust, nach schmerzhafter Begierde zu sehnen. Allein, ihm blieb auch bei der Rückkehr in die eigene Jetzt-Zeit und den eigenen deutschen Raum die Sehnsucht nach einem willentlich verlorenen Paradies. Die Anamnese wird bedrängend, wenn er den frommen Sängern beim Musikfest zuhören muß. Sie wird gleichzeitig als Höhepunkt des eigenen Leidens und als dessen Erlösung empfunden, wenn Tannhäuser, verflucht vom Papst, zurückwill in jene Welt, die er niemals vergessen konnte.
Das mag der Pontifex Maximus, den Tannhäuser als böse und hart empfand, deutlicher empfunden haben als der Büßer selbst. Der Papst glaubt es zu wissen: wer jemals im Venusberg geweilt hat und von dort aus irgendeinem Grund entkommen konnte, bleibt trotzdem unheilbar. Dies Urteil des Bischofs von Rom ist gültig, weil es auf christlicher Erfahrung zu beruhen scheint. Überaus hart erscheint es dem Büßer, der subjektiv in der Romerzählung berichtet. Daraus aber auf eine subjektive Grausamkeit und unchristliche Härte des Papstes zu schließen, ist nicht ohne weiteres möglich. Auch wird nicht die irdische Erfahrung des Obersten Bischofs irdisch widerlegt. Erlöst wird Tannhäuser, ganz wie Faust, durch göttliche Gnade.
Weitere Unklarheit überlagert den ersten Entschluß Tannhäusers, die Wartburgwelt zu verlassen, um gleichsam zu emigrieren: aus Raum und Zeit. Die Gründe vermag man nur zu ahnen. Die Begegnung bereits im ersten Akt mit den anderen Sängern läßt zwar auf Freundschaft bei Wolfram, doch auf unverhohlene Feindseligkeit bei den anderen schließen. Worauf diese Gegnerschaft, die während des Sängerkrieges die Katastrophe herbeiführt, sich gründet, ist gleichfalls nur zu ahnen. Hat sie –

abgesehen natürlich von der tiefen ästhetischen Diskrepanz zwischen dem Dichtertum Tannhäusers und der anderen Sänger – mit Tannhäusers bürgerlicher Herkunft zu tun? Indem Richard Wagner das Thema vom Sänger Tannhäuser verschmolzen hat mit der Sage vom Sängerkrieg auf Wartburg, nahm er bewußte Unklarheit in Kauf über den gesellschaftlichen Status des Mannes, den Elisabeth liebt, die Nichte des Landgrafen. In E.T.A. Hoffmanns Erzählung vom Sängerkrieg im Zyklus der *Serapionsbrüder* war nicht Tannhäuser aufgetreten, sondern der ritterliche Sänger Heinrich von Ofterdingen. Nun ist zwar auch Tannhäuser, sogar noch bei Heinrich Heine, als adliger Minnesänger konzipiert. Bei Richard Wagner jedoch überwiegen an Tannhäuser die Züge des Bürgerlichen. Dadurch entsteht Diskrepanz gegenüber Wolfram, Walther und Reinmar. Unklar bleibt der Status des Biterolf, auch derjenige des Sängers, den Wagner als »Heinrich der Schreiber« vorstellt. In einem Brief an Franz Liszt vom 29. Mai 1852 zitiert der Schöpfer der Romantischen Oper die entscheidenden Verse aus der Selbstanklage Tannhäusers im zweiten Akt:

Zum Heil den Sündigen zu führen,
die Gottgesandte nahte mir!
Doch ach! sie frevelnd zu berühren
hob ich den Lästerblick zu ihr.

Der Briefschreiber erläutert dem Freund im Hinblick auf die Weimarer Aufführung des *Tannhäuser*: »In diesem Verse, und in diesem Gesange liegt die ganze Bedeutung der Katastrophe des Tannhäuser.« Um Mißdeutungen zu vermeiden, wird hinzugesetzt: »Ohne genaue Interpretation dieser Stelle bleibt der ganze Tannhäuser unbegreiflich, eine willkürliche, schwankende – erbärmliche Figur.«

Tannhäuser hebt den Blick in irdischer Begier zu einer Frau und sündigt eben dadurch. Die Paradoxie ist offensichtlich. Gleichzeitig wird der Parallelismus evident zu Sentas Begehren nach irdischer Verbindung mit dem Verfluchten und zu Elsas Wunsch nach dem Ehevollzug mit dem Gralsritter Lohengrin.

Elisabeth ist keineswegs zu Beginn der Handlung als Heilige zu interpretieren. Die tiefe Verfehlung des Sängers, der sich nach einer Verbindung mit der Nichte des Landgrafen von Thüringen sehnt, ist nicht ohne weiteres als religiöse und metaphysische Schuld zu deuten.

Es sei denn, daß ein Begehren des Bürgerlichen nach Vereinigung mit der Adelswelt als gesellschaftlich determinierte und religiös motivierte Schuld verstanden werden müßte. Dann wäre Tannhäusers Schuld, so wie er sie anklagend selbst auf dem Höhepunkt des Sängerkrieges erkennt, im Sinne der antiken Tragödie als Hybris zu verstehen: als Selbstüberhebung eines Menschen, der aus seiner ihm gesellschaftlich zugewiesenen Sphäre streben möchte.

Damit nun wird Tannhäuser durch Richard Wagner willentlich und bewußt in eine spezifisch deutsche Tradition gestellt. In einem Begleitbrief zur Übersendung der soeben fertiggewordenen Tannhäuser-Partitur vom 5. Juni 1845 hatte Wagner an Karl Gaillard in Berlin geschrieben: »Ich schicke Ihnen hier meinen Tannhäuser, wie er leibt und lebt; ein Deutscher vom Kopf bis zur Zehe ...« In der Tat ist der freischwebende bürgerliche Künstler Tannhäuser zwar nicht spezifisch deutsch in seinen Kunstanschauungen. Das stellt sich überdeutlich heraus beim Sängerstreit. Deutsches Normalverhalten liegt wohl auch nicht darin, die Wartburgwelt vertauscht zu haben mit der Welt der Frau Venus. Die gesellschaftliche Konstellation jedoch zwischen Tannhäuser und der Gräfin Elisabeth gemahnt an zwei ebenso eigentümliche wie typische Konstellationen der klassischen und romantischen deutschen Literatur, die Richard Wagner wohlvertraut waren: mit Tassos Verhalten vor der Prinzessin von Este bei Goethe; in vermittelter und indirekter Form auch im Verhalten Homburgs vor der Prinzessin Natalie bei Kleist.

Die Unterschiede freilich zwischen Goethe, Kleist und Wagner liegen auf der Hand. Auch wenn man nicht, nach dem Vorbild einer anachronistisch gewordenen Deutschen Philologie, die Prinzessin aus dem *Torquato Tasso* schlichtweg gleichsetzt mit der Hofdame Charlotte von Stein, so hat doch Goethe in seinem Schauspiel vom Dichter, der als Schmuckstück einer Hofhaltung gehätschelt wird, den man jedoch fortjagt wie einen Lakaien, wenn er die gebotene Distanz vergißt, höchst persönliche Erfahrungen am herzoglichen Hof von Weimar vor Augen gehabt. Man kann bloß ahnen, welche Akzente jener *Ur-Tasso* aufwies, den Goethe auf der Flucht mit sich nach Italien nahm, um alles neu zu konzipieren. Im Gegensatz zu den Urfassungen des *Wilhelm Meister* und des *Faust* hatte der Weimarische Minister sorgfältig darauf geachtet, daß kein Fragment des ursprünglichen Tasso auf die Nachwelt kam. Auch Goethe aber läßt die Katastrophe des Künstlers Tasso am Hofe zu Ferrara darin gipfeln, daß sich Torquato Tasso, in sehr irdischer Begierde, der Prinzessin naht, der Schwester des Herzogs. »Er fällt ihr in die Arme und drückt sie fest an sich.« Die Prinzessin stößt ihn von sich und eilt hinweg. Was hat sich ereignet? Für den Hofmann Antonio stellt es sich (V, 5) so dar:

Unglücklicher, noch kaum erhol ich mich!
Wenn ganz was Unerwartetes begegnet,
Wenn unser Blick was Ungeheures sieht,
Steht unser Geist auf eine Weile still:
Wir haben nichts, womit wir das vergleichen.

Trotzdem weicht Goethe, wie bekannt, auch im *Torquato Tasso,* so wie vorher in der *Iphigenie auf Tauris,* einem tragischen Abschluß entschieden aus. Zum utopischen Ausklang der Spannung zwischen Iphigenie und Thoas gesellt sich diesmal die sonderbare und kaum glaubhafte Partnerschaft zwischen Tasso und Antonio. Zwar hat der bürgerliche Künstler Tasso das Ungeheure gewagt, doch soll er nicht vernichtet werden.

Auch Heinrich von Kleist ist im *Homburg* der tragischen Möglichkeit als Abschluß dezidiert ausgewichen. So haarscharf übrigens, daß etwa Ingeborg Bachmanns Libretto für die Kleist-Vertonung durch Hans Werner Henze die Möglichkeit, daß der Kurfürst das Todesurteil am Prinzen vollstrecken läßt, durchaus anklingen ließ.

Auch der Prinz Friedrich von Homburg aber ist bei Kleist weit

eher als Künstler entworfen denn als militärischer Befehlshaber. Den Mut des Prinzen macht uns der Dramatiker verstehen; die militärische Laufbahn hingegen wird nur im Bericht geahnt. Sie ist vorausgesetzt, doch kaum mit dem Charakter des Schauspielhelden glaubhaft zu verbinden. Friedrich Homburg ist ein romantischer Künstler, der einem Künstlertraum nachzuleben wünscht. Zwar wäre er im Sinne dynastischer Legitimität durchaus »ebenbürtig« im Falle einer Vermählung mit der Prinzessin Natalie, einer Nichte des Kurfürsten. Aber daß der Monarch politisch-dynastische Heiratspläne mit der Prinzessin verfolgt, zu denen eine Verbindung der Natalie mit Homburg arg kontrastiert, wird bei Kleist genau dargestellt. So genau, daß der bedenkliche Eindruck aufkommen muß: die Härte des Kurfürsten gegenüber dem Prinzen sei bewirkt durch den Wunsch, diesen lästigen Störenfried der politischen Pläne zu beseitigen. Auch Homburg steht, wie Goethes Dichter Tasso, zwischen der etablierten Welt von Hof und Militär – und einer poetischen Traumwelt. Auch er wird, wie Tasso in Goethes Schauspiel, durch einen heiklen und formalen Kompromiß für die Rückkehr zu jener Gesellschaft gewonnen, der er als träumender Künstler hatte entfliehen wollen.
Diese wiederkehrende Konstellation eines Konfliktes zwischen höfischer Welt und bürgerlichem Künstlertum wird jedoch bei Richard Wagner als Tragödie entworfen. Trotzdem kann auch der Schöpfer dieser Großen Romantischen Oper auf den harmonisierenden Abschluß nicht verzichten. Die Verinnerlichung ist für Wagner im Fall des Künstlers Tannhäuser nicht möglich. Goethe hatte in der *Iphigenie auf Tauris* eine harmonische Lösung der Konflikte durch das aufgeklärte Gespräch für möglich gehalten. In der Oper *Iphigénie en Tauride* von Gluck war Thoas noch durch Pylades getötet worden. Erst das Erscheinen der Göttin Artemis, also einer dea ex machina, durfte den harmonischen Abschluß herbeiführen.
Richard Wagner übernimmt die Technik der antiken Tragiker, denen er sich nah und vertraut empfand. Der antike Gott aus der Maschine wurde christianisiert. Göttliche Gnade und das Wunder als Abschluß: ganz wie – was Richard Wagner als Ver-

gleich entschieden abgelehnt hätte – in der Bühnentechnik eines Corneille im französischen 17. Jahrhundert.
Das Wunder aber des grünenden Bischofsstabes dringt nicht mehr zu Tannhäuser. Er ist gestorben im Anruf der Fürbitterin, der Heiligen Elisabeth. Die Nachricht von der Erlösung erreicht ihn nicht mehr. Tannhäuser stirbt als Sünder. Als Sünder? Hier findet sich die letzte und schwierigste Unschärfe im dramaturgischen Konzept. Daß Elisabeth den Tannhäuser liebt, weiß auch der Landgraf. Nichts deutet in seinem Gespräch mit der Nichte vor Beginn des Sängerkrieges darauf hin, daß er – gleich dem Herzog im *Tasso* oder dem Kurfürsten bei Kleist – die Möglichkeit einer Verbindung von Grund auf ablehnt. Zweideutig freilich ist seine Ankündigung in der großen Ansprache, als es darum geht, den Preis für den siegreichen Sänger zu benennen:

> Wer es vermag, wer sie am würdigsten
> besingt, dem reich Elisabeth den Preis, –
> er fordre ihn so hoch und kühn er wolle,
> ich sorge, daß sie ihn gewähren solle.

So könnte dann Elisabeth selbst als Preis errungen werden? Das ist, bei diesem ersten Versuch Richard Wagners mit dem dramatischen Konflikt um ein Musikfest, weniger deutlich gesagt als später in den *Meistersingern von Nürnberg*, wo des Goldschmieds Töchterlein, samt Geld und Gut, sowohl den Preis repräsentiert wie das Preisgericht.
Es ist also nicht die Unmöglichkeit einer Verbindung zwischen dem bürgerlichen Künstler Tannhäuser und der Prinzessin von Thüringen, die Tannhäusers Außenseitertum allein begründen könnte. Trotzdem muß man Richard Wagners nachdrücklichen Hinweis auf die Unmöglichkeit einer solchen Verbindung als Keimzelle des tragischen Konflikts verstehen. Der Widerspruch ist kaum zu lösen. Elisabeth ist nicht von Anbeginn als Heilige dargestellt. Erst im Leid, das sie zweimal erfährt durch den geliebten Mann: zuerst durch seinen brüsken Weggang, dessen Ziel sie nicht ahnen konnte, dann durch die Enthüllung der

Todsünde, wird sie zur heiligen Fürbitterin. Das irdische Begehren Tannhäusers kann also nicht und gleichsam »an sich« als sündhaft gedeutet werden: entgegen den Behauptungen Richard Wagners selbst. Die tiefere Ursache des tragischen Konfliktes liegt in diesem gleichsam existentiellen Außenseitertum des Künstlers Tannhäuser. Tannhäusers Abkehr von der Wartburg hat zuerst einen Konflikt begründet, der nur tödlich enden und nur durch göttliche Gnade harmonisch beigelegt werden kann.

Eben diese Ursache aber des ersten und entscheidenden Übergangs von der Wartburggesellschaft zur Kumpanei der Frau Venus und ihrer Bacchantinnen ist bei Wagner dramaturgisch vorausgesetzt, doch nicht motiviert. Richard Wagner braucht nämlich für sein Konzept dieses allseitige Außenseitertum des Tannhäuser. Er entzieht sich den gesellschaftlichen Verbindungen und ästhetischen Spielregeln der Sängergemeinschaft. Tannhäuser mißachtet dann die Spielregeln der erotischen Hölle. Der Tannhäuser in dem großen Gedicht Heinrich Heines war zurückgekehrt zur Frau Venus, um dort, nach einem erlebnisreichen Ausflug in die Oberwelt, beseligt zu bleiben. Tannhäuser jedoch hält es nicht im Venusberg. Vor den christlichen Staats- und Kunstprinzipien flüchtet er zur Göttin Venus. Von ihr trennt er sich im Anruf der Madonna. Mitten im Sängerkrieg, der entbrannt ist über einer Definition der hohen und der niederen Minne, bekennt sich Tannhäuser im Anruf zur Welt des heidnischen Genießens. Damit wird die liebende Elisabeth tödlich getroffen. Tannhäuser wechselt jäh vom erotischen Preislied hinüber ins christliche Miserere. Er bleibt der allseitige Außenseiter der Kunst, der Liebe und der Gesellschaft.

Die Häufung solcher Spannungen und Widersprüche bleibt erstaunlich. Erstaunlich geblieben ist auch die Kühnheit Richard Wagners, zum ersten Mal im *Tannhäuser,* in der Nachfolge von Tasso und Homburg, jedoch in entschlossener Hinwendung zur Tragödie, das Thema eines existentiellen Außenseitertums gegenüber allen etablierten Gesellschaftsordnungen gestaltet zu haben. Noch radikaler wird das Konzept gerade dadurch, daß Wagner offensichtlich dies existentielle Außenseitertum gegründet sieht im Künstlertum des Tannhäuser. Daß hier die eigene Erfahrung des Musikdramatikers verarbeitet wurde, bleibt unverkennbar. Das schroffe Jugendwerk mit seinen unharmonischen Widersprüchen zwischen Dramaturgie und Partitur ist schwierig geblieben und erregend. Soll man es bedauern, daß der Bayreuther Meister der Welt den *Tannhäuser* schuldig blieb?

Lohengrin
oder die Utopie in A-Dur

Gestrüpp umgibt sie, diese heroisch-romantische Oper, in lichter Waffen Scheine. Es muß zu denken geben, daß kein Werk des von Zeitgenossen und Nachfahren so ausgiebig verspotteten Richard Wagner in ähnlicher Weise dem Hohn und der Parodie ausgesetzt war, dem Bierulk wie der Ironie. Es gibt berühmt-berüchtigte Umdichtungen der Zitate. Man verpflanzte Lohengrins Frageverbot und die Wechselgespräche im Brautgemach in die Trivialität des Alltagslebens, wo sie in ähnlicher Weise wie Dramenfetzen aus Schiller und Goethe ihr Unwesen treiben. Ähnlich dem »Spät kommt ihr, doch ihr kommt«. Eine der spöttischen Lieblingsanreden Bertolt Brechts lautete: »Mein lieber Schwan«.

Dies alles hat mit dem Werk selbst zu tun, bedeutet eine durchaus nicht unvertraute Geste der Abwehr, die gleichzeitig in solcher Renitenz die geheime Ehrfurcht erkennen läßt. Fluch und Zote gehören zum Bereich des Sakralen. Auch das zur Zote umgedichtete oder handfest trivialisierte Zitat meint insgeheim eine Glaubenshaltung. Berühmt seit jeher die Blasphemien der sehr christlichen Völker. Lohengrin aber gehörte, das hat Wagner gewollt, zum Sakralbereich. Doch dieser Bereich des gleichzeitig Geheiligten und Verruchten (im französischen Begriff des »sacré« sind beide Bedeutungen vereinigt) wird bei Wagner, im *Lohengrin* jedenfalls, nicht als Ebene der christlichen Offenbarung verstanden, sondern säkularisiert. Die Lohengrin-Oper verstand sich, was den Zeitgenossen ungeheuerlich vorkommen mußte, als eine Säkularisierung christlicher Vorstellungen: im Dienste einer ästhetischen Ersatzreligion.

Lohengrin war kein christlicher Heiliger, verlangte aber von der Umwelt eine Reaktion, die nur der sakralen Gestalt zugebilligt werden konnte. Daher der dramatische Konflikt im Werk selbst; darum auch die Fülle der Witzeleien und Banalisierungen. Gestrüpp umgab, seit den Anfängen, diese christliche Heiligenlegende. Dem *Parsifal* ist es später durchaus nicht so ergangen.

Ein Werk des Musiktheaters, das durch Blasphemie nicht weniger gefährdet wurde als durch kritiklose Verehrung. Das Bemühen von Mitwelt und Nachwelt, ein falsches Heilsgeschehen mit Hilfe von handfester Aufklärung zu entzaubern (wobei man im Grunde nicht anders zu Werke ging als Ortrud selbst im Verlauf der Bühnenhandlung), entsprang, seit den Anfängen, der Verwechslung einer singulären Oper, die trotzdem Oper bleibt, mit sakralem Geschehen: mit der Utopie. Dies begann bereits bei König Ludwig II. von Bayern, der sich mit Lohengrin identifizierte und der ihn sich gleichzeitig als realen Partner ersehnte. Daher das Mißverständnis im Bündnis zwischen dem Komponisten und dem König, als in München der *Lohengrin* als Weihefestspiel der Opernbühne aufgeführt werden sollte. Der König ersehnte sich eine Bühnenerscheinung von männlicher Vollendung. Wagner war auf der Suche nach einem musikalischen und intelligenten jugendlichen Heldentenor.
Wohin die Identifizierung eines Theaterbesuchers mit dem Heilsgeschehen im Lohengrin geführt hat, ist allzu bekannt. Es hat dem Werk Richard Wagners geschadet und der Festspielidee nicht minder. Gestrüpp umwächst diese Oper in A-Dur, in lichter Waffen Scheine.
Vom *Tannhäuser* zum *Lohengrin* führte ein gerader Weg; die zeitliche und geistige Nachbarschaft ist groß. Die Grundgedanken des *Lohengrin* sind im Juli 1845 in Marienbad gleichzeitig mit dem Kernkonzept der *Meistersinger* entworfen worden. Beide Tatsachen sind für das Verständnis notwendig. Der *Lohengrin* führt die Linie des *Tannhäuser* weiter. Lohengrin und Stolzing sind legitime Verwandte des Sängers Tannhäuser. Das Künstlerthema Wagners war im *Tannhäuser* noch zu stark im Sagennebel verborgen geblieben. Die Weiterführung des Konfliktes im geschichtlichen, räumlichen wie zeitlich genauer vorstellbaren Bereich schien sich aufzudrängen. Wagnerische und Gegen-Wagnerische Kunst, Tannhäuser und Wolfram: nicht mehr in die Ferne gerückt durch ein sagenhaftes Mittelalter, sondern mit einem authentischen und geschichtlichen Deutschland, mit Nürnberg im 16. Jahrhundert, in Verbindung gebracht. Bereits der erste Marienbader Entwurf der *Meistersin-*

ger vom 16. Juli 1845 gibt neben dem geschichtlichen Aspekt des 16. Jahrhunderts zugleich auch den politischen Aspekt des deutschen 19. Jahrhunderts, des Jahres 1845, mit den einzigen Schlußzeilen:

> Zerging' das heil'ge römische Reich in Dunst,
> uns bliebe doch die heil'ge deutsche Kunst.

Damit aber steht der Meistersinger-Entwurf unmittelbar neben geschichtlich-politischen Lohengrin-Worten wie:

> Was deutsches Land heißt, stelle Kampfesscharen,
> dann schmäht wohl niemand mehr das deutsche Reich!

Oder:

> Doch, großer König, laß' mich dir weissagen:
> dir Reinem ist ein großer Sieg verlieh'n.
> Nach Deutschland sollen noch in fernsten Tagen
> des Ostens Horden siegreich niemals zieh'n!

Abermals: es kann nicht angehen, solche Sätze nur »im Lichte unserer Erfahrung« verstehen zu wollen. Sie müssen zunächst aus dem Geist ihrer Entstehungszeit gedeutet werden. Dann freilich zeigt sich die Verbindung zu den Meistersingern – wie die Verbindung zum Tannhäuser. Lohengrin ist abermals Tannhäuser, abermals der Künstler, abermals Richard Wagner. Er ist das Wunder, das Genie, das im Alltag erscheint. Die Geniegestalten der deutschen Sturm- und Drang-Bewegung (Götz gehörte dazu und Prometheus und der ursprüngliche Faust) waren Selbsthelfer: sie waren auch als Künstler zugleich Genies der Tat und der Empörung. Die Romantiker hatten den Künstler als Genie durch den Künstler als Wunder in religiöser Aura ersetzt. Wagner folgt ihnen hier nicht. Im *Lohengrin* ist die Romantik – darüber möge man sich nicht täuschen – weitgehend bloßes Requisit, viel weniger Substanz. Der *Tristan* ist weitaus romantischer als der *Lohengrin*. Das Wunder des Grals und der Lohengrin-Gestalt ist säkularisiert, durchaus noch nicht christlich verstanden. Den Gral deutet der Schöpfer des Lohengrin anders als der spätere Meister des *Parsifal.* Wagner läßt darüber in der Mitteilung an die Freunde gar keinen Zweifel aufkommen. »Auch Lohengrin ist kein eben nur der christlichen Anschauung entwachsenes, sondern ein uralt menschliches Gedicht, wie es überhaupt ein gründlicher Irrtum unserer oberflächlichen Betrachtungsweise ist, wenn wir die spezifisch christliche Anschauung für irgendwie urschöpferisch in ihren Gestaltungen halten. Keiner der bezeichnendsten und ergreifendsten christlichen Mythen gehört dem christlichen Geiste, wie wir ihn gewöhnlich fassen, ureigentümlich an: er hat sie alle aus den rein menschlichen Anschauungen der Vorzeit übernommen und nur nach seiner besonderen Eigentümlichkeit gemodelt.«

Einen Lohengrin des authentischen Mittelalters kann Wagner nicht gebrauchen, denn nicht das christliche Künstlertum soll Lohengrins Tragik und Einsamkeit begründen, sondern bloß das Künstlertum. Lohengrins Tragik beruht auf seiner Einsamkeit. Er ist das Wunder in einer Welt, die (in der Gestalt der Elsa) das Wunder zwar ersehnt, doch auch bemüht ist, es in die Alltagssphäre zu zwingen, eben dadurch aber des Wunderbaren zu entkleiden. Holländer- und Tannhäuser-Motive sind ineinander verschlungen. Wie im *Fliegenden Holländer*, wie in der deutsch-romantischen Tradition gibt es abermals ein Bündnis zwischen Menschenwelt und Geisterwelt, das tragisch zu enden hat. Die Ehe zwischen Lohengrin und Elsa muß ebenso scheitern wie die Verlobung der Senta mit dem Ahasver des Ozeans. Hinzu kommt Tannhäusers Protest gegen Alltag und Kunsttreiben der Umwelt. Der Künstler Tannhäuser ersehnte andere Freuden und Schmerzen als die Wolfram und Walther. Darum ging er in den Venusberg: um ein neues Künstlertum zu erlangen. Lohengrin ist dieser neue Künstler, dieser Wagner oder Wagnerianer. Die Glorie des Gralsrittertums bietet nur jene äußere Form, die das Künstlersymbol annehmen soll, sie ist aber nicht das Symbol. Lohengrin ist das Künstlertum der Ausnahme, das sich nicht in den Alltag zwingen läßt. Das Frageverbot an Elsa drückt diesen Zustand höchst sinnreich aus. Das Genie verlangt fraglose Treue, höchstes Vertrauen, alle Reservate des Außerordentlichen. Der Alltag verlangt Kenntnis von Namen und Art, Einordnung des Wunders in das Übliche. An diesem Konflikt waren bereits E.T.A. Hoffmanns Künstlergestalten zerschellt. Auch der Anselmus in der Erzählung vom *Goldnen Topf* lebte gleichzeitig in Dresden und in Atlantis. Lohengrin aber kann nicht zugleich Gralsritter, Ehegatte und Herzog sein. Der Gral ist Utopie, die sich nicht alltäglich machen läßt. Darum muß der Lohengrin-Konflikt mit Notwendigkeit tragisch enden. Dies um so mehr, als Wagner im Grunde geneigt ist, die Umwelt und den Alltag als das Unnatürliche, das Wunder des Künstlers aber als höhere Natürlichkeit zu betrachten.

Die besondere Tragik zwischen Lohengrin und Elsa, die aus diesem Konflikt entsteht und entstehen muß, hat der Dichter in doppelter Weise begründet. Einmal aus Elsas Schuld: sie hat versucht, das Wunder zur sinnlichen Existenz zu zwingen. Elsa scheitert daran, daß sie dem Wunder Lohengrin gegenüber das »Verlangen nach voller sinnlicher Wirklichkeit« erhoben hat. Allein, auch Lohengrin ist eigentlich schuldig. Seine Mission war von Anfang an mit Vollziehung der Ehe und fürstlichem Alltag nicht zu vereinigen. Wenn er sich trotzdem darauf einließ, so begründete auch er Schuld und legte die Grundlage für seine Stimmung der Trauer, die ihn »wehmütig« in der Stunde des Abschieds den Schwan erblicken, »mit heftigem Schmerze« zu Elsa sprechen läßt. Wagner hat auch diese Seite des Konflikts bedacht und sogar gedichtet. Es gibt einige Textfragmente zu Lohengrins Schlußworten, die nicht vertont wurden, weil hierdurch die innere Zwiespältigkeit der Lohengrin-Gestalt noch stärker zum Ausdruck gekommen wäre. In den Fragmenten bekennt der scheidende Lohengrin:

> O Elsa! Was hast du mir angetan?
> Als meine Augen dich zuerst ersah'n,
> fühlt' ich zu dir in Liebe schnell entbrannt
> mein Herz, des Grales keuschem Dienst entwandt.

Nun muß ich ewig Reu und Buße tragen,
weil ich von Gott zu dir mich hingesehnt,
denn, ach, der Sünde muß ich mich verklagen,
daß Weiberlieb' ich göttlich rein gewähnt!

In seltsamster Weise ist hier also das höchstpersönliche Erleben mit den philosophisch-literarischen Reminiszenzen verwoben: abermals die Einsamkeit des Künstlers Wagner in seiner sächsischen Umwelt; die Trivialität von Eheleben und Berufsleben; die Reinheits- und Unreinheitsgedanken der jungdeutschen Literatur; Feuerbachs Philosophie der Menschenliebe, die das Christliche, ganz wie es Wagner mit Gral und Lohengrin tut, ins allgemein Menschliche umdeutet.

Die Rittertradition lieh das Handlungsgerüst, nicht die Substanz des Konflikts. Die nämlich ist politischer Art. Richard Wagner gedachte im Lohengrin ausdrücklich die damalige tagespolitische Auseinandersetzung zwischen »Zeitgeist« und »Reaktion« auf die Bühne zu bringen. In einem aufschlußreichen Brief an Franz Liszt vom 30. Januar 1852 hat er sich genauer darüber geäußert. Der Freundschaft Liszts war bekanntlich die Weimarer Uraufführung des *Lohengrin* am 28. August 1850, also an Goethes Geburtstag, zu danken gewesen; der exilierte Wagner konnte sie nicht hören. Die Fürstin Caroline von Sayn-Wittgenstein, Liszts Freundin, hatte an Wagner geschrieben und von der Darstellung und Darstellerin der Ortrud gesprochen. Wagner antwortete: »Sehr fesselten mich namentlich ihre geistvollen Bemerkungen über die Rolle der Ortrud, und der Vergleich, den sie zwischen der Leistung der früheren Darstellerin und der jetzigen anstellt. Auf welche Seite ich mich neige, wird Deine verehrte Freundin sogleich erkennen, sobald ich meine Ansicht über diesen Charakter einfach dadurch bezeichne, daß Ortrud ein Weib ist, das – die Liebe nicht kennt. Hiermit ist Alles, und zwar das Furchtbarste, gesagt. Ihr Wesen ist Politik. Ein politischer Mann ist widerlich; ein politisches Weib aber ist grauenhaft: diese Grauenhaftigkeit hatte ich darzustellen.«

Eigenartig berührt ferner, daß Ortruds Ruf nach den heidnischen Göttern von Wagner im *Lohengrin* negativ gedeutet wird, während wenige Jahre später bereits, in den ersten Entwürfen zum Nibelungenring, die germanische Götterwelt anders akzentuiert erscheint. Der Grund liegt im *Lohengrin* aber darin, daß es nur obenhin um Christentum und Heidentum gehen kann. Lohengrin ist kein christlicher Ritter, Ortrud keine Zauberin der Heidengötter. Lohengrin ist das Wunder des einsamen Künstlers in einer ungemäßen Umwelt, Ortrud aber ist die Verkörperung dieser aristokratisch ungemäßen Umwelt, und damit im aktuellen Bereich die eigentliche Gegenspielerin des Gralsritters.

Die eigentümliche Struktur der Lohengrin-Musik hat Franz Liszt in einer Analyse, die Richard Wagners freudige Dankbarkeit erregte, mit folgenden Worten beschrieben: »Die Musik dieser Oper hat als Hauptcharakter eine solche Einheit der Konzeption und des Stils, daß es in derselben keine melodische Phrase und noch viel weniger ein Ensemblestück oder überhaupt irgendeine Stelle gibt, welche getrennt vom Ganzen in ihrer Eigentümlichkeit und in ihrem wahren Sinne verstanden werden kann. Alles verbindet, alles verkettet, alles steigert sich. Alles ist mit dem Gegenstand auf das engste verwachsen und kann nicht von demselben losgelöst werden.«

Simple Verzauberung ist nicht mehr möglich, der noch unsere Väter und Großväter erlegen waren. Wir erleben den Schwan nicht mehr »naiv«, um Schillers berühmte Antithese anklingen zu lassen, sondern »sentimentalisch«, nämlich durch Skepsis und Ironie gebrochen. Wenig ist also damit gewonnen, daß man die Illusion mit einem naturalistischen Schwanrequisit dadurch »verfeinert« oder gar sublimiert, daß man einen grellen Lichtschein präsentiert, hinter dem sich jeder den Schwan vorzugaukeln hat. Einer Illusion und Verzauberung, die so viel Unheil erzeugte, weil diesmal das Unheil von Lohengrin ausging, durchaus nicht von Ortrud, kann nur durch eine entschiedene Anti-Illusion begegnet werden. Ein Schwan, der ausdrücklich als modernes Kunstgebilde verstanden wird, verfremdet Richard Wagners Utopie durch Theater. Dann wird mit dem Schwan zugleich auch Lohengrin eine Kunstfigur, deren Nam' und Art durch die Gesetze der Kunstfiguren bestimmt ist. Eine durch Theater verfremdete Utopie, der man die Möglichkeit nahm, durch Einfühlung und Verzauberung weiterzuwirken, ist keine mehr. Lohengrin wird abermals zur Kunstfigur einer romantischen Oper. Er tritt an die Seite all seiner Genossen von der Operngattung. Dann steht er abermals, so wie es Wagner gewollt hat, neben dem Holländer und Tannhäuser: seinen Brüdern. Ihm aber wurde die Möglichkeit genommen, aus der Opernwelt gleichsam auszubrechen und Unheil anzurichten in einer Sphäre, für die er nicht geschaffen worden war: im Bereich der Ersatzreligion und der Erlösungsmythen mit politischem Heilscharakter.

Dann erst ist Gerechtigkeit für Lohengrin möglich. Übrig bleibt ein bedeutendes Opernkunstwerk, das weder zu falsch-heroischen Taten aufruft noch die zotenhafte Trivialität verdient, die man ihm zumißt: in Abwehr der utopischen Ansprüche. Erst wenn dies gelingt, wenn das Werk seinen legitimen Wirkungen zurückgegeben und alle Heilsattitüde fortgebannt wurde, ist das Gestrüpp fortgeräumt, das diese heroisch-romantische Utopie nur allzu lange umgab.

Ortrud und Lohengrin

Scheinbar ist Ortrud, die ihr Gemahl Telramund als »Radbods, des Friesenfürsten Sproß« feierlich dem deutschen König Heinrich vorstellt, um anschließend seine Anklage gegen Elsa von Brabant zu spezifizieren, eine gewöhnliche Märchenhexe vom wohlbekannten Typ. Als schaudervolles Gegenspiel zur verfolgten mädchenhaften Unschuld: gleich der bösen Königin aus *Schneewittchen*. Die Antithese des unschuldigen Mädchens und der schuldigen Frau paßt sich allen Kulturen an. Sie war heidnisch und christlich (gehörte dann zur Heiligenlegende), vollzog sich im nördlichen wie südlichen Gelände, so daß auch der Kampf der schuldigen Klytemnästra und der so gefährlich reinen Elektra als Spielart gelten darf. Bürgerliche Aufklärung delektierte sich, bei Richardson und Lessing und Laclos, am Kontrast zwischen bürgerlicher Mädchenwürde und adliger weiblicher Libertinage. Dann steht die Marwood, bei Lessing, gegen die penetrant tugendhafte Miss Sara Sampson.

Deutsche Romantik konnte alles brauchen: die Teufelin und die Heilige; mädchenhafte »Natur« und Künstlichkeit der schuldigen Buhlerin. Heinrich von Kleist arbeitete, und sehr bewußt, fast zynisch, mit den bewährten Rezepten im *Käthchen von Heilbronn*. Man konnte nicht argloser und unbewußter dahinleben als Käthchen, nicht schurkischer und artifizieller als die böse Kunigunde.

Es war bereits Oper vor aller Musik. Der ehrgeizige und schwerkranke Carl Maria von Weber versprach sich viel vom Textbuch der Helmine von Chézy, die bereits den dramatischen Versuchen Franz Schuberts zum Verhängnis geworden war. Seine zuerst an der Wiener Oper im Jahre 1823 aufgeführte Oper *Euryanthe* will ein Amalgam herstellen aus dem romantisch-antithetischen Klischee von ritterlicher Treue und höfischem Verrat, aus Reinheit und Verleumdung, Heidenzauber und christlichem Gottvertrauen. Natürlich siegen Unschuld und Treue. Hell sind die Farben und Klangfarben der Reinen (Adolar und Euryanthe), düster jene der Gegenspieler Lysiart und Eglantine. Wer in einer der – seltenen – Aufführungen von Webers *Euryanthe* sitzt, glaubt sich in die Lohengrinwelt versetzt: freilich erklingt eine zwar schöne, aber unvertraute Musik. Daß sich Richard Wagner das dramatisch-dramaturgische Schema der Weber-Oper für seinen *Lohengrin* zunutze gemacht hat, ist unbestritten. Auch hier die Klangfarbensymbolik, die Wagner durch Tonartensymbolik verstärkte: A-Dur der Gralswelt kontrastiert mit der Moll-Entsprechung in fis-Moll von Ortrud und Telramund.

Mehr als zwanzig Jahre jedoch liegen zwischen *Euryanthe* und dem Arbeitsbeginn am *Lohengrin* im Jahre 1845 in Marienbad, wo Richard Wagner gleichzeitig das Grundkonzept dieser neuen romantischen Oper und das Schema der künftigen *Meistersinger* entwarf. *Euryanthe* hatte unverkennbar mit einer klischeehaft gewordenen und restaurativen Romantik zu tun; *Lohengrin* hingegen ist eine politische Dichtung des Vormärz, demnach das Produkt einer Ära zwischen zwei europäischen Revolutionen (1830 und 1848). Die Deklamationen der Ritter bei Helmine von Chézy sind ebenso markig wie farblos. Des Königs Mahnung jedoch bei Wagner an die Vasallen am Scheldeufer atmet Geist der deutschen Einigung:

> Für deutsches Land das deutsche Schwert!
> So sei des Reiches Kraft bewährt!

Natürlich ist Wagners politische Prophezeiung im *Lohengrin* die übliche dramatische Voraussage von einem, der später lebt und daher alles weiß. Angespielt wird auf Heinrichs Sieg über die Ungarn an der Unstrut. Gemeint ist jedoch, was Wagner will und wie es die Zeitgenossen verstehen, ein Appell zur deutschen Einigung und zum Widerstand gegen den *Zarismus* als Hauptstütze der restaurativen europäischen Fürstenallianz.

Die Aktualisierung und Politisierung des alten romantischen Märchenschemas offenbart sich jedoch am eindringlichsten an Wagners Operngestalt der Ortrud. Auch sie ist die Frau mit der Waffe. Zauberkundig oder vertraut mit geheimen Kräften in der Natur, gleich vielen anderen Wagner-Heroinen: Venus, Isolde,

Brünnhilde und Kundry. Ortrud verwandelt – was töten heißt! – durch Zauber. Was tat sie Gottfried an, dem Erben von Brabant und Bruder der Elsa? Auch sie ist Überfrau wie die Gräfin Faustine; der edle Graf von Telramund wird in der nächtlichen Auseinandersetzung von ihr »mit ruhigem Hohn«, schließlich »mit fürchterlichem Hohne« abgetan. Was jedoch bei Ida Hahn-Hahn, vier Jahre vor Wagners Arbeit am *Lohengrin*, als weiblicher Titanismus dargestellt und gebilligt worden war, wird bei Wagner durchaus negativ akzentuiert.

Daß er selbst es so verstanden haben wollte, hat Wagner in einem Brief an *Franz Liszt* vom 30. Januar 1852 ausführlich dargelegt, kaum zwei Jahre nach der Weimarer Uraufführung des *Lohengrin* unter der Leitung von Liszt, die Wagner, der Exilierte des Jahres 1849, nicht hatte sehen und hören können. Die Fürstin Caroline von Sayn-Wittgenstein, die mit Liszt seit seiner Trennung von Marie d'Agoult in Weimar lebte und eine bemerkenswerte Kennerin der dramatischen Literatur war, übrigens auch eine Interpretation des *Faust* schrieb, hatte in einem Brief an Wagner von der Neueinstudierung und Umbesetzung des *Lohengrin*, kaum zwei Jahre nach der Premiere, gesprochen und dabei Darstellung und Darstellerinnen der Ortrud analysiert. Wagner antwortet im Brief an Liszt. Er lobt die »geistvollen Bemerkungen über die Rolle der Ortrud« und schließt einen wahren brieflichen »Ausbruch« an gegen diese Opernfigur und gegen die Welt, die sie für ihn, Wagner, repräsentiert. Ortrud sei ein Weib, das – »die Liebe nicht kennt. Hiermit ist Alles, und zwar das Furchtbarste, gesagt. Ihr Wesen ist Politik. Ein politischer Mann ist widerlich; ein politisches Weib aber ist grauenhaft: diese Grauenhaftigkeit hatte ich darzustellen.«

Selbst in der üppigen Korrespondenz Richard Wagners findet sich nicht eben häufig ein Dokument, das die widerspruchsvolle Absurdität so weit treibt, wie es hier geschieht. Der politische Mann ist widerlich, das politische Weib grauenhaft. Ekel im einen, Angst im andren Falle. Daß ein exilierter Revolutionär und Gefährte Michael Bakunins so formuliert, der Verfasser überdies von Werken über die *Kunst und die Revolution* und das *Kunstwerk der Zukunft*, das sich schon im Titel zu Ludwig

Feuerbachs Philosophie der Zukunft bekannte, braucht nicht eigens erwähnt zu werden.
Wagner glaubt sich durch geschichtliche Beispiele bestätigt: »Wir kennen in der Geschichte keine grausameren Erscheinungen als politische Frauen.« Wen mag er im Sinn haben? Die englische Elisabeth, die russische Katharina? Er hält sich an Allgemeinheiten, spezifiziert jedoch die angebliche Eigentümlichkeit weiblichen Politisierens: es sei der Substanz nach stets rückgewandt. Ortrud liebe die Vergangenheit, die untergegangenen Geschlechter. Es sei die »entsetzlich wahnsinnige Liebe des Ahnenstolzes«. Der Mann als Reaktionär werde bloß lächerlich; beim Weibe jedoch verbinde sich reaktionäre Politik mit einem »mörderischen Fanatismus«. Das sei an Ortrud zu entdecken. »Sie ist eine Reaktionärin, eine nur auf das Alte Bedachte und deshalb allem Neuen Feindgesinnte, und zwar im wütendsten Sinne des Wortes: sie möchte die Welt und die Natur ausrotten, nur um ihren vermoderten Göttern wieder Leben zu schaffen.« Die tiefe Emotionalität des Briefes ist auffallend. Hier schreibt nicht der ewig belehrende und werbende, sondern der tief getroffene und fürchtende Wagner. Er fürchtet Ortrud, und er bewundert sie. Sie sei »furchtbar großartig«. Auch dies ist Ambivalenz des Fühlens. Mit einem seltsam ambivalenten Denken in unreinlicher Mixtur verbunden. Denn Ortruds Reaktion richtet sich gegen das Christentum und seine Inkarnation im Gralsritter Lohengrin, den sie für einen Schwächling und Schwindler hält: ganz wie den Christengott selbst. Andererseits ist der Feuerbachianer Wagner im *Lohengrin* von allem Glauben an die überzeitliche Geltung des Christentums weit entfernt. Gebet, Gottesurteil, Gralszauber sind bloße romantische Requisiten. Lohengrin ist kein christlicher Ritter, sondern ein genialisch-einsamer Künstler in der Bürgerwelt, gleich seinen Vorgängern, dem Ahasver des Ozeans und dem freischwebenden Künstler Tannhäuser zwischen Wartburg und Venusberg.
Die Ablehnung der Ortrud als einer politisierenden Frau ist selbst reaktionär. Eigenartig ferner, daß Ortruds Ruf nach den heidnischen Göttern negativ gedeutet wird, während Wagner nur wenige Jahre später darangeht, die von Ortrud aufgerufene

germanische Götterwelt als Chiffre der bürgerlichen Gesellschaft zu interpretieren und sich selbst darin als »Wanderer« wiederzuerkennen. Der Widerspruch liegt darin, daß Lohengrin für Wagner insgeheim kein christlicher Ritter ist und Ortrud keine Zauberin der Heidengötter. Lohengrin ist das Wunder des einsamen Künstlers in einer rationalisierten und skeptischen, auch kunstfeindlichen Umwelt. Ortrud verkörpert die Widerstände dieser aristokratischen und auch bürgerlich-rechenhaften Umwelt.

An dieser Stelle wird sichtbar, was Wagner mit Hebbel verbindet, und was sie trennt. Beide halten das Tun eines »politischen Weibes«, wobei der Begriff des Politischen weit gefaßt wird, für existentiell widerspruchsvoll. Das politische Weib ist ihnen die Frau mit der Waffe. Hebbel glaubt moderner zu sein als der Dramatiker der *Jungfrau von Orléans*; Wagner dünkt sich moderner als der Beethoven des *Fidelio*.

Hebbel weiß als Zeitgenosse genau, was Reaktion ist. Dennoch gehört, im Gegensatz zu Wagner, den untergehenden Ordnungen und Ideen seine kaum noch geheime, fast offen einbekannte Sympathie: sogar mit dem Tischlermeister Anton; ganz gewiß mit der Königin Rhodope, die in *Gyges und sein Ring*, gleich der Ortrud, unbeirrt an den alten Bräuchen festhält: tötend und sterbend. König Kandaules bekommt Dialektik der Aufklärung zu spüren, da er an den »Schlaf der Welt« zu rühren wagte.

Wagner weiß sich eins mit Lohengrin und Elsa. Freilich ist die Erbin von Brabant für ihn, wie er später in einer »Mitteilung an meine Freunde« erläutert, nur insofern selbst Existenz, als sie bloß Teil eines missionarischen Ich sein darf, als »Gegensatz, der in seiner Natur überhaupt mit enthalten, und nur die notwendig von ihm zu ersehnende Ergänzung seines männlichen, besonderen Wesens ist.« Daher kann Elsa nicht weiterleben, als Lohengrin die Rückkehr zum Gral antrat. Ortrud jedoch überlebt. Zwar sinkt sie beim Anblick des jungen Gottfried »mit einem Schrei zusammen«. Aber sie wird sich erholen.

Der tragische Held und seine Freunde

Bemerkungen zu Wolfram, Brangäne, Kurwenal

Die griechische Tragödie, weit weniger übrigens die Komödie des Aristophanes, war episches Theater: durchaus im Sinn und Sprachgebrauch unserer Gegenwart. Die Szene versagte sich bewußt einer unmittelbaren Vergegenwärtigung des schrecklichen Geschehens. Der Zuschauer erlebte die Vorbereitung der Untat, nicht diese selbst, doch ihre Folgen. Nicht die Selbstblendung des Ödipus, doch den geblendeten Ödipus. Eigentliches Thema der tragischen Handlung war das – je nachdem – feindselige Gespräch der Gegenspieler oder die Selbstdarstellung des Helden, seiner Konflikte, Beweggründe, Emotionen. Dazu brauchte er den Gesprächspartner, dem er sich anvertrauen konnte. Er brauchte einen Getreuen, einen »Vertrauten«. Die französische Tragödie des Corneille und Racine hielt sich streng an das antike Schema. Auch im Sprachgebrauch des französischen Schauspiels gibt es, entsprechend dem Personenverzeichnis der berühmten Dramen, den »confident« oder die »confidente«. Die Rolle des Freundes aber und der Freundin war mit Notwendigkeit sekundär in einer solchen Dramaturgie. Eigene Aktion verbot sich im wesentlichen: man war ein treuer und traulicher Partner, der zuhörte und zustimmte, auch mitleidend Anteil nahm.

Erst Lessing hat als ein dankbarer Schüler des Sophokles und gleichzeitig als kritischer Beurteiler des französischen Klassizismus in der *Minna von Barnhelm* die Rolle der Freunde und Vertrauten erweitert. Auch die Diener wurden autonom und damit gleichberechtigte Bürger: Franziska neben der Minna von Barnhelm, der Wachtmeister Werner, der Offiziersbursche Just neben dem Major von Tellheim. Bei Heinrich von Kleist hingegen, auch einem Bewunderer des Sophokles, stehen neben der Penthesilea und dem Prinzen von Homburg doch wieder nur die Vertrauten im Sinne der dienenden Anteilnahme, nicht im Sinne einer menschlichen Gleichberechtigung.

Richard Wagner hatte eine sehr genaue und gleichsam »moderne« Auffassung vom griechischen Drama. Lange vor unseren eigenen Erforschungen des epischen Theaters in der Antike, übrigens durchaus im Gegensatz zum damaligen Urteil der klassischen Philologie und sogar im Gegensatz zu seinem frühen Bewunderer und späteren Gegenspieler Friedrich Nietzsche, unterstrich Richard Wagner bereits in seinem großen Essay über *Oper und Drama* den epischen Charakter der antiken Tragödie, die er, als Nachfolger des Kritikers Lessing, in einer neuen Konstellation ausdrücklich gegen den französischen Klassizismus verteidigte. Da heißt es: »Das moderne Drama hat zweierlei Ursprung: einen natürlichen, unsrer geschichtlichen Entwicklung eigentümlichen, den Roman –, und einen fremdartigen, unsrer Entwicklung durch Tradition aufgepfropften, das nach den mißverstandenen Regeln des Aristoteles aufgefaßte griechische Drama. Der eigentliche Kern unsrer Poesie liegt im Roman ...« Dann wird auseinandergesetzt, übrigens gleichfalls in Übereinstimmung Richard Wagners mit Gotthold Ephraim Lessing, daß »die höchste Blüte des dem Roman unmittelbar entsprungenen Dramas« bei Shakespeare zu finden sei, die gröbste Verkennung jedoch dieses romanhaften Charakters aller Dramatik, ihres epischen Charakters also, wie wir heute sagen würden, im französischen Klassizismus.
Daraus ergab sich für Wagner auch eine dramaturgische Konsequenz in der Behandlung der Beziehungen zwischen den tragischen Helden und ihren Freunden oder Vertrauten. Auch Richard Wagners Musikdramen oder »Handlungen« werden seit dem *Lohengrin*, und damit seit den großen theoretischen Schriften der letzten Dresdener und der ersten Züricher Zeit, immer bewußter nach dem Vorbild einer epischen Dramaturgie angelegt. Daraus ergab sich die Notwendigkeit langer Gespräche, Berichte, der Rekapitulationen von Ereignissen, die zurücklagen. Eine mißverstehende Ästhetik des ausgehenden 19. und des frühen 20. Jahrhunderts, die allzu leicht bereit war, Dramatik zu verwechseln mit kurzschlüssiger »Spannung«, hat immer wieder über diese gefürchteten »Längen« gestöhnt: in der ausführlichen Exposition einer Vorgeschichte zwischen

Isolde und Brangäne; in Tristans fieberhaften Bekenntnissen vor dem treuen Kurwenal; im Zwist zwischen Wotan und Fricka; im Bericht Wotans vor der Walküre; in den langen, auch von treuen Wagnerianern »gefürchteten« Erzählungen des Gurnemanz.

Hier hat sich vieles geändert in unseren Tagen. Das Verständnis für Wagners epische Dramaturgie ist gewachsen: übrigens im Zusammenhang mit Erfahrungen heutiger Theaterbesucher mit anderen Formen einer erzählerischen und romanhaften Dramaturgie. In einer guten Aufführung der *Walküre* wird die Auseinandersetzung zwischen Wotan und Fricka, gleich dem Bericht Wotans vor Brünnhilde, als genauso erregend und »spannend« empfunden wie die Liebesszene der Wälsungen. Diesem ästhetischen Grundentwurf des Theoretikers Richard Wagner, seinem Weg von der Oper zum Drama, mußte es also entsprechen, die antike Konstellation zwischen den tragischen Helden und ihren Freunden gleichzeitig zu übernehmen und zu verändern. Das war vorgebildet bereits bei Shakespeare: was dem Shakespearianer Richard Wagner natürlich nicht entgehen konnte. Es gibt auch noch bei Shakespeare die konventionelle Struktur im Verhältnis zwischen dem tragischen Helden und seinem Vertrauten. Horatio ist nur das Sprachrohr des Prinzen Hamlet: der Zuhörer seiner Bekenntnisse, der Übermittler einer Lebensbotschaft. Allein, Shakespeare hatte auch den tragischen und sogar tragikomischen Zwiespalt zwischen dem Helden und seinem – scheinbaren – Vertrauten auf die Bühne gebracht: Othellos so schmählich getäuschtes Vertrauen in den »treuen Jago«.

Überall dort nun im Werk Richard Wagners, wo Einsamkeit des Helden die Substanz der musikalischen Tragödie bildet, kann sich eine Beziehung zwischen den tragischen Helden und ihren Freunden begreiflicherweise nicht entfalten: weder beim Holländer noch bei Lohengrin, auch nicht bei Parsifal, dem kein Gurnemanz zu helfen vermag auf seinem Weg zum Heil und zum Gral. Wotan ist einsam und bleibt ohne Vertraute. Er hat gleichsam einen Jago-Loge neben sich, doch ist er nicht arglos wie Othello. Er hegt einmal Vertrauen: in die Walküre, die ihm alles in einem sein mußte: Tochter, Freundin, insgeheim Geliebte. Daher der alle Grenzen sprengende Zornesausbruch, als der »Verrat« der Brünnhilde diese Beziehung zernichtet, um Wotan zurückzuwerfen in die Einsamkeit dessen, der nur eines noch will, das Ende.

Daher gibt es die Konstellation zwischen den tragischen Helden und ihren Freunden und Vertrauten nicht im Bereich einer mythischen Dramenwelt. Liebe und Freundschaft sind menschliche Regungen: ganz wie die Eifersucht des Melot, das Leid König Markes, der sowohl mythische wie menschliche Haß des Hagen auf Siegfried und auf die Gibichungen.

Weshalb die reinste Ausprägung der Beziehung zwischen den Helden und ihren Vertrauten überall dort möglich wurde, wo Menschen allein das episch-dramatische Spiel zu bestreiten haben. Zuerst in der Wartburg-Welt des *Tannhäuser*, dann in der einzigen Schöpfung Richard Wagners, die im Titel bereits abgeht vom Prinzip der Einsamkeit, indem sie die Reihe der einsamen Titelhelden (Der Fliegende Holländer, Tannhäuser, Lohengrin, Jesus von Nazareth, Wieland der Schmied) unterbricht, um ein »Hohes Paar«, mit Ernst Bloch zu sprechen, zu Titelehren zu bringen: Tristan und Isolde. Vorgeformt bereits im *Tannhäuser* als spannende Auseinandersetzung des tragischen Helden mit seinem Freund und gleichzeitigen Gegenspieler, mit Wolfram also, entwickelt sich die gleichzeitig antike und moderne Formung der Beziehung zwischen den Liebenden und ihren Freunden in jenem Werk, das Wagner entwarf, als er, nach Abschluß seiner großen theoretischen Entwürfe und nach der Niederschrift und fragmentarischen Komposition der Tetralogie, vor sich selbst vollständige Klarheit erlangt hatte über sein Verhältnis zur Antike, zu Shakespeare, zur deutschen Klassik und übrigens auch zur Symphonik Ludwig van Beethovens. So konnte es gelingen, daß Brangäne neben der Königin Isolde, der Ritter Kurwenal neben Herrn Tristan, sowohl ihre Funktion aus dem epischen Drama der Griechen beibehalten als auch selbst Träger der Handlung werden. Nicht allein, daß sie aufgehört haben, bloß Stichwortgeber und mitleidende Zuhörer zu sein. Im Gegenteil hat Wagner die Funktionen von

Grund auf verändert. Die Liebenden Tristan und Isolde handeln ausdrücklich nicht. Sie haben gehandelt in der Vergangenheit und leiden an den Folgen des einstigen Handelns oder Nicht-Handelns, an einstiger Rede und besonders an der einstigen Nicht-Rede. Handelnde sind weit eher Brangäne und Kurwenal.

Auch Tannhäuser ist natürlich ein Einsamer, der keiner Wirklichkeit ganz angehört und an allem scheitert: an der Wartburg-Gesellschaft, im Venusberg, auch als konventioneller Büßer. Darum ist er unfähig einer irdischen und gleichsam herkömmlichen Emotion. Wolfram ist der Freund des Kollegen und Gegenspielers Tannhäuser, doch von Tannhäusers Empfindungen gegen den Lieblingsdichter der Wartburg-Gesellschaft erfährt man kaum etwas. Die ungläubige Frage des Tannhäuser nach der Rückkehr aus Rom: »Bist du denn nicht mein Feind?«, enthüllt nicht bloß das Fehlen einer Freundschaft für Wolfram wie auch vielleicht die Unfähigkeit des Tannhäuser zu Freundschaft und gegenseitigem Vertrauen. Wolframs Antwort: »Nie war ich es, solang ich fromm dich wähnte!«, verrät umgekehrt den tiefen Zwiespalt eines Menschen, der seine Freundschaft zu Heinrich Tannhäuser immer wieder gegen sich selbst zu verteidigen hat.

Wolfram von Eschenbach ist der große und anerkannte Sänger, gleichsam das literarische Haupt der Wartburg-Schule. Er ist ein frommer Sänger, ein »wohlgeübter Sänger«, wie der verzweifelte Tannhäuser höhnt. Was heißen soll: wohlgeübt in der gefälligen Kunst, in der manierenvollen Haltung, die sich jeglichen Exzeß im Leben und in der Kunst verbietet. Daß Tannhäuser nicht ganz Unrecht hat, zeigt Wolframs Preislied vor der Wartburg-Gesellschaft. Da singt ein literarischer Vorzugsschüler, der genau weiß, was er loben und was er vermeiden muß. Tannhäusers jähe Replik macht es sogleich fast überdeutlich. Was Tannhäuser jedoch nicht ahnt, ist zweierlei: daß Wolfram – innerhalb gesetzter Grenzen des christlich-gesellschaftlichen Lebens – wirklich sein Freund ist, neidlos sogar. Ebensowenig kann der Außenseiter Tannhäuser ermessen, daß Wolframs Kunst nicht auf Feigheit und hybride Anpassung gegründet wurde, sondern als formvolle Kunst der Entsagung verstanden werden muß. Das offizielle Preislied zu Beginn des Sängerkriegs ist fad und allzu wohlgefällig. Auch Richard Wagner hat nicht viel Inspiration auf diese Preis-Arie verwendet. Ein völlig anderer Wolfram, tief aufgewühlt, sich selbst und die eigene Kunst verteidigend, stimmt dann das Lob der hohen Minne an: nicht als literarische Polemik, sondern als Bekenntnis zu einer nicht-höllischen Kunst: »Dir, hohe Liebe, töne / begeistert mein Gesang ...«. Die Wiederkehr dieser Melodie im Orchester nach der letzten Begegnung zwischen Wolfram und Elisabeth demonstriert den Ernst einer Kunstgesinnung, die sich gegründet weiß auf vielfacher Entsagung.

Viele Züge der Tristan-Gestalt weisen zurück auf den Tannhäuser. Die Erotik des Venusbergs hatte Richard Wagner, wie er freimütig gegenüber Franz Liszt bekennt, gleichsam als »Ersatzhandlung« eines Entsagenden und Entbehrenden entworfen; als ein künstliches und künstlerisches Paradies. Er selbst hielt den Schaffensvorgang für trivial, nicht hingegen das künstlerische Ergebnis. In der dramatischen »Handlung« um Tristan und Isolde hingegen wurde die Einsamkeit des entsagenden oder schweigenden Helden für einmal von Wagner aufgegeben. Dies ist menschliche Liebe und vollzogene Erotik. Dennoch ist der Musikdramatiker auch hier seiner damaligen Grunderkenntnis treu geblieben, daß menschliches Glück, als Befreiung aus der Einsamkeit, nur als ephemerer und erfüllter Augenblick möglich sein kann. Dann kehrt die Einsamkeit zurück, die Schuld, die Welt des Verrats, »der öde Tag / zum letzten Mal!«

Daraus folgt für die Dramaturgie von *Tristan und Isolde*, daß die Liebenden handeln können nur als Liebende. Im Augenblick, da sie dieses Zustands innegeworden sind, gibt es kein Planen mehr und keinerlei Anpassung an irgendeine Umwelt. Was vermag die »Sitte« in solchem Zustand? »Welcher König?«, fragt Tristan verwundert und seiner selbst kaum mächtig. Was sind ihm jetzt noch Marke und Melot? Bei Tristan wiederholt sich die Einsamkeit Tannhäusers und dessen Unfähigkeit zur Freundschaft. Auch er empfängt Freundschaft, wie Tannhäuser, sogar noch in der entgrenzten Form der völligen Hingabe an einen Freund. Wolfram trennte seine Freundschaft von Tannhäusers Unfrömmigkeit und Blasphemie. Kurwenal überschreitet mit dem Freund und Herrn alle Grenzen der Sitte wie des Glaubens. Tristan weiß dies alles und kann es doch nicht mit gleichem Gefühl entgelten.

Dem guten Marke,
dient ich ihm hold –
wie warst du ihm treuer als Gold!
Musst ich verraten
den edlen Herrn,
wie betrogst du ihn da so gern!

Kurwenals unerwiderte Freundschaft zu Tristan entspringt der Einsamkeit; sie ist eigentlich Liebe, denn sie kennt auch die Eifersucht. Eifersucht auf Isolde vor allem; auf Melot zu der Zeit, als der noch der treueste Freund des Herrn Tristan zu sein schien. Kurwenal haßt auch Brangäne, die in ähnlicher Konstellation zur Königin Isolde steht wie Kurwenal zu Tristan. Noch blieb, auch in der dramaturgischen Funktion des Kurwenal, die ursprüngliche Rolle des »Vertrauten« aufrechterhalten. Nur zu ihm kann der verwundete Tristan sprechen, um einen Bericht zu versuchen, der bis an die Grenzen des Nicht-Mehr-Berichtbaren führt. Kurwenal ist der »Vertraute« auch im Wortsinne. Treue und Vertrauen sind die stets wiederkehrenden Worte sowohl bei Tristan wie bei Kurwenal.

O Treue! hehre,
holde Treue!
Mein Kurwenal,
du trauter Freund!
Du Treuer ohne Wanken,
wie soll dir Tristan danken?

Der Vertraute aber muß gleichzeitig auch Täter sein, wenn die liebenden und tragischen Helden immer wieder zu versinken drohen in ihrer Innenwelt. Kurwenal haßte Isolde, mußte nun

lernen, sie zu lieben, um Tristans willen. Er hatte sie verspottet, weil er Tristan von ihr fernhalten wollte. Die Leute aus Cornwall lebten in Furcht und Schauder vor der Königswelt aus Irland. Später muß Kurwenal, zusammen mit Brangäne, die er gleichfalls haßt, die Ruhe der Liebenden schützen. Dann rettet er den tödlich verwundeten Freund und trägt ihn auf den Schultern in die verfallene Burg der Väter: »Das Ganze macht den Eindruck der Herrenlosigkeit, übel gepflegt, hie und da schadhaft und bewachsen.« Schließlich muß er Isolde heimlich herbeirufen, um den bewußtlosen Tristan ins Leben zurückzuholen, der bereits die Grenzen des Totenreiches überschritten hat. Dies ist eine Freundschaft und Liebe ohne Lohn. Auch Kurwenal stirbt den Liebestod neben dem toten Tristan. »Tristan! Trauter! / Schilt mich nicht, / dass der Treue auch mitkommt!«
Auch Brangäne ist traut und vertraut an der Seite der Königin Isolde. Ihre letzten Worte sind an Isolde gerichtet, die jedoch nichts mehr wahrnimmt von aller Welt und Umwelt. Brangänes letzte Worte im Drama erinnern in der Wortwahl genau an die Abschiedsworte des Kurwenal: »Hörst du uns nicht? / Isolde! Traute! / Vernimmst du die Treue nicht?«
Auch Brangäne muß handeln, weil die tragisch Liebende der Welt zu entgleiten droht. Sie vertauscht den Todestrank mit dem Liebeselixier. Sie schützt die Liebenden und warnt sie zugleich. Sie hilft mit, wie zu vermuten steht, bei der Flucht Isoldes aus dem Königspalast. Wahrscheinlich hat Kurwenal mit Brangäne den Plan entworfen und das Schiff entsandt, das Isolde nach Kareol holen soll. Dann aber entdeckt sich Brangäne dem König, um vielleicht das Leben der Liebenden zu retten. Kurwenals Handeln unterstand immer den Lebensgesetzen des Herrn Tristan. Brangäne ist selbständiger: sie ist Freundin der Isolde, doch nicht selbst eine Liebende. So plant und handelt sie, um eben dadurch, wider alles Planen, den tragischen Ausgang erst herbeizuführen.
Vielleicht gehört es zu den tiefsten Umdeutungen der antiken Tragödie bei Richard Wagner, daß Brangäne und Kurwenal in vollkommener Weise zum Aufbau einer epischen Handlung gehören, daß aber die tragischen Helden selbst, die Liebenden

Tristan und Isolde, nicht im Gespräch sich offenbaren wie bei den griechischen Tragikern, dem von Wagner bewunderten Sophokles vor allem, sondern – je nachdem – in der List, der Lüge, im Schweigen. »Ich kehre nun zum *Tristan* zurück, um an ihm die tiefe Kunst des tönenden Schweigens für mich zu Dir sprechen zu lassen.« So schrieb Richard Wagner aus Venedig an Mathilde Wesendonck am 12. Oktober 1858.

Tristans Schweigen

Ich kehre nun zum *Tristan* zurück,
um an ihm die tiefe Kunst des tönenden
Schweigens für mich zu Dir sprechen zu lassen.

Richard Wagner an Mathilde Wesendonck
Venedig, 12. Oktober 1858

Die Handlung einer klassischen Tragödie vollzieht sich durch das Wort. In einer kruden Haupt- und Staatsaktion läuft viel äußerliches Geschehen sichtbarlich vor den Betrachtern ab. Das klassische Drama dagegen – so lernte man's bei den Alten – verbannte die eigentlichen Aktionen weitgehend hinter die Bühne und in den Zwischenakt. Dann verkündeten Botenberichte, sobald sich der Vorhang wieder geöffnet hatte, was geschehen war. Spiel und Gegenspiel bestanden in der Auseinandersetzung durch Rede und Wort. Man sprach sich aus, stellte geistige Positionen gegeneinander: Egmont und Alba, Maria und Elisabeth, Natalie und den Kurfürsten im *Prinz von Homburg*. Nicht immer wurde im Gespräch alles durch das Wort offenbart. Es gab Verschweigungen, Kabalen, taktische Scheinargumente, aber der Zuschauer sollte merken, daß dem so war. Außerdem gab es den Monolog, worin sich die Gestalt, jenseits aller Lügen und Verschweigungen, ganz offenbarte. Schon die erste Szene des Königsdramas verkündete im Selbstgespräch, warum Richard Gloucester, dereinst König Richard III., gewillt sei, ein Bösewicht zu werden.

Auch *Tristan und Isolde* ist eine Tragödie. Aber mit dem über die klassische Tradition dadurch hinausstrebenden dramaturgischen Grundeinfall, daß sich hier, mit Ausnahme des großen Zwiegesprächs der Liebenden im zweiten Akt, auf den alles hinstrebt und von dem alles wieder wegführt, keine wirkliche Kommunikation der Gedanken durch das Wort vollziehen kann. Die dramatische Handlung scheint sich in jedem Augenblick der Erörterung durch Rede und Gegenrede zu entziehen. Nur scheinbar stehen Isolde und Brangäne, Tristan und Kurwenal zueinander im klassischen Verhältnis des Helden zu seinem Vertrauten, zum »confident«. In Wahrheit sind Isoldes Dialoge mit Brangäne im ersten Aufzug und zu Beginn des zweiten Aktes, sind weit stärker noch die Worte, die der verwundete Tristan mit Kurwenal wechselt, als »windschiefes Gespräch« angelegt. Die Partner sind einander sehr fern, und die Rede der Helden geht nicht dahin, verstanden zu werden. Man spricht aneinander vorbei. Der Dialog offenbart sich, von Tristan und Isolde her gesehen, als verkleideter Monolog.

Dahin hatte die Opposition der Dramatiker gegen den deutschklassischen Kanon der Dramaturgie schon früh gestrebt. Bei Kleist war sie zuerst erkennbar geworden. Dann in Büchners »Woyzeck«, der nahezu vollständig auf solchen windschiefen Gesprächen beruhte. Das wies hinüber zu Wedekind und späteren Formen der Dramatik im 20. Jahrhundert. Auch das Musikdrama *Tristan und Isolde* bedeutet im dramaturgischen Aufbau einen Schritt auf diesem Wege. Die eigentliche Tragik wird immer wieder darin sichtbar, daß die Gestalten nicht durch das Wort zueinander gelangen können, da alle Gespräche nebeneinander herlaufen und eine Kommunikation der Seelen nicht stattfindet. In einem Brief an Mathilde Wesendonck vom 10. April 1859, während Wagner am dritten Akt arbeitet, wird dies für einen Augenblick offen ausgesprochen. Der Briefschreiber zitiert Kurwenals Worte aus der ersten Szene des dritten Aufzugs, die Tristan neue Lebenszuversicht geben möchten. »Das wird sehr erschütternd – wenn nun zumal das alles auf Tristan – gar keinen Eindruck macht, sondern wie leerer Klang vorüberzieht. Es ist eine ungeheure Tragik! Alles überwältigend!«

Die Tragik eines Redens, das den Partner nicht mehr erreicht, »sondern wie leerer Klang vorüberzieht«. Hier wurde – noch vor allem Musikalischen – eine neue Form des Tragischen gesucht und gefunden, die sich bewußt gegen alle klassische Überlieferung zu stellen gewillt war. Isolde spricht sich vor Brangäne aus, so wie Tristan vor Kurwenal, meint aber nicht die Vertraute, will eigentlich weder erklären noch irgendein Handeln veranlassen. Sie spricht sich aus, sich allein. Ein Monologisieren – und eigentlich nicht einmal das mehr, denn es fehlt alle Bemühung um geistige Wesenserkenntnis. Isolde schwankt nicht wie Hamlet oder Faust zwischen Sein und Nichtsein, will nicht abwägen wie Wallenstein, ob sie handeln soll, bedarf keiner Klärung der Gedanken, denn alles ist für sie nur allzu klar, gräßlich klar. Ein episches Element wird in diesen Monologen sichtbar, die sich als Dialog verkleidet haben. Dies hier ist – bei Isolde im ersten, bei Tristan im dritten Aufzug – epischer Bericht, wodurch bei aller Abkehr von der deutsch-klassischen Dramentradition nun wieder eine erstaunliche Rückkehr zur antiken Tragödie, zu Sophokles vor allem, erkennbar wurde.

Epischer Bericht statt einer genuin-dramatischen Auseinandersetzung durch die Rede. Das Verschweigen spielt im dramatischen Ablauf der Handlung eine überragende Rolle. Wichtig ist bei den Hauptgestalten, auch bei Marke, weit weniger, was sie aussagen, als was sie verschweigen. Dies Verschweigen aber hat nichts mit Lüge oder Verstellung zu tun, es sei denn bei Melot, aber dessen Betrug wird auf der Szene nicht sichtbar. Da Tristans Rivale endlich erscheint, ist auch für ihn der Augenblick gekommen, wo das Doppelspiel von Freund und Verräter zu Ende ging. Was Melot auf der Szene spricht, enthüllt den wahren, den wirklichen Melot.

Die Tragik entsteht hier nicht durch irgendein intrigenhaftes Doppelspiel, das die wahren Beweggründe und Aktionen einer Gestalt verschweigt: doch so, daß der Zuschauer klarer sieht als der Gegenspieler auf der Szene. Es ist nicht mehr der Fall des Octavio Piccolomini vor Wallenstein. Ein Verschweigen, wie es Isolde und Tristan üben, gilt zunächst sogar dem eigentlichen Ich gegenüber. Wäre das Wort nicht so sehr in Mode gekommen, man könnte bei solchem Verschweigen auch von einem »Verdrängen« sprechen. Isoldes Haß auf Tristan beruht auf solchem Verschweigen vor sich selbst. Mit Tristans Ehre steht es nicht anders. Als sie den Liebestrank in sich spüren, den sie als Todesbringer getrunken hatten, fällt alles von ihnen ab. Das Verschweigen voreinander und vor sich selbst ist zu Ende. »Was träumte mir von Tristans Ehre?« Sie erwidert: »Was träumte mir von Isoldes Schmach?«

Es liegt nahe, Wagners Tragödie des Schweigens und Verschweigens durch die Entstehungsgeschichte erklären zu wollen. Von der »tiefen Kunst des tönenden Schweigens«, die sich im *Tristan* offenbare, war bereits von Venedig aus zu Mathilde Wesendonck gesprochen worden. Man pflegt das Werk herkömmlicherweise mit der Patriziersgattin in Zürich in Verbindung zu bringen. Daß hier unmittelbare Beziehungen zwischen Leben und Lebensdeutung, Erlebnis und Dichtung bestehen, ist offensichtlich. Wagner hat später in einem Brief an Eliza Wille von Mathilde Wesendonck gesagt: »Sie ist und bleibt meine erste und einzige Liebe!« Neuartiges Empfinden des Künstlers, bis dahin nur geahnt, aber nicht wirklich empfunden (was der *Tannhäuser*-Partitur zum Nachteil gereichen mußte), verwandelte sich nun in eine musikalische Emotion ohnegleichen.
Dennoch kann die Identifizierung nicht glücken: Mathilde–Isolde, Wagner–Tristan, Wesendonck–Marke. Gewiß spricht der liebende und entsagende Künstler später von Isolde und meint Mathilde Wesendonck; aber er nennt sie gelegentlich auch Elisabeth. Die Einheit aus Isolde und Elisabeth ist jedoch kaum möglich. Die Wirklichkeit der Vorgänge auf dem grünen Hügel bot dafür überdies keine Grundlage. Richard Wagners Liebe zu Mathilde Wesendonck erwies sich als eine auslösende, freisetzende Kraft. Tristanwelt und Tristanmusik konnten erst dadurch entstehen, allein, die Tristanwelt wurde dadurch für Wagner nicht begründet: sie war im wesentlichen bereits innerlich vorgebildet. Was das Erlebnis im norwegischen Fjord für den *Holländer* bedeutet hatte, der Anblick der Wartburg für die Entstehung des *Tannhäuser*, nächtliche Prügelei zu Nürnberg im Jahre 1835 für das künftige zweite Finale der *Meistersinger*, wurde nun durch Mathilde Wesendonck für den *Tristan* geleistet: eine Lebensvision, die sich den bereitliegenden künstlerischen Motiven beigesellte.
Wichtiger war, daß eine innere Beziehung zwischen den Nibelungen-Themen und der Tristan-Konstellation hergestellt werden konnte. Der *Tristan* wurde bekanntlich zur ersten der beiden großen »Einschaltungen« mitten im Entstehungsprozeß der *Ring*-Tetralogie. Siegfried zog Tristan nach sich, wie dieser

wiederum die Gestalt des Parsifal heraufrief. Im späteren *Epilogischen Bericht*, worin Wagner die Entstehungsgeschichte des *Ring* nacherzählte, verglich er das Verhältnis Tristans zu Isolde mit Siegfrieds Beziehung zu Brünnhilde. »Die völlige Gleichheit dieser besteht aber darin, daß Tristan wie Siegfried das ihm nach dem Urgesetze bestimmte Weib, im Zwange einer Täuschung, welche diese seine Tat zu einer unfreien macht, für einen anderen freit, und aus dem hieraus entstehenden Mißverständnisse seinen Untergang findet. Während der Dichter des *Siegfried*, den großen Zusammenhang des ganzen *Nibelungen*-Mythus vor allem festhaltend, nur den Untergang des Helden durch die Rache des mit ihm sich aufopfernden Weibes in das Auge fassen konnte, findet der Dichter des *Tristan* seinen Hauptstoff in der Darstellung der Liebesqual, welcher die beiden über ihr Verhältnis aufgeklärten Liebenden bis zu ihrem Tode verfallen sind.« Unmittelbar darauf gibt Wagner das Stichwort für die tiefe Gemeinsamkeit der Ring- und der Tristan-Problematik: »Der Tod durch Liebesnot«.

Diese nämlich steckt hinter allem Verschweigen. Man verschweigt, um weiterleben zu können: im scheinbaren Haß der Isolde, in Tristans trotziger Ehrsucht. Als das Ende alles Verschweigens herangekommen scheint: in der ersten Umarmung, in der Liebesnacht, kommt es zum Gespräch. Aber nur, weil man den Tod erwartet, das endgültige Schweigen. Vom Verschweigen über das scheinbar lösende Gespräch zum wirklichen Schweigen, das den Tod bedeutet: dies ist die große – nun höchst unklassische – dramatische Bewegung, auf der Wagners Tragödie beruht. Sie findet sich allerdings, wie noch zu zeigen sein wird, gekoppelt mit einer geheimen, aber unendlich bedeutungsvollen Gegenbewegung. Vom Verschweigen zum Todesschweigen, das ist zunächst der Weg. Er führt über das lösende Gespräch, das eigentlich auch keines ist, sondern bald einen neuen Rückfall eines jeden der Liebenden in das Monologisieren bedeutet. Höchste künstlerische Paradoxie: im gleichen Augenblick, da die Möglichkeit zum Gespräch, zum dramatischen Dialog, gekommen ist, in der Liebesnacht nämlich, erweist sich die Unmöglichkeit selbst dieser Kommunikation in diesem

Augenblick. Tristans Liebe bleibt zunächst einmal Tristans Liebe; dann erst wird sie, heikel und kaum ernsthaft geglaubt, zu Tristans und Isoldes Liebe. Die Gemeinsamkeit der Liebenden, die den Ausbruch aus der früheren Einsamkeit bedeuten soll, ist nicht nur von außen bedroht: durch Marke, durch Melot. Sie ist innerlich gefährdet, denn Liebe und Schuld, Glückserfüllung und Gewissensqual sind allzu eng miteinander verknüpft. Zum ersten Mal bei Wagner hatte der Titel der Tragödie ein Liebespaar statt eines einsamen Einzelhelden angezeigt. Nun kommt es auch hier nicht zu wirklicher Gemeinsamkeit.

Als die eigentliche Rede zwischen den Liebenden beginnen soll, strebt sie nicht zur Gemeinsamkeit von Ich und Du, sondern zur Entäußerung des Ich im anderen Ich. Die Repliken der Liebenden werden austauschbar. Auch die Nacht führt nicht zur Wahrheit, sondern zu einem Vorgang der Selbstentäußerung, der – schon vor allem Sterben – gleichzeitig den Tod bedeutet und den Gesang. So also ist in Wirklichkeit Richard Wagners Wort von der »tiefen Kunst des tönenden Schweigens« zu verstehen.

Der Liebesgesang, weit davon entfernt, das Ende von Tag und Wahn, Leben und Ehre, Haß und Verschweigen anzukündigen, gibt beides gleichzeitig: Schweigen und Ton, Tod und Gesang. Man verkennt die Abgründe des Tristan, wenn man vermutet, die romantische Nachtszenerie habe für die Liebenden eine Erfüllung gebracht, als Befreiung von allen Konventionen des Tages und der Gesellschaft. Hier sei, in der Liebesnacht, eine Aufhebung der Selbstentfremdung des Menschen gelungen, ähnlich jener, von der Schillers Lied *An die Freude* spricht, und jener, die Beethoven in der *IX. Symphonie* geben wollte: Zauber der echten, unverbildeten Empfindung menschlicher Sympathiegefühle, die alle Schrecken der »Mode«, also der Konvention, siegreich durchbrechen. Richard Wagner liebte Beethovens letzte Symphonie, aber der Tristan ist keine Weiterführung einer Bemühung, die Selbstentfremdung des Menschen in der bürgerlichen Gesellschaft durch Aufklärung und eine sittliche Kunst zu beseitigen.

Daß dem so ist, wird insbesondere an Tristans Schweigen offenbar. Das Schweigethema durchzieht den gesamten Text des Titelhelden. Immer wieder diese Worte: Schweigen und Verschweigen. Den »furchtbar tief geheimnisvollen Grund«, den Marke erfragen will, kann Tristan »nicht sagen«; Markes Fragen erhält bloß die Antwort: »Das kannst du nie erfahren.« Im dritten Aufzug wirkt die stammelnde Auskunft, die der ins Leben zurückgekehrte Tristan seinem Kurwenal geben möchte (diesmal wahrhaft geben möchte, aber nicht zu geben vermag), wie eine schaurige Paraphrase jener »Botenberichte« aus der klassischen Tragödie. Tristan vermag nichts zu berichten. Auch das Wort ist diesmal Leitmotiv. Immer wieder: »Das kann ich dir nicht sagen.«

Tristan kennt Irlands Königin und ihrer Künste Wunderkraft. Der sieche Tantris ging bei ihr in die Lehre. Auch das Schweigen lernte er dort. »Des Schweigens Herrin« – so nennt Tristan die geliebte Feindin bei der ersten Wiederbegegnung im Schiffszelt. In einer für den Tristan-Text so charakteristischen Wendung der Antithetik meint er »düster«, da er erkannt hat, daß es nun zu sterben gilt:

> Des Schweigens Herrin
> heißt mich schweigen:
> faß' ich, was sie verschwieg,
> verschweig' ich, was sie nicht faßt.

Des Schweigens Herrin lehrte das Schweigen. Der bei ihr lernte, glaubt sich jetzt sogar der Herrin in dieser Kunst überlegen, denn er erkannte, was sie verschwieg, wähnt aber, sie wisse nicht, was er vor ihr zu verbergen hat. Er täuscht sich aber. Zwar hatte ihm Isolde die Umstände des Tantris zurückgerufen. »Zu schweigen hatt' ich gelernt«, und das Todesgelöbnis, »das schwur ich schweigend zu halten«. Aber insgeheim wußte auch sie es anders. Isoldes Worte »Mir erkoren – mir verloren« bedeuten nicht bloß, daß sie Tristan liebt, sondern daß sie sich insgeheim auch von ihm geliebt weiß. »Mir erkoren – mir verloren«: fast ohne Begleitung des Orchesters wird das deklamiert. Es ist natürlich das musikalische Ur-Motiv; bloß die tiefen

Streicher begleiten »mit Dämpfer«; aber bei dem »verloren« antwortet bereits das in der Tristan-Partitur so überaus wichtige Englischhorn und verrät das geheime Wissen der Isolde in allem Schweigen und Verschweigen.
Tristans Schweigen ist zunächst eine Antwort auf das Schweigen der Isolde. Daß es mit Tristans Ehre eng verbunden sei, wird in der Stunde der Wahrheit, im vermeintlichen Vorhof des Todes, im Angesicht des Todeskelches einbekannt. Tristans Schweigen war erzwungen durch Wahn und Trug des Tages, durch Ehre und Sitte. Da aber die Stunde des Redens gekommen schien, gab es neuen Trug und Wahn. Der öde Tag erwies sich von neuem als mächtig. Isolde ruft es in der Liebesnacht dem Partner ins Bewußtsein:

Doch ach! Dich täuschte
der falsche Trank,
daß dir von neuem
die Nacht versank;
dem einzig am Tode lag,
den gab er wieder dem Tag.

Der Todestrunk war ein Lebenstrank gewesen. Der Tag verlangte seine Rechte. Tristans Ehre und Tristans Schweigen wurden abermals zum Gebot: doch es war nicht mehr der Zustand des Tantris und Tristan vor Einnahme des Liebestranks. Einmal war das Schweigen gebrochen worden. Das blieb unwiderruflich. Die Liebesnacht bedeutet nun eine höhere Möglichkeit des Redens: aber mit dem Ziel der Preisgabe aller Individuation. Das tönende Schweigen des Zwiegesangs soll den nächtlichen Augenblick verewigen. Da aber die gesamte Tristan-Tragödie auf dem Vorgang der Wiederholung aufgebaut ist, vollzieht es sich von neuem: »Dem einzig am Tode lag, den gab er wieder dem Tag.« Nicht der Trank bewirkt dies, sondern der öde Tag, der dem Entweichen der Nacht folgen muß und gleichzeitig Entdeckung und neues Verschweigen bedeutet. Was vor sich ging, kann Tristan dem Freund und König nicht sagen. Aber der öde Tag soll zum letzten Mal erschienen sein. Was der Trank durch Brangänes Trug verhindert hatte, soll nun durch Melots Schwert gelingen. Diesmal soll alles Verschweigen zu Ende sein, mit ihm der Tag, der Wahn, Tristans Ehre und Trotz, damit das wirkliche Schweigen des Todes eintreten kann.

Abermals Wahn. Die Bewegung – vom Verschweigen unter dem Zwang des Tages und der Sitte zum Schweigen des Todes – wird abermals unterbrochen. Zum zweiten Mal vollzieht sich die für die Liebenden, insbesondere für Tristan, so schreckliche Gegenbewegung. Das erste Mal hatte der Todestrank getrogen. Nun versagt auch Melots Schwert. Die zweite Rückkehr Tristans in die Welt des Tages muß durchlitten werden. Man sieht: bei aller scheinbar so unklassischen Dramaturgie des Schweigens, bei aller Nachfolge romantischer Nachthymnik des Novalis, ist Richard Wagners Musikdrama in klassischen Proportionen aufgebaut. Das romantische Element in diesem Werk wird nicht bloß durch den Genius Calderóns beschworen (»Nächst Dir und Calderón hat mich dieser Tag ein Blick in den mitgenommenen fertigen ersten Akt des *Tristan* wunderbar erhoben«, hatte Wagner im Januar 1858 an Liszt geschrieben), hängt auch nicht bloß mit dem Geist der Stadt Venedig zusammen, sondern offenbart sich vor allem im Bau der gewaltigen Seelentragödie.

Tristans Rückkehr ins Leben, in den Bereich der Heimatburg, in die Freundesgemeinschaft Kurwenals gleicht dem antiken Mythos einer Rückkehr aus dem Hades. In sonderbarer Umkehr und Verstrickung vollzieht sich der Mythos von *Orpheus und Eurydike*. Tristan ist Eurydike, Isolde, die in der Welt des Tages zurückblieb, erzwingt die Rückkehr.

Mit hell erschloss'nen Augen
muß ich der Nacht enttauchen, –
 sie zu suchen,
 sie zu sehen,
 sie zu finden,
 in der einzig
 zu vergehen,
 zu entschwinden
Tristan ist vergönnt.

Um diese schrecklich komplexe Daseinslage auszudrücken, hatte der Musikdramatiker alle musikalischen Mittel der Motivverflechtung aufgeboten, die das mächtige Tristan-Orchester zuließ. Von diesen »gegenseitig fast sich verschlingenden musikalischen Motiven« hatte Wagner in seinem Nachruf auf Ludwig Schnorr von Carolsfeld, den ersten Darsteller des Tristan, gesagt, daß sie »ein zwischen äußerstem Wahnverlangen und aller entscheidenster Todessehnsucht wechselndes Gefühlsleben ausdrücken, wie es bisher in keinem rein symphonischen Satze mit gleicher Kombinationsfülle entworfen werden konnte«. In der Tat: hier endlich ist das Schweigen gebrochen. In diesem Zwischenreich von Tod und Leben, Sterben und Sehnen, wie es Tristan in äußerster Verwünschung von sich weist, drängt alles diesmal zur Aussage. Wort und Ton wetteifern miteinander. Der äußerste Gegenzustand zum »tönenden Schweigen« wurde erreicht, um bis zu dem verhalten ausklingenden Schlußakkord in H-Dur gültig zu bleiben. Das Musikdrama endet mit einem Liebestod, der eine Lebensaussage bedeutet, in Isoldes Schlußgesang also gleichzeitig eine Rede und eine Deutung darstellt. Leben, nicht Schweigen. Die Musik bleibt auch dort formvoll, wo sie scheinbar die Lebensverneinung und Todessüchtigkeit aussprechen möchte, aber nicht auszusprechen vermag. Auch Tristans Schweigen ist sein gestaltetes Schweigen durch Wort und Ton. Es ist Reden und bedeutet – trotz allem – ein Diesseitiges.

Es gibt aber einen Augenblick in diesem unerschöpflichen Werk, da Tristans Schweigen wirklich an die Grenze des Lebens und damit aller Kunst gelangt. Auch Faust verschwieg nach seiner Rückkehr von den Müttern, was er dort – im Bereich der Gestaltung und Umgestaltung – wahrzunehmen vermochte. Die orpheushafte Beschwörung der Unterweltgöttin, Helena freizugeben, hat Goethe zwar schreiben wollen, aber nicht geschrieben. Auch Richard Wagners Kunst vermag nicht den Zustand des Nichtmehrseins, das Todesreich, zu benennen, denn alles Benennen setzt Leben voraus. Daher Tristans Schweigen aus Ohnmacht des Wortes und der Sinne, nicht aus Ehre und Trotz, wenn er Kurwenal erwidert:

Wo ich erwacht,
weilt' ich nicht;
doch wo ich weilte,
das kann ich dir nicht sagen.
Die Sonne sah ich nicht,
nicht sah ich Land noch Leute;
doch was ich sah?
das kann ich dir nicht sagen.

Hier versagt auch die Musik. Selbst das tönende Schweigen ist nun zu Ende. Als Tristans Blick mitleidig auf Marke fiel und Tristans Mund das Schweigen verkündete, sprach die Musik aus, was Tristan nicht sagen konnte oder wollte. Das Englischhorn (!) intonierte, die Oboe antwortete mit dem Grundmotiv der Liebenden und der Liebe. Hier aber – in Tristans tastendem Ausdrucksversuch vor Kurwenal – vermag auch die Musik nicht zur Aussage vorzudringen. Die Komposition dieser Stelle bedeutet Verlegenheit, ein Ausweichen in bloße Deklamation. Gewiß ist da ein leises, chromatisch absteigendes Motiv, eine Vergrößerung des Grundmotivs, vorgetragen durch Celli und Bässe, leise wird von tiefen Bläsern der f-Moll-Akkord ausgehalten, aber dies hier ist weit entfernt von aller Motivverflechtung und Deutung zwiespältiger Lebensvorgänge. Tristan war jenseits allen Zwiespalts angelangt. Wort und Ton entziehen sich einer Darstellung des Nichtseins und Nichtmehrseins. Diesmal gelangen selbst Faust und Tristan nicht zur Aussage. Denn keine Kunst, sei sie noch so gewaltig, vermag die Grenzen der Menschheit zu überschreiten.

Die Vergöttlichung der Kunst in den Meistersingern

»Am Jordan Sankt Johannes stand ...«

Die *Meistersinger* beginnen als Choral und enden im sublimierten Marschrhythmus. Scheinbar ist hier alles gegliederte Harmonie, weshalb just eine konventionelle Aufführung der musikalischen Komödie als beglückend empfunden wird. Das Wort apollinisch, von Nietzsche durchaus anders verstanden, seitdem viel mißbraucht, pflegt sich einzustellen. »Der fehlte wohl, wer darauf riet!«, würde Hans Sachs erwidern können. Die *Meistersinger* sind ein tief zwiespältiges, am Rand der Umdüsterung entlangschreitendes Werk: nicht als kokette literarische Anspielung verstand Richard Wagner den Hinweis auf Calderón. Traum als Leben, allein auch Leben als Traum (oder Wahn). Johannisnacht, wie bei Shakespeare im Johannisnachtstraum, wo sich die Grenzen zwischen Alltagsdasein und geheimer Daseinsessenz zu verrücken pflegen.

Im dritten Akt dann ein quälender Frühsommermorgen, wo lauter tief Verstörte miteinander einig werden müssen: Sachs und Stolzing und Eva und Beckmesser, und auch der junge David. Verwirrung der Gefühle allenthalben. Auch der Hinweis auf König Marke darf nicht fehlen, ebensowenig das musikalische Tristanzitat. Barockes und Romantisches im heiklen Gleichgewicht, Tag und Nacht, Ich und Es, Tragödie und Komödie. Wer an Apollon denkt, muß den Fernhintreffenden meinen, den Schinder des Marsyas.

Die scheinbar so heiteren *Meistersinger* sind ein grausames Werk: nicht bloß – worauf Adorno hinwies – in der Art, wie dem Stadtschreiber Beckmesser mitgespielt wird. Bürokratische Exklusivität der singenden Handwerksmeister; Roheit der geprügelten und prügelnden Lehrjungen aus dem Umkreis von Sankt Lorenz und Sankt Sebald; der undankbare und hochmütige Abkömmling fränkischer Raubritter, voller Verachtung für die musischen Pfeffersäcke, man selbst lernte beim echten

Mittelalter und dem adligen Walther von der Vogelweide. Sachs und der geschwungene Knieriemen, auch wird beim Lehrbuben am Essen gespart. Der ebenso selbstgefällige wie lokalpatriotische Pogner macht sich die feudal-mäzenatische Märchenformel »Meine Tochter und die Hälfte meines Königreichs« als Bürger zum Modell, wenn er sich – ganz formal – die Veit-Pogner-Stiftung von den Meisterkollegen genehmigen läßt. Darin wird die Tochter Eva wie ein Aktienpaket in die Dotation eingebracht, was Sachs offenbar als Einziger ein bißchen bedenklich findet. Denn daß Eva mit im Stiftungsrat und in der Jury sitzen darf, macht sie bloß in bizarrer Weise gleichzeitig zum Subjekt wie zum Objekt des Streits.
All das klingt wie – banausenhaftes – Parodieren, ist aber bloß ein andeutendes Freilegen der unheimlichen und unterschwelligen Werkelemente. Die scharfe Zeichnung der Charaktere durch Wagner hat zur Folge, daß man den Kunstfiguren nachsinnt: lange nachdem die feudal-bürgerliche Verlobung besiegelt, Sachs gekrönt und der Vorhang gefallen ist. Gebieterisch wollte Wagner die Hörer und Zuschauer zwingen, seine Figuren so nur zu sehen und zu akzeptieren, wie er selbst sie dramaturgisch angelegt hatte. Allein, sie sind offenbar auch dem Schöpfer gegenüber zum Widerstand entschlossen, legen Elemente ihres Daseins bloß, die Wagner nicht brauchen konnte. Dadurch jedoch geben sie dem Werk seine endgültige Dimensionen: freigesetzt werden die Sphären des Grausamen und des Wahnhaften, des Nächtlichen im Wachsein. Davon spricht Sachs am Morgen des Johannistages.

Hat keiner Lohn
noch Dank davon:
in Flucht geschlagen
wähnt er zu jagen;
hört nicht sein eigen
Schmerzgekreisch,
wenn er sich wühlt ins eigne Fleisch,
wähnt Lust sich zu erzeigen! –

Der kollektive Wahn ist gemeint, nicht der individuelle Spleen eines Malvolio, des Misanthrope Alceste oder des Sixtus Beckmesser. Ein Erlebnis mit nächtlicher Massenhysterie in Nürnberg hatte, wie Wagner in *Mein Leben* berichtet, als traumatische Erfahrung mitgewirkt beim Entstehungsprozeß der *Meistersinger*; von hier aus wurde das »Nürnberg« dieser Meistersinger konzipiert. Ein bißchen Wollust schwang dabei mit, vorherrschend jedoch, wie schließlich auch im Verhalten des Hans Sachs, blieb das Grauen vor solcher Sphäre des Wahns. Aufklärung sollte ihn bannen. »Der Flieder war's: – Johannisnacht! – Nun aber kam Johannistag! –«

Zu den großartigsten Einfällen Wagners gehört es daher, ausgerechnet die Gesamtheit der vernunftlosen nächtlichen Exzesse musikalisch streng gebunden und dadurch – nämlich durch Kunst, also Form! – scheinbar gebändigt zu haben. Prügeln als Fuge. Darstellung der äußersten Unvernunft durch die Mittel höchster Rationalität.

Großes, gar Extremes wird der Kunst durch Richard Wagner zugetraut. Daß er das eigene Schaffen meinte, ist ebenso evident wie sekundär bei Erörterung eines ungemein vielschichtigen Denkprozesses. Daß Wagner sich aufteilte in Stolzing und Sachs, das eigene Einst und Jetzt, so daß auch hier ästhetische Selbstkritik im Spiel war, kann nicht geleugnet werden, erklärt aber nicht besonders viel. Gewiß geht es bei einem Werk, das von einem Musikfest handelt, um die Konflikte zwischen konventioneller und Neuer Musik. Es siegt die zeitgenössische Kunst im Zeichen Richard Wagners. Allein, mit Recht wies Ernst Bloch am Ständchen Beckmessers nach, daß die scheinbar anachronistische und auf der Festwiese widerlegte Wort-Ton-Kunst des Merkers unter dem Expressionismus eine Art der Revanche erhielt über den seinerseits herkömmlich gewordenen Wagnerianismus der Epigonen.

Dennoch geht es in den *Meistersingern* um mehr als Musikalisches oder selbst Ästhetisches. Der Aufklärer und einstige Feuerbachianer Wagner betreibt eine Säkularisation des größten Stils. Der Weg von der Anrufung des Täufers Johannes am Beginn zur Anrufung des Täufers Hans Sachs am Schluß wird musikalisch wie dramaturgisch mit höchster Genauigkeit und Bewußtheit zurückgelegt. Im Gegensatz zur Technik des *Tristan* und des *Ring*, ambivalente Vorgänge mit Hilfe der Enharmonik und Chromatik auszudrücken, also mit romantischen Rezepten, arbeitet der Komponist diesmal, nach klassischem Vorbild, mit einfachen Tonschritten. Ein Quartenschritt wird zur allgegenwärtigen Grundlage einer Riesenpartitur. Wagner hat dabei ein Vorbild, wie ihm nicht entgeht, in Haydns *Schöpfung*. Die aufsteigende Quarte bei Haydn war verstanden als Formel einer göttlichen Weltschöpfung. Die absteigende Quarte in den *Meistersingern* muß gedeutet werden als Chiffre für die Ersetzung eines göttlichen Weltschöpfertums durch das weltliche Kunstschöpfertum des genialen Künstlers. Die *Meistersinger* handeln von einer Vergöttlichung der Kunst oder von Kunst als einem Surrogat einstiger (und für Wagner hinfällig gewordener) Religion. Als Moment des geschichtlichen Bewußtseins war das weder neu noch bestürzend. Als Schüler der Junghegelianer und Feuerbachs kannte man sich aus unter den Zeitgenossen Wagners in Gedankengängen solcher Art. Gottfried Keller, auch ein Feuerbachianer und gelegentlicher Gesprächspartner Wagners, hat im *Verlorenen Lachen* boshaft beschrieben, wie es zugeht, wenn ein protestantischer Pfarrer, der nicht mehr glaubt, auf der Kanzel ins Belletristische ausweicht und die Bibel durch Dichterzitate ersetzt. Kunst etablierte sich, je weiter das 19. Jahrhundert sich vollendete, immer mehr als Religionsersatz, nein: als Religion. Weshalb der »integrale Atheismus«, wie Sartre selbstkritisch erläutert hat, den Heiligen Geist auch in seiner ästhetischen Verkleidung aufspüren und exorzieren mußte.

Wie die *Meistersinger*-Partitur diesen vermittelten ideologischen Prozeß mit legitimen musikalischen Mitteln demonstriert, das gehört zu Wagners erstaunlichsten Resultaten. Am meist ignorierten oder bloß in seiner dramaturgischen Funktion für die Exposition der Handlung beachteten Beginn des Werkes läßt sich das demonstrieren. Der Vorhang öffnet sich nach dem Vorspiel. Gottesdienst in der Katharinenkirche am Vortage des Johannisfestes. Johannes Baptista wird angerufen:

Da zu dir der Heiland kam,
willig deine Tauf' nahm,
weihte sich dem Opfertod,
gab er uns des Heils Gebot:
daß wir durch sein' Tauf' uns weihn,
seines Opfers wert zu sein.
Edler Täufer,
Christs Vorläufer!
Nimm uns gnädig an,
dort am Fluß Jordan!

Schwerfällig und doch inbrünstig wird das vom Volk heruntergesungen. Es ist Reformationszeit, und Sachs hatte die »Wittenbergisch Nachtigall« poetisch verklärt. Der Quartenschritt abwärts am Beginn; die Betonung wird dadurch falsch, es passen zusammen nicht Ton und Wort. Der Merker müßte einschreiten, allein, es ist eben jene Tonfolge, die auch die Welt der Meistersinger zuerst ankündigt: Reformation und Bürgerkunst gehören zueinander.
Die musikalische Struktur des Johanneschorals wird dann scheinbar als erledigt angesehen, im Verfolg der dramatisch-musikalischen Turbulenz offensichtlich nicht mehr genutzt, von kleinen Anklängen abgesehen. Doch kehrt sie plötzlich und ganz unvermutet zurück. Dritter Akt, Schusterstube. Das Quintett kündigt sich an. Stolzing ist das Meisterlied gelungen. Eva und Magdalene und David sind zugegen. Nun fordert Sachs die Verwunderten auf: »Jetzt schnell zur Taufe! Nehmt euren Stand!« Dann hebt er an mit der Weise des Täuferchorals:

Ein Kind ward hier geboren:
jetzt sei ihm ein Nam' erkoren.
So ist's nach Meisterweis' und Art,
Wenn eine Meisterweise geschaffen ward,
daß die einen guten Namen trag,
dran Jeder sie erkennen mag. –

Sonderbare Gleichsetzungen und Identifikationen. Die lutherische Gemeinde in der Katharinenkirche hatte den Täufer als Fürbitter angerufen. Sachs hingegen geriert sich selbst als Täufer. Getauft wird ein Kunstwerk. Der Heilige Geist ist ein künstlerischer Genius. Die Aufnahme ins Christentum durch Taufe wird umgedeutet als Aufnahme eines Meisterwerks in die Hierarchie der großen Kunstwerke und ihrer Schöpfer. Wer entscheidet, ob es sich um ein neues Meisterwerk handelt? Ein bereits etablierter Meister. Hans Sachs fungiert hier in dreifacher Rolle: als Meister, als Merker, als Täufer. Die *Meistersinger von Nürnberg*, die geistlich zu beginnen schienen, enden weltlich mit der Anrufung des künstlerischen Genius. Was bleibt, ist Kunst.

Undeutlich geahnt hatte das bereits der Lehrbube David. Sein Gedichtlein zum Johannestag begann er mit jener aufsteigenden Quarte, die Wagner stets dort an den Anfang stellt, wo nicht der Rechte oder das Rechte gemeint ist: wenn Kothner zur Zunftberatung einlädt; wenn Beckmesser den Tag erscheinen sieht, der ihm wohl gefall'n tut. Allerdings pflegt sich auch der Anhauch des Neuen in Kunst und Gesellschaft so anzukündigen: im Fanget an! wie im Wach auf! David kann dadurch leicht aus der eigenen Lehrbubenlyrik in den Tonfall der anachronistisch gewordenen Beckmesserweise fallen: der Anfänger singt einen Augenblick wie ein Überalteter. Sachs unterbricht unwillig, der künftige Meistersinger beginnt von neuem nach eigenem Ton. Wieder beginnt es geistlich und endet weltlich:

Am Jordan Sankt Johannes stand,
all Volk der Welt zu taufen;
kam auch ein Weib aus fernem Land,
aus Nürnberg gar gelaufen:
sein Söhnlein trug's zum Uferrand,
empfing da Tauf und Namen;
doch als sie dann sich heimgewandt,
nach Nürnberg wieder kamen,
in deutschem Land gar bald sich fand's
daß wer am Ufer des Jordans

Johannes war genannt,
an der Pegnitz hieß der Hans.

Das kommt einfältig daher, ist aber höchst zweideutig gedacht und gesagt. In David stieg es als Ahnung auf, dumpf, unreflektiert, dennoch unverkennbar: dem Täufling am Jordan hatte Sankt Johannes seinen eigenen Namen verliehen. Eine Nachfolge wurde eröffnet. Aus dem Täufer Johannes wurde ein Täufer Hans. Der hat seinen Namenstag zu Sankt Johannis und heißt, wie David, bestürzt gleichsam durch eine Epiphanie, feststellen muß: Hans Sachs. Aus dem Täufer Johannes Baptista wird bei Wagner der Täufer Hans Sachs. Vorläufer und Erfüllung in einem. Was David unbewußt produziert hatte als Einsicht, die Taufszene bestätigt es. Der Schluß der *Meistersinger* verkündigt es als Botschaft: die Idolatrie der Kunst. Der Choral des Beginns hatte intentional zu seiner eigenen Aufhebung hinzuleiten.
Wenn Hegel in den *Vorlesungen über die Ästhetik* postulierte: »Deshalb ist unsere Gegenwart ihrem allgemeinen Zustande nach der Kunst nicht günstig«, und vermutet hatte, die Kunst bleibe »nach der Seite ihrer höchsten Bestimmung für uns ein Vergangenes«, so wird in den *Meistersingern* umgekehrt die Allnotwendigkeit der Kunst verkündet. Nicht allein als Ablösung von Religion, sondern auch von Macht und Politik. Die sinnloserweise als alldeutsches Auftrumpfen mißverstandene Ansprache des Hans Sachs proklamiert umgekehrt die Abdankung deutscher Staatlichkeit zugunsten der deutschen Kunst und ihrer Meister. Kunst kann für Wagner vieles, nahezu alles ersetzen. »Zerging in Dunst / das heil'ge röm'sche Reich, / uns bliebe gleich / die heil'ge deutsche Kunst!« Das ist durchaus wörtlich zu verstehen. Die heilige deutsche Kunst. Wer es bedenkt, wird die *Meistersinger von Nürnberg* als tragisches Werk interpretieren.

Parnaß und Paradies
Anmerkung zu den Meistersingern von Nürnberg

Für Dietrich Fischer-Dieskau

Scheinbar ist es bei ihnen gut weilen, bei den Meistersingern von Nürnberg. Wohlbehagen, Freude und Rührung bereits bei der Münchner Uraufführung im Jahre 1868. Dies war und blieb Richard Wagners größter und reinster Erfolg; er durfte ihn genießen, auch wenn die Spannung zwischen den beiden Männern, zwischen dem Tonsetzer und seinem Kapellmeister Hans von Bülow, während der Proben fast unerträglich gewesen sein muß. Wagner hat später die Premiere der *Meistersinger* als musterhaft bezeichnet. Traurig und schuldbewußt dachte er im Jahre 1876 und im Bayreuther Festspielhaus zurück an Bülows Meisterschaft, als es galt, den *Tristan*, dann die *Meistersinger* aufzuführen und eben dadurch als aufführbar zu deklarieren.

Ein Bühnenweihfestspiel: dem allgemeinen Bewußtsein gelten die *Meistersinger* als ein Werk der theatralischen Zelebrierung viel stärker als der von Wagner so benannte *Parsifal*. Ein festliches Musikdrama, das von einem Musikfest handelt. Das hat – abermals scheinbar – alle Etappen des propagandistischen Mißbrauchs, der Ungunst wie des Überdrusses inzwischen überdauert. Nach zwei Weltkriegen hatte man sich's einfallen lassen, die neuen wie die provisorischen Spielstätten mit dem *Nathan* einzuweihen, mit der *Iphigenie auf Tauris*, mit dem *Fidelio*. Auch dies meist als Beschönigung und in falscher Harmonisierung von Werken, bei denen es, schaute man genauer hin, um Tod und Leben ging; wo also keine prästabilierte Harmonie eines Legendenspiels walten durfte. Dann ging es, nach der ruchlosen Formel von heute, »eben seinen Gang«. Man kehrte zurück zu den *Meistersingern von Nürnberg*. Im wiederaufgebauten Opernhaus Knobelsdorffs Unter den Linden eröffnet man »sehr mäßig bewegt«, wie die Anweisung lautet, mit der

Evokation der deutschen Meister und ihrer Meisterschaft. In seinen in München und für König Ludwig formulierten Betrachtungen über *Deutsche Kunst und deutsche Politik* hatte Richard Wagner, der alles apodiktisch auszudrücken liebte, schlicht dekretiert: »Das deutsche Tempo ist der Gang, das Andante...« So mußte man den Vorspielbeginn der *Meistersinger*, dies erste Stück der Gesamtkomposition, das Wagner skizzierte, wohl als deutsches Tempo deuten. Auch hier, Unter den Linden, das gewohnte Behagen: ganz wie bald darauf bei der Einweihung der neuerbauten Oper in Leipzig. Ausdrücklich war amtlich angeordnet worden, daß man mit diesem Werk des Leipzigers Richard Wagner zu eröffnen habe.

So viel Behagen und Harmonie: trotz allen Verdunkelungen des Namens dieser Stadt Nürnberg; trotz der Hinweise Adornos auf Beckmesser als den wiederaufgestandenen *Juden im Dorn* aus dem grausamen Märchen der Gebrüder Grimm; im Widerspruch außerdem zu allem beinahe, was man heute weiß über die Intentionen des Musikdramatikers und über die mehr als zwei Jahrzehnte der Werkentstehung. Wagner hat ausführlich berichtet über das Erlebnis mit der spanisch-katholischen Dramatik Calderóns. Diese Lektüre im Züricher Exil bedeutete, wie stets bei diesem Leser, weit mehr als ein Bildungserlebnis. Nicht allein der *Tristan* im Konflikt zwischen Sein und Tod, Ehre und Eros wird ein calderónischer Charakter; auch in den unguten Konstellationen des Nürnberger Gegenstücks zum Sängerkrieg auf der Wartburg geht es, in einem verinnerlichten Sinn, doch nicht minder ernst- und schmerzhaft, um das gefährdete Gleichgewicht zwischen Glück und Schuld, Vernunft und Wahn. Wer die *Meistersinger von Nürnberg* genau betrachtet, was heißen muß: im genauen Lesen und Ernstnehmen einer jeden Textstelle und im genauen Hinhören, kommt nicht zurecht mit einem in der *Kritik der Urteilskraft* geforderten »interesselosen Wohlgefallen«. Er wird sich bedrückt fühlen im allgemeinen Behagen. Die tiefen Risse und Widersprüche des unauslotbaren Werks dagegen werden ihn bannen und erregen. Richard Wagner hat beides gewollt: das allgemeine Behagen am angeblich deutschen Andante und das calderónische Spiel, das undenkbar wäre ohne die theologischen Implikationen. Um diese, ebenfalls apodiktisch scheinende Behauptung hier bereits durch einen Hinweis auf das Werk zu stützen, sei immerhin angemerkt, daß je eine wichtige Gestalt des Alten wie des Neuen Testaments unmittelbar zum Sinngefüge der *Meistersinger von Nürnberg* gehört: die paradiesische Eva und der Täufer Johannes. Behagen und Verstörung als Reaktion auf dieses Werk des Musiktheaters sind gleichermaßen im Werk angelegt. Nietzsche nannte das, zunächst noch bewundernd, die »doppelte Optik« Richard Wagners. Er meinte, um es in heutiger Terminologie etwas ironisierend umzufunktionieren: die gleichzeitig elitäre wie populäre Zielsetzung. Beide sind in jeder *Meistersinger*-Aufführung mitgegeben, folglich im Widerstreit. Auch für dies große dramatische Werk gilt die Regel, daß man sich ganz darauf einlassen muß, oder aber gar nicht.

Den besten Hinweis hat immer noch – und abermals – Friedrich Nietzsche gegeben, als er schon abtrünnig geworden war. Seine Interpretation des *Meistersinger*-Vorspiels wurde 1885 geschrieben, nach Wagners Tod. Sie eröffnet das Kapitel »Völker und Vaterländer« in dem Buch *Jenseits von Gut und Böse. Vorspiel einer Philosophie der Zukunft*. Der Untertitel mit seiner Formel von einer »Philosophie der Zukunft« ist ironische Reverenz sowohl vor Ludwig Feuerbachs *Philosophie der Zukunft* wie vor dem Feuerbachianer Wagner und seinem Traktat über das *Kunstwerk der Zukunft*. Von hier stammt übrigens das bösartige Schimpfwort damaliger Antiwagnerianer vom »Zukunftsmusikanten«.

Nietzsche geht es wirklich um eine in Gedanken vorweggenommene Zukunft, und damit geht es ihm um die Deutschen, und damit geht es ihm um die *Meistersinger von Nürnberg*. Auch dieser Interpret der scheinbaren Komödie, der als erster der Abgründe innewurde, kann nicht umhin, das Wort »Behagen« zu verwenden: »Das strömt breit und voll: und plötzlich ein Augenblick unerklärlichen Zögerns, gleichsam eine Lücke, die zwischen Ursache und Wirkung aufspringt, ein Druck, der uns träumen macht, beinahe ein Alpdruck – aber schon breitet und weitet sich wieder der alte Strom von Behagen aus, von vielfältigstem Behagen, von altem und neuem Glück ...«

Die Folgerung: »Etwas Deutsches, im besten und schlimmsten Sinn des Wortes, etwas auf deutsche Art Vielfaches, Unförmliches und Unausschöpfliches ...« Der Schlußsatz dieser Kulturkritik aus Anlaß des Meistersinger-Vorspiels ist immer wieder seither zitiert worden: »Diese Art Musik drückt am besten aus, was ich von den Deutschen halte: sie sind von vorgestern und von übermorgen – sie haben noch kein Heute.«

Dieser Nietzsche-Text, auf den er stets wieder zurückkam, ganz wie auf Schillers Traktat über *Naive und sentimentalische Dichtung*, der gleichfalls »dazugehört«, hat Thomas Manns Wagnerbild mitgeprägt, aber auch, immer stärker im Zeitvergang, sein Deutschlandbild. Weshalb das Spätwerk vom deutschen Tonsetzer Adrian Leverkühn, von einem faustischen Deutschen mithin im 20. Jahrhundert, nach dem Willen des Autors einen Gegentext liefern muß zur nietzscheanischen Ausdeutung des Vorspiels zum ersten Akt. Der junge Faustus Leverkühn wagt sich, mit Hilfe der Schreibkunst Thomas Manns, an eine verbale Nacherzählung des Vorspiels zum dritten Akt der *Meistersinger*. Kein hilfreicher Wink für den Leser: man hat das zu wissen. Abermals die doppelte Optik. Der Verfasser des *Doktor Faustus* genoß es »mit Behagen«, daß ein ausgepichter Sachkenner wie Theodor Adorno diese erzählte Musik nicht wiederzuerkennen imstande war. Dabei war im Roman nichts erschwert worden, wenn es hieß: »So geht es zu, wenn es schön ist: Die Celli intonieren, allein, ein schwermütig sinnendes Thema, das nach dem Unsinn der Welt, dem Wozu all des Hetzens und Treibens und Jagens und einander Plagens bieder-philosophisch und höchst ausdrucksvoll fragt.« Die Deutung ist nicht zu verfehlen: sie hat, als Paraphrase und mit vollem Recht, auch schon die Gedanken und Formeln des Wahnmonologs episiert. Was den Briefschreiber Leverkühn, der hier an seinen Musiklehrer schreibt, um den eigenen Widerwillen gegen derlei Schönheit zu begründen, am meisten erregt, und Thomas Mann mit ihm, ist der Riß zwischen Melancholie und Wahn, tagheller Vernunft und nächtlichem Exzeß. Wobei die existentiellen Antithesen, das ist wahrhaft die Höhe!, nicht ausgelitten, sondern im unmittelbarsten Verstande »harmonisiert« werden. So geht es demnach zu, wenn es »schön« ist.

Ein Behagen am Unbehagen. Was einem behagt, das macht den glückhaften Augenblick möglich. Kein Wunder, daß dieser Faustus bei Thomas Mann, gleich dem Dr. Faust, einem solchen Verweile doch! in Form von Behagen mißtraut. Wie hatte es Nietzsche gesehen, auch hier? »Das hat Feuer und Mut und zugleich die schlaffe Haut von Früchten, welche spät reif werden.« Stimmt man hier jedoch zu, so erweist sich unser Behagen an den *Meistersingern von Nürnberg* als Freude an einer Spätzeit, an der Überreife, am dialektischen Übergang von Reife zum Verfall. Wer so interpretiert: mit Nietzsche und gleichzeitig gegen dessen Visionen von einer Philosophie der Zukunft, betreibt durchaus keine modische Kulturkritik, sondern macht Elemente des Werkes sichtbar, die vom Behagen verdeckt zu sein pflegen. Die Dialektik nämlich von gesellschaftlicher und artistischer Frühzeit und Spätzeit gehört zur Substanz der *Meistersinger von Nürnberg.* Es ist die von Wagner ausgedachte und auskomponierte Spannung zwischen dem »Morgendlich leuchtend« und dem »Abendlich dämmernd«. Kein Zufall demnach, daß sich ein Beckmesser, der keine Frühe kennt, hier nicht zurechtfand.

Das Preislied mithin als geistige Konstellation, wo alle Widersprüche zwischen Frühzeit und Verfall, vorgestern und übermorgen konvergieren sollen? Ausgerechnet das Preislied? Es hat, wie bekannt, bei den Kennern seit langem an Gunst verloren. Ein etwas simpler melodischer Einfall, der jedoch gleichsam zur Chiffre der gesamten Partitur beim Opernbesucher werden konnte, so daß man die zweite Violinsonate von Brahms, die in A-Dur, wenigstens mit den ersten drei Noten, so beginnt wie jenes C-Dur-Preislied, einfach zur »Meistersingersonate« ernannt hat. Richard Wagner brauchte dies rhythmisch wie harmonisch kaum angefochtene Melos, weil es der dramatischen Konstellation entsprechen mußte. Walther konnte auf der Festwiese, und vor allem Volk, nur obsiegen, wenn seine Kunst einer doppelten Optik gerecht wurde: den Meistern vom

Fach wie den Leuten aus Nürnberg und aus Fürth. Das hatte der Junker gelernt beim Meister in der Schusterstube: »Wer Preise erkennt und Preise stellt, / der will am End auch, daß man ihm gefällt«. Eine bittere Weisheit, allein Stolzing hält sich daran.

Es gehört aber zu Wagners Einfällen eines höchsten artistischen Raffinements, daß just diese schlicht-volkstümliche Weise des Preislieds, mitsamt dem hohen A des Tenors und der fein berechneten Strahlkraft der Vokale in »Parnaß« (ganz wie beim »Fanget an!«), konfrontiert wird einem Text und poetischen Konzept, also der eigentlichen »seligen Morgentraum-Deutweise«, die alles sein mögen, doch gewiß nicht simpel und schlicht. Es ist eine »Deutweise«, was heißen soll: ein episch-lyrischer Bericht mitsamt der gelehrten und also kritischen Interpretation. Ein ähnlich kühner und tiefsinniger Einfall hatte am Schluß des zweiten Aktes die vernunftlos-angreiferischen Exzesse durch musikalische Form, durch eine späte und reife Kunstvernunft gebannt. Prügeln als Fuge. Darstellung der äußersten Unvernunft durch das Mittel der höchsten Rationalität. Beim Preislied arbeitet der Musikdramatiker mit der umgekehrten Antithetik: anspielungsreiche und traditionsvolle Bildungsdichtung wird ausgesungen gleichsam im Volkston.

Ernst Bloch hat dem Preislied mißtraut. In einem für Bayreuth geschriebenen Programmheftaufsatz wird das durch Beckmesser travestierte und umfunktionierte Preislied ausgespielt gegen »Walthers vollmündige Steigerungen«. In Beckmessers Mißverstehen der Stolzingpoesie (vielleicht hat sich auch Sachs beim Lauschen und Notieren bisweilen verschrieben) wird plötzlich durch Wagner selbst fast eine »Zurücknahme« der von Stolzing brav gelernten konventionellen Meisterhaftigkeit vollzogen. Die Travestie als Kritik am Original. Also auch Selbstparodie Richard Wagners. Bloch weist mit Recht darauf hin, daß Wagners »ehrfurchtgebietende Eitelkeit ja die Selbstparodie einschloß«. Und weiter: »Stets erstaunlich, daß so etwas in der Backfisch-, Sauf- und Vollbart-Lyrik möglich war, daß Wagner seinen Beckmesser-Ulk dermaßen befremdlich ausstatten konnte.« Beckmesser wird in dieser späten, nicht ganz ernstgemeinten Deutung hereingeholt ins 20. Jahrhundert, wenn Bloch formuliert: »Beckmessers Text wird von Wagner mit Hohn hingesetzt und ist doch wie erster Dadaismus ...«

Nun ist der Merker, seiner Identität und Identitätsvorstellung nach, ganz sicher kein antizipierter Dadaist. Ebensowenig freilich darf man ihm, was bei Wagner und Sachs geschieht, vorwerfen, daß er das Büchlein des Martin Opitz von der *Teutschen Poeterey* nicht gelesen hat und mithin nicht die Unterschiede kennt zwischen klassisch-romanischer und deutscher Prosodie. Allein Opitz publizierte im Jahre 1624, und Beckmesser lebt in der Reformationszeit.

Der von Bloch erwähnte Begriff der »Selbstparodie« aber hilft in der Tat weiter. Die Spannung zwischen dem Textanspruch des Preislieds und der melodischen Anspruchslosigkeit war gewollt. In Walther von Stolzings poetischem Entwurf wurde die Synthese angestrebt nicht allein von Eros und Kunst, von Venus und Minerva, sondern weit eher noch die Amalgamierung der Antike und des Christentums in einem – wagnerischen und modernen – *Kunstwerk der Zukunft*. Wie es jedoch zugeht, wenn dies Konzept in die unrechten Hände gerät: bei einer unechten Avantgarde, oder bei Traditionalisten, die sich höchst jugendlich gebärden möchten: das eben wird an Beckmesser demonstriert. Der ist dann in der Tat »nicht der Rechte«: weder für das Volk noch für Richard Wagner. Wenn daher Bloch zu bedauern scheint, daß der Komponist, »der den Mime sein Fürchten so exzentrisch singen läßt ... die schlimm-interessanten Verse nicht auskomponierte«, so wäre zu entgegnen, daß Wagner sich dann gegen Stolzing und für Herrn Beckmesser hätte entscheiden müssen. Oder umgekehrt: die Poesie Stolzings, komponiert in der Herr-Tristan-Weis', hätte den Umschlag zur Tragödie bewirkt. Dann war auch Stolzing nicht der Rechte.

Man wird von der gewollten artistischen Spannung zwischen Wort und Weise beim Preislied ausgehen müssen. Die kann im Opernhaus nicht nachvollzogen werden, weil der Text kaum verstanden, im übrigen im C-Dur ertränkt wird. Es kommt hinzu, daß Stolzings zweiter Bar in der Schusterstube meistens, dem Sänger zuliebe, gestrichen wird. Wir aber müssen alle

Striche aufmachen. Nur so kann jene Dialektik zwischen Späte und Frühe, die Nietzsche zuerst an den *Meistersingern*, gerade an ihrer Musik, diagnostizierte, ins Bewußtsein treten. Dann erst werden die subtilen Relationen deutbar zwischen der Madonna und der paradiesischen Eva; zwischen einem Paradies vor und nach der Erbsünde; zwischen frommer und säkularisierter Kunst. Von alledem nämlich handeln die *Meistersinger von Nürnberg*. Dies scheinbar so realistische wie romantische Werk hält intimen Umgang, wie bekannt, mit der Musik des 16. und 17. Jahrhunderts, durchaus nicht allein mit den deutschen Tonsetzern. Es ist im gleichen Maße sowohl Traum wie Traumdeutung wie Traumdeutungsweise. Parnaß und Paradies, und das unglückliche Bewußtsein von beidem. Realistisch? Romantisch? Vor allem ein großes barockes und damit allegorisches Werk des Theaters.

Mag man es bereits an den Namen erkennen. Ein hochmütiger Junker, der Stolzing heißt, gesellt sich schon durch den Namen zur Tradition der mittelalterlichen und barocken Moralitätsspiele. Walther als Vorname: in der Schreibweise des Herrn Walther von der Vogelweide. Vielleicht gehörte diese Namensgebung für Wagner noch zum ersten schöpferischen Einfall aus dem Jahre 1845, als eine Travestie des Wartburgkriegs entworfen wurde. Dort hatte sich Meister Walther gegen den Tannhäuser gestellt. Auch in der Partitur der *Meistersinger* geht er um: nicht bloß, wenn sich Stolzing zu diesem zwar guten, doch lange schon verstorbenen Meister bekennt. Als Sachs nämlich im Fliedermonolog über Stolzings lyrische Improvisation in der Freiungssitzung meditiert, »Es klang so alt, – und war doch so neu …«, erinnert ihn das Orchester an den Herrn Walther von der Vogelweid'.

Eva als allegorischer Name: das wird ausführlich motiviert, im Schusterlied wie im Preislied. Freilich steht in dieser Komödie, anders als bei Kleist im *Zerbrochenen Krug*, dieser Eva, dem »schlimmen Weib«, wie Sachs meint, kein Adam gegenüber. Adamhaft verhalten sich sowohl Stolzing wie Sachs. Den Namen des verhaßten Merkers hat Wagner, als er auf den mäßig guten Einfall verzichtet hatte, die Kunstfigur als Hans Lick auftreten zu lassen, allegorisch komponiert, wie später Thomas Mann seine Tonio Kröger und Adrian Leverkühn. Beckmesser: das gemahnte an das bürgerliche Handwerk. Gegen die anderen Vornamen aber wie Hans und Fritz, Kunz und Veit, sticht der humanistische Sixtus ab. Der kann nicht der Rechte sein mit diesem Vornamen. Auch eine Kunigunde darf, wieder bei Kleist, nicht die Rechte sein: als Antagonistin zu einem volkstümlichen Käthchen.

Vor allem der Titel dieser musikdramatischen Schöpfung gibt zu denken. Hans Sachs wird nicht, wie vorher bei Albert Lortzing, zum Titelhelden. Er ist zwar die wichtigste Gestalt im dramaturgischen Gewebe, doch geht es in Wahrheit nicht um ihn, so wie es um den Holländer ging, um Tannhäuser und Lohengrin, um Tristan und Isolde, um Parsifal, in der Urgestalt der späteren Tetralogie auch um *Siegfrieds Tod*. Fest stand für Wagner, als Ausnahme seiner Namensgebung, daß die *Meistersinger von Nürnberg* allein dem Anspruch des Grundkonzepts gerecht werden könnten. An ihnen hat sich der erste schöpferische Einfall des Komponisten entzündet.

Das ist um so merkwürdiger, als die Herren Kothner und Foltz oder der Würzkrämer Ulrich Eisslinger wenig eindrucksvoll die Synthese verkörpern von bürgerlichem Gewerbe und bürgerlicher Kunst. Kaum gleichen sie mehr den frühen handwerklichen Bewahrern einer einstmals ritterlich-höfischen Kultur, von denen Sachs zu sagen weiß:

> Das waren hochbedürft'ge Meister,
> von Lebensmüh bedrängte Geister:
> in ihrer Nöten Wildnis
> sie schufen sich ein Bildnis …

Diese Meister auf der Szene, auch wenn sie auf der Festwiese plötzlich für eine Kunst gewonnen scheinen, die ihnen vorher bang gemacht hatte, bedeuten bereits eine Bürgerkunst im Verfall. Durch sie wird nichts mehr von abgesunkener Gesellschaft und Kultur tradiert und dialektisch »aufgehoben«. Sie verstehen nicht einmal, was den Meister Sachs so nachdenklich macht,

wenn jener Ritter und Leser eines Walther von der Vogelweide die Erneuerung versucht einer steril gewordenen Bürgerkunst durch die Renaissance der mittelalterlich-höfischen Kunst. Also keine geistige Wiedergeburt als Antithese zum Mittelalter, sondern Renaissance mit Hilfe des Mittelalters.
Hier in der Tat denkt und agiert Richard Wagner als ein Romantiker und Nachfahre Hardenbergs, Tiecks, Arnims. Doch geht es sogleich auch wieder höchst aufklärerisch und gegenfeudal zu in dieser vertrackten Dichtung. Stolzing vermag kein Zurück zu Meister Walther zu bewirken. Das Corpus christianum des Mittelalters ist zerrissen. Man lebt in Nürnberg in der Lutherzeit, im Zeichen der Wittenbergisch' Nachtigall. Stolzing muß Bürger werden und ein Meister der Bürgerkunst: gleich dem Junker Ulrich von Rudenz am Schluß von Schillers *Wilhelm Tell*. Der bürgerliche Revolutionär Richard Wagner, der Leser Proudhons und Feuerbachs, verliert sich nicht mehr an die mondbeglänzte Zaubernacht der deutschen Romantik. Die *Meistersinger von Nürnberg* sind kein Werk der Sehnsucht, weit eher der Utopie. Gemeint ist durch den Titel eine Meisterkunst, umgedeutet diesmal als meisterliche Kunst, als Synthese aus Sachs und Stolzing, aus Minnesang und Bürgerkunst: die sich den Nöten und Miseren des Alltags entgegenstemmt. Natürlich meint Wagner das eigene Schaffen, doch die offenkundige Beziehung erbringt kaum mehr als Kunstpsychologie. Die *Meistersinger* entwerfen jedoch, gerade bei Wagner, auch eine überindividuelle Vision von futurischer Kunst, von Kunstwerken der Zukunft. Weshalb es eine doppelte Musik für die Meister gibt in dieser Partitur. Einmal als Parodie des Meisterlichen bereits mit Beckmessers Auftreten im Vorspiel, als wirres Geschlingere in Stolzings Alptraumvisionen von »diesen Meistern!«, an vielen Stellen noch. Gemeint sind aber auch jene vergangenen und künftigen Künstler, die vom ersten Takt an gegenwärtig sind, mit dem charakteristischen Schritt und Tritt von Meistern, die als Synthese verkörpern, was Sachs, am Schluß seiner Ansprache, die »Heil'ge deutsche Kunst« nennt. Die Heilige deutsche Kunst. »Merkwürd'ger Fall« – könnte abermals der Spenglermeister Nachtigall vor sich hinbrummen.

Was kann er meinen vor allem Volk, der Lutheraner Sachs, wenn er von Heiligkeit spricht? Dies ist keine Metapher. Es geht nun, am Schluß und auf dem Höhepunkt der Handlung, um die wichtigste Sinngebung. Hier konvergiert alles. Jetzt gibt Sachs die Antwort auf das Preislied, auf Stolzings vorwegnehmende Dichtung, die alles im glückhaften Augenblick bereits gewonnen glaubte: Parnaß und Paradies. Der junge Dichter und Ritter wähnte, Wahn auch hier!, ihn erlebt zu haben, den Augenblick des Verweile doch! Das ist nicht mehr Morgentraum, sondern gelebte Gewißheit:

am lichten Tag der Sonnen,
durch Sanges Sieg gewonnen
Parnaß und Paradies.

Das klingt anders, und es meint auch ein Anderes, als was in der Schusterstube gereimt und gesungen worden war. Mitten im Preislied, vor allem Volk, treibt die Inspiration und eine tiefe Hybris den Junker weg vom eigenen und durch Sachs bestätigten allegorischen Entwurf. Nun soll die Allegorie plötzlich zur sinnlichen Gegenwart gezwungen werden. Weiß Stolzing, was er da singt und fordert?

Sachs aber weiß, daß die Vision nicht aufgeopfert werden darf dem erfüllten Augenblick eines Liebenden. Davon handelt, nicht von irgendeinem patriotischen Marschieren, die schmerzlich-sorgenvolle Ansprache des Hans Sachs. Sie erst gibt die notwendige Umdeutung des Waltherschen Preislieds. Auch sie holt die Allegorien von Parnaß und Paradies ins Gegenwärtige. Doch nur, um die Kunst, als Synthese aus Antike und Moderne, aus Altem wie Neuem Testament, als Gegenwelt zu definieren zu aller Gesellschaftlichkeit: sei es die Wirklichkeit der Meister oder auch jene des Ritters von Stolzing. Plötzlich wird dieser Meister Sachs, kurz vor der Apotheose, in der Tat ein Gefährte des gesellschaftlich heimatlosen Künstlers Tannhäuser, der es mit allem versucht hatte, um an allem zu scheitern: Venusberg, höfisch-formvolle und sublimierte Minnedichtung, christliche Buße. Eine bedeutende Kulturvision, nicht bloß die Lust an der

Selbstparodie, hatte Richard Wagner vom Tannhäuser zu den Meistersingern gelangen lassen. Hier wird es offenbar.
Stolzings Preislied folgt im ersten Entwurf noch der Traumerscheinung; sie wird beschrieben, doch nicht gedeutet oder auch nur verstanden. Das morgendliche Leuchten, das schöne Weib, der Preis.

> Was ich verlangend begehrt,
> die Frucht so hold und wert
> vom Lebensbaum.

Was ist der Lebensbaum? Das Lied weicht aus, beschreibt zuerst die Gegenvision. Abendliches Glühen wandelt sich in Nacht, der Quell rauscht, keine neue Erscheinung war in den Traum getreten. Die Requisiten der Antike allein standen ein für die Traumdeutung: der kastalische Quell der Musen zu Delphi, der Lorbeerbaum, das nächtliche Sternenmeer eines Einst und Jetzt.
Stolzing weiß, warum er der Forderung, in einem dritten Bar die Traumdeutung zu wagen, ausweichen muß. Er hat keine Deutung. Morgen und Abend, Lebensbaum und Lorbeer, die Frucht, dargeboten vom Weibe, die unsinnliche Sternenwelt der Antike, wie sollte dies gedeutet und zur Einheit gezwungen werden: gar in Form eines Werbelieds? Den dritten Bar dichtet Stolzing zwar in Liebesglut, inspiriert durch Evas Gegenwart, doch muß ihm die Traumdeutung genauso schwergefallen sein wie seinem Schöpfer. Den ursprünglichen Textentwurf hat Wagner nicht komponiert: er ist ebenso wirr wie verwirrend. Der paradiesischen Eva des ersten Bars, die als Versucherin mit der Frucht vom Lebensbaum erschienen war, steht nun eine andere weibliche Traumgestalt gegenüber. Hat Stolzing auch dies wirklich geträumt, oder begann bereits die Arbeit an der Formgebung, als Traumdeutungsweise?

> Sag, ist es nicht die weiße Taube,
> lieblich und treu,
> wie der Jugend holder Glaube?

Ihr ohne Reu
ganz mich zu geben,
ihr zu weihn mein Glück, mein Heil, mein Leben,
wie, Mutter, dankt ich's dir?

Diesmal ist Stolzing in die Nähe des Tannhäuser geraten. Die weiße Taube – ist sie nach katholischer Lehre zu verstehen? Die Mutter – ist es die Madonna? Seltsame Vision, die Eva und Maria als Morgenfrühe und Nachtvision gegeneinanderstellt. Die Madonna überreicht im Traum den Lorbeerkranz, der gleichzeitig aber auch, wie die von Wagner mit Recht verleugneten Verse andeuten, paradiesischer Herkunft sein soll? Wirr und verwirrend. Dennoch ungemein wichtig zum Verständnis der *Meistersinger*, weil der Zusammenhang zwischen Meistersingerkonzept und Madonnenbild, wovon noch zu reden sein wird, für Wagner seit den ersten Gedankenspielen ebenso festgehalten wurde wie die neue Sinngebung des *Tannhäuser* in den *Meistersingern*. Die Anrufung der Madonna durch Tannhäuser und Elisabeth hatte weitergewirkt. Richard Wagner ist mit dem *Tannhäuser* niemals fertig geworden. Auch nicht mit Hilfe der *Meistersinger*.
Der dritte Bar aber, den Stolzing schließlich improvisiert in der Stube und den Wagner komponiert hat, bietet uns eine Traumdeutung der platten Addition. Das schönste Weib ist gleichzeitig auch zur Inkarnation der Kunst bestimmt. Zwei Augen sind zwei Sonnen.

Den Kranz, von zweier Sonnen Strahl
zugleich geblichen und ergrünt,
minnig und mild
sie flocht ihn um das Haupt dem Gemahl:
dort Huld-geboren,
nun Ruhm-erkoren,
gießt paradiesische Lust
sie in des Dichters Brust –
im Liebestraum.

Dies ist gewiß keine Traumdeutung, oder eher: was gedeutet wird, bleibt Traum. Die Geliebte bot die Frucht vom Lebensbaum; das nächtliche Sternenmeer leuchtete über der antiken Szenerie von Musenquell und Lorbeerbaum; nun wird das paradiesische Weib gleichzeitig zum Glück der Liebe und zur künstlerischen Erfüllung. Wirr und verwirrend. Die Addition der Sphären als Lösung ihrer Widersprüche? Die Partitur hilft nicht: sie treibt fort, will diesmal nicht erläutern oder gar in Frage stellen. Das kann erst geschehen, wenn der Junker auf der Festwiese nun wirklich eine neue Form der Traumdeutung gefunden hat: in der Synthese Parnaß und Paradies, die keine sein kann, so daß nun Sachs die Gegenthese verkünden und als Sprecher seines Dichters und Meisters begründen kann.

Nicht Parnaß und Paradies als gewonnene Wirklichkeit, sondern die Heilige deutsche Kunst in Form einer Vergöttlichung der Kunst: als kühne Säkularisierung. Und als Bekenntnis zu einer Kunst, die sich querstellt zum Leben, weil sie kein irdisches Glück zu begründen, vielmehr das Paradies der Kunst nur als künstliches Paradies zu verstehen vermag. So war es bereits in der Schlußvision des Schusterliedes verkündet worden. Die verliebte Eva spürte, daß ihr selbst geantwortet wurde, und dem Junker auch. »Mit großer Aufgeregtheit« brach es los: »Mich schmerzt das Lied, ich weiß nicht wie! O fort! Laß uns fliehen!«

Auch Stolzing schien in jener wahnhaften Johannisnacht vom Schusterlied des Hans Sachs mehr erfaßt zu haben, als er sich und Eva eingestehen wollte. Es war wohl auch die nächtliche Anrufung der sündigen Eva durch den Schuster-Poeten, des »schlimmen Weibes«, der Verderberin, was den träumenden, dann dichtenden und traumdeutenden Herrn Walther dazu brachte, den Namen der Geliebten zu allegorisieren. Der Kontrast kann nicht schärfer sein: Sachs hatte die Vertreibung aus dem Paradies, den Sündenfall evoziert, die Sünderin und die eigene Arbeit mit Ahl und Draht, als Folge der Erbsünde. Dagegen stellt Herrn Walther von Stolzings frei gedichtete und gesungene Preisallegorie auf der Festwiese die sündenlose Eva. Es wird zum Preislied auf das wiedergefundene Paradies. Das Paradies als Hier und Jetzt.

Die Zuordnung der drei Strophen, von Stollen, Gegenstollen und Abgesang ist gut gegliedert: der Morgenvision entspricht die Erscheinung einer paradiesischen Eva. Der Wunderbaum ist nicht mehr Lebenssymbol, sondern erotisches Emblem. Keine Verderberin lockt mit der Frucht. Abendlandschaft und nächtlicher Aufstieg zur Quelle der Musen. Der Lorbeerbaum, doch die andere Frau, die abendliche, reicht keinen Kranz; sie tauft den Wanderer. So wird er ein Dichter. Der christliche Taufakt wird ins Antike zurückgedeutet. Die Taufe macht nicht zum Christen, sondern zum Künstler.

Der Abgesang vollends zerstört im poetischen Nu eines Stürmers und Drängers jegliche Allegorik: die paradiesische wie die apollinische. Das Paradies ist hier. Der Traum wurde Wirklichkeit. Nicht mehr Addition der Sphären; das Bild von den zwei Sonnen ist verworfen. Eva, die wirkliche, Tochter des Goldschmieds Pogner, die Pognerin also, sie ist beides: Parnaß und Paradies. Der vollkommene, erfüllte Augenblick macht die Erbsünde weichen. Dies gegenwärtige Glück kennt nicht den Tod. Die Geliebte ist geweiht von der Muse. Am kastalischen Quell geboren: »der Erde lieblichstes Bild, als Muse mir geweiht«. Das wiedergewonnene Paradies. Die neue, die poetische Unschuld.

Den Aufbau des Preislieds wird man als eine dialektische Triade deuten müssen. Die These der paradiesischen Eva. Die abendliche Gegenthese der Muse des Parnaß. Die Synthese des glückhaften Augenblicks, der beides in einem Menschenbild inkarniert und damit ins Gegenwärtige holt: Parnaß und Paradies.

Diese Traumdeutung des glücklich liebenden Poeten und poetischen Liebhabers ist opferreich. Der antike Mythos vom verlorenen goldenen Zeitalter wurde ebenso preisgegeben wie der christliche Mythos vom verlorenen Paradies. Die frommen Meister, als deren Patron der Psalmist David gilt, müßten sich viel stärker entrüsten ob dieser eudämonistischen Parodie des Sündenfalls als gestern in der Singschule. Doch sie haben es wohl nicht so recht verstanden.

Hans Sachs hat sehr wohl verstanden. Er muß antworten: auch ohne den junkerlichen Affront durch Zurückweisung der Meisterwürde. Wodurch sich Walther übrigens konträr verhält zur soeben vorgetragenen poetischen Vision. Stolzing hatte die Einheit aus glücklicher Liebe und »gewonnener« Kunst verkündet. Nun lehnt er den Parnaß ab, will bloß noch mit Eva im Paradies leben. Allein auch der Meister, der die *Meistersinger von Nürnberg* schrieb, weiß es besser als der Junker aus dem Frankenland.

So antwortet Wagner-Sachs dem Wagner-Stolzing. Hier gilt's wirklich der Kunst. Denn Kunst sei zu verstehen nicht als paradiesische Sündenlosigkeit, sondern als Gegenglück. Es ist immer wieder, seit Wagner und dem Wahnmonolog, in der Ästhetik der künstlichen Paradiese die Trennung vollzogen worden zwischen Glück und Kreativität. Man ist mit den *Meistersingern* plötzlich auch wieder in unserem Jahrhundert. Da hatte Gottfried Benn die Schlußworte des Hans Sachs gegen Stolzing fortgedichtet. *Einsamer nie als im August ...*

> Wo alles sich durch Glück beweist
> und tauscht den Blick und tauscht die Ringe
> im Weingeruch, im Rausch der Dinge –:
> dienst du dem Gegenglück, dem Geist.

Kunst als Gegenglück. Parnaß ohne Paradies. Stolzing hatte den Sündenfall weggedichtet. Das aber war keine Utopie, sondern bloß eine Metapher. Seine Poesie wurde dadurch unwahr: wie sogleich auch sein eigenes Verhalten bei der Preisverleihung demonstriert. Dem Meister Hans Sachs hingegen ist es ernst mit der Kunst. Weil er weiß, oder zu wissen glaubt, daß man die wahnhaften Exzesse der Menschen nicht durch Kunst zu bannen vermag, aber die schöpferische Glückschance besitzt, in der Kunst eine Gegenwelt zu errichten, die alles Wähnen zum Bestandteil von Form macht. Prügeln als Fuge. An solche Gegenwirklichkeiten soll sich auch der wähnende und leidende Mensch halten. Kunst vermag zu überdauern. Man halte sich an die Kunst, nicht an den rasenden und wahnhaften Weltwillen. Das ist Schopenhauer. Er hat die Schlußansprache des Hans Sachs geschrieben.

Dieser Sachs nämlich, ein Erzeugnis der Einbildungskraft, hat nicht bloß den Opitz gelesen, sondern auch die *Welt als Wille und Vorstellung*. Er weiß bereits im Schusterlied, daß man der paradiesischen Eva widerstehen muß und dem durch sie inkarnierten Weltwillen. Das Paradies besteht fort in der Kunst: um den Preis seiner Unwirklichkeit. Kunst meint das Ende allen Wähnens. Kunst ist Wahnfried.

Damit gelangt man zur vielleicht seltsamsten und rätselhaftesten Geheimkammer dieser so labyrinthischen *Meistersinger von Nürnberg*. Zu Richard Wagners Entschluß, scheinbar ausgelöst durch den Anblick eines berühmten Gemäldes, der tiefen Depression seines damaligen Alltags die *Meistersinger* entgegenzustellen. Die Vorgänge sind bekannt. Wagner schaut im November 1861 auf ein Jahr der Katastrophen zurück. Der Tannhäuser-Skandal in Paris; die Wiener *Tristan*-Proben stehen vor dem Scheitern; das Züricher Asyl ist ein verlorenes Paradies. Mathilde Wesendonck hat sich gegen ihn entschieden. Man bleibt »gut Freund miteinander«; aber Richard Wagner hatte Mathilde einstmals als »Elisabeth« angerufen. Wesendoncks laden den Freund, um ihn ein wenig aufzumuntern, nach Venedig ein. Dort sieht Wagner in der Accademia, also nicht, wie er sich zu erinnern glaubt, im Dogenpalast, die *Assunta* von Tizian. Die Himmelfahrt der Maria. Darüber heißt es später in der Autobiographie *Mein Leben*: »Bei aller Teilnahmslosigkeit meinerseits muß ich jedoch bekennen, daß Tizians Himmelfahrt der Maria im großen Dogensaale eine Wirkung von erhabenster Art auf mich ausübte, so daß ich seit dieser Empfängnis in mir meine alte Kraft fast wie urplötzlich wieder belebt fühlte. Ich beschloß die Ausführung der *Meistersinger*.«

Merkwürd'ger Fall. Die Stelle ist immer wieder in der Forschung zitiert, aber bis in die jüngste Zeit hinein nicht ernsthaft interpretiert worden, zumal Wagner kein weiteres Wort der Deutung anbietet, um die Zusammenhänge zwischen der Maria des Tizian und dem lutherischen Franken der Reformationszeit aufzuhellen. Erst das Wagnerbuch *Der traurige Gott. Richard Wagner in seinen Helden*, von Peter Wapnewski, München 1978, unternimmt eine Interpretation, die sich der autobiographischen Aussage stellt, um ihr eine Deutungsmöglichkeit der *Meistersinger* abzugewinnen. Wapnewski geht von der These aus, die Liebe zu Mathilde Wesendonck sei ein großes existentielles, Schöpferkraft freisetzendes Erlebnis gewesen. Dazu paßt dann in der Tat die planmäßige Arbeit in Cosimas Tagebüchern, die Gestalt der »Frau Wesendonck« zu bagatellisieren. Dazu paßt weiter, weil Wagner seine Autobiographie, was Wapnewski wohl mit Recht beklagt, der Cosima diktiert, das tiefe Schweigen nach dieser Enthüllung über die Maria des Tizian. Hier mußte ein Tabu beachtet werden.

Die Nähe der Hans-Sachs-Pathetik zum Tannhäuser wird von Wapnewski ebenso betont wie die Tristannähe, die Wagner bekanntlich bis zum Selbstzitat hin unterstreicht. Tannhäusers Anrufung der Maria in der antiken Venushölle; Tristans Nichtentsagung als tragischer Konflikt; Richard Wagners Entsagung, die plötzlich von neuem die Schöpferkraft freisetzt: die *Meistersinger* würden dadurch zur Synthese aus *Tannhäuser* und *Tristan*, im Zeichen der Wahnüberwindung und in der Entscheidung für den Parnaß und gegen das Paradies. Dies alles wird von Wapnewski sorgfältig herausgearbeitet. Auch das von Wagner gerühmte Madonnenbild im böhmischen Aussig gelangt zu seinem Recht. Es ist sicher richtig, wenn Wapnewski formuliert: »Hans Sachs, das ist ein Künstlerroman wie der *Tannhäuser* – und ein Künstlerschicksal mündet, so erfährt es Wagner wieder und wieder, im Zwang zum Verzicht.«

Vielleicht sollte man noch einen Augenblick weiterdenken. Es wurde evident, daß Wagner die Madonna in seinem Nürnberger Spiel ebenso als Gegensatz, diesmal zur paradiesischen Eva, versteht, wie früher, im *Tannhäuser*, zur heidnischen Venus. Allein, Tannhäuser scheitert auch als Sänger der Hohen und Himmlischen Liebe. Tannhäuser war nicht Wolfram. Hans Sachs wiederum ist kein Minnesänger mehr, sondern ein bürgerlich-reformierter Meistersinger. Auch dieser Aspekt seines nunmehr zu schaffenden Werkes muß Wagner in jedem Augenblick zu Venedig und vor dem Kunstwerk des Tiziano Vecellio deutlich geworden sein.

Man kommt weiter, wenn man nicht so sehr fragt nach der

allegorischen Bedeutung der Madonna in den *Meistersingern*, sondern nach Wagners Vorstellung von Himmelfahrt. Stolzing wollte das Paradies und eine sündenlose Eva durch Sanges Sieg gewinnen. Sachs, der Lutheraner, der sich auskennt mit der Erbsünde und der Bosheit menschlicher Kreatur, weiß nur zu gut, daß er leben und als Schuster arbeiten muß in der Erbsünde. Die paradiesische Eva ist ihm die schlimme Eva, die Verderberin: gleichsam die Venus dieses Tannhäuser.

O Eva! Eva! Schlimmes Weib,
das hast du am Gewissen,
daß ob der Füß am Menschenleib
jetzt Engel schustern müssen!
. . . .
um deiner jungen Missetat
hantier ich jetzt mit Ahl und Draht …

Dennoch ist die Rückkehr ins Paradies möglich: doch nicht, wie Walther gedichtet hatte und gesungen, mit Evas Hilfe, sondern trotz der Sünderin. Rückkehr ist möglich: dank der Kunst. Künstlers Himmelfahrt kann jederzeit erfolgen, wenn der Engel der Kunst oder die Muse es zulassen. Man mag es dann Aufstieg zum Parnaß nennen oder auch Himmelfahrt, die antike Allegorik bemühen oder die christliche, die Kunst kann niemals etwas anderes bedeuten als Gegenwelt, als ein künstliches Paradies für den modernen Künstler. So verstand Wagner den Schopenhauer, so verstand Baudelaire den Richard Wagner.

Gäb nicht ein Engel Trost,
der gleiches Werk erlost,
und rief mich oft ins Paradies,
wie ich da Schuh und Stiefel ließ!
Doch wenn mich der im Himmel hält,
dann liegt zu Füßen mir die Welt …

Mit dieser dritten Strophe des Schusterliedes hat das Motiv des Wahns und der Entsagung im Orchester eingesetzt, um immer stärker die Trennung von Schusterwelt und Künstlerwelt auszusingen. Das geht im Vortrag des Liedes bis in die Temporückungen. Das flotte Schustertempo wird verlangsamt und weich gestimmt beim Anruf dieser Himmelfahrt des Artisten. Entsagung, gewiß, allein auch die Kunst, das verrät die Musik, ist ein Wahn oder ein Gegenwahn. Wenn aber die Kunst zwar Himmelfahrt bedeutet, so muß sie doch gleichzeitig als unwirkliche Gegenwelt verstanden werden. Der Seufzer des Sachs, zuerst im Orchester hörbar vor den Meistern in der Singschul bei den Worten: »Halt, Meister! Nicht so geeilt!«, kehrt wieder im Gespräch des Schusters mit Eva, als er das Schicksal des Ritters und Dichters ausmalte: durchaus nicht lügenhaft, sondern als einer, der sich auskennt:

> Mein Kind, für den ist Alles verloren,
> und Meister wird der in keinem Land.
> Denn wer als Meister geboren,
> der hat unter Meistern den schlimmsten Stand.

Was heißen soll: die Handwerkermeister und die Meister in der Kunst, das bleibt unvereinbar. Nach jeder inspirierten Himmelfahrt muß man zurück in die Misere. Das hatte Wagner schon früh bei dem bewunderten E.T.A. Hoffmann gelesen, dessen Erzählung vom Meister Martin dem Küfner zur Quelle wurde auch für die *Meistersinger*.

Stolzing hatte die Synthese aus Kunst und Lebensglück besungen als Parnaß und Paradies. Sachs antwortet, was er auch vorlebt, mit schroffer Trennung der Sphären. Auch der religiösen von der ästhetischen Sphäre: trotz Tizian. Die *Meistersinger von Nürnberg* feiern die Vergöttlichung der Kunst und des Künstlers. Es handelt sich um ein Werk der entschlossenen Säkularisierung. Am Beispiel der Taufe und des Täufers kann man das im einzelnen demonstrieren. Aus dem Täufer Johannes Baptista wird bei Wagner der Täufer Hans Sachs. Vorläufer und Erfüllung in einem. Was David unbewußt produziert hatte als Einsicht – »an der Pegnitz hieß der Hans« –, die Taufszene bestätigt es. Der Schluß der *Meistersinger von Nürnberg* verkün-

digt es als Botschaft: die Idolatrie der Kunst. Nicht bloß als Säkularisierung der Religion, sondern auch als Ästhetisierung von Macht und Politik.
So hat es Wagner verstanden und gewollt. Er meinte auch die eigene Himmelfahrt, doch war sie, was ein Stolzing nicht ahnen mochte, unabdingbar geknüpft an die – tragische – Rückkehr zur Erde. Der Parnaß als Paradies. Dort unten jedoch, wohin man zurückmuß, liegt die Welt mit ihren Meistern und Beckmessern, den lieben Evchen und trotzigen Rittern, mit allem Behagen und Unbehagen.
Das Paradies als Parnaß. Was der Dichter erfahren hat, das sollten alle wissen und bedenken. Die Heilige deutsche Kunst. Deutschtum ist in der Ansprache des Sachs verstanden als geistige Welt, die auch dann Bestand hat, wenn die gesellschaftliche zerfällt. Kein Grund zum Auftrumpfen, doch auch nicht zur Trauer. Eine bescheidene Wahrheit beendet die *Meistersinger von Nürnberg*, wenn man der Optik von Text und Sinn vertraut und sich freimacht von der Optik des Opernfinales. Es ist die traurige Weisheit eines »Leidens an Deutschland«.

Zerstörung und Selbstzerstörung im Ring des Nibelungen

> Wir müssen sterben lernen, und zwar sterben, im vollständigsten Sinn des Worts, die Furcht vor dem Ende ist die Quelle aller Lieblosigkeit, und sie erzeugt sich nur da, wo selbst bereits die Liebe erbleicht... Wotan schwingt sich bis zu der tragischen Höhe, seinen Untergang – zu wollen. Dies ist Alles, was wir aus der Geschichte der Menschheit zu lernen haben: das Notwendige zu wollen und selbst zu vollbringen.
>
> *Richard Wagner an August Röckel am 25. Januar 1854*

Diese Sätze Wagners stehen im Brief, der an einen Zuchthausgefangenen adressiert und im Königlich Sächsischen Zuchthaus zu Waldheim dem Empfänger ausgehändigt wurde. August Röckel war einer der engsten Freunde Wagners in Dresden gewesen: gemeinsam hatten sie die Revolution herbeigewünscht, verwirklicht und verspielt. Röckel wurde gefaßt und verurteilt, ebenso wie der gemeinsame russische Freund Michail Bakunin. Wagner entkam ins Exil. Nun schreibt er aus der schweizerischen Emigration an den Freund im sächsischen Zuchthaus. Manches an diesem Brief mochte als Trost gedacht sein; wichtiger aber waren, wie immer in Wagners Briefen, Werkbericht und Selbstdarstellung. Kein Zweifel, dem Freunde soll Bericht erstattet werden über einschneidende Wandlungen, die das im Revolutionsjahr gemeinsam durchdachte Nibelungenprojekt inzwischen erfahren mußte. Der Briefschreiber kann voraussetzen, daß Röckel weiß, wie die ursprüngliche Konstellation zwischen Wotan und Brünnhilde und Siegfried gedacht war. Nun wird sie von Wagner neu konzipiert.

Daher die weiteren Sätze dieses Briefes: »Wotan ist nach dem Abschied von Brünnhilde in Wahrheit nur noch ein abgeschiedener Geist: seiner höchsten Absicht nach kann er nur noch gewähren lassen, es gehen lassen, wie es geht, nirgends aber mehr bestimmt eingreifen, deswegen ist er nun auch ›Wanderer‹ geworden: sieh Dir ihn recht an! er gleicht uns aufs Haar; er ist die Summe der Intelligenz der Gegenwart, wogegen Siegfried der von uns gewünschte, gewollte Mensch der Zukunft ist, der aber nicht durch uns gemacht werden kann, und der sich selbst schaffen muß durch unsere Vernichtung.«

Im Augenblick der großen revolutionären Emphase, sechs Jahre vorher, war alles ganz anders verstanden worden. Bakunin hatte den Satz geprägt, die »Lust der Zerstörung sei eine schaffende Lust«, womit bereits der Terrorismus der späteren russischen oder spanischen Anarchisten, die sich auf Bakunin beriefen, in Gedanken vorweggenommen wurde.

Der Wagner des ersten Nibelungenkonzepts war ein Bakunist gewesen. In seinem berühmten Dresdner Flugblatt mit dem Titel *Die Revolution* hatte es im Jahre 1848 geheißen: »Zerstören will ich die bestehende Ordnung der Dinge, welche die einige Menschheit in feindliche Völker, in Mächtige und Schwache, in Berechtigte und Rechtlose, in Reiche und Arme teilt, denn sie macht aus allen nur Unglückliche. Zerstören will ich die Ordnung der Dinge, die Millionen zu Sklaven von Wenigen und diese Wenigen zu Sklaven ihrer eigenen Macht, ihres eigenen Reichtums macht. Zerstören will ich diese Ordnung der Dinge, die den Genuß trennt von der Arbeit, die aus der Arbeit eine Last, aus dem Genuß ein Laster macht, die einen Menschen elend macht durch den Mangel und den anderen durch den Überfluß.«

Zerstörung war hier gedacht als eine produktive Destruktion. Ähnlich muß man Wagners um jene Zeit geplante Dramenentwürfe über Jesus von Nazareth und Wieland den Schmied verstehen. Jesus von Nazareth wurde, unter Ludwig Feuerbachs Einfluß, als menschlicher Befreier von der Macht des Geldes, als dem »abstrahierten und idealisierten Eigennutz«, interpretiert. Jesus gleichsam als eine Vorform zu Siegfried dem Befreier. Noch am Jahresende 1850, also schon im Exil, hält Wagner an dieser Grundthese fest.

Die große Destruktion, die von Anfang an auch als Abschluß

des Dramas *Siegfrieds Tod* gedacht war, wird als produktive Zerstörung zum Zweck der Neugestaltung konzipiert. Den *Nibelungenring* betrachtet Wagner für sich selbst nach wie vor als revolutionäres Kunstwerk, das der Revolution zu dienen habe. Eine von Cosima später gestrichene Stelle aus einem Brief an Uhlig vom 12. November 1851, worin der neue Nibelungenplan erörtert wird, war unmißverständlich: »An eine Aufführung kann ich erst nach der Revolution denken, erst die Revolution kann mir die Künstler und die Zuhörer zuführen, die nächste Revolution muß notwendig unserer ganzen Theaterwirtschaft das Ende bringen: sie müssen und werden alle zusammenbrechen, dies ist unausbleiblich. Aus den Trümmern rufe ich mir dann zusammen, was ich brauche: ich werde, was ich bedarf, dann finden.«

Auch der Brand von Walhall war dabei nicht als Theaterfeuerwerk verstanden worden. Wie das Gesamtkonzept destilliert worden war war aus einstigen Hungererfahrungen des einsamen und halb verkommenen Musikers in Paris, aus Einblicken in die Bankierswelt und – später – die sterile Hierarchie der sächsischen Residenzstadt, so wurde auch der Weg des Ringkonzepts vom Wasser zum Feuer, von der Tiefe des Rheins bis zum Brand in schwindelnder Höhe, aus merkwürdigen nationalen und gesellschaftlichen Ressentiments gespeist. Abermals ein von Cosima Wagner gestrichener Satz des Emigranten Wagner an den Dresdner Freund Uhlig, am 22. Oktober 1850 niedergeschrieben, macht ahnen, in welcher konkreten Vision des Hasses und der geheimen Selbstauslöschung der Brand von Walhall vorbereitet worden war.

»Wie wird es uns aber erscheinen, wenn das ungeheure Paris in Schutt gebrannt ist, wenn der Brand von Stadt zu Stadt hinzieht, wenn sie endlich in wilder Begeisterung diese unausmistbaren Augiasställe anzünden, um gesunde Luft zu gewinnen?–«

Hier ist alles beisammen: Bakunins Traum von der schaffenden Lust der Zerstörung; Ludwig Feuerbachs Bild vom neuen Menschen, der aufsteht gegen die bisherigen Formen menschlicher Entfremdung; dazu die von Wagner so heißhungrig in Paris hineingeschlungenen Gedanken Proudhons, wonach Eigentum identisch sei mit Diebstahl. Der Kreislauf des Geldes von der Natur zur Gesellschaft und wieder zurück zur Natur wird bei Wagner zum mythischen Symbol einer politischen Forderung, die Destruktion und Konstruktion untrennbar miteinander verbinden möchte. Dem entspricht in der ursprünglichen Phase der Arbeit am *Nibelungenring* die Rolle Wotans, Brünnhildes – und auch der Nibelungen.

In Wagners Gedankenwelt von 1848 sind die Nibelungen ein »dem Schoße der Nacht und des Todes entkeimtes Geschlecht. In unsteter, rastloser Regsamkeit durchwühlen sie ... die Eingeweide der Erde: sie glühen, läutern und schmieden die harten Metalle.« Auf ihnen, den Arbeitenden, lastet schwer der Feudalismus der Riesen, die unproduktiv sind. »Aber die Riesen verstehen nicht, ihre Macht zu nützen; ihren plumpen Sinnen genügt, die Nibelungen gebunden zu haben.« Die Humanität der Götter ist hier machtlos.

Daher Wotans Plan, einen »von den Göttern selbst unabhängigen, freien Willen« walten zu lassen, der den Zauber löst. »In dem Menschen ersehen die Götter die Fähigkeit zu solchem freien Willen.« – Der weitere Ablauf des Entwurfs von 1848 entspricht in großen Zügen dem Handlungsablauf der späteren Tetralogie. Der Schluß allerdings sieht ganz anders aus. Brünnhilde gibt zwar, bevor sie im Selbstopfer die Sühne vollzieht, den Rheintöchtern den Ring zurück, aber es erfolgt keine Götterdämmerung. Ihre Sühne befreit die Nibelungen und begründet nunmehr, da die Schuld getilgt ist, Wotans Herrschaft der Humanität. So verkündet es die Prosafassung des Entwurfs, so steht es in Brünnhildes Abschiedsrede in dem ausgeführten Drama *Siegfrieds Tod*:

> Ihr Nibelungen, vernehmt mein Wort!
> eure Knechtschaft künd' ich auf:
> der den Ring geschmiedet, euch Rührige band, –
> nicht soll er ihn wieder empfah'n, –
> doch frei sei er, wie ihr!
> Denn dieses Geld gebe ich euch,
> weise Schwestern der Wassertiefe!

Das Feuer, das mich verbrennt,
rein'ge den Ring vom Fluch:
ihr löset ihn auf und lauter bewahrt
das strahlende Gold des Rheins,
das zum Unheil euch geraubt! –
Nur einer herrsche:
Allvater, Herrlicher du!

Die Nähe der utopischen Sozialisten ist unverkennbar. Ob Saint-Simon, Fourier oder Proudhon: stets kreisten diese Systeme um den Gegensatz der produktiven und unproduktiven Schichten in der bestehenden Gesellschaft. Wagner bleibt ihr Schüler. Produktiv sind allein die Nibelungen, doch sind sie zur Selbstherrschaft nicht fähig. Es gilt, die feudale Zwingherrschaft durch Wotans humane Regierung zu ersetzen. An eine Diktatur der Nibelungen ist bei Wagner nicht zu denken.

Dann kam – unter dem Einfluß der Exilsnot, der Depressionen, wachsendem Unglauben an die Möglichkeiten der produktiv revolutionären Zerstörung – die berühmte Wendung von Bakunin und Feuerbach zu Schopenhauer. Wagner hatte zwar selbst in dem oft zitierten Brief vom Herbst 1854 an Franz Liszt behauptet, ihm sei Schopenhauers Weltbild von jeher vertraut gewesen. »Mir kam er natürlich nicht neu ...« Aber es stimmt nicht. Und wenn Wagner hinzusetzt, erst durch die Lektüre des pessimistischen Philosophen sei es ihm gelungen, die Gestalt seines Wotan richtig zu deuten, so handelte es sich nicht um einen »richtig verstanden«, sondern einen ganz neu gedeuteten und nun auch gestalteten Göttervater. Auch Wotan muß, im Rahmen dieser Umfunktionierung des Nibelungenthemas, den Weg von der Zerstörung zur Selbstzerstörung gehen.

Wie hatte es in Brünnhildes Rede geheißen, die als Abschluß des Dramas *Siegfrieds Tod* gedacht war? »Nur einer herrsche: Allvater, Herrlicher du!« Welch ein Weg von hier bis zu den Abschiedsworten des »zurückweichenden« Wanderers, dem der Vertragsspeer, Sinnbild der Verträge und Ordnungen, von Siegfried zerschlagen wurde: »Zieh hin! Ich kann dich nicht halten!«

Nun muß es so gelesen werden: Wotan hat aller Aktion und Herrschaft entsagen müssen; er ist allenthalben nur noch Zuschauer, umherwandernder Gast und reflektierender Geist. Neues Menschentum kann auch er selbst nur noch für sich konzipieren in Verbindung mit der eigenen Vernichtung. Der neue Mensch ist jener, der über ihn und die Götterwelt achtlos und unbeirrt hinwegschreitet. Weil er »das Fürchten nicht gelernt hatte«, sich also niemals selbst entfremdet wurde.

Diese Selbstbescheidung oder Entsagung mag bei Wotan wie bei Wagner ausgeziert worden sein mit geistlichen Tröstungen des Metaphysikers Schopenhauer. Dennoch ging es bei beiden – Wotan wie Wagner – nicht ohne Rückfälle ab. Der Wanderer im *Siegfried*, der dem Knaben den Weg zu Brünnhilde verwehren möchte, ist keineswegs gewillt, bloß eine Prüfungsaufgabe zu stellen. Nur allzu mächtig regt sich in ihm noch einmal der Welt- und Herrschaftswille. Dann ist auch dies zu Ende. Nun erst bekommt Loge eine neue Funktion. Die Waberlohe um den Walkürenfelsen bedeutete ein sperrendes Feuer. Die Waberlohe um die Burg Walhall dagegen gemahnt in groteskem Anklang, der aber durch Wagners indische Denkspielereien gerechtfertigt sein könnte, nach Siegfrieds Tod an den Ritus der Witwenverbrennung.

Dieser Anklang ist nicht nur durch Brünnhildes Selbstopfer legitimiert. Auch die Götterdämmerung und die durch Wotan befohlene Selbstzerstörung der Götterwelt erhält, wenn man die Szene mit bösem Blick betrachtet, den Charakter eines gigantischen Totenopfers für den »neuen und freien Menschen« Siegfried, der es schließlich doch nicht sein konnte. Dies ist die dritte und endgültige Phase des Destruktionsthemas im Aufbau der Ringtetralogie. Es begann mit dem kultischen Anruf der Zerstörung zum Zweck einer totalen Erneuerung. Dann wandelte sich in Wagners Denken und Schaffen die Aktion zur Passion. Die Zerstörung wurde als Selbstzerstörung verstanden, damit der neue Mensch sich selbst zu setzen vermöge »durch unsere Vernichtung«.

Allein, auch der neue Mensch wird ein Opfer von Gold, Fluch und Selbstentfremdung. Siegfrieds Tod zieht in der Tat die

Selbstzerstörung nach sich, allein, sie ist jetzt nicht mehr Voraussetzung eines neuen Lebens, sondern bloßes Totenopfer. Versteht man den Schluß der Tetralogie in solcher Weise – und die geschichtlichen Zeugnisse wie die Werktexte selbst erzwingen diese Deutung –, so muß die Rückkehr des Goldes in den Bereich der unmenschlichen, ziellos spielenden Natur als ein Abschluß lediglich im Ästhetischen verstanden werden. Die Götterdämmerung wird zum theatralischen Ereignis, nicht zur sozialen Aktion, wie in Wagners frühen Plänen.

Wagner hat es gewußt. Sein Jünger Glasenapp berichtet von Wagners letztem venezianischen Aufenthalt. Da habe der Meister von Bayreuth auf die vielen unbewohnten Paläste in Venedig hingewiesen und dazu bemerkt: »Das ist Eigentum? Der Grund allen Verderbens!« Aber der Rückweg von der Passion zur Aktion, vom Totenopfer zum bakunistischen Brandfanal war jetzt nicht mehr möglich.

Der Ring
und die Zweideutigkeit des Wissens

Von der Nornenszene her muß alles gesehen werden. Je genauer man Text und Partitur der Tetralogie studiert, um so deutlicher wird sichtbar, daß die eigentliche Vorgeschichte in der ersten Szene des Vorspiels zur *Götterdämmerung* abgehandelt wird: als Vorspiel zum abendfüllenden Vorspiel vom Rheingold. Wieland Wagner hatte folglich durchaus recht, wenn er das *Rheingold*, mitsamt dem Treiben von Riesen und Zwergen und Göttern, aus der Sicht jenes Geschehens interpretierte, wovon die Normen berichten.

Die Reinheit der Natur wurde früh schon getrübt. Alberichs Frevel am Gold des Rheinstromes mußte als späte und weiter wirkende Kausalität innerhalb eines bereits durch Frevel verursachten Ablaufs verstanden werden. Als Alberich die Rheintöchter umbuhlt, dann der Liebe flucht, um Gold und folglich Macht zu gewinnen, hält Wotan bereits den verhängnisvollen Speer in der Hand. Den hatte er aus der Weltesche geschnitzt. Naturfrevel, welcher den Weltenbaum verdorren machte: »In langer Zeiten Lauf / zehrte die Wunde den Wald; / falb fielen die Blätter, / dürr darbte der Baum, / traurig versiegte / des Quelles Trank ...«

Richard Wagners tiefsinnige Deutung des Vorgangs demonstriert Zweideutigkeit. Auf den Frevel am Weltenbaum, an Wald und Wasser gründete sich andererseits die Gemeinschaft der Götter und der Menschen. Der Speer bedeutete Ordnung, Gesetz, Vertrag, damit mögliche Gesittung. Daß sie in ihr Gegenteil umschlägt, Götter wie Menschen vernichtet, also tödliche Humanität bedeutet: das ist eigentlich Thema im *Ring des Nibelungen*. Die Unmittelbarkeit der Natur wurde durch Wotan zerstört. Freiheit und Gesetzlichkeit sollten mit diesem Opfer begründet werden. Eines seiner Augen gab der Gott zum Preis für diese Tat, die ursächlich werden sollte für die Götterdämmerung.

Mit dem Speer war Ordnung in die Welt gekommen, und damit Unordnung: Besitz, Gier, Wettbewerb. Natürliches Leben, wie es der Mythos naiv voraussetzte, war zu Ende. Von nun an gab es Alternativen. Man konnte wählen, und hatte zu wählen. Alberich zwischen dem Trieb und der Macht. Die Riesen zwischen Freia und dem Nibelungenhort. Wotan zwischen Vertragstreue und Verrat. Die bürgerliche Gesellschaft, so war es unverkennbar von Richard Wagner gemeint, trat in Erscheinung. Wotans Speer bedeutete die Welt des Kapitalismus und einer sogenannt freien Konkurrenz.

Hatte man die Nornenszene richtig verstanden, so mußte der Ablauf der Handlung im *Rheingold* perspektivisch anders verstanden werden als bei der naiven Lektüre des Textes und einem ebenso reizgewohnten wie traditionellen Theaterbesuch, wo jedermann von der Spielregel ausgeht, daß die erste Szene eines Stückes auch in Wirklichkeit den Anfang bedeutet und die Grundlage bildet für alle weiteren Bühnenereignisse.

Wie naiv diese Erwartung ist, die das Geschehen der vier Abende bei Richard Wagner etwa so sieht: zuerst war alles gut und unmittelbar, dann kam Alberich, und es wurde immer schlechter, sein Fluch gab schließlich der Geschichte den Rest – das zeigt die Parallelität der Ringtetralogie zur griechischen Tragödie. Wolfgang Schadewaldt hat wiederholt, in engem Kontakt zu Wieland Wagner, auf die erstaunliche Parallelität zwischen Aischylos und dem *Ring* hingewiesen: nicht ohne Grund, wie man an Wagners zahlreichen Exkursen über das Drama der Griechen während der Entstehungszeit der Ringdichtung feststellen kann.

Die griechische Tragödie aber – berühmtestes Beispiel bleibt Sophokles mit dem Drama vom Tyrannen Ödipus – setzte die prima causa des dramatischen Geschehens als Vorgeschichte. Der eigentliche Szenenablauf war gleichbedeutend mit einer Analyse, welche herauszubringen suchte, was damals, bevor sich der Vorhang zum ersten Mal hob, als Bedingung für künftige Handlungen gesetzt worden war.

Heinrich von Kleist bewies mit dem *Zerbrochenen Krug*, daß man auch eine analytische Komödie schreiben kann. Das

Geschehen in der Gerichtsstube des Dorfrichters Adam will nichts anderes klären als die prima causa des vorhergehenden Abends. Heinrich von Kleist kannte seine griechischen Tragiker.

Auch der *Ring* ist eine analytische Tragödie. Wenn der Vorhang aufgeht und die Rheintiefe sichtbar wird, war der Grundfrevel schon geschehen, von dem die Nornen viel später berichten. Damit freilich entstand ein erstaunlicher Widerspruch zwischen dem dramatischen und dem musikalischen Ablauf. Das reine Es-Dur des Beginns ist trügerisch. Der Mythos beginnt keineswegs mit jenem tiefen Es. Die Verschmutzung der reinen Tonalitäten, die Wagner sehr bald einführte, hatte schon früher stattgefunden. Auch die Integrität des Rheinstromes mußte leiden am Dorren des Weltenbaumes und dem unaufhaltsamen Versiegen des Weltenquelles. Da die Musik jedoch, wie es Wagner schien, im Gegensatz zum Drama diesen Vorgang nicht vermitteln konnte, entstand schon zu Beginn der vier Abende der Widerspruch zwischen scheinbar ursachenlosem Ablauf in der Musik und einem dramatischen Geschehen, das von Anfang an, bei Alberich, den Göttern wie den Riesen, mit der Hypothek des Lebens in einer Bürgerwelt belastet war.

Aus diesem Widerspruch entspringt folgerichtig ein Grundmotiv der Tetralogie, das abermals ein primäres Konzept des bürgerlichen Lebens bedeutet: die Ambivalenz des Wissens. Kaum ein Werk der neueren dramatischen Literatur beschäftigt sich so bohrend und eigensinnig mit der Zweideutigkeit des Wissens wie der *Ring des Nibelungen*. Wotan begehrt Wissen und steigt hinab zu Erda; den Alberich belehren die Rheintöchter; Wotan berichtet der Walküre von seiner Verstrickung durch Vertragsschulden; der Zwerg Mime glaubt sich geschützt und zur Weltherrschaft berufen durch aufgehäuftes Wissen; die Nornen tauschen Wissen aus, bis das Seil zerreißt und die Wissens- und Wissenschaftsdämmerung da ist, die der Götterdämmerung vorangeht. »Zu End' ewiges Wissen! / Der Welt melden / Weise nichts mehr.«

Die Ambivalenz des Wissens erscheint bei Wagner in doppelter Gestalt: als dramaturgische und als musikalische Sphäre. Es be-

deutet weit mehr als eine musikalische Illustrierung der Ausgangssituationen im ersten Akt von *Siegfried*, wenn die Musik mit dem Thema des meditierenden und planenden Mime beginnt. Der »weise Zwerg« und feindliche Bruder des Alberich betrachtet Wissen als Hort, und damit als Besitz. Wie Alberich mit Hilfe des goldenen Reifs den Nibelungenhort aufschichten ließ, so kumulierte Mime das Wissen, welches er mit Weisheit verwechselte. Mime ist, in seiner Auffassung vom Wissen, also in seinem Wissenschaftsbegriff, ein Anhänger des Historismus. Das weiß er zwar nicht, aber Richard Wagner weiß es, denn er lebte während der Arbeit an der Tetralogie in jener Ära des bürgerlichen 19. Jahrhunderts, welche auf philosophische Geschichtsperspektiven im Sinne Hegels verzichtet hatte, um alle Vergangenheit unterschiedslos als erforschenswert und wesentlich zu betrachten. Die Wissenschaft des bürgerlichen Historismus im 19. Jahrhundert war positivistisch insofern, als sie nur Tatsachen gelten ließ, deren geschichtlicher Wert kaum mehr in Frage gestellt wurde. Diese Art einer nurmehr registrierenden Betrachtung geschichtlicher Tatsachen war perspektivenlos. Die Zukunft war zu fürchten, weil sie – vielleicht – das Ende eines solchen Wissenschaftsbetriebes und der ihn tragenden Gesellschaft indiziert hätte.
An dieser Auffassung von Wissen und Wissenschaft geht Mime schließlich, im zweiten Akt des *Siegfried*, ebenso zugrunde wie an seiner Gier und Mordlust. Die Mittelpunktszene des ersten Aktes, welcher mit einer musikalischen Darstellung dieser sterilen Reflexionen begonnen hatte, ist darum – ironisch und in bösartiger Heiterkeit – eine Befragungsszene zwischen Mime und dem Wanderer, also Wotan. Wie im Märchen hat auch Mime die berühmten drei Wünsche frei. Wotan setzte sein Haupt »der Wissenswette zum Pfande«. Mime wollte nicht darauf eingehen, denn er hatte den Wanderer erkannt. Da er Wissen hortet, wehrt er ab mit den Worten: »Ich weiß mir grade genug.« Das ist die Attitüde bürgerlicher Besitzsicherheit, ganz wie bei Fafner, der liegt und besitzt und weiterschlafen will. Beide aber, Mime wie Fafner, sterben daran.
Als die Neugier bei Mime obsiegt und die Befragung beginnt,

handelt der weise Zwerg wie ein allwissender Professor, der den Kandidaten bei der Prüfung hineinlegen möchte. Es sind ausgesucht schwere Fragen. Allen ist jedoch gemeinsam, daß sie etwas vom Partner erfragen, was der Fragende ohnehin weiß. So verspielt Mime die große Chance, denn sein Prüfling ist Gebieter von Walhall.

Das wird ihm grausam deutlich gemacht bei der zweiten Runde: als Umkehrung der Rollen von Prüfer und Prüfling. In der ersten Runde war man beim Fragen aufgestiegen von den Zwergen über die Riesen zu den Göttern. Mime erfuhr nichts, was er nicht gewußt hätte, und erhält vom Wanderer die Belehrung: »Was zu wissen dir frommt, / solltest du fragen: / Kunde verbürgte mein Kopf. / Daß du nun nicht weißt, / was dir frommt, / des faß' ich jetzt deines als Pfand.« Nun muß er nach den Regeln der Wette den Gegeneinsatz wagen: das eigene Leben. Scheinbar hält sich Wotan noch im Bereich des Wissens auf, das Mime vertraut ist. Er fragt, ganz wie jener, nach dem Vergangenen, prüft also geschichtliches Wissen. Zweimal kann Mime sich auszeichnen. Er kennt die Geschichte der Wälsungen ebenso wie die Historie des Schwertes Notung. Doch merkt er nicht, daß mit Beantwortung dieser zweiten Frage nach dem zerhauenen Schwert die Zeitdimension gewechselt hat. Bisher war alles Vergangenheit, und der weise Zwerg hatte das Wissen darüber gehäuft. Nun aber ist Gegenwart eingetreten. Der Gegenstand der Prüfung – Trümmer des Schwertes Notung – kann im Prüfungsraum besichtigt werden. Jäh wechselt darum Wotan abermals die Zeitdimension. Nun soll Mime ein Wissen demonstrieren von dem, was weder war noch ist, sondern sein wird. Höhepunkte der Ironie: er soll nicht über ferne Zukunft Auskunft geben, sondern über die nächste. Über den Ablauf der nächsten Stunden. Siegfried wird Notung neu schmieden, weil er das Fürchten nicht gelernt hat. Richard Wagner schmolz hier zwei Märchenmotive in eins.

Bei der Frage nach seinem Wissen von der Zukunft versagt Mime und hat sein Haupt verpfändet. Wissen erwies sich als zweideutig: es kann Vergangenheitsforschung bedeuten und Zukunftsforschung. Damit gehört es zur Dialektik von Tradi-

tion und Utopie. Der Zwerg Mime kennt nur die Tradition, ermangelt aber der Zukunftsperspektive.
Zweideutigkeit des Wissens auch bei Wotan. Er blickt in die Zukunft und versteht das Ende, für welches Alberich sorgt. Zeigte sich die Zweideutigkeit des Wissens bei Mime als Kontrast zwischen Vergangenheit und Zukunft, also zwischen Einst und Dereinst, so scheitert der Wanderer an der Dialektik zwischen theoretischem Wissen und praktischem Handeln. Er weiß, daß Siegfried, ungebunden durch Verträge und frei von Furcht, durch den Speer aus der Weltesche nicht gebannt werden kann. Dennoch wagt Wotan als Handelnder diesen Versuch: entgegen dem eigenen Wissen. So wird der Speer zertrümmert, an welchem einst das Schwert Notung zerbrach. Diesmal erlebte Wotan die Umkehrung: Notung zerschlägt den Stab des Gesetzes.
Zum dritten Mal offenbart sich die Ambivalenz des Wissens in der Nornenszene. Entsprechend der Zweideutigkeit von Worten wie Einst und Dereinst wechseln die Nornen in ihrem Sang und Gespräch zwischen der Vergangenheit und Zukunftsperspektive. Auch sie haben das Wissen gehäuft und können es sich vor- wie nacherzählen. Allein, sie haben auch, im Gegensatz zu Mime, ein Wissen von dem, was bevorsteht. Ihre Vorstellung davon wechselt folglich ab in zwei – fast – gleichlautenden Zeilen. »Weißt du, was aus ihm ward?« – »Weißt du, was aus ihm wird?«
Ihr Wissen ist umfassender als das des Sammlers und Besitzers Mime. Freilich ist ihre Zukunftsvision, so deutet es Wagner, eng verknüpft mit dem Bestand jener Ordnung, die sie spinnen und repräsentieren. Solange sie das Seil werfen und befestigen können, haben sie Kenntnis von dem, was gewesen ist, und von dem, was sein wird.
Dann aber reißt das Seil. Die Ordnung bricht zusammen, und das Wissen der Nornen reicht über diese Ordnung nicht hinaus. Nun wird die Götterdämmerung, von Wagner verstanden als Ende der bürgerlichen Gesellschaft, ihren Lauf nehmen. Was jedoch danach kommen wird, das wußte weder die Dreizahl der Nornen noch ihr Schöpfer, der bürgerliche Künstler und

unbürgerliche Utopist Richard Wagner. Den Ausklang der Tetralogie bildet daher nicht Reflexion, die aufgebaut wäre auf Wissen, sondern Musik, die zwar nicht eine neue Welt antizipieren oder gar bauen könnte, aber den Untergang der bestehenden zum harmonischen Kunstwerk abzurunden vermag.

Siegfrieds Trauermarsch

»Nach Tisch Gespräch über Siegfried und Brünnhilde, daß ersterer nicht tragisch sei, weil er nicht zum Bewußtsein seiner Lage kommt, ein Schleier ist über ihm, seitdem er Brünnhilde für Gunther geworben, aber alles unbewußt, der Zuschauer erkennt es. Wotan und Brünnhilde sind tragisch.«

So steht es zu lesen in den endlich entzifferten und gedruckten Tagebüchern Cosima Wagners. Sie hat seit dem 1. Januar 1869 von Tag zu Tag den Inhalt der Gespräche mit Richard Wagner und alle Begebenheiten notiert, die sich um den Gatten und »Meister« drehten. Am 4. Juli 1873 lebt man bereits in Bayreuth. Das Haus Wahnfried ist im Bau; am Nachmittag gehen Richard und Cosima hinüber, um den Fortgang der Arbeiten freudig zu besichtigen. Alle Gedanken kreisen um die künftigen Festspiele, die einer ersten Gesamtdarstellung der Tetralogie *Der Ring des Nibelungen* gewidmet sein werden. Noch hat man Illusionen über den Zeitpunkt der Eröffnung des Festspielhauses und damit der Festspiele. Große Schwierigkeiten sind zu erwarten. Dennoch sind Richard und Cosima fasziniert vom Werk, das seit dem 10. April des Vorjahres 1872, als der dritte Akt der *Götterdämmerung* in der Orchesterskizze vorlag, als abgeschlossen gelten kann. Jetzt beginnen, nach der riesenhaften Produktion, die Gedanken über eine mögliche Interpretation des Nibelungen-Werkes.

Nun muß sichtbar werden, wieviel Widersprüche, trotz aller Kunst der Dramaturgie und der leitmotivischen Technik, in einem Werk übriggeblieben sind und hervortreten müssen, das im Jahre 1848 begann und nun erst, noch dazu nach einer langen Unterbrechung der Arbeit, fast 25 Jahre später zum Abschluß gelangte. Jene von Cosima aufgezeichnete Bemerkung Wagners über Siegfried, den untragischen Helden, gehört zu diesen unlösbaren Widersprüchen des großen Werkes. Natürlich hat Wagner recht, wenn man das Werk und seinen dramatischen Verlauf betrachtet, den Kontrast zwischen den tragischen Gestalten Wotan und Brünnhilde einerseits dem untragischen

Siegfried zum anderen hervorzuheben. Tragik ist undenkbar ohne Schuld. Schuld ist undenkbar ohne Bewußtsein und Bewußtheit. Wotan und Brünnhilde sind schuldhaft, und sie haben das Bewußtsein ihrer tragischen Situation. Siegfried dagegen ist – nach Meinung Richard Wagners – an sich schuldlos. Am Schuldlosen jedoch vollzieht sich der Fluch des Nibelungen. Die Tötung Fafners und die Abschlachtung des Mime sind für Wagner keine schuldhaften Aktionen. Sie sind zudem im Wege einer kaufmännischen »Aufrechnung« dadurch legitimiert, daß Fafner den Bruder Fasolt erschlug, während Mime seinerseits dem Knaben Siegfried, wenn er betäubt daliegt, den Kopf abzuschlagen gedenkt. Siegfried wird nicht schuldhaft vor Fafner und Mime; er lernt auch nicht das Fürchten, als er Brünnhilde umarmt.

Erst der Siegfried der *Götterdämmerung* hat das Fürchten gelernt. Als er in die Gesellschaft der Gibichungen eintrat und dort die Regeln der bürgerlichen Gesellschaft zu lernen hatte: Lüge und Verrat, Vergessen und Furcht. Der Vergessenstrank, den Gutrune auf Hagens Geheiß dem jungen und naiven Heros darbringt, ist von vielen Interpreten als oberflächliche Theatralik kritisiert worden. Man unterschied zwischen dem Liebestrank in *Tristan und Isolde*, wo der Trank nur freisetzt, was ohnehin vorhanden war, und dem Vergessenstrank aus der *Götterdämmerung*, wo Held Siegfried – angeblich – mit Hilfe des Tranks manipuliert und in seiner Charaktersubstanz verändert wird.

Das aber stimmt nicht. Siegfried wird in seiner Substanz verändert durch die Umgebung der Gibichungen und ihre Gesellschaft. Der einsame Töter und furchtlose Brautwerber tritt aus seiner Einsamkeit und handelt von nun an nach den Gesetzen der ihn umgebenden neuen Gesellschaft. Siegfried wird bei den Gibichungen im wörtlichsten Sinne sich selbst »entfremdet«. Diesen Vorgang macht der Vergessenstrank sichtbar, er verursacht ihn aber nicht im tieferen Sinne. Darum auch gelangt Siegfried, kurz vor dem Tod, wieder zu sich selbst zurück. Er tritt aus der Entfremdung heraus. Äußerlich wird das durch den Gegentrank bewirkt, doch die eigentliche Aktion entspringt der

Todesahnung Siegfrieds und seiner Todesbereitschaft. Vergleichbar wurde auch Fafner, der Wurm, im Sterben abermals zurückverwandelt in den Menschen und Riesen.
Richard Wagner deutet den Vorgang in jenem Gespräch mit Cosima dahin, daß der sich selbst entfremdete Siegfried nicht tragisch sei, weil Entfremdung, ein Handeln wie unter Schleiern, das Bewußtsein von Schuld ausschließt, und damit die Tragik.
Dies alles ist zweifellos richtig. Es kontrastiert jedoch stark mit der Musik, die Richard Wagner dem toten Siegfried geschrieben hat. Nimmt man beides ernst: das Urteil des Dramatikers Wagner über den untragischen Helden und die tragische Heldenmusik des Musikers Wagner, so entsteht ein fast unlösbarer Widerspruch. Die Musik zum sogenannten Trauermarsch für Siegfried ist gleichzeitig eine Nachtmusik und eine Trauermusik. »Die Nacht ist hereingebrochen«, lautet die Anweisung Wagners. Und dann: »Der Mond bricht durch die Wolken und beleuchtet immer heller den die Berghöhe erreichenden Trauerzug. Aus dem Rhein sind Nebel aufgestiegen und erfüllen allmählich die ganze Bühne ...«
Wie ist diese tragische Heldenmusik für einen untragischen Helden zu verstehen? Der Bayreuther Spielleiter vom Jahre 1976, der Franzose Patrice Chéreau, der den Text Richard Wagners sehr genau gelesen hat, mißbilligt Siegfried, und damit auch die Musik des Trauermarsches. Ein tragischer Held, so hat Chéreau bekannt, sei Siegmund als Helfer und Befreier der Unterdrückten, nicht aber Siegfried. Siegmund jedoch habe von Richard Wagner keine Trauermusik erhalten. Allein, der Trauermarsch Siegfrieds ist in Wirklichkeit weit mehr als bloß ein Klagelied um Siegfried, den freien und schuldlos-schuldigen Helden. Die Musik des Trauermarsches klagt nicht um diesen einen Unersetzlichen, sondern um die gesamte und gehäufte Tragik aller vier Abende: um den Raub des Rheingolds, um Wotans Gier, um das Leid der Wälsungen, um alle Hoffnungen und Entwürfe für eine vom Goldfluch befreite Menschheit.
Thomas Mann hat einmal den Nibelungenring Richard Wagners verglichen mit den großen bürgerlichen Romanen des

19. Jahrhunderts. Auch der *Ring des Nibelungen* sei ein gewaltiger Roman. Ähnliche Gedanken hatte Wagner selbst schon in seinem Buch über *Oper und Drama* entwickelt. Wie der berühmte Roman Balzacs könnte auch die Musik zu Siegfrieds Trauermarsch den Titel tragen: *Verlorene Illusionen*.
Nicht um Siegfried wird getrauert, sondern um die gesamte Konstellation und Kausalität, deren Opfer auch dieser untragische Heros geworden ist.
Dies ist kein Trauermarsch der üblichen Art! Man kann ihn nicht mit dem zweiten Satz der *Eroica* von Beethoven oder dem dritten Satz der Klaviersonate in b-Moll von Chopin vergleichen. Die Unterschiede ergeben sich aus den Anlässen: den geistigen wie den musikalischen Strukturierungen. Beethoven hatte, das ist bekannt, den Revolutionsfeldherrn Napoleon Bonaparte als Adressaten seiner Heldensymphonie designiert. Dem Usurpator und Kaiser der Franzosen entzog er die Ehrung. Allein, das musikalische Gebilde bleibt fixiert an die Heere der Französischen Revolution. Der Trauermarsch ehrt die Opfer ihrer Kriege. Gleichzeitig ist der Trauermarsch als Bestandteil einer vierteiligen Symphonie von Beethovenschem Typus mit besonderen musikalischen Funktionen im Sinne absoluter Tonkunst ausgestattet. Er hat Gedanken und Stimmungen des riesenhaften ersten Satzes teils kontrastierend, teils ergänzend, und mit neuen musikalischen Mitteln, weiterzuführen.
Chopins Sonate meint, wie immer in den großen Bekenntnisstücken, den polnischen Unabhängigkeitskampf und die Kämpfe des antirussischen Aufstands von 1830/31. Ihnen ist auch der Trauermarsch gewidmet. Er hat daher seine Funktion innerhalb der Sonate erhalten. Nachher folgt nur noch die sonderbar dahinrasende Einstimmigkeit des Schlußsatzes. Wind, der über Gräber rauscht: so hat Schumann diesen selbst bei Chopin einzigartigen Satz verstanden.
Nichts von alledem in dem Orchesterstück *Siegfrieds Trauermarsch* aus dem Schlußabend der Ringtetralogie. Dies ist keine Klage um Kämpfer der bürgerlichen Befreiung oder der polnischen Unabhängigkeit. Es ist – scheinbar – Klage um einen

Opernhelden. Da wäre in der herkömmlichen Opernliteratur das konventionelle, wenngleich kunstvolle *Lamento* am Platz gewesen: von Monteverdi über Glucks Orpheus sogar noch über Wagner hinaus: bis zum ersten Monolog der Elektra bei Richard Strauss mit ihrer Klage um den erschlagenen Vater.

Allein, Wagner verstand die Trauermusik, ebenso wie Brünnhildes Schlußgesang, als Höhepunkt einer episch-musikdramatischen Komposition, aus welcher man keinen Teil isolieren dürfe, ohne das Gesamtgebilde zu schädigen – und den isolierten Teil dadurch mißzuverstehen. Weshalb sogar der Versuch, jenen Trauermarsch aus der »Götterdämmerung« getrennt vorzutragen, rein musikalisch stets Unbehagen erzeugen muß.

Dies ist kein eingesprengtes Stück »schöner« und symphonischer Musik, wie etwa – aller Verankerung im dramatischen Geschehen zum Trotz – vielleicht der Einzug in Walhall, das Waldweben oder der Walkürenritt. Auf jenen Trauermarsch hin war Wagners Nibelungenwerk, seit den ersten Plänen von einem Drama *Siegfrieds Tod* bis zum Riesengebilde der Tetralogie, insgeheim angelegt worden.

Wagner hat in diesem Trauermarsch eine Musik der höchsten und gleichsam resümierenden Reflexion geschaffen. Getreu dem eigenen Grundsatz: »Schlagen wir die Kraft der Reflexion nicht gering an, das bewußtlos produzierte Kunstwerk gehört Perioden an, die von der unseren fernab liegen; das Kunstwerk der höchsten Bildungsperiode kann nicht anders als im Bewußtsein produziert werden.«

So mußte diese Musik zum Rückblick auf das Gesamtgeschehen von vier Abenden werden: Fluch und Hoffnung, das Unglück Siegmunds und Sieglindes, Siegfrieds Glück und Untergang, und mit ihm das Zerschellen eines reinen und freien Menschen an den Bedingtheiten und den Machenschaften.

Da dieser Trauermarsch epische Musik ist, erzählend, folglich vom Bericht her strukturiert, nicht von der musikalischen Form, ist es möglich gewesen, das musikalische Geschehen gleichsam durch das Wort nachzuerzählen. Thomas Mann hat es getan. In einem Vortrag über Wagners Ringtetralogie, gehalten am 16. November 1937 in der Universität Zürich, versetzt er sich gleichsam in Wagners planende Reflexion beim Entwurf jenes Trauermarsches. »Die Sehnsuchtsfrage des Knaben nach der Mutter; das Heldenmotiv seiner Sippe, die ein unfreier Gott sich zeugte zu gottlos freier Tat; das Liebesmotiv seiner geschwisterlichen Eltern, wunderbar heraufgeführt; das mächtig aus der Scheide fahrende Schwert; die große Fanfarenformel seines eigenen Wesens, vor Zeiten als Verkündigung zuerst aus dem Munde der Walküre vernommen; der Klang seines Hornes, in ungeheure Rhythmen ausgedehnt; die holde Musik seiner Liebe zu den einst Erweckten; die alte Klage der Rheintöchter um das geraubte Gold und das düstere Tonmal für Alberichs Fluch: all diese erhabenen, gefühlsschweren schicksalvollen Mahnungen würden unter Erdstößen und Wetterschlägen mit der hochgebahrten Leiche vorüberziehen.«

Unter Erdstößen und Wetterschlägen. Sie sind als Schicksalsschläge zu verstehen, als Zertrümmerung aller Hoffnungen und Illusionen. So viel war erhofft worden, so viel auch verloren. Darf man nicht sagen, der Trauermarsch Siegfrieds sei eigentlich zu verstehen als eine Trauermusik Richard Wagners um Richard Wagner? Mit Siegfried sind die Hoffnungen des einstigen Utopisten Wagner dahingegangen. Im Revolutionsjahr 1848/49 entstand das Werk auf der Grundlage dessen, was später *Götterdämmerung* heißen sollte. Damals plante Richard Wagner noch ein isoliertes Drama um *Siegfrieds Tod*. Seine eigene Lebensgeschichte, die Geschichte seiner Zeit und Zeitgenossen, verschmolzen mit dem Fortgang des Werkes als Tetralogie. Die Trauermusik ist Rückschau ohne Hoffnung.

Es spricht manches dafür, daß der eigentliche Abschluß des *Ring des Nibelungen* in diesem sogenannten Trauermarsch gefunden werden muß. Wieland Wagner hat wiederholt geäußert, der eigentliche Abschluß der *Götterdämmerung* mit dem Schlußgesang der Brünnhilde und dem Klang des Erlösungsmotivs sei nur als äußerer Abschluß zu verstehen, nicht aber als Überwindung der tragischen Musik, die um den toten Siegfried klagt und um die verlorenen Illusionen.

Die *Götterdämmerung* klingt aus, als walte hier nach wie vor ein »Prinzip Hoffnung«. Allein, dieser Schluß ist auf dem Theater im Grunde kaum darzustellen. Man kann die leere Bühne präsentieren, wie bei Wieland Wagner, und alles der Musik überlassen. Man kann auch irgendeine angeblich neue Menschheit auftreten lassen, die neu beginnt. Die Musik vermag nicht zu sagen, womit hier begonnen werden kann. Richard Wagner schrieb als erster ein »Endspiel« im Sinne der modernen Dramaturgie. Walhall ist untergegangen. Der Ring wurde befreit vom Fluch. Aber eines sollte nicht vergessen werden: die Götterdämmerung endet zwar theatralisch mit vielen Toten, doch der Nibelung lebt. Alberich überlebt.

Wagners Ring *als bürgerlicher Roman*

Der *Ring* als bürgerlicher Roman? Das ist eine wohlbekannte These Thomas Manns. Sein Text gehört zur Gruppe der Exil-Schriften. Thomas Mann hatte den ersten Exilort Küsnacht am Zürichsee verlassen. Europa und damit die Schweiz, sie waren offensichtlich von Kriegsgefahr bedroht. Da kam die Einladung der Universität Princeton im Staate New Jersey gerade recht. An einem weltberühmten Institut für Fortgeschrittene Studien sollte er einige Vorlesungen halten. Auch andere deutsche Emigranten, nicht zuletzt Albert Einstein, waren in der kleinen Universitätsstadt gelandet, von wo man so rasch nach New York gelangen konnte.

Eines dieser Princeton-Kollegs hielt Thomas Mann gleich nach seiner Ankunft im Jahre 1939. Der Titel lautete: *Die Kunst des Romans. Vortrag für Princeton-Studenten.* Eine dreifache Aufgabe hatte sich der Redner und neu berufene Professor gestellt: Unterrichtung der Studenten über Grundprobleme des literarischen Handwerks, des epischen insbesondere. Rückblick auf die Genese und die Besonderheiten des bürgerlichen Romans aus dem 19. Jahrhundert, wozu Thomas Mann mit Recht auch sein eigenes Wirken rechnen durfte. Schließlich ein damals besonders zeitgemäßer Rückblick des Emigranten Thomas Mann auf die Ungleichzeitigkeit der deutschen und der europäisch-außerdeutschen literarischen Entwicklung.

Von diesem geistigen Unterbau her muß die These verstanden werden, die das Werk Richard Wagners, insbesondere den *Ring des Nibelungen*, konfrontiert – gerade nicht mit der Entwicklung von Oper und Drama im 19. Jahrhundert, sondern mit den Traditionen einer bürgerlichen Epik und Novellistik. Hier Dickens und Tolstoi und Melville und Balzac oder Flaubert – dort Richard Wagner und die Tetralogie.

Die Konfrontierung ist schroff: »Die große soziale Roman-Dichtung der Dickens, Thackeray, Tolstoi, Dostojewski, Balzac, Zola, Proust ist geradezu die Monumentalkunst des neunzehnten Jahrhunderts. Das sind englische, russische, französische Namen – warum fehlt der deutsche?« Dann folgt eine Reminiszenz der großen deutschen Erzähler jenes bürgerlichen Jahrhunderts. Die Gipfelwerke werden genannt und ihre Meister: Stifter und der *Nachsommer*, Gottfried Keller und der *Grüne Heinrich*, schließlich sogar der geliebte Fontane mit *Effi Briest*. Auch Spielhagen und andere werden genannt.

Erstaunlicherweise fehlt der Hinweis auf ein Werk, das wir heute als Lesende nur noch mit Unbehagen zur Hand nehmen: *Die Ahnen* von Gustav Freytag. Dabei wäre eine Gegenüberstellung gerade der Ring-Tetralogie mit Freytags epischen *Bildern aus der deutschen Vergangenheit* recht ergiebig. Gustav Freytag beginnt seinen Zyklus, inspiriert durch das Hochgefühl der Reichsgründung von 1871, im Jahre 1872: zu dieser Zeit also, da Wagner die Komposition des *Ring* zu Ende führt. Auch der erste Roman bei Gustav Freytag, *Ingo und Ingraban* (1872), spielt in einer germanischen Umwelt, wie man sie sich damals vorzustellen liebte. Merkwürdigerweise endet auch der deutsche Held Ingo, dessen Nachfahren wir am Ende der Romanserie im deutschen bürgerlich-akademischen Alltag um 1848 wiederfinden, als kämpfender und verlorener Held in seiner brennenden Burg. Wie Rienzi auf dem brennenden Kapitol oder Wotan im Brand von Walhall. Kritiker der *Ahnen* von Gustav Freytag haben übrigens längst bemerkt, daß auch die späteren Bände dieses »roman-fleuve« im Sinne der französischen Literaturtradition fast zwanghaft zurückkehren zu Untergängen deutscher Helden im brennenden Haus. Natürlich sind diese Helden Gustav Freytags, wie bereits in seinen früheren Werken, stets insgeheim protestantisch (lange vor dem Protestantismus), erpicht auf Freiheit und Ehre, abhold einem jeglichen welschen Trug. Der literarische Erfolg der *Ahnen* im Deutschen Kaiserreich war damit programmiert. Ebenso die Hinfälligkeit dieses Unternehmens für Leser des 20. Jahrhunderts.

Daß Gustav Freytag in Kenntnis der Werke Richard Wagners schreibt, darf vorausgesetzt werden. Sein Ingo ist undenkbar ohne den Siegmund. Auch die deutschen Helden bei Gustav

Freytag, die später den bürgerlichen Namen König zu tragen haben, sind unbehaust: wie Siegmund und Siegfried, im Grunde auch wie Wotan. Der Unterschied freilich ist evident. Gustav Freytag bleibt ein Leben und Schaffen lang ein gesitteter deutscher Nationalliberaler. Richard Wagner hingegen blieb stets, wie man heute weiß, nach dem Lesen von Cosimas Tagebüchern, ein Bewunderer des libertären Denkens von Ludwig Feuerbach und ein enger Schicksalsgefährte des russischen Anarchisten Michail Bakunin. Daß der Brand von Walhall insgeheim für Richard Wagner die Einäscherung der gehaßten bürgerlichen Weltstadt Paris bedeutet hat, ist kein Geheimnis mehr. Walter Benjamin hat mit Recht die Formel *»Paris als Hauptstadt des 19. Jahrhunderts«* geprägt. Auch Richard Wagner hat sie in solcher Weise erlebt, gefürchtet und gehaßt.

Die Gegenüberstellung der epischen Panoramen bei Gustav Freytag und Richard Wagner unterstreicht, gerade weil Thomas Mann es mit guten Gründen verschmäht, den Namen des Autors der *Ahnen* auch nur zu erwähnen, die These vom Romancharakter der Tetralogie. Daß die *Ahnen* von Gustav Freytag nicht zur großen epischen Weltliteratur des 19. Jahrhunderts gezählt werden können, war unbestreitbar. Bei scheinbarer Nähe aber des Weges von den germanischen Mythengestalten Ingo und Ingraban zum bürgerlichen Familiengezänk des 19. Jahrhunderts, zur Thematik also der *Walküre* wie der *Götterdämmerung*, wird besonders evident, daß Richard Wagner und der *Ring des Nibelungen*, im Sinne der These von Thomas Mann, durchaus an die Seite gestellt werden können (wenn man zeitgenössische Kunst des vergangenen Jahrhunderts als Ganzheit versteht) der *Comédie humaine* von Honoré de Balzac oder Tolstois Romanepos mit dem Titel *Krieg und Frieden*.

Thomas Mann begründet seine These in folgender Weise, nachdem er die eigentliche deutsche Romanliteratur aus der Lebenszeit Richard Wagners beiseite geschoben hat: »Der Name, den Deutschland jener stolzen Reihe entgegenzustellen oder beizugesellen hat, ist Richard Wagner – dessen Werk zwar mit dem Epos allerlei zu tun hat, aber musikalisches Drama ist. Der Beitrag Deutschlands zur Monumental-Kunst des neunzehnten

Jahrhunderts ist nicht literarischer, sondern musikalischer Art – höchst charakteristischerweise. Es wären die merkwürdigsten zeitpsychologischen Gemeinsamkeiten aufzuweisen zwischen dem Wagnerschen Monumentalwerk und der großen europäischen Romankunst des neunzehnten Jahrhunderts. Der *Ring des Nibelungen* hat mit dem symbolischen Naturalismus der *Rougon Macquart'*-Serie Emile Zolas viel gemein – sogar das ›Leitmotiv‹. Aber der wesentliche und typische nationale Unterschied ist der Gesellschaftsgeist des französischen, der mythisch-urpoetische Geist des deutschen Werkes.«

Man hat diese Gedanken Thomas Manns bisher, wie es scheint, vor allem als autobiographische Aussage gedeutet, als Beitrag zum Thema Thomas Mann und Richard Wagner. Als Gegenentwurf zu dem Vortrag *Richard Wagner und der Ring des Nibelungen*, den der Emigrant am 16. November 1937 in der Aula der Universität Zürich gehalten hatte: vor einem nicht sonderlich zahlreichen Auditorium, wie Thomas Manns Tagebücher nüchtern feststellen. Wichtiger war die Erkenntnis, daß der Princeton-Vortrag über die *Kunst des Romans* ganz unmittelbar benachbart war dem erzählerischen Werk des Redners in jenen Jahren. Alle Reflexionen des damaligen Thomas Mann über die Ring-Tetralogie betrafen insgeheim die eigene Arbeit an der Romantetralogie *Joseph und seine Brüder*. Eine Trilogie war beabsichtigt gewesen, das weiß man heute. Dann kam es doch zu vier Romanen. Der geplante Schlußband über *Joseph in Ägypten* mußte als Vorhalt dienen. Dann erst erfolgte der Abschluß mit dem Roman *Joseph, der Ernährer*. So wurde auch dies zur Tetralogie. Zu einem Vier-Werk, welches gleich dem bewunderten Vorbild der *Nibelungen* Elemente des Mythos unbedenklich zusammenführt mit Themen und epischen Traditionen des bürgerlichen Romans. Eine Gegen-Tetralogie, die nicht mit Untergang und Weltbrand endet, sondern als Ausblick auf menschenfreundliche Solidarität.
So war es geplant. Thomas Mann hielt auch noch in späten Jahren die Joseph-Tetralogie für sein eigentliches Hauptwerk. Andererseits ist, von heute aus gesehen, der Vortrag über die

Kunst des Romans auch schon eine geistige Vorwegnahme der Thematik des Romans *Doktor Faustus*. Die Joseph-Romane sollten Bücher des menschlichen Anfangs sein. Der *Doktor Faustus* hingegen war, wie Thomas Manns Tagebücher erläutern, bis zum Rande angefüllt mit »Geschöpfen einer Endzeit«. So daß die nur scheinbar paradoxe Behauptung denkbar wäre, daß Thomas Manns eigenes Gegen-Schaffen zum *Ring des Nibelungen* gar nicht in dem Gegenentwurf der Joseph-Tetralogie zu finden ist, sondern – in weit größerer Nähe zu Richard Wagner – in dem späteren Roman vom faustischen deutschen Tonsetzer Adrian Leverkühn, der schließlich, damit der Pakt erfüllt werde, vom Teufel geholt wird.

Trotzdem wird mit alledem bisher nichts ausgesagt über die Richtigkeit jener These Thomas Manns. Abermals gefragt: Stimmt es denn, daß Richard Wagners Werk, insbesondere der *Ring des Nibelungen*, als deutsches episches Gegen-Kunstwerk verstanden werden darf zu Dickens und Thackeray, zu Gogol und Tolstoi, französischen Romanentwürfen von Stendhal bis Zola, zu Hermann Melville oder Henry James? Die Antwort kann nur in einer entsprechenden Interpretation der Tetralogie selbst gefunden werden. Es gibt drei Ansatzpunkte. Die Entstehungsgeschichte der Tetralogie. Der Gattungscharakter der Texte im ganzen wie gerade auch in ihrer divergierenden Vielfalt: etwa im Kontrast des *Rheingold* zur *Walküre*. Schließlich die besonderen epischen Funktionen des musik-»dramatischen« Gesamtkunstwerks.

Die Entstehungsgeschichte der Tetralogie ist wohlbekannt. Richard Wagner hat seine Mitwelt und Nachwelt jeweils genau über die Phasen und Etappen der Werkentstehung unterrichtet. Am Ausgangspunkt stand eine rein dramatische Schöpfung in der Fortsetzung der romantischen Libretti zu *Tannhäuser* und *Lohengrin*. Ein Titel wie *Siegfrieds Tod* gesellte sich, von heute her gesehen, durchaus in eine typisch dramaturgische Nachfolge zu *Wallensteins Tod* oder *König Ottokars Glück und Ende*, übrigens auch zu *Dantons Tod* von Georg Büchner, den Richard Wagner offensichtlich nicht gekannt hat. Aber gerade

die Entstehungsgeschichte zeigt, daß der Librettist von *Siegfrieds Tod* vor unlösbare Schwierigkeiten geraten war, alle geistigen, gesellschaftlichen und genealogischen Voraussetzungen seiner Siegfried-Gestalt in Form einer üblichen »Exposition« unterzubringen. Die Existenz des Fliegenden Holländer war für das Publikum durch Kenntnis der Legende vorausgesetzt. Wie Tannhäuser in den Venusberg geriet, wird von Richard Wagner nicht mitgeteilt. Dramaturgisch konnte mit den als bekannt vorausgesetzten Elementen Tannhäuser, Venusberg, Sängerkrieg gearbeitet werden. Man hatte auch literarische Vorbilder und Zulieferer bei Heinrich Heine (für den Tannhäuser) wie bei E.T.A. Hoffmann (für den Sängerkrieg). Das Geheimnis um Lohengrins Herkunft gehörte sogar zur Dramaturgie der Romantischen Oper.
Im Falle von *Siegfrieds Tod* verhielt es sich anders. Man konnte weder die Welt der Nibelungen (oder Wibelungen) voraussetzen noch die Entwicklung Wotans und die Gründe für Walhalls Untergang. So kam, abgesehen von allen Wandlungen der Grundaussage im Verlauf der Ereignisse von 1848/49, Richard Wagner zu der Erkenntnis, daß eine Darstellung des jungen Siegfried unabdingbar sei. Auch hiermit entfernte er sich noch nicht von den dramatisch-dramaturgischen Überlieferungen. In ähnlicher Weise war Friedrich Schiller zu einer Wallenstein-Trilogie gelangt. Oder Grillparzer zur Trilogie seiner Argonauten. Die entscheidende Wendung aber zum Wurf und Entwurf der Tetralogie dürfte durch Richard Wagners Erkenntnis bestimmt worden sein, daß der reine und neue Mensch Siegfried als ein unfrei Gewordener enden muß. Damit wandelt sich die Utopie des neuen Menschen zur Thematik des gesellschaftlichen Untergangs libertärer Freiheit in neuer Unfreiheit. Damit wird der Weg von Siegmund zu Siegfried parallel geführt zum Weg Wotans, der am Ende nur noch Wanderer und Zuschauender zu sein scheint, wie Wagner seinem Schicksalsgefährten August Röckel brieflich anvertraut. Damit kontrastiert freilich die entzückte Schilderung der Siegfried-Perspektive in Wagners ausführlichem Brief an König Ludwig. Allein, eben dieser Widerspruch zwischen dem Ausruf »Mein Siegfried ist schön!« und

autobiographischer Selbstdarstellung durch die Wandlungen der Wotan-Gestalt macht erkennen, daß Richard Wagner nur in einer überaus kühnen Überschreitung aller literarischen Grenzen zwischen Epik und Dramatik das Werk, in all seinen Widersprüchen, zum Abschluß bringen konnte. Was nahezu überdeutlich wird, vergleicht man die Welt und Struktur des *Rheingold*, die Wagner teilweise als bloßes »Vorspiel« verstehen mochte, mit den drei eigentlichen Teilen (und Tagen) des Gesamtwerks.

Es stimmt also, folgt man der Entstehungsgeschichte der Tetralogie, daß sie als Weg vom herkömmlichen musikalischen oder literarischen Tragödientypus zu einem höchst subtilen und widerspruchsvollen Prozeß der Episierung geführt hat. Richard Wagner war bei der Arbeit an seinen Texten durch die Eigenart seines Themas genötigt worden, stärker romanhaft zu arbeiten als tragödienhaft. Die Tetralogie, von der Genese her gesehen, als Weg von der Tragödie zum bürgerlichen Roman.

Zum bürgerlichen Roman? Damit ist die Frage nach der spezifischen Romangattung gestellt. Wer daraufhin die vier Texte untersucht, entdeckt ein nahezu verwirrendes Gemisch der Romantypen. Immer wieder Elemente des Bildungsromans in höchst merkwürdiger Verzerrung. Siegfried beispielsweise wird erzogen nach allen Regeln einer sonderbaren pädagogischen Provinz. Vor allem soll ihm das Fürchten beigebracht werden, und das gelingt auch: freilich in einer Weise, die Mime weder vorausgesehen noch gewünscht hat. Auch in der *Götterdämmerung* wird Siegfried erzogen. Der Zaubertrank der Amnesie ist nur ein äußeres Mittel für den Vorgang einer Verrottung unmittelbarer Menschlichkeit durch eine verderbte Gesellschaft, worin Hagen das Wort führt.

Elemente des Schelmenromans zudem im Sinne der mittelmeerischen Tradition. Im *Rheingold*-Betrug-und-Gegenbetrug, der Listige wird immer noch von einem anderen überlistet. Auch der erste Akt des *Siegfried* und ein guter Teil des zweiten werden, mit Richard Strauss zu reden, »nach alter Schelmenweise« angelegt.

Vor allem aber stellt sich der Ablauf der Tetralogie dar als ein

Romantyp im Sinne des Balzac-Titels von den *Verlorenen Illusionen*. Insofern gehört der *Ring des Nibelungen*, was Thomas Mann offensichtlich vor allem gemeint haben dürfte, an die Seite der großen Romanschilderungen eines Balzac, Flaubert, des späten Fontane, worin immer wieder der Weg eines Menschen oder einer Gesellschaftsgruppe von der freudigen Aktivität zur resignierten Untergangsstimmung beschrieben wird. Nimmt man Wotan und die Seinen als bürgerliche Familie, was durchaus möglich ist, so könnte auch die Tetralogie den Untertitel der *Buddenbrooks* von Thomas Mann tragen: *Verfall einer Familie*.

Vielerlei Elemente also des tradierten und herkömmlichen Romantyps sind auch von Richard Wagner, durchaus nicht immer in aller Bewußtheit, sondern als schöpferische Notwendigkeit, übernommen worden. Allein, da ist mehr und anderes. Das Märchen von einem, der auszog, das Fürchten zu lernen, worauf Wagner in seinem Brief an König Ludwig so ausführlich hinweist, bleibt auch im *Siegfried* nach wie vor ein Märchen. Nur im Sinne der Vermittlung kann man hier vom Bildungsroman sprechen. Erst recht gilt dies für die epische Gesamtstruktur des *Rheingold*. Wer die vier Abende der Tetralogie, wie in Bayreuth und wie es Richard Wagner sich gewünscht hatte, als Folge von vier Theaterabenden auf sich einwirken läßt, wird immer wieder den Schock erleben beim Übergang von der Welt des *Rheingold* zu den Menschenkonflikten der *Walküre*. Am Vorabend eine märchenhafte, mythische Welt der Götter und Riesen und Zwerge: burlesk und grausam und niederträchtig.

Bei der fälligen Diskussion nach seiner *Ring*-Inszenierung von 1965, die einen hehren und weihevollen Abschluß des *Rheingold* vermißte und erschreckt darüber war, daß die Götter hinabstiegen nach Walhall, erwiderte der Spielleiter Wieland Wagner, das *Rheingold*-Ende nicht in dem von Richard Wagner in solchen Fällen der Reinheit und Weihe erstrebten C-Dur, sondern durchaus in einer gemischten, nahezu unreinen Tonalität. Die Welt der *Walküre* aber ist tragische und verbrecherische Menschenwelt. Im Sinne der bürgerlichen Gerichtsbarkeit sind Siegmund und Sieglinde, weniger belastet auch Hunding, durchaus als Gesetzesbrecher zu verstehen. Ein witziger Jurist und Wagnerianer aus der Zeit des Deutschen Kaiserreichs schrieb mit Recht ein Büchlein über die Häufung »strafrechtlich relevanter Tatbestände« während des Geschehens der vier Abende.

Der dritte Akt in der *Walküre* vereinigt – in einer meisterhaften Überleitung – die Elemente der mythischen und der bürgerlichen Welt. Wotans Abschied mit der Beschwörung Loges und der Waberlohe bedeutet eine geglückte Synthese von Epos und Roman. In der *Götterdämmerung* hingegen finden sich nahezu kaum mehr mythische Elemente, wenngleich der Abschluß der Tetralogie – scheinbar – ein Panorama des Untergangs entwarf. Kaum anders als im *Tristan* bedeutet der Wechsel vom Vergessens- zum Erinnerungstrank, was die früheren Interpreten übersehen haben, lediglich eine theatralische Umsetzung von seelischen Vorgängen.

Der *Ring des Nibelungen*, verstanden als Roman, nimmt sich in seiner Mischung der vorbürgerlichen und bürgerlichen Elemente, im Zusammenspiel der Gattungen von Epos und Roman, daher durchaus nicht, wie im 19. Jahrhundert oft staunend bemerkt wurde, wie ein Anachronismus aus, also eine Rückkehr zu vorbürgerlicher Kunst- und Lebensform. Im Gegenteil erweist sich der epische Aufbau der Tetralogie als ein spezifisch modernes Romanwerk. Es erinnert in seiner Vermischung der Gattungen und Spielebenen, in der bewußten Sprengung aller Grenzen räumlicher und zeitlicher Einheit, im Einbau durchaus essayistischer Elemente, an die großen Erzählwerke des 20. Jahrhunderts: an Musil, an Proust, an Joyce, natürlich auch an den späten Thomas Mann.

Die eigentümliche und oft belachte Sprache der Tetralogie unterstreicht eben diese Modernität. Richard Wagner hatte erkannt, daß er die künstlerische Vision weder mit den herkömmlichen Blankversen der klassischen deutschen Dramatik noch mit den volkstümlichen Knittelversen der *Meistersinger*, noch mit den Prosakadenzen des bürgerlichen Romans sichtbar machen konnte. Zu den, wie Wagner das genannt hat, sichtbaren Taten der Musik mußte eine sprachliche Ergänzung gefunden werden. Der Rückgriff auf die Stabreime war darum keine Altertümlichkeit, trotz Hojotoho und Wagalaweia, sondern ein Versuch mit einer neu zu erfindenden Sprache. Das ist auf weite Strecken hin durchaus geglückt, streift aber, wenn man den Text ohne Musik vorträgt, nicht selten die Komik. Auch dies ist in der Literatur des 20. Jahrhunderts nicht ungewohnt. Arno Holz und Arno Schmidt, Martin Heidegger und James Joyce in *Finnegans Wake*.

Auch der mystische (oder mythische) Abgrund des Orchestergrabens gehört zum epischen Konzept. Für den *Tristan* hatte sich Richard Wagner bereits eine Welt des »tönenden Schweigens« ausgedacht. Bei der Tetralogie spricht er von »Taten« der Musik. Gemeint war, daß das Ring-Orchester weder Begleitcharakter noch Untermalungsfunktion haben durfte. Es war sowohl ein Bestandteil der Dramaturgie wie ein Element des großen Erzählwerkes. In einem theatralischen Kosmos, der immer wieder die Wahrheit mit der Lüge konfrontiert, das Wissen mit dem Nicht-Wissen, spricht das Orchester unbeirrt die Wahrheit. Stets auch die Wahrheit hinter der Lüge. Das Nicht-Wissen der Figur auf der Szene wird im Orchester ergänzt. Wenn Siegmund vom rätselhaften Verschwinden des Vaters Wälse berichtet, erklingt das Walhall-Motiv.

In einem Gespräch über seine Erfahrungen mit dem *Ring des Nibelungen* in Bayreuth hat Pierre Boulez darauf hingewiesen, als schöpferischen Musiker habe ihn am meisten der Wandlungsprozeß fasziniert, den das Motiv des Tarnhelms erfährt. Zuerst und im *Rheingold* bloß eine Kennzeichnung des geschickten Schmiedewerks, das Mime zornig für den Bruder Alberich anzufertigen hatte, wird es in der *Götterdämmerung* Inbegriff aller Tarnung, Sinneswandlung und Intrige. Das Entsetzen Brünnhildes beim Anblick des vermeintlichen Gunther kann gar nicht anders ausgedrückt werden als durch diese spezifische Musik. Natürlich gibt es die großen musikdramatischen Aufschwünge, die lyrischen Momente, nicht zuletzt auch die bösen Scherzandi etwa beim sechsfachen Quiz zwischen Mime und dem Wanderer.

Weil diese epischen Strukturen jahrzehntelang von Publikum und Kritikern mißdeutet wurden, sprach man bei den regelmäßig wiederkehrenden großen Erinnerungsberichten von langen und langweiligen Stellen. Heutige Spielleiter und Hörer empfinden Wotans Bericht an die Walküre im zweiten Akt, die Rekapitulation des Geschehens zwischen Mime und dem Wanderer, die Rückschau der Nornen in der *Götterdämmerung* als ebenso notwendige wie aufregende Momente des Ablaufs. Immer wieder muß eine Exposition gefunden werden: Das gehört zum Epos wie zum Roman. Bereits Homer arbeitete, ganz wie Richard Wagner, sprachlich und episch mit »Leitmotiven«. Auch der triviale Erzähler mußte sich an die Handwerksregeln halten. Man lacht natürlich, wenn die Romanverfasser/innen des 19. Jahrhunderts mit scheinbar leichter Hand auseinandersetzen: »Dein Vater, liebes Kind, ist bekanntlich hierzulande der reichste Grundbesitzer.« Das scheinbar so entbehrliche Frage- und Antwortspiel zwischen Mime und Wanderer ist in Wirklichkeit gleichzeitig eine epische Exposition der Vorgeschichte Siegfrieds wie eine Hereinnahme der uralten und von allen Völkern geliebten Rätselspiele, bei welchen es stets um Kopf und Kragen geht. Ödipus und das einfältige Rätsel der Sphinx vor den Toren der Stadt Theben. Die mörderischen Rätsel der chinesischen Prinzessin Turandot. Die nicht minder mörderische Rätseldeutung Daniels vor dem von Mördern bedrohten und frevlerischen König Belsazar. Auch die Musik transportiert in allen Fällen die Erinnerung und Vorgeschichte, aber sie weist stets auch hinaus ins Zukünftige. Freilich nur bis zu dem Augenblick, wo das Seil des Zeitgeschehens auseinanderbricht. Auch die weisen Nornen können dem Welterkennen von nun an nicht weiterhelfen. Die Musik am Schluß der Tetralogie faßt alles zusammen: die gescheiterte Utopie und dennoch eine mögliche neue Hoffnung. Alberich überlebt zwar, aber zusammen mit Walhall geht nicht die Menschheit zugrunde. Zugrunde gehen die unfrei gewordenen Freien: Wotan und seine Götter, die Walküren, Siegmund und Sieglinde und Siegfried.

Ist der *Ring des Nibelungen* ein Roman der verlorenen Illusionen und nichts als das? Oder gehört auch er, wie Ernst Bloch mit Recht gemeint hat, zu jenen von Künstlern und Denkern markierten »Spuren« eines Besseren und Zukünftigen? Das wird jede Generation für sich entscheiden müssen.

Anmerkungen zu Parsifal

Richard Wagner war bereits hochberühmt, als er, residierend in Bayreuth, den *Parsifal* vollendete und im Festspielhaus aufführen ließ. Dennoch häuften sich die Mißverständnisse beinahe mehr noch als bei Rezeptionen des *Tristan* und der Tetralogie. Drei Vorwürfe gab es vor allem: Das sei Frömmelei; es sei nicht neu, vielmehr bloßer Aufguß des früher Erreichten und schon Bekannten; die Zumutung überdies, ein Werk zu schaffen, das nirgendwo in der Welt aufgeführt werden dürfte als dort, wo sein Schöpfer residiere, mitten in Deutschland natürlich, passe nur allzu gut zur Hybris des neuen Kaisers und des neu gegründeten Reiches. Dies »Bühnenweihfestspiel« präsentiere sich als Weihefestspiel für das im Kriege siegreiche Deutschtum. Als eine Art von ausführlicher Ergänzung zum *Kaisermarsch* desselben Komponisten Richard Wagner.
Der letzte Einwand kam aus Frankreich und behielt dort offenbar immer noch eine gewisse Virulenz, denn Pierre Boulez nahm ihn ausdrücklich auf, als er im Programmheft der Bayreuther Festspiele von 1970 seine Reflexionen zum *Parsifal* formulierte: »Ich habe unlängst meinen Standpunkt in einer Augenblickslaune so zusammengefaßt: *Parsifal* sei von Wagner komponiert worden und nicht von Wilhelm II.... Ich meine tatsächlich, daß Wagners musikalische Gesten weder emphatisch noch großsprecherisch sind; es scheint mir, daß die wirkliche Größe sich übertriebener demonstrativer Parodien begibt; es scheint mir auch – da der musikalische Text die Absichten des Komponisten mit aller nur denkbaren Deutlichkeit offenlegt –, daß es zwecklos ist, eine höhere ›Leistung‹ geben zu wollen, weil man zur Strafe in die Karikatur verfällt. Vor allem im *Parsifal* ist die Romantik etwas Innerliches.«
Der Vorwurf der Frömmelei ist bekanntlich zuerst von Nietzsche erhoben worden: als Absage eines Ketzers, der frühere und weiterwirkende Verehrung im Bänkelgedicht abreagieren möchte. Die Hohnverse des Immoralisten stehen in Nietzsches Buch *Jenseits von Gut und Böse*: am Ende jenes Abschnitts, der

durch eine bedeutende Analyse des *Meistersinger*-Vorspiels eingeleitet worden war.

Ist das noch deutsch?
Aus deutschen Herzen kam dies schwüle Kreischen?
Und deutschen Leibs ist dies Sich-selbst-Entfleischen?
Deutsch ist dies Priester-Händespreizen,
Dies weihrauch-düftelnde Sinne-Reizen?
Und deutsch dies Stocken, Stürzen, Taumeln,
Dies ungewisse Bimbambaumeln?
Dies Nonnen-Äugeln, Ave-Glocken-Bimmeln,
Dies ganze falsch verzückte Himmel-Überhimmeln?
– Ist das noch deutsch? –
Erwägt! Noch steht ihr an der Pforte: –
Denn, was ihr hört, ist Rom –, Rom's Glaube ohne Worte!

Gewiß, das sind schlechte Verse. Wunderlich wirkt außerdem Nietzsches Pochen auf ein Deutschtum, das er sonst gern, zugunsten der Position eines »guten Europäers«, zu verleugnen liebte. Drollig außerdem die Schlußpointe, die eher an einen politischen Kämpfer gegen die »Ultramontanen«, wie man damals zu sagen pflegte, also die Vertreter eines politischen Katholizismus, gemahnt als an den Verfasser des *Zarathustra*.
Trotzdem konnte Nietzsche in diesem Punkt auf viel Zustimmung rechnen. Die Jünger des wiedergekehrten Zarathustra wollten es dem Meister nachtun. Jahrzehnte später weiß der Nietzscheaner Kurt Hildebrand von der Gestalt der Kundry folgendes zu berichten: »Die hysterische Somnambule, die tierisch grunzende Mißgestalt, das Weib als Urbild der Sünde.« Zur Erotik der Blumenmädchen meint er: »Gemeinheit, aus begrifflicher Klügelei erfunden, ohne tierische Säfte, ist unerträglich.«
Schließlich der Vorwurf, *Parsifal* sei, was man im amerikanischen Filmjargon von heute ein »remake« nennt. Obenhin betrachtet ist etwas daran. Zumal auch eine Analyse von Text und Musik den Eindruck nahelegte, hier habe der alternde Wagner mit höchstem Raffinement und sinkender Inspiration in aller

Bewußtheit eine Oper von Richard Wagner geschrieben. Parsifal steht wie Tannhäuser zwischen himmlischer und irdischer Liebe; er entstrebt der Vermischung mit irdischen Empfindungen wie Lohengrin. Parsifal ist außerdem Siegfried; Wagner hat die etymologische Spielerei übernommen und macht aus dem törichten Reinen »Falparsi« den »reinen Toren Parsifal«. Parsifal ist reiner Tor wie Siegfried: Gegner der Erörterungen, Fragen, Erklärungen. Reine Innerlichkeit und reine Tat: das ist deutsche Mischung, die Wagner für Siegfried wie Parsifal bereithält. Amfortas weist zurück auf Tannhäuser und Tristan. Kundry ist Venus und Elisabeth in einem, jungdeutsche Heldin und Heilige. Klingsors Liebesfluch weist hinüber zu Alberich; das Wissen des Gurnemanz gehört zu Wotans gleichfalls hoffnungslosem und ohnmächtigem Weltwissen.

Auch die Musik arbeitet stark mit bewährten Rezepten. Das Vorspiel bemüht sich, die Effekte des *Lohengrin*-Vorspiels und des *Rheingold*-Beginns gleichsam zu kombinieren: Gralsstimmung diesmal nicht im Geigenglanz herabschwebend in A-Dur, sondern in As-Dur aus den tiefen Streichern lang ausgehalten aufsteigend: mit den *Rheingold*-Akzenten des Urerlebnisses. Die Farbgebung paßt dazu. Die *Lohengrin*-Violinen galten dem Ritter in lichter Waffen Scheine. Parsifal aber ist der schwarze Ritter mit geschlossenem Visier zwischen Tod und Teufel. Dennoch wäre es verfehlt, die »ewige Wiederkehr« der gleichen Motive, wie das oft geschehen ist, als Erfindungsarmut des späten Wagner zu bezeichnen. Die Umformung und Wiederholung des stets Gleichen hat durchaus mit dem Werk zu tun, in welchem man sie findet: Wiederholung ist hier gleichsam ein liturgisches, statisches, konservierendes Element. Wiederholung bedeutet Belehrung für Unmündige: bis auch der stumpfe Hörer erfaßte, was die Leitmotive bedeuten sollen. Die ehemals angestrebte Volkstümlichkeit wird aus hochmütigen, nicht demütigen Herzen zubereitet.

Dies alles hat Wagner ausdrücklich gewollt. Man soll es merken und erinnern. Das Bühnenweihfestspiel wird mit Hilfe einer Dramaturgie und Ästhetik, die heute durchaus vertraut ist, durch Zitate nämlich, strukturiert. Wagner versteht am Ende seines Lebens und Schaffens seine gesamte Produktion als geistige Einheit, worin der *Parsifal* die Aufgabe erhält, alles frühere Schaffen zusammenzufassen und neu zu deuten.

Durchaus nicht im Sinne eines christlichen Glaubensbekenntnisses. Das hat Nietzsche behauptet und verabscheut, allein, er mißverstand den *Parsifal* und verkannte überdies, daß die Beziehungen zwischen dem Siegfried, den Nietzsche bewundert hatte, und dem reinen Toren Parsifal, den er widerwärtig fand, geschwisterhaft ausgefallen waren. Beide sind Toren aus Nicht-Wissen. Siegfried wird wissend als Opfer des Fluches, Parsifal durch Mitleid. Allein, das Wissen der beiden ist unmittelbare Lebenserfahrung. Es widersetzte sich in beiden Fällen der vernünftigen Erörterung. Siegfried lernt weder etwas durch Mime noch durch Wotan. Das ungeheure Wissen des Gurnemanz kann dem reinen Toren Parsifal ebensowenig zur Einsicht verhelfen. *Parsifal* ist ebensowenig ein christliches Kunstwerk wie der *Lohengrin*. Weshalb Richard Wagner ungeduldig wurde, als die Leute bei der Uraufführung nicht wußten, ob sie klatschen sollten oder nicht. Der Münchener Hofsekretär Bürkel, ein Freund und Gönner Wagners, hat Notizen zur Uraufführung von 1882 hinterlassen: »Nach dem ersten Acte war applaudiert und dann aus Andacht gezischt worden, nach dem zweiten Acte war alles, mißverstandenermaßen, ruhig, so daß Wagner fragte: ›Jetzt weiß ich gar nicht, hat es dem Publikum gefallen oder nicht.‹«

Da war aber etwas anderes. Nicht versiegende Schöpferkraft, auch nicht ein katholisches Konvertitentum. Doch eine von Grund auf neue Dramaturgie, und auch eine neue musikalische Ästhetik. Was die Zeitgenossen von 1882 für den späten Abgesang eines Zauberers gehalten hatten, der seine Kunststücke einmal noch in einer Galavorstellung zusammenfaßt, wird heute, und mit Recht, als Neubeginn verstanden. Thomas Mann wurde nicht müde, das letzte Werk Richard Wagners als Übergipfelung sogar von *Tristan und Isolde* zu interpretieren. Die Gestalt der Kundry hielt er für Wagners größte Bühnenleistung.

Auch die musikalische Innovation des Bühnenweihfestspiels sogar gegenüber der Musik zum *Ring des Nibelungen* wurde

verhältnismäßig früh verstanden und richtig gedeutet: freilich von einem genialen Musiker, der kein Wagnerianer war und sein wollte. Im Jahre 1903 schrieb Claude Debussy die Rezension zu einer konzertanten Pariser Aufführung des Bühnenweihfestspiels. Debussy war 1889 in Bayreuth gewesen und hatte dem musikalischen *Parsifal*-Erlebnis, bei aller Antipathie gegen Wagner, die Treue gehalten. Weshalb er nun die Musik zum *Parsifal* demonstrativ ausspielt gegen Wagners frühere Werke. Debussy schreibt: »Im *Parsifal*, dem letzten Kraftakt eines Genies, vor dem man sich verbeugen muß, versuchte Wagner, der Musik weniger Zwang anzutun; hier atmet sie freier. Da ist nicht mehr dieses nerventötende, atemlose Keuchen, um der krankhaften Leidenschaft eines Tristan auf der Spur zu bleiben, den tierisch-wilden Schreien einer Isolde sich anzugleichen; da ist auch nicht mehr der großsprecherische Kommentar zu den Unmenschlichkeiten Wotans. Nirgends erreicht die Musik Wagners eine so heitere Schönheit wie im Vorspiel zum dritten Akt des *Parsifal* und im ganzen ›Karfreitagszauber‹, obgleich sich selbst hier die persönliche Auffassung Wagners von der menschlichen Natur im Verhalten bestimmter Personen des Dramas kundtut.« Er schließt folgendermaßen: »Man hört da Orchesterklänge, die einmalig sind und ungeahnt, edel und voller Kraft. Das ist eines der schönsten Klangdenkmäler, die zum unvergänglichen Ruhm der Musik errichtet worden sind.«
Was Debussy an der Musik zur Tetralogie geärgert, am *Parsifal* jedoch entzückt hatte, war ein von Grund auf verändertes Verhältnis Wagners zur Zeit, und damit zur Geschichte. Der *Ring des Nibelungen* war ein episches Musikdrama, das man getrost mit den umfassenden bürgerlichen Romanen des 19. Jahrhunderts konfrontieren durfte: mit Tolstoi also und Balzac, mit Dickens und Flaubert. Thomas Mann hat in einem Vortrag über die »Kunst des Romans« ganz ausdrücklich die Tetralogie Richard Wagners als deutsches Gegenstück zum bürgerlichen Roman der außerdeutschen Literaturen charakterisiert. Es gab in der Tetralogie die psychologische Verknüpfung der musikalischen Motive, das Widerspiel zwischen dem, was gesagt, und dem, was vom Orchester gedeutet wird. Trotz aller Stabreime,

Germanenbärte, Riesen und Schwarz-Alben spielte der *Ring des Nibelungen* unverkennbar im bürgerlichen 19. Jahrhundert. Das haben sich fast alle neuen Interpreten der Tetralogie mit Recht gesagt sein lassen. Das Riesenwerk präsentiert sich heute, und durchaus im Sinne des einstigen Revolutionärs Richard Wagner, als sozialkritisches Zeitbild mit einer mythologischen Struktur. Es ist zugleich eine konkrete Utopie.

Das Bühnenweihfestspiel *Parsifal* hingegen negiert die Zeit, und damit die Geschichte. Das Wort des Gurnemanz zu Parsifal, während sich, mit Hilfe der berühmten Wandeldekoration, das Fortschreiten als Weg zum Gral vollzieht, bezeichnet den Vorgang genau. Den Worten des Parsifal: »Ich schreite kaum, / Doch wähn ich mich schon weit«, antwortet Gurnemanz: »Du siehst, mein Sohn, / Zum Raum wird hier die Zeit.« Die Zeit wird zum Raum und hat aufgehört, ein zeitlich nachvollziehbares Geschehen abzubilden. Das Gralsgebiet ist Raum außerhalb der Zeit, man gelangt nur zum Gral, wenn es einem vorherbestimmt war. Der irrende schwarze Ritter Parsifal sucht vergebens in aller Welt den Zugang. Plötzlich am Karfreitagmorgen ist er auf dem Gralsgebiet. Der Abschluß seiner Irrfahrten vollzieht sich »in einem Nu«. Da gab es kein Vorher.

Am wenigsten hätte sich Friedrich Nietzsche über diese Dramaturgie der Zeitlosigkeit entrüsten dürfen, denn just der *Parsifal* hat Nietzsches Betrachtungen über den Nachteil der Historie beherzigt.

Alles scheint vorherbestimmt in diesem Raum des Gralsbereichs, an welchem die Zeit keinen Anteil hat. Amfortas hatte die Verheißung gehört und visionär in sich aufgenommen: »Durch Mitleid wissend, / Der reine Tor, / Harre sein, / Den ich erkor!« Die Musik Richard Wagners macht den Vorgang geradezu aufdringlich verstehbar. Im Augenblick, da die vier Knappen des ersten Aktes die Verheißung, die Gurnemanz ihnen mitteilte, selbst intonieren, ertönt die musikalische Ansage, die Parsifal ankündigt. Das Bühnenweihfestspiel ist nicht mehr ein zeitgeschichtliches Drama wie der *Nibelungenring*, sondern ein Mysterienspiel, das mit den Kategorien der Prädestination arbeitet.

Es gehört jedoch zur unchristlichen Struktur des Werkes, daß Richard Wagner auch in seiner letzten Bühnenschöpfung nicht auf die gesellschaftliche Verheißung und Zukunftsvision verzichten mochte. Der Schluß des *Parsifal* schließt nämlich den Kreis durchaus nicht. Der neue Gralskönig Parsifal wird nicht zum Nachfolger, sondern zum Gegenspieler eines Titurel. Die elitäre und geschlossene Rittergemeinschaft öffnet sich. Auch der Erlöser bedarf der Erlösung. Auch Parsifal bedarf der Hoffnung, um die Gralswelt zu erneuern. Wieland Wagners berühmte Bayreuther Inszenierung des *Parsifal* vom Jahre 1951 hatte das Werk noch als zeitlose, geschichtslose Kreisbewegung interpretiert. Friedrich Nietzsche zum Trotz, fast zum Ärgernis, erschien dieser Parsifal als »ewige Wiederkehr des Gleichen«. In Wahrheit vollzieht sich zwischen der Gralsszene des ersten und des dritten Aktes eine große Wandlung. Sie erfaßt den reinen Toren ebenso wie die Gralswelt; auch Gurnemanz bleibt nicht unberührt. Parsifal wurde nicht wissend durch Belehrung, sondern »durch Mitleid«.

Wie sich der Vorgang vollzog, verrät Richard Wagner nicht durch Rede und Gegenrede. Man muß sich an die Musik halten, die den dritten Akt einleitet. Sie berichtet von Parsifals Irrfahrt durch die Zeit, so wie sie einst, im Vorspiel zum dritten Akt des *Tannhäuser,* die Romerzählung vorweggenommen hatte. Es gibt aber kein Gegenstück zur Romerzählung im Mysterienspiel vom reinen Toren. In der Zeit und Gesellschaft erwarb sich Parsifal ein neues Wissen. Allein, es ist ein Wissen, das verändern kann und verändern soll.

Thomas Mann, der sich in Sachen Richard Wagner wie kaum einer auskannte, hat noch gegen Ende seines Lebens, als Rezensent von neu erschlossenen Briefen des Musikdramatikers, gemeint, das Alterswerk *Parsifal* sei vielleicht das Ungewöhnlichste, was Wagner schuf. Er meinte dabei den Text wie die Musik. Vor allem die Gestalt der Kundry hatte es ihm angetan. Sie steht im Grunde vergleichslos in Wagners dramatischer Welt. Erst recht ist sie unvergleichbar mit allem, was um 1880 in der europäischen Literatur geschaffen wurde. Man hat früh an ihr die Züge einer Ibsen-Heroine entdeckt. Allein, das Wesentliche wird durch diese historische Reduzierung nicht erfaßt. Kundry soll gleichzeitig die Zeitlosigkeit und die reine Gegenwart verkörpern. Sie ist keine Allegorie, nicht einmal eine Symbolgestalt. Hier gelang Wagner eine Figur, die gleichzeitig in ihrer Präexistenz als Sünderin und in einer für verhängnisvolle Momente stets wiederkehrenden erotischen Existenz zu leben hat. Sie ist frech im Dienen, hilfreich ohne Hilfsbereitschaft, verführend ohne Lust. Urbild und Gegenwart in einem.

Am Beispiel der Kundry nämlich – und des Amfortas – läßt sich Wagners dramaturgische und musikalische Arbeit besonders eindrucksvoll demonstrieren. Amfortas ist, obenhin betrachtet, noch einmal der Fliegende Holländer. Wie der verwünschte Seefahrer leidet auch er unter dem Fluch: weiterleben zu müssen, nicht sterben zu dürfen. Freilich war der Holländer ein geistiges Derivat der Weltschmerzepoche zwischen 1830 und 1848: er steht in der Nachbarschaft der bekannten Helden des – weitgehend politisch motivierten – Weltekels: bei Puschkin und Lermontow, bei Musset und Byron, Büchner und Lenau. Er gehört zu all den Todessüchtigen Manfred – Kain – Faust – Don Juan, denen sich die Musiker von Robert Schumann und Berlioz bis zu Liszt und Richard Strauss stets wahlverwandt empfanden.

Amfortas hingegen hat Schopenhauer gelesen und empfindet, auf seinem Schmerzenslager, das Walten der »Welt als Wille« als unerträglich, dem die schroffen Negationen entgegenzusetzen seien. Vorübergehen an der Welt und Mitleid haben mit allen Geschöpfen. Das Gebet des Amfortas, gerichtet an den toten Vater, verlangt Tod und Sterben als einzige Gnade:

> Schon fühl' ich den Tod mich umnachten
> und noch einmal soll(t)' ich ins Leben zurück?
> Wahnsinnige?
> Wer will mich zwingen zu leben?
> Könnt ihr doch Tod mir nur geben!

Die Steigerung und Transformation der Motive, gegenüber dem romantischen Jugendwerk Richard Wagners, ist offenbar. Der

Holländer ist ein enttäuschter Mensch, Einsamer und Außenseiter, sein Drama ist Künstlertragödie. Er möchte noch im Jüngsten Gericht die Gegenbewegung des Abseitigen vollführen: in allgemeiner Auferstehung als einziger »ins Nichts« zergehen zu dürfen. Amfortas leidet an der Wunde, allein, die Wunde verkörpert das Leiden am Sein und an der Existenz. Die äußere Verwundung entstand beim höchsten Lebens- und Liebesvollzug. Der König und Gralsritter wurde genarrt vom Weltwillen, dem er sich nicht zu entziehen vermag: ganz wie Kundry und Klingsor. Die Selbstentmannung Klingsors ist ebenso eine – vergebliche – Absage an den lebenschaffenden Weltwillen wie die wollüstige Todessucht der beiden Sünder Kundry und Amfortas. Der Fliegende Holländer litt an einer schlechten Welt; Amfortas leidet daran, in der Welt zu sein und weltgemäß gelebt zu haben.
Von hier erst wird das Ungewöhnliche, durchaus Neue in den dramaturgischen und musikalischen Positionen des *Parsifal* verständlich. Innerhalb einer Welt nach dem Grundkonzept Arthur Schopenhauers liegt Schuld bereits in der Existenz. Dasein an sich ist schuldhaft, so daß ein geheimnisvoller Zusammenhang, verstehbar als dialektische Wechselwirkung, waltet zwischen Heiligkeit und Sünde, Reinheit und Unreinheit, Schuld und Sühne. In einem Prosaentwurf der Dichtung zu *Parsifal*, den Wagner bereits 1865 für König Ludwig schrieb, sagte er von Kundry: »Wie nur ein Mann sie erlösen kann, sie sich dem Manne daher zu völliger Untertänigkeit zugewiesen fühlt, muß sie wieder ihre Erfahrung von der Schwäche dieser Männer zu einer wunderbaren Bitterkeit stimmen: sie fühlt, daß nur der Mann sie vernichtend erlösen könnte, der der Allgewalt ihrer weiblichen Anmut widerstehen würde. So lockt es sie aus dem tiefsten Grunde der Seele immer wieder, von neuem die Prüfung vorzunehmen; aber hierin mischt sich zugleich ihr Hohn, ihre Verzweiflung, diesem schwachen Geschlecht unterworfen zu sein, ein auflodernder furchtbarer Haß, der sie zum Verderben der Männer stimmt, zugleich aber ihr wildes Liebessehnen auf verzehrende, furchtbar glühende Weise von neuem immer wieder zu dem ekstatischen Krampfe aufstachelt, durch

welchen sie zaubern kann, zugleich aber auch dem Zauber verfällt.« Im Begleitbrief vom 7. September 1865 führt er die Schuld, streng protestantisch, also gar nicht so sehr katholisch, wie Nietzsche geglaubt hatte, auf das Paradies zurück, die Schlange und Erbsünde.

Auch Amfortas ist für Wagner, wie dieser Brief erkennen läßt, ein Gefangener jener Weltsünde, die Leben heißt. »Der Kuß, der Amfortas der Sünde verfallen läßt, erweckt in Parsifal das volle Bewußtsein jener Sünde, nicht aber als die seinige, sondern als die des jammervoll Leidenden, dessen Klagen er zuvor nur dumpf empfand, davon ihm nun aber, am eigenen Mitgefühl der Sünde, der Grund hell aufging. Mit Blitzesschnelle sagte er sich gleichsam: Ach, das ist das Gift, an welchem jener siecht, dessen Jammer ich bisher nicht verstand!« – »So weiß er mehr als alle anderen, namentlich auch als die gesamte Gralsritterschaft, welche doch immer nur meinte, Amfortas klage um der Speerwunde willen! Parsifal blickt nun tiefer.«

In der Sprache der modernen Psychologie würde man Richard Wagners letzte Schöpfung als ein Gebilde der totalen Ambivalenz deuten können. Die Zweideutigkeit entspringt der Existenz schlechthin: für Schopenhauer und seinen Schüler Richard Wagner. Im *Fliegenden Holländer* herrschte noch der Dualismus von Liebeswunsch (Senta) und Todeswunsch (Holländer). Die romantische Dramaturgie des *Tannhäuser* stand im Zeichen der Dualität zwischen der unheiligen Venus und der heiligen Elisabeth. Amfortas und Kundry haben diese Dualitäten überwunden. In ihnen wirkt beides: je nachdem in Richtung der Heiligkeit und gewollten Askese, oder des Lebensvollzugs, den beide als sündhaft empfinden.

Diesem Grundprinzip der Ambivalenz entspricht, mit ungeheurer Folgerichtigkeit, die musikalische Anlage der Partitur. Der berühmte »Schrei« der Kundry wird unentwegt abgewandelt: als Ausdruck der Lust, des Entsetzens, der metaphysischen Angst, der Todeswollust. Dieselbe Ambivalenz im nicht minder denkwürdigen Absturz, als sich Parsifal aus der Umarmung löst mit dem Schrei: »Amfortas! Die Wunde.« Mit den chromatisch niederstürzenden Achtelnoten, die von einer gleichfalls chromatisch aufsteigenden Gegenbewegung punktierter Achtel begleitet werden. Als Kundry verkündet, wann und wo der Fluch sie traf, im Lachen während der Passion, stürzt ihre Stimme beim Bericht über das Lachen, das Leben und Unschuld in einem war, fast durch zwei Oktaven hinunter. Wenn Klingsor, erbittert über die Hohnfrage der Kundry: »bist du keusch?«, von – enttäuschter – Sehnsucht nach dem Heiligen spricht, gibt die Musik das chromatische Leiden des Amfortas als geheime Interpretation. Allenthalben die Ambivalenz. Wollust des Lebens als Schuld. Sterbenssüchtigkeit als Wollust.

Pierre Boulez hat mit Recht erläutert, daß diese Auflösung der Gegensätze zugleich eine Preisgabe aller Unterscheidungen im Zeitlichen bedeuten muß. Der Satz des Gurnemanz: »Zum Raum wird hier die Zeit« ist durchaus als Strukturprinzip des Bühnenweihfestspiels zu verstehen. Die früheren Opern Wagners, bis hin zum *Ring*, wo dieses Prinzip preisgegeben wurde, hielten sich streng an den Dualismus zwischen Menschenwelt und Geisteswelt, Christentum und Heidentum, Mythos und Wirklichkeit. Der *Parsifal* hingegen hat alle – scheinbaren – Gegensätze in eine höhere Einheit gezwungen. Ambivalenz der Psychologie bewirkte eine Dramaturgie der Dialektik. Das gilt auch, und gerade, für die Musik. Boulez hat diesen Vorgang genau charakterisiert: »Dieses in beständigem Werden begriffene Material ist wahrscheinlich die persönlichste musikalische Erfindung Wagners – sie legt zum ersten Mal den Akzent auf die Unbeständigkeit, die Unbestimmtheit; das Material läßt eine deutliche Ablehnung der Fixierung erkennen, es verrät eine Abneigung, die musikalischen Ereignisse zu stabilisieren, solange sich ihre Entwicklungs- und Erneuerungsmöglichkeiten noch nicht erschöpfen.«

So kommt es, daß Wagner in diesem Werk, das so neu war und immer wieder neu entdeckt werden muß, zum ersten Mal eine Vorahnung des dialektischen Theaters aufscheinen ließ. Ebenso wie ein Vorscheinen späterer Entdeckungen der Tiefenpsychologie. Es sei nur erinnert an Kundrys Bericht über die Mutterliebe der Herzeleide zum Sohne:

Was ihr das Lust und Lachen schuf,
wann sie suchend dann dich ereilt;
wann dann ihr Arm dich wütend umschlang,
ward dir es wohl gar beim Küssen bang?

Nicht nur in der Geschwisterliebe der Wälsungen klang hier ein Motiv an, das die Anthropologie bis heute beschäftigen sollte. Weshalb es mit der besonderen Struktur des Bühnenweihfestspiels zusammenhängt, daß die Titelgestalt in jeder Aufführung fast als Verlegenheit wirkt, während die Höhepunkte der musikdramatischen Aktionen jenen beiden gehören, Amfortas und Kundry, die von der Wollust des Sterbens berichten, damit aber insgeheim das Leben meinen.

Erlösung dem Erlöser

Richard Wagners *Parsifal* im Lichte unserer Erfahrung

Ein wohlbekanntes Zitat, nämlich der Titel einer ebenso aufregenden wie kühlen Rede Thomas Manns aus dem Jahre 1947: *Nietzsches Philosophie im Lichte unserer Erfahrung*. Thomas Mann war zum ersten Mal nach dem Kriege wieder nach Europa gekommen, doch beileibe nicht nach Deutschland. Außerdem gab es Deutschland nicht mehr. Unmittelbar nach seiner unvermeidbaren, von ihm selbst sehr spät begriffenen Emigration zu Beginn des Jahres 1933 hatte er vor den Toren von Zürich, damals noch in Küßnacht, einen neuen Wohnsitz begründet. Nun kam es ihm gelegen, daß der erste Nachkriegskongreß des Internationalen PEN-Clubs hier an der Limmat stattfinden sollte. Zweierlei hatte sich der damals zweiundsiebzigjährige Schriftsteller vorgenommen: den Antrag zu stellen auf Neubegründung des PEN-Zentrums jener deutschen Schriftsteller, denen nicht vorgeworfen werden konnte, gemeinsame Sache gemacht zu haben mit den Machthabern eines Dritten Reiches. Die zweite Aufgabe bestand in einer großen, sowohl literaturgeschichtlichen wie kulturpolitischen Rede, nämlich über *Nietzsches Philosophie im Lichte unserer Erfahrung*.

Ein Dreigestirn aus dem 19. Jahrhundert hatte alles Denken und Schreiben dieses Lübeckers vom Jahrgang 1875 bis in seine späten Jahre hinein sowohl erleuchtet wie bedroht: Schopenhauer, Nietzsche, Richard Wagner. Es war unvermeidlich, daß eine Nietzsche-Rede Thomas Manns im Jahre 1947, im Lichte der Erfahrung, folglich von zwei Weltkriegen und zwei deutschen Niederlagen, zugleich auch vom philosophischen Pessimismus Arthur Schopenhauers handeln mußte, wie von Richard Wagner und seinen Mythen.

In den zwölf Jahren einer stets schauspielerhaft vorgespielten Freundschaft zwischen einem Duce im Süden und einem Führer in Mitteleuropa hatte der Reichsminister für Volksaufklärung und Propaganda (als wären das nicht Gegensätze!)

das Bild einer geistig riesenhaften Arbeitsteilung beschworen: Bayreuth und Richard Wagner als Kultmaterial der Deutschen und ihres erwachten Deutschland. Nietzsches Philosophie als scheinbare Inspiration des Duce und seiner von Nietzsches Formel eines »gefährlichen Lebens« abgeleiteten Aufforderung an die italienischen Schwarzhemden, das »vivere pericolosamente« zu praktizieren. Zu einem Jubiläumsgeburtstag des Benito Mussolini hatte ihm sein deutscher Kollege eine Luxusausgabe Friedrich Nietzsches überreicht. Für die Achse Berlin–Rom hatte es keinen Konflikt zwischen Richard Wagner und Friedrich Nietzsche zu geben.

Auch bei Thomas Mann war Richard Wagner mitgemeint, wenn die Züricher Rede den geschichtlichen Sachverhalt wie folgt zusammenfaßte: »In mehr als einem Sinn ist Nietzsche historisch geworden. Er hat Geschichte gemacht, fürchterliche Geschichte, und übertrieb nicht, wenn er sich ›ein Verhängnis‹ nannte. Seine Einsamkeit hat er ästhetisch übertrieben.«

Wer dann weiterlas, erfuhr durch Thomas Mann, daß Nietzsches Philosophie, zusammen mit vielen anderen bedeutenden Denkern des 19. und frühen 20. Jahrhunderts, beteiligt gewesen sei an der Vorbereitung einer Wirklichkeit der Gegenaufklärung. Gerichtet gegen alle Überlieferungen der klassischen deutschen Kunst, Literatur und Philosophie.

Auch Thomas Mann hatte, während des Ersten Weltkrieges, dieser Gegenaufklärung gedient in seinen *Betrachtungen eines Unpolitischen*. Er nannte den älteren Bruder Heinrich Mann einen »Zivilisationsliteraten«, womit er gleichzeitig zwei typische deutsche Vorurteile unkritisch übernahm, die durchaus zu Richard Wagners Themenreservoir zu zählen waren. Daß nämlich deutsche »Kultur« höherwertig sei als alle außerdeutsche »Zivilisation«. Daß deutsche »Dichtung«, eben als eine solche, höherwertig sei als alle bloße »Literatur«. Von dieser Grundposition hatte sich Thomas Mann unter der Weimarer Republik abgewandt. Seine Tetralogie über den biblischen *Joseph und seine Brüder* war in aller Bewußtheit angelegt worden als Gegenwerk zur Tetralogie Richard Wagners, die mit einer Götterdämmerung zu enden hatte. Der helle Joseph-

Mythos als menschliche Gegenmöglichkeit zu Richard Wagners aus Schopenhauer, Edda, Bürgerhaß und Weltekel komponierten Darstellung einer Menschheitskatastrophe.

In einer auch heute nach wie vor bedenkenswerten Rede über *Deutschland und die Deutschen* hatte Thomas Mann in der amerikanischen Hauptstadt Washington, D.C., an seinem 70. Geburtstag (6. Juni 1945) die Themen des damals entstandenen Romans *Doktor Faustus* gleichsam leitmotivisch intoniert: Nietzsche und Wagner als Gemeinsamkeit und als ein deutsches Unglück insoweit, als immer wieder verhindert wurde, daß die große europäische Aufklärung des 18. und 19. Jahrhunderts heimisch werden konnte in deutschen Lebensläufen. Im Jahre 1844 bereits hatte der junge Karl Marx, fünf Jahre jünger als Richard Wagner, konstatiert, die Deutschen hätten niemals an den Revolutionen anderer europäischer Völker teilgenommen, immer jedoch an den darauf folgenden Restaurationen.

Den beiden Reden Thomas Manns über die Deutschen und über Nietzsches Philosophie im Lichte der Erfahrung entsprach die ethische Grundkonzeption des Romans über einen deutschen Tonsetzer, der eine Biographie zugeteilt bekam, die Lebensmomente des historischen Friedrich Nietzsche aufwies. Auch der Name dieses Tonsetzers, eines deutschen Doktor Faustus aus der ersten Hälfte unseres 20. Jahrhunderts, konnte gleichsam als Emblem oder Wappenschild gedeutet werden. Adrian Leverkühn. Ein italienischer Vorname und ein deutscher Nachname, ganz wie einstmals beim Tonio Kröger. Leverkühn aber: das war der Name für einen, der »gefährlich lebt«. Der deutsche Tonsetzer Adrian Leverkühn lebt seine stellvertretende Existenz höchst folgerichtig und wird ebenso folgerichtig vom Teufel geholt. Ein bekenntnishafter Brief des jungen Leverkühn im Roman an seinen Kompositionslehrer erläutert den Zusammenhang zwischen geistigem Wahn und tiefer Melancholie in der schriftstellerischen Analyse eines berühmten Musikstücks, das zur Sache gehörte. Thomas Mann läßt ihn, seinen Doktor Faustus, über das Vorspiel zum Dritten Akt der *Meistersinger von Nürnberg* schreiben. Im Lichte unserer Erfahrung.

Was Thomas Mann als Deutscher und unter den Deutschen erfahren hatte, ist in keiner Einzelheit widerlegt worden durch die Zeit nach Thomas Manns Sterben im August 1955. Das letzte Jahrzehnt unseres Jahrhunderts blickt zurück, gleich dem Engel der Geschichte bei Walter Benjamin, auf die Trümmer dieser säkularen Erfahrung, unserer Erfahrung also, die kaum lichtvoll war. Wer immer es unternimmt, von diesen Zusammenhängen zu sprechen, wozu Schopenhauers Revolte gegen den angeblichen »Weltwillen« ebenso gehört wie die Flüche und bösen Hellsichten des Kulturkritikers Friedrich Nietzsche oder Richard Wagners Tetralogie und *Parsifal*: wer sich heute mit all dem einläßt, da nichts kann als geklärt bezeichnet oder gar, nach einem Ausdruck der Bürokraten, »abgehakt« werden, schaut zurück. Wir sehen Alberich, den Räuber und Beraubten, ebenso im Lichte heutiger Erfahrung wie Kundry, die schöne Jüdin.

Der späte Thomas Mann hielt diese Bühnengestalt aus Wagners Bühnenweihfestspiel für die merkwürdigste Kunstfigur des Musikdramatikers. Werden wir nun, am Ende unseres Jahrhunderts, der Kundry gerecht werden können, nachdem nicht allein Amfortas durch Hingabe, sondern auch Parsifal durch Verweigerung an ihr gescheitert waren?

Zum Raum wird hier die Zeit

In seinem Bühnenweihfestspiel vom Jahre 1882, das Richard Wagner ausschließlich dem Bayreuther Amphitheater vorbehalten wollte, ist alles gleichzeitig nach wie vor enthalten, was zur Substanz des großen Gesamtwerks gehören durfte. Die lange Zeit für glaubhaft gehaltene Deutung der geistigen Entwicklung Richard Wagners, seines rastlosen, nie unterbrochenen Prozesses des Aufnehmens und Wegwerfens geistiger Erfahrung, kann nicht mehr aufrechterhalten werden, seit wir Kenntnis bekamen von Cosimas *Tagebüchern*, die dem gerade geborenen Sohn und Erben Siegfried zugedacht waren, die seine Mutter abschloß sogleich nach dem Tode Richard Wagners.

Die ältere Schwester Siegfrieds, Eva Wagner, vermählt mit dem dahinsiechenden englischen England-Hasser und antisemitischen Deutschland-Bekenner H. St. Chamberlain, hatte sich in den Besitz der Tagebücher gesetzt, die nun zugänglich wurden.

Zweierlei ergibt sich beim genauen Lesen von Cosimas Tagebüchern. Einmal die unwiderlegbare Feststellung, daß alle Vermutungen, wonach die Tochter Franz Liszts und treulose Ehefrau eines Hans von Bülow die Gedanken- und Gefühlswelt Richard Wagners beeinflußt, ja verändert hätte, unberechtigt waren.

Die Tagebücher beweisen das Gegenteil. Cosima hat in aller Bewußtheit die Rolle Kundrys aus dem dritten Akt des *Parsifal* übernommen: »Dienen, dienen!« Sie hält alles für »buchenswert«, was Richard im Laufe des jeweiligen Tages tut und sagt. Kein Kommentar der Schreiberin. Man hat sich demnach, bei allem Erörtern dessen, was Richard Wagner getan, gesagt, verursacht hat, an ihn allein zu halten. Es gibt keine Anstifter und keine Gehilfen.

Die zweite Feststellung, das Werk Richard Wagners betreffend, wird durch die Tagebücher allenthalben gestützt: daß nämlich Richard Wagner niemals irgendein Lebens- und Erfahrungsmoment seit seiner frühen Jugend in Leipzig oder Dresden, zu schweigen von den Pariser Eindrücken, für sich preisgegeben oder gar bewußt aufgegeben hätte. Alles war bis zum Schluß für ihn gegenwärtig und virulent: Carl Maria von Weber und Beethoven; Karl Simrocks Sagenwelten und das Menschenbild des Hegelianers Ludwig Feuerbach; Proudhons Haß auf die Institutionen des bürgerlichen Eigentums und Michail Bakunins anarchistische Brandfackel. Dazu natürlich die Gedanken des französischen Grafen Gobineau über die Minderwertigkeit der französischen, die Höherwertigkeit der germanischen »Rasse«. Richard Wagner hat Schopenhauer für sich entdeckt und sogleich in einem Brief an Franz Liszt behauptet, das habe er selbst insgeheim auch schon immer gewußt. Er hat den jungen »Professor Nietzsche« des traulichen Umgangs gewürdigt, weil er in ihm einen begabten Herold zu entdecken glaubte. Seit

Cosimas *Tagebüchern* weiß man, daß unter den vielen Momenten, die Nietzsche zu Wagners Gegenspieler machen sollten, auch der Judenhaß des Meisters gehörte. Da gab es eine letzte Begegnung in Sorrent. Nietzsche erscheint in Gesellschaft seines damaligen engen Freundes, des Philosophen Dr. Paul Rée. Wagner schwadroniert am Abend wie üblich, alle und über alles belehrend. Nietzsche schweigt, wie es das Ritual verlangt. Der Dr. Rée hingegen gibt Widerworte. Man ist peinlich berührt. Cosima notiert im Tagebuch, der Mißklang sei wohl durch Rées israelische Abkunft zu verstehen. Womit alles erklärt war.
Im *Parsifal* ist alles nach wie vor vorhanden und nach wie vor virulent. Von Richard Wagners früher Oper *Das Liebesverbot* nach Shakespeares Lustspiel *Maß für Maß* bis zum Liebesverbot für die Gemeinschaft der Gralsritter.
Lohengrin ist natürlich der Sage nach der Sohn des Gralskönigs Parsifal, allein, das As-Dur des Vorspiels zum Bühnenweihfestspiel, aus der Tiefe aufsteigend, ist gleichzeitig als Zurücknahme zu verstehen zum lichten A-Dur des herabschwebenden Grals im Vorspiel zur Oper um den Schwanenritter. Im *Lohengrin* ist der Gral ein Requisit, das nur genannt wird und Wunder bewirken kann. Im *Parsifal* mußte Wagner folglich die theologische Funktion des sakralen Gefäßes genau benennen und deuten. Ebendies tut er nicht.
Viele Mißverständnisse über den *Parsifal* sind Folgen dieser Nichtentscheidung Richard Wagners, der sich in Wahrheit nicht entscheiden konnte sowohl zwischen den Religionen wie auch zwischen Religion und der Nicht-Religion.
Die unsinnigste Mißdeutung des *Parsifal* lieferte – nicht zufällig – der zum Feind gewordene Friedrich Nietzsche:

> Ist das noch deutsch?
> Aus deutschen Herzen kam dies schwüle Kreischen?
> Und deutschen Leibs ist dies Sich-selbst-Zerfleischen?
> Deutsch ist dies Priester-Hände-Spreizen
> Dies weihrauchdüftelnde Sinne-Reizen?
> Und deutsch dies Stürzen, Stocken, Taumeln,
> Dies zuckersüße Bimbambaumeln?

Dies Nonnen-Äugeln, Ave-Glockenbimmeln,
Dies ganze falsch verzückte Himmel-Überhimmeln?
– Ist das noch deutsch? –
Erwägt! Noch steht ihr an der Pforte –
Denn, was ihr hört, ist Rom – *Rom's Glaube ohne Worte!*

Hier ist alles unsinnig. Eine antikatholische Kapuzinerpredigt im Stil des Bänkelsangs. Ausgerechnet Nietzsche als guter Protestant, der den zum ultramontanen Katholiken gewordenen Richard Wagner verhöhnen möchte. Das war damals für einen Wilhelm Rüsch denkbar und erlaubt, etwa in seinem *Pater Filucius*, doch nicht für den abtrünnigen Sohn eines protestantischen Pfarrhauses in Röcken bei Lützen. Hätte sich Nietzsche, woran er niemals dachte, ernsthaft mit Richard Wagners *Parsifal* eingelassen, so wäre ihm nicht entgangen, daß die geheime Dramaturgie des Bühnenweihfestspiels im Gegensatz zu allem Katholizismus weit eher mit der Prädestinationslehre des strengen Calvinismus zu interpretieren war.
Im *Parsifal* ist alles vorherbestimmt. Was sich erfüllen soll, das geschieht. Im Augenblick, da Gurnemanz den Rittern von der Vision des Amfortas und der Verheißung des aus Mitleid wissenden reinen Toren berichtet, ertönt nicht allein das Motiv, das Parsifal ankündigt, sondern der wilde Knabe hat hier im Innern sein Stichwort empfunden. Er frevelt und gelangt durch diesen Frevel in den Gralsbereich. Wie es vorherbestimmt war. Gurnemanz scheint zugleich geahnt zu haben, daß dieser unwissende, aber wohl redliche Junge der Verheißene sein könnte. So will er ihn mitnehmen in den Tempel, damit er beim Anblick des Amfortas lernen könne, was Leiden ist. Für seine Vermutung scheint es zu sprechen, daß Parsifal offenbar vom Gralsbereich angenommen wird. Die von Richard Wagner erträumte und jahrzehntelang in Bayreuth immer bewunderte »Wandeldekoration« versetzt die beiden, die kaum gehen oder gar schreiten, die immer näher herangeführt werden, in die Gralsburg. Als sich der junge Parsifal wundert, »ich schreite kaum, doch wähn ich mich schon weit«, antwortet Gurnemanz mit dem berühmten Satz: »Du siehst, mein Sohn, zum Raum wird

hier die Zeit.« Diese Aussage enthält einen der Schlüssel zu Richard Wagners Bühnenweihfestspiel. Es ist nicht der Metaphysiker, sondern der Theatermann Richard Wagner, der in solcher Weise formuliert. Das zeitliche Geschehen, das in einem Wirklichkeit bedeutet und Überwirklichkeit, läßt sich auf der Schaubühne nur mit Hilfe der Kategorien des Raumes verstehbar machen. Der Zeitablauf einer Geschichte muß den Bedingungen des Theaterraumes, verstanden als Gesamtheit aus Bühne und Publikum, angepaßt werden.

Dennoch enthält die Formel noch einen weiteren Sinn, der diesmal nicht die Produktion des Parsifal-Geschehens meint, sondern seine Rezeption. Rezeption eines Kunstwerks ist stets und notwendigerweise Rezeptionsgeschichte. Unsere Begegnung und Wiederbegegnung mit dieser letzten musikdramatischen Schöpfung Richard Wagners meint immer auch alle Phasen, Ekstasen und Verwerfungen des *Parsifal* zwischen 1882 und 1992. Auch hier ist nichts abgetan. Nichts davon kann abgehakt werden. Weder Friedrich Nietzsches Wut gegen ein Kunstwerk der katholischen Rituale noch die weit über alle früheren Theatererlebnisse hinausreichende Besessenheit der Bayreuth-Besucher zu Beginn unseres 20. Jahrhunderts. Ein kühler Publizist wie Maximilian Harden, ein Jude übrigens, Herausgeber einer radikal aufklärerischen Zeitschrift *Die Zukunft*, hat beschrieben, wie er jeweils nach dem Ende eines *Parsifal*-Aufzugs wie ein Trunkener hinaustaumelte in die Wirklichkeit des grünen Hügels von Bayreuth. Alle Geschichte um das Bühnenweihfestspiel ist weit stärker als irgendwo sonst bei Richard Wagner, viel tieferreichend als beim *Lohengrin* oder den *Meistersingern von Nürnberg*, deutsche Geschichte in unserem Jahrhundert.

Die Wollust des Sterbens

Auch in den Gestalten der Kundry und des Amfortas kehrt Richard Wagner zurück zu seinen Anfängen, vor allem zur Geschichte des *Fliegenden Holländers*. In durchaus romantischer Weise vermeidet er immer wieder in seinen Schöpfungen für das

Musiktheater den Realismus eines Bühnensterbens der herkömmlichen Art. Die wichtigste Ausnahme, als Fortsetzung aller europäischen Bühnentradition, bildet der *Ring des Nibelungen*. Die zahlreichen Morde an Fasolt, Mime oder Siegfried sind durchaus realistisch und genau motiviert. In anderen Werken Richard Wagners jedoch gibt es immer wieder ein Sterben gleichsam als Entrückung. Bei Heinrich von Kleist holt Penthesilea mit Hilfe von Gedanken- und Erlebniskraft ein vernichtendes Gefühl »in und aus sich« herauf, das sogleich tödlich wirkt. Tristans Sterben wird von Richard Wagner in allen Fieberphasen nachvollzogen. Isoldes sogenannter Liebestod erinnert hingegen an das vernichtende Gefühl der Amazonenkönigin Penthesilea.

Wie ergeht es, am Schluß des *Parsifal*, den Bühnengestalten der Kundry und des Amfortas? Nach der Bühnenanweisung Richard Wagners stirbt Kundry: »Kundry sinkt, mit dem Blick zu ihm auf, vor Parsifal entseelt langsam zu Boden.« Doch Amfortas darf nach Wagners Willen weiterleben: als Vasalle des neuen Gralskönigs. Es ist jedoch verständlich, wenn immer wieder die Spielleiter auch an den sogenannten Erlösungstod des sündigen Amfortas gedacht haben. Das ist keine Laune bewährter Bühnenpraktiker, sondern Vertrautheit mit einem gerade bei Richard Wagner immer spürbaren Element der Todessucht. Der Wollust eines voll durchlebten Daseins, das jäh vom schnellen Tod abgebrochen wird wie in den zahlreichen englischen und nachenglischen Darstellungen der *Geschichte vom Jedermann*, setzt Richard Wagner das Schreckbild von Menschen entgegen, deren Sehnsucht als Wollust des Sterbens zu deuten ist. Das Leben stand unter einem Fluch, das Überleben wurde zum Fluch. Das ist die Geschichte des Fliegenden Holländers, der in grauenhaftem Zorn der Besorgnis des Daland um die Gefahren des Meeres mit dem Satz antwortet: »Mein Schiff ist fest.« Will heißen: es ist gebannt. Erlösung kann nur als Sterben empfunden werden.

Auch Kundry ist gebannt. Durch den Blick des Erlösers auf einem Leidensweg: »Ich sah Ihn, Ihn und lachte.« vom hohen H stürzt Kundrys Stimme durch zwei Oktaven in die Tiefe, in den Abgrund. Nun kann sie nicht sterben. Klingsor hat Macht

über sie, sie muß sündigen, immer wieder. Sie allein scheint zu wissen, bereits im Ersten Aufzug des *Parsifal*, daß der Knabe im Gespräch mit Gurnemanz, dessen Geschichte sie genau kennt, die Prädestination der Erlösung für Amfortas bedeutet. Das macht sie ratlos. Einmal haßt sie den sündigen Amfortas und möchte seine Erlösung verhindern. Zum anderen kann sie nicht ahnen, ob Parsifal als Erlöser auch ihr die Wollust des Sterbenkönnens bewilligen darf.
Vielleicht hat Richard Wagner am Schluß seines Textes für Amfortas eine banale Lösung des Weiterlebens gewählt. Er braucht die Figur nun nicht mehr, die ihm so wichtig war, weil durch das Leiden des Amfortas nicht allein die Heilandsklage erinnert werden konnte, sondern die Passionsgeschichte einer stets weiter leidenden Menschheit. So hat er dem Amfortas die Wollust des Sterbens versagt.

Baudelaires künstliche Paradiese und Klingsors Blumenmädchen

Die Pariser Erstaufführung des *Tannhäuser* im Jahre 1861 wurde bekanntlich zu einem der berühmtesten Opernskandale. Die eisigen Aristokraten des Jockeyklubs vermißten das gewohnte Ballett, ließen sich nicht mit dem neuen Bacchanal zu Beginn der Oper abspeisen. Nur wenige in Paris erkannten damals die neue Kunst und ihre Gesetze. Zu ihnen gehörte, wie nicht anders zu erwarten war, Charles Baudelaire. Er schrieb an Wagner voller Begeisterung und gestand, alles in diesem Werk sei ihm vertraut vorgekommen, wie ein eigenes Œuvre. Baudelaire hat dann in einer Schrift über *Richard Wagner und »Tannhäuser« in Paris 1861* auch als Kunsttheoretiker über diese neue Erfahrung nachgedacht: »Tannhäuser bedeutet den Kampf zweier Prinzipien, die sich das Menschenherz als Kampfplatz erwählten: Kampf zwischen Fleisch und Geist, Hölle und Himmel, Satan und Gott.«
Für Baudelaire war das zu verstehen nicht allein als Entscheidung für das Fleischliche. Das Fleischliche sollte seine Entspre-

chung finden auch im Geistlichen. Das neue Körpergefühl verlangte eine neue geistige Entsprechung. Baudelaire hatte vor allem in seinem großen lyrischen Werk der *Blumen des Bösen* den Bereich des Schönen und Liebenswerten unendlich erweitert: die Schönheit des Häßlichen, der Verwerfung, des Verbrechens, der Liebe als Phantasmagorie. Mit Recht verstand Walter Benjamin das Werk eines Charles Baudelaire als neue Grundlage aller späteren Moderne. Baudelaire selbst aber, was Walter Benjamin offenbar nicht zur Kenntnis nahm, empfand Richard Wagner als Teil seiner eigenen neuen Lebensform und Geistigkeit.

Die Beziehung zwischen Baudelaires »künstlichen Paradiesen«, die man errichten muß, weil die eigene Lebenswirklichkeit zu häßlich wurde, und Richard Wagners Kunstschaffen ist ebenso vielseitig wie widerspruchsvoll. Hier bietet sich der heutigen Kulturphilosophie ein großes Thema. Nicht allein der Venusberg Richard Wagners ist ein künstliches Paradies, auch das Nürnberg des Hans Sachs ist künstlerische und künstliche Gegenformung zur bourgeoisen Wirklichkeit des 19. Jahrhunderts. Dies ist nicht mehr eine romantische Sehnsucht wie bei den Nürnberg-Phantasien des Romantikers Wackenroder, sondern entschiedene Gegenschöpfung mit Hilfe einer künstlich neugeschaffenen »Vergangenheit«. Auch das Walhall des Gottes Wotan ist künstliches Paradies. Und ganz folgerichtig hat der Bayreuther Spielleiter Patrice Chérau den Göttertraum von Walhall, nach einem ersten Versuch mit einer Art von Neuschwanstein, als amerikanisches Gutsherrenschloß irgendwo in Neu-England imaginiert.

Im Zweiten Aufzug des *Parsifal* erlebt man eine Weiterführung und Neufassung des Venusbergs. Die Göttin Venus war durch das Christentum in den Hörselberg gebannt worden: dort konnte sie regieren. Auch hier bereits galt dasselbe Gesetz wie später im Gralsbereich. Man konnte nur eindringen, wenn man gewünscht und erwählt war. Tannhäuser fand den Weg zur Frau Venus, so wie der schwarze Reiter Parsifal, durch Mitleid wissend, den Weg zum Gral, ohne es selbst zu ahnen, hatte finden dürfen.

Hier allerdings scheiden sich überaus scharf die Konzepte eines Charles Baudelaire und Richard Wagner. Was Baudelaire am *Tannhäuser* entflammt hatte, das wird vom Dramatiker des *Parsifal* zornig zurückgenommen. An die Stelle der Frau Venus ist der zurückgewiesene Zauberer Klingsor, der sich selbst entmannte, weil er nicht keusch zu sein vermochte, nunmehr getreten. Seine Blumenmädchen, eine neue musikalische Verwirklichung der künstlichen Paradiese nach dem Pariser Bacchanale, sind sündiger und höllischer Zauber. Kundry ist keine Liebesgöttin wie Frau Venus, sondern eine christlich verfluchte Sünderin. Sie möchte nicht lieben, sondern sterben.
Am Schluß des Zweiten Aufzugs wiederholt Richard Wagner die Konstellation am Ende der Venusberg-Szene im Ersten Tannhäuser-Akt. Die Anrufung der Maria macht allen Zauber der antiken Liebesgöttin wesenlos, allein, Frau Venus behielt ihr Reich und war für einen zurückkehrenden Tannhäuser nach wie vor erreichbar. Die Absage des Parsifal an die künstlichen Paradiese der Blumenmädchen und auch der Kundry, vollzogen mit dem Kreuzeszeichen und durch den heiligen Speer, bedeutet das Ende der Klingsor-Welt. »Er hat den Speer im Zeichen des Kreuzes geschwungen: wie durch ein Erdbeben versinkt das Schloß. Der Garten ist schnell zu einer Einöde verdorrt; verwelkte Blumen verstreuen sich auf dem Boden, Kundry ist schreiend zusammengesunken.«
Der schönen Jüdin Kundry ist kaum mit irgendwelcher Schlüssigkeit beizukommen. Die Metaphern wirken hilflos: die große Sünderin; Höllenrose; Hexe. Natürlich steht sie geschichtlich als Schöpfung aus der zweiten Hälfte des 19. Jahrhunderts im Umkreis aller Männerphantasien über Judith und Dalila, die femme fatale, Carmen, Salome. Später folgt bei Wedekind der Erdgeist, verkörpert in Lulu.
Kundry ist mehr und anders. Sie ist Jüdin gewesen und Jüdin geblieben. Sie gehört zur Welt des Alten Testamentes. Parsifal tauft sie und heißt sie, an den Erlöser zu glauben, den sie einstmals verlachte. Vom Erlöser verstoßen und gebannt, war sie in Gewalt des höllischen Gegenspielers geraten, allein Klingsor ist kein Teufel, sondern ein verzweifelter, leidender Mensch. Das

Hohnwort der Kundry: »Bist du keusch?«, macht ihn rasend. Sie steht zwischen den Welten des Alten und Neuen Testamentes. Das zwanghaft ausbrechende Lachen von einst hält sie festgebannt an den Augenblick der Passionsgeschichte. Ihre musikalischen Motive sind über diesem Lachen errichtet.
Was ihr zum Fluch geworden war, bedeutet aber Begierde und Wollust für die scheinbar so reine Welt der Gralsritter. Für sie wird Kundry zur dauernden Versuchung. Amfortas war ausgezogen, um diese Gefahr und Gefährdung zu beenden. Er wurde selbst ein Opfer. Kundry haßt und verflucht all diese Siege. Sie wartet auf den Besieger, der sich verweigert. Sie weiß, daß er vorherbestimmt ist. Sie will ihm dienen, allein, indem sie ihn liebt und lieben muß, verwirrt sich das Gefühl. Liebe bedeutet Weiterleben. Dagegen spricht, wie beim Fliegenden Holländer, die Wollust des Sterbens. Am Schluß obsiegt bei Wagner der geistige Bereich des Neuen Testamentes. Das Sakrament der Taufe wird für Kundry zum Sterbesakrament.

Der Gral und das Liebesverbot

Wie die Welt des Fliegenden Holländers von neuem beschworen wird, oder die Venuswelt der künstlichen Paradiese, so führt der *Parsifal* thematisch auch unmittelbar zurück zu Richard Wagners zweitem Bühnenwerk nach den *Feen*, also zum *Liebesverbot*. Der Gral bedeutet, am Ende von Richard Wagners Schaffen, eine neue Beschäftigung mit eben diesem Liebesverbot. Genauer gesagt: auch diesmal wird eine Zurücknahme vollzogen, eine Absage an das Einst erteilt. Die erotisch auf die Askese eingeschworene Gralsgesellschaft handelt, unter durchaus anderen Bedingungen, wie es sich versteht, ganz nach den strengen Dekreten der Entsagung, die in Wagners Oper *Das Liebesverbot* von 1836 der Statthalter Friedrich des Königs von Sizilien über die sinnenfrohe Stadt Palermo verhängt hatte. Richard Wagner, damals zweiundzwanzigjährig und Kapellmeister in Magdeburg, legte Wert auf die Tatsache, daß dieser sinnenfeindliche Heuchler ein Deutscher sei.

Der Allesleser Richard Wagner hatte einen ausgezeichneten literarischen Geschmack. Ihm wäre es nicht eingefallen, wie dem bewunderten Carl Maria von Weber, an einem läppisch-dilettantischen Textbuch zu scheitern. Die Texte schrieb er sich stets selbst, doch suchte er sich ebenso selbstverständlich eine gute literarische Vorlage. Bei den *Feen* war es Carlo Gozzi, Shakespeare mußte herhalten beim *Liebesverbot*. Im Juni 1837 liest Wagner in Blasewitz bei Dresden den erfolgreichen historischen Moderoman über den Römer Cola di Rienzi, den *Letzten der Tribunen*. Verfasser war der Lord Lytton, der sich Edward Bulwer nannte. Noch im August hatte Wagner eine Prosaskizze zu einer »Großen tragischen Oper«. In den *Feen* spürte man Webers Klänge und romantische Rezepte: mit dem *Rienzi* bewies der arme deutsche Musiker in Paris, daß er auch gegen Meyerbeer anschreiben konnte.

Im *Liebesverbot* lernt man einen Musiker kennen, der auch wie Rossini komponieren kann und doch einen von Rossini grundverschiedenen Begriff hat vom musikalischen Theater. Der Rückgriff auf Shakespeares bitteres Parabelspiel aus der Spätzeit, die Komödie *Measure for Measure*, war von Menschenhaß nicht frei. Als Ort der Handlung hatte der Dramatiker kurz »Vienna« genannt. Karl Kraus, der Wiener Thersites, wurde nicht müde, sich darüber zu freuen.

Der Librettist Wagner konnte Wien nicht gebrauchen. In der Autobiographie *Mein Leben* heißt es: »Aus dem fabelhaften Wien verlegte ich das Sujet nach der Hauptstadt des glühenden Siziliens, in welcher ein deutscher Statthalter, über die ihm fremden freien Sitten der Bevölkerung empört, zu dem Versuch einer Durchführung einer puritanischen Reform schreitet…«

Auch Shakespeare schrieb *Maß für Maß* als ein Künstler der elisabethanischen Renaissance, dem es graute vor den Calvinisten. Auch der gebeutelte Malvolio in *Was ihr wollt* war ein Puritaner, der am Schluß versprach, sich an allen zu rächen. Die Puritaner Oliver Cromwells machten die Drohung wahr.

Richard Wagner bezeichnet sich beim Lebensrückblick als damaliger Anhänger eines Jungen Deutschland, dessen wichtigster Repräsentant natürlich Heinrich Heine war, und als getreuer Leser des Sturm-und-Drang-Romans *Ardinghello* von Wilhelm Heinse. Heinses Roman hatte die deutschen Leser stets polarisiert. Goethe und Herder hielten den *Ardinghello* einfach für Schund. Hölderlin hatte Heinse gekannt und bewundert. Die Ode *Brot und Wein* ist Heinse gewidmet.

Auch der Nachfahre Richard Wagner schwor damals in Deutschland auf die einstigen Stürmer und Dränger und ihre Nachfolger vom Jungen Deutschland seit 1830. Darin hielt es der junge Wagner nicht anders als sein Altersgenosse vom Jahrgang 1813: Georg Büchner. Bei beiden der Haß gegen spießige Prüderie, der Ruf nach Liebesfreiheit oder freier Liebe. Büchners Lustspiel *Leonce und Lena* entstand ungefähr gleichzeitig mit dem *Liebesverbot*.

Wie sonderbar. An die Stelle des Shakespearischen Wien hatte Wagner die sizilianische Hauptstadt gesetzt, also Palermo. Das war damals, im Jahre 1836 und in Magdeburg, die Südlandsucht eines frustrierten deutschen Künstlers. Allein, am 5. November 1881, nach fünfundvierzig Jahren, trifft er selbst in Palermo ein, wo er auf ärztlichen Rat überwintern soll. Dort wird die Orchesterpartitur des Dritten Aktes *Parsifal* vollendet. Diese Musik jedoch, das »Erlösung dem Erlöser«, will nichts mehr zu tun haben mit einstiger jungdeutscher Sinnlichkeit und Liebesfreiheit. Der sieche Amfortas steht ein für ein sehr ernst genommenes Liebesverbot.

Der *Parsifal* ist seiner Entstehung nach untrennbar mit Italien verbunden. Venedig, die Vision des Gralstempels im Dom von Siena, Arbeit im Spätsommer 1880 in der Villa Angri am Fuß des Posilipo bei Neapel. Entdeckung von Klingsors Zaubergärten in Ravello oberhalb von Amalfi. Dennoch ist das Bühnenweihfestspiel, um einen Ausdruck Goethes über das Straßburger Münster zu zitieren, ein Werk »emergierender Deutschheit«. In einem guten und auch bedenklichen Sinne, wenn man alles überdenkt im Lichte unserer Erfahrung.

Wie soll man sie verstehen, die Männerbundgesellschaft der Gralsritter? Es ist eine unmenschliche, wohl auch unmännliche Welt. Speer und Schale des Gral hat Parsifal, der Tor und der reine, wieder zusammengebracht. An tiefenpsychologischen

Deutungen hat es seitdem nicht gefehlt. Waren sie Wagner ganz fremd?
Auch hier hat Wagner nichts preisgegeben von irgendeiner geistigen Erfahrung. Die Welt Wolframs und seines Parzival ist bereits in Marienbad im Jahre 1845 präsent. Da fiel die Entscheidung gegen die *Meistersinger* und für den Lohengrin, den Sohn des Gralskönigs Parzival. Wer war Lohengrins Mutter, wer Mutter des Amfortas, der König wurde nach Titurels Abdankung? Männerbund, Ehe und sinnliche Askese widersprechen sich bis zur Komik im Raum wie in der Zeit. Allein, dies ist nicht kausale, sondern sakrale Welt: kein Drama, sondern ein Mysterienspiel der göttlichen Vorherbestimmung. Eine calvinistische, keine »gut katholische« Konzeption. Weshalb jeglicher Versuch einer Auflichtung des Schlusses durch Aufnahme der Frau in die Gralsgesellschaft eine falsche Harmonisierung bedeuten muß. Die Offenlegung des Grals bedeutet das Ende des Gralsrittertums. Der Gralskönig Parsifal wird ein Endspiel zu vollziehen haben. Oder einen schrecklichen neuen Anfang.

Die geheime Botschaft

Daß die Schlußworte seines *Parsifal*: dieses »Erlösung dem Erlöser« befremden und verwirren könnten, war dem Dichter und Tonsetzer bewußt. Es war gewollt. Seitdem ist viel enträtselt worden. Je mehr man aber von Richard Wagners Geheimnissen erfuhr, nicht zuletzt aus Cosimas *Tagebüchern*, um so unheimlicher wurde die Konstellation am Schluß des Bühnenweihfestspiels, das Wagner als Geheimwerk und zugleich als Krönung des gesamten Schaffens betrachtet hatte. Er sprach davon als von einer »letzten Karte«. Die kann im Spiel den Sieg bedeuten oder das Vorspielen. Was wissen wir heute darüber?
Bezieht man den Schlußgesang auf den Titelhelden, den Erretter und neuen Gralskönig, so wirkt er banal. Man wünscht dem neuen König dereinst ein seliges Ende. Martin Gregor-Dellin, der Herausgeber von Cosimas *Tagebüchern*, einer der besten Sachkenner, meint in seiner Wagner-Biographie: »Zuletzt sagt

alles die Musik, sie entsiegelt erst, was gemeint war: ein glückliches Trauern, wenn das Ende winkt.« Auch vom Ende aller Lebenslügen und Schuldgefühle Richard Wagners wurde gesprochen. Allein, Wagner hat den weisen und entsagenden Patriarchen bisweilen zwar gespielt, wie andere Rollen auch, doch Entsagung und Reue waren seine Sache nicht. Cosima fühlte sich schuldig. Das Genie an ihrer Seite mitnichten. Er hatte noch viel vor, plante noch vieles. Er hatte eine neue Arbeit angefangen, als der Herztod ihn traf.

Richtig ist, daß der *Parsifal* das letzte Bühnenwerk bleiben sollte. Schon in jenem ungemein schöpferischen Planen des Jahres 1845 hatte Wagner die Reihenfolge *Meistersinger–Siegfried–Parsifal* projektiert. Nur der *Tristan* als »Einschaltung« (Thomas Mann) war unvorhergesehen. Man tut folglich gut daran, die Reihenfolge der späten Werke als innere Einheit zu verstehen. Dann bedeutet der *Parsifal* eine Weiterführung: über den Schluß der »Götterdämmerung« hinaus. Doch in welcher Weise? Die herrliche Musik am Ende der Tetralogie »sagt« zwar nichts, doch sie führt plötzlich ein Element des »Neuen« herauf. Nur Sieglinde hatte es einmal, im Dritten Akt der *Walküre*, intoniert: die Erwartung des Helden, des Siegfried, des deutschen Erlösers, wie ihn Wagner immer verstand. Siegfried mußte sterben an der Gibichungenwelt. Die Schlußmusik spricht von einem neuen »Prinzip Hoffnung«. Ein Neuer wird kommen? Vielleicht hat am genauesten Wieland Wagner im Jahre 1965 diesen Abschluß als Erwartung inszeniert. Die leere Bühne, doch kein Weltuntergang. Alberich überlebt.

Es hilft nichts: Wenn es um die Deutung nicht allein des *Parsifal*, sondern des Wagnerschen Gesamtwerkes geht, wird man den Hartmut Zelinsky vom Wagner-Gespräch nicht ausschließen können. Redensarten wie »abstrus« oder »absurd« sind unangemessen bei einem genauen Sachkenner, der alle Texte neu gelesen hat: ohne Rücksicht auf Skandale, doch im Lichte von neuen Erfahrungen. Auch Witzeleien sind unangebracht: Ob das denn alles Antisemiten seien, die sich als Publikum in dem Bayreuther Festspielhaus einfinden ...

Dreierlei wird man Zelinsky nicht abstreiten können: daß er

alles Schreiben Richard Wagners ernst nimmt. Fast müßte man sagen: blutig ernst. Daß er als einziger bisher eine schlüssige Antwort gibt auf die meist mit Kopfschütteln und Mißbehagen registrierte Frage, warum Wagner ausgerechnet im Jahre 1869, also nach dem Münchner Triumph der *Meistersinger*, seine Schrift *Das Judentum in der Musik* unbedingt herausgeben wollte. Drittens versuchte Zelinsky, die Abfolge *Meistersinger–Ring–Parsifal* als geistige Planung Wagners nachzuvollziehen. Dann erscheint in der Tat die Losung »Erlösung dem Erlöser« als eine geheime Botschaft für Eingeweihte. Wagner gedachte keineswegs in Trauer das eigene Ende abzuwarten. Die Rolle als Wotan und Wanderer war längst gespielt. Er plante nun Symphonien und Traktate. Der Inhalt des *Parsifal* sollte wirklich werden.

Die alte Welt gab Wagner verloren. Den Kartätschenprinzen von Preußen aus dem Jahre 1849 hatte er als Deutschen Kaiser begrüßen müssen. Vor Cosima spottete er über Leute, die seinen »Kaisermarsch« wirklich für einen Kaisermarsch hielten. Bismarck und der Reichstag: eine böse Enttäuschung. Eine neue Welt. War Amerika, wohin man auszuwandern erwog, wirklich eine »neue« Welt? Wohl kaum. Gerade dort gab es sie wieder: die Bankierswelt, wie in den Zeiten des französischen Bürgerkönigtums um 1840. Natürlich auch in Amerika mit den Juden.

Die Festspiele von 1876 waren ein schwerer finanzieller Mißerfolg. König Ludwig – auch er eine Enttäuschung für Wagner – sprang ein, doch es mußte abgezahlt werden. Der Münchener Sieg der *Meistersinger* hatte Wagner den neuen Mut gegeben, hartnäckig weiterzugehen in der großen Planung einer Weltreform von Kultur und Gesellschaft. Die Königsloge. Der König und der Meister Wagner als Sachs, nicht als Stolzing.

Zerging in Dunst
das heil'ge röm'sche Reich,
uns bliebe gleich
die heil'ge deutsche Kunst.

Die Heiligung der Kunst. Kunst als Religionsersatz: das bürgerliche Credo aus dem 19. Jahrhundert. In einer Erzählung Gottfried Kellers wird ein Pfarrer spöttisch geschildert, der nicht mehr glaubt, doch weiter predigt mit Hilfe von Dichterzitaten.

Merkwürdig abermals: *Meistersinger* und *Parsifal* haben einen geheimen und gemeinsamen Inhalt, der mit der Taufe zu tun hat. Johannes der Täufer wird zu Beginn angerufen. Dies ist sein Fest. Der Lehrbube singt vom deutschen Hans, der an die Stelle des Johannes trat. Hans Sachs tauft ein Kunstwerk. Die heilige deutsche Kunst wirkt weiter als das lutherische Spießertum der Meistersinger, doch am Ende scheinen sie es begriffen zu haben.

Nun also *Das Judentum in der Musik*: ein Jahr nach den *Meistersingern*. Gab es einen Anlaß? Wagner holte ihn sich. Hat er seine Veranlasserin überhaupt gekannt: die »Frau Marie Muchanoff geborene Gräfin Nesselrode«, wie sie in der Schrift genannt wird? Weil sich Marie Muchanoff, beileibe nicht durch einen Brief an Wagner, sondern offenbar bloß im Gespräch mit Freunden – über die so negative Haltung so vieler Presseurteile über Richard Wagner gewundert hatte. Wagner beginnt folglich: »Vor Kurzem wurde mir aus einem Gespräche, an welchem Sie teilnahmen, Ihre verwunderungsvolle Frage nach dem Grund der ihnen unbegreiflich dünkenden, so ersichtlich auf Herabsetzung ausgehenden Feindseligkeit berichtet, welcher jede meiner künstlerischen Leistungen in der Tagespresse nicht nur Deutschlands, sondern auch Frankreichs und selbst Englands begegne.«

Als Antwort publizierte er seine Schrift, die in Leipzig in der »Verlagsbuchhandlung von J. J. Weber« mit der Jahreszahl 1869 erscheint. Wagner widmet seine Schrift der Frau Muchanoff insofern, als er seine Broschüre von 57 Seiten als Brief an die Fragerin verstehen möchte.

Folglich wird der öffentliche Brief am Schluß auch unterzeichnet, und zwar so: »Tribschen bei Luzern, Neujahr 1869. Richard Wagner«.

Eine Todesbotschaft als Neujahrsgabe: so war sie gemeint, und so ist sie verstanden worden. Bereits in der Vorbemerkung gesteht Wagner, wenn er bisher mit der Publikation seiner Gedanken gezögert habe, sei das nicht aus eigener Vorsicht geschehen, sondern aus Rücksicht auf Freunde, die genau so dächten wie er und die er nicht habe gefährden wollen. Die Gefahr drohe von »demselben national-religiösen Element der neueren europäischen Gesellschaft, ... dessen unversöhnlichen Haß ich mir durch die Besprechung seiner schwer vertilgbaren, unsrer Cultur so nachteiligen Eigentümlichkeiten zugezogen habe.«

Die Juden also. Element und schwer vertilgbar. So der Beginn der Streitschrift. Auf der letzten Seite heißt es dann folgerichtig: »Denn über Eines bin ich mir klar: so wie der Einfluß, welchen die Juden auf unser geistiges Leben gewonnen haben und wie er sich in der Ablenkung und Fälschung unsrer höchsten Culturtendenzen kundgibt, nicht ein bloßer, etwa nur physiologischer Zufall ist, so muß er auch als unläugbar und entscheidend anerkannt werden.«

Die Folgerung? Wagner hat eine Alternative anzubieten. Die mildere stellt er, sozusagen versöhnlich, an den Schluß des Traktats: die totale Assimilation der europäischen Juden. Die Abkehr von der eigenen Identität. Das war immer noch jungdeutsches Denken aus den vierziger Jahren und war von dem damals sechsundzwanzigjährigen Juden Karl Marx in seinem Aufsatz *Zur Judenfrage* von 1844 viel präziser analysiert worden. Allein, Wagner scheint dieser Assimilation keine Chance einzuräumen, oder eher: einräumen zu wollen. Weshalb es vorher, bei Erwägung einer anderen Möglichkeit, heißen darf: »Ob der Verfall unsrer Cultur durch eine gewaltsame Auswerfung des zersetzenden fremden Elementes aufgehalten werden könne, vermag ich nicht zu beurteilen, weil hierzu Kräfte gehören müßten, deren Vorhandensein mir unbekannt ist.«

Warum hiervon abermals gesprochen wird im Zusammenhang mit dem *Parsifal*? Weil vieles, was Cosima mitzuteilen hatte, dafür spricht, daß der Musikdramatiker sein »Erlösung dem Erlöser« als Zukunftsvision verstand, worin jene Kräfte der

»Auswerfung« sichtbar wurden, die Wagner im Jahre 1869 mit Recht vermißte. Den Judengott des Alten Testamentes hatte er von jeher gehaßt, daran ließ er nicht zweifeln. Die am Schluß des *Parsifal* niederschwebende Taube war Bühnenrequisit, keine Symbolik des Heiligen Geistes. Wagner will sie nicht, die Dreifaltigkeit. Seine Religion ist immer noch abgeleitet aus Ludwig Feuerbachs Anthropologie. Der Karfreitagszauber anstelle der Passion: Gurnemanz erklärt es genau so wie Feuerbach im »Wesen des Christentums«.

Wagners frühe Arbeit über *Jesus von Nazareth* meinte einen Heiland, der nicht Gott ist. Es war die ketzerisch-arianische, nicht katholische Vision eines germanischen »Heiland«. Dann wäre der Schluß des *Parsifal* zu entschlüsseln als Erlösung des Jesus von Nazareth aus seinem Judentum. Die Taufe der Kundry als erste Tat des neuen Gralskönigs. Er selbst nannte sie sein »erstes Amt«. Als Wagner seinen späteren Bayreuther Aufsatz über *Publikum und Popularität,* der die Gedanken von 1869 weiterführt, dem getreuen Antisemiten Wolzogen und der »dienenden Cosima« vorliest, zitiert die Tochter des Franz Liszt: »Erlösung dem Erlöser«. Wagner habe bloß erwidert: »Du bist kühn, Weibchen«.

War dies der verschwiegene Inhalt des *Parsifal*, die letzte Karte Richard Wagners? Hartmut Zelinsky hat es so gesehen. Er wählt die Überschrift: »Der deutsche Christus«. Vieles ist schlüssig: die spöttische Abwehr gegen diesen Wagnerforscher kann seine Interpretationen nicht schlüssig widerlegen. Bedenklich ist allerdings der Verzicht Zelinskys, im *Parsifal* nur die von Wagner übernommenen neutestamentlichen Motive zu analysieren, nicht aber die buddhistischen, keinen Feuerbach und keinen Schopenhauer.

Vor allem aber: Die Musik spielt – im Wortsinne – nicht mit. Die Musik bringt keine neue Vision, gleich jener am Schluß der Tetralogie, sondern stabilisiert die Gralsgesellschaft: mit fahlen, zerfallenden Konturen.

Vielleicht ist dies vor allem rätselhaft und erregend: der Widerspruch zwischen einem stabilisierenden Bühnengeschehen und einer Musik, die bei allem Klangzauber statisch und starr bleibt, entsprechend dem Eintreffen einer Vorherbestimmung. Kräfte der »Auswerfung« jedenfalls hat er nicht entfesselt, der Zauberer von Bayreuth.

Die Folgen

Die Abgründe gehören zum Werk der großen Künstler. Man sollte nicht versuchen, sie zu übersehen: das gelingt nicht. Es wäre allzu bequem, wieder einmal zu erklären, alles Historische und also Biographische sei belanglos: man halte sich einfach an »das Werk«! Dies wäre das sicherste Mittel, das Werk zu verfehlen. Shakespeares, Goyas, Beethovens Abgründe sind sichtbar, ablesbar, hörbar. Sie sind es auch – sichtbar, hörbar, nachlesbar – im Werk Richard Wagners, das ein Weltereignis war und geblieben ist.

Der Theaterzauber dieses Magiers hat Menschenleben verändert. Der *Lohengrin* verändert ebenso das Leben eines bayrischen Prinzen, der König werden sollte, wie das Denken und Fühlen eines kleinen künstlerischen Außenseiters aus Oberösterreich. Der jüdische Selbsthaß, virulent geworden beim Nachdenken über den *Parsifal*, ließ den genialischen Wiener Juden Otto Weiniger zur Pistole greifen, um sich, mit Wagner zu sprechen, selbst zu »vertilgen«. Hätte der Schöpfer des *Parsifal* die Entscheidung gebilligt? Auch dies ist keine »absurde« Frage. Cosima berichtet unter dem 12. November 1880 von einem Gespräch Wagners in München mit dem Hofkapellmeister Hermann Levi, der den *Parsifal* in Bayreuth zwei Jahre später uraufführte: »Sehr aufgeregt sagt er in einem Gespräch zu Levi, er – als Jude – habe nur zu lernen zu sterben, was aber Levi gut versteht.«

Eine entsetzliche Episode. Wagner war wütend gewesen über ein vorangegangenes Gespräch mit dem Maler Franz von Lenbach, dem offiziellen Bismarckmaler. Er hatte seine Wut über Bismarcks mangelndes Interesse an Richard Wagner ausgelassen. Das Wagnerporträt von Lenbachs Hand läßt manches ahnen: von heute her gesehen.

Was also hatte er gemeint, als er dem königlich-bayrischen Hofkapellmeister von jüdischer Herkunft eine Einübung im Sterben anempfahl? Die Taufe der Kundry mit dem von Wagner so bezeichneten »Vernichtungsschlag der Pauke«? Alles ist folgerichtig, seit Wagner genau dreißig Jahre vorher (1850) unter Pseudonym und als Emigrant in Zürich seine Gedanken über das »Judentum« zum erstenmal in Leipzig und zwar in der vom gehaßten Robert Schumann begründeten *Neuen Zeitschrift für Musik* hatte drucken lassen. Alles Weitere ist bekannt, gehört zum Dunkel unserer Erfahrung. Was Wagner geschrieben und geplant hatte: die Aktion einer neuen Gralsritterschaft nach Niederbrennung der Bürgerwelt, sprich: der Stadt Paris, war nicht zu verkennen. Den *Parsifal* hielt Wagner niemals für eine religiöse Andachtsübung. Er wurde abermals wütend, als bei der Uraufführung der Beifall ausblieb. Erst die Enkel erreichten im Festspielhaus, daß man wenigstens nach den Aktschlüssen zwei und drei den Beifall spenden konnte. Den Beifall, natürlich, für ein nach hundertzehn Jahren erregend gebliebenes Gebilde abendländischer Gesamtkunst. Dann freilich beginnt immer wieder das Nachsinnen über die Formel »Erlösung dem Erlöser«.

Alberich und die Rheintöchter. Gedanken Richard Wagners in seiner letzten Nacht

Am Abend des 12. Februar ist wieder der Maler Paul von Joukowsky, der Bühnenbildner des *Parsifal*, im Palazzo Vendramin zu Gast. Richard Wagner liest vor, die erzromantische Erzählung *Undine* von Friedrich von Fouqué. Während er liest, wird er von Joukowsky gezeichnet. Der Prospekt der Bayreuther Festspiele von 1983 zeigt diesen letzten Richard Wagner auf dem Umschlag. Wagners Lider sind tief gesenkt beim Vorlesen. Dadurch wirkt der Kopf bereits wie der eines Toten. In der Nacht kommt es noch zu einem merkwürdigen Gespräch mit Cosima: »Wie ich schon zu Bett liege, höre ich ihn viel und laut sprechen, ich stehe auf und gehe in seine Stube: ›Ich sprech mit dir‹, sagt er mir und umarmt mich lange und zärtlich: ›Alle 5 000 Jahre glückt es!‹ ›Ich sprach von den Undinen-Wesen, die sich nach einer Seele sehnen.‹ Er geht an das Klavier, spielt das Klage-Thema ›Rheingold, Rheingold‹, fügt hinzu: ›Falsch und feig ist, was oben sich freut.‹ ›Daß ich das damals so bestimmt gewußt habe‹ – Wie er im Bette liegt, sagt er noch: ›Ich bin ihnen gut, diesen untergeordneten Wesen der Tiefe, diesen sehnsüchtigen.‹«

Auch diese Bemerkung führt, wie alles aus Wagners letzten Lebenstagen, zurück ins Zentrum seines Denkens und Empfindens. Undine, die Seejungfrau, ist abermals ein Zwitterwesen zwischen Geisterwelt und Menschenwelt. Die Verbindung eines Menschen mit ihm ist nicht geheuer. Es ist das Thema des Fliegenden Holländers ebenso wie jenes der Kundry. Es ist auch das Thema des Sängers Tannhäuser zwischen Venus und Elisabeth, zwischen der Lusthölle und den christlichen Rittern auf der Wartburg. Es führt zurück zu Wagners letzten Betrachtungen und Arbeiten über Kunst und Religion, über die Emanzipation der Frau. Doch die Erinnerung an die Klage der Rheintöchter in dieser letzten Lebensnacht bedeutet noch mehr. Sie paßt nur allzu gut zu Wagners tiefer Enttäuschung über das Schicksal seines Werkes in diesem jungen und so geldwütigen Deutschen Kaiserreich vom 18. Januar 1871. Der Schluß des *Rheingold*, den Wagner bereits im Züricher Exil entworfen hatte, als steckbrieflich gesuchter Revolutionär, wird nach wie vor als weiterwirkend empfunden. Die Klage der Rheintöchter um die Zerstörung der Natur und den Raub des Goldes ist auch seine eigene: sie ist Richard Wagners Klage.

WOTAN Welch Klagen klingt zu mir her?
LOGE *späht in das Tal hinab*:
Des Rheines Kinder
beklagen des Goldes Raub.
WOTAN Verwünschte Nicker! –
Zu Loge: Wehre ihrem Geneck!
LOGE *in das Tal hinabrufend*:
Ihr da im Wasser!
Was weint ihr herauf?
Hört, was Wotan euch wünscht:
glänzt nicht mehr
euch Mädchen das Gold,
in der Götter neuem Glanze
sonnt euch selig fortan!
Die Götter lachen und beschreiten mit dem Folgenden die Brücke.
DIE RHEINTÖCHTER
Rheingold! Rheingold!
Reines Gold!
O leuchtete noch
in der Tiefe dein laut'rer Tand!
Traulich und treu
ist's nur in der Tiefe:
falsch und feig
ist, was dort oben sich freut!
Während die Götter auf der Brücke der Burg zuschreiten, fällt der Vorhang.

Traulich und treu / ist's nur in der Tiefe: / falsch und feig / ist,

was dort oben sich freut! Das waren Wagners Gedanken in seiner letzten Nacht.
Erstaunlich ist immer wieder, was man erst seit Kenntnis von Cosima Wagners *Tagebüchern* konstatieren kann, die Kontinuität des Erlebten und jemals Gedachten in Richard Wagners Leben. Nichts war für ihn abgetan. Noch die stark antithetischen Denkanstöße, die er an sich erfuhr, versuchte er bis ins Alter hinein festzuhalten und zu einer – oftmals unmöglichen – Einheit zusammenzufügen. Ein merkwürdiges Beispiel dafür bildet der Wandel seiner Grundauffassung vom schroffen Gegensatz zwischen »Oper« und »Drama«. In der Schrift des Züricher Exils kommt es fast zur Absage an die »absolute Musik«. Der Primat des Dramatischen wird stark betont, fast überstark.
Dann aber verfällt Richard Wagner der Metaphysik Arthur Schopenhauers und ist nun genötigt, der Musik, gerade wegen ihrer (bei Schopenhauer) einzigartigen Stellung innerhalb der Künste, einen höheren Rang einzuräumen. Musik ist eine Kunst für Schopenhauer, die sich allein fernhält von der Mimesis, einer Nachahmung des menschlichen Treibens, innerhalb einer Welt als »Vorstellung«. Daher ist Richard Wagner gleichzeitig entzückt und erschreckt im Jahre 1872 und in Tribschen, als er Nietzsches *Geburt der Tragödie* liest und auch bei Nietzsche spüren muß, daß dieser ihn als »Musikdramatiker« verstehen möchte.
Der kleine Aufsatz *Über die Benennung Musikdrama* von 1872 spiegelt sowohl die Widersprüche in der Entwicklung wie auch Wagners Bemühung um geistige Kontinuität. Eine Lösung gibt es nicht. Wagner behilft sich, während er an der Partitur des dritten Aktes *Siegfried* arbeitet, mit einer glanzvollen und berühmt gewordenen, doch insgeheim ausweichenden Formel. Er selbst definiere, meint er fast zögernd, »meine Dramen gerne als ersichtlich gewordene Taten der Musik«. Ersichtlich gewordene Taten der Musik. Das gilt zweifellos für den Beginn der Tetralogie, also für die Szenen der Rheintöchter, dann wieder für die Konfrontation zwischen Siegfried und dem Wanderer im dritten Akt *Siegfried*, auch für Siegfrieds Gespräch mit den

Rheintöchtern, das keines ist, weil man aneinander vorbeiredet in einem windschiefen Dialog. Die höchste Form einer solchen Musik, die nicht »absolut« ist und doch die dramatischen Konflikte ausschließlich mit musikalischen Mitteln »ersichtlich« macht, ist die Trauermusik um Siegfried: ein »Fest der Beziehungen«, so hat es Thomas Mann formuliert.

Man wird fragen dürfen, warum sich gerade am Trio der Rheintöchter dies musikalische und dramatische Wollen Richard Wagners so stark und so glückhaft entfalten konnte, daß er dessen noch eingedenk war in der letzten Nacht. Es hängt wohl mit den geheimen romantischen Impulsen zusammen, die schon in der deutschen Frühromantik, auch noch in der *Undine* des Baron Fouqué, wirksam gewesen waren, und auch mit den eigenen Lebenserfahrungen des späteren Meisters von Bayreuth. Die romantischen Gestalten eines Zwischenreichs zwischen Menschenwelt und Geisterwelt, zwischen reiner Natur und unreiner menschlicher Gesellschaft, bedeuteten jedesmal den Außenseiter. Künstler als Außenseiter schufen Werke, die von Außenseitern zu handeln hatten. Noch ein spätromantischer Nachfahre wie Hugo von Hofmannsthal war besessen von diesem Thema. Die Geschichte der Undine, die Wagner am Abend des 12. Februar 1883 in Venedig vorlas, enthält auch im Keim bereits die Geschichte einer »Frau ohne Schatten«. Sie alle bedeuten Gegenwelt zur unreinen Menschenwelt: diese Undinen und Rheintöchter. So müssen sie Außenseiter und Wesen der Entfremdung werden, falls sie sich zu den Menschen gesellen.

Allein, da ist noch mehr, wenn man vom Gedanken der Kontinuität bei Richard Wagner ausgeht. Die Erinnerung an die Rheintöchter bedeutet auch bei ihm stets eine erneuerte romantische Sehnsucht nach einer verlorenen Zeit und einer verlorenen menschlichen Heimat. Wahrscheinlich äußert sich darin, wenn man die Soziologie befragt, die Fremdheit und Verstörung von Menschen des ausgehenden 18. und des frühen 19. Jahrhunderts über das Fortschreiten einer bürgerlich-kapitalistischen Gesellschaft. Joseph von Eichendorffs »gute alte Zeit« bedeutete durchaus nicht, wie später eine vulgär-soziologische Deutung behauptet hat, die Sehnsucht nach Rückkehr des Feudalismus und der Adelswelt. Sie bedeutete nur das Bewußtsein einer tiefen Entfremdung und Heimatlosigkeit. Eben darum konnte Eichendorffs Dichtung, die ganz erfüllt ist vom Gefühl dieser Verstörung, immer wieder fruchtbar werden für Musiker: von Robert Schumanns »Liederkreis« bis zum späten Richard Strauss, zu Hans Pfitzner, zu Othmar Schoeck. Auch das Werk Richard Wagners, insbesondere die Tetralogie vom *Ring des Nibelungen*, lebt im Bewußtsein einer solchen Heimatlosigkeit. Allein, Wagner hat sich die schreckliche Variante gewählt: die der Undine. Traulich und treu, also heimatlich, ist's nur in der Tiefe. Alles andere oben, nämlich bei den Nibelungen, in der Menschenwelt der Wälsungen, hoch oben auf Walhall, ist Untreue und Feigheit. Richard Wagners Gedenken an die Rheintöchter war wohl als letztes Eingeständnis einer tiefen Entfremdung und Heimatlosigkeit zu verstehen.

Auch E.T.A. Hoffmann war ergriffen und verstört worden durch Fouqués Erzählung von der Undine. Hoffmanns Oper *Undine* ist vermutlich sein bedeutendstes musikalisches Werk geworden. Nicht zufällig. Auch in Hoffmanns Erzählungen gibt es die Insistenz der Zwischenbereiche zwischen Menschenwerk und Geisterwelt, die Hoffmann, wohl als erster, als Einsamkeit der Künstlerwelt versteht.

Es gibt, soweit man sieht, bis heute noch keine zureichende Arbeit über die Bedeutung E.T.A. Hoffmanns für das Schaffen Richard Wagners. Man kennt die thematischen Bezüge, die hinüberreichen bis zu den *Meistersingern von Nürnberg*, auch die Selbstbekenntnisse Richard Wagners, doch die eigentümliche Wichtigkeit Hoffmanns und seiner grenzüberschreitenden Kunstauffassung für Wagners Bewußtsein der eigenen Identität, das ist bisher noch nicht ausgelotet worden. Undine, die Rheintöchter, Fouqué, Hoffmann, Schopenhauer, im späten Richard Wagner war alles nach wie vor wirksam und virulent geblieben. Bis in die letzten Augenblicke dieses Lebens.

Freilich kam noch eine andere Erfahrung hinzu. Richard Wagner als spätgeborener Romantiker hatte nicht allein die Klagen der Rheintöchter vernommen, sondern auch ihren furchtbaren Gegenspieler gesehen. Der Beginn der Tetralogie stellt beide Welten hart gegeneinander: Alberich und die Rheintöchter.

Die Gestalt des Alberich muß Richard Wagner schon früh erschaut haben. Sie scheint sich im Verlauf der Jahrzehnte für ihn kaum geändert zu haben. Anders steht es um Wagners Urteil über die Nibelungen. Im Jahre 1848 schreibt er, wie man heute sagen würde, ein ausführliches »Szenario« der künftigen Tetralogie mit dem Titel *Der Nibelungen-Mythus. Als Entwurf zu einem Drama*. Der Entwurf beginnt so: »Dem Schoße der Nacht und des Todes entkeimte ein Geschlecht, welches in Nibelheim (Nebelheim), d.i. in unterirdischen düsteren Klüften und Höhlen wohnt: sie heißen Nibelungen; in unsteter, rastloser Regsamkeit durchwühlen sie (gleich Würmern im toten Körper) die Eingeweide der Erde: sie glühen, läutern und schmieden die harten Metalle. Des klaren edlen Rheingoldes bemächtigte sich Alberich, entführte es den Tiefen der Wässer und schmiedete daraus mit großer listiger Kunst seinen Ring, der ihm die oberste Gewalt über sein ganzes Geschlecht, die Nibelungen, verschaffte: so wurde er ihr Herr, zwang sie, für ihn fortan allein zu arbeiten, und sammelte den unermeßlichen Nibelungenhort, dessen wichtigstes Kleinod der Tarnhelm, durch den jede Gestalt angenommen werden konnte, und den zu schmieden Alberich seinen eigenen Bruder, Reigin (Mime = Eugel), gezwungen hatte. So ausgerüstet strebte Alberich nach der Herrschaft über die Welt und alles in ihr Enthaltene.«

Die Schilderung läßt sich als dichterische Vision einer modernen Arbeitswelt verstehen und soll auch so verstanden werden. Richard Wagner hatte in den Pariser Hungerjahren nicht bloß eine virtuos entwickelte Finanzwelt kennengelernt, nämlich eine »giftige Geldwirtschaft«, wie sie Ludwig Börne, gleichfalls in Paris lebend, definiert hat. Er war in Frankreich auch Zeuge geworden der ersten Aufstände eines Proletariats im heutigen Sinne. Die Pariser Februar-Revolution von 1848 hatte schon im Juni zu einem Aufstand der »Nibelungen« gegen die provisorische Regierung geführt. Der Aufstand wurde ebenso mit Kartätschen niedergeworfen wie, kaum ein Jahr später, der

Dresdener Aufstand, woran der Kapellmeister Wagner beteiligt gewesen war.
Darum ist der Schluß des *Nibelungen*-Mythus im Jahre 1848 noch ganz ohne Schopenhauer, Brand von Walhall und Götterdämmerung konzipiert. Auch die Rolle der Nibelungen, sogar des Alberich, wird verständnisvoll angelegt. Was in dem Prosaentwurf bereits bis in einzelne Formulierungen hinein angekündigt wurde, findet sich, genau adäquat, auch in den damals bereits ausgearbeiteten Verspartien von *Siegfrieds Tod*. Brünnhildes Abschiedsrede gilt den Nibelungen:

> Ihr Nibelungen, vernehmt mein Wort!
> Eure Knechtschaft künd' ich auf:
> der den Ring geschmiedet, euch Rührige band, –
> nicht soll er ihn wieder empfahn, –
> doch frei sei er, wie ihr!

Alberich wird überleben. Das tut er bekanntlich auch am Ende der späteren Tetralogie. Vielleicht ist es gar ein »Überbleibsel« aus der Grundvision von 1848. Der Kreislauf des Goldes hat sich vollendet, die giftige Geldwirtschaft wurde beseitigt. Das Gold kehrte zurück in den Schoß der Natur. Das Volk der Nibelungen wird weiter arbeiten, aber frei. In einer von seinem Fluch befreiten Welt mag dann auch Alberich weiterleben und frei sein.
Und die Götter? Ihnen gilt, den Überlebenden und ohne Fluch Herrschenden, der letzte Gruß der Walküre.

> Nur einer herrsche:
> Allvater! Herrlicher du!
> Freue dich des freiesten Helden!
> Siegfried führ' ich dir zu:
> biet' ihm minnlichen Gruß,
> dem Bürgen ewiger Macht!

Fast im selben Wortlaut fand sich die Verkündigung auch schon im Prosaentwurf. Dann aber erfuhr Richard Wagner, der gescheiterte Revolutionär und Emigrant, all jene tiefen Enttäuschungen und Demütigungen, von denen er im Jahre 1871 in seinem *Epilogischen Bericht über die Umstände und Schicksale* der Tetralogie seit ihren Anfängen so erbittert und bisweilen sogar genußvoll referiert hat. Was er in jenem Schlußbericht verschweigt, möglicherweise weil es ihm nicht voll bewußt wurde, ist die tiefe Wandlung seines Verhältnisses zu den Nibelungen. Alberich und die Rheintöchter: hier hatte ein grandioser dramaturgischer Einfall zwei miteinander unvereinbare Welten der Moderne gegeneinander gestellt. Hier die noch unberührte Natur, dort ein Vertreter der zeitgenössischen Arbeitswelt, die verflucht war bereits vor dem Fluch des Alberich. Der ursprüngliche Entwurf zur Tetralogie glaubte an ein Nebeneinander der beiden Welten: der Rheintöchter als Hüter des wiedererlangten Goldes und der aus der Arbeitswelt befreiten Nibelungen mitsamt dem Alberich.

Die Trauermusik um Siegfried jedoch ist eine Musik der Verlorenen Illusionen. Sie alle müssen zugrunde gehen, denn sie alle fallen dem Fluch Alberichs zum Opfer, die Schuldigen und die – nur scheinbar – Unschuldigen. So wandelt sich der ursprüngliche *Nibelungen*-Mythus mit befreiter Natur und vom Fluch erlöster Götterwelt in das Endspiel einer Götterdämmerung.

Cosimas Tagebücher schildern den schwerkranken Künstler im Palazzo Vendramin als einen tief enttäuschten Menschen und Zeitbeobachter. Er hat die erfolgreiche Uraufführung des *Parsifal* erleben dürfen. Den Dritten Akt hat er bei der letzten Vorstellung noch selbst geleitet, als er den Taktstock aus Hermann Levis Hand entgegennahm. Allein, er glaubt nicht mehr so recht an den Sinn der Festspiele. Es ist nicht bloß das immer noch lähmende Defizit vom Jahre 1876. Richard Wagner hat fast alle Illusionen von sich getan: über den König von Bayern, über das neue und geeinte Deutsche Reich, über die Möglichkeit eines demokratischen Festes auf dem Hügel von Bayreuth.

Sein liebevolles Bekenntnis zu den Rheintöchtern in jener letzten Nacht ist mehr als ein Bekenntnis zu den romantischen Urspüngen und zur Heimatlosigkeit des Künstlers in der Bürgerwelt. Es ist auch Flucht vor dem Wirken Alberichs nach dem Untergang der Götter und der Burg Walhall.

III. Richard Wagner in Bayreuth 1876–1976

Ein Vorspiel von Friedrich Nietzsche

»Damit ein Ereignis Größe habe, muß zweierlei zusammenkommen: der große Sinn derer, die es vollbringen, und der große Sinn derer, die es erleben.« Mit diesem bekenntnishaften Satz beginnt Friedrich Nietzsche seine Schrift über *Richard Wagner in Bayreuth*, die vierte und letzte seiner *Unzeitgemäßen Betrachtungen*. Sie ist gleichsam als Krönung und Übergipfelung der früheren kulturphilosophischen Reflexion gedacht. Von der Negation war der junge Professor der klassischen Philologie an der Universität Basel ausgegangen, als er im Jahre 1873 eine Polemik gegen die behäbige Bürgerästhetik und Utilitätsphilosophie von David Friedrich Strauss eröffnete. Diese erste einer geplanten Reihe von »unzeitgemäßen«, also einzelgängerischen Arbeiten zur Kulturkritik begann mit der Destruktion. Ihr schloß sich ein Jahr später (1874) die zweite Betrachtung an, die folgenreichste von allen, mit dem Titel *Vom Nutzen und Nachteil der Historie für das Leben*. Vom Nutzen der Historie war kaum darin die Rede, um so mehr von den Gefahren eines einschläfernden Historismus. Das dritte Stück in der Reihe *Schopenhauer als Erzieher* begann als Wendung von der Destruktion zur Konstruktion. Hier schrieb ein Schopenhauerianer, der seiner selbst und seines Meisters nicht mehr ganz sicher schien. Auch war unverkennbar, daß Nietzsche einen Schopenhauer interpretierte, dem die Aufgabe zugefallen sei, als Wegbereiter eines Größeren zu wirken: als Vorläufer und – wohl unwillentlicher – Wegbereiter Richard Wagners.

Von Wagner nämlich handelt das vierte und letzte Stück dieser *Unzeitgemäßen Betrachtungen*. Nietzsche schreibt daran im Jahre 1875. Das Buch erscheint ein Jahr später, Anfang Juli 1876, also wenige Wochen vor Eröffnung der ersten Bayreuther Festspiele. Es ist gleichsam als kulturphilosophische Ouverture angelegt und läßt erkennen, daß insgeheim auch alle früheren Stücke dieses anachronistischen Denkers von Wagner gesprochen hatten und von der zivilisatorischen Bedeutung seines Bayreuther Unterfangens.

Richard Wagner selbst scheint ergriffen zu sein, wenn er an Nietzsche schreibt: »Freund! Ihr Buch ist ungeheuer! – Wo haben Sie nur die Erfahrung von mir her?« Allein, so ganz ehrlich ist das nicht gemeint, denn Cosima Wagner notiert die verschiedenen Versuche, das Buch des Freundes Professor Nietzsche zu lesen und zu durchdenken. Immer wieder bricht man ab, legt den Band beiseite; schließlich scheint Wagner auf eine genaue Lektüre verzichtet zu haben.

In der Tat ist der Konflikt zwischen Wagner und Nietzsche, liest man genau, hier bereits angelegt. Der unheimlichen Hellsicht, die Wagner dann immer auszeichnete, wenn es ihm ernst war um die Bestimmung seines Verhältnisses zur Welt und zu den anderen, dürfte die Diskrepanz auch bei flüchtigem Lesen kaum entgangen sein zwischen dem, was er selbst sich von den Bayreuther Festspielen des Jahres 1876 erwartete, und dem missionarischen Programm Nietzsches.

Auch Nietzsche spürt insgeheim den Riß zwischen dieser Bayreuther Festivität und seinen Visionen von einer kulturellen Erneuerung Deutschlands und der Welt mit Hilfe jenes Phänomens *Richard Wagner in Bayreuth*. Am 24. Juli war der Baseler Professor in der Festspielstadt eingetroffen, um an den Proben teilzunehmen. Am 1. August schreibt er an die Schwester: »Ich sehne mich weg... Mir graut vor jedem dieser langen Kunstabende... Ich habe es ganz satt.« Vor der ersten Generalprobe flieht er nach Klingenbrunn im Bayerischen Wald und beginnt hier mit einem schon durchaus nicht mehr »wagnerischen« Traktat, nämlich mit der Arbeit an dem Buch *Menschliches, Allzumenschliches. Ein Buch für freie Geister*. Wollte er damals bereits dem Sog entfliehen und sich freimachen? Erst auf Drängen der Schwester Elisabeth kommt er am 12. August zurück in die Festspielstadt: einen Tag vor dem eigentlichen Festspielbeginn.

Richard Wagner scheint nicht gespürt zu haben, was sich vorbereitete. Er hat wohl auch später in Nietzsches Abkehr und Abfall, zusammen mit Cosima, nichts anderes sehen wollen als eine tragische Krankheitsgeschichte des gelehrten Freundes und nützlichen Parteigängers. Daß in Nietzsches vierter und letzter Betrachtung über *Richard Wagner in Bayreuth* der Kontrast zwischen Wirklichkeit und Möglichkeit des Festspielunternehmens zum ersten Mal und mit ungemein ahnungsvollen Thesen durchdacht und formuliert worden war, ist Wagner kaum in den Sinn gekommen. Zum zweiten Mal war Nietzsches Vision von Bayreuth zusammengeprallt mit der trivialen Pragmatik eines Unternehmens, das freilich auch für Richard Wagner und seine Anhänger als kulturpolitische Erneuerung verstanden wurde, im übrigen aber auch, was Friedrich Nietzsche nicht zu kümmern schien, ein Finanzunternehmen darstellte, ein Organisationsproblem ganz ungewohnter Art, nicht zuletzt ein Projekt der Publizität und Propaganda.

Daß Nietzsche diesem Zusammenhang wenig Achtung schenkte, hatte man bereits am 31. Oktober 1873 feststellen müssen. Damals war klargeworden, daß das ursprüngliche Projekt, die Festspiele mit einem Kapital von 300 000 Talern dadurch zu finanzieren, daß man tausend Patronatsscheine an Leute vergab, die bereit waren, ein solches Papier mit 300 Talern zu honorieren, gescheitert war. Am 31. Oktober 1873 tritt in Bayreuth eine Delegiertenversammlung dieser finanzkräftigen »Patrone« zusammen. Auf Wunsch Richard Wagners hatte Nietzsche, um der Versammlung Mut zu machen, einen propagandistischen Mahnruf an die Deutschen entworfen. Die Delegierten lehnten aber nach kurzer Kenntnisnahme den Text, wie Nietzsche einem Freund schrieb, »artig, aber bestimmt« ab. Was in der Tat sollte man anfangen mit solchen Sätzen: »An diese unsere deutsche Aufgabe in diesem Augenblick zu mahnen, halten wir für unsere Pflicht, gerade jetzt, wo wir auffordern müssen, mit allen Kräften eine große Kunsttat des deutschen Genius zu unterstützen ... Insbesondere werden die deutschen Universitäten, Akademien und Kunstschulen nicht umsonst aufgerufen sein, sich der geforderten Unterstützung gemäß, einzeln oder zusammen, zu erklären: wie ebenfalls die politischen Vertreter deutscher Wohlfahrt in Reichs- und Landtagen einen wichtigen Anlaß haben, zu bedenken, daß das Volk jetzt mehr wie je der Reinigung und der Weihung durch die erhabenen Zauber und Schrecken echter deutscher Kunst bedürfe ...«

Man konnte damals bereits voraussehen, daß nichts dergleichen eintreten würde. Weder die Universitäten noch die deutschen Parlamente, zu schweigen vom Reichstag des soeben begründeten Deutschen Reiches, kümmerten sich um das ehrgeizige Unterfangen des umstrittenen Musikdramatikers Richard Wagner irgendwo im Fränkischen. Otto von Bismarck hatte sich zwar bei Richard Wagner freundlich bedankt für die Übersendung des Gedichts *An das deutsche Heer von Paris*, auf alle späteren Ersuchen aber um finanzielle Unterstützung der Bayreuther Unternehmung erfolgte keine Reaktion. Dergleichen bedurfte für den Reichskanzler und Fürsten Bismarck durchaus keine Antwort.

Zweimal war Nietzsches Idee von Bayreuth mit deutschen Wirklichkeiten zusammengestoßen: als der propagandistische Entwurf gerade von den Patronen des Bayreuther Unternehmens fast verständnislos abgelehnt und wohl auch von Wagner selbst rasch fallengelassen wird; dann beim Erscheinen der Schrift *Richard Wagner in Bayreuth*, die keinerlei Aufsehen erregt, kaum beachtet, von Richard Wagner selbst offensichtlich kaum ernsthaft durchdacht wird.

Dennoch gibt es keinen besseren geistigen Ansatzpunkt, das Ereignis der Bayreuther Festspiele, verstanden als gesellschaftliches, politisches und ästhetisches Phänomen, zu interpretieren, als eben Friedrich Nietzsches Schrift aus dem Gründungsjahr der Wagner-Festspiele in Bayreuth.

Richard Wagner in Bayreuth: das ist in der Tat eine Zusammenstellung, die weit mehr meint als die bloße Koppelung eines berühmten Künstlernamens und eines Ortsnamens. Spricht man von Kafka und Prag, von Dublin und James Joyce, von Thomas Mann und Lübeck, von Hölderlin in Tübingen, so wird jeweils eine Konstellation der Kulturgeschichte aufgerufen und zitiert. Man erörtert die Beziehungen eines Künstlerlebens mit einer besonderen Umwelt. Allein, wer an Prag denkt, muß nicht notwendigerweise sogleich den *Prozeß* von Kafka innerlich mitdenken. Es gibt die irische Realität der Stadt Dublin, und es gibt das Dublin des *Ulysses* von Joyce.

Anders steht es im öffentlichen Bewußtsein, und seit nunmehr einem Jahrhundert, mit der Zusammenstellung des Namens

Bayreuth und des Namens eines großen Künstlers. Die Geschichte Bayreuths ist seitdem zur Wagnergeschichte geworden, zur Festspielgeschichte, auch zu einer Geschichte von politischen Metastasen des Wagnertums. Glanz und Elend der Familie Wagner und der Festspiele wirkten sich aus als Glanz und Elend dieser oberfränkischen Mittelstadt. Da ist noch mehr. Richard Wagner in Bayreuth: das ist in der Tat deutsche Geschichte. Obenhin betrachtet, vielleicht in einem Sinne, den Nietzsche vor hundert Jahren sicherlich nicht voraussehen oder gar wünschen konnte. In einem tieferen Verstande jedoch scheint das Jahrhundert zwischen 1876 und 1976 den Visionen des Philosophen nicht gerade widersprochen zu haben. Bereits jenes Manifest Nietzsches vom Oktober 1873 hatte für das deutsche Volk die Reinigung und Weihung postuliert »durch die erhabenen Zauber und Schrecken echter deutscher Kunst«. In Nietzsches Betrachtung über *Richard Wagner in Bayreuth* wird eine Zukunftsgemeinschaft der Wagnerianer beschworen. Ein Blick in die Zukunft deutet an, was sich ereignen könnte, wenn das Bayreuther Unternehmen als Gesamtkonzept verwirklicht sei. Dann wurde aus der von Nietzsche vorsichtig definierten Gemeinschaft der »Unzeitgemäßen«, welche sich im Jahre 1876 zu Wagner bekannt und in Bayreuth eingefunden hatten, eine Volksgemeinschaft, die sich, dank der Begegnung mit den Musikdramen Richard Wagners, verändert und in einem neuen Sinne »freigemacht« hatte: »Vielleicht wird jenes Geschlecht im ganzen sogar böser erscheinen als das jetzige – denn es wird, im Schlimmen wie im Guten, offener sein; ja es wäre möglich, daß seine Seele, wenn sie einmal in vollem, freien Klange sich ausspräche, unsere Seelen in ähnlicher Weise erschüttern und erschrecken würde, wie wenn die Stimme irgendeines bisher versteckten bösen Naturgeistes laut geworden wäre. Oder wie klingen diese Sätze an unser Ohr: daß die Leidenschaft besser ist als der Stoizismus und die Heuchelei, daß Ehrlichsein, selbst im Bösen, besser ist, als sich selber an die Sittlichkeit des Herkommens verlieren, daß der freie Mensch sowohl gut als böse sein kann, daß aber der unfreie Mensch eine Schande der Natur ist.«

Hier spricht bereits der spätere Nietzsche, der sich von Wagner abgewendet hat und von der mitleidsvollen »Sklavenmoral« des *Parsifal*. Freilich ist es zugleich ein folgerichtiges Philosophieren, das den Antagonismus zwischen Wotan und Siegfried auch in der gesellschaftlichen Wirklichkeit zu Ende denkt. Hier der Herr der Verträge, der den Verträgen nun Knecht sein muß, Hüter und Garant einer auf Vertragstreue, Rechtshoheit, Treu und Glauben aufgebauten bürgerlichen Gesellschaft. Dort der freie und schöne, instinktvolle und gläubige Naturmensch, der Konflikte mit dem Schwert entscheidet, die Sprache der Vögel versteht, aber nicht die der Furcht und der Lüge, also einer menschlichen Gemeinschaft.

Ein Jahrhundert zwischen 1876 und 1976 hat beides in Deutschland, und damit in der ganzen Welt, modellhaft verwirklicht. Einmal Richard Wagners Konzept einer exklusiven und absolutistischen Bühnenkunst am heiligen Ort in der Form einer reinen und gleichstrebenden Gemeinschaft. Als einer Gemeinschaft im Geist deutscher Kunst, die höher sei als alle anderen Kunstfertigkeiten, und die es zu verteidigen gelte sowohl gegen die üblen Kunstvergnügungen der bürgerlichen Welt wie gegen die Befleckung durch Juden und jüdischen Geist. Dies alles ist Quintessenz dessen, was sich Richard Wagner von Bayreuth erhoffte. Es ist verwirklicht worden, bleibt heute mithin in den Voraussetzungen und Auswirkungen durchaus überschaubar.

Allein, auch Friedrich Nietzsches Konzept vom Jahre 1876, das in vieler Hinsicht den Vorstellungen Richard Wagners widersprach, ist überschaubar geworden. Der Judenhaß Richard Wagners, einer Verwundung gleichend, die nicht heilen wollte, hat den Ablauf eines Jahrhunderts der Bayreuther Festspiele nachhaltig geprägt. Wo Widrigkeiten aufzutreten pflegten und Hemmnisse für das Werk, pflegte der Meister von Bayreuth das Judentum verantwortlich zu machen. Gewiß holte er sich den Kapellmeister Hermann Levi aus München als Dirigenten des *Parsifal*, allein, da sprach nicht bloß die Kapellmeisterperfektion des jüdischen Musikers für eine solche Berufung, sondern auch die Drohung des Bayerischen Königs, im anderen Falle das Münchener Orchester nicht freizugeben. In seinen Lebenserinnerungen hat der Dirigent Felix von Weingartner, ein Augen- und Ohrenzeuge der Festspiele von 1882, folgendes ausgesagt: »Hermann Levi, anfänglich, weil er Jude ist, von Wagner abgelehnt, dirigiert. König Ludwig hätte dem Münchener Orchester die Mitwirkung versagt, wenn Wagner auf seiner Ablehnung bestanden hätte.« Aber noch während der *Parsifal*-Proben unter Levi notiert Cosima am 22. Juli 1882 eine Bemerkung des Gatten: »Zu mir machte er die Bemerkung, er möchte nicht als Orchestermitglied von einem Juden dirigiert werden.«

Friedrich Nietzsche hat sich mit Entschiedenheit gegen diesen Antisemitismus innerlich und auch nach außen hin gewehrt. Er hat mit dem Mann seiner Schwester gebrochen, dem Antisemiten Förster. Allein, auch Nietzsches Bayreuth-Vision von den freien, ehrlichen, aber bösen Menschen einer wagnerischen deutschen Zukunft konnte zur Realität werden. Nietzsches Wort vom »gefährlichen Leben« ist in jenem Jahrhundert der Bayreuther Festspiele sowohl als Maxime wie als Praxis einbekannt worden. Der deutsche Tonsetzer Adrian Leverkühn in Thomas Manns Roman *Dr. Faustus*, an dessen Leben, 40 Jahre nach dem Tode Friedrich Nietzsches, demonstriert werden soll, wie es zugeht, wenn sich Künstler und Kunst dem Teufel der Unmenschlichkeit verschreiben, trägt einen sonderbaren Namen. Romanischer Vorname und deutscher Familienname. Ein kühnes Leben aber ist zugleich ein gefährliches Leben. Adrian Leverkühn hat mit Nietzsche zu tun, und nicht zuletzt mit Nietzsches Gedanken über die Weltbedeutung der Konstellation *Richard Wagner in Bayreuth*. Ein Weltereignis ist daraus geworden. Wer eine Zusammenstellung versucht der Familiengeschichte Wagners, der Festspielgeschichte und der Kunstgeschichte von 1876 bis zur Gegenwart, schreibt zugleich deutsche Geschichte und Welthistorie.

Einzug der Götter in Wahnfried
Richard Wagner

Hier wo mein Wähnen Frieden fand –
Wahnfried
sei dieses Haus von mir benannt.

Die Inschrift ist bekannt: am 30. April 1874 bezog Richard Wagner in Bayreuth sein neuerbautes villenartiges Wohnhaus, dessen Gartenseite dank besonderer königlicher Erlaubnis durch ein Türchen mit dem angrenzenden Hofgarten verbunden werden konnte.
Hier, in Haus Wahnfried, errichtete er sich den Herrschersitz: im Garten des Hauses befindet sich sein Grab. Seit 1930 ruht Cosima Wagner neben dem Gatten.
Wähnen und Wahn: darauf hatte Richard Wagner das Motto seiner letzten Lebenszeit gestellt. Bei der Benennung des Bayreuther Altersitzes versteht Wagner sein einstiges und nunmehr befriedigtes Wähnen als begründete und erfüllte Hoffnung. Als eine Erwartung, der die Erfüllung zuteil wurde. Allein, wir kennen auch den Wahnmonolog des Hans Sachs aus den »Meistersingern«, der mit den Worten beginnt: »Wahn, Wahn! Überall Wahn!« Hier ist Wahn verstanden als sinnloses Menschenleid, als eine Daseinsqual der Menschen, »in unnütz toller Wut!« Es ist jener Wahn, den es zu heilen, jene Illusion, die es zu zerstreuen gilt.
Ein merkwürdiges Motto, das sich für Haus Wahnfried fand. Hier wurde die Erwartung und Hoffnung eines leidenschaftlichen, ebenso hartnäckigen wie ichsüchtigen großen Künstlers erfüllt. Hier wurden Hoffnungen gekrönt. Aber wurden hier nicht auch Illusionen begraben? Bedeutet das Haus Wahnfried nicht zugleich, vom Erbauer des Hauses her gesehen, die Aussperrung und Verbannung einstigen »Wähnens« im Sinne irriger Vorstellungen, phantastischer Annahmen, gegenstandsloser Illusionen? Man muß es vermuten; denn Richard Wagner war mit der Übersiedlung nach Bayreuth aus dem Exil zurückge-

kehrt, und hier in Wahnfried erst wurde er zum ersten Mal in Deutschland wirklich seßhaft, hatten sich alle früheren Träume und falschen Hoffnungen aufgelöst und der neuen Wirklichkeit, dem Begriff *Richard Wagner in Bayreuth,* Platz gemacht. Wagner hatte seinen Frieden gemacht, wie er glaubte, mit einstigen Wahnideen und wähnenden, doch eitlen Hoffnungen.

Als 1876, zwei Jahre nach Wagners Einzug ins Haus Wahnfried, die ersten Bayreuther Festspiele mit dem *Ring des Nibelungen* eröffnet werden, spricht Karl Marx in einem Brief an Engels mit unmutigen Worten von Wagner als einem »Staatsmusikanten«, der nunmehr – wie ein Künstlermonarch – den Deutschen Kaiser Wilhelm I. als prominentesten Besucher seiner Festspiele empfängt: den gleichen Wilhelm von Hohenzollern, der als verhaßter »Kartätschenprinz« im Jahre 1849 die deutsche Revolution niedergeschlagen hatte. Damals, beim Dresdner Mai-Aufstand des Jahres 1849, standen der Revolutionär Richard Wagner und der Prinz Wilhelm von Preußen als Exekutor der Gegenrevolution auf verschiedenen Seiten der Barrikade. Im Jahre 1876 aber ist aus dem Kartätschenprinz der Deutsche Kaiser geworden, und aus dem Flugblattschreiber und Flugblattverteiler Wagner der Gastgeber des Kaisers.

Richard Wagner in Bayreuth: das ist von nun an die Geschichte eines Sieges. Es bedeutet den Höhepunkt im Prozeß einer Verwandlung von Wahn in Wirklichkeit. Vergleichbar ist eine Formel, die Wagner und Bayreuth zusammenschließt, in ihrer historischen Tragweite höchstens mit der Parallelformel »Goethe in Weimar«. Allein, Goethe hat keine Nachfolge begründet oder auch nur begründen wollen. Die letzten Jahrzehnte seines Lebens wurden immer planvoller stilisiert als Gegensatz einer »inkommensurablen« Subjektivität zu einer Außenwelt, die als Welt schlechthin genommen werden mochte, da das Weimar Goethes, wie man am Frauenplan befand, ohnehin eine Welt bedeutete. Weltenbürger und Weimaraner.

Richard Wagner hingegen ging stets darauf aus, eine Nachfolge zu begründen. Der Goetheaner ist auch seinerseits inkommensurabel: er verharrt auf der eigenen und unverwechselbaren

Subjektivität. Der Wagnerianer jedoch integriert sich in aller Bewußtheit einer Gemeinschaft mit Ordenscharakter. Es bedurfte keiner Suche voll bleichen Eifers: der Gral hatte sich auf dem fränkischen Hügelgebirge niedergelassen. Bayreuth war von nun an Gralsgebiet.

Das demokratische Fest

Als Wilhelm I., Deutscher Kaiser und König von Preußen, der einstige Gegenspieler Richard Wagners bei der sächsischen Revolution von 1849, am 13. August 1876 das Festspielhaus betrat, wurde er, wie die Zeitungen berichteten, mit Jubel begrüßt. Er trat vor in der Kaiserloge und verneigte sich vor dieser von Nietzsche propagandistisch beschworenen Gemeinschaft der Unzeitgemäßen. Die Damen hatten sich entzückt zugeflüstert – so kann man es nachlesen –, der damals 79jährige Monarch sei »nach wie vor ein schöner Mann«.

Eine Konfrontation Wilhelms von Preußen und Ludwigs von Bayern, also des Siegers und des Besiegten vom Jahre 1866, fand nicht statt. König Ludwig hatte die Generalproben besucht, um dann eilends nach München und an den Schwansee zurückzukehren.

Fünf Jahre waren vergangen seit der Kaiserproklamation vom 18. Januar 1871 im Schloß zu Versailles. Als Richard Wagner den Deutschen Kaiser begrüßte, trat er ihm nicht als einstiger Ideologe einer Götterdämmerung entgegen, die auch als Fürstendämmerung verstanden werden mußte, sondern als Komponist eines Kaisermarsches. Das neubegründete und als Fürstenbund vereinigte Reich lebte in einer fieberhaften Euphorie des Geldüberflusses. Fünf Milliarden Goldfranken, die diktierte Kriegsentschädigung, die ein besiegtes Frankreich leisten mußte, hatten ihre Zirkulation begonnen. Richard Wagner durfte damit rechnen, daß ein angemessener Anteil abfallen werde auch für das singuläre Unternehmen einer ersten zyklischen Aufführung der *Ring*-Tetralogie, zugleich einer Uraufführung des *Siegfried* und der *Götterdämmerung*, während

Vorspiel und erster Tag des *Nibelungenrings,* zum Unwillen Wagners, doch auf Geheiß des Bayernkönigs, in München bereits gespielt worden waren.

Der Deutsche Kaiser soll Wagner, wie dieser sogleich mitteilen ließ, beglückwünscht haben mit der leise ironischen Anmerkung: er selbst, der König und Kaiser Wilhelm, habe nicht geglaubt, daß Wagner es schaffen würde. Nun war auch dieses Wähnen zur Wirklichkeit geworden, um sogleich, nach einem kurzen Augenblick des beunruhigten Stolzes, von neuer Sorge und Begierde abgelöst zu werden.

Für die Zeitgenossen des Sommers 1876, erst recht für das Publikum dieser vier Premierenabende, erfüllte sich damals der exzessivste Künstlertraum einer ganzen Epoche. Der säkularisierte Götzendienst am genialen Künstler gehörte zur Ideologie eines Bürgertums von freien Unternehmern und liberalen Zwischenträgern der Warenproduktion und des Kapitalmarktes. Richard Wagner mußte ihnen allen in doppelter Gestalt erscheinen, und zwar als doppelt verehrungswürdig: als singuläres Genie und als erfolgreicher Großunternehmer. Daß es finanziell um die Solidität des Unternehmens nicht gut bestellt war, wußte jedermann; dafür hatten Richard Wagners politische und künstlerische Widersacher gesorgt. Allein, sogar diese Tatsache schien das Prestige des Bayreuther Meisters eher zu stärken. In jenen Jahren des Übergangs von der Gründerkonjunktur zur baldigen Gründerkrise war eine solche Affinität von Augenblicksglanz und raschem Welken durchaus nicht ungewohnt. Freilich hatten sich die Zeitgenossen in solchen Fällen auch daran gewöhnt, dem Niederfall eines dieser überhellen Meteore mit Gleichmut und durchaus mitleidslos zuzuschauen. Was Richard Wagner sogleich nach Abschluß der ersten Festspiele und einer ersten Bilanzierung erfahren mußte.

Die Bitterkeit in Wagners Briefen und Aussprüchen etwa zwischen 1876 und 1880 wurzelt im Grunde tiefer als alles frühere Ressentiment des genialen Schöpfers, der sich immer wieder, bis zum Augenblick des Gralswunders, als der Bote König Ludwigs eintrifft, als Versager erleben mußte. Ein Schuldenberg der ersten Bayreuther Festspiele läßt Wagner und auch Cosima plötzlich begreifen, daß man nur scheinbar gesiegt, doch zugleich auch vieles verloren hat. Cosima muß die Lage früher durchschaut haben als der Bayreuther Meister. In einem Brief vom 29. Dezember 1875, also im Stadium der Vorbereitungen für das Eröffnungsfest vom Sommer 1876, steht der merkwürdige Satz: »Mein Mann hat schon den Gedanken geopfert, ein freies Fest den weniger Bemittelten zu geben, und es werden alle Plätze verkauft werden.« Hier in der Tat hatte Richard Wagners Wähnen den Frieden nicht gefunden. Das geplante demokratische Fest konnte und durfte nicht stattfinden. Was sich vollzog im Augenblick, da der Kaiser die Huldigungen des Amphitheaters entgegennahm, war eine Zurücknahme gewesen. Die Wirklichkeit von Bayreuth konnte durchaus von Richard Wagner, schaute er zurück auf seine früheren Thesen und Konzepte, als glanzvolle Misere gedeutet werden, als eine Niederlage mit Siegesritual.

Die Zeitgenossen hatten damals viel Wesens davon gemacht, daß Wagner in offenbar grenzenloser Unbescheidenheit ein Theater für sich allein beanspruchte, das er mit keinem anderen Tonsetzer zu teilen gedachte, auch nicht mit den bewunderten Gluck und Beethoven und Weber. In Wirklichkeit war das Konzept dieses Musikdramatikers nur darin ungewöhnlich, daß Wagner die Träume, die viele große Musiker vor ihm und mit ihm geträumt hatten, so ernst nahm, daß er ihnen auch im öden Alltag zu folgen beschloß.

Man wird, um die Ursprünge des Festspielgedankens richtig zu deuten und nicht in unzulänglicher Weise aus der Künstlerpsychologie Richard Wagners abzuleiten, den Zustand damaliger Opferntheater rekonstruieren müssen. Noch in der zweiten Hälfte des 19. Jahrhunderts lebte man in Deutschland in dieser Beziehung mitten im Feudalismus des Rokoko und einer Versailles-Imitation. Es war daher auch nur scheinbar widerspruchsvoll, wenn König Ludwigs Träume gleichzeitig erfüllt waren von deutsch-romantischen Mittelaltervisionen und einer Imagination der Epoche Ludwigs XIV. Linderhof und Neuschwanstein gehörten für diese Traumwelt zusammen. König Ludwig II. von Bayern empfand sich, gleich den Fürsten des

17. und 18. Jahrhunderts, die sich ein Opernensemble hielten zur höfischen Ergötzung, wobei die Musikerlakaien bisweilen auch Gluck heißen mochten oder Mozart, als absolutistischen Auftraggeber. Darin unterschied er sich nicht wesentlich von anderen deutschen Fürsten und ihrer Hoftheaterpraxis. Ludwig freilich hatte sich stärker mit dieser neuen Opernkunst und ihrem Schöpfer eingelassen. So mußte er sich und Wagner eine niemals ganz ehrliche Komödie der Freundschaft vorspielen, die stets gefährdet war durch herrscherliche Ausbrüche, durch Gebot und Verbot.

Die deutschen Hofopern des 19. Jahrhunderts, ob in Berlin oder Dresden, München oder Meiningen, denen sich im Zuge allgemeiner Verbürgerlichung auch städtische Opern anschlossen, wurden geprägt durch Geschmack und Launen des jeweiligen Hofes, nicht durch das ästhetische Konzept eines professionellen Operndirektors. Prädestiniert für das Amt eines Hoftheaterdirektors waren jene Söhne des Hofadels, die ein bißchen Bildung und einiges an künstlerischer Sensibilität hatten erkennen lassen. Das Leben eines Hans von Bülow ist bestimmt durch seinen erbitterten und hoffnungslosen Kampf gegen Schlamperei und Unverstand der adligen Opernchefs. Die Klagen der großen Komponisten des 19. Jahrhunderts über Inkompetenz, Faulheit und Gleichgültigkeit bei der Aufführung von Meisterwerken der Opernkunst sind einhellig. Richard Wagner bildet hier keineswegs eine Ausnahme. Da gibt es die satirischen Schilderungen E.T.A. Hoffmanns über die Art, wie man am Preußischen Hoftheater zu Berlin die Werke eines Gluck mißhandelt; das Scheitern des Operndirektors Franz Liszt an den Intrigen des Großherzoglichen Hoftheaters zu Weimar; die sarkastischen Berichte und Wutausbrüche von Hector Berlioz; die höfischen Intrigen gegen Carl Maria von Weber und die Berliner Uraufführung des *Freischütz*. Der Pariser Skandal um Wagners *Tannhäuser* im März 1861 war kein singulärer Vorgang. Er gehörte zum permanenten Kampf der schöpferischen Musiker um eine angemessene, nämlich noten- und werkgetreue Interpretation ihrer Partituren. Es ist kein Zufall, daß beim Rückblick auf die großen Leistungen der Opernkunst und Orchestermusik im 19. Jahrhundert die wesentlichsten Impulse von Interpreten ausgingen, die selbst bedeutende Komponisten waren: von Carl Maria von Weber und später von Richard Wagner in Dresden, von Felix Mendelssohn-Bartholdy im Leipziger Gewandhaus, von Franz Liszt in Weimar, schließlich von Gustav Mahler in Wien.

Richard Wagner unterscheidet sich von seinen Zeitgenossen nicht dadurch, daß er die jammervolle Willkür einer Hoftheaterpraxis denunziert, sondern daß er die Misere folgerichtig durchdenkt und zu dem Schluß gelangt, daß mit Hilfe der etablierten Opernhäuser eine sinnvolle Verwirklichung seiner neuen Musikdramatik nicht geleistet werden kann. In einem Brief vom 17. Dezember 1861 an Hans von Bülow wird das zunächst als negative Folgerung aus Erfahrungen gezogen. Natürlich schreibt Wagner unter dem Eindruck der *Tannhäuser*-Vorfälle vom März eben dieses Jahres: »Ein Blick auf unsre Theater hat mir wieder deutlich gezeigt, was einzig Noth thut, wenn meine Kunst irgend Wurzel schlagen soll, und nicht gänzlich mißverstanden als Ephemere verwehen soll. Ich brauche ein Theater, wie ich es einzig selbst herstellen kann. Es ist nicht möglich, daß auf denselben Theatern, in welchen unser Opernunsinn – selbst den Klassischen mit eingerechnet – gegeben wird, und wo Alles, Darstellung, Auffassung und geforderte Wirkung, im Grunde genommen schnurstracks dem zuwiderläuft, was ich für mich und meine Arbeiten fordere, diese zur gleichen Zeit einen wirklichen Boden finden könnten. Stell' mir das Wiener und Berliner Hoftheater zur Disposition, mach' mich zum Herren alles dessen, was ich brauche: ich kann es mir gar nicht stellen, und – glückte es rasenden Anstrengungen einmal etwas Rechtes zu Stande zu bringen, Alles bräche schnell wieder wie ein Kartenhaus zusammen, sobald morgen wieder der Prophet, oder selbst Zauberflöte, oder gar selbst Fidelio gegeben würde. Ich kann die ›Oper‹ nicht in meiner Nähe dulden, wenn mein Musikdrama gepflanzt werden soll.«

Dies ist zunächst die bloße Verneinung. Das Gegenbild aber kündigt sich in der Negation bereits an. Zwei Jahre später entwirft Wagner die neue ästhetische und bühnenpraktische Vision.

Er entwickelt sie im Vorwort zur ersten öffentlichen Ausgabe seiner *Nibelungen*-Dichtung. Der Text gehört zu Wagners berühmtesten Manifesten. Er schließt wie bekannt, mit der Frage, ob ein deutscher Fürst sich finden werde, der einen Teil des Jahresbudgets seiner Hoftheater für solche Musteraufführungen von Werken Richard Wagners abzweigen würde. »Wird dieser Fürst sich finden?–« Richard Wagner endet mit der ebenso kühnen wie unphilologischen Bibelübersetzung des Dr. Faust: »Im Anfang war die That.« Diese erste umfassende Entwicklung des Festspielgedankens ist im Jahre 1863 noch beherrscht von der Vision eines demokratischen Festes. Der Revolutionär des Jahres 1849 hat zwar das Konzept einer materiellen Umwälzung verworfen und betreibt von nun an, in enger Nachfolge des deutschen Idealismus, die ästhetische Erziehung seiner deutschen Zeitgenossen. Dies deutsche Volk selbst hingegen versteht er als eine demokratische Gemeinschaft, durchaus nicht als eine höfisch-großbürgerlich-großkünstlerische Elite.

Den großen Städten mißtraut Richard Wagner. Er hat seine Erfahrungen in Dresden und Wien und Paris gemacht. Die neue Verstörung in der Residenzstadt München steht ihm noch bevor. Jetzt aber bereits denkt er an »eine der minder großen Städte Deutschlands, günstig gelegen, und zur Aufnahme außerordentlicher Gäste geeignet«. Die zweite wesentliche Bedingung ist ebenso folgerichtig, in dieser minderen Stadt darf es kein Theater geben.

Es folgen die berühmten und immer wieder zitierten Sätze: »Hier sollte nun ein provisorisches Theater, so einfach wie möglich, vielleicht bloß aus Holz, und nur auf künstlerische Zweckmäßigkeit des Inneren berechnet, aufgerichtet werden; einen Plan hierzu, mit amphitheatralischer Einrichtung für das Publikum, und dem großen Vortheile der Unsichtbarmachung des Orchesters, hatte ich mit einem erfahrenen, geistvollen Architekten in Besprechung gezogen. – Hierher sollten nun, etwa in den ersten Frühlingsmonaten, aus den Personalen der deutschen Operntheater ausgewählt, vorzüglichste dramatische Sänger berufen werden, um, ununterbrochen durch jede andersartige künstlerische Beschäftigung, das von mir verfaßte mehrteilige Bühnenwerk sich einzuüben.«

Richard Wagner war stets ein Meister der konkreten Utopie. Sein Projekt war genau durchdacht. Das demokratische Fest mußte auch durch die Form des Theaterbaus im Ablauf mitbestimmt werden. Die Hoftheater in Deutschland, meist noch aus dem 18. Jahrhundert stammend, präsentierten sich als Logentheater. Im Laufe fortschreitender Verbürgerlichung im 19. Jahrhundert hatte sich ein Theatertyp herausgebildet, dessen Struktur nicht vom Parkett bestimmt wurde, sondern vom ersten oberen Logenring. In der Mitte die obligate Fürstenloge, dann – von der Mitte wegstrebend zu den Seiten des Theaterraumes – die Logen der höfischen Würdenträger, je nach Bedeutung und Adelskarat gegeneinander abgestuft. Der zweite obere Logenring war den Offizieren und – gleichfalls meist adligen – Staatsbeamten der jeweiligen Monarchie reserviert. Im Parkett feierte sich das gehobene Bürgertum als Repräsentanz von Bildung und Besitz. Man schaute hinauf nach der Fürstenloge und freute sich, wenn bisweilen von einem der erlauchten Logeninsassen ein Blick geworfen wurde, durch das Lorgnon oder Monokel oder Opernglas, hinunter ins bürgerliche Parkett.

Richard Wagner kannte und haßte diesen Typ eines Theaterbaus, der den höfisch-bürgerlichen Kompromiß zu stabilisieren schien. Wie er sein eigenes Bayreuther Bühnenunternehmen schroff kontrastieren ließ mit der Bühnenpraxis jener deutschen Hoftheater, so gedachte er auch die architektonische Struktur des Bayreuther Innenraums, nicht minder schroff, als Kontrast zur Architektur der Hofbühnen zu konzipieren.

Die theoretischen Schriften Wagners aus der ersten Exilzeit in Zürich hatten den Rückweg gesucht zur griechischen Tragödie und zum Theater der großen Tragiker aus der Blütezeit von Athen. Das Theater der Griechen war ein demokratisches Fest: gefeiert freilich allein von freien Bürgern, unter Ausschluß der Metoeken und natürlich der Sklaven. Gefeiert wurde das Fest im Amphitheater: als Tragödie, Satyrspiel oder auch als aristophanische Komödie. Hier gedachte Richard Wagner anzuknüpfen. Die »amphitheatralische Einrichtung für das Publikum« sollte, wie Wagner schreibt, ohne Unterschied von Rang und Status allen Freunden der Kunst zugänglich sein. Sie alle waren willkommen, denn bereits ihr Besuch in Bayreuth zeugte von der rechten Gesinnung. Nebeneinander hatte man zu sitzen in den langsam ansteigenden Reihen. Kein Blick hinauf oder zurück zu den Logen und ihren auch äußerlich erhöhten Insassen. Auch kein zerstreuter und neugieriger Blick hinab zum Orchester und zum taktierenden Kapellmeister: »Zur Vollendung des Eindruckes einer solchermaßen vorbereiteten Aufführung würde ich dann noch besonders die Unsichtbarkeit des Orchesters, wie sie durch eine, bei amphitheatralischer Anlage des Zuschauerraumes mögliche, architektonische Täuschung zu bewerkstelligen wäre, von großem Werte halten.« Ein demokratisches Fest mit einem Publikum, das bestehen sollte aus »von näher und ferner her öffentlich Eingeladenen«.

Dies demokratische Fest fand nicht statt im August des Jahres 1876. Die Götter zogen zwar in Wahnfried ein, das Motto des Hauses sprach von gestillter Begierde, wohinter sich freilich neue Lust und Ungeduld Richard Wagners nur mühsam verbarg. Was jedoch auf dem Festspielhügel zustande gekommen war und nun zelebriert werden sollte, unterschied sich weitgehend vom ursprünglichen Konzept. Nicht allein durch die gesellschaftliche Zusammensetzung des Premierenpublikums, das man nicht eben als stellvertretend bezeichnen konnte für demokratische Gleichheit. Ein Amphitheater war entstanden, gewiß, auch den »mystischen Abgrund« hatte sich Wagner ertrotzt; im übrigen aber entsprachen dic Besucher dieser ersten Gesamtaufführung der Tetralogie durchaus dem üblichen Bild einer Hoftheaterpremiere.

Auch Richard Wagner hatte seit Niederschrift seines programmatischen Vorworts vom Jahre 1863 manche Veränderung erlebt. Nicht allein durch das Gralswunder des Fürsten, den er visionär beschworen hatte, und der in seinem Leben plötzlich und wundersam erschien. Geändert hatte sich Wagner mit seiner Zeit, und durch sie. Das hatte der Deutsch-Französische Krieg von 1870/71 bereits erkennen lassen. Wagners im Januar

1871 geschriebenes Gedicht *An das deutsche Heer von Paris* ist nicht bloß der Form nach ein schlechtes Gedicht, sondern gleichzeitig ein Aufruf zu schrankenloser Eroberung auf Frankreichs Kosten. Richard Wagner schreibt jetzt eine witzlose, angeblich »in antiker Manier«, also nach dem Vorbild des Aristophanes verfaßte Verhöhnung der Kommunarden im belagerten Paris. Es ist eine fade Offenbachiade, die sich auch über Victor Hugo lustig zu machen sucht. Bemerkenswert bleibt die Kontinuität zu Wagners Grundgedanken über den Gegensatz zwischen deutscher und französischer Kunst: Antithese aus dem *Tannhäuser*, aus den *Meistersingern*. Die Frankreichwelt war vormals Venusberg, dann wählte sie sich Beckmesser zum Repräsentanten, nun singt – in Wagners unvertonter Operette – Victor Hugo ein Couplet, mit dem er sich an die deutschen Belagerer wendet:

> Wir machen euch hier elegant.
> Wer fänd' euren *Faust* appetitlich?
> Gounod erst machte ihn niedlich;
> Don Carlos und Wilhelm Tell,
> denen gerbten wir erst das Fell.
> Was wüßtet ihr von Mignon,
> machten wir nicht dazu Mirliton?
> Habt ihr euch den Shakespeare gestammlet,
> wir schufen goûtable erst Hamlet!
> Doch hattet ihr wirklich Genie,
> den Parisern entging dies nie:
> Orpheus aus der Unterwelt,
> ihn haben wir angestellt.

Entgleisung eines deutschen Patrioten, der in der Exaltation der Reichsgründung die Grenzen des Geschmacks und der Humanität überschreitet? Doch wohl nicht nur. Das Bayreuther Programm wirkt wie eine Ergänzung jener polemischen Exzesse. Die Rede zur Grundsteinlegung des Festspielhauses macht es sichtbar. Sie bedeutet einen völligen Bruch mit Wagners einstigen Plänen zur Realisierung gesellschaftlichen Fortschritts. Das

Nationale ist hier dem Nationalistischen eng verwandt; humanen Fortschritt hält Wagner, als Schüler Schopenhauers, weder für möglich noch für wünschenswert. Einzig das Genie bedeute den Fortschritt. Vieles klingt hohl, ist nicht mehr durchlebt und durchlitten, sondern gleichsam selbstgefällig postuliert: »Dies aber ist das Wesen des deutschen Geistes, daß er von innen baut: der ewige Gott lebt in ihm wahrhaftig, ehe er sich auch den Tempel seiner Ehre baut.«

Die Frage des menschlichen Fortschritts aber sieht Wagner nunmehr so: »Alle Welt ist heutzutage in dem festen Glauben an einen immerwährenden, und namentlich in unsrer Zeit äußerst wirksamen, sogenannten Fortschritt, ohne sich eigentlich wohl darüber klar zu sein, wohin denn fortgeschritten werde, und was es überhaupt mit diesem ›Fort‹ für eine Bewandtnis habe; wogegen diejenigen, welche der Welt natürlich etwas Neues brachten, nicht darüber befragt wurden, wie sie sich zu dieser fortschreitenden Umgebung, die ihnen nur Hindernisse und Widerstände bereitete, verhielten. Der unverhohlenen Klagen hierüber, ja der tiefen Verzweiflung unsrer allergrößten Geister, in deren Schaffen wirklich der einzige und wahre Fortschritt sich kundgab, wollen wir an diesem Festtage nicht gedenken.«

Es ist das Bayreuther Programm eines Herrschers, nicht eines einstigen Demokraten und Sozialisten. In früheren Briefen an August Röckel, den amnestierten Hochverräter von 1849, hatte Wagner sein Bündnis mit Macht und Monarchen geradezu zornig und rechthaberisch rechtfertigen wollen. Nun wird nichts mehr gerechtfertigt; jetzt regiert die Bayreuther Idee. Alles dient dem Stiftertum einer neuen Kunstreligion: Niederschrift der Autobiographie, Begründung der *Bayreuther Blätter*, Patronisierung der Richard-Wagner-Vereine. Unverkennbar ist an all diesen Schöpfungen ein Grundzug des antidemokratischen, elitehaften Lobes der »Ungleichheit«. Kunst und Ungleichheit, Kunst und Religion sind nun die neuen Themen des Theoretikers Wagner. Cosima fördert diese Entwicklung. Die erste Gouvernante im Hause Wahnfried hat berichtet, daß Cosima Wert darauf legte, »den Kindern in der Weltgeschichte auch die Habsburger vorzuführen ..., damit erstere noch mehr Interesse für das österreichische Kaiserreich zeigen möchten, wenn wir auf österreichischen Boden den Fuß setzen.«

Der Staatsmusikant

Drei zyklische Aufführungen seiner Tetralogie *Der Ring des Nibelungen* hat Richard Wagner in jenem August 1876 veranstaltet. Das begann am 13. August, einem Sonntag, und war am Mittwoch, dem 30. August, wieder zu Ende. Man spielte *Rheingold, Walküre* und *Siegfried* an drei Tagen hintereinander; nach einem spielfreien Tag folgte dann die *Götterdämmerung*. Zwischen den Zyklen hatte Wagner drei spielfreie Tage eingeschaltet. Zwölf Aufführungen folglich im Verlauf von achtzehn Tagen.

Der Kritiker Karl Frenzel hat einen Premierenbericht hinterlassen, der kulturhistorische Aufschlüsse gibt über die Wandlung vom demokratischen Fest zum Festunternehmen eines Staatsmusikanten. »Wer war nun in Bayreuth?«, fragte der Berichterstatter etwas mokant. Es kommt ihm, ersichtlich kein Verehrer Richard Wagners und seines Bayreuther Treibens, darauf an, die leeren Plätze zu markieren. Gewiß, den Bayerischen König hatte man während der Generalproben besichtigen können, den neuen Deutschen Kaiser an den Premierenabenden. Aber: »von unseren großen Staatsmännern und Feldherren war Niemand zugegen.« Also kein Bismarck, kein Roon und kein Moltke. Nur drei Parlamentarier, die namentlich genannt werden. Nur zwei preußische Diplomaten. Keiner der bürgerlich-freisinnigen Abgeordneten war in Bayreuth zu besichtigen, auch waren, wie Frenzel ziemlich giftig konstatiert, keine Abgeordneten der katholischen Zentrums-Partei erschienen, »die doch so gern die moderne Götterdämmerung – die Revolution – an den roten Wolken des Himmels abmalen, gerade wie Wagner.« Dieser Frenzel scheint Wagner immer noch, wofür in der Tat der Text der Tetralogie sprechen kann, als demokratischen

Anführer zu verstehen, der diesmal jedoch, als Staatsmusikant, seinen Unterdrückern aufspielt. Allerdings muß Frenzel dann auch das Fehlen der Sozialdemokraten konstatieren. Er interpretiert es nicht unzutreffend mit ihrem Protest gegen die Zulassungsbedingungen, die im Erwerb eines Patronatsscheins von 300 Talern oder wenigstens eines »Drittel-Patronatsscheins im Wert von 300 Reichsmark« zu bestehen hatte. Der Reporter und Kulturkritiker besitzt noch genügend klassische Bildung, um Herrn Wagner spöttisch daran zu erinnern, daß im antiken Athen »der Bürger umsonst des Aischylos ›Eumeniden‹ und die ›Ritter‹ des Aristophanes zu hören und zu sehen bekam!« Was heißen sollte: allein der Bau eines Amphitheaters genügte nicht zur Neubegründung einer antiken demokratischen Kulturtradition.

Immerhin kann der Berichterstatter nicht leugnen, daß viel Adels- und Künstlerglanz strahlte. Die Musiker unter Führung von Franz Liszt. Aber Frenzel vergißt nicht, die Abwesenheit eines Brahms, Anton Rubinstein, Verdi und Gounod zu notieren. Die Bildende Kunst ist glanzvoll repräsentiert, sowohl durch Makart und natürlich Anton von Werner, wie auch durch Lenbach und vor allem durch Adolph von Menzel. Sehr negative Bilanz der Literatur. Den journalistischen Beckmesser scheint es zu freuen. Mit seiner Aufzählung gibt er gleichzeitig einen genauen Querschnitt dessen, was in jener Gründerzeit für literarisch prominent gehalten wurde: Gutzkow und Berthold Auerbach, Gustav Freytag und Viktor von Scheffel, Spielhagen und Emanuel Geibel. Keinen sah man als Gast Richard Wagners in Bayreuth.

Übrigens war auch, was Frenzel nicht bemerkte oder nicht für bemerkenswert hielt, Peter Tschaikowski zugegen. Er hat einen ebenso lustigen wie boshaften Bericht verfaßt, fand alles sehr langweilig, begeisterte sich für ein paar musikalische Einzelheiten, referierte aber ausführlich und sehr genußvoll die organisatorische Misere des Galafestes in einer fränkischen Mittelstadt, die auf dergleichen überhaupt nicht eingerichtet war. Wo wohnt man, wie gelangt man, ohne den Besitz eines eigenen Wagens, in Festkleidung zum Festspielhaus und wieder zurück in die Stadt, wo kann man sich die Zeit vertreiben bis zum Aufführungsbeginn am frühen Nachmittag? Und vor allem: wo erhält man in den von Wagner angeordneten einstündigen Vorstellungspausen etwas zu essen? Glaubt man Tschaikowski, dessen Bericht aber von vielen anderen Reportern bestätigt wird, so fanden damals in Bayreuth wahrhaft homerische Kämpfe statt um Butterbrote und Würstchen.

Neben diesen ›Rittern vom Geist‹ trat die Geburtsaristokratie in den Vordergrund. »Die vielgenannten aristokratischen Damen aus Berlin, Wien und Petersburg, welche die eigentlich bewegliche Kraft des Wagnertums bilden, spielten mit Walkürengürteln, mit Augenwinken und Lächeln die Rolle, die ihnen gebührt. Dahinter ihre Kavaliere, die wollend oder nicht wollend der Fahne des Propheten folgen ... Dies als Zeichen der Gesellschaft, in der man sich in Bayreuth trotz aller schönen und vornehmen Damen bewegte – und diese Gesellschaft, in der bis auf wenige die großen deutschen Namen fehlten, hatte man die Keckheit, als die Blüte des deutschen Volkes zu bezeichnen!« (Frenzel)

Der Kritiker Isidor Kastan berichtete für das *Berliner Tageblatt* über Bayreuth am 16. August 1876. Er ist wohlwollender als Frenzel und hebt weniger die weißen Flecken auf der gesellschaftlichen Landkarte des Publikums hervor als den Auftritt Wilhelms I.: »Alle Köpfe wenden sich der Fürsten Loge zu. Der Kaiser ist soeben ins Theater getreten. Kaiser Wilhelm in bürgerlicher Kleidung ist uns Berlinern und wohl auch den meisten Deutschen eine gewiß fremdartige Erscheinung. Wir können ihn uns eigentlich gar nicht anders vorstellen als in der Generalsuniform. Wirklich vergingen auch einige Sekunden, ehe die Menge den Kaiser erkannte. Aber mit einem Male brauste ein Beifallssturm, wie ein gewaltiger Orkan, durch den weiten Raum. Hoch Kaiser Wilhelm und nochmals und nochmals – der Jubel schien kein Ende nehmen zu wollen. Der Kaiser trat bis hart an die Logenbrüstung und verneigte sich, freudig lächelnd, nach allen Richtungen gegen die Versammlung. Als gewissenhafter Chronist darf ich anzuführen nicht unterlassen, daß die Gasteiner Quellen unseren Kaiser wirklich verjüngt haben.«

Wie hat der Wähnende selbst sein Fest erlebt? Auch darüber gibt es Zeugnisse in den Notizen Cosimas und den Briefen Richard Wagners. Im Gegensatz zu Glücksgefühlen, bei der Uraufführung von *Tristan und Isolde* und dann der *Meistersinger von Nürnberg* in München und unter der Leitung Hans von Bülows, scheint Wagner bisweilen mit Ungeduld auf Hans Richters Stabführung reagiert zu haben. Während der Generalprobe saß er hinter König Ludwig, der befremdet auf Wagners Stöhnen, Zucken und Fluchen einging mit der Frage: ob dem Meister nicht wohl sei? Wagner setzte später brieflich auseinander, er habe während der Aufführung immer wieder ein Gefühl des Ungenügens verspürt: beim Klang des Orchesters wie auch beim Agieren der Sänger und bei der szenischen Verwirklichung. Albert Niemann war ihm lieb als der umkämpfte Pariser Tannhäuser von 1861; aber nun als Siegmund vermochte er die traumatische Erinnerung an Ludwig Schnorr von Carolsfeld, den unvergeßlichen und so früh gestorbenen Tristan von München, nicht zu verdrängen. Man hatte die besten Künstler versammelt. Der treue Franz Betz aus Berlin, Wagners glanzvoller und erster Hans Sachs, trat auf als Wotan und Wanderer. Amalie Friedrich-Materna ließ sich, als Brünnhilde, damals kaum übertreffen. Doch der große tragische Eindruck eines zyklischen, strukturell einheitlichen musikdramatischen Geschehens stellte sich nicht ein. Hans Richter war kein selbständiger und kongenialer Partner wie Bülow, an den Wagner, wohl nicht ohne Schuldgefühle, damals immer wieder hatte denken müssen.

Auch konnte ihm nicht die Diskrepanz zwischen diesem Werk und diesem Publikum entgehen. Alles war aufgeboten worden, um eine Gegenschöpfung und Anti-Unternehmung zum konventionellen Hofopernteiben zu organisieren: Musikdrama anstelle der Oper. Allein die Musikalische Tragödie lief ab vor einem konventionellen Opernpublikum, das sich auch als solches benahm. Immer wieder rügen die Berichterstatter noch in späteren Jahren, daß Amphitheater und mystischer Abgrund, illusionistische Regie und Kunst der Leitmotive nichts ausrichten konnten gegen überlieferte Theatergewohnheiten. Man unterhielt sich halblaut während der Aufführung, da war Fächeln und Blicken und Lorgnettieren, ein übliches Theater im Theater. Zu schweigen vom Beifall während des Spiels und an falschen Stellen. Wieland Wagner hat später etwas ironisch, als es ihm darauf ankam, die applauslose Weihestimmung bei Aufführungen des *Parsifal* zu vertreiben, auf den Wagnerschen Ursprung des Applausverbotes beim Bühnenweihfestspiel hingewiesen. Richard Wagner war durchaus nicht gegen Applaus bei einer Aufführung des *Parsifal.* Was ihn störte und zu Proklamationen veranlaßte, war eine Unterbrechung der Vorstellung durch Kundgebungen von Beifall. Also Applaus nach Absage des reinen Toren an Kundry oder nach dem Karfreitagszauber. Der Münchener Hofsekretär L. von Bürkel, ein Freund und Gönner Wagners, hat Notizen zur Uraufführung des *Parsifal* von 1882 hinterlassen. »Nach dem ersten Acte war applaudiert und dann aus Andacht gezischt worden, nach dem zweiten Acte war alles (mißverstandenermaßen) ruhig, so daß Wagner fragte: ›Jetzt weiß ich gar nicht, hat es dem Publikum gefallen oder nicht.‹« Auch habe der Meister erklärt: »Die Verwaltungsräte sind Ochsen, verbieten das Applaudieren, nun weiß ich gar nicht, ob es dem Publikum gefallen hat.« Das Gebot der Bayreuther Verwaltung hingegen mußte als Reaktion verstanden werden auf das Benehmen des Premierenpublikums vom Jahre 1876.

Hochgefühl und Ungenügen, ein befriedetes Wähnen und zugleich ein tiefer Zweifel an der Solidarität und Gültigkeit dessen, was erreicht und vorgeführt worden war. Da war nicht nur bei Richard Wagner der Zwiespalt der Vision vom demokratischen Fest und einer musikdramatisch drapierten Opernwirklichkeit. Der Bayreuther Meister muß schon während der ersten Festspiele in bitterer Sorge die Einmaligkeit und Unwiederholbarkeit des Unternehmens überdacht haben. Man hatte in Wahnfried Hof gehalten als ein Fürst des Geistes und der Kunst. Die bayerischen Bürokraten in München registrierten alles voller Mißgunst. Bürkel hat es rückblickend, und zugunsten von Wagner, sehr nüchtern dargestellt: »Wagner, den die ganze finanzielle Gebarung nichts anging, der von der Aufführung nicht nur keinen Gewinn, sondern durch vermehrte Auslagen für ein drei Monate hindurch offenes Haus mit französischem Koch den größten Schaden erlitt, wurde vom Gerichtsvollzieher bedroht. Frau Cosima wollte 40 000 Francs, ihr mütterliches Erbteil, zur Defizitdeckung opfern.« So war es zugegangen. Zwar hatten die Revisoren Heckel und Engelsmann am 24. Juni 1879 das »Hauptbuch über den Bau des Wagnertheaters in Bayreuth, und die Aufführung des Bühnenfestspiels *Der Ring des Nibelungen* mit den Rechnungsbelegen verglichen und richtig befunden«. Man schloß mit einem Cassa-Vorrath von 2060 Reichsmark. Allein dahinter verbarg sich ein schreckliches Defizit: 945 000 Mark für Bau und Einrichtung des Festspielhauses. Fast 180 000 Mark hatten die Aufführungen gekostet. Der Finanzierungsplan mit den Patronatsscheinen konnte nicht vollständig durchgeführt werden. Man hatte 724 775,32 Reichsmark eingenommen, dazu noch etwa 250 000 Mark durch Aufführungsrechte und freiwillige Beiträge.

Allein die Königliche Kabinettskasse hatte mehr als 216 000 Mark vorgeschossen, die Hoftheaterintendanz in München dazu noch 100 000 Mark. Dieser Fehlbetrag mußte nun abgezahlt werden. Die Beziehungen zwischen König Ludwig und Wagner waren gespannt; da gemahnte nichts mehr an die Jubelzeit von 1864. Die Notizen Bürkels über die königlichen Diktate und Kabinettsschreiben in Sachen Wagner zwischen 1880 und Wagners Tod lassen keine Zweifel über die gereizte, oft bösartige Haltung des Königs gegenüber dem jetzigen Meister von Bayreuth. Da heißt es etwa: »Seine Majestät sind nicht geneigt, viel Geld herzugeben für Herrn R. Wagner und für dessen Aufenthalt in Italien.« (8. 5. 1880). »Das heurige Unternehmen in Bayreuth darf S. M. dieses Jahr nichts kosten ... Es sei an und für sich schon sehr viel für Herrn R. W. geschehen.« (22. 5. 1882, also während der Vorbereitung zur Aufführung des *Parsifal*). Zwischendrein immer wieder die gebieterische Forderung des Königs nach Münchener Separatvorstellungen des *Parsifal*, die Wagner mit immer neuen Einwänden abzuwehren sucht. Der

König erpreßt geradezu Wagner durch das Mittel des Bayerischen Hofopernorchesters. Wenn er die Erlaubnis entzieht, daß das Orchester, ohne daß Wagner dafür zahlen muß, beim *Parsifal* in Bayreuth mitwirkt, geleitet vom Kapellmeister Levi aus München, können die Aufführungen nicht stattfinden. Es gibt eine Meldung vom 25. Februar 1883 aus der Umgebung des Königs, also unmittelbar nach Wagners Tod in Venedig. Darin macht der König geltend, »daß die Wagnerfamilie schlecht gehaust habe und, statt zu sparen, damit sie später etwas haben, hätten sie alles vergeudet. S. M. hätte nicht die geringste Lust, und sei mit der Geschichte nicht einverstanden, das Geld herzugeben. Der brühmte Liszt sei der Vater der Frau Wagner, und dieser soll für seine Tochter und deren Kinder sorgen.« (L. Mayr an K. Hesselschwerdt). L. von Bürkel hat auch eine Notiz über die Art und Weise hinterlassen, wie König Ludwig die Todesnachricht aus Venedig aufnahm. Bürkel hat den Bericht offensichtlich nach einer Mitteilung des königlichen Vertrauten Hesselschwerdt niedergeschrieben: »Beim Lesen der Depesche rief er: Ah! Tut mir eigentlich leid und doch nicht. War mir nicht ganz sympathisch. Sprach nur ›den Bürkel wird das sehr angreifen, der schwärmt für ihn‹. Hat mir erst jüngst Schwierigkeiten mit Parsifal gemacht. – Er war ganz gleichgültig, so daß Hesselschw(erdt) ganz paff (sic) war.«
Richard Wagner hatte sich schon in Tribschen und erst recht später in Bayreuth kaum mehr Illusionen gemacht über Denk- und Fühlweise seines Königs. Mit Cosima wurde darüber gesprochen, daß es natürlich Anlaß gebe zu großer Dankbarkeit; allein, jener Appell vom Jahre 1863 an den tatenwilligen und enthusiastischen deutschen Fürsten habe kaum mit der Möglichkeit gerechnet, daß dieser Fürst so schwankenden Geistes und Gemüts sein könnte wie Ludwig II. von Bayern.
Das Defizit von 1876 mußte abgezahlt werden. Es gibt eine persönliche Notiz Bürkels, vermutlich vom 10. Januar 1900. Da steht zu lesen: »Bayreuther Festspielschuld. Familie Wagner zahlt noch immer am Defizit ab. 120 000 Mark sind jetzt getilgt durch jährliche Raten, 100 000 M noch zu bezahlen.«

»Aufrichtige Freunde hat Wagner genug, nur an tätigen, aufopferungsbereiten Freunden mangelt es ihm. Sie lassen den Meister möglichst alles allein tun und begnügen sich damit, am Genusse dessen teilzunehmen, was er mit saurem Schweiße errichtete... Daß die Einsichtigen zu Mächtigen werden, dazu ist keine Hoffnung vorhanden: Bayreuth aber, wo die Kunst bis jetzt am gewaltigsten sich äußern kann, ist ganz der Ort, wo die Mächtigen zu Einsichtigen werden können.« Das sind Sätze aus einer Flugschrift mit dem Titel *Staatshilfe für Bayreuth*, die Martin Plüddemann, ein enger Freund und Mitarbeiter Richard Wagners, im April 1877 drucken ließ. Es war das Dokument einer bitteren Enttäuschung, die sich als hoffnungsvolle Zuversicht drapiert hatte. Auch der Verfasser wußte insgeheim, daß keiner der Mächtigen im neuen Deutschen Reich, kein Reichskanzler oder Landesfürst, kein Bankier oder Großgrundbesitzer bereit wäre, den Schuldenberg der Familie Wagner abzutragen, zumal der berühmte Mäzen, König Ludwig, offenbar unzugänglich geblieben war.

In jenen ausgehenden siebziger Jahren mußte Wagner die bitterste Verzweiflung gekannt haben. Dies war nicht mehr die übliche und fast wohlvertraute Misere jener ersten Exilzeit in Zürich mit anschließender Nomadenexistenz, sondern ein Rückschlag am Morgen nach dem Triumph: gleichsam eine Zurücknahme.

Damals sprach und schrieb Wagner von der Möglichkeit, nicht allein Deutschland, sondern Europa zu verlassen und in Amerika, falls die materielle Sicherheit erwirkt werden könnte, in einer ganz neuen Welt unter neuen Umständen den Rest seines Lebens zuzubringen. Der Staatsmusikant verwandelte sich in solchen Augenblicken blitzschnell wieder in den freiheitsdurstigen und bindungslosen Demokraten, den Freund und Mitstreiter eines Michail Bakunin. Solche Rückfälle waren nicht selten. Noch in der letzten Lebenszeit zu Venedig sprach Wagner, wie im Jahre 1849, vom Niederbrennen der Paläste und von Proudhons These, wonach das Eigentum nichts anderes sei als Diebstahl.

Trost fand das nur scheinbar befriedete Wähnen abermals in der Arbeit. Während ein Plüddemann zusammen mit den Bayreuther Patronatsherren, während sich der Bayreuther Bankier Feustel zusammen mit wenigen Freunden, die Wagner unter den Bürokraten zu München besaß, um finanzielle und juristische Lösungen mühten, vollendete der Bayreuther Meister die Dichtung des *Parsifal*. Auch zur Entstehung des *Parsifal* gehört die auslösende Vision. Sie reichte zurück bis zum Karfreitag des Jahres 1857. Es war kurz vor dem Einzug in das Asyl auf dem grünen Hügel. Wagner stand vor seinem Häuschen und erblickte die Frühlingslandschaft am Züricher See. Karfreitagmorgen und Blühen der Natur. Hier lag die Keimzelle des späteren Bühnenweihfestspiels, auch ein musikalischer Höhepunkt der *Parsifal*-Partitur war damit gegeben. Den Handlungsverlauf – noch unter dem Titel *Parzival* – hatte Wagner nach seiner Gewohnheit als epische Erzählung in den letzten Augusttagen des Jahres 1865 niedergeschrieben. Nachdem die Trennung zwischen *Tristan* und *Parsifal* vollzogen, auch das »buddhistische« Dramenprojekt *Die Sieger* abgetan war, drängte sich der *Parsifal* immer deutlicher als noch zu leistendes Abschlußwerk auf. Für Wagner war es selbstverständlich, nach den Bayreuther Aufführungen von 1876 an diese letzte Arbeit zu gehen. Am 22. Juli 1877 berichtete er dem König aus Bad Ems von der Vollendung der Dichtung:

»Ja, ja! Alles ist leidenvoll! Doch Eines erhebt uns immer wieder aus dem Chaos der täglich, ja stündlich empfangenen Eindrücke der Gemeinheit und des Widerwärtigen, nämlich: der große, alles überschauende Blick, mit welchem der auserwählte Freund uns Mitleiden zustrahlt. Da kommen dann die Augenblicke, die eine besondere Begabung uns zu weihevollen Stunden auszudehnen hilft, welche wir dann, wiederkehrend, durch ganze Folgen von Tagen festzuhalten vermögen. Solche Tage waren es, die mir, in der Flucht vor Ekel und Grauen, die Stimmung eingaben, die Dichtung des *Parsifal* zu verfassen. – Hier liegt Sie vor Ihnen! Möge sie Ihnen einiges Gefallen bereiten, und Sie vielleicht in der Annahme bestärken, daß es nicht ganz wertlos sei, mich noch einige Jahre meiner Kunst zu erhalten. In Demut grüßt unseren hohen Herren mein edles Weib, mein Haus und Kind! Mit unsterblichem Entzücken blicke ich zu dem Erhabenen auf, als

Sein
ewiges Eigen
Richard Wagner«

Am Nachmittag des 3. Mai 1879 erhielt der König ein Telegramm, das kurz vorher in Bayreuth aufgegeben worden war:

Dritter Mai! Holder Mai!
Dir sei mein Lob gespendet!
Winters Herrschaft ist vorbei
und *Parsifal* vollendet.

Eine große Hilfe wurde, seit 1880, der Protektor L. von Bürkel, der die Launen des Königs zugunsten von Wagner und Bayreuth ein bißchen beeinflussen konnte. Cosima schreibt ihm am 20. November 1880: »Es ist meinem Manne ein unendlich wohltuendes Gefühl, an einer Stelle, wo früher gegen ihn böswilliges Verkennen herrschte, nun verständiges Verständnis und freundschaftliches Wohlwollen zu finden, und in diesem Sinne sind für uns die Zeiten sehr viel besser geworden.« Auch Richard Wagner berichtet Bürkel nun, nachdem die Uraufführung des *Parsifal* für den Sommer 1882 geplant werden konnte, in guter Zuversicht. Freilich ist der Brief vom 23. August 1881 optimistisch stilisiert, denn er soll notfalls dem König vorgelegt werden: »Die Vorbereitungen der nächstjährigen Aufführung des *Parsifal* nehmen ihren ruhigen und – wie ich glaube – recht zweckmäßigen Verlauf. Ich nehme an, hierin in nichts im Rückstande zu sein. Da mir der Besuch meines erhabenen Wohltäters von der entscheidendsten Wichtigkeit ist, ließ ich es mir vor allem daran gelegen sein, durch einen zweckmäßigen Anbau die Räumlichkeit unseres Bühnenfestspielhauses hierfür würdig in den Stand zu setzen.«

Richard Wagner erweist sich bei der Vorbereitung dieser letzten Premiere abermals als Theaterleiter von großer organisatorischer Begabung. Die Hauptpartien werden doppelt besetzt, wie er nach München schreibt, »da ich – um unsern Zweck, bedeutende Einnahmen zu erreichen – auf eine möglichst starke Anzahl von Aufführungen bedacht sein muß«. Der *Parsifal* wurde im Jahre 1882 in der Tat dann sechzehnmal gespielt. Neben dem Wiener Tenor Hermann Winkelmann sangen noch Ferdinand Jäger und Heinrich Gudehus. Es waren auch drei Kundrys zur Stelle: angeführt von Amalie Materna, der Brünnhilde des Jahres 1876.
König Ludwig stellte zwar das Münchener Orchester unter Leitung von Hermann Levi zur Verfügung, war aber nicht zu einem Besuch in Bayreuth zu bewegen. Wagner fühlte sich tief verletzt. Am 1. Oktober 1882 schreibt er abermals an Bürkel: »Mir ist bang und sorgenvoll zumute! Das Fernbleiben meines erhabenen Wohltäters von den Aufführungen des Parsifal (leider muß ich verstehen, daß es nicht freiwillig war!) ... verstimmt mich in tiefster Seele.«
Bürkel hat auch berichtet, wie es während der Premiere zuging. Er durfte in der Pause zwischen dem zweiten und dritten Akt mit den Wagners soupieren: »... in einem rot ausgeschlagenen etwas provisorischen Lokal«. Wagner schien gereizt und aggressiv. Nur der Verwaltungsleiter Gross durfte sich blicken lassen. Der dritte Akt begann verspätet, weil Wagner angeblich keine Lust hatte, das Gespräch mit Bürkel abzubrechen. Der Zwiespalt des Publikums, ob es sich benehmen sollte beim Bühnenweihfestspiel wie in einem Theater oder wie in einer Kirche, war evident. Richard Wagner war für das Theater und den Applaus, wenn auch nicht für Szenenapplaus. Die Bayreuther Satelliten wünschten ein andächtiges Schweigen, wie beim Gottesdienst.
Am künstlerischen Erfolg der Premiere war nicht zu zweifeln. Franz Liszt schrieb am 27. Juli 1882 an Hans von Wolzogen, der allgemeine Eindruck sei gewesen, »daß sich über dieses Wunderwerk nichts sagen läßt. Ja, wohl verstummt es die davon tief Ergriffenen: sein weihevoller Pendel schlägt vom Erhabenen bis

zum Erhabensten.« Das Urteil von Liszt wurde jedoch, vor allem was die Musik des Bühnenweihfestspiels betraf, auch unter den Getreuen nicht allenthalben geteilt. Es gab zum ersten Mal Getuschel über eine »mangelnde Schöpferkraft« des Meisters, und andere Getreue mußten beruhigend protestieren und dementieren. Auch an der Aufführung fand Wagner, im Gegensatz zu seinem hochzufriedenen Brief an König Ludwig vom 8. September 1882, insgeheim viel auszusetzen. Die Szene mit den Blumenmädchen war mißglückt, bisweilen eher komisch. Auch die Skizzen Joukowskys für die Kostüme waren zu flüchtig gewesen; man hatte kaum damit arbeiten können. Felix von Weingartner erinnert sich an die Blumenmädchen: »Ihre Kostüme sind geschmacklos, sogar unbegreiflich geschmacklos. Aber ihr Gesang ist über alles Lob erhaben.«
Diesmal folgte kein Aschermittwoch. Im *Bayreuther Tagblatt* vom 5. September 1882 konnte sich der Schöpfer des *Parsifal* bei der Bayreuther Bürgerschaft bedanken: »Wir sind durch solche geglückte Mitwirkung auf die Pfade einer schönen Anteilnehmung der Bayreuther Bürgerschaft auch an dem der Welt vorzuführenden Kunstwerk selbst geraten, deren förderliche Bedeutung in Erwägung ziehen zu dürfen, mir als ein nicht wertloser Erfolg der erlebten Festspiele erscheint.« Die Sprache dieses Dankschreibens ist umständlich und gequält. Sie muß der nicht unberechtigten Frage ausweichen, in welcher Weise eigentlich die Bayreuther Bürgerschaft ihre schöne Anteilnahme am Bühnenweihfestspiel hatte beweisen dürfen.
Auch die Festspiele des Jahres 1882 hatten in Vorbereitung und Ablauf nichts vom einst erhofften demokratischen Fest.
Ob man den *Parsifal* als schwächeres Alterswerk betrachten müsse, als Produkt sinkender Gestaltungskraft, darüber wurde seither immer wieder geschrieben. Die Reminiszenzen an frühere Werke sind offensichtlich, aber Richard Wagner hat das so gewollt. Das aus der Tiefe aufsteigende Vorspiel in As-Dur erinnert gleichzeitig an den Beginn der Tetralogie, aber auch an die Gegenvision des im Vorspiel zum *Lohengrin* in A-Dur herabsteigenden Grals. An die Stelle der Tragödie des *Nibelungenrings* trat ein Mysterienspiel mit prädestiniertem Heilsplan.

Amfortas muß sündigen, damit er entsühnt werden kann. Seine Abneigung gegen Text und Musik des *Parsifal* hat Nietzsche in einem Bänkelgedicht abreagiert, das nicht zu den stärksten Produkten des Lyrikers Friedrich Nietzsche gehört. Es steht in dem Buch *Jenseits von Gut und Böse* (1886) am Ende des Abschnittes, der durch eine Analyse des *Meistersinger von Nürnberg*-Vorspiels eingeleitet worden war:

Ist das noch deutsch?
Aus deutschem Herzen kam dies schwüle Kreischen?
Und deutschen Leibs ist dies Sich-selbst-Entfleischen?
Deutsch ist dies Priester-Händespreizen,
Dies weihrauch-düftelnde Sinne-Reizen?
Und deutsch dies Stocken, Stürzen, Taumeln,
Dies ungewisse Bimbambaumeln?
Dies Nonnen-Äugeln, Ave-Glocken-Bimmeln,
Dies ganz falsche verzückte Himmel-Überhimmeln?
– Ist das noch deutsch? –
Erwägt! Noch steht ihr an der Pforte: –
Denn, was ihr hört, ist Rom –, Rom's Glaube ohne Worte!

Verblüffend ist daran einzig das verwunderliche Pochen des Weltbürgers Nietzsche auf Deutschtum und Protestantismus. Thomas Mann hat noch in seiner letzten Lebenszeit das Gesamtkunstwerk des *Parsifal* als Wagners erstaunlichste Kunstleistung gerühmt. Unter den Musikern gibt es einen ganz unverdächtigen Lobpreiser, nämlich einen aus vielerlei Gründen dezidierten Antiwagnerianer. In einer Kritik vom 6. April 1903 über eine Pariser Konzertaufführung des *Parsifal*, der damals nur in Bayreuth szenisch aufgeführt werden durfte, schreibt Claude Debussy: »Im *Parsifal*, dem letzten Kraftakt eines Genies, vor dem man sich verbeugen muß, versuchte Wagner, der Musik weniger Zwang anzutun; hier atmet sie freier. Da ist nicht mehr dieses nerventötende, atemlose Keuchen, um der krankhaften Leidenschaft eines Tristan auf der Spur zu bleiben, den tierisch-wilden Schreien einer Isolde sich anzugleichen, da ist auch nicht mehr der großsprecherische Kommentar zu den

Unmenschlichkeiten Wotans. Nirgends erreicht die Musik Wagners eine so heitere Schönheit wie im Vorspiel zum dritten Akt des *Parsifal* und im ganzen Karfreitagszauber, obgleich sich selbst hier die persönliche Auffassung Wagners von der menschlichen Natur im Verhalten bestimmter Personen des Dramas kundtut ... Man hört da Orchesterklänge, die einmalig sind und ungeahnt, edel und voller Kraft. Das ist eines der schönsten Klangdenkmäler, die zum unvergänglichen Ruhm der Musik errichtet worden sind.«

Daß Franz Liszt, trotz tiefer Entfremdung von Wagner, zur Aufführung gekommen war, gehörte zu einem Lebenskompromiß, so wie sich Cosima ein Jahr vorher (1881) auch noch einmal mit dem ehemaligen Gatten Hans von Bülow getroffen hatte, um über das Schicksal der beiden älteren Töchter zu beraten.

Den Schlußakt der letzten Aufführung des *Parsifal* leitete der Komponist. Hermann Levi hat berichtet, wie Wagner plötzlich im mystischen Abgrund zum Dirigentenpult hinaufkletterte und ihm den Taktstock wegnahm. Levi blieb in Reichweite stehen, um notwendigenfalls einspringen zu können, was nicht nötig war. Denn Wagner war vom ersten Takt an im Bann des eigenen Werkes und verzauberte auch seine Musiker wie eh und je, wie einst in Dresden. Er war nachher traurig und von Todesahnung erfüllt.

Richard Wagners Schlußbericht über *Das Bühnenweihfestspiel in Bayreuth* 1882 ist sehr merkwürdig. Da heißt es: »Verdankte ja auch der *Parsifal* selbst nur der Flucht vor derselben (der Welt) seine Entstehung und Ausbildung! Wer kann ein Leben lang mit offenen Sinnen und freiem Herzen in diese Welt des durch Lug, Trug und Heuchelei organisierten legalisierten Mordes und Raubes blicken, ohne zuzeiten mit schaudervollem Ekel sich von ihr abwenden zu müssen? Wohin trifft dann sein Blick? Gar oft wohl in die Tiefe des Todes. Dem andern Berufenen und hierfür durch das Schicksal Abgesonderten erscheint dann aber wohl das wahrhaftigste Abbild der Welt selbst als Erlösung weissagende Mahnung ihrer innersten Seele. Über diesem wahrtraumhaften Abbilde die wirkliche Welt des Truges selbst vergessen zu dürfen, dünkt dann der Lohn für die leidenvolle Wahrhaftigkeit, mit welcher sie eben als jammervoll von ihm erkannt worden war.«

Der Schlußbericht und auch Wagners Rede an die Künstler hatten mit Hoffnung auf Wiedersehen und Wiederholungen im Jahre 1883 geschlossen. Dann trat Wagner seine letzte Fahrt nach Italien an. Im Palazzo Vendramin zu Venedig waren 18 Zimmer eines allgemein vermietbaren Seitenflügels bezogen worden. Hier entstanden die letzten Schriften. Wagner hatte seit langem darauf verzichtet, nur zu Fragen der Kunst das Wort zu ergreifen. Die Forderung nach allseitiger Geltung und widerspruchsloser Annahme seiner Gedanken hatte ihn eigentlich seit dem Herrschaftsantritt in Bayreuth dazu geführt, zu allen Fragen eine Lehrmeinung zu verkünden. Das konnte nicht ohne geheime Kritik abgehen. Die Schrift über *Religion und Kunst* von 1880 enthielt folgendes erstaunliche Dekret:

»Dennoch könnte man, und dies zwar aus starken inneren Gründen, selbst den heutigen Sozialismus als sehr beachtenswert von seiten unserer staatlichen Gesellschaft ansehen, sobald er mit den drei zuvor in Betracht genommenen Verbindungen der Vegetarianer, der Tierschützer und der Mäßigkeitspfleger, in eine wahrhaftige und innige Vereinigung träte.«

Ein offener Brief an Heinrich von Stein, in Venedig am 31. Januar 1883 unterzeichnet, zeigt Wagner als allzu getreuen Schüler der Rassenlehre Gobineaus. Den deutschen Stämmen wird durch Zurückgehen auf ihre Wurzeln eine Fähigkeit zugesprochen, die der gänzlich semitisierten sogenannten lateinischen Welt verlorengegangen sei. Dies ist die letzte Form der Auseinandersetzung mit den Pariser Hungerjahren 1839–1842. Auch den Gedanken der Anarchie hat Wagner beibehalten. Die Skizze einer gesellschaftlichen Zukunft, wie er sie zwei Wochen vor seinem Tode entwirft, vermag »Staat und Kirche ... nur als abschreckende warnende Beispiele« anzuführen. Anarchie verbindet sich mit eigener, wagnerischer Theologie. Bayreuth gedenkt keine andere Kirche neben sich zu dulden.

Am 13. Januar, einen Monat vor Wagners Tod, verließ Liszt die Familie Wagner, mit der er bis dahin den Winter verbracht hatte, um nach Budapest zu fahren. Eine Barkarole Liszts für Klavier, damals entstanden, schildert vorahnend eine Todesfahrt. Am Nachmittag des 13. Februar erlag Richard Wagner einem Herzschlag. Auf seinem Schreibtisch lag ein unvollendetes Manuskript: *Über das Weibliche im Menschlichen*; es war als Abschluß-Essay zu den Aufsätzen über Religion und Kunst gedacht. Die letzten Sätze, die Wagner schrieb, führten zurück zu seinen Anfängen, in die Welt jungdeutscher Sinnlichkeit und Frauenemanzipation, zum *Liebesverbot*: »Gleichwohl geht der Prozeß der Emanzipation des Weibes nur unter ekstatischen Zuckungen vor sich. Liebe – Tragik.«

Wagners Leiche wurde unter feierlichem Geleit, mit königlichen Ehren, von Italien nach Deutschland gebracht. An der bayerischen Grenze empfing der Beauftragte König Ludwigs den Trauerzug, um die Kränze des Königs zu überreichen. Auch in München wartete eine riesige Menschenmenge. Der König erschien nicht. Der Leichenzug wurde in Bayreuth empfangen und nach Wahnfried geleitet, wo die Kinder den Sarg erwarteten. Cosima nahm an der Beisetzung nicht teil. Auch Franz Liszt war nicht erschienen. Die ganze Stadt ehrte ihren Bürger Richard Wagner, aber der Theaterdirektor Angelo Neumann schrieb doch: »Mir war es, als hätte ein Gott uns verlassen: und alles, was da in Bayreuth geschah, hätte ebensogut einem wackeren Bürger dieser Stadt gelten können.«

Die Herrin von Bayreuth
Cosima Wagner

Cosimas Weg zur Tradition

Das Bild hat sich der Nachwelt eingeprägt: Cosima und Richard Wagner. Die junge Frau und der ältere Mann. Cosima im Sessel und aufschauend zu dem Mann, dem Geliebten und dem Meister. Richard Wagner steht vor ihr und schaut hinab. Seine linke Hand hält die ihre; seine rechte Hand stützt er auf die Sessellehne: so wird eine scheue Umarmung gleichsam rituell angedeutet. Das Hohe Paar: so ist es seitdem verstanden worden. Im *Prinzip Hoffnung* hat Ernst Bloch über den Mythos vom »Hohen Paar« nachgedacht. Das Hohe Paar gehört für ihn zur »Utopie der Ehe«, nämlich so: »Die Kategorie ›Hohes Paar‹ wurde bisher wenig beachtet, obwohl sie sogleich nach der mutterrechtlichen Gesellschaft hervorgetreten ist. Bachofen hat sie auffallenderweise umgangen, hat immer nur Weib oder Mann allein auf die jeweilige, entweder mutter- und vaterrechtliche Höhe gesetzt. Dabei hat das hohe Zwei das eigentümlichste Wunschbild der Ehe entwickelt, auch in den Augen ihrer Beschauer, nicht nur der Partner, Weib und Mann werden hier jeder in sich konzentrisch als Bild vorgestellt, das eine anmutig und gewährend-gut, das andere kraftvoll und herrschend-gut; erst die Verbindung aber wird Segen an sich. Sie erscheint als Einheit von Zartheit und Strenge, von Huld und Macht, ja von Hure und Prophet, ...«

Im Bild vom Hohen Paar Richard und Cosima Wagner wird Legitimität tradiert. Allein, das Leben der Cosima Liszt, geschiedener Ehefrau des Freiherrn Hans von Bülow, der späteren Herrin in Tribschen und Bayreuth, bietet sich jahrzehntelang für eine damalige Außenwelt als skandalöses Spektakel einer gehäuften Illegalität und Illegitimität. Cosimas strenger Traditionalismus in Bayreuth, ihre Sehnsucht nach Fortbestand des einmal Erreichten und Geschaffenen macht ahnen, daß die Tochter von Franz Liszt, die Ehefrau Wagners und Mutter sei-

ner Kinder nur noch einem Gedanken nachlebt, dem Rückfall in neue Unordnung zu entgehen.
Cosimas Weg zur Tradition war schwer. Kaum eine Demütigung ist ihr erspart worden. Die Uneheliche und Ehebrecherin. Verführerin, die einen König belügt, und einen Gatten. Als Isolde mochte sie sich zu Beginn der Liebesbindung an Richard Wagner gesehen haben: damals in München, während Bülow die Proben leitete, als ein junger König Marke. Am 10. April 1865 kam Cosimas dritte Tochter zur Welt, Isolde Josepha Ludowika. Bülow leitete am selben Tage die erste Orchesterprobe zu *Tristan und Isolde*. Aber dies Kind Isolde von Bülow war bereits ein Kind Richard Wagners.
Nach dem Tode Richard Wagners und wohl schon in den schweren Jahren seit dem Einzug der Götter in Wahnfried mag sich Cosima, die das Bühnenweihfestspiel entstehen sah und täglich vom Fortgang der Arbeit erfuhr, immer stärker mit der Gestalt einer Kundry identifiziert haben. Als Gurnemanz zu Beginn des dritten Aufzugs die erstarrte Kundry aus dem Todesschlaf erweckt, ist »aus Miene und Haltung ... die Wildheit verschwunden. – Sie starrt lange Gurnemanz an. Dann erhebt sie sich, ordnet sich Kleidung und Haar, und läßt sich sofort wie eine Magd zur Bedienung an.« Nur ein einziges Wort wird noch, vor der Erlösung wie nachher, von ihr gesprochen: rauh und abgebrochen. Das Wort: »Dienen – Dienen.«
Cosima war ein Weihnachtskind, sie kam im Jahre 1837 in Como zur Welt und ist 92 Jahre alt geworden. Sie war das zweite Kind aus einer freien Liebesverbindung von Franz Liszt mit der Gräfin Marie d'Agoult. Zwei Jahre früher wurde ihre Schwester Blandine in Genf, zwei Jahre nach Cosima der Bruder Daniel in Rom geboren. Es sind Kinder eines berühmten Virtuosen, der umherzieht: mit einer um fast sechs Jahre älteren Frau, von der er sich wenige Monate nach der Geburt des Sohnes Daniel trennt. Liszts Klavierstücke *Les Années de Pèlerinage* lassen ahnen, daß er diese Virtuosenjahre als Pilgerschaft vor sich zu deuten suchte. Der für sein Leben wie seine Kunst so kennzeichnende religiöse Erotismus hatte auch jene Verbindung geprägt, der Cosima entstammte.

Die Tochter war ihrer Mutter entfremdet worden, allein, sie hat auch dem Vater niemals verziehen, daß er sie in der Jugend allein ließ und es trotzdem später wagen konnte, den Ehebruch an Hans von Bülow und die Bindung an Wagner zu mißbilligen. Liszt starb am 31. Juli 1886 während der Bayreuther Festspiele, sechs Tage nach der ersten Aufführung von *Tristan und Isolde* im Festspielhaus. Die Tochter war nicht zugegen, als er um Mitternacht die Augen schloß. Sie hatte Anweisung gegeben, die Krankheit geheimzuhalten, um nicht den Ablauf der Festspiele zu stören.

Die Biographie Cosimas erinnert in erstaunlicher Weise an den Lebenslauf ihrer Mutter. Marie d'Agoult kam zur Welt am 31. Dezember 1805, kurz nach Napoleons Sieg bei Austerlitz. Sie war das Kind eines französischen Grafen und der Tochter des Frankfurter Bankiers Johann Philipp Bethmann. Die Gräfin d'Agoult, in den Jahren ihrer Verbindung mit Liszt eine enge Freundin der George Sand und Chopins, war gleichfalls Schriftstellerin. Sie wählte sich das Pseudonym Daniel Stern. Unter diesem Schriftstellernamen hat sie später, nachdem Liszt sie verlassen hatte, den Roman dieser Künstlerliebe geschrieben: wobei der männliche Romanheld nicht besonders gut wegkam.

Im Jahre 1844 trennte sich Liszt endgültig von seiner Freundin. Die drei Kinder Blandine, Cosima und Daniel werden von ihm legitimiert; sie leben in Paris und erhalten eine sorgfältige, streng katholische Erziehung. Erst im Oktober 1853 besuchte der Vater zum ersten Mal nach neun Jahren seine Kinder in Paris. Er ist damals noch Hofkapellmeister in Weimar und lebt dort mit der Fürstin Caroline von Sayn-Wittgenstein, einer Russin, die immer stärkeren Einfluß nimmt auf die Erziehung der Kinder von Marie d'Agoult. Am 10. Oktober 1853 findet in Paris ein »Familienabend« statt. Hier lernt Cosima die Freunde ihres Vaters kennen, seine Mitstreiter um eine Neue Musik: Hector Berlioz und Richard Wagner. An jenem Abend liest Wagner den Schluß der *Ring*-Dichtung vor, den dritten Akt der *Götterdämmerung*.

Zwei Jahre später wünscht Liszt, daß die Kinder, die in Paris immer noch in Verbindung standen zu ihrer Mutter, nach Deutschland gebracht werden: zuerst nach Weimar, dann nach Berlin. Am 8. September 1855 trifft Cosima mit der Schwester Blandine in Berlin ein. Die Mädchen kommen in Pension zur Baronin Franziska von Bülow, der Mutter des Pianisten und Liszt-Schülers Hans von Bülow. Hans ist Lehrer am Sternschen Konservatorium in Berlin; er wird auch Klavierlehrer von Blandine und Cosima Liszt. Am 18. August 1857 wird Cosima in Gegenwart ihres Vaters in der St. Hedwigskirche in Berlin mit Bülow getraut. Die Hochzeitsreise führt über Weimar und Genf nach Zürich. Dort übersiedelt man zu Richard und Minna Wagner in das »Asyl auf dem grünen Hügel«, das Otto Wesendonck dem Komponisten eingeräumt hatte. Hans von Bülow liefert eine Abschrift der Dichtung von *Tristan und Isolde*. Anschließend kehren Bülows nach Berlin zurück. Hier freundet sich Cosima mit dem Schriftsteller Ernst Dohm an, dem späteren Großvater von Katia Pringsheim, der Frau Thomas Manns. Bei einem neuen Besuch in Zürich erleben Bülows den Höhepunkt der Krise zwischen Richard Wagner und Otto Wesendonck. Die Ehe Cosimas mit Hans von Bülow ist nicht glücklich. Cosima trifft wieder mit ihrer Mutter zusammen, fährt mit ihr nach Genf, hat dort eine Liebesgeschichte, die sie, nach eigenem späteren Geständnis, dem Selbstmord nahebringt. Sie kehrt aber zu Bülow zurück.

Das erste Kind, Daniela Senta, wird am 12. Oktober 1860 geboren. Cosimas Geschwister Blandine und Daniel sterben früh. Die 25jährige Cosima ist am Jahresende 1862 allein mit ihrer kleinen Tochter: elternlos, geschwisterlos, verheiratet mit einem sehr schwierigen, ungemein reizbaren und jähzornigen Mann, aber einem großen Künstler. Am 20. März 1863 wird eine zweite Tochter Blandine geboren. Hans von Bülow hat große Erfolge als meisterhafter Pianist und Dirigent vor allem der Werke von Beethoven und einer damals zeitgenössischen Musik. Er wird im Jahre 1864 zum Ehrendoktor der Universität Jena promoviert. Als Richard Wagner am 3. Mai dieses Jahres vom Bayernkönig nach München berufen wird, folgt ihm Cosima von Bülow wenige Wochen später mit den beiden

Töchtern an den Starnberger See. Kurz darauf trifft auch Bülow in Starnberg ein: »mit zerrütteten Nerven«.
Das Weitere ist bekannt und immer wieder beschrieben worden. Eine ehebrecherische Verbindung der Baronin von Bülow mit dem Komponisten Richard Wagner, dem kostspieligen Günstling des jungen Königs, erregt die Gemüter in der katholischen Hauptstadt München. Alle Welt scheint zu wissen, was allein König Marke nicht ahnen mag. Richard Wagner ist verheiratet, denn Minna Wagner lebt noch, und Cosima ist die Gattin Hans von Bülows. Das erste Kind des späteren Hohen Paares kommt am 10. April 1865 in München zur Welt. Genau acht Monate später, am 10. Dezember, muß Richard Wagner auf Befehl des Königs die bayerische Hauptstadt verlassen; er reist zunächst nach Genf. Im Jahre 1866 stirbt Minna Wagner, die nach Dresden zurückgekehrt war. Cosima verläßt am 8. März ihren Mann und kommt mit Daniela zu Wagner nach Genf. Am 15. April läßt sich Richard Wagner in Tribschen bei Luzern nieder. Am 12. Mai 1866 zieht Cosima mit den drei kleinen Mädchen zu Wagner nach Tribschen. Auch Bülow will nicht weiter in München bleiben; er geht nach Basel, bleibt aber gleichzeitig Königlich-Bayerischer Hofkapellmeister. In dieser Eigenschaft leitet er am 21. Juni 1868 die Münchener Uraufführung der *Meistersinger von Nürnberg*. Die Aufführung wird ein Triumph für den Musikdramatiker, allein, die Spannung zwischen Wagner und Bülow während der Proben war qualvoll. Wagner spricht von Bülows »tiefer Feindseligkeit und Entfremdung«.
Am 17. Februar 1867 war Eva Wagner geboren worden, dem Familiennamen nach immer noch Eva Maria von Bülow. Der Schein einer Ehe zwischen Cosima und Hans von Bülow muß der Welt gegenüber nach wie vor aufrechterhalten werden. Im Frühjahr und Frühsommer 1867 wohnt Cosima bei ihrem Mann in München. Zu Weihnachten ist Richard Wagner vorübergehend dort zu Gast. Erst am 14. Oktober 1868, nachdem die Premiere der *Meistersinger* stattgefunden hat, trennen sich Bülows nach einer entscheidenden Aussprache. Am 16. November kommt Cosima mit den vier Kindern endgültig nach

Tribschen. Am 17. Mai 1869 erscheint auch der Basler Professor der Klassischen Philologie Friedrich Nietzsche zum ersten Mal in Tribschen. Kennengelernt hatte er Wagner am 8. November 1868 bei Brockhaus in Leipzig. Nietzsche war im Februar 1869 nach Basel berufen worden. Am 6. Juni wird Siegfried Wagner in Tribschen geboren. Die männliche Erbfolge dieser Dynastie ist nun gesichert. Jetzt erst bittet Cosima um eine Trennung der Ehe, die Bülow bewilligt. Ein Jahr später, am 18. Juni 1870, ist die Ehe Bülow in Berlin gerichtlich geschieden, am 25. August werden Richard und Cosima Wagner in der protestantischen Kirche von Luzern getraut, zehn Tage später erhält Siegfried die Taufe.

Auch hier hatte ein Wähnen den Frieden gefunden. Das illegitime Kind einer Künstlerliebe, die in München wüst beschimpfte Ehebrecherin, vermochte Ordnung zu schaffen in ihrem Leben. Nicht ganz indessen. Jahrzehnte später, bereits im neuen 20. Jahrhundert, muß es die Herrin von Bayreuth, die allseits hochverehrte Patriarchin, erleben, daß ihre Tochter Isolde Beidler, geborene von Bülow, das Gericht des Deutschen Reiches anruft, um den Nachweis zu führen, sie sei ein Kind Richard Wagners, nicht Hans von Bülows. Der Sinn der Klage ist evident: Siegfried Wagner ist damals unverheiratet und kinderlos. Isolde Beidler hat einen Sohn. Sie möchte für ihn die Bayreuther Thronfolge durchsetzen, kommt damit aber nicht durch. Am 19. Juli 1914 wird Isoldes Klage gegen ihre Mutter im sogenannten »Beidler-Prozeß« abgewiesen. Cosima werden diese Ereignisse weitgehend ferngehalten. Seit 1906 waren bei ihr schwere Herzanfälle aufgetreten. Den 70. Geburtstag zu Weihnachten 1907 erlebte sie nur mehr »am Rande«, doch in der Welt wird das Ereignis mit Pomp begangen. Im Jahre 1910 erhält Cosima Wagner aus Anlaß der Hundertjahrfeier der Friedrich-Wilhelm-Universität zu Berlin die Ehrendoktorwürde der Philosophischen Fakultät.

Die verlorene Zeit einer Unordnung und Ungesetzlichkeit war wiedergefunden worden unter den Formen von Recht und Ordnung. Seit den Kinderjahren hatte Cosima Liszt ihr eigenes Leben führen müssen, wobei sie stets in Widerspruch geriet zur

Gesellschaft wie zu sich selbst. Aus der Einsamkeit des herumgestoßenen Kindes hatte sie sich in eine Ehe gerettet, aus welcher sie sich nun abermals retten mußte. Cosima gehört zu den großen Frauen ihres Jahrhunderts. Wie George Eliot in England, wie George Sand, wie das Leben der Russin Lou Andreas-Salomé, ist auch das Leben der Cosima Wagner ein Modellfall für Wirklichkeit und Möglichkeit einer Frau im bürgerlichen 19. Jahrhundert. Daß Cosima Wagner alle Wirklichkeiten in Möglichkeiten zu verwandeln wußte, machte sie, jenseits der Legenden und nachträglichen Harmonisierungen, zur großen Zeitgenossin.

Nach dem großen finanziellen Mißerfolg der Bayreuther Festspiele von 1876 hält Richard Wagner sein Unternehmen für ephemer und unwiederholbar, also gescheitert. Nach dem Erfolg des *Parsifal* von 1882 wagt er zwar nicht an eine Kontinuität, doch aber an eine stellvertretende Bedeutung seines Festspielgedankens zu glauben. Dennoch dürfte er insgeheim befürchtet haben, alles werde zu Ende sein nach dem Tod des Meisters von Bayreuth. Daß es Bayreuther Festspiele gibt auch im Jubiläumsjahr 1976, ist das Werk Cosima Wagners, der Umhergestoßenen und Umhergetriebenen, der es gelang, als Hohe Frau in der Konstellation des Hohen Paares auf die Nachwelt zu kommen. Für Friedrich Nietzsche ist sie Ariadne gewesen. Von Richard Wagner trennte er sich in Haß und Hohn. Cosima hat er bis in die Augenblicke der Umnachtung hinein bewundert und geliebt.

Bayreuth als geistige Lebensform

Als der Sohn Richard Wagners während der Bayreuther Festspiele von 1930 plötzlich starb, schwer herzkrank wie sein Vater, mußte seine Witwe Winifred das Amt einer »Herrin von Bayreuth« übernehmen. Es war unvermeidlich, daß man sie sogleich und zu ihrem Schaden mit der mythischen Figur jener einstigen und prägenden Herrin der Festspiele verglich: mit ihrer Schwiegermutter Cosima. Die Gegner der jungen Frau

verfehlten nicht, den Gegensatz scharf zu akzentuieren. Hier Cosima Wagner, die Tochter von Franz Liszt und geniale Gefährtin des Bayreuther Meisters, dort eine junge Engländerin, adoptiert vom Musiker Karl Klindworth, eine junge Frau an der Seite des alternden Siegfried Wagner, die Mutter seiner vier Kinder. Was aber, so rügten nicht allein die anderen Mitglieder der Familie Wagner, vor allem die Schwägerinnen Daniela Thode und Eva Chamberlain, brachte sie mit an musikalischem Handwerk und künstlerischer Erfahrung für die Leitung der Festspiele? Mit den Möglichkeiten einer Cosima durfte diese neue Bayreuther Herrin im mindesten nicht verglichen werden.
Das war nicht allein ungerecht, sondern erinnerte daran, was den damaligen Kritikern längst nicht mehr bewußt war, seit Cosima als Legende auf die Nachwelt kam, daß beim plötzlichen Tod Richard Wagners die gleichen Vorwürfe aufgetaucht waren. Richard Wagner hatte kein Testament hinterlassen. Daß Cosima Wagner die für 1883 geplanten Festspiele nunmehr leiten solle, war für den engsten Kreis der Schüler Richard Wagners keineswegs ausgemacht. Jener Martin Plüddemann beispielsweise, der sich leidenschaftlich um die Deckung des Defizits von 1876 bemühte, schreibt 20 Jahre später (1896), zu einem Zeitpunkt folglich, da es Cosima gelungen war, das vom Meister selbst anerkannte Gesamtwerk Richard Wagners, noch mit Ausnahme des *Fliegenden Holländer*, nunmehr in Bayreuth heimisch zu machen: das Regime der Witwe habe Richard Wagners Ideen und das nationaldeutsche Konzept der Bayreuther Festspiele von Grund auf verfälscht. In einem Brief an Ludwig Schemann, einen der wichtigsten Ideologen der Bayreuther nationalistischen und antisemitischen Doktrin, schreibt Plüddemann (25. Februar 1896): »... Cosimas Geist, fürchte ich, ist schließlich das Grab des wahren Bayreuther Geistes. Den Schlüssel zu diesem Rätsel bildet der lakonische Ausspruch des mit ihr innig befreundeten Josef Rubinstein zu mir: Ich halte sie für gänzlich unmusikalisch! – Wagners Werke können voll aber nur aus dem tiefsten Grunde des deutschen Gemütes, der deutschen Musik verstanden und wiedergegeben werden ... Überall, seit C. wirklich am Ruder, ist die Rede von theatralischen

Wirkungen, szenischen Verbesserungen etc., nicht von der Musik... Gefährlicher ist der Bayreuther Internationalismus, wie er gerade durch Cosimas echt französisches, jedenfalls vom Wirbel bis zur Zehe undeutsches Wesen zum Verderben von Bayreuth heraufbeschworen wurde! ...«

Die »Fremden« seien nunmehr heimisch geworden in Bayreuth, so daß sich die wahrhaft Deutschen bedrängt fühlen müßten. Fünf Jahre früher hatte der österreichische Musiker Friedrich von Hausegger an einen anderen Bayreuther Erzideologen, nämlich an Hans von Wolzogen, geschrieben: »Es ist unmöglich, daß ein Weib, und wäre es noch so begabt ... noch so tatkräftig, noch so opferwillig (alles ist ja vorhanden) – den weiten Gesichtskreis eines Mannes, wie Wagners, umfassen könnte... Ich wollte, ich irrte mich. Viele, viele aber ... denken wie ich.« (27. Februar 1891).

Die Erbfolge blieb also niemals unumstritten. Nach der Beerdigung Wagners in Bayreuth waren viele ergebenste Wagnerianer der Meinung, die Weiterführung der Festspiele müsse bedeutenden Musikern anvertraut werden, am besten einem Duumvirat von Franz Liszt und Hans von Bülow. Daß diese Möglichkeit unausführbar sein mußte, wurde bald evident. An eine Rückkehr Hans von Bülows nach Bayreuth, und damit zu Cosima, konnte nicht gedacht werden. Jene Alternative jedoch, der Cosima sogleich und energisch widersprach, machte die möglichen Gegensätze der Konstellationen sichtbar. Eine Fortführung des Bayreuther Unternehmens durch Liszt oder Bülow bedeutete den Primat eines schöpferischen Musikertums. Bayreuth wurde bei einer solchen Konstellation verstanden als internationales Experiment einer Neuen Musik, das von nun an weitergeführt werden mußte durch die nachwachsenden Komponisten aus Wagners Schule: möglicherweise eines Tages auch von neuen und kühnen Tonsetzern, die sich im Gegensatz zu einigen Grundprinzipien des Schöpfers der Tetralogie entwickeln würden. Ernst gemacht hätte man in solchem Falle mit Richard Wagners schöpferischer Unruhe, seiner Unersättlichkeit beim Erproben eines durchaus Ungewohnten.

Dieser Weg wurde nicht beschritten. Vermutlich waren im

Jahre 1883 gar keine Voraussetzungen für eine solche Lösung gegeben. Liszt und Bülow mußten aus triftigen Gründen ausscheiden. Wer aber hätte damals das Werk Richard Wagners schöpferisch weiterführen können? Der hochbegabte junge Münchener Richard Strauss vom Jahrgang 1864 war zu jener Zeit noch überzeugter »Brahmine«. Mit seinem Vorbild Johannes Brahms lehnte er das Wagnertum ab. Erst eine Begegnung mit Alexander Ritter brachte die Wendung. Cosima Wagner holte sich dann, im Jahre 1894, eben diesen Richard Strauss als Dirigenten des *Tannhäuser* nach Bayreuth. Strauss übernahm die Leitung als Nachfolger Felix Mottls, des ersten Bayreuther *Tannhäuser*-Dirigenten von 1891. Allein, Cosima trennte sehr energisch, wie Strauss selbst berichtet hat, seine hochgeschätzte Dirigentenleistung von ihrer dezidierten Nichtschätzung der eigenen Kompositionen dieses noch jungen Menschen.
Indem gegen die Möglichkeit eines permanenten Festspiels der Neuen Musik in Bayreuth entschieden wurde, traf man gleichzeitig eine dynastische Entscheidung. Bayreuth war ein Familienunternehmen des Hauses Wahnfried. Mit dem Tode Wagners im Palazzo Vendramin hatte sich der Schöpfergeist entfernt. Von nun an war bloß noch Dienen möglich: als Wiederholung, Bewahrung, Kodifizierung. Die Bayreuther Festspiele als Kreation eines experimentierenden Genies wurden umgewandelt ins Ritual. Nach dem rätselhaften Wort des Gurnemanz zum reinen Toren Parsifal wurde auch hier die Zeit zum Raum. Die Wagnerzeit wurde im amphitheatralischen Raumgebilde des Festspielhauses von nun an »aufbewahrt«, also durchaus nicht aufgehoben in einem dialektischen Sinne. Dies alles ist Cosimas Werk. Im Gegensatz zu Richard Wagner scheint es ihr durchaus an geistiger Neugier gefehlt zu haben. Sie hatte viel gelernt als junges Mädchen; das hatte Franz Liszt von den bestellten Erzieherinnen gebieterisch verlangt. Sie spielte auch, als Tochter des größten Pianisten jener Zeit, offenbar recht gut Klavier. Allein, Siegfried Wagner hat berichtet, daß er zum ersten Mal im Todesmonat Richard Wagners, im Februar 1883, im Palazzo Vendramin dem Klavierspiel seiner Mutter lauschen durfte.

Cosimas Leben nach Wagners Tod gehört ganz und gar dem Ritual der ewigen Wiederholung. Die Zeit steht still. Am Todestag Richard Wagners bricht sie das gewaltige Unternehmen der Tagebuchaufzeichnungen endgültig ab. Nun bleibt nichts mehr zu berichten. Sie liest immer wieder, was sie mit Wagner gelesen und besprochen hatte. Dem Schwiegersohn Chamberlain erklärt sie ohne Beschönigung: »Ich versichere Sie, daß die Bücher, die ich gelesen habe, auf einem Brett Raum hätten, und seit manchem Jahr besteht meine Lektüre eigentlich nur im Wiederlesen.« Es ist daher auch historisch falsch und folglich ungerecht im moralischen Verstande, wenn man das Bayreuther Festspielsystem der Cosima Wagner schlechthin gleichsetzt mit der konzentriert reaktionären Ideologie der *Bayreuther Blätter* und mit dem völkisch-judenfeindlichen Treiben Wolzogens, Schemanns oder auch Chamberlains. Plüddemann oder Schemann hatten nicht unrecht, wenn sie die französisch erzogene, unter Juden, Liberalen und Sozialisten aufgewachsene Cosima als insgeheim undeutsch und kosmopolitisch verdächtigten. Vermutlich verstand die Witwe Richard Wagners die Beschäftigung mit der Rassenlehre des Grafen Gobineau, mit den nationaldeutschen Rhapsodien des Orientalisten Bötticher, der unter dem Pseudonym Paul de Lagarde schrieb, übrigens auch die Förderung der föderalistischen Konzepte eines Constantin Frantz als bloße Pflichtübung, weil sich Wagners geistige Neugier und auch sein antisemitisches Trauma daran entzündet hatten.

Freilich hatte Cosima schon im Jahre 1882 die Anregung gegeben, das Buch des Grafen Gobineau über die Ungleichheit der menschlichen Rassen und die Vorherrschaft der Arier ins Deutsche übersetzen zu lassen. Ludwig Schemann publizierte dann im Jahre 1898 in drei Bänden seine Übersetzung von Gobineaus Versuch über die Ungleichheit der Menschenrassen. Schemann war auch, mit anderen Mitgliedern des »Bayreuther Kreises«, die treibende Kraft bei Gründung einer »Gobineau-Vereinigung«, von der sich Cosima jedoch schon gegen Ende des Jahrhunderts immer stärker zurückzog. Das war nicht allein mit Konkurrenzgefühlen gegenüber einem Kult des fran-

zösischen Grafen zu erklären. Cosima durfte nicht verkennen, daß die aggressive, antisemitische und nationalistische Deutschtümelei des »Bayreuther Kreises« im Widerspruch stand zum Grundkonzept der Bayreuther Festspiele, damit natürlich auch zu den finanziellen Interessen des Festspielhauses und des Hauses Wahnfried. Bayreuth als geistige Lebensform war mithin im Zeichen Cosima Wagners in doppelter Weise durch innere Widersprüche bedroht. Einmal als Kontrast eines immer noch unerhörten, fortzeugenden und ärgerniserregenden Kunstwerks zu seiner geplanten und schließlich bewirkten Vergötzung. Zweitens als Gegensatz einer Witwe, die sich allerdings auskennt in den Sympathien und Phobien ihres verstorbenen Gatten, ohne alles aus eigenem Denken und Fühlen mitvollziehen zu können, zu jenen Vasallen und Lehnsleuten einer reinen Bayreuther Lehre, die emsig bestrebt waren, die von einem einstigen Revolutionär geschaffenen Kunstwerke als ideologische Waffe der politischen und kulturellen Regression einzusetzen.
Das ergab nicht allein Konflikte zwischen den Bayreuther Ideologen und den Bayreuther Sängern wie Musikanten. Auch unter den Mitwirkenden der Festspiele brachen die Gegensätze auf.
Im Jahre 1888 übernahm Julius Kniese, zur Unterstützung von Heinrich Porges, die Leitung der Bayreuther Chöre, die er bis zum Jahre 1904 von nun an betreuen sollte. Mit ihm kam ein antisemitischer Gegenspieler des *Parsifal*-Dirigenten Hermann Levi nach Bayreuth, der sein erklärtes Ziel darin sah, mit Hilfe des »Bayreuther Kreises« den mißliebigen Juden wegzuekeln. Wie sehr die Ideologie des »Bayreuther Kreises« all jene anzustecken vermag, die sich, als Männer der Wissenschaft, mit den Dokumenten einlassen, beweist das Buch von Winfried Schüler *Der Bayreuther Kreis. Wagnerkult und Kulturreform im Geiste völkischer Weltanschauung* (Münster 1971), wo es, zur Charakterisierung Julius Knieses, in schöner Unbefangenheit heißt, ganz unberührt von aller Geschichtserfahrung: »Zudem war Kniese ein Mann, der in Wahnfried durch sein urwüchsiges deutsch-patriotisches Wesen, durch sein national gefärbtes gläubiges Luthertum und durch seinen rigorosen Antisemitismus sehr zu gefallen wußte.«

Trotz all dieser Widersprüche war die Leitung der Bayreuther Festspiele durch Cosima Wagner überaus erfolgreich. Sie hat das einmalige Unterfangen Richard Wagners, freilich um den Preis der Vergötzung und Ritualisierung, planmäßig institutionalisiert. Nicht allein durch den Entschluß, das Bayreuther Aufführungsprivileg des *Parsifal* durch eine Permanenz dieses Werkes auf den Bayreuther Spielplan vor der Öffentlichkeit zu rechtfertigen. Auch durch die Absage an eine Minimallösung, die neben dem *Parsifal* nur noch die Tetralogie als Bayreuther Pflichtübung betrachtet hätte. Als Herrin von Bayreuth hat es Cosima wagen können, einen geheimen Wunsch Richard Wagners zu erfüllen, den der Künstler selbst in seiner letzten Lebenszeit kaum wähnen mochte: den Einzug aller Werke Richard Wagners seit dem *Fliegenden Holländer* ins Festspielhaus. Cosima Wagner ist dabei ungemein klug und geschickt vorgegangen: sie wagte zehn Jahre nach den ersten Festspielen (1886) eine Bayreuther Erstaufführung von *Tristan und Isolde* nach dem Modell der Münchener Uraufführung. Drei Jahre später (1889) gesellten sich die *Meistersinger von Nürnberg* zu *Tristan* und *Parsifal*; 1891 ließ Cosima durch den Spielleiter Anton Fuchs und den bewährten Bühnenbildner Max Brückner eine Neuinszenierung des *Tannhäuser* folgen, die Felix Mottl einstudiert hatte. Die Bayreuther Festspiele von 1892 sind zunächst vorsichtig auf den Bestand des schon Erreichten bedacht; zwei Jahre später (1894) schließt sich der *Lohengrin* an: vorbereitet durch jene Künstlergruppe, die den *Tannhäuser* erarbeitet hatte.

Erst 20 Jahre nach den ersten Festspielen unternimmt die Witwe Richard Wagners und Herrin von Bayreuth zum ersten Mal eine Neueinstudierung des *Nibelungenrings*. Das künstlerische Unternehmen, alle vier Werke der Tetralogie einstudieren zu müssen, ist so schwierig und aufwendig, daß kein anderes Werk, nicht einmal *Parsifal*, in jenem Festspieljahr aufgeführt werden kann. Hans Richter steht wieder am Pult, wie beim Festspiel von 1876. Fünf Aufführungen der Tetralogie finden diesmal statt. Neben Hans Richter erscheint abermals Felix Mottl als Dirigent.

Noch ein dritter, wesentlich jüngerer und weit weniger erfahrener Musiker darf zum ersten Mal mit Richter und Mottl alternieren: Siegfried Wagner. Ein junger Mann von 27 Jahren, der Sohn, hebt nun den Taktstock an jener Stelle, wo sein Vater den Schlußakt bei der letzten Aufführung des *Parsifal* im Jahre 1882 geleitet hatte.

Cosima hatte all ihre Vorsätze erreicht: eine Institutionalisierung der Festspiele im Dienst von Richard Wagners Gesamtwerk, dazu die Begründung einer Dynastie.

Cosima war sehr empfindsam. Bei jeder Aufführung des *Lohengrin*, das hat sie selbst gestanden, kamen ihr die Tränen. In den Tagebüchern wird oft von einer gemeinsamen Ergriffenheit berichtet, denn auch Richard Wagner liebte bisweilen das genußvolle Weinen.

Cosima war sehr hart. Das Leben war hart mit ihr umgegangen. Sie hat nicht allein eine Dynastie begründet, sondern auch, in anderer Weise als Wagner und trotzdem ihm auch darin ähnlich, das eigene Bild für die Nachwelt monumentalisiert. Eine Frau, die jahrelang in aller Öffentlichkeit geschmäht werden konnte, als illegitim und illegal, stilisierte sich zur würdigen Vertreterin bei Darstellungen der weiblichen Hauptrolle eines Hohen Paares. Auch die Eigenschaftswörter, die man seit dem Ausgang des 19. Jahrhunderts verwendet, wenn die Rede sein soll von der Bayreuther Herrin, sind entsprechend stilisiert: Höhe, Würde und Adel. Ihr wichtigster Berater in allen Geschäftsdingen, der spätere Geheimrat Adolf von Gross, bediente sich bisweilen der Briefanrede: »Meine Edle«.

Alle Widersprüche waren schließlich einem strengen Stilwillen geopfert worden. Die Französin Cosima Liszt repräsentierte ein nationaldeutsches Kulturideal. Die Rechtsbrecherin korrespondierte mit Fürsten über Probleme der Tradition. Daß Cosima Liszt nicht bloß praktischen Sinn besaß und Lebensklugheit, sondern auch Humor, ist spät erst bekannt geworden. Die Schwiegertochter hat das Bild einer uralten Frau ahnen lassen, die sich jeweils am Abend heiter mit dem

Nachttrunk aus der Bierflasche zu Bett legte. Der Papagei kannte das vertraute Geräusch der sich öffnenden Bierflasche und ahmte es nach. Es ist zu vermuten, daß die in Paris erzogene Tochter von Liszt nur französischen Wein bei der Mahlzeit gekannt hatte. Aber der Leipziger Richard Wagner war Biertrinker. In Wahnfried war »Weihenstephan« ein vertrauter Name.

Die Widersprüche ihrer Natur und Lebensentwicklung hat Cosima nach dem Tode Richard Wagners produktiv gemacht. In den ersten Tagen, als die Überführung des Sarges nach Deutschland geplant werden mußte und Cosima sich allein wiederfand in Haus Wahnfried, hörte man von ihr nur die Worte: »Laßt mir das Grab und die Trauer, der Weiterverbreitung des Ruhmes mögen sich die Freunde annehmen. Mein Mann selbst dachte so, mir ist alles recht...« Allein, schon am 23. Februar 1883 kann Gross nach München berichten, daß Cosima am Gedanken festhalte, die geplanten Aufführungen des *Parsifal* stattfinden zu lassen. Einen Monat später ist auch die erbrechtliche Lage geregelt. Von den Kindern wurde nur Siegfried, neben seiner Mutter, als Miterbe anerkannt. Von nun an waren Cosima und Siegfried zu gleichen Teilen die Erben des Festspielhauses, von Haus Wahnfried, aller Kunstwerke und Dokumente, der Urheberrechte.

Spätestens seit dem Sommer 1883 und bei Vorbereitung der Festspiele dieses Jahres hatte Cosima die Regierung übernommen. Die Schwierigkeiten waren erdrückend. Das Defizit natürlich immer noch aus dem Jahre 1876. Im März 1883 geht Ludwig II. mit dem Gedanken um, das »Gnadengehalt« für Richard Wagner einzuziehen oder stark zu reduzieren. Er hatte Cosima die Münchener Ereignisse niemals verziehen. Zwei Jahre später (1885) müssen Konflikte mit dem Theatermanager Angelo Neumann ausgetragen werden, dem Richard Wagner die Aufführungsrechte für den *Nibelungenring* übertragen hatte. Was gut getan war, denn durch die Tourneen Neumanns erst wurde das Riesenwerk außerhalb von Bayreuth bekannt, außerdem erwies es sich als durchaus aufführbar, selbst außerhalb des Festspielhauses. Allein, Neumann verstand sich gut

auf die Geschäfte, und er besaß Konkurrenten. Im Jahr 1884 tauchen Pläne zur Gründung einer »Richard-Wagner-Stiftung« auf, die insgeheim auf Entmachtung der Herrin abzielen. Cosima muß sich gegen die Richard-Wagner-Vereine zur Wehr setzen, die ihr, der undeutschen Französin, offensichtlich mißtrauen. Im Januar 1885 schreibt sie sehr kühl an Glasenapp: »Es bedarf keiner neuen Stiftung; der Stipendienfonds ist die bereits bestehende, von dem Meister selbst in das Leben gerufene Richard-Wagner-Stiftung ...« Dann entwickelt sie im selben Brief ihr Programm der Gründung einer Dynastie: »Sind die Aufführungen durch die Tätigkeit des Allgemeinen Richard-Wagner-Vereins gänzlich unentgeltlich geworden (wie eine derselben es im vorigen Jahre durch eine Spende schon war), ist, wenn auch nur ein Teil der deutschen Jugend gewonnen und belehrt, sind die Sänger durch regelmäßige Aufführungen in dem Stil des neuen Kunstwerkes befestigt, dann wird der Augenblick der erhebenden Vereinigung gekommen sein. Dann – so Gott will – wird es der Sohn des Meisters sein, welcher Vorschläge macht und entgegennimmt ...«
Von Anfang an ist es abgesehen auf eine Entmachtung der Töchter: sowohl der Kinder eines Hans von Bülow wie auch der beiden Töchter (Isolde und Eva) Richard Wagners. Für Cosima gilt, wie für die klassischen Dynastien, das Salische Gesetz der männlichen Erbfolge. Cosimas »Letzter Wille« vom 13. August 1913 legt fest:

1. Zu meinem Nachlaß gehört:
a) der Hälfteanteil des Hauses Wahnfried mit Nebengebäuden und umliegendem Grundbesitz, einschließlich des Inhaltes: an Kunstwerken, Manuskripten, der Bibliothek, sämtlichen Einrichtungsgegenständen, wie überhaupt allen beweglichen Gegenständen.
b) der Hälfteanteil am Bühnenfestspielhaus mit Nebengebäuden, an der vollständigen Einrichtung dieser Gebäude, überhaupt dem ganzen Inventar, sowie an dem jeweilig vorhandenen Betriebsfonds der Festspiele.
c) der Hälfteanteil am Kapitals- und Barvermögen ein-

schließlich des von mir in die Ehe eingebrachten Vermögens, sowie an den Aufführungsliterarischen Rechten.

2. Meinen Sohn Siegfried setze ich zu meinem alleinigen Erben ein. An den unter 1 a und b bezeichneten Gegenständen haben seine Geschwister keinen Anteil. Von meinem übrigen Vermögen (1 c) hat SW seinen Geschwistern je ein Fünftel zu geben in den vorhandenen Wertpapieren und Barbeträgen …

4. Zu meinem Testamentsvollstrecker ernenne ich hiermit Herrn Geheimrat Adolf von Gross dahier, nach dessen Ableben Herrn Direktor Ernst Beutter …

Fünf Jahre später (2.9.1918) bestimmt die mehr als Achtzigjährige in einem Nachtrag zum Testament: »Obgleich somit zu meinem Nachlaß nur der unter 1 c meines Testaments vom 13.8.1913 angeführte Hälfteanteil am Kapitals- und Barvermögen und Urheberrechten gehört, soll doch nur mein Sohn Siegfried mein Erbe sein und gilt die Zuwendung von je 1/5 Reinnachlasses an seine Geschwister … nur je als Vermächtnis …«

Diese Entmachtung der Töchter sollte sich, zum Nachteil der damals noch lebenden Daniela Thode und Eva Chamberlain, nach dem Jahre 1930 wiederholen, als Winifred Wagner, nach Siegfrieds plötzlichem Tode, auch ihrerseits die Haltung Cosimas einnahm und fortsetzte: als persönliches Regiment des durch Letztwillige Verfügung eingesetzten Festspielleiters. Auch die Anfeindungen, denen Richard und Cosima Wagners Schwiegertochter damals in Fragen der Kompetenz ausgesetzt war, erinnerten an die einstige Debatte um Cosima im Jahre 1883. Jener Julius Kniese jedenfalls, dessen herzhafter Antisemitismus in Bayreuth gerühmt wurde und der vor allem seine Aufgabe in der Beseitigung Hermann Levis sah, schrieb bereits am 22. April 1883, also noch vor Beginn der ersten Festspiele nach Wagners Tode: »… Die Festspiele – lassen Sie mich praktisch reden – haben reüssiert, solange der Meister lebte und persönliche Anziehungskraft war. Vielleicht geht es in diesem Jahre noch, dann aber nicht mehr. Das ist auch die Absicht des Verwaltungsrates. Und weiter: sollen die Festspiele eine Filiale der Münchner Oper werden?« Der Hinweis auf die Münchener Oper war natürlich ein abschätziger Blick hinüber zum Juden Levi. Kniese und die anderen ideologischen Gegner und »Wunscherben« von Bayreuth behielten unrecht. Cosima Wagner hat Bayreuth zur Stadt Richard Wagners gemacht. Das ephemere Kulturereignis wurde zur Institution. Hundert Jahre nach dem ersten Ereignis von 1876 muß der Leiter der Bayreuther Festspiele, der Enkel von Richard und Cosima, das Festspielwerk als Beruf betreiben.

Über die Anziehungskraft der von Cosima geleiteten Festspiele gibt es genaue Unterlagen. Im allgemeinen brachten die Aufführungen von nun an Gewinn. Erst die Neuinszenierung der Tetralogie im Jahre 1896 ergab einen Verlust von 105 000 Mark. Das Barvermögen der Familie Wagner betrug, nach Auskunft des Vermögensverwalters Gross, im Jahre 1901 etwa 2 1/4 Millionen Mark. Einen schweren finanziellen Verlust und Rückschlag gab es im Jahre 1914, als der Kriegsbeginn am 1. August zum Abbruch der Festspiele führte. Man mußte Eintrittsgelder in Höhe von 360 000 Mark zurückzahlen. Wieder war ein Verlust entstanden, diesmal in Höhe von 150 000 Mark. Außerdem gab es seit 1913 keine Tantiemen mehr aus Wagner-Aufführungen.

Die geschäftliche Seite der Festspiele unter Cosimas Leitung wird in einem Brief von Adolf von Gross an Hans von Wolzogen vom 5. Dezember 1895 sehr nüchtern dargestellt: »Volle Häuser hatten 1882 die beiden ersten *Parsifal*-Aufführungen; das bezog sich aber nur auf den Amphitheaterraum, die Fürstengalerie und die obere waren nicht besetzt. Ganz volles Haus mit teilweise besetzter Galerie kam zum erstenmal im August 1886 einmal vor bei einer *Parsifal*-Aufführung. Vom Jahre 1888 ab waren fast alle *Parsifal*-Aufführungen total besetzt und immer 30–40 Galerieplätze verkauft.

Volle Häuser, so wie 1882 bei der ersten *Parsifal*-Aufführung, hatten auch alle übrigen Erst-Aufführungen der übrigen Werke; während im *Tristan*-Jahr '86 einige *Tristan*-Aufführungen kaum 200 zahlende Besucher zählten, hatte sich dieses Verhältnis

immer gebessert, die *Meistersinger* waren durchgängig besser besucht; im Jahre 1889 waren alle *Parsifal*-Aufführungen übervoll, die *Meistersinger* und *Tristan* nahezu ganz besetzt. *Tannhäuser* war zum ersten Mal schon wesentlich besser als die *Meistersinger* besucht, und beim zweiten Male waren alle Aufführungen nahezu voll. Im Jahre '94 waren zwei *Lohengrin* und ein *Tannhäuser* nicht ganz vollständig besetzt, ... *Lohengrin* sogar mäßig, die übrigen aber ganz. Das Resumé ist, daß Abweisungen bis jetzt nur bei *Parsifal* verschiedene Male erfolgen mußten, die anderen Werke waren schließlich auch sehr gut besucht, aber bis jetzt konnte man jeden noch zu spät kommenden immer unterbringen. Ich würde das aber nicht weiter verbreiten und nichts darüber schreiben. Wenn der Besuch im nächsten Jahre so gut wird wie ich es nach den bisherigen Anmeldungen erwarten darf, ist endgültig gewonnen ...«
Die Hoffnung des Schlußsatzes auf den Besuch im nächsten Jahr (1896) erfüllte sich bekanntlich nicht. Eben hier entstand, wie 20 Jahre vorher bei der ersten Aufführung des *Nibelungenrings*, ein neues Defizit. Die künstlerische Maxime Cosima Wagners bei der Leitung des Festspielwerks entsprach der selbstgewählten Kundry-Rolle: »Dienen – Dienen«. Die Begründung der Dynastie bedeutet daher, als Aufführungspraxis verstanden, die möglichst absolute Bewahrung, eigentlich Konservierung. So nimmt die dienende Herrin von Bayreuth den Vorwurf, das experimentelle und kühne Unterfangen Richard Wagners gleichsam zu mumifizieren, nicht ernst. Sie hat recht insoweit, als der Streit um Richard Wagner und seine Kunst weiterhin virulent geblieben war. Konservierung des in den Jahren 1876 und 1882 Erreichten, dann Einbeziehung der übrigen Werke bedeutete nach wie vor den Kampf um eine Stabilisierung des Werkes. Cosima versteht den Vorgang vor allem als Stabilisierung von Richard Wagners Ruhm, allein, die Sicherung des Nachruhms bedeutet gleichzeitig die Durchsetzung der ästhetischen Maximen. Die Herrin von Bayreuth kann sich zwar eine Zeitlang noch auf jene Künstler stützen, die mit Wagner hatten arbeiten dürfen, ihr Werk aber ist auch hier die Begründung einer spezifischen und als musterhaft verstandenen

Aufführungstradition. Dirigenten wie Richter und Levi, später sind es Felix Mottl und Karl Muck, wissen genau durch eigene Erinnerung oder durch Unterweisung, wie Wagner das Werk interpretiert haben wollte. Alle Berichte stimmen darin überein, daß auch Cosima, ganz wie der Meister von Bayreuth, die Textverständlichkeit, also die Kunst der kleinen Notenwerte, unablässig gefordert hat. Die Tragödie sollte nicht nur rauschhaft erlebt, sondern als Wort und Sinn genau verstanden werden. Schallplattenaufnahmen aus der Frühzeit der Technik beweisen in der Tat die erstaunliche Deutlichkeit des Vortrags bei einem so berühmten Bayreuther Heldentenor wie Ernst Kraus.
Als sich Cosima Wagner nach den schweren Herzanfällen vom 9. September 1906 von der Leitung des Festspiels zurückziehen muß, ist die Dynastie etabliert. Siegfried Wagner eröffnet am 22. Juli 1908 als Festspielleiter die neue Ära mit einer Neuinszenierung des *Lohengrin*. Am zweiten Weihnachtstag desselben Jahres wird Eva Wagner in Wahnfried mit Houston Stewart Chamberlain getraut. Drei Jahre später (1911) nimmt Hans Richter endgültig seinen Wohnsitz in Bayreuth. Was damals in Tribschen begonnen hatte, als Richter die gerade entstandene Partitur der *Meistersinger von Nürnberg* abschrieb, dann weitergeführt werden konnte bei den ersten Festspielen von 1876 unter Richters Leitung, wurde gleichfalls kanonisiert und institutionalisiert. Nichts freilich erinnerte nunmehr an Wagners Konzept vom »demokratischen Fest«, womit alles begonnen hatte.

Der Sohn
Siegfried Wagner

Im Schatten der alten Damen

Siegfried Wagner starb, wie sein Großvater Franz Liszt, während der Bayreuther Festspiele. Es gehört zu den vielen ironischen Versagungen im Leben eines scheinbar so glücklichen und erfolgreichen Menschen, daß er am Erfolg des von ihm neu inszenierten und von Arturo Toscanini dirigierten *Tannhäuser* nicht mehr teilhaben konnte. Ein schwerer Herzanfall traf den 61jährigen am 16. Juli 1930 während der Festspielprobe zur *Götterdämmerung*. Die *Tannhäuser*-Premiere vom 22. fand ohne den Regisseur und Festspielleiter statt. Siegfried starb am 4. August und wurde, während der Festspiele, die wie einst im Jahre 1886, beim Tod von Liszt, weitergeführt wurden, am 6. August auf dem Bayreuther Waldfriedhof beigesetzt.

Seine Mutter Cosima hatte er nur um ein paar Monate überlebt. Sie war am 1. April 1930 gestorben: mit 92 Jahren und seit langem ohne Bewußtsein irgendeiner Wirklichkeit, die um sie her ablief. Siegfried starb ihr nach; sie blieb bis zuletzt die beherrschende Gestalt für sein Leben und Arbeiten. Jener *Tannhäuser* sollte einen Vorgang der Befreiung und Selbstbefreiung darstellen. Sein wiederholter Ausruf: »Kinder, wenn ich euch wieder den *Tannhäuser* bringe, dann sollt ihr was erleben!«, meinte weit mehr als eine Neuinszenierung. Was hier angestrebt und mit Hilfe des italienischen Maestro auch verwirklicht wurde, bedeutete einen Wendepunkt: ein Ausbrechen aus der starren und statischen Aufführungstradition. Als Anschluß an moderne Konzepte des Musiktheaters, die anderswo bereits erprobt und gewagt wurden, und die der Herr von Bayreuth in seinen Festspielen von 1927 und 1928, sowohl bei Inszenierung des *Tristan* wie bei der Auswahl seiner Kapellmeister, weitgehend ignorierte.

Nun sollte man in der Tat ein neues Bayreuth erleben; auch der Plan, die beiden grundverschiedenen und in gleicher Weise

»schwierigen« Musiker Toscanini und Furtwängler als künftige Stilmeister für Bayreuth zu gewinnen, ging noch auf Siegfried Wagner zurück. Seine Witwe Winifred, die testamentarisch zur Erbin und Leiterin eingesetzt worden war, handelte folgerichtig beim Ablauf der Festspiele von 1931 und bei Vorbereitung jener Veranstaltungen des Jahres 1933, wo die »Weltgeschichte« sich unliebsam einschaltete. Bayreuth stand im Begriff, beim Tode des Sohnes ein Schauplatz zeitgenössischer, nicht mehr allein museal-pietätvoller Musikdramaturgie und Musizierweise zu werden. Indem der Sohn von Richard und Cosima plötzlich wegstarb, bleibt sein Name retrospektiv verknüpft mit starrem Traditionalismus, mit der Beschäftigung von mittelmäßigen Leitern, die man ausgewählt hat, weil sie ergeben sind und ressentimentgeladen gegenüber der neuen Zeit und neuen Kunst, die man, mit Siegfried Wagner, schlechthin als »Kulturbolschewismus« verfemt. Wozu für den Sohn und Erben die *Salome* und der *Rosenkavalier* ebenso gehörten wie die Leute um Otto Klemperer an der Berliner Krolloper.
Cosima Wagner lehnte es rundweg ab, den Wiener Operndirektor Gustav Mahler ans Pult der Festspiele zu berufen. Siegfried hatte, bei Wiederbeginn der Spiele im Jahre 1924, die Auswahl zwischen Kapellmeistern wie Bruno Walter und Erich Kleiber, Otto Klemperer oder Leo Blech: freilich waren das Juden. Dies Hindernis entfiel bei Fritz Busch, dem Opernchef aus Dresden. Mit ihm wagte man die neuen *Meistersinger* von 1924, aber Busch hielt nur mühsam und mit sich ringend, er hat es in seinen Erinnerungen geschildert, die fünf Aufführungen durch, obwohl sie musikalisch glanzvoll abliefen. Allein, der »Geist von Bayreuth«, repräsentiert durch Karl Muck und die anderen »Treuesten der Treuen«, veranlaßte ihn, die Verpflichtung für 1925 rückgängig zu machen und nie mehr in die Wagnerstadt zurückzukehren. Siegfried Wagners erster Versuch, einen bedeutenden Musiker der neuen Generation und Interpretation ins Festspielhaus zu holen, war gescheitert. Muck trat wieder an die Stelle von Busch, und für den neuen *Tristan* des Jahres 1927 ließ man sich den Kapellmeister Karl Elmendorff einfallen.

Bis zu seinem frühen Ende lebte Siegfried Wagner zwischen dem, was er vermutlich und »eigentlich« gewollt hat, und dem Nichtgewollten, dem er jedoch nicht ausdrücklich zu widersprechen wagte. Bei so vielen Stilisierungen, die der Sohn von Richard und Cosima erfuhr und wohl auch betrieb, ist es schwer, die Frage zu beantworten, wer und was er gewesen ist. Ein Interviewer des *Neuen Wiener Journal* kommt im Jahre 1911 zu folgendem Eindruck: »Aristokratisch mutet auch Siegfried Wagners Zurückhaltung, die große Sorgfalt in allem Äußerlichen an. Er ist soigniert in der Kleidung, gemessen im Wort und verrät sich nirgends.«
Aufgewachsen war er im Schatten der älteren, dann der alternden Frauen. Die übermächtige Mutter; die um neun Jahre ältere Halbschwester Daniela von Bülow, mit dem Kunsthistoriker Henry Thode in unglücklicher Ehe verbunden; Blandine von Bülow, geboren im Jahre 1863, als Gräfin Gravina später die Mutter von drei Söhnen, von denen der älteste, Manfred, ein Lieblingsverwandter wird. Isolde von Bülow, am 10. April 1865 in München geboren, ist in Wahrheit bereits ein Kind von Richard und Cosima. Mit ihr fühlt sich der vier Jahre jüngere Siegfried besonders eng verbunden: bis die Rivalität zwischen Siegfried und seinem Schwager Franz Beidler, dem erfolgreichen Bayreuther Dirigenten, der zudem einen Sohn hat und damit die »Erbfolge« bedrohen kann, im Jahre 1906, zum Bruch führt. Schließlich Eva Wagner, am 17. Februar 1867, fast zwei Jahre vor Siegfried, in Tribschen geboren. Sie wird, vor allem nach ihrer Heirat mit H. St. Chamberlain, zur Repräsentantin eines statischen und ein für allemal an des »Meisters« einstige Weisungen gebundenen Bayreuth. Hatte bereits Siegfried in seinen letzten Jahren den unterschwelligen Widerstand Evas und ihrer Anhänger aus dem »Kreis« erfahren müssen, weil er angeblich das Weihegebaren in eine moderne Festopernorganisation transformieren wollte, so prallte die Witwe Winifred sogleich mit den Altbayreuther Nornen zusammen, die nicht etwa »liberaler« sind, sondern erstarrt, und die nur mit Schaudern den Gedanken ertragen können, eine Aufführung des *Parsifal* zu erleben, ohne jene Dekoratio-

nen von 1882, worauf »die Augen des Meisters geweilt hatten …«
Wie sehr Siegfried unter dieser Frauenwelt gelitten haben muß, läßt sich nur indirekt, um so deutlicher aber aus den Träumen seines Werkes als Librettist und als Musiker ableiten. Der Tonsetzer, der eine Ballade für Bariton und Orchester schreibt über einen »dicken, fetten Pfannkuchen«, der entsetzt beim Anblick alter Weiber aus der Pfanne springt und sich davonmacht, muß gewußt haben, was er hier, wenngleich er sich sonst nicht zu »verraten« pflegte, aus sich entließ.
Sein Biograph Zdenko von Kraft berichtet von frühen dramatischen Plänen und Entwürfen, darunter einem Konzept *Hütet Euch vor Weibertücken*. Natürlich ist das ein etwas abgewandeltes Zitat aus der *Zauberflöte*, fügt sich aber ins Bild eines vaterlos heranwachsenden Jungen in einer matriarchalischen Gemeinschaft. Siegfrieds Jugend steht im Zeichen der Freundschaften, nicht der Frauenliebe. Es ist nicht zufällig, was auch Winifred Wagner bemerkenswert fand an den künstlerischen Arbeiten ihres Mannes, daß sich zwar der »Bärenhäuter« Hans Kraft, ein junger Soldat in Siegfrieds erster Oper, ein märchenhafter und etwas pöbelhafter Jungsiegfried, schließlich gegen den Teufel durchsetzt, doch mit Hilfe »von oben«, nicht folglich als Zerbrecher des Speeres und der gesellschaftlichen Hierarchien, wie bei Richard Wagner, während die späteren Opernmänner Siegfried Wagners immer nachdrücklicher als passive Helden gezeichnet wurden: als Leidende, Märtyrer, Opfer.
Mit dem englischen Freund Clement Harris, den er beim ersten Versuch, Architektur in Karlsruhe zu studieren, kennenlernt, geht er im Januar 1892 auf eine große Ostasienreise. Bei der Rückkehr empfängt die Londoner Gesellschaft den Sohn Richard Wagners. Am 30. Januar wird nach Bayreuth berichtet: »Oscar Wilde, der hier eine große Celebrität ist, ist wohl ein geistvoller, Paradoxien liebender Causeur … schon etwas posierend, aber sehr unterrichtet … Er lud Clement und mich Dienstag bei sich ein …« In späteren Jahren hatte Siegfried Wagner nicht Abscheu genug für Wildes Schauspiel *Salome* und

für die Oper von Richard Strauss. Eine rastlose Selbsterziehung zum Unauffälligen muß sich hinter der so gemessenen, in den begeisterten, fast immer banalen Familienbriefen abermals stilisierten Außenansicht im Laufe der Jahre, die mehr und mehr zu Jahren von Niederlagen des »Sohnes« wurden, vollzogen haben. Übrigens: Siegfried Wagner war ursprünglich Linkshänder, dirigierte auch als solcher. Bis er sich umerzog.
Als im Mai 1913 die Welt den hundertsten Geburtstag Richard Wagners begeht und die »Kreishauptstadt Bayreuth«, wie es in der Urkunde heißt, dem »Sohne des Meisters von Bayreuth, ... der das Erbe seines großen Vaters mit Geist und Kraft verwaltete«, die Ehrenbürgerschaft verleiht, als die Walhalla bei Regensburg in Anwesenheit des Prinzregenten, der König Ludwig entmündigen ließ, vom Bayerischen Staat eine Marmorbüste Wagners empfängt, scheint der Sohn den Festspielgedanken, wenigstens soweit er sich seit 1876 manifestierte, durchgesetzt zu haben. In Wirklichkeit beschreiben alle Zeugen, die Siegfried um jene Zeit erlebten, einen Zustand tiefer Verbitterung und Einsamkeit. Da sind äußere Gründe. Der deutsche Reichstag war nicht bereit, das Urheberrecht am *Parsifal* zugunsten von Bayreuth abzuändern. Das Bühnenweihfestspiel ist von nun an eine Oper wie andere auch und kann von allen Opernhäusern aufgeführt werden. Wie ein groteskes Nachspiel muten die Bemühungen von Wahnfried mitten im Zweiten Weltkrieg an, mit Hilfe des Führers und Reichskanzlers eine neue Regelung der Schutzfrist zu erreichen. Mit dem Propagandaminister wird über die Frage: 50 oder 70 Jahre? verhandelt.
Mehr als die bekannten Achtungserfolge für den Träger eines berühmten Namens hat Siegfried Wagner, der Musikdramatiker, nicht mehr aufzuweisen. Man spielt ihn in Hamburg und Karlsruhe, wo in Muck und Mottl die Bayreuther Dirigentengarde ihre Anteilnahme auch auf den Sohn überträgt. Die Preußische Hofoper in Berlin ignoriert den Musikdramatiker der zweiten Generation; ebenso die von Ernst von Possart, dem Erzfeind Cosimas, geleitete Bayerische Hofoper. Auf die Zumutung, in München zum Wagnerjubiläum eine Festrede jenes Possart anhören zu müssen, reagiert Cosima brieflich mit einem

Schopenhauer-Zitat: »Das Leben ist eine Tragödie, die sich wie eine Komödie ausnimmt.«
Redaktion und Komposition des *Märchens vom dicken fetten Pfannkuchen* fallen in den Herbst dieses Vorkriegsjahres 1913. Die mühsame Heiterkeit verbirgt nur oberflächlich einen Überdruß und Daseinsekel. Siegfried Wagner ist im Jubiläumsjahr ein Mann von 44 Jahren. Er ist nicht verheiratet und muß dem Ende der Dynastie entgegensehen, denn Eva Chamberlain wird kinderlos bleiben. Isolde Beidler hat zwar ihren »Prozeß« gegen die eigene Mutter, worin Anerkennung ihrer Abstammung nicht von Bülow, sondern von Wagner gefordert wurde, vor Gericht verloren, allein, daß sie, im engeren Sinne, zur Wagnerfamilie gehört, wird just durch den unerbittlichen und durchaus unfairen Kampf ersichtlich, den die Chamberlains gegen sie führen. Isolde Beidlers Sohn Franz Wilhelm, als ein Enkel von Richard und Cosima, wurde 1901 geboren: beim Kriegsausbruch von 1914 war er zwölf Jahre alt.
Dieser Krieg von 1914 bedeutete für die Festspiele, und damit für die Wagners, eine finanzielle Katastrophe. Mit einer Vorstellung des *Parsifal* am 1. August werden die Festspiele abgebrochen. Das Geld für die bereits vorbestellten Karten muß zurückerstattet werden. Siegfried bleibt der Tradition Richard Wagners aus dem Jahre 1870 insoweit treu, als auch er patriotische Musik komponiert: einen »Fahnenschwur« nach Worten von Ernst Moritz Arndt, der im Herbst in der Berliner Philharmonie aufgeführt wird.
Im Sommer 1915 erreicht Siegfried, der sich anschickt, zu seinen Freunden für einige Zeit nach Berlin zu fahren, ein Brief der Schwester Eva Chamberlain. Fast kann man ihn als Manifest bezeichnen. *Betrachtungen für die Reise von Deiner bald fünfzigjährigen Schwester.* Es ist ein Dynastenbrief, und er handelt von der Thronfolge. Die Schreiberin ist geschickt, und sie beherrscht die verhaßte Kunst einer »intellektualistischen« Psychologie. Sie kennt den jüngeren Bruder und weiß, daß sein Sinnen, wie seine Libretti immer wieder verraten, nicht loskommt von moralischen Grundantagonismen. Hier der Ritter Lohengrin in lichter Waffen Scheine, dort die schurkische und

erzböse Ortrud. Ihn selbst ernennt nun Eva zum Lohengrin; die böse Nachtseite wird, wie sollte es anders sein, durch Isolde Beidler repräsentiert. Daher die Mahnung »Mache Loldis (Isoldes) unheimlich triumphierende Worte: ›Fidi (Siegfried) heiratet ja doch nicht!‹ nicht zur Wahrheit. Du leistest damit den Schlechten, denen, die wir als ›undeutsche Teufel‹ bezeichnen, einen zu großen Dienst.«

»Unheimlich triumphierende Worte.« Das klingt wirklich nach dem *Lohengrin*, aber es handelt sich in der Tat auch, wie beim Streit um die Herrschaft in Brabant, um Thronfolge. Siegfried muß heiraten. Dann wird der Plan der Undeutschen zuschanden.

Im Juli 1914 war der Pianist, Lisztschüler und Direktor des Klindworth-Scharwenka-Konservatoriums in Berlin, Karl Klindworth aus Hannover, mit seiner 17jährigen Adoptivtochter zu den Generalproben nach Bayreuth gekommen: mit Winifred Williams, einer jungen, früh verwaisten Engländerin. Im Juni 1915 besucht Siegfried Wagner in Berlin auch die Klindworths. Am 6. Juli verlobt er sich mit Winifred; am 22. September findet in Wahnfried die Trauung statt. Ein Altersunterschied von 28 Jahren zwischen Braut und Bräutigam. Richard Wagner war 24 Jahre älter gewesen als Cosima, aber die junge Frau war, als sie sich in München mit Wagner verband, um zehn Jahre älter als die ganz junge Winifred. Cosima von Bülow hatte zwei Töchter. Winifred war »das Kindchen« für Siegfried Wagner und die anderen Bayreuther.

Sie scheint ihn dazu gebracht zu haben, aus dem Schatten der alten Damen sich zu lösen und von nun an – auch im Familiensinne des Erbfolgerechts – die Dynastie zu repräsentieren.

Am 5. Januar 1917 kam der älteste Sohn Wieland zur Welt. Eine Photographie zeigt Cosima mit dem Enkel. Sie scheint abwesend, wie zumeist seit den schweren Herzanfällen, die sie im Jahre 1906 gezwungen hatten, die Leitung der Festspiele auf den Sohn zu übertragen.

Vier Kinder, geboren zwischen 1917 und 1920, haben die Dynastie fortsetzen sollen, zwei Söhne: Wieland und Wolfgang, zwei Töchter: Friedelind, deren Namen an die Friedenssehnsucht von 1918 gemahnt, und Verena. Isolde Beidler war am 7. Februar 1919 in München gestorben.

Die Kunst und die Reaktion

In Zdenko von Krafts Biographie Siegfried Wagners von 1969, die so »mitgehend« geschrieben ist, daß sie immer noch Malwida von Meysenbug vorwirft, sie sei »rassisch instinktlos« gewesen (im Gegensatz zum überzeugten Antisemiten Siegfried Wagner), wird eine Charakterisierung des Sohnes durch Ferdinand Pfohl angeführt und lobend unterstrichen: »An der künstlerischen Erscheinung Siegfried Wagners fesselt es immer wieder, wie prachtvoll unmodern er im Grunde seines Wesens ist.« Das Wort »unmodern« ist gesperrt gesetzt.

Man kann es nicht besser sagen. Mit solcher Charakteristik wird sehr präzis formuliert, was Siegfried Wagner von seinem Vater unterscheidet. Natürlich ist der Sohn, seit seinen Anfängen als Musikdramatiker, ein Wagnerianer. Die Erlösung des Bärenhäuters, der dem Teufel verfiel, durch die unbeirrte Treue der Bürgermeisterstochter Luise, ist ausdrücklich der Konstellation des *Fliegenden Holländer* nachempfunden, will vermutlich von dorther gleichsam noch eine zusätzliche Dimension anstreben: als ein heiter, mit der obligaten Hochzeit ausklingendes Nachspiel zur Tragödie zwischen Senta und dem Holländer. Freilich hätte Richard Wagner, auch beim ungeduldigsten Zweckdichten, an entscheidender Stelle seines Librettos nicht Verse zugelassen gleich jenen des Bärenhäuters Hans Kraft: »Leichter Sinn lockt Teufelslist! Ihr erliegen menschlich ist.«

Nicht sein Wagnertum geriet dem schöpferischen Künstler Siegfried Wagner zur Gefahr. Das teilte er mit dem jungen Richard Strauss der Oper *Guntram* ebenso wie mit Pfitzners *Rose vom Liebesgarten*. Der *Bärenhäuter* als Erstling schien sogar, im Urteil der Zeitgenossen, eine produktive Weiterführung ins Märchenhafte, also als Fortsetzung sowohl von Märchenelementen des *Siegfried* wie der Märchenopern von Siegfrieds Kompositionslehrer Engelbert Humperdinck.

Es war auch nicht der Gegensatz zwischen dem Genie und dem für vielerlei in hübscher Weise begabten Sohn. Um die Jahrhundertwende, als Siegfried Wagner auf den Opernbühnen sich durchzusetzen suchte, verzehrten sich zahlreiche mittlere und kleine Talente am unerreichbaren, weil allmählich unzeitgemäß gewordenen Kunstideal eines Musikdramas aus Historie und Mythos, Märchenwelt und pessimistischer Philosophie. Der Jugendstil kam diesem Sehnen entgegen: er war zum Teil auch daher zu erklären. Namen wie Felix Dräseke sind heute vergessen: damals galten sie als Fortsetzer des Bayreuther Werks. Siegfried Wagner besaß, wie sie alle, ein gutes Handwerk, melodische Einfälle, Sinn für Klangfarben und aparte Instrumentationen. Nichts überraschte, doch nichts mußte von vornherein als bare Anmaßung abgetan werden. Der Sohn und Erbe war zum Symptom eines an Wagner sich verzehrenden Künstlertums geworden, was er selbst niemals verstanden hat. Die Literatur entdeckte für sich die Konstellation des nachwagnerischen Musikdramatikers als Thema: Beim jungen Friedrich Huch, den Thomas Mann bewundert und gefördert hat, wird sie im Roman *Enzio* von 1911 noch als Künstlertragödie abgehandelt; im *Kammersänger* von Frank Wedekind (1899) mit den schneidenden Akzenten der Satire.

Der Unterschied zwischen Richard und Siegfried Wagner liegt, jenseits aller Dimensionen des Genies, im folgenden: Alle Aktionen, Manifeste, Einfälle Richard Wagners, von der Absage an alle Artistik der »Großen Oper« nach dem *Rienzi* bis zur Eröffnung der Bayreuther Festspiele, stehen unter dem Zeichen der Notwendigkeit. Jedes der Werke gehört in eine besondere Konstellation aus Zeitgeschichte und Künstlerentwicklung. Man begreift beim Rückblick, warum der Plan der *Meistersinger* 1845 vor dem *Lohengrin* zurückzutreten hatte, warum sich ein Drama *Siegfrieds Tod* zur Tetralogie auswuchs. Auch die weitgediehenen, schließlich aufgegebenen Entwürfe wie *Jesus von Nazareth* oder *Wieland der Schmied*, endlich *Die Sieger* hatten vor allem Anbeginn eine Botschaft und Weltaussage zu bedeuten. Das wurde rasch verstanden in aller Welt. Begeisterte Anhängerschaft und bitterer Haß waren die Folge. Zumal sich

Richard Wagner, jenseits aller Überlieferungen, jeweils die spezifischen Ausdrucksmittel auszudenken pflegte. Etwa die kühn und folgerichtig erdachten, so gern belachten und parodierten Stabreime im *Ring.* Wagner wagte hier eine durchaus moderne »Verfremdung«. Indem er die Bürgerwelt des 19. Jahrhunderts in der Tetralogie mythisierte, schuf er für sich die Notwendigkeit, auch die Sprache jenes 19. Jahrhunderts abzutun und durch ein neues, scheinbar »mythisches« Sprechen zu ersetzen.

Siegfried Wagners schöpferische Arbeit hingegen steht im Zeichen der Unnotwendigkeit. Das läßt sich nicht allein an der meist wirren Dramaturgie demonstrieren, die offensichtlich weder besondere Neigung verrät, die Hauptgestalten zu charakterisieren, noch zu irgendeiner Aussage zu gelangen. An der Schlußapotheose der Oper *Schwarzschwanenreich* von 1918 wird ein Grundprinzip dieser rein theatralisch arbeitenden Effektdramatik ohne eigentliche Aussage besonders evident. Hulda als Hexe auf dem Scheiterhaufen. Liebhold stürzt hinauf, sie zu retten. Beide stehen in Flammen. Dann folgt die Regieanweisung: »Der Scheiterhaufen ist ganz zusammengebrochen. Man sieht die Gestalten Liebholds und Huldas, unversehrt vom Feuer, umschlungen tot liegen. Die Scheite verwandeln sich in Lilien und umrahmen die Liebenden. Der Pfahl, an dem Hulda gebunden war, gestaltet sich zum Kreuz. Sonnenuntergang. Das Volk kniet nieder.«

Wieder einmal ist der Sohn nicht von der Apotheose des *Fliegenden Holländer* losgekommen. Hier jedoch operiert eine leerlaufende Theatralik, die nichts aussagen will, auch musikalisch allein die Situation illustriert, aber nicht, wie im *Ring des Nibelungen*, ein episches Gegenelement zum dramatischen Ablauf repräsentiert. Die Vorstellung gar, daß es sich hier um eine im Weltkrieg entstandene Schöpfung handelt, trägt weiter zur Verwirrung bei.

Siegfried Wagner hat sich niemals eingestehen wollen, daß jenseits aller – möglichen und wahrscheinlichen – Widerstände (etwa Possarts in München oder auch des in Berlin residierenden Richard Strauss) die Mißerfolge, die sich als Provinzerfolge mit wohlwollender Resonanz bei einem konservativen und allem »Neuerertum« abholden Publikum nebst adäquater Kritik darstellten, aus der theatralischen Beliebigkeit dieser Opern resultierten. Hier war das einstmals kulturrevolutionäre Künstlertum Richard Wagners museal geworden und sah sich auf ein paar imitierbare Formen reduziert. *Richard Wagner in Bayreuth*, das war ein ideologisches Programm. Siegfried Wagner als Dramatiker: das war Unzeitgemäßheit als Anachronismus.

Richard Wagner hatte sich gierig, nicht immer genau verstehend, den geistigen Ereignissen seiner Zeit ausgesetzt. Freigeisterei des Jungen Deutschland bereits im *Liebesverbot*, der »wahre Sozialismus« von Karl Grün und anderen; die Erschütterung durch Ludwig Feuerbach; Bakunin und der Bakunismus: von Feuerbach zu Schopenhauer; die Konfrontation mit dem jungen Nietzsche; schließlich gar die Rassengedanken des Grafen Gobineau. Ein Künstler, der alle Wege und Irrwege kennt und begeht.

Siegfried Wagner wirkt durchaus unneugierig. Umgeben von wenig begabten und wirklichkeitsscheuen Wagnerianern wie Hans von Wolzogen, der sich zu Weihnachten 1915 nichts Besseres ausdenken kann, als in Wahnfried einen Schwank nach Grimms Märchen *Der Jude im Dorn* vorzutragen (jenem Märchen, das T. W. Adorno als Trauma auch Richard Wagners am Beispiel Beckmessers und Mimes interpretiert hat), mit einem Schwager und Arier-Ideologen wie Chamberlain, auf antisemitische Allergie seit Jugend eingestimmt, scheint er für sich selbst wie für Bayreuth alle Teilnahme an einer zeitgenössischen Geistes- und Kulturentwicklung abzulehnen. Er ist nicht neugierig, weiß aber nicht, wenn er ablehnt und abspricht, wovon die Rede ist. »Für gewisse hypermoderne Moden ist Bayreuth nicht da, das widerspräche dem Stil der Werke, die ja nicht kubistisch-expressionistisch-dadaistisch gedichtet und komponiert sind«, heißt es programmatisch zur Wiedereröffnung der Festspiele im Jahre 1924. Das ist redensartlich dahergesagt, nimmt sich nicht einmal die Mühe, jene Strömungen auseinanderhalten zu wollen. Wäre das ernst zu nehmen, so müßte die *Zauberflöte* unwiderruflich im Stile Schikaneders aufgeführt werden. Der Sohn

scheint nicht verstanden zu haben, was der Vater in Dresden vor 1848 an Erneuerung des Musiktheaters aus dem Denken und Kunstschaffen seiner eigenen Zeit betrieben hatte.
Auch Siegfried Wagner wird, wie sein Vater, ein Trauma nicht los. Wagner kam im Denken, im Schaffen und auch in der exzentrischen, auf Luxus versessenen Lebensführung niemals weg vom Gedanken an die Hungerjahre eines »Deutschen Musikers in Paris« zu Beginn der vierziger Jahre. Als man bei den Rothschilds und Meyerbeers antichambrieren mußte. Aber das Genie verwandelte Leid in Kreativität, übrigens auch in theoretische Monologe, an die ihr Schreiber immer nur halb glaubte, wenn sie nicht das eigentliche Werk betrafen. Siegfried Wagners Choc-Erlebnis läßt sich zeitlich und örtlich genau fixieren. 24. März 1901 im Hoftheater München. Die zweite Oper nach dem *Bärenhäuter*, ein *Herzog Wildfang*, endet mit einem in München noch nicht erlebten Skandal, der erst um 11 Uhr dadurch abbricht, daß man das Licht herabschraubt. Ausgelöst wurde, nach allen Berichten, der allgemeine Unmut durch die Aufdringlichkeit der Wahnfriedgemeinde, einer mondänen guten Gesellschaft, die ihrer Sache so sicher scheint, daß sie bereits nach dem ersten, vom Publikum leidlich gut hingenommenen Akt einen Riesenerfolg inszenieren möchte, mit Tücherwedeln und Hervorruf des Dichter-Komponisten, der sich darauf einläßt. Nun formiert sich, gefördert durch ein wirrtheatralisches Libretto, die Front des Gegners. Es sind weder, wie die Bayreuthlegende später raunt, die »Undeutschen« noch die radikalen »Naturalisten«. Es ist gutbürgerliches Opernpublikum, dem der *Bärenhäuter* gefallen hatte, das sich aber von der Aristokratie des Hofes von München und Bayreuth nicht ins Jubilieren drängen läßt.
»Trotz Tücherwedelns und begeisterten Händeklatschens und Fußtrampelns der Bayreuther Gemeinde, die sich vollständig zur Premiere im Hoftheater eingefunden hatte, wurde Siegfried Wagner nach allen Regeln der Kunst ausgepfiffen und ausgezischt. Als Dichter wie als Komponist hat Siegfried Wagner sich als krasser Dilettant gezeigt.« Das steht in den *Dresdener Neuesten Nachrichten*. Auch wohlwollende Kritiker, etwa in

der *Breslauer Zeitung*, können nicht mehr konzedieren als: »Einzelnes gelingt sogar sehr nett …«

Unverkennbar allerdings, daß Siegfried Wagner nichts begriff von dem, was ihm an jenem Abend widerfuhr. Cosima hatte den Skandal erleben müssen; ein Vergleich mit den Münchener Premieren des *Tristan* und der *Meistersinger* hätte sich aufdrängen müssen. Sie ließ sich darauf nicht ein, glaubte mit dem Sohn und der Bayreuther Gemeinde, hier habe der Ungeist über echt deutschen Geist gesiegt. Der Antisemitismus gibt Siegfried Wagner von nun an die Möglichkeit, jeden neuen Mißerfolg – vor allem die Nichtachtung der Kritik und der Berliner Metropole – auf jüdische Machenschaften zu reduzieren. Wenn eines seiner Konzerte erfolgreich war, so lobt er brieflich das »echt deutsche« Publikum. Ein Erfolg in Rostock läßt ihn stolz schreiben, neben dem obligaten Lob der arischen Zuhörer, er sei »in Mecklenburg nämlich populär!« Vergessen ist offensichtlich, daß sich Gustav Mahler in Wien als Operndirektor und Dirigent erfolgreich für den *Bärenhäuter* eingesetzt hatte.

Ein »unmoderner« Künstler, der schließlich in seinem Denken und in der unneugierigen Kunstauffassung schlechthin reaktionär werden muß. Bestärkt wird er darin durch den Rat von Musikern wie Karl Muck. Man kann sich vor Abscheu nicht lassen über die *Salome*. Den Mißerfolg des *Rosenkavalier* hält man auf die Dauer für unvermeidlich. Noch im Jahre 1924, als Siegfried und Winifred in Amerika das Geld für neue Festspiele aufzutreiben haben und genötigt sind, besagten *Rosenkavalier* in der Metropolitan Opera anzuhören (zwei Akte wenigstens), witzelt Siegfried: »Man muß alles mitmachen, damit man Leute gewinnt.«

Daß er als Musikdramatiker ein Zeitgenosse und Gegenspieler war von Debussy und Busoni, Ravel und Bartók, de Falla und Janáček, zu schweigen von Schönberg und Berg, scheint den Sohn Richard Wagners kaum bekümmert zu haben. Dies alles wurde nicht zur Kenntnis genommen und hatte mit Bayreuth offensichtlich nichts gemein: was sich bis in die Auswahl der Künstler auswirkte, die man zur Mitwirkung einlud oder verwarf.

Solche Fixierung an eine Vergangenheit, die einstmals kühn und neu gewesen war und nunmehr ängstlich abgeschirmt werden soll gegen das Tun all jener nachlebenden Künstler, die ihrerseits kühn und neuartig das Werk Richard Wagners schöpferisch weiterführen möchten, muß Folgerungen haben auch im Politischen. Es war nicht allein der »Bayreuther Kreis«, der sich aus Herzensgrund zu allen »völkischen«, nämlich aufklärungsfeindlichen und gegen-demokratischen Strömungen bekannte, was die ersten Nachkriegsfestspiele von 1924 zum Kampfappell der »Alten Kameraden«, aller Antidemokraten, Sozialistengegner und Militärschwärmer degenerierte. Als man freilich im Festspielhaus »spontan« das Deutschlandlied sang, rannte Siegfried Wagner kreidebleich und entsetzt davon. Er fragte sarkastisch, ob demnächst auch die *Wacht am Rhein* intoniert werden müsse. Chamberlains Ideen, ihrerseits nicht eben genau gedacht und empirisch abgesichert, ließen sich mühelos weiter popularisieren als »Mythus des 20. Jahrhunderts«. Siegfried Wagner fand alles nach seinem Herzen und Fühlen. Am 7. Oktober 1923 ist Hitler zu Gast in Wahnfried und bei Chamberlain. Nur mußte man, im Interesse der Festspiele und ihrer Rentabilität, nach außen hin ein bißchen zurückhaltend sein. Man ist für die Leute vom Bürgerbräuputsch des 9. November 1923, lehnt aber alle Mitgliedschaften ab. Als Hitler im Jahre 1924 an Siegfried Wagner, den offenbar Gleichgesinnten, schreibt, wird der Brief sogar vor Winifred geheimgehalten.

Was Siegfried Wagner wirklich denkt, verkündet er, wenige Monate vor den neuen Festspielen von 1924, als er im März dieses Jahres auf der Rückkehr aus den Vereinigten Staaten nach Italien reist, in Rom vom Duce empfangen wird und nun berichtet: »Alles Wille, Kraft, fast Brutalität. Fanatisches Auge, aber keine Liebeskraft darin wie bei Hitler und Ludendorff. Romane und Germane! ... Famose echte Rasse ... Es ist schon trostlos, wie Deutschland herabgekommen ist!«

Die Konstatierung einer »Liebeskraft« bei Erich Ludendorff, den alle Augenzeugen stets nur als eiskalten Karrieristen des Generalstabs und als Strategen empfunden hatten, der lebendige Kreaturen bloß als Menschenmaterial versteht, ist fast unbegreiflich. Wer so denkt und formuliert, lebt in der Traumwelt seiner Märchen und Schauerballaden. Es ist ein Kosmos der kräftigen, geistig unbeschwerten jungen Männer und der opferbereiten Frauen, die man, wie das Katerlieschen in dem vergleichsweise geglückten Musikmärchen *An allem ist Hütchen schuld*, für schlichten Geistes hält, bis sie tun und erkennen, was kein Verstand der Verständigen gesehen hatte. Gehäufte Züge der Bösartigkeit bei den Bürger- und Bauerngestalten in den szenischen Entwürfen Siegfried Wagners.

Welches Deutschland gedachte er mit wem zu erneuern? Für wen schrieb er, und was wollte er aussagen? Die Fragen lassen sich kaum beantworten. Wie so oft in der deutschen Ideologie des 19. und 20. Jahrhunderts, unverkennbar in Ansätzen auch bei Richard Wagner anzutreffen, sinnt man daher einer vorbürgerlichen Gesellschaft nach mit patriarchalischer Autorität, untergeordneter Opferbereitschaft der Frau, einer Aristokratie gleich jener in den Salons von Wahnfried, wo die Sänger mit den Fürsten konversieren.

Der Festspielleiter

Nichts leichter mithin, als Siegfried Wagners Konzept der Festspiele, die er zwischen 1908 und 1930 geleistet hat, aus seinen Anschauungen zur Politik und Gesellschaft, zur Kunst und zum Theater zu deduzieren. Allein, die Rechnung geht nicht auf. Zum Charakter des »Unnotwendigen« in seinem Tun, jener Beliebigkeit in der Wahl seiner Stoffe und Botschaften, gehört auch eine sonderbare Aleatorik in seinen wirklichen Neigungen. Er will Architekt werden, gibt es dann auf, geht mit dem Freund auf eine Weltreise und entdeckt dort, daß ihm deutsche Kunst und Musik, und die Bayreuther Landschaft, über alles geht. Selbst sein Arbeiten als Musikdramatiker weist etwas erstaunlich Privates auf: weit mehr Kinderspiel eines kultivierten Erwachsenen denn Existenzerfüllung. Gab er dem Ehrgeiz der Mutter und aller »Treuesten der Treuen« darin nach, und hätte er es auch sein lassen können?

Er war ein recht guter, ruhiger Dirigent, wie alle Kritiker hervorheben, doch nicht vergleichbar den Nikisch und Weingartner. Das stellt ein berufener französischer Kritiker am 2. März 1903 fest, nachdem Siegfried ein Konzert des Lamoureux-Orchesters geleitet hat: Siebente von Beethoven, Siegfried-Idyll, eigene Musik aus jenem unseligen *Herzog Wildfang*. Der Kritiker urteilt über den Komponisten Siegfried Wagner: »Achtbare Musik, nicht mehr; so etwas wie die Hausaufgabe eines Schülers, der bei Richard Wagner studiert hat, aus dem sich aber der Lehrer nicht viel machte.« Gezeichnet Claude Debussy. Und auch das noch wird angemerkt: »Sicher zeugt es von großer Verehrung, wenn der Sohn das fortführen will, was der Vater begonnen hat. Nur, ganz so einfach wie die Übernahme eines Strumpfladens ist das nicht.«
War Siegfried Wagner aus Leidenschaft ein Dirigent? Auch das ist schwer zu sagen. Daß er ein Handwerk verstand, das er bei Richter und Muck und Mottl lernen konnte, wurde nie geleugnet. Seit man ihn, wohl kaum gegen seinen eigenen Wunsch, bereits 1896, also mit 27 Jahren, alternierend mit Hans Richter und Felix Mottl, in Bayreuth den *Ring* dirigieren ließ und er sich sogleich im *Rheingold* einen schweren »Schmiß« leistete, so daß dem zuhörenden Gustav Mahler, wie er an Cosima schrieb, fast das Herz stehenblieb, hatte er gut gelernt und vermochte seine Aufgaben am Pult des Festspielhauses und im Konzert zu erfüllen. Richard Wagner und Gustav Mahler, auch Richard Strauss waren große Dirigenten ihrer Zeit, die selbst derjenige lobte, dem ihre Musik ein Greuel war. Das ist von Siegfried Wagner nie behauptet worden. Wo er gefiel, kam stets die Prämie des großen Namens mit ins Spiel.
Es scheint nicht, daß sich Siegfried Wagner später ohne Notwendigkeit ans Pult gedrängt hätte, so wie es Richard Wagner beim *Parsifal* des Jahres 1882 nicht aushielt, bis er, ungesehen vom Publikum, das eigene Werk wenigstens im Schlußakt hatte leiten dürfen. Den *Tristan* und die *Meistersinger* hat Siegfried in Bayreuth niemals dirigiert. In der zweiten Hälfte seiner Arbeit als Leiter der Festspiele, also zwischen 1924 und 1930, stand er bloß im Jahre 1928, neben Franz von Hoesslin, als Dirigent des

Nibelungenrings auf dem Programmzettel. Auch hier die »Unnotwendigkeit«.
Notwendig sind ihm allein wohl das Werk und die Arbeit des Theatralikers gewesen. Regie, Bühnenbild, Bewegung, Farbe und szenische Interpretation. Wahrscheinlich waren die scharfen Kritiker, die der Sohn für Feinde hielt, worin die Getreuen beistimmten, viel gerechter in der Beurteilung dessen, was der Sohn Richard Wagners und der Enkel von Franz Liszt sein konnte und nicht zu sein vermochte. Auch wer den *Herzog Wildfang* und den *Bruder Lustig* ablehnte oder sich lieber in Bayreuth eine Aufführung mit Richter und Mottl aussuchte statt unter Siegfried Wagner: den Inszenierungen, für die er zeichnete, verschloß man sich im allgemeinen nicht. Mit der Inszenierung des *Tannhäuser* unter Toscaninis Leitung, deren Erfolg er nicht mehr genießen durfte, war ihm, nach soviel Umweg und Beliebigkeit, der Anschluß an eine nicht mehr »unmoderne« Form des Musiktheaters gelungen. Die neue Besetzungspolitik, die sich hier ankündigte, schien wegzuführen aus der trotzigen, aber gesinnungsreinen Provinzialität eines Festspielunternehmens, das universal geplant worden war und allzu lange unter der Verwechslung von Wagner und Wagner-Vereinen gelitten hatte.
Die zwanziger Jahre erlebten, weitgehend von Berlin ausgehend, eine neue Bemühung um musikalische und szenische Interpretation der Werke von Wagner. Mochte man in Wahnfried angewidert weghören, wenn Jürgen Fehling und Otto Klemperer den *Fliegenden Holländer* neu interpretierten, nicht ohne Kenntnis jenes inkriminierten Expressionismus: eine neue Generation von Sängern war aufgetreten, ausgebildet und inspiriert durch Bruno Walter und Fritz Busch, Erich Kleiber und Otto Klemperer, ohne welche Bayreuth, dem die alten Vertreter der großen Partien wegalterten, nicht weiterarbeiten konnte. Sie aber waren nicht bereit, auf das gewohnte musikalische Niveau ausgerechnet in Bayreuth zu verzichten. Noch weniger ging es an, mit militantem Antisemitismus auf die großen Interpreten mit »unreiner« Abkunft zu verzichten. Richard Wagner hatte die Uraufführung des *Parsifal* dem Kapellmeister Her-

mann Levi anvertraut. Die letzten Lebensjahre Siegfried Wagners zeigen einen Festspielleiter, der sich mehr und mehr freimacht vom provinziellen Trotz und von den Ratschlägen der Wahnfriedideologie. H. St. Chamberlain starb nach langer Krankheit am 9. Januar 1927. Die Festspielidee, das ließ sich nicht verkennen, war gescheitert, wenn man die Bayreuther Aufführungen mit irgendeinem »Deutschen Tag« von Gegnern der Weimarer Republik und der modernen Realität verwechselte.

Winifred Wagner hat, als sie nach dem plötzlichen Tode ihres Mannes die Leitung übernahm und die Verhandlungen mit den »Berlinern« begann: mit Furtwängler und dem Berliner Generalintendanten Heinz Tietjen, wozu der in München lebende Bühnenbildner Emil Preetorius sich gesellen mußte, einen Freund Thomas Manns, ausdrücklich betont: damit führe sie Pläne ihres Mannes aus. Das ist sicher richtig. Es lag auf der Linie sowohl der Berufung von Arturo Toscanini wie der eigenen Inszenierung des *Tannhäuser* durch den todgeweihten Siegfried Wagner.

Viele Bilder und Berichte lassen ahnen, daß der Sohn in seinen letzten Jahren, erfolgreich als Festspielleiter, wenngleich nicht als Meister aus eigenem Recht, glücklich in seiner Familie, nicht mehr beschattet von den alternden Frauen, eine neue und freiere Kenntlichkeit zu erreichen vermochte. Das Trauma schien zu weichen. Darüber ist er gestorben. Wie er sich drei Jahre später verhalten hätte, als der frühe Wahnfriedbesucher aus den ersten zwanziger Jahren nun von Berlin aus regierte: es ist müßig, darüber zu spekulieren.

Götterdämmerung
Winifred Wagner

Das Kindchen

Als Siebzehnjährige war Winifred Williams mit ihrem Adoptivvater Karl Klindworth im Juli 1914 nach Bayreuth gekommen. Ein Jahr später hieß sie Frau Wagner. Siegfrieds plötzlicher Tod am 4. August 1930 machte sie, wenige Monate nach dem Sterben Cosima Wagners, zur neuen »Herrin von Bayreuth«. Eine junge, immer noch schöne Frau in den Dreißigern. Das »Gemeinschaftliche Testament«, das Siegfried und Winifred am 8. März 1929 in gültiger Form stipuliert hatten, legte fest: »Frau Winifred Wagner wird Vorerbin des gesamten Nachlasses des Herrn Siegfried Wagner. Als Nacherben werden bestimmt die gemeinsamen Abkömmlinge der Ehegatten Wagner zu gleichen Stammteilen. Die Nacherbfolge tritt ein mit dem Tode oder mit der Wiederverheiratung der Frau Winifred Wagner.« Entschieden wurde außerdem in dieser Letztwilligen Verfügung, was für das weitere Schicksal der Festspiele nach 1945 von Bedeutung werden sollte: »Die Erben erhalten bezüglich des Festspielhauses folgende Auflage: Das Festspielhaus darf nicht veräußert werden. Es soll stets den Zwecken dienen, für die es sein Erbauer bestimmt hat, dienstbar gemacht werden, einzig also der festlichen Aufführung der Werke Richard Wagners.« An dieser Klausel stießen sich von Anfang an mögliche spätere Pläne Wieland Wagners, auch andere Werke des Musiktheaters auf dem Festspielhügel aufführen zu lassen. Winifred Wagner wurde folglich Erbin nur bis zu einer möglichen Wiederverheiratung. Ging sie eine neue Ehe ein, so kam es zur Nacherbfolge, wobei dem Testament zufolge »der jeweils älteste Abkömmling des Herrn Siegfried Wagner« den Vorsitz übernahm. Das war im besonderen Fall der am 5. Januar 1917 geborene Wieland Wagner.

Winifred Wagner hat sich nicht wieder verheiratet. Das Werk von Bayreuth erhielt Vorrang vor allen Bindungen als Frau und auch als Mutter. Nach Siegfried Wagners Tod war sie die juristisch zur Leitung der Festspiele berufene Verwalterin eines großen materiellen und künstlerischen Erbes. Bei den kurz darauf einsetzenden Angriffen – sowohl der ausgeschalteten Familienmitglieder wie eines großen Teils der Öffentlichkeit – konnte sie sich mit Recht darauf berufen, in den letzten Jahren bereits an der Seite ihres kränkelnden Mannes an der Geschäftsführung mitgewirkt zu haben. Eine Mitteilung von Winifred an den Bayreuther Verwaltungsleiter Dr. Knittel vom 12. Juni 1929 weist bereits die charakteristische Diktion ihrer späteren Herrschaftsanweisungen auf. Sie hat genauen Einblick in den Betrieb, delegiert die Verantwortungen, macht sich Gedanken über mögliche Ersparnisse während der Festspielzeit, denkt an eine Revision der laufenden Verträge über die Feuerversicherung.

In diesem Brief bereits findet sich ein zunächst rätselvoller Satz, der ankündigt, was später eintreten sollte: »Die Besitzfragen sind augenblicklich derart kompliziert, daß wir jetzt nichts unternehmen können. Später, wenn meine Familie allein dasteht, ist das sehr viel einfacher ...« Geschrieben wurde das noch zu Lebzeiten Siegfried Wagners. Übrigens war auch die Tendenz in diesem ersten Organisationsprogramm Winifred Wagners erkennbar, die beiden in Bayreuth lebenden Schwägerinnen zu entmachten, also Eva Chamberlain-Wagner und Daniela Thode-von Bülow. Bei den Delegationen nämlich bestimmte Frau Winifred, daß Karl Muck, wie billig, die oberste Verantwortung für Fragen des Orchesters haben solle, der berühmte Chorleiter Hugo Rüdel die für das Chorwesen. Frau Thode wird verantwortlich gemacht »für die Schneider, Schneiderinnen, Garderobiers, Friseure, Putzweiber ...«

Für alle Fragen der Verwaltung und wohl auch des Geldwesens war die Witwe Siegfried Wagners gut ausgerüstet. Verstand sie jedoch etwas vom Fach, nämlich von der Kunst Richard Wagners, von vergangenen und neueren Strömungen der Opernkunst, überhaupt von der notwendigen Konfrontation der Werke Richard Wagners mit neuen Generationen der Interpreten und der Hörer? Das ist sehr fraglich. Natürlich war unvermeidlich, daß Winifred nunmehr von all ihren Gegnern mit dem öffentlichen Bild Cosima Wagners verglichen wurde, also mit der berühmten und traditionellen Herrin von Bayreuth. Sowohl Eva Chamberlain wie, ganz unabhängig von ihr, auch Wilhelm Furtwängler erinnerten, als Konflikte auftraten, recht schnöde daran, Frau Winifred Wagner sei doch offenkundig nicht »vom Fach«: im Gegensatz zu Cosima und Siegfried. Vielleicht wurde dabei die Schwiegertochter etwas ungerechterweise ihrer Schwiegermutter aufgeopfert. Ob nämlich Cosima Wagner in der Tat, wenngleich Tochter von Franz Liszt und Gattin Richard Wagners, sehr viel von Musik verstand, natürlich jenseits der bloßen Attitüde eines Kunstgenusses, war unter Eingeweihten umstritten. Der Musiker Josef Rubinstein, einer von den jüdischen Musikern, wie Hermann Levi und Karl Tausig, die sich Richard Wagner als Satelliten für sein Sternbild aussuchten, hat unumwunden behauptet, Cosima sei durchaus unmusikalisch. Rubinstein kannte sich aus. Er hatte am 22. Mai 1880, also zum 67. Geburtstag Richard Wagners, in Wahnfried eine Aufführung der Gralszene aus dem ersten Akt des *Parsifal* am Flügel begleitet: unter Leitung des Komponisten. Im September 1883, also in Wagners Todesjahr, war er in Luzern aus dem Leben geschieden.

Winifred Wagner hatte natürlich bei ihrem Adoptiv- und Pflegevater Karl Klindworth von früh auf die Werke des Bayreuther Meisters kennengelernt. Die spätere Ehe mit Siegfried machte sie mit allen Aufführungs- und Interpretationsproblemen ebenso vertraut wie mit den schöpferischen Nöten des Musikdramatikers Siegfried Wagner. Allein, Winifred hatte weder ernsthaft die Musik studiert noch das Theater. Der ästhetische Kosmos begrenzte sich für sie, entsprechend der empfangenen Lehre, auf das Werk des Meisters, auf die Arbeiten ihres Mannes, vielleicht auf das Schaffen befreundeter Künstler, wie etwa eines Engelbert Humperdinck.

Sie war aufgewachsen in einem Kreis von Gläubigen, und sie hatte an der Seite eines anachronistischen und demonstrativ »unmodernen« Künstlers alle Beschäftigung mit widerstreitenden ästhetischen Konzepten und künstlerischen Schöpfungen der eigenen Zeit von vornherein abgelehnt. Trotzige Deutschtümelei und demonstrative Unzeitgemäßheit waren integrierende Bestandteile jener Lehre, die Winifred hatte durchmachen müssen und wollen. Was die schönen Seelen der treuen Wagnerianer an Bekenntnissen zu offerieren hatten, mag man aus einem Rundschreiben ersehen, das die Leipziger Zentralleitung des Allgemeinen Richard-Wagner-Vereins im Dezember 1927 an die Patrone der »Deutschen Festspielstiftung Bayreuth« gerichtet hatte. Da stand zu lesen: »Denn wir dürfen uns doch keiner Täuschung darüber hingeben, daß von den Hochzielen, die der Meister von Bayreuth in seinen Schriften dem deutschen Volk vorgezeichnet hat, von der Durchdringung des gesamten Lebens der Nation mit der heiligen deutschen Kunst bis zu jenem Grade der Veredelung, in dem Religion und Kunst eins werden, erst sehr wenig erreicht ist. Fast möchte man an der Erreichbarkeit solcher Ziele verzweifeln, wenn man heute über 50 deutsche Opernbühnen ein Werk geben sieht, in dem ein auf weiße Frauen Jagd machender Neger als Erbe des alten Europas, also auch als Erbe der Kultur eines Bach, Mozart, Beethoven und RW aufzutreten sich erdreisten darf! Nur das Vertrauen in den deutschen Geist, das dem Meister die Errichtung seines Bayreuther Lebenswerkes allen Widerständen zum Trotz ermöglicht hat, kann uns in der Hoffnung beharren lassen, daß der geistige ›Untergang des Abendlandes‹ noch nicht gekommen ist.« Man errät, daß hier Ernst Kreneks Oper *Jonny spielt auf* gemeint war.

Herangewachsen war also Winifred im Kreise ästhetischer Sektierer. Als Künstlerin für das Musiktheater nicht eigentlich ausgebildet. Bedenklicher blieb, daß sie die Dimensionen und vor allem die Strukturprinzipien der Kunst Richard Wagners niemals recht begriffen hat. In ihren Ausführungen zur Retrospektive Bayreuths und ihres eigenen Lebens sprach sie abschätzig von einem »Zergliedern« der Kunstwerke, das erst mit ihrem Sohn Wieland und in der Nachkriegszeit aufgekommen sei. Früher sei man unmittelbarer und wohl unintellektueller vorgegangen. Zu ihrer Zeit nämlich.

Hier spricht Ressentiment gegen den ältesten Sohn. Es drückt

sich darin aber auch ein profundes Mißverstehen der Wagnerkunst aus. Friedrich Nietzsche hatte noch zur Zeit, da er den Ruhm Richard Wagners zu verkünden auszog, von der spezifischen »doppelten Optik« dieser Kunst gesprochen. Doppelt insofern, als sie gleichzeitig eine Kunst für den allgemeinen, wenig geläuterten Geschmack und Genuß zu sein gedachte, und eine Kunstschöpfung für die raffinierten Kenner. Wenn einer, so war der abgefeimte Bühnentechniker, spekulierende Denker, vom Gesamtkunstwerk träumende Spätromantiker Richard Wagner ein »Zergliederer«.
Wenn Wieland Wagner später einer bemerkenswerten, um das Kreuzeszeichen gruppierten, nahezu graphischen Darstellung des *Parsifal* die dialektischen Spannungen zwischen den Kunstfiguren des Bühnenweihfestspiels aufzeichnete, so gab er sich nicht mit einem müßigen Zergliedern einer nicht analysierbaren künstlerischen Ganzheit ab, sondern legte Beziehungen bloß, die Wagner dem Werk integrierend mitgegeben hatte. Dies alles scheint Winifred niemals verstanden zu haben.
Ihre Lehrjahre hatte sie zubringen müssen mit unzeitgemäßer, nämlich hinfällig gewordener Kunstschöpfung und mit ästhetischen Ressentiments. Die vielleicht nicht sehr musikalische Cosima wuchs auf im Kreise einer geistigen und künstlerischen Avantgarde. Ihr erster Gatte Hans von Bülow war ein durchaus politischer Mensch – und Künstler, der mit unfehlbarem Kunstverstand die neuen Begabungen zu entdecken pflegte: nicht bloß den damals verfemten Richard Wagner, sondern sogar den unbekannten jungen Russen Tschaikowski, noch in späteren Jahren den bayerischen Debütanten Richard Strauss. Cosima wurde dieser intellektuellen Exaltation bald überdrüssig. Sie suchte Ruhe und Gewißheiten: ausgerechnet an Richard Wagners Seite. Allein, das Werk von Bayreuth, das sie nach Richard Wagners Tod fortzusetzen beschloß, war immer noch künstlerisches Neuland. Nichts war hier gesichert oder gar hinfällig geworden. So konnte Cosima noch für den umnachteten Nietzsche ins Sternbild der Ariadne verwandelt werden. Ob sich Winifred Wagner je Gedanken gemacht hat über jene Polarisierung der bürgerlichen Ideologien, die sich in der divergierenden

Spätentwicklung Richard Wagners und Friedrich Nietzsches konkretisieren sollte, darf bezweifelt werden.
Als Kindchen war sie geheiratet worden: nicht allein von Siegfried Wagner, sondern von Bayreuth. Sie hatte die Dynastie fortzusetzen. Selbst freilich sollte sie nichts bewirken, so hatten es sich die Schwägerinnen und die Chamberlain-Wolzogen ausgedacht. Winifred Wagner hat solche Erwartungen enttäuscht. Sie wollte bestimmen und bewirken. Das hat sie erreicht. Wobei es ohne Härten, Allianzen und Feindschaften nicht abgehen mochte.

Versuch einer Verweltlichung

Es gibt, datiert vermutlich Ende des Jahres 1930, also im Todesjahr von Siegfried Wagner, Aufzeichnungen über ein Gespräch der Schwägerinnen Eva Chamberlain und Winifred Wagner. Die Witwe H. St. Chamberlains und Tochter Richard Wagners riet ab von dem Plan, eine Art Pressestelle für die Festspiele einzurichten und für das Bayreuther künstlerische Unternehmen regelrecht zu werben. Die Schwester berief sich auf den verstorbenen Bruder, der solche Zumutung stets abgelehnt habe. Man solle die frühere Sitte beibehalten, »gut Bestrebte und freundlich Gesinnte unter den Zeitungsschreibern im einzelnen Fall entgegenkommend zu berücksichtigen«. Dagegen habe ein »Liebäugeln mit der Presse« keinerlei Aussicht auf Erfolg. Eva Chamberlain zieht eine bittere Bilanz der äußerlich doch glanzvollen Festspiele von 1930 mit den von Toscanini geleiteten Aufführungen des *Tannhäuser* und *Tristan*. Sie sieht das anders: »Bayreuth stand stolz und frei bisher der Presse gegenüber da. Das können wir leider seit dem Sommer 1930 nicht mehr sein.«
Was war geschehen? Winifred Wagner scheint rasch verstanden zu haben, womit sie abermals auf Pläne Siegfried Wagners zurückgriff, daß eine Öffnung Bayreuths für das breite Publikum mit der Notwendigkeit verbunden blieb, den Bruch mit dem politischen und ästhetischen Sektierertum der Wagner-

vereine und alt gewordenen Bayreuther Getreuen zu vollziehen. Es hatte sich jedoch gezeigt, daß die Berufung des Maestro Toscanini und auch die Neuinszenierung des *Tannhäuser* durch Siegfried Wagner selbst nur denkbar war als Ergebnis eines Entschlusses, den Sakralcharakter des Festspielbetriebs, der ohnehin fadenscheinig war angesichts der finanziellen Miseren und eines stets wieder notwendig werdenden Mäzenatentums, abzubauen und die Festspiele zu säkularisieren. Indem Winifred Wagner das weiterzutreiben beschloß, handelte sie offensichtlich im Sinn und Geist ihres verstorbenen Mannes.
Dadurch freilich wurde sogleich der Widerspruch virulent, der Siegfried Wagners spätes Leben zerrissen hatte. Man konnte nicht gleichzeitig der politischen Reaktion anhängen, die Tiraden von der hehren deutschen Kunst, vom jüdischen Kunstzerfall und vom Kulturbolschewismus nachreden – und internationale Festspiele anbieten auch für undeutsche, nichtarische, womöglich gar kulturbolschewistische, jedoch zahlende Besucher. Siegfried Wagner war im entscheidenden Augenblick, da er hier Stellung nehmen mußte, verstorben. Winifred schien verstanden zu haben, daß es nun darauf ankam, nach dem Festspielerfolg von 1930 die Bayreuther Vorstellungen auf die Höhe damaliger Opernkunst zu heben, was unmöglich schien ohne die Mitarbeit bedeutender Bühnenbildner, Regisseure, Dirigenten aus der Reichshauptstadt Berlin.
Bei den ersten Nachkriegsfestspielen des Jahres 1924 war es den alten Bayreuthern noch gelungen, den *Meistersinger*-Dirigenten Fritz Busch, im Widerspruch zu Plänen Siegfried Wagners, rasch wegzuekeln. Das sollte sich nicht wiederholen. Mit Toscanini hatte man einen großen Dirigenten nach Bayreuth geholt, aber auch einen Antifaschisten. Die Preußische Staatsoper in Berlin unter dem Generalintendanten Heinz Tietjen betrieb seit Mitte der 20er Jahre eine völlige Erneuerung des klassischen Opernrepertoires. Im Stammhaus Unter den Linden mit Dirigenten wie Erich Kleiber und Leo Blech. Hier war, zum Entsetzen Siegfried Wagners und der Bayreuther, ein Werk aufgeführt worden wie der *Wozzeck* von Alban Berg. Im zweiten Berliner staatlichen Opernhaus, der sogenannten Kroll-Oper,

hatte Otto Klemperer eine Opernkunst entwickelt, die historisch geworden ist. Dirigenten, Sänger, Bühnenbildner und Spielleiter waren tätig gewesen, die nach dem Jahre 1933 außerhalb von Deutschland, doch in der ganzen Welt die Maßstäbe setzten für das moderne Musiktheater. Hier hatte Otto Klemperer zusammen mit Jürgen Fehling einen wild-balladesken, aus expressionistischer Erfahrung gestalteten *Fliegenden Holländer* aufgeführt. Auch ein neuer *Tannhäuser* war noch im Januar 1933 aus solchem Geist entstanden. Nur die Stillegung der Kroll-Oper als Folge der deutschen Wirtschaftskrise hatte verhindert, daß Otto Klemperer in seinem Haus, und im Gegensatz zu Bayreuth, das den Nichtarier ebensowenig berief wie ehemals Gustav Mahler oder später Bruno Walter und Erich Kleiber, eine für das damalige Kunstverhalten stellvertretende Neuinterpretation des Gesamtwerks von Richard Wagner zu Ende führen durfte. Freilich hatte sich Klemperer dabei auch, im Gegensatz zu Bayreuth, der philosophischen und ideologiekritischen »Zergliederer« bedient. Wissenschaftlicher Berater der Kroll-Oper, von seinem Freund Otto Klemperer ausdrücklich berufen, war Ernst Bloch gewesen.
Im Gesamtverband der Preußischen Staatstheater, doch in offenkundiger Konkurrenz zur Kroll-Oper und mit konservativer Tönung, unternahm Heinz Tietjen an der Lindenoper eine Erneuerung des Wagner-Repertoires. Für Berlin wurde ein neuer *Ring des Nibelungen* geplant. Heinz Tietjen war ausgebildeter Kapellmeister und ein Opernspielleiter von Können und Geschick. Vor allem hatte er sich in dem Graphiker, Bühnenbildner und Münchener Kunstprofessor Emil Preetorius einen Partner geholt, dessen Opernentwürfe in Berlin von Publikum und Kritik begeistert aufgenommen wurden. Der Leiter der Berliner Philharmonischen Konzerte, Wilhelm Furtwängler, sollte dirigieren.
Winifred Wagner scheint, im Konflikt mit der Bayreuther Opposition, bald begriffen zu haben, daß sie nur in Berlin eine Hilfe finden könnte, wenn die Arbeit des Jahres 1930 weiterzuführen war. Am 18. Januar 1931, fünf Monate also nach dem Tod Siegfried Wagners, wird eine Vereinbarung getroffen zwi-

schen Winifred Wagner, Heinz Tietjen und Wilhelm Furtwängler, worin es heißt: »Frau Winifred Wagner hat als Nachfolger Siegfried Wagners in der künstlerischen Leitung der Bayreuther Festspiele Heinz Tietjen und in der musikalischen Leitung Wilhelm Furtwängler berufen. Der preußische Kultusminister hat Tietjen seine Ermächtigung zur Annahme der Berufung erteilt, ebenso hat Furtwängler seine Zusage gegeben. Diese Neuordnung wird erst 1933 in Kraft treten, da nach dem Willen Siegfried Wagners die diesjährigen Festspiele in unveränderter Form stattfinden. Wilhelm Furtwängler hat sich aber freundlicherweise bereit erklärt, schon in diesem Jahre die Leitung von *Tristan und Isolde* zu übernehmen.«

In der Tat hat Furtwängler im Sommer 1931 den *Tristan* dirigiert: neben Toscanini, der wieder die Aufführung des von ihm einstudierten *Tannhäuser* leitete und diesmal von Karl Muck auch die Leitung des *Parsifal* übernommen hatte. Wie bisher überließ man Karl Elmendorff die Leitung der beiden Zyklen des *Ring*.

Nach außen hin ergab das ein glanzvolles Duumvirat: Arturo Toscanini und Wilhelm Furtwängler. Allein, die Streitereien und halben Skandale ließen nicht auf sich warten. In einem Rückblick von D. Bergen vom Jahre 1932 wird über *Bayreuth seit dem Tod Siegfried Wagners* berichtet: »Die Bürokratie gewann die Oberhand; niemand mehr konnte sich der Empfindung der Entpersönlichung verschließen.« Denn Winifred sei nicht imstande gewesen, die geistige Übersicht zu behalten. Beim Gedächtniskonzert für Siegfried Wagner kam es zum Konflikt. Toscanini, Furtwängler und Elmendorff sollten sich die Leitung des Orchesters teilen. Toscanini sagte ab, so daß Furtwängler mit der 3. Symphonie von Beethoven den großen Erfolg davontragen konnte, was den italienischen Maestro nicht milder stimmen mochte. Es war unverkennbar, daß sich dies Nebeneinander nicht fortsetzen ließ. Einer der beiden Meister sollte geopfert werden. Winifred scheint sich für Toscanini und gegen Furtwängler entschieden zu haben.

Am 21. März 1932 schreibt Wilhelm Furtdwängler an Winifred Wagner: »Entweder wollen Sie Mitarbeiter am Bayreuther

Werk – als solche haben Sie seinerzeit mit mir und Tietjen verhandelt – oder Sie wollen mehr oder weniger unverantwortliche bloße Berater, in der Absicht, selbst die Verantwortung – wie gesagt auch über rein künstlerische Streitfragen – zu übernehmen. – Da diese Anschauung mit der Auffassung, die ich von meiner Aufgabe in Bayreuth habe, nicht übereinstimmt und da mir die Atmosphäre von Mißtrauen, die aus allen Ihren Äußerungen mir gegenüber bisher hervorging, nicht die Vorbedingung zu einer gedeihlichen Zusammenarbeit im Interesse des großen Bayreuther Werkes zu sein scheint, so möchte ich Ihnen unter diesen Umständen anheimgeben, mir mein Ihnen seinerzeit unter anderen Voraussetzungen und Erwartungen gegebenes Wort zurückzugeben.« Winifred antwortete am 1. April 1932: »Aus unserer letzten mündlichen Besprechung habe ich erkennen müssen, daß Sie ausschlaggebende Bedenken gegen meine Forderung der letzten Entscheidung auch in künstlerischen Dingen hegen. Wenn ich mir auch nicht anmaße, für die künstlerische Executive fachmännische Vorbildung zu besitzen, so muß ich doch auf der geäußerten Forderung beharren, weil der letzte Wille meines Mannes bestimmt, daß ich mein Amt als Leiterin der Bayreuther Festspiele nicht nur dem Namen nach führe, sondern mit voller Verantwortung für den Weiterbestand des Werkes, außerdem darf ich darauf aufmerksam machen, daß ich in 15jähriger engster Zusammenarbeit mit meinem Mann und unter den Augen von Frau Cosima Wagner wohlvertraut und wohlausgerüstet für die Gesamtleitung bin. Wenn ich mir nach dem Tode meines Mannes in Ihnen und Herrn Tietjen sofort die Mitarbeiter erwählte, die ich für die Kunstausübung für die Berufenen hielt, so glaube ich, damit zum Ausdruck gebracht zu haben, daß ich mir nicht mehr anmaße, als ich selbst zu leisten imstande bin.«

Furtwänglers Antwort vom 18. Juni bestätigt noch einmal seinen Auszug aus Bayreuth. Der Briefwechsel wird als Pressematerial veröffentlicht.

Im Jahre 1932, in dieser Endphase der Weimarer Republik, finden keine Festspiele statt. Traditionsgemäß ein spielfreies Jahr. Man rüstet sich für die Festspiele des Jahres 1933. Wilhelm

Furtwängler trat jetzt, nach seiner endgültigen Absage, an die Öffentlichkeit. Im »Hannoverschen Kurier« vom 29. Juni 1932 erschien ein polemischer Aufsatz *Um die Zukunft von Bayreuth*: »Es wird Frau Winifred gewiß kein Mensch übel nehmen, daß sie so ist, wie sie ist, und niemand kann etwas anderes mit Recht von ihr verlangen, aber ausgesprochen muß es doch werden: Sie ist nicht gut beraten, wenn sie glaubt, aufgrund der Auslegung des Testaments Eigenschaften beanspruchen zu müssen, die sie nun einmal nicht hat. Ich sage ›Auslegung‹, denn bei Abschluß der ersten Vereinbarung mit Tietjen und mir war dieses Testament ja auch schon da. Das oberste Prinzip, daß nur der mit zu entscheiden hat, der dafür verantwortlich gemacht werden kann, gilt auch für Bayreuth. Über kurz oder lang wird es auch Frau Winifred nicht erspart bleiben, anstatt unverantwortlicher Ratgeber sich verantwortliche Mitarbeiter wählen zu müssen.« Es fehlt auch nicht ein Hinweis des berühmten Dirigenten auf die Laienhaftigkeit der Witwe Siegfried Wagners in allen Fragen der Musik und der musikalischen Interpretation.
Heinz Tietjen scheint damals alles aufgeboten zu haben, den berühmten Toscanini von neuem für Bayreuth zu gewinnen, was ohne Opferung Wilhelm Furtwänglers nicht möglich war, die folglich in Kauf genommen werden mußte. So kommt es zu einem sonderbaren und fast komischen Bündnis zwischen Tietjen und Daniela Thode, also zwischen Alt- und Mittelbayreuth. Durch ihre Ehe mit dem Kunsthistoriker Henry Thode, von dem sie freilich geschieden worden war, besaß Daniela gute Verbindungen zur italienischen Gesellschaft und Künstlerschaft. Sie hatte auf Wunsch ihres Halbbruders Siegfried die Verhandlungen mit Toscanini geführt. Nun sollte sie ihn zurückholen.
Andererseits wiederholen sich Vorwürfe der Schwägerinnen gegen Winifred. Eine Notiz von Eva Chamberlain vom 7. März 1932 rügt den »Geist der Ehrfurchtslosigkeit, Pietätlosigkeit, Traditionslosigkeit in Bühne wie Haus, die Ullstein-Presse etc.« Tietjens Bemühungen um eine Erneuerung der Regie in den Werken des laufenden Repertoires hatte sich nicht durchsetzen können, denn Alexander Spring, ein Günstling Winifreds,

zeichnete verantwortlich. Eva Chamberlain spricht in ihrer Notiz von einem »bodenlosen Dilettantismus in der Regie«, und hatte wohl nicht unrecht.
Das spielfreie Jahr 1932 vermochte die Herrschaft der neuen Herrin von Bayreuth, der Erbin Siegfried Wagners, nicht zu gefährden. Allein im Konflikt sowohl mit Furtwängler wie mit der eigenen Familie war offenkundig geworden, daß die Leiterin der Festspiele kein eigenes geistiges Konzept besaß, mithin angewiesen war auf attraktive Namen wie Toscanini und auf Berater wie Tietjen, die ihrerseits gewillt waren, in Bayreuth die künstlerische Leitung in Form praktischer Regiearbeit zu übernehmen. Für das Jahr 1933 war eine Gesamterneuerung der Inszenierung des *Nibelungenrings* geplant, dazu der *Meistersinger*, beides unter Mitwirkung von Emil Preetorius. Man hoffte, Toscanini für die Leitung der *Meistersinger* und abermals für den *Parsifal* zu gewinnen, den Daniela Thode mit Hilfe einiger Freunde des Hauses in der herkömmlichen Form darbieten sollte. Der 30. Januar jedoch des Jahres 1933 machte all diesen Opernplänen ein Ende. Ein vor kurzem erst eingebürgerter Österreicher aus Braunau wurde vom Reichspräsidenten Paul von Hindenburg zum Kanzler des Deutschen Reiches ernannt.

Festspielhaus und Reichskanzlei

Die wohlbekannte, nahezu weltbekannte Freundschaft der Witwe Siegfried Wagners mit dem neuen Reichskanzler ließ nachträglich, erst recht in der Gegenwart, die Vermutung aufkommen, das deutsche Erwachen, ein Erwachen zu Beginn des Jahres 1933, sei vom Haus Wahnfried mit Entzücken registriert worden. Die Dokumente stellen es anders dar. Winifred Wagner hat seit jenen Jahren, und eigentlich bis in ihr Alter, eine sonderbare Trennung angestrebt. Einerseits die Freundschaft mit diesem Erneuerer Deutschlands, den sie noch von seinen Anfängen her kannte und dem man von Bayreuth aus ins Landsberger Gefängnis einige Liebesgaben geschickt hatte, andererseits das künstlerisch-administrative Gebilde der Bayreuther

Festspiele. Sie hatte sich gedacht, daß man begeisterte Nationalsozialistin sein (sie trat 1926, weil der gute Freund es gern wollte, seiner Partei bei), gleichzeitig aber auf dem Festspielhügel zusammen mit Tietjen, Preetorius und Toscanini, wenngleich ohne den abtrünnigen Furtwängler, in üblicher Weise die Festspiele begehen könne.

Diese Vorstellung war ebenso naiv wie illusionär. Daß Winifred Wagner, die stets die These eines solchen möglichen Dualismus verfochten hat, vor sich selbst an ihre Gedankenkonstruktion glaubte, ist wahrscheinlich. Sie hat sich auch nie durch den entgegengesetzten Ablauf der Ereignisse belehren lassen.

Die Ereignisse des Frühjahrs 1933 seit jener von wohlorganisierten Fackelzügen begleiteten politischen Ernennung des 30. Januar sind bekannt. Reichstagsbrand und Maßnahmen gegen die politischen Parteien der Weimarer Republik; eine Reichstagswahl im März, deren Ergebnis dadurch verfälscht wird, daß die legal gewählten Vertreter der zur Illegalität verurteilten Kommunistischen Partei ihr Amt als Abgeordnete nicht wahrnehmen können; Verhaftungen durch die »Sturmabteilungen« (SA), denen man in aller Eile die Armbinde eines Polizisten aufstreifte, wodurch eine halb staatliche Funktion dokumentiert wurde, was man sich gesagt sein ließ. Ein Tag zu Potsdam in der Garnisonkirche mit Orgelklang und Glockenschall, wo Feldmarschall und Gefreiter, Reichspräsident und Reichskanzler einander vor der Kamera tief in die Augen schauten. Für den 1. April 1933 wurde vom neuernannten »Reichsminister für Volksaufklärung und Propaganda«, dem Germanisten und Gundolf-Schüler Dr. Joseph Goebbels, ein Tag des antisemitischen Boykotts anberaumt. Es war eine große Volksbelustigung, als man die jüdischen Kaufleute zusammentrieb, wegkarrte oder in ihren Läden sequestierte, die kein »guter Deutscher« betreten durfte, auch nicht hätte betreten können, denn die Männer in brauner Uniform bewachten den Eingang.

Am Abend des 31. März hielt Goebbels in Berlin eine seiner geschicktesten Reden der doppelten Gaukelei: Aufwiegelung und Abwiegelung in einem. Vor seinem Massen-Meeting zählte er in geschickter Steigerung alle diejenigen Kräfte der Unterwelt auf, die sich dem neuen und erwachten Deutschland in den Weg stellten: die Bolschewisten natürlich mitsamt ihren Kulturbolschewisten; die untergehenden mammonistischen Parlamentsdemokratien des Westens; das jüdische New York. Nun war er beim Thema. Nachdem das gesunde Volksempfinden nach Kräften angewärmt worden war und die erwünschte Progromstimmung nach Taten verlangte, wurde der Boykott und Juden-Jux des 1. April verkündet. Das war die befreiende Aufwiegelung. Ihr folgte – noch in derselben Rede – die Zurücknahme. Es sei vorerst nur an diesen einzigen Tag der Sanktion gedacht. Ein Denk- und Strafzettel also. Am 2. April hingegen werde das deutsche Volk, diszipliniert und erwacht, die Boykottierten in Ruhe lassen.

Hat man sich damals in der Berliner Wilhelmstraße wirklich vorgestellt, wie eine leidlich an Gesittung und Humanität gewöhnte, wenngleich seit 1918 mit Geldentwertung, Unstabilität und Arbeitslosigkeit geschlagene Welt diese schaustellerhaften Ereignisse aufnehmen würde? Vieles spricht nach heutiger Kenntnis dafür, daß sich der neue Reichskanzler und seine wenigen Parteigenossen in der neuen Reichsregierung, mit Innenminister Frick etwa und dem neuen Propagandaminister, dazu dem Preußischen Ministerpräsidenten Göring als Chef eines gewaltigen Polizeiapparates, flankiert jedoch von konservativen Vertrauensleuten der Reichswehr und Großindustrie, wie dem Vizekanzler und ehemaligen Krupp-Manager Alfred Hugenberg, im realen Kräftespiel der Innen- und Außenpolitik nur zaghaft zurechtfanden.

An tiefere Reflexionen über das Schicksal der Bayreuther Festspiele und der jungen Freundin im Haus Wahnfried war nicht zu denken. Dort hatte man die Folgen jener politischen »Machtergreifung« deutlich zu spüren bekommen. Nach Furtwängler war nun auch Arturo Toscanini zurückgetreten. Am 28. Mai schrieb der italienische Dirigent an Winifred Wagner einen Brief in italienischer Sprache. Graf Gilbert Gravina, Cosimas Enkel und ein Neffe Siegfried Wagners, hat das Schreiben übersetzt. Da hieß es: »Die schmerzlichen Begebenheiten, die meine Gefühle als Mensch und Künstler verletzt haben, haben bis jetzt, entgegen allen meinen Hoffnungen, keine Genugtuung erfahren. Es ist indessen meine Pflicht, heute das Schweigen, das ich mir seit 2 Monaten auferlegt habe, zu brechen und Sie davon zu verständigen, daß um meiner eigenen Ruhe, der Ihrigen und der Aller willen es besser ist, nun nicht mehr an mein Kommen nach Bayreuth zu denken …«

Den Brief übergab Toscaninis Rechtsanwalt im Auftrag seines Mandanten sogleich der Öffentlichkeit. Die Absage wurde natürlich nicht allein in Bayreuth, sondern auch in der Berliner Reichskanzlei als arger Schlag empfunden. Merkwürdigerweise besaß Toscanini im Bayreuther Familienkreis eine treue Verehrerin in Daniela Thode. Sie hatte die Mißstimmung zwischen Winifred und Toscanini im Jahre 1931 inzwischen beigelegt. Allein, Toscanini war in seiner eigenen italienischene Heimat als Antifaschist aufgetreten. Er konnte nicht in einem faschistischen Deutschland ans Pult und die obligaten Hymnen auf den Führer und das neue Reich intonieren lassen. Daniela Thode hat 1935 die Hintergründe darzustellen versucht. Nach der Goebbels-Aktion vom 1. April 1933 hatten sich viele jüdische Künstler an den Maestro gewandt, um seine Solidarität zu erbitten. Winifred muß einen verzweifelten Versuch gemacht haben, denn Daniela Thode weiß zu berichten: »Man hatte dem Reichskanzler gesagt, ein Zuruf von ihm würde den schon sich abwendenden Künstler zu Gunsten Bayreuths umstimmen, und Hitler schrieb ihm in solchem Sinne einen warmen, verehrungsvollen schönen Brief. Toscanini antwortete in äußerster Höflichkeit, mit großer Würde, aber in unerschütterlicher Festigkeit.«

Es gibt, freilich ohne genauere Datierung, eine Notiz von Daniela Thode über ein Gespräch mit Joseph Goebbels über die Zukunft Bayreuths. Der Propagandamann hatte dabei die Absage Toscaninis einfach als Resultat jüdisch-amerikanischer Erpressung dargestellt und sich auf Richard Wagners Stellung zur Judenfrage berufen. Daniela Thode wies hin auf die »katastrophale Lage für Bayreuth«. Die in den früheren Jahren meist ausverkauften Festspiele seien bisher erst etwa zur Hälfte durch Vorbestellungen gesichert. »Die Festespiele sind am 1. Juli geldlich am Ende. Zehn- bis fünfzehntausend Karten innerhalb der nächsten acht Tage müßten von den Ländern gekauft sein.« In der Notiz heißt es weiter: »Hitler und Göring haben vor vielen Wochen Frau Wagner in Aussicht gestellt, größere Posten von Karten über Reich und Länder anzukaufen, um sie an Würdige zu verteilen. Minister Schemm hat vor acht Tagen diese Zusage für Bayern bestätigt.«

Gleichzeitig lief natürlich die offizielle Propaganda weiter: ohne Rücksicht auf die Auswirkung für das Festspielhaus und die Festspiele. Ein Artikel aus den *Monatsblättern des Bayreuther Bundes der deutschen Jugend*, den der *Völkische Beobachter* am 1. Februar wohlwollend zitiert, nimmt den Mund gewaltig voll: »Die Feinde des Bayreuther Gedankens und die Widersacher Wagners sind mithin diejenigen Kreise, welche das sittlich Belebende und geistig Aufbauende dumpf ablehnen und sich dagegen wenden … weil sie von der Wiedergeburt Deutschlands keinen Vorteil zu erhoffen haben. Diese Tatsache zeigte sich besonders deutlich, als im Jahre 1924 die durch Weltkrieg und Umsturz 12 Jahre lang geschlossenen Tore des Bayreuther Festspielhauses sich wieder öffneten. Damals gestaltete sich die Aufführung der deutschen Erlösungsspiele zu einer großartigen Kundgebung des neu erwachenden deutschen Geistes. Es war erhebend, als am Schluß der ersten *Meistersinger*-Aufführung die Zuschauer, von Begeisterung ergriffen, sich erhoben, um das Deutschlandlied anzustimmen. Dieses Ereignis wirkte auf die neuen Götter Deutschlands wie der Hornruf Siegfrieds auf jenen Räuber des ›Hortes‹. Es zuckte wie ein Blitzstrahl in das Lager derer, die da wähnten, Deutschland für ewig in ihrer Kralle zu halten … Jawohl, Wagners Werke sind nationale Propaganda. Sie haben die Bestimmung, für den deutschen Geist zu werben. Sie sind nach ihres Schöpfers eigener Erklärung: ›geschrieben im Vertrauen auf den deutschen Geist‹. Der Festspielhügel soll ein Wallfahrtsort gerade der Deutschen sein …«

Winifred Wagner war offensichtlich durchaus nicht beglückt beim Lesen und Anhören so markiger Schwüre. Es gibt eine sonderbare Geschichtsquelle, die das bestätigt. Briefe ihrer vertrauten Mitarbeiterin Lieselotte Schmidt haben sich nämlich erhalten. Fräulein Schmidt war eine ebenso treue Wagnerianerin wie Nationalsozialistin. Jubelnd und trauernd hat sie in den Jahren 1933 bis 1937 den Eltern mitgeteilt, was sich im Festspielhaus und in Wahnfried abspielte. Am 19. Mai 1933 teilt sie mit: »Frau Wagner hat unerfreuliche Tage in Berlin. Die Hetze gegen Bayreuth – die letzten Endes auch nur jüdischen Ursprungs ist – scheut vor keiner Lüge und Gemeinheit zurück.« Eine Woche später geht sie auf Einzelheiten ein: »Die Mächte der Finsternis sind unablässig am Werk, und auch leider mit Erfolg: Planmäßig und auch höchst raffiniert wird das unantastbare Bayreuth seiner letzten Stützen beraubt, und das Traurige ist, daß es so aussieht, als ob man an höchster Stelle nichts davon merken will. Jedenfalls gehen Leute dort aus und ein und haben mitzureden, die weder solcher Ehre würdig sind, noch einen Dunst von Bayreuth haben. Höchste Tragik, daß Bayreuth noch nie so von allen Fronten angegriffen wurde wie im 3. Reich. Wir stehen in eisiger Einsamkeit, von allen guten Geistern verlassen – nur Knittel ist ein treuer Mann und Tietjen, der weiß Gott vielleicht den schwersten Stand hat und ganz unerhört behandelt wird.« Mitte Juni, also bereits während der Proben zu den Festspielen, müssen von Lieselotte Schmidt nun auch Zahlen genannt werden: »Unser voraussichtliches Defizit, das Knittel errechnete, ist leider nackte Wahrheit! ... Wir haben jetzt von 21 Aufführungen 12 verkauft; bis wir von der 11. zur 12. kamen, das hat über einen Monat gedauert. Die 40-Mark-Plätze für die mittleren 3 *Meistersinger*-Aufführungen sind nun Gott sei dank auch preisgegeben und auf 30,– gesetzt... Festspielbesucher kriegen auf der Bahn gegen Vorweis ihrer Eintrittskarte 33% Ermäßigung wie bei Sonntagsfahrkarten. Für viele ist das doch eine wesentliche Erleichterung...«

Am 28. Juni vollzieht sich dann das erhoffte Gralswunder. Winifred Wagner fuhr nach Berlin, um ihren Freund und Reichskanzler aufzusuchen. Im Haus Wahnfried ließ er sich von der Bayreuther Herrin und ihren Kindern mit dem Vornamen »Wolf« anreden. »Seit vorgestern sind wir erlöst von unserer größten Sorge: Wolf (Hitler) hat sich unserer Sorge angenommen. Er rief Frau W. nach Berlin, sie flog und innerhalb einer Viertelstunde war uns geholfen – und wie! Es ist so, wie wir immer dachten: er ahnungslos, und in seiner Umgebung Stimmen, die uns vielleicht aus allzumenschlichen Gründen nicht ganz hold gesinnt sind ... Bayern stellt 50 000 M zum Ankauf von Karten zur Verfügung und sie haben die anderen Länder aufgefordert, ein Gleiches zu tun. Das ist doch nobel? Das war am Dienstag ... und am Mittwoch kam dann der erlösende Anruf Frau W's. Schönstes Einvernehmen wie von je, keinerlei Verstimmung oder irgend etwas Fremdes zwischen ihnen ...«

Die Rekonstruktion der Ereignisse macht sichtbar, daß Winifred Wagner zu Beginn des Jahres 1933 im mindesten nicht daran gedacht hatte, entsprechend der allgemeinen und antisemitischen »Gleichschaltung«, die damals in allen deutschen Bereichen organisiert wurde, nun auch eine entsprechende Bayreuther Gleichschaltung zu exekutieren. Da Bayreuth ohnehin das Vermächtnis Richard Wagners als Verpflichtung auf eine nationaldeutsche und judenfeindliche Ideologie verstand, brauchte man keine Kulturbolschewisten und jüdischen Untermenschen aus der Leitung zu entfernen. Während organisierte Stoßtrupps in den großen Opernhäusern die jüdischen Generalmusikdirektoren verjagten, und in der Staatsoper Dresden auch den »rein arischen« Fritz Busch, ehemals Dirigent der *Meistersinger* in Bayreuth, schienen sich solche Reinigungen für die Bayreuther Festspiele 1933 zu erübrigen. Freilich hatte man nach dem Rücktritt Furtwänglers und der Absage Toscaninis nur Karl Elmendorff für zwei Aufführungen des Nibelungenrings und für die Hälfte der acht *Meistersinger*-Aufführungen. Toscanini jedoch hatte ursprünglich zugesagt, sowohl die *Meistersinger von Nürnberg* wie auch den *Parsifal* zu dirigieren. Als zweiter Dirigent der *Meistersinger* sprang Heinz Tietjen ein. Damit aber hatte man, als Kontrast zur Besetzung des Jahres 1931 mit Furtwängler und Toscanini, nur die Herren Elmendorff und Tietjen für das große Nationalspektakel der Bayreuther Festspiele im Jahre 1933 anzubieten.

In dieser Situation kam Tietjen auf den Gedanken, den nunmehr 69jährigen Richard Strauss zu veranlassen, anstelle des italienischen Maestro den *Parsifal* zu dirigieren. Strauss war verwundbar. Sein Sohn verheiratet mit einer Jüdin; sein Librettist Hofmannsthal ein Halbjude; seine neue Oper *Die schweigsame Frau* bemakelt durch ein jüdisches Libretto von Stefan Zweig.

Richard Strauss war kein Neuling in Bayreuth. Als junger Mann hatte er auf Einladung Cosimas im Jahre 1894 dort den *Tannhäuser* dirigiert, dabei die Sängerin der Elisabeth kennengelernt, Pauline de Ahna, bald darauf Frau Pauline Strauss. Cosima hatte ihm scherzend Vorwürfe gemacht: Er schreibe doch so gräßliche neue Musik, aber dirigiere den *Tannhäuser* so gut …

Richard Strauss hat zugesagt und im Sommer 1933 den *Parsifal* dirigiert. Einen Brief von Strauss an Stefan Zweig, der ihm deshalb Vorwürfe machte und auch, weil Strauss die Konzerte des verjagten Bruno Walter übernahm, kann man heute nur mit widerwilliger Trauer lesen. Wenn Strauss sich – gewaltig brutal – vor Stefan Zweig rechtfertigt, so unverkennbar aus persönlichem Interesse. Es soll verhindert werden, daß Zweig aus urheberrechtlichen Gründen die *Schweigsame Frau* verbieten läßt. Andererseits muß man sich auch mit den neuen Herren stellen, damit die Opern von Strauss und Hofmannsthal weiter gespielt werden können.

Der Ablauf der Festspiele selbst erfolgt, unter solchen Umständen, durchaus programmatisch. Das Volk erwartet seinen Führer. Winifred waltet als Herrin des Hauses und wird mit Handkuß und der Anrede »Hohe Frau« begrüßt. Das Spielen des Deutschlandliedes und der Parteihymne hatte der Reichskanzler und Wagnerfreund durch offizielle Mitteilungen untersagt. In Bayreuth trat er zurück vor Richard Wagner.

Noch während dies alles abläuft, hat Winifred Wagner ihren Entschluß gefaßt. Am 4. August 1933 schreibt sie an Heinz Tietjen den folgenden Ernennungsbrief: »Als mir durch Siegfrieds Tod die ungeheure Last der Verantwortung für die Fortführung der Festspiele übertragen wurde, beschäftigte mich Tag und Nacht die eine brennende Frage: ›Wo finde ich den Kapellmeister-Regisseur, der imstande ist, durch restlose Beherrschung der Partitur, der Dichtung und der Inszenierungsabsichten des Meisters die künstlerische Seele Bayreuths zu vertiefen? Wo finde ich den selbstlosen Helfer, um meiner Aufgabe gerecht werden zu können?‹ Sie, mein lieber Herr Tietjen, hatten bereits in jahrzehntelanger künstlerischer Arbeit bewiesen, daß Sie diese allseitige Befähigung zum Werk besitzen und die erste Fühlungnahme mit Ihnen brachte die beglückende Erkenntnis, daß Sie nicht nur die künstlerischen Qualitäten besitzen, sondern auch die menschliche Größe haben, um sich restlos hinter das Werk zu stellen und ihm zu dienen. Das Werden der diesjährigen Festspiele hat mir bestätigt, daß Sie der Berufene sind. Helfen Sie mir in treuer Zusammenarbeit weiter und führen Sie meinen Sohn Wieland allmählich seiner Lebensaufgabe zu: Der würdige Nachfolger seines Vaters im Dienst am Bayreuther Werk zu sein.«

Dies ist von nun an die Bayreuther Konstellation bis hinein in den neuen Weltkrieg: Winifred Wagner und Heinz Tietjen. Eine enge persönliche Bindung, die juristisch vielleicht nicht sanktioniert wird, weil sonst das gemeinschaftliche Testament von Siegfried und Winifred Wagner eine Veränderung der Herrschaftsverhältnisse erzwänge. Hier freilich liegt die Wurzel zum langsam sich schärfenden Konflikt zwischen dem ältesten Sohn Wieland und seiner Mutter: zu schweigen von der auf beiden Seiten haßgesteuerten Relation zwischen Wieland Wagner und Heinz Tietjen.

Die Bayreuther Festspiele 1933 hatten nach außen hin und eine Zeitlang wohl auch innerhalb des Festspielhauses eine Art Familiensolidarität entstehen lassen. Bald aber zeigte es sich, daß keine der früheren Spannungen beigelegt war. Die Schwägerinnen kämpften weiter gegen die Herrin des Festspielhauses, die vom Reichskanzler geschützt wurde. Den politischen Rummel um Führer und Meister ließ man sich gefallen, doch einer künstlerischen Erneuerung der Aufführungspraxis, wie sie von Winifred, Tietjen und Preetorius angestrebt wurde, widersetzte man sich mit Abscheu.

Erschreckendes schien sich vorzubereiten: ein erneuerter *Parsifal* unter Verzicht mithin auf jene uralten und jedem Bayreuth-

Besucher seit dem Jahre 1882 vertrauten Dekorationen zum Bühnenweihfestspiel. Im Jahre 1933 war noch die vertraute Dekoration gezeigt worden, irgendwie von Daniela Thode für traditionelle Arrangements genutzt.

Als ruchbar wird, eine Neuinszenierung des *Parsifal* im Jahre 1934, unter Heinz Tietjens Leitung, werde auch in neuen Dekorationen und Kostümen vonstatten gehen, kommt es zu einer großen und letzten Konfrontation von Altbayreuth und dem Bayreuth von Winifred und Tietjen. Die sogenannte *Parsifal*-Eingabe vom September 1933, gerichtet »An die Leitung der Bühnenfestspiele zu Bayreuth«, ist ein sonderbares Dokument. »Die Szenenbilder, auf denen das Auge des Meisters geruht hat, sprechen zu unseren Sinnen auch heute noch ihre besondere, unnachahmliche, mit der Weihe des ganzen Werkes unauflöslich verbundene Sprache.« Die Stelle, wo von den Augen des Meisters die Rede ist, ist gesperrt gedruckt im Originaltext. Die Eingabe schließt mit folgenden, gleichsam ultimativen Ersuchen: »Die unterzeichneten alten und jungen Freunde Bayreuths richten daher an die Festspielleitung die dringende Bitte, das Bühnenweihfestspiel *Parsifal* fortan in keiner anderen als der szenischen Urgestalt von 1882 aufzuführen und so zugleich dem Meister von Bayreuth das einzig seiner würdige, weil sein und seiner durchaus einmaligen und unvergleichlichen Kunst Wesen lebendig widerspiegelnde Denkmal zu errichten.« Unterzeichner sind, wie zu erwarten war, Eva Chamberlain und Daniela Thode, dann natürlich Hans von Wolzogen und ein paar Mitglieder dieser minoritären Fraktion. Unterzeichnet aber hat auch Richard Strauss.

Was man im Sinn hat, ist kein Geheimnis. Man möchte jenen einstigen Beschluß des Deutschen Reichstags rückgängig machen und die Exklusivrechte Bayreuths am *Parsifal* durch Führerbeschluß zurückgewinnen. Darum der sonst eher komische Versuch, die geheiligten Uraltdekorationen zu verteidigen. Der Altgermanist, Wagnerianer und Antisemit Wolfgang Golther spricht alles in seinen Briefen an Eva Chamberlain nüchtern aus. Man erstrebt eine »vertrauliche mündliche Aussprache mit dem Führer«, um »den *Parsifal* für Bayreuth zurückzugewinnen, Tantieme der Theater für den Bayreuther Festspielfonds allen Aufführungen aufzuerlegen, dem Stipendienfonds einen Reichszuschuß zu verschaffen«. Die Konsequenz? »Dann wären die Festspiele im idealen Sinne gesichert, ohne daß man, wie heuer, um eine Rettung durch das Reich in letzter Stunde nachsuchen müßte.«

Das bedeutet natürlich den Hinauswurf von Heinz Tietjen und die Entmachtung von Frau Winifred. Tietjen ist bekanntlich der Intendant der Preußischen Staatsoper in Berlin. Was Golther davon hält, verrät er der Tochter Richard Wagners am 29. Oktober 1933: »Unter Tietjen ist die Staatsoper das Bollwerk des undeutschen Geistes! Und darum ist Tietjen fehl am Ort ... Was soll man zu einem Theater sagen, wo nach wie vor Klemperer und Kleiber dirigieren.« Daran übrigens stimmt bloß, daß Erich Kleiber damals, ebenso wie Leo Blech, noch Unter den Linden ans Pult treten konnte. Otto Klemperer hat dort in jener Zeit nicht mehr dirigiert.

Gegen Jahresende 1933 scheinen Winifred und Tietjen einen Kompromiß angestrebt zu haben. Erneuerung des *Parsifal*, wie vorgesehen, aber Unterstützung aller Bemühungen, das letzte Werk Richard Wagners für die Bayreuther Ausschließlichkeit zurückzugewinnen. In der Reichskanzlei ist darüber offenbar verhandelt worden, doch wünscht der Reichskanzler eine Neuinszenierung und Neuausstattung. Damit ist die »Eingabe« gescheitert. Tietjen schreibt triumphierend an Daniela Thode (12. Januar 1934): »Die Entscheidung, daß der *Parsifal* neuinszeniert wird, hängt mit dem Wagner-Schutzgesetz eng zusammen, das demnächst von der Reichsregierung herausgegeben wird. Diese Entscheidung ist vom Führer selbst gefällt worden, untersteht also nicht der Kritik. Man scheint ihn nicht zu kennen, wenn man glaubt, er ließe sich in seinen Entscheidungen irgendwie beeinflussen.«

Richard Strauss hat nunmehr das Interesse an den sakralen einstigen Dekorationen verloren. Die Änderung des Urheberschutzes hingegen beschäftigt ihn ungemein. Erweiterung der Schutzfrist bedeutet gleichzeitig übrigens eine Anpassung des deutschen Urheberrechts an die internationalen Normen.

Natürlich ist der Fall des *Parsifal* zugleich ein Präzedenzfall für eine künftige erweiterte Schutzfrist auch der Werke von Richard Strauss. Strauss hat gute Verbindungen zu den Potentaten der NSDAP, und er läßt sie spielen. Im Dezember unterhält er sich darüber in der Reichskanzlei. In München versucht er den Dr. Hans Frank für sich zu gewinnen. Noch im November korrespondiert er in der Urheberrechtsaffäre mit Joseph Goebbels. Am 16. Dezember 1934 schreibt Strauss auch an Winifred: »Der Minister Goebbels und Frank, die ich von Hamburg aus nochmals brieflich bombardierte, haben geantwortet.« Geplant wird offenbar ein Urhebergesetz mit einer Schutzfrist von 50 Jahren. Das genügt dem Komponisten der *Salome* ganz offensichtlich nicht. Daher seine Frage an Frau Winifred: »Soll ich selbst mich einmal beim Führer anmelden?« Der Einspruch gegen die Neuinszenierung des *Parsifal* bei den Festspielen von 1934 ist offenbar vergessen, denn Strauss hat, neben dem zurückgeholten Dirigenten Franz von Hoesslin, auch 1934 einige Aufführungen dieses neuen *Parsifal* geleitet.
Die Dekorationen durfte jedoch nicht Preetorius entwerfen. Die Kulissen, auf denen Richard Wagners Auge noch geruht hatte, mußten weichen vor den Entwürfen eines Bühnenbildners von hohem Rang, den man jedoch an dieser Stelle am wenigsten erwartet hatte. Alfred Roller war Freund und Bühnenbildner von Hugo von Hofmannsthal und Max Reinhardt. Für sie hatte er in Dresden die immer wieder nachgeahmten Bühnenbilder und Kostüme des *Rosenkavalier* geliefert. Wie es zu Rollers Berufung kam, hat Winifred Wagner nachträglich mitgeteilt. Man hatte in der Reichskanzlei über mögliche Bühnenbildner gesprochen und dabei auch Rollers Namen erwähnt. Der Führer und Wagnerianer entschied sich für ihn. Roller war ihm von Wien her wohlbekannt. Als einziger hatte er sich damals, ohne Erfolg, wie man weiß, für ein Studium des Malers und Zeichners Adolf Hitler an der Wiener Kunstakademie eingesetzt. Das war ihm nicht vergessen worden.
Eines wurde immerhin erreicht: diese Festspiele 1934 entbehrten des Skandals wie der tieferen künstlerischen Bedeutung. Die Welt außerhalb des Deutschen Reiches schien sich abgefunden

zu haben mit dem, was vorging. Einen Monat vor Festspielbeginn, am 30. Juni, hatte der Führer ein Blutbad anrichten lassen unter seinen treuen Vasallen von gestern. Der Stabschef Ernst Röhm und viele andere galten nun plötzlich als Verräter und Abschaum. Bald darauf begab man sich ins Festspielhaus, um Richard Wagners Botschaft des Mitleids im neuinszenierten *Parsifal* genußvoll aufzunehmen. Hier war niemand durch Mitleid wissend geworden. Freilich suchte man vergebens nach dem reinen Toren.

Über die finanzielle Bilanz gibt es die nicht uninteressante Aktennotiz eines Ministerialrats aus dem Reichsministerium für Volksaufklärung und Propaganda. Man hatte danach 11 310 Eintrittskarten von Reichs wegen übernommen: in der normalen Preisklasse von 30 und 15 RM. Darüber hinaus hatte Winifred Wagner selbst und nach eigenem Ermessen, aber auf Reichskosten, noch Eintrittskarten für mehr als 37 000 RM verteilt. »Der Wille des Führers«, notierte der Ministerialrat Dr. Ott, »das Bayreuther Werk unter allen Umständen zu erhalten und daneben den Minderbemittelten den Besuch der Festspiele zu ermöglichen, ist somit ausgeführt worden.« Freilich gibt der Bürokrat zu bedenken, die Festspiele seien bekanntlich »fast ausverkauft« gewesen. Auch habe man durch die Rundfunkübertragung des *Ring* fast 100 000 RM erzielt. Vermutlich sei ein Überschuß zustande gekommen. Man dürfe sich fragen, ob der Staat den vollen Preis für die übernommenen Eintrittskarten erstatten müsse.

Zwar hatten die Staatsjuristen, voran der Preußische Staatsrat und Kronjurist Professor Carl Schmitt, ausführlich begründet, die Erschießung von Röhm und anderen Opfern des 30. Juni ohne Gerichtsverfahren und Urteil sei trotzdem »rechtens« gewesen: aus dem souveränen Recht des Führers. Allein in Geldsachen ist man im Dritten Reich offenbar nicht ganz so großzügig. Weshalb der Mitarbeiter von Joseph Goebbels zur Hauptsache kommt: »Da damit zu rechnen ist, daß der Rechnungshof eine Abrechnung über die hierfür angewendeten Reichsmittel fordern wird, und da es nach den allgemeinen Grundsätzen der Reichshaushaltsordnung ... notwendig erscheint, daß die Verwaltung der Bayreuther Festspiele einen Nachweis der Einnahmen und Ausgaben vorlegt, war beabsichtigt, daß ein Vertreter des Ministeriums mit Frau Wagner persönlich über die Frage der Form und Notwendigkeit dieses Nachweises sprechen sollte. Die persönliche Fühlungnahme mit Frau Wagner war von Herrn Minister Dr. Goebbels besonders gewünscht, um jedes Mißverständnis von seiten der Frau Wagner zu vermeiden.« Darüber muß ein Telefongespräch mit Bayreuth geführt worden sein, wo schonend mitgeteilt wurde, »daß lediglich an eine summarische Aufstellung gedacht und nicht etwa eine eingehende Buchprüfung ... beabsichtigt wäre«. Das Ministerium war also auf der Hut und hatte begriffen, daß auf dem Festspielhügel sehr nachdrücklich nach dem Führerprinzip regiert wurde.

Nach den Festspielen wurde zunächst einmal mit der Fraktion der Altbayreuther um Daniela Thode und Eva Chamberlain abgerechnet. Der sektiererische Altwagnerianer Zinsstag aus Basel, der nach Ende des Zweiten Weltkriegs die damals geführte Korrespondenz publiziert hat, schreibt an Daniela Thode am 8. November 1935, man habe ihm mitteilen lassen, er solle sich »ja nicht unterstehen, wieder deutschen Boden zu betreten«. Er führt die Ausweisungsmaßnahme auf Winifred Wagners Einfluß zurück: »Ihre Position in unmittelbarer Nähe des Kanzlers legt den Begriff einer ›Majestätsbeleidigung‹ nahe.« Dem war ein scharfer Briefwechsel zwischen Winifred und Zinsstag vorausgegangen. Sie bediente sich darin der Formel: »Heinz Tietjen oder ich« und stellt fest: »Sie haben absolut kein Recht, für das deutsche Volk und für die übrige Kulturwelt ultimativ Forderungen zu stellen, denn Sie sind lediglich das Sprachrohr einer verschwindend kleinen Gruppe, mir wohlbekannt, die sich bedauerlicherweise von der alten Bayreuther Gemeinde abgespalten hat und auf deren Verständnis und Unterstützung ich bei meiner weiteren Arbeit verzichten lernen mußte.«

Freilich darf man nicht vergessen, daß einer dieser Altbayreuther (P. Pretzsch), übrigens auch ein Unterzeichner jener *Parsifal*-Eingabe, in einem Brief die Witwe Siegfried Wagners folgendermaßen kennzeichnet: »Sie ist nach meiner Ansicht nur das willenlose ... Werkzeug in der Hand des früheren Edelkommunisten Tietjen, der wiederum rassisch verdächtige Mitarbeiter in entscheidende Stellen berufen hat, so Preetorius, Palm und andere.« Kurt Palm war der vorzügliche Entwerfer der Bayreuther Kostüme. Er hat nach dem Krieg jahrelang mit Wieland und Wolfgang Wagner zusammengearbeitet. Übrigens war er auch ein vertrauter Freund und künstlerischer Berater Bertolt Brechts beim Aufbau des »Berliner Ensemble« in Ost-Berlin.

In dieser Atmosphäre der Intrigen und Machtkämpfe zwischen Festspielhaus und Reichskanzlei hat es Daniela Thode mit großer Würde abgelehnt, das Spiel mitzuspielen. Ein Brief an Heinz Tietjen vom 18. Januar 1934 ist in der Sprache einer Besiegten abgefaßt. Man hat die Tochter der Cosima von allen offiziellen Veranstaltungen in Haus Wahnfried, ihrem Vaterhaus folglich, ausdrücklich ferngehalten. Dann muß Heinz Tietjen folgendes lesen im Brief der Tochter von Cosima und Hans von Bülow: »Sie glauben, oder nehmen vielmehr an, daß die Anderen es glauben können, zwei Welten stünden sich hier gegeneinander über. Dem ist so und zwar geistig, künstlerisch und moralisch. Nennen wir sie die des 19. und 20. Jahrhunderts ... Wenn ich aber aus Ihrem Munde höre, daß Wieland zum ›Regieren‹ erzogen würde, so überfällt mich ein wahrer Schrecken. In Bayreuth ist nie ›regiert‹ worden, es ist nur in großer Demut gedient worden.«

Künstlerisch hinterließen die Festspiele von 1934 einen flauen Eindruck in jeder Hinsicht. Zur Trauer der Traditionalisten über das Verschwinden der originalen *Parsifal*-Ausstattung gesellte sich allgemeines Mißbehagen über Rollers neue Entwürfe, die in den späteren Jahren zunächst durch Preetorius verändert und bereits im Jahre 1937 durch neue Entwürfe Wieland Wagners ersetzt wurden. Ein Domprediger Martin aus Magdeburg hat *Bayreuther Eindrücke* aus dem Jahre 1934 formuliert. Er lobt den Wandel gegenüber früheren Zeiten: »Wie anders ist das Publikum geworden als in den früheren Jahren. Es fehlen so viele Gestalten, die von den Bayreuthern wie exotische

Vögel angestaunt wurden. Dafür sieht man im Zuschauerraum viele Männer im braunen Rock. Der Führer hat es Bayreuth zu danken gewußt, daß es auch während der dunkelsten Jahre an ihn geglaubt hat. Es ist gewiß ein großer Gedanke des Führers, den Besuch der Festspiele Menschen zu ermöglichen, denen ohne diese Hilfe der Besuch versagt geblieben wäre. Es ist gewiß ein großer Gedanke des Führers, seinen Kämpfern durch das Werk Bayreuths den tiefsten Sinn ihres Kämpfens offenbaren zu lassen. Über diesem Großen vergißt man die kleinen Schäden, die durch bessere Vorbereitung der Besucher in späteren Jahren behoben werden können ... Vielleicht ist der *Ring* Wagners niemals so wenig als Genuß und so sehr als Aufgabe und Dienst empfunden worden wie jetzt im dritten Reich ...«

Die Notwendigkeit dieses Theaterdienstes der braunen Gefolgsleute wird ideologisch untermauert mit markigen Sätzen von Alfred Rosenberg. Aber trotz so viel guter Gesinnung muß der Geistliche Herr doch einräumen: »Geteilt sind die Meinungen über die neue Inszenierung des *Parsifal.*« Er hält sich an die Worte des Hans Sachs aus den *Meistersingern* und möchte das Volk zum Richter aufrufen. Man sollte die alte und die neue Inszenierung wahlweise nebeneinander spielen ...

Das finanzielle Schema, das 1934 erprobt worden war, denn natürlich wurde von Bayreuth aus keinerlei Abzug durch Überschüsse gewährt, blieb einigermaßen stabil in den Jahren, da Winifred die Festspiele leitete. Im Jahre 1935 fanden keine Festspiele statt. Dadurch entstand ein Verlust von 168 000 RM. In den späteren Jahren, bis 1939, konnte im allgemeinen ein Zuschuß der Reichskanzlei von 100 000 RM gebucht werden. Der Betrag wurde vom Konto des Reichskanzlers überwiesen. Hinzu kamen Reichsmittel für den Kartenankauf, für Leistungen der Reichsrundfunkgesellschaft. (Die Reichsrundfunkgesellschaft hatte zuerst 1931 eine Weltsendung mit dem von Furtwängler dirigierten *Tristan* veranstaltet.)

Im Kriege wurde noch einmal für das Jahr 1941 der persönliche Zuschuß des Reichskanzlers gewährt. Im übrigen kam die Organisation »Kraft durch Freude« für einen großen Teil der

Kosten auf. Im Jahre 1942, wo man nur eine Gesamtaufführung des *Ring* und vier Einzelvorstellungen der *Meistersinger* veranstalten konnte, betrug der Gesamtzuschuß der Organisation »Kraft durch Freude« insgesamt 1 600 000 RM.

In jenen Jahren ist Heinz Tietjen an der Seite von Winifred Wagner der eigentliche Herr auf dem Festspielhügel. Er leitet die Festspiele im Jahr 1936 der Berliner Olympiade; im Zeichen der Allgemeinen Wehrpflicht, der Einverleibung Österreichs, dann des Sudetenlandes, dann der gesamten Tschechoslowakischen Republik in ein nach dem Führerprinzip befehligtes Großdeutsches Reich.

Im Jahre 1936 kehrt Wilhelm Furtwängler, der nach seinem Eintreten für Paul Hindemith ungnädig behandelt worden war, nach Bayreuth zurück. Die Inszenierung des *Lohengrin* setzt scheinbar die Linie fort, die Winifred Wagner im Jahre 1931 mit Hilfe des Triumvirats von Furtwängler, Tietjen und Preetorius angestrebt hatte. Sängerische Leistungen von damals können dank der Schallplatte nachgeprüft werden. Maria Müller und Franz Völker waren im Zusammenspiel und in der sängerischen Bewältigung der Rollen von Lohengrin und Elsa kaum zu überbieten. Das dunkle Paar Ortrud und Telramund, Margarete Klose und Jaro Prohaska, stand nicht nach. Dennoch war dies mehr und anderes als die Aufführung einer Romantischen Oper im Festspielhaus von Bayreuth. Man hörte es anders, und sollte es anders hören. Man hörte, was König Heinrich seinen Edlen zu Brabant zu verkünden hatte:

> Nun ist es Zeit, des Reiches Ehr' zu wahren;
> ob Ost, ob West, das gelte allen gleich!
> Was deutsches Land heißt, stelle Kampfesscharen,
> dann schmäht wohl niemand mehr das Deutsche Reich!

Der Schwanenritter und der deutsche König waren sich einig. Lohengrin weiß noch kurz vor dem Abschied zu melden:

> Doch großer König, laß' mich dir weissagen:
> Dir Reinem ist ein großer Sieg verliehn.

Nach Deutschland sollen noch in fernsten Tagen
Des Ostens Horden siegreich niemals ziehn!

Man ließ sich das gesagt sein in der einstigen Königsloge wie auch in den breiten Reihen des berühmten Amphitheaters. Jüdische Künstler hatten als Sänger, wenngleich nicht in der künstlerischen Leitung, auch unter Siegfried Wagner, dann unter dem Regime von Winifred, nunmehr von Heinz Tietjen, mitwirken dürfen: der unersetzbare Wotan von Friedrich Schorr, Alexander Kipnis und Emanuel List in den großen Baßpartien. Frida Leider war mit einem Juden verheiratet. Allein, bald darauf sangen Kipnis und List in New York; die Liste der Mitwirkenden im neuen Bayreuth wurde immer deutlicher »arisiert«. Bemerkenswert ist ein Vergleich der damaligen tragenden Sängerschar, ihrem Herkunftsland nach, mit einer Zusammensetzung der Festspiele seit 1951. Wie zu Richard und Cosimas Zeiten konnte Bayreuth immer noch bis 1939 auf die hervorragenden Wagnersänger der deutschen Staats- und Stadttheater zurückgreifen. Lohengrin und Tristan, Kundry und Sachs: das waren deutsche Sänger, die sich ihrer Muttersprache bedienen durften. Im Gegenteil: das Wagnerrepertoire etwa der Metropolitan Opera in New York, die alle Werke in der Originalsprache vorstellte, wurde damals fast ausschließlich von deutschen Sängern bestritten, die man herüberholte. Ausnahmen gab es in Bayreuth nur 1939 im Falle des italienischen Dirigenten Victor de Sabata, der *Tristan und Isolde* leitete, und seiner Isolde, der Pariser Sopranistin Germaine Lubin, die bereits 1938 auch als Kundry aufgetreten war. Nach 1944 wurde die Sängerin in Paris von ihren Landsleuten als Kollaborateurin geächtet.

Das Musiktheater von Tietjen und Preetorius blieb im Kern traditionalistisch. Eine Neudeutung der Werke wurde nicht unternommen. Man hielt sich in der Tat nicht beim »Zergliedern« auf, sondern wollte ein absolut gesetztes Kunstwerk bewahren und geschmackvoll, genußhaft an erlauchter Stätte präsentieren. Psychologische Vertiefung im Zusammenspiel der Sänger wurde angestrebt und auch mit Geschmack und Geschick erreicht. Bewährte Striche konnten übernommen werden. Ein glanzvoller Wagner kam zustande, doch eine Beziehung der Gesamtkunstwerke zur eigenen Außenwelt, die als Vorkriegszeit erkannt werden mußte, ließ sich auf solche Art nicht herstellen. Man spielte ein bißchen mit den Assoziationen: Mime und Alberich als Untermenschen, Beckmesser als der geprellte jüdische Intellektuelle, das deutsche Schwert im *Lohengrin* und die »deutschen Meister« in der Ansprache des Hans Sachs.

Heinz Tietjen war, mit all seinen Begabungen für vielerlei, ein Anpasser und Opportunist. In einer Rede vom 30. Januar 1936, also zum Jahrestag der sogenannten Machtergreifung, berief er sich auf ein Gespräch mit Hitler im Sommer 1930 in Bayreuth. Der habe ihm die Parole gegeben: »Durchhalten«. Das sei nötig gewesen, »da die Musik Richard Wagners bei der früheren Regierung nicht beliebt war«. Die Behauptung ist fast unverständlich bei einem preußischen Generalintendanten, dem die erfolgreichen Wagneraufführungen von Kleiber und Klemperer nicht unbekannt sein konnten und der genau wußte, daß weder die Reichsregierung noch der Preußische Kultusminister der Weimarer Republik, immerhin Adolf Grimme, jemals auf den Gedanken gekommen wären, eine negative Zensur auszuüben. Bei jenem »Betriebsappell« zu Berlin kann der verantwortliche künstlerische Leiter von Bayreuth seiner Gefolgschaft zudem mitteilen, der Führer habe als Opernbesucher das falsche Spiel der Oboe bemängelt, was dem Dirigenten Richard Strauss leider entgangen war.

Aus solchen Reden und Aktionen Tietjens an der Seite von Winifred Wagner erklärt sich auch der wachsende Widerstand der Brüder Wieland und Wolfgang Wagner. Hier beginnt die Auseinandersetzung vor allem Wieland Wagners mit seiner Mutter und mit Tietjen. Sicher handelt es sich dabei auch um Gefühle und Ressentiments eines Kronprinzen, der von der Thronbesteigung ferngehalten wird. Orest und Hamlet: das mochte wohl auch erinnert werden. Heinz Tietjen als Aegisth und Claudius. Dennoch führt die tiefenpsychologische Betrachtung, die er selbst später oft bis zum Übermaß in Neuinterpretationen von Werken des Musiktheaters eingehen ließ, bei einem so bedeutenden Künstler wie Wieland Wagner nicht besonders weit. Was sich seit Kriegsausbruch 1939 in seinem Verhalten zu Tietjen und damit wohl auch zu seiner Mutter ankündigt, ist wachsende Erbitterung gegen ein unverbindliches Operntheater, das die Werke Richard Wagners in Bayreuth insgeheim nicht ernst nimmt, nicht mehr neu durchdenkt, befragt, also fragwürdig macht. Tietjen demonstriert ein schön gesungenes, gut gespieltes, hübsch ausgestattetes Operntheater, das ebenso glanzvoll und erfolgreich auch völlig andere Werke darbieten könnte.

Die Konfrontation zwischen Heinz Tietjen und Wieland Wagner beginnt schon hier. Bei Tietjen: Vereinnahmung der Schöpfungen Richard Wagners, mit Einschluß des Bühnenweihfestspiels, für ein kulinarisches, kaum aussagekräftiges allgemeines Operntheater. Beim späteren Wieland Wagner: der Versuch, die Erfahrungen und Ergebnisse einer Neuinterpretation der Wagnerkunst schrittweise auch bei Inszenierung anderer Werke des Musiktheaters fruchtbar zu machen. Bei *Carmen* und *Salome, Wozzeck* und *Lulu*, bei Verdi wie bei Gluck.

Kriegsfestspiele

Die Festspiele des Jahres 1939 brachten fünf Aufführungen des *Parsifal*, sechsmal den *Tristan* unter Victor de Sabata, fünf Aufführungen des *Fliegenden Holländer* und zweimal, dirigiert von Heinz Tietjen, den *Ring des Nibelungen*. Unmittelbar nach Abschluß der Festspiele, denen er mit gewohnter Hingebung gelauscht hatte, zog der Führer und Reichskanzler in einen Weltkrieg um die Freie Stadt Danzig. Die von Winifred Wagner unerschütterlich festgehaltene Trennung von Festspiel und Außenwelt wurde an diesem Beispiel bis zur Groteske emporstilisiert. Der Freund von Haus Wahnfried teilte seine Zeit zwischen den Aufführungen am Festspielhügel und den Vorbereitungen, die ein Oberbefehlshaber zu treffen hat, der in den Krieg zieht und weiß, daß es ein Weltkrieg werden könnte. Carl J. Burckhardt, damals Hochkommissar des Völkerbunds für den Freistaat Danzig, hat Ende August 1939 auf dem Obersalzberg versucht, das Geschehen zwar nicht aufzuhalten, aber seinem Gesprächspartner in den Folgerungen klarzumachen. Natürlich hörte man nicht zu.

Die Festspiele dieses Jahres waren Vorkriegsspiele. Von Frieden hatte man, mindestens seit dem Jahre 1937, nicht mehr sprechen können. Wie unmöglich es war, die festliche Welt von Bayreuth, jenes Sommerfestes im Juli und August, fernzuhalten von allem, was Alltag sein mochte, Außenwelt, Tristans »öder Tag«, mußte Winifred Wagner damals bereits im eigenen Haus spüren. Der zerreißende Zusammenhang zwischen Hitlerwelt und Wahnfriedwelt wurde in der Folge schwer bezahlt. Wenn sich die spätere Winifred Wagner im hohen Alter wie eine unfreiwillig parodierende »Mutter Courage« ausnimmt, so teilt sie jedenfalls mit Bertolt Brechts berühmter Kunstfigur das Schicksal, daß ihr, wenngleich im übertragenen Sinne, nacheinander die Kinder genommen wurden.

Das begann bereits 1939 und noch im Vorkrieg mit der ältesten Tochter Friedelind Wagner. Das zweite Kind aus Winifreds Ehe mit Siegfried Wagner war am 29. März 1918 zur Welt gekommen. Die Friedenssehnsucht in jenem letzten Kriegsjahr hatte die Namengebung bewirkt. Wenn sich im Sommer 1939 die soeben volljährig gewordene älteste Tochter der Winifred nach Luzern begab, wo Arturo Toscanini das Schweizerische Festspielorchester dirigierte und zusammenwirkte mit Künstlern wie Bruno Walter, mit dem jüdischen Pianisten Wladimir Horowitz, seinem Schwiegersohn und mit dem aus Deutschland emigrierten Geiger Adolf Busch, so handelte die Tochter der Herrin von Bayreuth sowohl demonstrativ wie provokatorisch. Sie trennte sich von der Familie, von Wahnfried, vom Großdeutschen Reich des hohen Protektors. In ihrem Buch über *The Royal Family of Bayreuth* hat Friedelind später die Fakten und Motivationen erläutert. Es war doch nicht so, wie die Mutter sich selbst und der Außenwelt vortrug: daß Friedelind darunter gelitten hätte, beim Herrn der Reichskanzlei von Anfang die Rolle der Ungeliebten spielen zu müssen. Friedelind besaß, wie sich später zeigen sollte, eine starke affektive Bindung an ihren Vater. Nach seinem Tod (sie war damals zwölf Jahre alt) scheint sie die Affekte auf den Maestro Toscanini übertragen zu haben, der als Gast des Vaters nach Bayreuth kam, um auch dort zu triumphieren. So hielt sie ihm die Treue nach seinem Absagebrief an Bayreuth im Frühjahr 1933. Vermutlich hat Daniela Thode die Verbindung zwischen Friedelind Wagner und Arturo Toscanini gefördert. In Tribschen am Vierwaldstätter See, wo Siegfried Wagner zur Welt gekommen war, besaß die Familie Wagner immer noch ein Wohnrecht.

Dorthin fuhr Friedelind in diesem letzten Vorkriegssommer. Sie ist dann nicht mehr zurückgekehrt. Winifred hat sie aufgesucht, offensichtlich auf Geheiß des Reichskanzlers, wie Friedelind berichtet, um die Ungebärdige heimzuführen ins Reich. Sie hatte keinen Erfolg. Auch Drohungen aus Berlin mit gewaltsamer Entführung, die bekanntlich sehr ernst genommen werden mußte, bewirkten nichts.

Friedelind Wagners Leben glich von nun an einer schrecklichen Irrfahrt. Sie hatte dem Krieg und seinen Kriegstreibern entgehen wollen: man holte sie ein. Zwar bekam sie ein Visum nach England, dank der Vermittlung eines Journalisten, der sich davon einige sensationelle Artikel über Schlafzimmergeheimnisse in Haus Wahnfried versprach. Als die Enkelin Richard Wagners die Ansuchen ablehnte, ließ man sie fallen. Plötzlich war sie eine feindliche Ausländerin in Großbritannien und wurde 1940 auf der Isle of Man interniert. Abermals kam Arturo Toscanini zu Hilfe, als er von der Internierung erfuhr. Er dirigierte damals in Argentinien und erwirkte für Friedelind Wagner einen Sängerkontrakt, der sie nach Buenos Aires berief. Man ließ sie hinfahren: in Begleitung eines britischen Polizeisergeanten. Aber Friedelinds Stimme reichte nicht aus für eine Solistenlaufbahn. Toscanini holte sie dann von Buenos Aires nach New York. Später gab es im Londoner Unterhaus eine Debatte über Friedelind Wagner, wobei sich herausstellte, daß Winston Churchill selbst die Genehmigung zur Ausreise des »enemy alien« erteilt hatte. In New York studierte sie an der Columbia University sowohl Sprechtechnik wie Dramaturgie. Ein anderer deutscher Emigrant gab ihr Gesangsstunden. Der

Bariton Herbert Janssen, übrigens von durchaus »reiner« Abstammung, hatte noch 1937 in Bayreuth den Heerrufer im *Lohengrin* gesungen. Er war auch als Gunther im *Ring* und als Kothner in den *Meistersingern* aufgetreten. Janssen gehörte zu Heinz Tietjens Berliner Opernmannschaft, war aber emigriert und wirkte nun an der Metropolitan Opera.

Während des Krieges mußte sich die Tochter der Winifred in New York im kriegführenden Amerika als Sekretärin und Marktforscherin durchschlagen. Dagegen gelang ihr bereits im Jahre 1946 ein erster Versuch mit einer eigenen Operntruppe. Sie inszenierte *Tristan und Isolde* und ließ sich dafür die Bühnenbilder von ihrem ältesten Bruder entwerfen, mit dem sie stets die Verbindung aufrechterhalten hatte: von Wieland Wagner. Die enge Verbindung zu Wieland, die sicher verstärkt wurde durch den gemeinsamen Gegensatz zur Mutter, bewirkte 1953 die – vorübergehende – Rückkehr nach Bayreuth.

Natürlich war es unvermeidlich, daß die Emigration der Tochter und Schwester Friedelind in Wahnfried jene Spannungen akzentuierte und verschärfte, die latent seit jener Zeit in der Familie aufgetreten waren, da sich Heinz Tietjen zum realen, wenn auch nicht formalen Leiter der Festspiele aufgeschwungen hatte. Die herrische Gebärde von Frau Winifred, auch ihre Vorzugsstellung in der Reichskanzlei, konnten nicht vergessen machen, daß ihr in allen künstlerischen Fragen die Leitung der Bayreuther Festspiele längst genommen war. Bayreuth im Dritten Reich: das war Heinz Tietjens Werk. Es ist nicht bekannt, daß sich Winifred seinen Wünschen und Anordnungen widersetzt hätte, die schließlich darin gipfelten, daß er auf dem Festspielhügel zugleich sein eigener Regisseur und Dirigent zu sein gedachte. Hier aber liegt der Grund für die mindestens seit 1940 nachweisbare scharfe Opposition der beiden Söhne Wieland und Wolfgang gegen den eigentlichen Herrn von Bayreuth.

Der Widerstand der Söhne gegen Heinz Tietjen scheint sich, wie die Dokumente erkennen lassen, durchaus nicht in erster Linie darauf gegründet zu haben, daß der Berliner Generalintendant die Enkel Richard Wagners von aller schöpferischen Mitarbeit weitgehend fernzuhalten suchte, obwohl auch das unzweifelhaft der Fall war. Es ging, in einem tieferen Verstande, um (oder gegen) Tietjens opportunistisches Operntheater. Bayreuth verfiel der Routine. Vergleicht man die solidarischen Bemühungen der Brüder Wieland und Wolfgang Wagner (seit 1951) um eine permanente und in dialektischer Spannung gehaltene Auseinandersetzung mit den scheinbar so bewährten Kunstwerken, so wird ersichtlich, daß die Enkel Richard Wagners dem Hausmeier ihrer Mutter vor allem vorwarfen, das Werk Richard Wagners nicht ernst zu nehmen, nämlich: nicht neu zu durchdenken.

Da sich der Krieg zunächst für die Großdeutschen gut anzulassen scheint, hat auch Heinz Tietjen seine weitschauenden Pläne. Im November 1941 schickt er Wolfgang Wagner mit einem genau umrissenen Auftrag nach Berlin. Er will von oberster Stelle mitgeteilt erhalten, daß an Neubauten in Bayreuth zur Zeit nicht gedacht werden dürfe. Er möchte erfahren, ob es beim Prinzip jener ersten Kriegsfestspiele bleiben werde: nämlich bei Vorstellungen der Organisation »Kraft durch Freude«. Oder ob Neuinszenierungen denkbar sein könnten. Seit den Aufführungen von Siegfried Wagner und Arturo Toscanini war der *Tannhäuser* in Bayreuth nicht mehr aufgeführt worden. Tietjen war genau bekannt, daß Wieland Wagner an einem Inszenierungsplan dieser Romantischen Oper seit langem arbeitete.

Der Herr der Reichskanzlei scheint geantwortet zu haben, es sei das KdF-Prinzip möglichst nicht weiterzuführen. Neuinszenierungen des *Parsifal* und des *Tannhäuser* sollten geplant werden.

Damals aber, im Herbst 1941, waren die Spannungen zwischen den Enkeln Richard Wagners und Heinz Tietjen so offenkundig geworden, daß Tietjen in Form von Memoranden an das »Haus Wahnfried« die Positionen abzustecken genötigt war. In einem solchen Text vom 21. August 1941 muß er konstatieren: »Es ist festzustellen, daß sich die Grundeinstellung der Wahnfriedjugend mir gegenüber im Verlauf der diesjährigen Kriegsfestspiele vollkommen geändert hat.« Man hätte sich früher dahin geeinigt, daß die beiden Wagnersöhne »mit dem gemeinsamen

Ziel, daß sie dereinst auf dem Hügel gemeinsam führen sollten«, in getrennten Bereichen ausgebildet werden müßten: Wieland vor allem als Bildender Künstler, Wolfgang als Musiker. Andererseits war Heinz Tietjen genau bekannt, daß Wolfgang Wagner, wie sich später herausstellen sollte, durchaus befähigt war, Bühnenbilder selbst zu entwerfen, ganz so wie Wieland Wagner eine Ausbildung als Dirigent absolviert hatte.

Tietjen scheint aber, wie das Memorandum erkennen läßt, einen Zeitgewinn angestrebt zu haben. Er wollte die Machtübernahme durch die »Wahnfriedjugend« auf den Abschluß des Umbaus in Bayreuth vertagen, weshalb es heißt: »Nach meiner, Wolfgang gegenüber oft geäußerten Meinung, sollten dann Frau Wagner und ich von der Leitung des Werkes zurücktreten und die beiden Jungens die Leitung selbständig und endgültig übernehmen und mit dem neuen Hause selbst auch die neue Ära beginnen.«

Da Tietjen jedoch genau wußte, daß an jenen Umbau in Kriegszeiten nicht zu denken war, offenbarte er in jenem Memorandum indirekt in der Tat seine Entschlossenheit, die Wagnerenkel, die damals immerhin bereits 24 und 22 Jahre alt waren, auf unbestimmte Zeit fernzuhalten.

Wieland Wagner scheint sehr heftig gegen diesen Plan aufgetreten zu sein. Er teilt in der Öffentlichkeit mit, offensichtlich mit dem Wunsch, daß die Kunde weitergetragen werde: »er wolle die Sache hier genau so aufziehen, wie es sein Vater gehabt habe«. Und: »Tietjen lasse die Jungens in Bayreuth nichts lernen und nicht hochkommen ...«

Gegen Jahresende 1941 – das Deutsche Reich steht bereits im Winterkrieg mit der Sowjetunion und hat sich den erhofften spektakulären Einzug in Moskau versagen müssen – schreibt Wieland am 3. Dezember 1941 in schroffer Form an seine Mutter: »Von dir erhielt ich ... im Einverständnis mit Heinz (Tietjen) den Auftrag, die Tannhäuserbühnenbilder zu übernehmen. Da der Tannhäuser mir wie kein anderes Werk seit 12 Jahren am Herzen liegt und mir damit endlich die Gelegenheit gegeben worden wäre, in der Sparte in Bayreuth mitzuarbeiten, in der ich bayreuthreif zu sein glaube, sofern Herr Preetorius dies ist, war ich mit Freuden dazu bereit … Entscheidend für meinen endgültigen Entschluß, den Auftrag nicht annehmen zu können, war für mich die Mitteilung … am 21. November 1941, daß bereits 60 000 RM für den Bau der Preetorius'schen Bühnenbilder von der Festspielleitung ausgegeben worden sind … Weder du noch ich können die Verantwortung übernehmen, daß diese riesige Summe sinn- und zwecklos ausgegeben wird, nachdem jahrzehntelang jeder Pfennig gespart werden mußte …«

Die beiden Söhne Winifred Wagners hatten Tietjen, wie sie später oft mitteilten, unter sich und im Familienkreis mit dem Spitznamen »Der Schwarzalbe« bedacht. Heinz Tietjen folglich als Alberich und durchaus nicht als Jungsiegfried. In der Tat lassen Tietjens scheinbare Zugeständnisse an die Wahnfriedjugend bei gleichzeitiger Etablierung von vollendeten Tatsachen ungefähr ahnen, was mit jenem Spitznamen gemeint sein mochte.

Kurz vor Weihnachten (21. 12. 1941) erläßt Tietjen ein weiteres Memorandum zur Klärung der Lage. Drei Wege scheinen sich anzubahnen: »… Weg I: Die Beziehungen zwischen … Wahnfried und mir werden sofort abgebrochen; ich lege mein Amt mit sofortiger Wirkung nieder … Aus Gründen der Loyalität teile ich mit, daß ich in einer Rechtfertigungsschrift an den Führer alles vom Beobachtungsjahr 1931 bis einschließlich aller jüngsten Ereignisse in historischer Treue … niedergelegt habe; da mir, bis das Haus Wahnfried seinerseits Meldung gemacht hat, oder kurz danach etwas zustoßen kann, befindet sich die Rechtfertigungsschrift im versiegelten Kouvert in Händen einer Persönlichkeit, die sichere Gewähr bietet, daß dem Führer dieses Kouvert persönlich überreicht wird. Weg II: Wieland W. kommt zu einer Aussprache nach Berlin … Ich lege Wielands ausführliches Beweis- und Überführungsmaterial vor … und es kommt zu einem friedlichen Auseinandergehen; damit meine ich, daß ich nicht offiziell mein Amt niederlege, sondern daß ich es auf mich nehme, wenn es soweit ist, daß nächste Festspiele vorbereitet werden müssen, unter dem aller Welt plausiblen Grund, Wahnfried zu bitten, mich ›vorübergehend‹ (streng intern natürlich endgültig) zu beurlauben … Weg III: Trotzdem mir durch die Ereignisse in diesem Sommer die wichtigste

Eigenschaft genommen wurde, die der künstlerische Führer in Bayreuth haben muß, nämlich die Besessenheit und an ihre Stelle eine tiefe Verbitterung getreten ist ... bin ich bereit, die letzten noch vorhandenen physischen Reserven dazu zu verwenden ... und ... hoffentlich die Basis zu neuer Besessenheit zu schaffen. Und damit erkläre ich mich bereit zur Versöhnung ... Es wird aber dann unter alles ... der endgültige Strich gezogen und ... auch zu Dritten nichts anderes mehr geäußert, als daß das Haus Wahnfried und ich in vollster und letzter Übereinstimmung dem Werk gegenüber und in persönlichen Angelegenheiten zueinander stehen ...«

Von den beiden Brüdern scheint Wolfgang Wagner damals eher zu einer Versöhnung und einem zeitweiligen Kompromiß bereit gewesen zu sein als der ältere Bruder Wieland. Freilich war Wieland stärker betroffen, denn er hatte früher bereits Bühnenbildentwürfe geliefert und gedachte die szenische Erneuerung der Werke seines Großvaters in anderer Weise anzulegen als Emil Preetorius. Auch scheint er sich von der musikalischen Leitung der Werke andere Vorstellungen als Heinz Tietjen gemacht zu haben.

Daß der Krieg gewonnen wird, ist aber noch zu Beginn des Jahres 1942 offenbar keinem der Brüder irgendwie zweifelhaft. Man berät die »Friedensfestspiele« und hofft sogar, wie ein Brief Wolfgangs an seine Mutter (29. 1. 1942) erkennen läßt, auf solche Festspiele des Friedens bereits für das laufende Jahr 1942.

Es gibt einen nicht abgeschickten Briefentwurf Wielands an Wolfgang vom April 1942, wo Pläne des Reichsführers mitgeteilt werden, zunächst einmal zwei Jahre Friedensfestspiele mit *Meistersinger, Ring* und *Parsifal* anzusetzen. Dann könne das Festspielhaus vollkommen umgebaut und mit einem neuen *Tannhäuser* eröffnet werden.

Wieland Wagner weigert sich in diesem Briefentwurf, weiter als Gehilfe Tietjens tätig zu sein. Er formuliert sehr scharf, schickt das Schreiben dann aber nicht ab. »Im großen gesehen hielt ich es für verantwortungslos, nur aus dem Grunde, weil Mama und Heinz (Tietjen) der Ansicht sind, daß es außer ihm in ganz

Europa keinen *Ring*-Dirigenten gibt und er selbstverständlich nach all den Zwischenfällen außerstande ist, in Bayreuth wieder den Ring zu dirigieren, diesen einfach stillschweigend bis nach dem Umbau, der damals noch in nebelhafter Ferne lag, wegfallen zu lassen. Wie ich in Bayreuth hörte, habe man ihn mir überlassen wollen ... ich könne ihn ja dann neu machen! ...«
Inzwischen läuft der Zweite Weltkrieg in eine Richtung, die den Direktiven der Reichskanzlei und allen geplanten Friedensfestspielen stracks zuwiderläuft. Die Vereinigten Staaten stehen im Krieg. Stalingrad und El Alamein. Nacht für Nacht die Luftangriffe auf Deutschland. Am 20. Juli 1944 erfolgt das Attentat auf den obersten Kriegsherrn. Der Freund der Winifred Wagner und kunstsinnige Wagnerianer gibt den Befehl, die Attentäter an Fleischerhaken aufzuknüpfen und ihren Todeskampf zu filmen. Er schaut sich darauf den Film an.
Dies alles muß rekapituliert werden, um den Aberwitz eines Briefes von Heinz Tietjen an Winifred Wagner zu ermessen, der eine Woche vor Weihnachten (am 17. 12. 1944) des letzten Kriegsjahres niedergeschrieben wird: »... Du wirst erstaunt sein, daß ich die Frage des Führers, ob im Sommer 1945 in Bayreuth gespielt werden kann, was die künstlerische und technische Durchführung anbelangt, ohne Bedenken mit ›Ja‹ beantworten kann. Es wären dazu nicht mehr Führerbefehle nötig als bisher.«
Der praktische Manager verleugnet sich auch jetzt nicht: kaum fünf Monate vor dem Selbstmord besagten Führers und vor dem deutschen Zusammenbruch. Wieder hat er seine drei Möglichkeiten zur Hand und anzubieten. Er könne sogar Neuinszenierungen wagen, denn es sind »genügend Rohmateriale für Dekorationen und Kostüme vorhanden. Ich bin aber der Meinung, daß man das jetzt moralisch nicht verantworten kann.« Freilich ist Tietjen ein bißchen skeptisch und meint: »Ich erwähne die Möglichkeit nur für den Fall, daß die Lage sich so wesentlich verändert, daß dem Führer doch an irgendwelchen Neuinszenierungen gelegen ist.« Geschrieben im Dezember 1944. Der zweite Weg ist Wiederaufführung der *Meistersinger*. Das Personal stehe zur Verfügung, »ebenso würde ich die

Kostüme aus unserem Salzbergwerk in Thüringen zu diesem Zweck herausholen lassen«.

Die dritte Möglichkeit ist, die Werke nur konzertant aufzuführen. Wenn das beschlossen wird, »so kann der Führer hierfür jedes Werk bestimmen, das er wünscht«. Er freilich, Heinz Tietjen, sei ein grundsätzlicher Gegner der Rundfunkübertragung. »Richard Wagner hat Musikdramen geschrieben, die den heißen Atem der lebendigen Gestaltung fordern, und der Rundfunk wird das niemals ersetzen können.«

Umständehalber konnte im Sommer des Jahres 1945 keine der drei Möglichkeiten ausprobiert werden. In Bayreuth befiehlt die amerikanische Militärregierung. Die Witwe Siegfried Wagners muß den Siegfried-Wagner-Bau von Haus Wahnfried, wo sie residiert hatte und wo ihr hoher Gast zu übernachten liebte, der Besatzungsmacht freigeben. Die Beziehungen zwischen der Schwiegertochter Richard Wagners und ihrem Führer und Reichskanzler waren weltbekannt. Winifred mochte zwar protestieren, wie sie später mitgeteilt hat, als die amerikanischen Offiziere das Siegfried-Wagner-Haus als Eigentum Adolf Hitlers betrachteten und beschlagnahmten, aber sie hatte recht dabei nur im formaljuristischen Sinne. Geistiges Eigentum jenes Toten war dies Haus ganz zweifellos.

Austreibung und Weihe des Hauses Wieland und Wolfgang Wagner

Der öde Tag

Als die Zeit herangekommen war, für welche man noch wenige Jahre vorher pompöse Friedensfestspiele in Aussicht genommen hatte, lag die Frankenstadt Bayreuth in Trümmern. Auch auf die Stätte, wo Richard Wagners Wähnen den Frieden gefunden hatte, waren Bomben gefallen. Anlaß zur Trauer, gewiß, aber es war doch der Freund Winifred Wagners, welcher als erster die Vernichtung ganzer Städte, der polnischen Hauptstadt beispielsweise, angeordnet hatte, oder die Bombardierung der Kathedrale von Coventry in England. Die Ausdrücke »ausradieren« und »coventrysieren« gehörten zum Wörterbuch des Unmenschen.

Es war zugegangen wie am Schluß der *Götterdämmerung*. Brand von Walhall als Brand von Wahnfried. Wieland Wagner hat später, in seiner Inszenierung der Tetralogie im Jahr 1965, ein Jahr vor seinem Tode, als letzten Aspekt eine leere Bühne präsentiert. Musik Richard Wagners hatte das letzte Wort, doch schien es sich nicht mehr an Menschenwesen zu wenden. Im Mai des Jahres 1945 hingegen konnte eine neue Zeitrechnung mit einem Jahr Null, wie mancher es sich gewünscht hätte, nicht begonnen werden. Es begann der öde Tag: verstanden nicht als Ekelvision des sterbenswilligen Tristan, sondern als Trümmeralltag all jener, die hatten überleben dürfen.

Was war untergegangen? Mancher schien zu meinen, und es wurde auch häufig niedergeschrieben: im Zusammenbruch des Dritten Reiches habe sich das deutsche Bürgertum, wenn nicht in der Realität, doch in der Ideologie, selbst zugrunde gerichtet. Folgt man solchen Erwägungen, so bot sich die Kunsttheorie Richard Wagners und seiner Erben als ideales Modell, woran solcher Abstieg demonstriert werden konnte. Mischung aus Aufklärung und Gegenaufklärung im Werk des Meisters. Liebäugeln mit den Rassentheorien des Grafen Gobineau; der elitäre

Salon von Cosima Wagner; ihr Briefwechsel mit Fürsten und Geistesfürsten. Siegfried Wagners entschieden rückgewandtes Künstlertum, das neue Strömungen der Kunst nicht einmal zur Kenntnis nehmen wollte. Bürgerlicher Nationalismus und bürgerliche Lebensangst vor den »Vielzuvielen«: den Nibelungen vor allem, die man niederhalten muß, damit sie materiale Werte schaffen. Friedrich Nietzsches Wort vom »Gefährlichen Leben« hatte man gierig aufgeschnappt im Palazzo Venezia und in der Berliner Reichskanzlei. Der Wagnerianer als Führer und Reichskanzler glaubte das Wunschbild des Jungsiegfried verstanden zu haben. Des kühnen Selbsthelfers, der Verträge bricht und mit dem Schwert auch den Speer aus dem Holz der Weltesche zerhaut: das Sinnbild von Vertrag, Recht, Schutz der Schwachen. Jenes andere Sinnbild also schien sich anzubieten: Wahnfried als Walhall, und die Geschichte der Familie Richard Wagners als Dekadenz des Bürgertums. Gleichsam als »Verfall einer Familie« wie in den *Buddenbrooks* des Wagnerianers Thomas Mann. Übrigens hatte der Untertitel in dem berühmten Roman einen ironischen Doppelsinn. Verfall einer Familie im Sinne einer Degeneration der Macht und Lebenskraft. Sie wurde jedoch kompensiert durch die Gegenbewegung einer höheren Vergeistigung. Hanno Buddenbrook war gleichzeitig ganz lebensuntüchtig und ganz vergeistigt.

Niemand wird behaupten: so habe es sich auch mit Winifred Wagner verhalten und ihren Kindern. Es geht nicht an, wenngleich solche symbolische Zuordnung nach Kriegsende immer wieder versucht wurde, das Verhalten der Hohen Frau im Haus Wahnfried als notwendige Folgerung zu verstehen aus den artistischen Konzepten und ästhetisch-politischen Theorien ihres Schwiegervaters Richard Wagner. Winifred Wagner hat nicht Deutschland repräsentiert in jenen Jahren. In sonderbarer Weise nimmt sich ihr Tun und Unterlassen aus wie das Treiben eines eifrigen Außenseiters, der sich gleichschalten möchte. Winifred Wagner war eine Fremde in Deutschland. Sie war Engländerin. Englisch war ihre Muttersprache. Als sie nach Deutschland kam, zu Klindworth, dann nach Bayreuth, dann als Hausherrin nach Wahnfried, hatte sie eine Fülle der Negationen vollziehen müssen. Sie negierte die Muttersprache, England, die eigene Familie, die britische Tradition. Auf Fragen von Journalisten nach Ende des Zweiten Weltkriegs hat sie stets geantwortet, der Krieg gegen England habe ihr nichts bedeutet, sie fühle sich als Deutsche.

Hier wurde ein Assimilationsprozeß vollzogen. Das eifrige Bemühen um Integration innerhalb einer ursprünglich fremden und unvertrauten Welt mag vieles erklären, doch nicht alles. Siegfried Wagner, der Weltmann und geheime Kosmopolit, sehnte sich im Fernen Osten zurück nach Bayreuth. Sein Lebens- und Künstlerschicksal hatte mit deutschen Zuständen zu tun. Winifred Williams mußte dies alles lernen und in den Willen aufnehmen. Ihr Fall ist ein Assimilationsfall. Gar nicht unähnlich dem Problem jüdischer Assimilation an die deutsche Sprache, Geschichte und Zivilisation. Auch das Phänomen deutschnationaler und nationalistischer Juden war nicht unvertraut. Der bittere Spott der Zionisten war nicht unberechtigt, wenn sie den Vertretern einer deutsch-jüdischen Assimilation vorwarfen, es sei nur das brutal antisemitische Programm der braunen Regimenter, was manchen verhindere, den Arm zu heben zum Deutschen Gruß. Man kann noch weiter gehen in der Analyse. Auch der Oberösterreicher aus Braunau, der gescheiterte Künstler und Mann ohne eigentlichen Beruf, war als Außenseiter nach Deutschland gekommen. Deutsches Erwachen wurde verkündigt von einem, der um Einbürgerung nachzusuchen hatte. Wolf und Winifred in Wahnfried: dieser Stabreim bedeutete eine Gemeinschaft der Außenseiter. Dies alles mußte neu überdacht werden im Trümmeralltag des Jahres 1945. Zuordnungen wurden in aller Welt vorgenommen, für sie schien Evidenz zu sprechen: der Zusammenbruch des Dritten Reiches sei als Zusammenbruch des Wagnertums zu interpretieren. Was sich im *Lohengrin* und in den *Meistersingern von Nürnberg* an demonstrativem Deutschtum geäußert hatte, in Wort und Ton, mußte als Programm gedeutet werden, das in zwei Weltkriegen verwirklicht werden sollte, um zweimal zu scheitern. Nun war alles widerlegt. Kein Theaterdirektor, der auf behelfsmäßiger Spielstätte oder im notdürftig restaurierten

Bühnenaufbau die Eröffnung einer Spielzeit plante, wäre auf den Gedanken verfallen, mit einem Werk des Bayreuther Meisters zu eröffnen. Er mußte mit allgemeinem Widerwillen rechnen. Es war nicht mehr an der Zeit, den Verheißungen Lohengrins ans deutsche Schwert oder dem Lob der deutschen Meister, vor allem Richard Wagners natürlich durch Hans Sachs, geduldig zu lauschen. Beethovens *Fidelio* war die Oper der neuen Stunde. Ein Spiel von der Rechtlosigkeit und Tyrannei, allmächtigen Zwingherren und standhaftem Widerstand, von Treue, menschlicher Anständigkeit und dem Sieg des Prinzips Hoffnung, das als Trompetensignal verkündet wird. So hat man in jenen Jahren die Befreiungsoper Ludwig van Beethovens gespielt. Man mußte sie wiedererkennen als deutsche Gegenwart, die ausgemergelten Gestalten, die nun ans Sonnenlicht traten.

Aus dem Krieg war eine Generation von Wagnergegnern zurückgekehrt. Auch in Deutschland selbst vollzog man die Gleichung Wagner gleich Wahnfried gleich Staatskunst eines Dritten Reiches. Ein Bürgerlich-Liberaler wie der erste Präsident der Bundesrepublik Deutschland, Theodor Heuss, lehnte mit fast verletzender Ironie ab, die im Jahre 1951 wiedereröffneten Bayreuther Festspiele zu besuchen. Da war kaum einer, der es ihm vorwerfen mochte. Mit dieser Konstellation hatte jeder zu rechnen, der sich – als Politiker von Amts wegen oder als Freund der Werke Richard Wagners – Gedanken machte über das Schicksal des kaum beschädigten und notdürftig wieder bespielbaren Festspielhauses zu Bayreuth. Winifred Wagner als Fortführerin des Festspielunternehmens – das blieb undenkbar. Sie selbst war ein schwerer Fall für die durch Vereinbarung von vier Besatzungsmächten eingerichtete »Spruchkammer«. Formale Zugehörigkeit zu nationalsozialistischen Organisationen mußte auch der jungen Wahnfriedgeneration vorgehalten werden, nicht weniger den möglichen und fähigen Wagnerdirigenten in Deutschland, einem Herbert von Karajan etwa oder Franz Konwitschny. Dies war nicht die Stunde für neue Festspiele.

Man hat damals und auch später viel Wesens davon gemacht, auch Winifred Wagner hat sich spöttisch dazu geäußert, daß die amerikanische Besatzungsmacht nun die Festspielbühne bespielte: mit Werken einer beliebten Truppenunterhaltung. Auch von »Entweihung« ist gesprochen worden. Allein, Entweihung setzt Weihe voraus. War es nicht Richard Wagners Konzept einer weihevollen Kunst, das später so gräßlich entarten sollte? Die Vergnügungen amerikanischer Soldaten auf dem Festspielhügel waren unschuldiger als die einstigen Weihestunden mit Träumen von deutscher Weltherrschaft.

Alternative Thomas Mann

Alle Überlegungen zur Fortführung der Bayreuther Festspiele sind in den ersten Jahren nach 1945 davon ausgegangen, daß eine Diskontinuität notwendig geworden sei. Fortführung des Festspielunternehmens durch die überlebenden Mitglieder der Familie Wagner schien sich von selbst zu verbieten. Es gibt einen Brief des jüngeren Bruders Wolfgang Wagner an den älteren Wieland (5. April 1947), wo es heißt: »Auf jeden Fall ist mir ... sehr klar geworden, daß unsere Familie von sich aus nicht mehr in der Lage ist, die Festspiele durchzuführen ... Mir persönlich ist das jetzt auch völlig gleichgültig, in welches Verhältnis unsere Familie dann zu dem Haus da oben dadurch etwa zu stehen kommt, da ich, wie ja schon erwähnt, unsere Familie für diese Aufgabe unfähig halte ...«

Der Gedanke an eine öffentlich-rechtliche Stiftung drängte sich auf. Entweder mit Einbeziehung von Mitgliedern des Hauses Wagner, doch ohne souveräne Entscheidungsmacht, oder ganz ohne Rücksicht auf die Familieninteressen. Dem freilich stand ein juristisches Hindernis entgegen: das »Gemeinschaftliche Testament« von Siegfried und Winifred Wagner. Privatrechtlich blieb Frau Winifred nach wie vor Eigentümerin von Festspielhaus, Wahnfried, Archiv, Kunstwerken. Dieser Rechtszustand hatte früh schon im 20. Jahrhundert heftigen Widerspruch provoziert. Als Siegfried Wagner zu Beginn des Jahres 1914 von der Möglichkeit sprach, das gesamte Bayreuther Werk seiner Familie in eine Stiftung für das deutsche Volk einzubringen, antwortete ihm Maximilian Harden sehr scharf: »Aus dem Werk, zu dem Sie nicht im geringsten mitwirken konnten, hatten die Erben Einkünfte, wie niemals und nirgends sie eines Künstlers Lebensleistung erbrachte ... Tadelt nicht, richtet nicht; freut Euch des ansehnlichen Familienunternehmens und seiner sauberen Theaterkunstarbeit. Lasset endlich aber von dem Versuch, es in das Zion, die Hochburg, das himmelan ragende Heiligtum deutscher Volksheit umzufälschen, von dessen Zinne der Wille des Meisters spricht ... Tatet Ihr nicht, als sei Bayreuth eine öffentliche Institution und deren Wahrung Germaniens wichtigste Kunstpflicht. Krochet Ihr nicht vor Cosima und Cosimas Sohn, als hätten sie Ungeheures gewirkt, nicht nur im engsten den ererbten Hort emsig, durch säuberliche Mitarbeit zum Ganzen zu mehren getrachtet!«

Der Vorschlag Maximilian Hardens ging dahin, Siegfried Wagner möge durch Letztwillige Verfügung alle Bayreuther Werte, vielleicht nicht »dem deutschen Volk« überweisen, weil sich das allzu pompös ausnähme, aber »dem Bundesstaat Bayern, dem die Wagnerei, von Ludwigs Zeit her, in Geld- und Dankesschuld verpflichtet ist und der die Verwaltung der Gemeinde Bayreuth auftragen könnte«. (*Die Zukunft*, Berlin 27.6.1914).

Da die Stadt Bayreuth durch Entscheidung der Siegermächte der amerikanischen Besatzungszone zugeschlagen worden war, mußten sich der Militärgouverneur für Bayern und bald darauf, mit ihm zusammen, die neuinstallierten und schließlich neugewählten Mitglieder einer Regierung des Freistaates Bayern des Falles annehmen. Bei solchem Unterfangen tauchte, gefördert durch Vorschläge des Auslands, der Gedanke auf, der Tradition des Hauses Wagner insofern zu entsprechen, als ein Enkel von Cosima und Richard Wagner, ein schweizerischer Staatsbürger, mit der Reorganisation betraut würde. Dr. Franz W. Beidler war ein Sohn der Isolde von Bülow, einer Tochter Richard Wagners und Cosimas, und des einstigen Bayreuther Dirigenten Franz Beidler, der sich nach einem Konflikt mit seinem Schwager Siegfried zurückgezogen hatte. Beidler war im Jahre 1901 geboren und lebte nach dem Kriege in Zürich als Sekretär des Schweizerischen Schriftsteller-Vereins. Er hatte viel publiziert, auch Arbeiten über seine Großmutter Cosima.

Es gibt einen Entwurf Beidlers vom Jahresende 1946: *Richtlinien für eine Neugestaltung der Bayreuther Festspiele*. Darin schlägt er die Errichtung einer Festspielstiftung mit Sitz in Bayreuth vor. »Die bisherigen Besitzer sind zu enteignen ...« Präsident des Stiftungsrates solle der Bayreuther Oberbürgermeister werden. Außer ihm erhalten Sitz und Stimme »je ein Vertreter der Amerikanischen Militärregierung, des Freistaates Bayern sowie der Schweizerischen Eidgenossenschaft ... Ein Sitz bleibt dem Vertreter eines künftigen deutschen Bundesstaates vorbehalten. Den Stiftungsrat bilden im übrigen sach- und kunstverständige Persönlichkeiten ... ohne Rücksicht auf ihre Nationalität, die mit den Grundgedanken der Werke von Richard Wagner und namentlich mit den kunstpädagogischen und sozialen Absichten des Schöpfers der Festspiele vertraut sind. Reproduktive Künstler können dem Stiftungsrat nicht angehören.«
Inwieweit schrulligerweise sogar dieses schweizerische Familienmitglied nach wie vor den Grundkonzepten Richard Wagners verhaftet ist, ersieht man aus dem Schlußabsatz dieser Richtlinien: »Der geistigen Vorbereitung und Sinngebung der Festspiele ist besondere Aufmerksamkeit zuzuwenden. Dabei ist insbesondere an eine Erneuerung der *Bayreuther Blätter* im wahrhaften Geiste Wagners und an ihren Ausbau zu einem maßgebenden Organ für die internationale Volksbildung auf künstlerischem Gebiet zu denken.«
Einige Tage später, bereits im neuen Jahr 1947, am 3. Januar, macht Beidler auch Personalvorschläge. Er regt an, Thomas Mann zum Ehrenpräsidenten der »Richard-Wagner-Festspiel-Stiftung« zu berufen. Er selbst möchte als Erster Sekretär fungieren. Auch an einen Gehirntrust der Fachleute und Berater wird gedacht. Die Liste kann sich sehen lassen: mit dem berühmten Musikwissenschaftler und Wagnerforscher Ernest Newman, mit Leo Kestenberg, Hans Mersmann und Alfred Einstein.
Bemerkenswert ist außerdem, daß Beidler den Beirat des neuen Bayreuther Unternehmens durch bedeutende zeitgenössische Komponisten zu bilden gedenkt: Schönberg und Hindemith,

Honegger und Frank Martin, Tiessen und Karl Amadeus Hartmann.
In seinem Begleitbrief an den Bayreuther Oberbürgermeister O. Meyer begründet Cosimas Enkel die Notwendigkeit, gerade Thomas Mann als Repräsentanten eines neuen Bayreuth zu berufen: »Zum Vorschlag von Thomas Mann als Ehrenpräsident wäre zu sagen, daß ich ihn aus vielen Gründen für unerläßlich halte. Einmal ist er heute der in der ganzen Welt führende Repräsentant jenes ›anderen Deutschland‹, das wir alle trotz der schmerzlichen gegenteiligen Erfahrungen für das wahre halten ... Mit Thomas Mann nominell an der Spitze des Stiftungsrates wird der Welt kundgetan, daß Bayreuth mit seiner üblen Vergangenheit entschlossen und drastisch bricht und an die wirkliche Wagnertradition anzuknüpfen willens ist ... Er muß heute mit Fug und Recht als der erste und tiefste aller Wagnerianer im positiven Sinne dieses Begriffes bezeichnet werden.«
Wie Thomas Mann selbst das Ansinnen aufnahm, hat er in seinem Tagebuch über die Entstehung des Romans *Doktor Faustus* genau erläutert. In Bayreuth war er nur einmal gewesen, im Jahre 1909, aber von Wagner (und von Nietzsche) kam er ein Leben lang nicht los. Beidlers Werbebrief ließ alle Wunden von neuem aufbrechen. Der Tagebuchschreiber bekennt, daß der Brief »mich tagelang problematisch beschäftigte«. Zu vieles war geschehen. Schließlich hatte der Jubiläumsvortrag über *Leiden und Größe Richard Wagners* vom Jahre 1933 den unmittelbaren Anlaß abgegeben für eine aufgezwungene Emigration. Am Protest eines Richard Strauss, Hans Pfitzner und Hans Knappertsbusch gegen jene Wagner-Rede entzündete sich ein organisierter »Volkszorn« gegen den Autor der *Buddenbrooks.*
»Aus hundert Gründen, geistigen, politischen, materiellen, mußte die ganze Idee mir utopisch, lebensfremd und gefährlich, teils als verfrüht, teils als obsolet, von Zeit und Geschichte überholt erscheinen; ich war nicht imstande, sie ernst zu nehmen. Ernst nahm ich nur die Gedanken, Gefühle, Erinnerungen, die sie mir aufregte ...«
Immerhin wird Beidler nicht mit einer entschiedenen Absage

abgespeist, sondern zaudernd hingehalten, wie Thomas Mann selbst zugibt. Einen Augenblick war er schwankend gewesen, ob man es wagen dürfe, von nun an ein neues Bayreuth zu repräsentieren. Ein Traum schien sich zu erfüllen: »In später Wirklichkeit war mir eine Stellung amtlicher Repräsentanz in dem Mythos meiner Jugend zugedacht.«
Der Traum zerrinnt. Da war auch noch ein anderes. Abermals ein Traum: mit Namen Emil Preetorius. Ein alter Freund aus den Münchener Tagen. Nun hatte er gemeinsame Sache gemacht mit Führer und Großdeutschem Reich. In Thomas Manns Briefen aus der Kriegszeit wird über solche Aktivitäten gespottet. Die Figur des faschistoiden Ideologen Kridwiss in Thomas Manns *Doktor Faustus* ist, einschließlich des darmstädtischen Dialekts, nach der Natur porträtiert, was der Autor, als eine briefliche Verbindung mit Preetorius wiederhergestellt wird, von Kalifornien aus am 24. April 1948 dem »Betroffenen« schonungslos auseinandersetzt. Weniger schonungslos urteilt Thomas Mann noch am 7. September 1945 in seinem berühmten Antwortbrief an Walter von Molo, worin er die ultimative Forderung zurückweist, nach Deutschland zurückzukehren. Was er gegen die scheinbar so unpolitischen Mitläufer und Mitmacher unter den Künstlern des Hitlerstaates auf dem Herzen hat, wird hier formuliert: »Zuweilen empörte ich mich gegen die Vorteile, deren Ihr genosset. Ich sah darin eine Verleugnung der Solidarität. Wenn damals die deutsche Intelligenz, alles, was Namen und Weltnamen hatte, Ärzte, Musiker, Lehrer, Schriftsteller, Künstler, sich wie ein Mann gegen die Schande erhoben, den Generalstreik erklärt, manches hätte anders kommen können, als es kam. Der Einzelne, wenn er zufällig kein Jude war, fand sich immer der Frage ausgesetzt: ›Warum eigentlich? Die anderen tun doch mit. Es kann doch so gefährlich nicht sein.‹«
Auch Emil Preetorius wird nicht ausgespart, wenngleich der Name nicht fällt. Doch ist er gemeint, wenn es heißt: »Daß eine ehrbarere Beschäftigung denkbar war als für Hitler-Bayreuth Wagner-Dekorationen zu entwerfen – sonderbar, es scheint dafür an jedem Gefühl zu fehlen. Mit Goebbels'scher Permission nach Ungarn oder sonst einem deutsch-europäischen Land

zu fahren und mit gescheiten Vorträgen Kulturpropaganda zu machen fürs Dritte Reich – ich sage nicht, daß es schimpflich war, ich sage nur, daß ich es nicht verstehe und daß ich Scheu trage vor manchem Wiedersehen.«

Man konnte also im Ernstfall nicht damit rechnen, daß Thomas Mann für das Projekt Beidler irgendeine Form des Interesses aufbringen werde. Sonderbarerweise jedoch taucht Thomas Manns Name noch in einem anderen Projekt auf, das wenige Monate nach Beidlers Entwurf formuliert ist und offensichtlich, wie die dort aufgeführten Namen andeuten, die ersichtlich von Beidlers Zusammenstellung inspiriert sind, eine Kenntnis der Züricher Entwürfe voraussetzt. Am sonderbarsten an diesem sonderbaren Dokument ist der Name des Verfassers. Der Entwurf stammt von Heinz Tietjen. Oft hatte er kategorisch und ultimativ erklärt, er werde sich ganz von Bayreuth zurückziehen. Nun macht er Entwürfe für einen Neubeginn. Allerdings im entscheidenden Gegensatz zu Beidler, der eine Enteignung der Wagners vorsah, konstatiert Tietjen: »Für den Wiederaufbau der Festspiele stehe ich auf dem Standpunkt des Begründers, daß die Festspiele für alle Zeiten ein Familienunternehmen der Familie Wagner darzustellen haben. Der Standpunkt ist der des Rechts, der in dem Testament Siegfried Wagners aufs neue manifestiert wurde.« Falls das nicht durchgehen könnte, denkt auch Tietjen an einen internationalen Stiftungsrat als Folge einer Enteignung der Familie mit dem »Recht des Siegers«. Auch er denkt an Thomas Mann, Newman, Alfred Einstein, Hindemith, Honegger, Ansermet. Aber er nennt auch den Namen Bruno Walter, der bei Beidler fehlt. Er nennt Victor de Sabata, den Bayreuther Dirigenten von 1939. Und er empfiehlt für den internationalen Bayreuther Beirat – Emil Preetorius.

Noch ein Schlußabsatz. »Die Familie Wagner müßte durch die jüngere Generation im Stiftungsrat vertreten sein, etwa durch Wolfgang Wagner und den Sohn Isoldes, Franz W. Beidler.« Nicht durch Wieland Wagner folglich. Das Dokument findet sich im Heinz-Tietjen-Archiv der Berliner Akademie der Künste.

In der jüngeren Wahnfriedgeneration sind die Ansichten widerspruchsvoll. Wolfgang Wagner war offenbar skeptisch in bezug auf eine Weiterführung des Familienunternehmens, trotz dem Wortlaut des Testaments seiner Eltern. Wieland Wagner entwirft – vermutlich schon im Jahre 1946 – den *Plan zur Gründung eines ausländischen Festspielunternehmens*. Ihm schwebt ein organisiertes Gastspielunternehmen im Ausland vor. »Für den Fall, daß die Familie oder Familienmitglieder den Betrieb des Festspielhauses in Bayreuth wieder übernehmen können, wird das neue Auslandsunternehmen im Einklang mit den Bayreuther Interessen durchgeführt ...«

Wieland ist weder skeptisch noch unentschlossen. Er hat die Jahre nach Kriegsende fern von Bayreuth zugebracht, am Bodensee. Dort vollzog sich ein Prozeß geistiger Erneuerung und Neuinformation. Elemente der damaligen Lektüre sind leicht zu erraten, wenn man von den bald darauf entstehenden Bayreuth-Inszenierungen ausgeht. Es ist Beschäftigung sowohl mit der Tiefenpsychologie Sigmund Freuds wie mit der modernen Symbolforschung im Gefolge von C. G. Jung. Seine Mutter hat ihn kurzerhand und ziemlich offenherzig als späten Renegaten am gemeinsamen Führerglauben bezeichnet und dabei übersehen wollen, daß die schroffen Gegenpositionen der »Wahnfriedjugend«, wie Tietjen das spöttisch nannte, bereits um 1940 als Abkehr vom offiziellen Bayreuther Dogma verstanden werden mußte. Wieland war nicht resignativ, sondern entschlossen. Er brannte darauf, seine neuen geistigen Erfahrungen künstlerisch umzusetzen und fruchtbar zu machen. Natürlich vor allem für eine Neuinterpretation der Werke Richard Wagners, doch nicht weniger für ein grundsätzlich neues Konzept vom Musikalischen Theater: so universaler Natur, daß es gleichfalls angewandt werden konnte auf *Fidelio* und auf *Carmen*, auf *Aida* und den *Wozzeck*. Zu den musikalischen Erlebnissen gehörte für Wieland Wagner seit langem auch das Werk von Carl Orff. Damit war ein Ausgangspunkt gegeben, der die Begründer eines neuen Bayreuther Stils zu jener Urkonstellation zurückführen mußte, die auch Richard Wagners Überlegungen zu Oper und Theater inspiriert hatte: zur griechischen Tragödie.

Vorerst aber mußte die Vergangenheit »bewältigt« werden, um einen Ausdruck zu gebrauchen, der damals aufkam. Die alliierten Besieger des Dritten Reiches hatten am 5. März 1946 ein »Gesetz zur Befreiung von Nationalsozialismus und Militarismus« erlassen, anwendbar auf alle deutschen Bewohner des einstigen Reichsgebiets, der nunmehr vier Besatzungszonen. Deutsche Gerichtsverfahren hatten in Vollzug des Gesetzes stattzufinden. Vor Spruchkammern mußten sich die einstigen Mitglieder der NSDAP und anderer nationalsozialistischer Organisationen über ihre Tätigkeit zwischen 1933 und 1945 verantworten. Die Spruchkammer entschied über die Einstufung des einzelnen Falles. Fünf Kategorien hatte das Gesetz vorgesehen: Hauptschuldiger, Belasteter (Aktivist), Minderbelasteter, Mitläufer, Nichtbetroffener. Je nach Einstufung wurden Sühnemaßnahmen angeordnet, die sehr hart sein konnten, also Beschlagnahme des Vermögens, Berufsverbot, Zwangsarbeit.
Am 2. Juli 1947 entschied die Spruchkammer II von Bayreuth-Stadt über den Fall von Frau Winifred Wagner, Leiterin der Festspiele Bayreuth, geboren am 23. 6. 1897 in Hastings, wohnhaft zur Zeit Oberwarmensteinach Nr. 32. Die Betroffene wurde nach Art. 4/2 des Gesetzes in die Gruppe II der Belasteten (Aktivisten) eingereiht. Harte Sühnemaßnahmen waren gleichzeitig angeordnet worden: Sonderarbeit für die Allgemeinheit für die Dauer von 450 Tagen; Beschlagnahme von 60 Prozent des Vermögens, Aberkennung der Fähigkeit, das Wahlrecht auszuüben und öffentliche Ämter zu bekleiden, Aberkennung ihrer Rechtsansprüche aus Rente und Pension.
Es wurde Winifred Wagner übrigens auch für die Dauer von fünf Jahren untersagt, »als Lehrerin, Predigerin, Redakteurin, Schriftstellerin oder Rundfunkkommentatorin (!) tätig zu sein«. Jahrzehnte später hat die damals »Betroffene« etwas spöttisch dagegen protestiert, daß man ihr nicht einmal erlaubte, als Predigerin zu amtieren.
Damals jedoch, am 27. Juli 1947, stand keinem der Sinn nach solchen Späßen. Eine Photographie zeigt die Mutter mit ihren

beiden Söhnen und den beiden Schwiegertöchtern beim Verlassen des Gerichtsgebäudes. Die junge Generation trägt Pokergesichter, aber Winifred Wagner wirkt verstört. Sie scheint nicht recht begriffen zu haben, was ihr vorgeworfen wird. In der Tat ist der Fall widerspruchsvoll. So muß ihn auch die Spruchkammer empfunden haben, wie die Urteilsgründe erkennen lassen. Scheinbar ist alles ganz einfach. Winifred Wagner war bereits im Jahre 1926 der NSDAP beigetreten. Gleichzeitig unstreitig, daß sie für die Partei ihres Freundes und Führers innerhalb der politischen Organisation und auch sonst in der Öffentlichkeit niemals geworben hatte. Gewiß nicht seit 1930, als sie die Leitung der Festspiele übernehmen mußte.

Aber ihr wurde das Goldene Parteiabzeichen verliehen? Freilich, doch erfolgte das, wie glaubhaft nachgewiesen werden konnte, als bürokratischer Akt: wegen der niedrigen Mitgliedsnummer, also als Folge von Zeitvergang.

Blieb jedoch der Vorwurf, »die Nationalsozialistische Gewaltherrschaft gefördert zu haben«. Es blieb auch der Vorwurf, eine »Nutznießerin« des Dritten Reiches gewesen zu sein. Die Spruchkammer kam zur Entscheidung, es habe sich um Förderung der Hitlerpartei und ihres Systems im Falle von Winifred Wagner gehandelt: »Nach Auffassung der Kammer hat Frau Winifred Wagner durch ihre Freundschaft mit Hitler und ihre Mitgliedschaft bei der Partei ab 1926 den NS wesentlich unterstützt und gefördert. Durch ihr Beispiel, das sie als Freundin Hitlers und alte Parteigenossin gegeben hat, muß sie unbedingt als Förderin der NS angesehen werden. Vor allem wirkte ihr Beispiel auf einfache und kleine Leute propagandistisch, obgleich sie persönlich als Parteimitglied keine propagandistische Tätigkeit ausgeübt hat. Die Leute sagten sich, wenn diese Frau der Partei beigetreten und bis zuletzt treu geblieben ist, muß doch die NS-Ideologie richtig sein. Dies trifft insbesondere für Bayreuth zu, das vielleicht gerade durch ihr Beispiel eine Hochburg der NS geworden ist.«

Das klingt einleuchtend, hält aber gleichfalls, wie später auch die Berufungskammer feststellen mußte, der genaueren Analyse nicht stand. Es handelte sich mithin im wesentlichen um ein

Fördern durch Tolerieren. Die Schwiegertochter Richard Wagners und Leiterin der Bayreuther Festspiele, die sich öffentlich zu ihrem Freund und Führer bekannte, ohne im einzelnen in Rede und sonstiger Aktion für das Dritte Reich einzutreten, wäre demnach, nach dem Gedankengang der Bayreuther Spruchkammer, falls sie die Auswirkungen ihrer persönlichen Freundschaft zu verhindern gedachte, zum aktiven Widerstand verpflichtet gewesen. Allein, das Gesetz zur Befreiung von Nationalsozialismus und Militarismus konnte und wollte eine Pflicht der Deutschen zur Résistance nicht etablieren.

Blieb die Nutznießerschaft: »Was die Frage der Nutznießung (Art. 9 des Gesetzes) seitens der Betroffenen anbetrifft, so verneint die Kammer diese Frage. Die Nutznießung könnte darin gesehen werden, daß die Betroffene aus nachfolgenden beiden Fällen persönliche oder wirtschaftliche Vorteile herausgeschlagen hat.

1. Für Neuinszenierung zweimal je 55 000,– RM, insgesamt 550 000,– RM bis zum Jahre 1939 und

2. Nach der Übernahme des Theaters durch KdF bekam die Betroffene von KdF, das den gesamten Kartenverkauf übernahm, ihre Effektiv-Unkosten von ca. 1–1,3 Millionen pro Festspieljahr ersetzt. Als Reinverdienst wurde ihr von KdF die Summe von 5% der Unkosten vergütet.

Die Kammer ist der Auffassung, daß die Betroffene diese Vorteile nicht in eigensüchtiger Weise gemäß Art. 9/I herausgeschlagen hat und daß der Verdienst von 5% den bei anderen großen Unternehmungen üblichen Gewinn nicht überschritten hat. Der Nutzen belief sich auch vor der Einschaltung der Arbeitsfront in ähnlicher Höhe.

Die Betroffene wird daher seitens der Kammer nicht als Nutznießerin betrachtet. Auch die von Hitler Frau Winifred Wagner gemachten Geschenke einschließlich des Mercedes-Wagens werden von der Kammer nicht als Zuwendung im Sinne des Art. 9 des Gesetzes angesehen. Sie dürfen sich außerdem auch mit den von Frau Wagner an Hitler gemachten Geschenken ungefähr die Waage halten.«

Trotzdem die Einstufung als Aktivistin und die Anordnung von schweren Sühnemaßnahmen.
Gegen die Entscheidung legte Winifred Wagner sogleich Berufung ein, aber auch der »Öffentliche Kläger« wollte sich mit dem Spruch nicht zufriedengeben. Er drängte darauf, die Leiterin der Bayreuther Festspiele im Dritten Reich als Hauptschuldige zu verurteilen. Die Berufungskammer Ansbach ordnete an, daß die neue Verhandlung vor dem Berufungssenat Bayreuth stattzufinden habe. Dort kam man, am 8. Dezember 1948, also mehr als drei Jahre nach Kriegsende, zur Zurückweisung der Berufung des Öffentlichen Klägers und zur Aufhebung des Spruches der Ersten Instanz. Winifred Wagner wurde als Minderbelastete der dritten Kategorie eingestuft, die Dauer der Bewährungsfrist auf 2 1/2 Jahre festgesetzt. Während dieser Zeit wurde ihr untersagt, als selbständige Unternehmerin oder in selbständiger Tätigkeit innerhalb eines Unternehmens tätig zu sein. Auch das Predigen wurde ihr abermals neben den anderen Tätigkeiten als Redakteurin, Schriftstellerin, Lehrerin und so weiter untersagt.
Auch der Berufungssenat sieht sich genötigt, den logisch wie rechtlich einigermaßen fragwürdigen Gedankengängen der Ersten Instanz zu folgen: »Die Schuld – oder im Sinne des Befreiungsgesetzes ausgedrückt – die Sühnefälligkeit Winifred Wagners ist weit darin zu sehen – und diesen Tatbestand erachtet der Senat als entscheidend für den Grad der Unterstützung –, daß sie das Gewicht eines der berühmtesten Namen der Kulturgeschichte für Hitler in die Waagschale warf.«
Aber die sehr interessant und sorgfältig gearbeitete Urteilsbegründung greift diesmal weit über den Sonderfall hinaus. Sie versucht, geistige Beziehungen herzustellen nicht allein zwischen der Ideologie Richard Wagners und jener von Frau Winifred, sondern auch zwischen Adolf Hitler und Richard Wagner. Sogar die berühmte *Lohengrin*-Parodie aus Heinrich Manns Roman *Der Untertan* wird zitiert: zum Beweis einer Kontinuität deutschen Obrigkeitsgehorsams zwischen Kaiserreich und Nationalsozialismus. »Hier, in einem mißverstandenen, weil unter einem zu engen Horizont verstandenen Wagner

– ein moderner Musikschriftsteller sieht entgegen jeder tendenziösen Auslegung das Grundthema des Lohengrindramas beispielsweise in der Liebe der Elsa –, haben wir nicht nur eine der Nahtstellen des Hitlerreiches zum Wilhelminischen zu suchen, sondern auch den Ansatzpunkt für die Beziehung Hitlers zu Bayreuth. Charakteristisch ist es nämlich, daß es gerade *Lohengrin* war, den Hitler 12- oder 14jährig in Linz sah und der ihn ganz in seinen Bann geschlagen hat.«

Die Berufungsinstanz geht so weit in ihrer Analyse von Motivationen jenes Wagnerianers aus Braunau am Inn, daß sie die frühe Freundschaft des gescheiterten Künstlers und Politikers mit der Schwiegertochter Richard Wagners als Element einer Selbstfindung und Selbstbestätigung interpretiert.

Auch der Berufungssenat verkennt andererseits nicht, daß Winifred Wagner in vielen Fällen geholfen hat, gefährdete Menschen zu retten, und in einzelnen Fällen, fast immer mit Erfolg, in der Reichskanzlei intervenierte. Es wird auch als unstreitig anerkannt, daß die Initiative für jene Kriegsfestspiele keineswegs von der Festspielleitung kam. Die Initiative sei zweifellos von Berlin ausgegangen. Nicht einmal als wesentliche Unterstützung des Dritten Reiches dürfe man jene Festspiele interpretieren.

Hingegen kommt der Senat in einer sehr bemerkenswerten Analyse, und im Gegensatz zu Auffassungen der Ersten Instanz, zu der Folgerung, bei der »Nutznießerschaft« dürfe nicht der private vom öffentlichen Vorteil getrennt werden. Weder bei der Frage nach Winifred Wagners Aktivistentum noch bei der Prüfung eines Profitlertums ist der Senat bereit, »die Aufspaltung in eine rein private und in eine politische oder politisch orientierte Persönlichkeit vorzunehmen«. Er bezeichnet solchen Versuch sogar ausdrücklich als »ein Unterfangen, das an sich abzulehnen ist«.

Hiermit jedoch entscheidet er nicht bloß gegen Winifred Wagners Einlassung vor Gericht, sondern auch gegen ihr reales inneres Lebenskonzept. Sie hatte in der Tat geglaubt, private und öffentliche Existenz ganz voneinander trennen zu können. Hier die Freundschaft mit einem Mann, den sie verehrte und bewunderte; dort die Ignorierung der Tatsache, daß dieser Mann als allmächtiger Diktator, als Herr über Leben und Tod zu wirken gedachte. Hier eine private Sympathie für die Ideologie und Politik des Freundes; dort die Festspiele, die ihre eigene Tradition und Ideologie besitzen und nicht andern Göttern dienen sollen.

Ernst und Würde der Urteilsbegründungen in beiden Instanzen sollten nicht verkannt werden. Beide Spruchkammern müssen gespürt haben, daß sie einen Fall beurteilen, der weit weniger einen einzelnen Menschen betraf als widerspruchsvolle Tendenzen der deutschen Geschichte und Kulturgeschichte.

Am 21. Januar 1949 geht Winifred Wagner folgende Verpflichtung ein: »Ich verpflichte mich hiermit feierlich, mich jedweder Mitwirkung an der Organisation, Verwaltung und Leitung der Bayreuther Bühnenfestspiele zu enthalten. Einer schon lange gehegten Absicht entsprechend, werde ich meine Söhne Wieland und Wolfgang Wagner mit den bezeichneten Aufgaben betrauen und ihnen die entsprechenden Vollmachten erteilen. Ich beauftrage meinen Verteidiger, Herrn Rechtsanwalt Dr. Fritz Meyer I in Bayreuth, diese Erklärung dem Sonderministerium und im Abdruck allen mit dieser Angelegenheit betrauten Ministerien und Dienststellen zu übergeben.«

Damit war sowohl der Auffassung des Bayerischen Sonderministeriums für alle Fälle der sogenannten »Entnazifizierung« im Grunde Genüge getan, wie auch, was genauso wichtig war, nunmehr dem Wortlaut des gemeinsamen Testaments von Siegfried und Winifred Wagner entsprochen wurde.

Durch diese Entscheidung wurde eine Weiterführung der Bayreuther Festspiele durch die beiden Söhne ermöglicht. In München schien man nunmehr, zu Beginn dieses vierten Nachkriegsjahres und wenige Monate vor Gründung der Bundesrepublik Deutschland, entschlossen zu sein, alle Versuche einer Internationalisierung der Festspiele, mit oder ohne Thomas Mann, abzuwehren. Die Bayerische Staatsregierung teilte die einstigen Gedanken Maximilian Hardens über die unlösbare Verbindung zwischen dem Bayerischen Staat und der Bayreuther Institution. Durch eine Entschließung vom 28. Februar

1949 hob der Bayerische »Staatsminister für Sonderaufgaben«, Dr. Hagenauer, die Vermögenssperre, insbesondere die Sperre »des dem Unternehmen der Bayreuther Festspiele gewidmeten Vermögens« auf. Damit konnten die Erben Wieland und Wolfgang eine erste Planung versuchen. Schwierigkeiten mußten noch überwunden werden, aber es war anders als noch im August 1946, wo Wolfgang in einem Brief dem älteren Bruder mitteilen mußte, was in Bayreuth beim Konzert zur 70jährigen Eröffnung der Festspiele verkündet worden war. Der Bayreuther Oberbürgermeister, so schreibt Wolfgang, »behauptete, die letzten 20 Jahre der Bayreuther Geschichte gehörten ausgestrichen und ausgelöscht, und die Familie hätte ihre Aufgabe dahin mißbraucht und das Haus entweiht, da sie ausschließlich auf materielle Vorteile die Sache betrieben hätte ... Butterfly und Tiefland usw. werden damit gerechtfertigt, daß das Geld für die Unterhaltung des Hauses gebraucht würde und lauter so schöne, leicht widerlegbare Ammenmärchen ...«
Der Oberbürgermeister Dr. Meyer verfolgt seinen Kurs jedoch weiter. Wolfgang Wagner muß noch zwei Jahre später, am 23. Mai 1948, dem Bruder mitteilen, bei einer Veranstaltung »Jugend bekennt sich zur Neuen Musik«, die im Festspielhaus stattfand, habe der Oberbürgermeister gefordert, das Festspielhaus auch der modernen Musik zugänglich zu machen. Das war an sich ein vernünftiger und denkbarer Plan. Er stand jedoch ausdrücklich mit dem Letzten Willen Siegfried Wagners im Widerspruch, und damit gleichzeitig im Gegensatz zu Richard Wagners eigener Konzeption in und für Bayreuth.
Es scheint in München starken Widerstand gegeben zu haben gegen eine Wiedereröffnung der Festspiele durch Mitglieder der Familie Wagner. Dr. Dieter Sattler, später Botschafter der Bundesrepublik, hegte noch zu Beginn des Jahres 1949 die Hoffnung, das Werk Richard Wagners von der Familie Wagner trennen zu können. Der Bayerische Kulturminister Dr. Hundhammer jedoch vertrat am 9. April 1949 in einem Gespräch mit Wieland und Wolfgang Wagner die Meinung, »das Festspielhaus dürfe ausschließlich dem Werk Richard Wagners dienen« und »es verbleibe selbstverständlich im Besitz der Familie«. Aller-

dings stellte Dr. Hundhammer die Bedingung, daß ein Gremium »aus Vertretern des Staates, des Rundfunks, der Industrie, der Stadt Bayreuth und eines Internationalen Freundeskreises« gegründet werde, um den Intendanten der Festspiele zu wählen. Andernfalls werde der Bayerische Staat keinen Zuschuß zum Festspielunternehmen bewilligen. Wieland und Wolfgang halten als Aktennotiz fest: »Diese Bedingung wird von uns auf Grund der Rechtslage und der Verhältnisse in Bayreuth, die sich mit einem gewöhnlichen Theaterbetrieb nicht vergleichen lassen, abgelehnt.« Man geht auseinander an jenem Apriltag 1949, um einen Kompromiß zu suchen. Dr. Hundhammer wünscht unbedingt eine Beteiligung der exilierten Schwester *Friedelind Wagner* bei der Reorganisation der Festspiele.

Als dies Gespräch zwischen dem Bayerischen Kultusminister und den Enkeln Richard Wagners stattfand, hatte sich aber der Bayerische Ministerpräsident Dr. Ehard schon im Sinne der Familie Wagner entschieden. Dr. Hundhammer war deshalb irritiert, wie die Aktennotiz mitteilt, weil er sich übergangen fühlte. Der Ministerpräsident nämlich hatte in Übereinstimmung mit dem neuen Bayreuther Oberbürgermeister H. Rollwagen schon am 24. Februar 1949 dahin entschieden, »der Familie Wagner in der Person der Söhne Wieland und Wolfgang die Handlungsfreiheit wiederzugeben«.

Nun konnte die neue Weihe des Hauses vorbereitet werden. Heinz Tietjen kam nicht in Betracht. Das war unmöglich angesichts seiner Beziehungen zur »Wahnfriedjugend«. Auch hatte er in einem Brief vom 3. Mai 1947 ausdrücklich erklärt, »daß ich nicht mehr den Wunsch habe, bei Bayreuther Festspielen aktiv mitzuwirken«. Übrigens hielt er sich auch nicht an diese dezidierte Erklärung. Als Wieland Wagner unter Tietjens Hamburger Intendanz eine Inszenierung des *Lohengrin* ausprobiert hatte, die dann in Bayreuth zur Festspieleröffnung 1958 vorgestellt wurde, beschloß er, die scharfen politischen und persönlichen Spannungen der Jugendzeit in einer freundlichen Geste abklingen zu lassen. Heinz Tietjen hat am 15., 19. und 25. August 1959 in Bayreuth den *Lohengrin* in der Inszenierung Wieland Wagners dirigiert.

Besiegt und ausgeschaltet war Franz W. Beidler. Als die Festspiele unter Wielands und Wolfgangs Leitung im Sommer 1951 stattgefunden hatten, schrieb der Sohn der Isolde Beidler-von Bülow und Enkel Richard Wagners einen Aufsatz mit dem Titel »Bedenken gegen Bayreuth«. Veröffentlicht wurde er in der von der Deutschen Akademie für Sprache und Dichtung damals in Heidelberg herausgegebenen Zeitschrift »Das literarische Deutschland«. Franz Beidler bestreitet nicht, daß die beiden Enkel, seine Vettern, im politischen Sinne unbelastet seien. Aber: »Belastet ist, was sich in 75 Jahren zu dem Begriff Bayreuth verfestigt hat, mit dem Schwergewicht einer bedenklichen Tradition ...« Es sei grundfalsch, die Politisierung Bayreuths erst mit dem Jahre 1933 anzusetzen: »Ausgestattet mit der suggestiven Ausdruckskraft Wagners, waren die Festspiele in Bayreuth mit ihrem obligaten Zubehör an Weltanschauung immer ein Politikum hohen Grades. 1933 ist lediglich die Drachensaat aufgegangen, die vorher während Jahrzehnten vornehmlich von dort ausgesät worden war. Wenn im Nationalsozialismus überhaupt eine Ideologie, eine Gesinnung enthalten ist, so ist es zu einem erschreckend großen Teil Bayreuther Gesinnung.«

Die Söhne

Die Abtretungserklärung vom 21. Januar 1949 machten den Weg frei für neue Bayreuther Festspiele unter Leitung der Söhne Wieland und Wolfgang Wagner. Am 23. April wurde die bisherige Treuhänderschaft über das Festspielhaus aufgehoben. Zwei Tage später begann man mit der Arbeit an einem provisorischen Ausbau der unzerstörten Teile von Haus Wahnfried. Im Herbst 1949 ziehen Wieland und Gertrud Wagner dort ein. Man plant für 1950 die Wiedereröffnung des Festspielhauses. Zwischen den Brüdern wird eine Vereinbarung über Arbeitsteilung vorgenommen; am 25. April 1950 kommt es zu einer vertraglichen Abmachung zwischen der Mutter und ihren beiden Söhnen. Wolfgang Wagner übernimmt für die erste Zeit die Sorge um Verwaltung, Finanzen, Verträge mit Künstlern etc. Wieland

Wagner ist seit der Rückkehr vom Bodensee fast ausschließlich mit den Vorstudien für seine Neudarstellung des *Parsifal* beschäftigt. Er arbeitet in Bayreuth mit Kurt Overhoff, seinem früheren Musiklehrer und langjährigen geistigen Berater.
Bald stellt sich heraus, daß die Schwierigkeiten nur langsam behoben werden können. An Festspiele im Jahre 1950 ist nicht zu denken. Übrigens gibt es seit August 1949 ein staatlich-politisches Gebilde mit Namen »Bundesrepublik Deutschland«. Ihm war im Oktober eine »Deutsche Demokratische Republik« auf dem Gebiet der sowjetischen Besatzungszone entgegengestellt worden.
Wolfgang Wagner hatte darauf verzichtet, für die ersten Nachkriegsfestspiele selbst eine Inszenierung beizusteuern. Dafür war ihm am 21./22. September 1949 eine wichtige Organisationsleistung geglückt: die Gründung einer »Gesellschaft der Freunde von Bayreuth«. Das war ein Kreis von reichen Leuten, der sich bereiterklärte, für das jeweilige Defizit eines Festspieljahres einzustehen. Mitglieder der Gesellschaft beginnen mit Spenden und setzen dadurch die seit Richard Wagner praktizierte Überlieferung eines Appells an die jeweiligen – fürstlichen, staatlichen, nunmehr vor allem kapitalistischen – Mäzene fort. Trotzdem kann erst mit einer Wiedereröffnung im Sommer 1951 gerechnet werden.
Daß der *Ring des Nibelungen* in einer völligen Neuinszenierung auf dem Programm fungieren muß, ist für den Enkel Richard Wagners selbstverständlich. Der vom *Parsifal* faszinierte Wieland sieht in der gleichfalls unumgänglichen Neuinszenierung des Bühnenweihfestspiels seine wichtigste Arbeit: als Gelegenheit zur Präsentierung der neuen ästhetischen Konzepte.
Daneben sollen die *Meistersinger von Nürnberg* aufgeführt werden. Für diese Entscheidung spricht nicht allein die Attraktionskraft des Werkes, sondern auch die Überlegung, die Festwiese, die man während jener »Kriegsfestspiele« so oft und nahezu schematisch, übrigens im Widerspruch zu Wagners Text, gleichsam als Fortsetzung der kriegerischen Tiraden aus dem *Lohengrin* inszeniert hatte, wieder in der von Wagner vorgeschriebenen Kunstgesinnung darzustellen: als skeptische Mah-

nung an die deutschen Zeitgenossen, über allen Träumen von deutscher Staatlichkeit und Staatsmacht nicht zu vergessen, daß Werke der Kunst dauerhaft und gültiger seien als alle Eroberungen und Expansionen. Da Wolfgang Wagner als möglicher Regisseur der *Meistersinger* ausfällt, bitten die neuen Leiter der Festspiele den Münchener Intendanten Rudolf Otto Hartmann, das Werk zu inszenieren. Der Architekt Hans Reissinger in Bayreuth, ein Onkel von Gertrud Wagner, erhält den Auftrag, Bühnenbilder für das Nürnberger Lustspiel zu entwerfen. Die Kostüme wurden vom Stadttheater Nürnberg ausgeliehen.

Die Schwierigkeiten Wieland Wagners bei Verpflichtung seiner Dirigenten hat Geoffrey Skelton in seinem Buch über *Wieland Wagner. The Positive Sceptic* (London 1971) sehr ausführlich und oft erheiternd dargestellt. Daß eine Erneuerung »an Haupt und Gliedern« beabsichtigt und weitgehend auch realisiert wurde, zeigt ein rascher Vergleich zwischen den Namen der Mitwirkenden bei den neuen Festspielen von 1951 und in der Vorkriegszeit 1933–1944. Beide Brüder legten größten Wert darauf, den Dirigenten Hans Knappertsbusch endlich für Bayreuth zu gewinnen, von wo man ihn, aus den sonderbarsten Gründen, immer wieder ferngehalten hatte, obwohl Knappertsbusch als blutjunger Musiker schon kurz nach der Jahrhundertwende in Bayreuth assistiert und noch, was kaum ein anderer Dirigent unter seinen Zeitgenossen von sich sagen durfte, mit Hans Richter gearbeitet hatte.

Knappertsbusch wurde im Jahre 1936 von der Münchener Oper weggeekelt. Dem Braunen Haus war er unerwünscht gewesen. Dann ging er an die Wiener Staatsoper, wo ihn zwei Jahre später der »Anschluß« erreichte. Nach München hatte man den in Wien aus politischen Gründen suspekt gewordenen Clemens Krauss geholt. Dadurch aber war für Wieland und Wolfgang Wagner sogleich eine Krisensituation entstanden. Von Clemens Krauss durfte man jenen leichten und beschwingten Orchesterklang erwarten, der, im Gegensatz zur oft massiven Pathetik der üblichen Wagner-Interpreten, den beiden als Musiker vollkommen ausgebildeten Brüdern Wieland und Wolfgang vorschweben mochte. Aber man mußte sich entscheiden. Knappерtsbusch war nicht bereit, gemeinsam mit seinem damaligen Münchener »Nachfolger« in Bayreuth zu dirigieren. So mußte auf Krauss zunächst verzichtet werden.

Die berühmte Neuinszenierung des *Parsifal* durch Hans Knappertsbusch und Wieland Wagner, die man sogleich als eigentlichen Beginn einer neuen Bayreuther Ära verstand – entweder entrüstet oder fasziniert –, fand am 30. Juli 1951 statt. Es wird berichtet, daß der 63jährige Hans Knappertsbusch, als er an jenem Nachmittag zum ersten Mal in Richard Wagners »mystischem Abgrund« ans Dirigentenpult trat, tief bewegt war und eine Weile brauchte, bis er den Stab heben konnte.

Als Leiter der *Meistersinger von Nürnberg* war Herbert von Karajan berufen worden. An ihn hatte Wieland Wagner schon während der Kriegszeit als einen möglichen Dirigenten für Bayreuth gedacht. Damals jedoch war er noch der Meinung gewesen, gerade die *Meistersinger von Nürnberg* seien für den Musiker von Karajan kein besonders geeignetes Debüt. Karajan teilte sich auch mit Knappertsbusch die Leitung des neuinszenierten *Nibelungenrings*.

Wer Festspiele in Bayreuth veranstalten will, hat weder ein eigenes Orchester zur Verfügung noch ein eigenes Opernensemble, noch einen bühnentechnischen Apparat. Der Gedanke Richard Wagners war es gewesen, das außerordentliche Ereignis des festlichen Spiels als eine Summierung der Besten und Vortrefflichsten zu begehen. Er hatte die besten Sänger ausgezeichnet, indem er sie nach Bayreuth einlud. Die besten Musiker in allen deutschen Orchestern, von allen Hof- und Stadttheatern sollten nichts inniger für sich begehren, als in Bayreuth mitzuwirken und dabei auf ihre eigenen sommerlichen Urlaubswochen zu verzichten. Der Konzertmeister vielleicht als Gast von der Wiener Hofoper, der Hornist für Siegfrieds Hornruf möglicherweise vom damals berühmten Meininger Orchester.

Das Genie Richard Wagners und später dann, unter Frau Cosima, der Bayreuther Mythos im Deutschen Kaiserreich, ließen immer wieder das Wunder programmäßig eintreffen. In jenen fränkischen Sommerwochen formierten sich die künstlerischen Individualitäten zum wahrhaft festlichen Orchester. Freilich

hatte man bis zum Jahre 1936 immer nur an zwei Jahren hintereinander gespielt, so daß ein drittes und spielfreies Jahr den Engagements, Vorbereitungen und Proben dienen konnte.
Unter der Ägide von Winifred Wagner und Heinz Tietjen hatte sich Bayreuth weitgehend auf Ensemble und Apparat der Preußischen Staatsoper in Berlin stützen können. Allein, der Staat Preußen gehörte im Jahre 1951 zur abgelebten Vergangenheit.
Die neuen Leiter von Bayreuth waren von nun an auf Mitwirkung derjenigen Fachleute angewiesen, die alles besaßen, was man in Bayreuth entbehren mußte: Orchester, Sängerensemble und technischen Apparat. Dadurch wurde die Verbindung zu den neuen Intendanten der großen deutschen Opernhäuser lebenswichtig. Ein ungnädiger Intendant in Berlin oder München und Wien konnte sich unter billiger Berufung auf dringende Proben im eigenen Haus einfach weigern, den für Bayreuth so erwünschten Alberich oder Mime oder Gurnemanz für den Sommer freizustellen. Zusammenarbeit mit den Intendanten und Ensembles war notwendig geworden. Im besonderen Falle der Westberliner Oper bedeutete das für Wieland und Wolfgang Wagner die unabdingbare Kollaboration mit einem alten Bekannten: mit Heinz Tietjen.
Das haben beide Seiten rasch begriffen. Es kam zu einer sachlichen Zusammenarbeit, die fortgesetzt wurde, als Tietjen in der Nachfolge von Günther Rennert, noch in vorgeschrittenem Alter, für einige Zeit die Leitung der Hamburgischen Staatsoper übernahm.
Die Ära von Emil Preetorius war in Bayreuth beendet. Wieland Wagners Regiekonzeptionen hätten sich dem von Grund auf widersetzt. Die Verbindung hingegen zu Wilhelm Furtwängler wurde gesucht, doch kam es zu keinem Erfolg. Furtwängler hatte sich bereits für die Salzburger Festspiele entschieden, nahm aber die Einladung an, am 29. Juli 1951 die neue Ära mit einer Aufführung der Neunten Symphonie von Beethoven einzuleiten. Damit sollte ein Bogen zurückgeschlagen werden zum 22. Mai 1872, dem Tag der Grundsteinlegung, zur festlichen Aufführung der Neunten unter Richard Wagners Leitung im

Markgräflichen Opernhaus. Furtwängler hat dann noch einmal am 9. August 1954 eine Aufführung der Beethoven-Symphonie geleitet. Ein Jahr vorher, am 11. August 1953, stand das Festkonzert unter Paul Hindemiths Leitung, womit die neuen Leiter der Festspiele zum ersten Mal – und demonstrativ – einen im Dritten Reich verfemten Komponisten des 20. Jahrhunderts nach Bayreuth einluden.

Debütanten in Bayreuth, gleich den Dirigenten Knappertsbusch und Karajan, waren auch die wichtigsten Sänger, die an den Festspielen des Jahres 1951 mitwirkten. Man hatte, nach dem Verzicht auf eine verfrühte Eröffnung im Jahre 1950, in Ruhe vorbereiten und auswählen können. Bei diesen ersten Festspielen sind fast alle bedeutenden Interpreten zur Stelle, die im nächsten Jahrzehnt den Stil des Neuen Bayreuth prägen sollten: Martha Mödl, Astrid Varnay, Wolfgang Windgassen, Josef Greindl und der Amerikaner George London. Mit den international nahezu unbekannten Interpreten der Rollen von Kundry und Parsifal (Mödl und Windgassen) ließ sich Wieland Wagner eingestandenermaßen auf einen Versuch ein. Er hatte sich mit diesen beiden jedoch, wie nach der Premiere des *Parsifal* sogleich und allgemein erkannt wurde, eine wesentliche Voraussetzung für die weiteren Neuinterpretationen der Werke Richard Wagners in kommenden Festspieljahren gesichert.

Die *Meistersinger von Nürnberg* präsentierten sich als gut gemachtes, doch herkömmliches Wagner-Theater, das gefiel. Von seiner ersten Inszenierung des *Nibelungenrings* sprach Wieland Wagner später – im ganzen durchaus mit Unrecht – nur noch voller Entsetzen und wandte viel Mühe und detektivische Sorgfalt darauf, die Verbreitung jener Szenenausschnitte zu verhindern. Dennoch wurden die Grundzüge seiner musikdramatischen Arbeit auch hier bereits in wichtigen Episoden erkennbar. Es fehlte noch, wie ein Vergleich mit Wieland Wagners *Ring*-Interpretation von 1965 erweist, die genaue dramaturgische Neudeutung der Tetralogie und ihrer strukturellen Grundlagen.

Uneingeschränkt bekennen konnte sich Wieland Wagner hingegen zum neuen *Parsifal.* Hier legte er das Arbeitsergebnis vieler

Lehr- und Wanderjahre vor. In skurriler Weise wiederholte sich bei dieser ersten künstlerischen Produktion aus der Neubayreuther Werkstatt der Eindruck einer offenbar erzielten Endgültigkeit. Der unter Richard Wagners Leitung entstandene *Parsifal* von 1882 mit den berühmten Wandeldekorationen des Malers Paul von Joukowsky war in ähnlicher Weise und jahrzehntelang als definitive Lösung empfunden worden. Darum die wunderliche *Parsifal*-Eingabe vom Jahre 1934. Wieland Wagner hatte das Bühnenweihfestspiel in einer Weise interpretiert, die als Zurücknahme aller früheren Szenen-Konzeptionen verstanden werden sollte, sowohl der Bilder Joukowskys wie Alfred Rollers, wie auch seiner eigenen frühen Entwürfe zum *Parsifal*. Als Wieland Wagner am 17. Oktober 1966 starb, war es die »Gesellschaft der Freunde von Bayreuth«, die anregte, jene *Parsifal*-Inszenierung von 1951, die bis dahin niemals in ihrer Grundstruktur verändert worden war, als endgültig anzusehen und gleichsam unter Denkmalschutz zu stellen. Dem widersprach man im Festspielhaus mit guten und praktischen Gründen. Ein neuer *Parsifal* in der Inszenierung von Wolfgang Wagner wurde jedoch erst neun Jahre später, also 1975, aufgeführt.

Wie man bei der Wiedereröffnung von 1951 mit einer festlichen Aufführung der Neunten Symphonie an die Tradition Richard Wagners anknüpfte, so auch durch eine gleichsam ideologische und sogar ideologiekritische Vorbereitung der neuen Ära. Richard Wagner war unablässig bemüht gewesen, seiner Mitwelt durch Manifeste, Reden, dramaturgische und philosophische Traktate eine geistige Hilfe zum Verständnis seiner Innovationen zu liefern.

Diese Tradition wird bei Wieland Wagner sehr bewußt fortgesetzt. Zur Eröffnung der Festspiele erscheint ein *Bayreuther Festspielbuch* 1951, herausgegeben von der Festspielleitung. Darin findet sich ein Beitrag, gezeichnet »Wieland Wagner, Bayreuth«. Er behandelt das Thema *Überlieferung und Neugestaltung*. Mit Recht hat man darin eine erste Programmschrift erblicken wollen. Wieland Wagner selbst verstand es gleichfalls so. Im Jahre 1952 ließ er in englischer Sprache eine Broschüre

Life, Work, Festspielhaus publizieren, worin der grundsätzliche Artikel von 1951 als *Tradition and Innovation* abermals im Mittelpunkt stand.

Das Konzept des Enkels unterscheidet grundsätzlich zwischen den von Richard Wagner geschaffenen Werken und ihrer Wiedergabe. Die Musikdramen selbst betrachtet er als konstant, alle Wiedergabe jedoch als variabel und geschichtlich determiniert. Die Werke stehen fest, doch verlangen sie eine permanente Neudeutung und eine Wiedergabe, die dem Wandel der Sehweise und auch Hörweise bewußt Rechnung trägt:

»Diese Neugestaltung – und nur sie – unterliegt dem Wandel. Ihm ausweichen zu wollen, hieße die Tugend der Treue zum Laster der Erstarrung machen. Eine solche Erstarrung aber würde es töten. Wer ihr das Wort redet, wird zum Totengräber am Werk.

Der Übergang von Treue zum Wechsel ist unvermeidlich. Es gibt nichts ›Ewiges‹. Was wir unter diesem großen Wort verstehen, ist nur ein Langandauerndes, für uns Menschen nicht mehr zu Übersehendes. So betrachtet, erscheint der Wandel – modern gesprochen – gleichsam nur als Frage des Taktgefühls, nur der Vorschnelle ist im moralischen Sinne des Wortes ›untreu‹.«

Charakteristischerweise dominiert in dieser Programmschrift Wieland Wagners noch die Phantasie eines bildenden Künstlers. Die Dramaturgie des *Nibelungen* und des *Parsifal* wird weitgehend durch Vorstellungen des Bühnenbildners beherrscht, weit weniger durch ein Nachdenken über den philosophischen und sozialgeschichtlichen Wandel, der sich in jenen 75 Jahren seit Begründung der Bayreuther Festspiele vollzog. Der Verfasser dieses Traktats ist fasziniert vom technischen Wandel und damit von einer neuen Sehweise. Hier die Welt des Gaslichts, dort der moderne Scheinwerfer. Der Enkel ist davon überzeugt, daß der rastlose Neuerer und Erneuerer Richard Wagner als erster in unserer Zeit solche technischen Wandlungen für sich übernommen hätte. »Was ihm – selbst noch bei der Aufführung seines *Parsifal* im Jahre 1882 – zur Verfügung stand, war ausschließlich die Gasbeleuchtung. In ihrem mühseligen, wenig wandelbaren aber warmen Schein konnten Eindrücke entstehen, die in der Erinnerung all jener lebendig sind, welche noch von diesem ›Wunder‹ zu erzählen wissen: das geheimnisvolle Halbdunkel, in dem die Farben der herrlich gemalten Hängedekorationen jene magische Illusion erzielen konnten, der Wagners Werk nicht zu entraten vermag. Hier war aus der Not eine Tugend geworden. Die um so viel größere Strahlkraft des elektrischen Lichtes würde die berühmte Wandeldekoration Joukowskys aus dem Mysterium ihres Dämmerlichtes unbarmherzig herausreißen, wir stünden vor nichts als einem Streifen bemalter Leinwand, der uns höchstens mit historischem Interesse erfüllte. Wirklich glaubhaft erschiene uns diese Art der Bühnenbildkunst nicht mehr.«

Scheinbar ist das eine bloß technische Antithese, allein, Wieland Wagner versteht sie als prinzipiellen Gegensatz zwischen einst und jetzt. Wogegen er sich abzugrenzen sucht, das ist weit weniger die Bühnenverwirklichung bei Wagner und Joukowsky als bei Tietjen und Preetorius. Ihnen wirft er, ohne daß Namen genannt werden, insgeheim vor, im Zeitalter des elektrischen Scheins unverdrossen und jahrelang einen Inszenierungsstil gepflegt zu haben aus dem Zeitalter der Gasbeleuchtung. Ein präziser Satz unterstreicht den Widerspruch: »Der ausgeleuchtete Raum ist an Stelle des beleuchteten Bildes getreten.« Mit dieser These wird die neue Bayreuther Dramaturgie und Bühnengestaltung begründet. Der ausgeleuchtete Raum nämlich wird verstanden als leerer Raum.

In Zeitungsartikeln und Interviews nach dem Erfolg der ersten Festspiele hat Wieland Wagner gern von einer notwendigen »Entrümpelung« gesprochen. Dabei mochte man in oberflächlicher Konstatierung an den Wegfall der pseudogermanischen Requisiten denken, natürlich auch an die Widder der Fricka und das Bühnenroß Grane. Sogar an den einäugigen Wotan, denn von nun an schaute der Heldenbariton, der Allvater darzustellen hat, mit beiden Augen auf das jeweilige Bühnengeschehen. Auch dies steht, wie Wieland Wagner genau weiß, im Widerspruch zu den Regieanweisungen seines Großvaters, allein, er unterscheidet offensichtlich zwischen essentiellen und akzidentiellen Bestandteilen der Werke. Womit er freilich –

ungewollt – zu der Folgerung gelangen muß, daß auch diese Werke selbst, entgegen seiner vorangestellten Behauptung, weniger konstant sind als vermutet. Die Analyse einer Wechselwirkung von Innovation und Tradition bemüht sich um doppelte Abgrenzung: sowohl gegen die konservativen und bei jedem ungewohnten Anblick erschreckenden Wagnerianer wie gegen modisches Experimentieren und scheinbares Aktualisieren der Musikdramen.

Es ist Wieland Wagner überaus ernst mit dem Konzept des ausgeleuchteten, im übrigen aber leeren Raums. Indem er nachdrücklich den Vorrang der Musik vor jedem szenischen Requisit betont, entwirft er im Grunde eine Dramaturgie des »unsichtbaren Theaters«; er stellt sich auch dieser Konsequenz, kokettiert sogar ein bißchen mit ihr, denn unmittelbar auf seinen Text läßt er ein Zitat aus einer Tagebuchaufzeichnung von Cosima Wagner vom 23. September 1878 folgen, wonach Richard Wagner erklärt habe: »Ach, es graut mir vor allem Kostüm- und Schminkewesen; wenn ich daran denke, daß diese Gestalten, wie Kundry, nun sollen gemummt werden, fallen mir gleich die ekelhaften Künstlerfeste ein, und nachdem ich das unsichtbare Orchester geschaffen, möchte ich auch das unsichtbare Theater erfinden!«

In allen Inszenierungen Wieland Wagners, die er in der Folge und als Wirkung seiner Bayreuther Inszenierung in Hamburg und Stuttgart zeigen konnte, in Brüssel und Rom, Paris und Wien, und zwar nicht bloß mit Richard Wagners Musikdramen, sondern auch bei Beethoven und Gluck, bei *Salome* und *Wozzeck*, gibt es den leeren, ausgeleuchteten Raum und den Vorrang des Musikalischen, was heißen muß: des Orchestralen. Nirgends baut sich ein historisch situierter Werkraum um die Gestalten. Im Gegensatz zum Psychologisieren Tietjens und wohl auch bereits Siegfried Wagners stellt Wieland Wagner, darin durchaus ein Schüler von Carl Orff, das tragische Geschehen zwischen den singenden Kunstfiguren auf Isolation und Getrenntsein. Die Figuren werden gemäß der dramaturgischen Struktur einander zugeordnet, nicht aber mit Hilfe scheinbar menschlicher Kontakte. Das gilt auch für Wieland

Wagners berühmte und bei der ersten Aufführung am 24. Juli 1956 so heftig umstrittene Neudeutung der *Meistersinger von Nürnberg*. In dem programmatischen Essay von 1951 war noch behauptet worden, man könne bei den *Meistersingern* arbeiten mit »einem gewissen Naturalismus, wie er sich schon aus der geographischen und historischen Fixierung des Schauspiels von selbst ergibt«. Beim *Parsifal* hingegen handle es sich um einen »mystischen Ausdruck von kaum zu umgrenzenden Seelenzuständen, die im Irrealen wurzeln und nur von der Intuition erfaßt werden können.«

Fünf Jahre später scheint Wieland Wagner erkannt zu haben, daß auch der angeblich so notwendige Naturalismus der *Meistersinger* als Opfer der Entrümpelung fallen müsse. Nach dem *Parsifal* von 1951 werden diese *Meistersinger von Nürnberg* des Jahres 1956 zur Folgerung aus den früh erarbeiteten Prämissen und den inzwischen gewonnenen Erfahrungen. Mit einem neuen Ensemble, einem neuen Musizierstil, nicht zuletzt mit einer neuen ästhetischen Besinnung auf die geistigen Grundlagen sowohl der Epoche Richard Wagners wie derjenigen seiner Enkel. Daraus erwächst das Projekt, auch die *Meistersinger von Nürnberg* von der traditionellen Bindung an das 19. Jahrhundert und der bürgerlichen Sehnsucht nach »ungebrochener« deutscher Renaissance zu befreien.

Meistersinger ohne 19. Jahrhundert

Am 24. Juli 1956 geschah im Bayreuther Festspielhaus etwas Unerhörtes, für Bayreuthpilger geradezu Erschreckendes: es wurde kräftig gebuht. Gegenstand einer solchen Kundgebung des Mißfallens – wohin sind wir gekommen! – war Wieland Wagner, der Enkel Richards und Cosimas. Schlimmer noch: er wirkte nicht einmal schuldbewußt, als er vor den Vorhang trat und sich den Protesten stellte, sondern eher vergnügt, gleichsam innerlich bestätigt. Man hat jene Neudeutung der *Meistersinger von Nürnberg*, die im nachhinein sehr gelobt und häufig interpretiert wurde, gegen Wielands Interpretation desselben

Werkes vom Jahre 1963 ausgespielt, worin ein Anschluß an die einstige Bühnentradition des musikalischen Lustspiels vollzogen zu sein schien. Zu Unrecht übrigens, denn beide Interpretationen der *Meistersinger von Nürnberg* durch den Regisseur und Bühnenbildner Wieland Wagner hatten eines miteinander gemeinsam: daß sie das Werk vom Entstehungsbereich des 19. Jahrhunderts abzuheben und in einer neuen geistigen Totalität zu integrieren suchten. Bei der Aufführung von 1956 war die Totalität eine überwirkliche Traumwelt, bei der Aufführung von 1963 ein Versuch, das Lustspiel Richard Wagners nicht mit Vorstellungen des 19. Jahrhunderts von deutscher Renaissance zu verbinden, sondern als deutsches 16. Jahrhundert unmittelbar zu evozieren.

Abermals hatte Wieland Wagner, wie schon beim *Parsifal* von 1951, eine sorgfältige historische Vorbereitung absolviert, woran er sein Publikum teilnehmen ließ. Im Programmheft 1956 zu den *Meistersingern* stellte er knappe, aber konzentrierte Thesen vor unter der Überschrift »Ein Kind ward hier geboren«: als Zitat aus dem Taufspruch von Hans Sachs in der Schusterstube des dritten Aktes der *Meistersinger von Nürnberg*. Daß Wieland Wagner seine Interpretation durchaus polemisch auffaßt gegenüber seinem Publikum wie seinen Kritikern, ist evident. Darin reproduziert er die Position Richard Wagners, geht aber noch weiter als der Großvater. Während Richard Wagner als Gegenstände der Abneigung vor allem den Merker und jene Meister hatte treffen wollen, deren Reaktion auf die neue Musik eines Stolzing vom Vereinsvorsitzenden Fritz Kothner dahin zusammengefaßt worden war: »Ja, ich verstand gar nichts davon«, spart Wieland Wagner im Grunde nur Sachs und das Liebespaar aus bei seiner abschätzigen Analyse. Nicht einmal den Nachtwächter läßt er ungeschoren:

> Und wann wäre jemals eine »neue Weise« geschaffen worden ohne »viel Lärm auf den Gassen«, ohne heillose Verwirrung kluger Köpfe, ohne nächtliche Prügelei der aktiven und passiven »Geburtshelfer« – kurz ohne jenen »Wahn«, dem der fünfzigjährige gereifte und wissende Kunstphilosoph Wag-

ner einen sehr wesentlichen Anteil an der Entstehung des Kunstwerks beimißt? »Nachtwächter« – Zeitgenossen, die von nichts etwas bemerken – unbegabte, aber desto ehrgeizigere Kunstaspiranten wie der stets hungrige David und allzu verständnisvoll mütterliche Freundinnen à la Magdalena vervollständigen, fast parodistisch, Richard Wagners »kleines Kunsttheater«.

Bei solcher Interpretation muß die individuelle Figur der Gestalten reduziert werden auf ihren angeblichen Symbolwert. Die bezaubernde, humoristische Situation des Nachtwächters, der stets erscheint, wenn sich nichts ereignet, und der nicht ahnt, daß es ein Vorher gegeben hat und ein Nachher, wird in der Interpretation Wieland Wagners als stellvertretend gedeutet für das Verhalten vieler Menschen im Angesicht einer Wandlung des Denkens und des Fühlens.

Man sah im Festspielhaus gleichsam »Meistersinger ohne Nürnberg«, ganz gewiß ohne den vertrauten historischen Kontext. Im Programmheft hatte der Regisseur die sorgfältig ausgesuchten Dokumente abgedruckt, die Richard Wagners Lebensleid bei der Schöpfung der *Meistersinger* belegen konnten. Es war offensichtlich, daß hier Tragik hinter der Komik hervortreten sollte. Während der Arbeit am Text und vor allem an der Musik seines Lustspiels hatte sich Wagner, wie bekannt, mit der spanischen Dramatik eines Calderón beschäftigt, also eines trotz zahlreicher Lustspiele nicht eigentlich »heiteren« Dramatikers.

Die Kritik hat vor dieser Aufführung das Wort von den »bösen Meistersingern« geprägt. Ein Johannisnachtstraum: unheimliche Züge, die bis dahin überspielt und verdrängt worden waren, kamen plötzlich zum Vorschein. Das Treiben der Lehrbuben erinnerte nicht mehr an spaßhafte Choristen, sondern gemahnte bisweilen an die skurrilen Wasserspeier der gotischen Kathedralen. Wer diesem Werk begegnete, ahnte nicht bloß den tragischen Unterton des Ganzen, sondern erlebte mit Staunen, daß das Calderón-Erlebnis Richard Wagners nicht nur den *Tristan* geprägt hatte, sondern auch die *Meistersinger*. Allein:

viel von der Werksubstanz ging diesmal verloren. Szene und Orchester fielen auseinander: zugunsten des Musikalischen, wenn man so will. Auch der vom Komponisten sorgfältig in die Musik pointierte Dialog fand nicht mehr statt. Zwischen Sachs – Stolzing – Beckmesser ging es statuarisch zu. Die musikdramatischen Beziehungen werden geopfert.
Der herkömmlicherweise so milde, scheinbar überlegene, fast gottvatermäßige Hans Sachs erhielt durchaus böse und tückische Züge. Es war durchaus nicht ausgemacht, daß er nicht mit dem Gedanken spielte, Klein Evchen für sich zu gewinnen. Das Rüpelspiel in der Johannisnacht wird von ihm gleichsam inszeniert. Über dem Leiberknäuel der Prügelnden, einem rechten Pogrombild, erscheint Sachs als Drahtzieher, der dann freilich in der Schusterstube auch mit sich selbst ins Gericht geht. Unvergeßlich das Bild dieses zweiten Aktes, ganz ohne altdeutsche Veduten und historische Reminiszenzen. Eine riesige Fliedervision im abermals ausgeleuchteten leeren Raum: schillernd in allen Farben der Nacht, der Geilheit und auch der Mordlust. Böse Meistersinger. Auch die Inszenierung der *Meistersinger von Nürnberg* vom 25. Juli 1963 wurde von Kundgebungen des Mißfallens begleitet, allein, unter den Protestierenden gab es nunmehr zwei Richtungen, die bloß in der Negation übereinstimmten. Die einen sehnten sich zurück nach dem fast 90 Jahre lang, seit der Münchener Uraufführung praktizierten Regieschema; die anderen waren leidenschaftliche Anhänger des Konzepts von 1956 und schienen Wieland Wagner vorzuwerfen, sich nunmehr selbst verleugnet zu haben. Kein Johannisnachtstraum, frei nach Shakespeare, wie noch im Jahre 1956, sondern der Versuch mit einer erweiterten Shakespearebühne. Diese neuen *Meistersinger* wurden nicht mehr aus der romantischen Nürnberger-Vorstellung des vergangenen Jahrhunderts inszeniert, erst recht nicht mehr als anachronistischer Überhang der Makartzeit. Wieland Wagner ging nicht auf das Nürnberg Richard Wagners zurück, sondern auf das reale Nürnberg des Hans Sachs. Man lebt in einer Übergangszeit zwischen Mittelalter und Neuzeit, zwischen ausgedehntem Feudalismus und bürgerlicher Emanzipation. Der Junker von Stolzing hat seine

Burg im Frankenland verlassen, die vermutlich baufällig wurde. Daß sich seine unmittelbaren Vorfahren als Raubritter bei Überfällen auf Geleitzüge der Nürnberger Pfeffersäcke betätigten, ist nicht ausgeschlossen. Zuzutrauen wäre es ihnen, und der etwas rüde Junker, der sich bei Meister Pogner als Gast einstellt, läßt ein bißchen davon ahnen. Er ist zunächst auch als Künstler ein Anachronismus. Die inzwischen verbürgerlichte Literatur nahm er nicht zur Kenntnis und ist bei Herrn Walther von der Vogelweide stehengeblieben. Damit kommt er bei den Meistern schlecht an. Sie lieben die Raubritter nicht besonders, haben sich eine bürgerliche, humanistisch formale Literatur erarbeitet und empfinden den Junker in jeder Weise als »fehl am Ort«. Übrigens sind bloß ein paar Jahre vergangen, seit der Versuch des Ritteraufstandes von Hutten und Sickingen durch die Territorial-Fürsten mit Hilfe der reichsstädtischen Kaufleute niedergeschlagen wurde.
Auch in der Reichsstadt Nürnberg lebt man in einer Übergangszeit. Wieland Wagner zeigt das genau und eindrucksvoll. Beim Gottesdienst zu Beginn gibt es Kniende der alten katholischen Tradition, aber auch schon die aufrecht Stehenden des neuen und reformierten Glaubens. Die Meister kommen aus der Werkstatt, auch Meister Pogner. Dies sieht aus wie bei Peter Vischer oder Adam Krafft. Die Lehrbuben mit David sind reales Nürnberg: gleichzeitig einstig und heutig. Leute, die man aus den Bildern der deutschen Renaissance-Meister kennt, aber sie sitzen immer noch in den Kneipen im Schatten von Sankt Lorenz und Sankt Sebald. Dies ist Nürnberg als Substanz, nicht als Kulisse.
Beckmesser wird als hochangesehener Intellektueller dargestellt, den die anderen gleichzeitig respektieren und fürchten. Er imponiert in seinem unerschütterlichen Selbstbewußtsein, sie glauben ihn zu brauchen, weil er vermutlich als einziger die humanistische Tradition mit Apollo und Musen kennt, die sie, die Meistersinger, in ihrer Kunstbemühung sowohl mit ihrem reformierten Glauben wie mit ihrem Stadtbürgertum verschmelzen möchten. Sachs hat sich gegenüber diesem arroganten Humanisten als Schwankdichter und Volksdichter seiner

Haut zu wehren. Schon die erste Begrüßung zwischen beiden in der Singschule zeigt bei Sachs die distanzierte Feindlichkeit, auch ein bißchen Angstgefühl, während Beckmesser, nach außen hin wenigstens, den Schuster recht gönnerhaft behandelt.
Sachs ist kein gütig polternder Schicksalslenker, sondern ein leidenschaftlicher, schwer entsagender Mensch, der seine Kraft und Männlichkeit braucht, um Stolzing als Dichter und Nebenbuhler ertragen zu können. Ein Mann, der auf der Hut ist, gefährdet und gelegentlich auch gefährlich. Sein Gegenspieler Beckmesser entbehrt der Tragik. Diesem hier können alle Niederlagen innerlich nichts anhaben, denn er glaubt es nun einmal besser zu wissen. Vielleicht hält er in geheimen Augenblicken den Sachs für den besseren Dichter, sich selbst aber für den besseren Meister für Ton und Weise, wodurch wieder alles ausgeglichen wird. Kein Grund zum Gelächter, auch kein Grund zur Tragik. Der Stolzing läßt die Raubritter-Aura erkennen, die diesen Junker aus Frankenland umgibt. Dadurch erst wird die Schärfe des Konflikts zwischen Stolzing und den Meistern, aber auch zwischen Stolzing und Sachs spürbar. Eva verfällt diesem Raufbold vom ersten Augenblick an. Sie kennt weder Vater noch väterlichen Freund. Bürgerrecht und Herkunft – nichts zählt vor diesem neuen Gefühl. Auch hier gibt es, was die Gestalt betrifft, erschreckende Züge. Als der Geliebte die Meisterwürde ablehnt, erlebt sie als einzige keinen Konflikt. Sie zöge mit ihm davon, wohin immer es gehen mag.
Hatte Wieland Wagner zu Beginn der Ära, also seit 1951, einer gewissen Vorliebe für tiefenpsychologische Deutung und archetypische Konstellationen gefrönt, so findet er auch in seinen Lektüren immer mehr den Anschluß an das dialektische Denken der Hegel- und Marx-Tradition. Verbindungen werden hergestellt zu Theodor W. Adorno und vor allem zu Ernst Bloch.
Ein Gedanke des dialektischen Philosophen und Musiktheoretikers Adorno über Wagner wird auch in den neuen Bayreuther Inszenierungen erprobt. Adornos These lautet: »Ist das Werk Wagners in sich wahrhaft ambivalent und brüchig, so tut ihm Gerechtigkeit an nur eine Aufführungspraxis, die davon Re-

chenschaft gibt und die Brüche realisiert, statt sie zuzuschminken.« Wieland Wagner hatte auch Wert darauf gelegt, einen schon in den 20er Jahren von Ernst Bloch entworfenen Essay über *Paradoxa und Pastorale bei Wagner*, den Bloch überarbeitet hatte, den Bayreuther Theaterbesuchern und Lesern der Programmhefte zur Kenntnis zu bringen. Die Wirkung und »Widerspiegelung« solcher Reflexionen zeigte sich in Wieland Wagners letzten Bayreuther Arbeiten: im neuen *Tristan* von 1962 und in seiner letzten großen Bayreuther Arbeit, dem *Ring des Nibelungen* von 1965.

Die erste Interpretation von *Tristan und Isolde* vom 23. Juli 1952 war ein Versuch gewesen. Es fehlte an der Übereinstimmung zwischen Wieland Wagner und Herbert von Karajan. Der Dirigent des *Tristan* reiste nach Abschluß seiner vorgesehenen Tätigkeit grußlos davon. Wer Karajans spätere Wagnerinszenierungen kennt, wird verstehen, daß hier nicht persönliche Animositäten aufgetreten waren, sondern prinzipielle ästhetische Gegensätze.

Mit der Inszenierung des *Tannhäuser* von 1954, deren geistige Ansätze zurückreichten bis in die frühen 40er Jahre, war Wieland Wagner, nach eigenem Eingeständnis, nicht zurechtgekommen. Er war auch mit seiner späteren Inszenierung von 1961 nicht einverstanden. Da waren die unlösbaren Konflikte zwischen der Dresdener und der späteren Pariser musikalischen Fassung des Werkes. Unüberwindlich schwierig auch eine ästhetisch erträgliche Darstellung des Schlusses. Immer wieder zitierte der Enkel bei seinen Bemühungen das von Cosima überlieferte Wort Richard Wagners aus der letzten Lebenszeit: »Ich bin der Welt noch den *Tannhäuser* schuldig.«

Ähnlich wie zu Beginn der Festspiele 1951, mit dem Referat über Erneuerung und Gestaltung, nahm Wieland Wagner, nunmehr in aller Welt anerkannt als Mitbegründer eines neuen Stils, also als Mitschöpfer von »Neubayreuth«, im Jahre 1958 mit einer programmatischen Rede abermals Stellung zur inzwischen praktizierten künstlerischen Doktrin. Das Referat wurde vor jener »Gesellschaft der Freunde von Bayreuth« gehalten, deren großbürgerliches Kunstverständnis hinter den meisten

Neubayreuther Inszenierungen einen geheimen neuen Kulturbolschewismus witterte. Bedenklicherweise praktiziert von den Enkeln des Bayreuther Meisters.
In diesem Vortrag unterscheidet Wieland schroff zwischen den von Richard Wagner geschaffenen Kunstwerken und seiner unermüdlichen Vielschreiberei über alle Themen des gesellschaftlichen Lebens. Hatte sich Altbayreuth innig einverstanden erklärt mit jedem Einfall, auch jeder Allergie eines großen Künstlers, so heißt es beim Enkel in ziemlich schnöder Formulierung: »Für das Theater von heute hat die strapazierte Spekulation Wagners nicht mehr Bedeutung als etwa seine Gedanken über den Vegetarismus oder ›Kunst und Klima‹. Es ist eines jener heillosen Mißverständnisse, denen Wagner immer ausgesetzt war, aus der Theorie des Gesamtkunstwerkes ein stilistisches Dogma für ein Theater abzuleiten, um dieses dann als schweres Prinzipiengeschütz gegen alle Inszenierungen aufzufahren, die den übergreifenden Begriff der Romantik nicht mit dem Naturalismus des neunzehnten Jahrhunderts zu verwechseln bereit waren. Wagner spricht später selber von dem ›unglücklichen Gesamtkunstwerk‹. Es bedeutet also kein Sakrileg, wenn man heute diesen wahrscheinlich notwendigen Irrtum des Theoretikers auf sich beruhen ließe.«
Die Schlußfolgerung lautete so: »Die Ideen des Wagnerschen Werkes sind zeitlos gültig, da sie ewig menschlich sind. Wagners Bild- und Regievorschriften gelten ausschließlich dem zeitgenössischen Theater des neunzehnten Jahrhunderts. Da ›Werktreue‹ keine Erfüllung ist, kann bei dem Versuch, Wagners archetypischem Musiktheater auf der Bühne unserer Zeit Gestalt zu geben, nur die nachschöpferische geistige Leistung treten, die den Gang zu den Müttern – also zum Ursprung des Werkes – wagt. Von diesem Kern aus wird das Werk durch die Entzifferung der Hieroglyphen und Chiffren, die Wagner zukünftigen Generationen in seinen Partituren als Aufgabe hinterließ, immer neu gestaltet werden müssen ...«
Im Laufe der 50er Jahre hatten die Brüder Wagner große Schwierigkeiten mit ihren Kapellmeistern. Knappertsbusch war 1953 ausgeschieden, als Clemens Krauss in Bayreuth am Pult

erschien. Allein, Krauss starb plötzlich auf einer Konzertreise in der Neuen Welt. Von nun an hat Knappertsbusch bis zu seinem Tode den musikalischen Stil des Bayreuther *Parsifal* von 1951, mit dessen Inszenierung er sich innerlich niemals einverstanden erklären mochte, bestimmt. Mit dem Flamen und Franzosen André Cluytens war ein eleganter und »lockerer« Dirigent gewonnen worden, der den Bayreuther *Tannhäuser*, den *Lohengrin* in Wieland Wagners statisch-oratorischer Inszenierung von 1958, vor allem die berühmt-berüchtigten *Meistersinger* von 1956 dirigierte. Auch Wolfgang Sawallisch und Lorin Maazel bestimmten während einiger Jahre die musikalische Interpretation. Mit dem neuen *Tristan* von 1962 begann jene Verbindung von musikalischer und darstellerischer Einheit als Zusammenarbeit von Wieland Wagner und Karl Böhm. Mit Pierre Boulez war nach dem Tod von Knappertsbusch ein neuer Dirigent als Repräsentant einer Neuen Musik in Bayreuth erschienen. Die Zusammenarbeit von Bayreuth und Karl Böhm erbrachte eine musikalische Erneuerung der *Meistersinger*, nach dem frühen Tod Wieland Wagners übernahm Böhm auch noch für eine Spielzeit die Leitung des *Fliegenden Holländer*. Der Erfolg des Musikers Boulez als Bayreuther Interpret des *Parsifal* war so überzeugend, daß Wolfgang Wagner dem französischen Komponisten und Interpreten, nach Ablauf seiner Tätigkeit bei den New Yorker Philharmonikern, die Leitung des *Nibelungenrings* für die Jubiläumsfestspiele des Jahres 1976 anbieten konnte. Die musikalische Theaterarbeit von Karl Böhm gipfelte in Bayreuth mit seiner Neueinstudierung des *Nibelungenrings* in Wieland Wagners Inszenierung vom Jahr 1965.

Abstieg der Götter nach Walhall

Erlebt man Richard Wagners Tetralogie im zeitlichen und geistigen Zusammenhang, so fällt auf, daß der gewaltige Bau zwar vieler Darsteller von Helden, Göttern, Kobolden oder Riesen bedarf, aber mit drei – allerdings höchst bedeutsamen – Requisiten auskommt. Gewiß gibt es Siegfrieds Horn und das Horn für Hagens Anruf an die Mannen, Tränke werden gereicht, Mimes Schmiedewerkstatt im Walde, unweit von Fafners Neidhöhle, ist wohlausgerüstet. Wichtig für das Gesamtgeschehen sind allein drei Objekte: der Ring, Wotans Speer – und das Schwert Nothung.

Ihr Verhältnis zueinander bestimmt den Zusammenhang des Geschehens und damit die eigentliche *Ring*-Konzeption Richard Wagners. Soll man in diesem Fall von Symbolträgern sprechen? Man zögert, denn freilich bedeutet jeder dieser drei Gegenstände nicht bloß sich allein: mit ihm sind höchst komplexe Sinnzusammenhänge ausgesprochen. Die Technik der musikalischen Leitmotive sorgt dafür, daß sie in ihrer Sinnbildlichkeit verstanden werden. Wotans Speer »steht« für Vertragstreue und gesetzliche Ordnung in der Menschen- wie Götterwelt. Das markante, gleichsam abwärtsschreitende Motiv, auch im Partiturbild gleichsam ein Schreiten mit gesenktem Speer illustrierend, tritt überall dort auf, wo von Bindung, Vertragstreue und rechtlicher Einordnung die Rede ist: gleichgültig ob Wotan mit dem Speer selbst auf der Szene sichtbar ist oder nicht.

Dennoch ist der Speer auch in seiner sachlich-gegenständlichen Form wichtig. Er ist vor allem, dann erst bedeutet er. Mit seiner Erschaffung beginnt der Urfrevel: lange bevor Alberich das Rheingold raubte. Im Vorspiel zur *Götterdämmerung* berichten die Nornen darüber:

> Von der Weltesche
> brach da Wotan einen Ast;
> eines Speeres Schaft
> entschnitt der Starke dem Stamm.
> In langer Zeiten Lauf
> zehrte die Wunde den Wald;
> falb fielen die Blätter,
> dürr darbte der Baum,
> traurig versiegte
> des Quelles Trank

Als Siegfried den Speer zerschlägt und dadurch selbst wissend wird, kehrt Wotan mit den Splittern nach Walhall zurück. Hatte der Speer aus dem Holz der Weltesche einst dazu gedient, Loge zu bändigen, das Feuer, so soll der befreite Loge nun die Götterburg niederbrennen und mit ihr den zertrümmerten Speer. Brandholz liefert die abgestorbene Weltesche. Der Ring hat sich geschlossen. Der Speer half ihn schließen.
Daß jenes andere Erzeugnis des Frevels, der Ring des Nibelungen Alberich, gleichfalls »ist« und »bedeutet«, bedarf kaum der Erwähnung.
Das Schwert aber, das Wotan in Hundings Esche stieß, um durch Siegmund die Freiheit zu erlangen von den widerwillig geschlossenen Verträgen, die sein eigener Speer hüten muß, steht in sonderbar kontrapunktischem Verhältnis zu Wotans Speer. Vom Speer wird es in der Hand Siegmunds zerschlagen, aber von Siegfried geführt, zerschlägt es den Speer. Im Brand, der den toten Siegfried und Brünnhilde und die Götterwelt vernichtet, zerschmilzt auch Nothung, das neidliche Schwert.
Der Ring kehrt zurück zu den Rheintöchtern, das Schwert schmilzt im Weltbrand dahin – zusammen mit seinem Gegenspieler, dem Speer, der sich, als Brandscheit, wieder mit dem Holz des Baumes zusammenfand, von dem er stammt.
Drei Requisiten. Drei Handlungs- und Sinnträger. Drei Symbole. Die Weltmacht, verstanden als Goldmacht. Vertragstreue, die der ursprünglichen Untreue entstammt. Das Schwert, das Freiheit von den Verträgen schaffen soll und damit Freiheit schlechthin, aber bloß Gewalt bewirkt, rechtlose Tat, oder auch Untat. Goldmacht, Selbsthelfertum durch Gewalt, Vertragstreue aus Untreue.
Wie eng und genau das Riesenwerk in dramaturgischer und musikalischer Verknüpfung gearbeitet ist, spürt man beim Anhören der Gesamtschöpfung. Dadurch entsteht für den Regisseur stets neue Schwierigkeit. Er wird den Widder der Fricka und auch das Roß Grane weglassen, wenngleich sie mitkomponiert wurden. Das ist kein Nachteil. Schwieriger ist es, will er versuchen, die Konstellationen der Gestalten zueinander zu ändern oder den Handlungsablauf unabhängig zu machen von

den illusionistischen Anweisungen, die der große Theatermann des 19. Jahrhunderts gab. Sogleich zeigt sich eine Brüchigkeit im Aufbau; es werden Risse spürbar, an manchen Stellen ist, gesehen vom Standpunkt des heutigen Dramaturgen und Spielleiters, das Gesamtwerk einfach zu gut gearbeitet.

Die zweite Schwierigkeit entspringt gleichfalls einer Divergenz des historischen Standpunkts; aber sie hängt mit Wagners Lebensgeschichte zusammen. Der *Nibelungenring* ist in seiner Grundkonzeption ein Erzeugnis des Revolutionärs Richard Wagner, der mit dem Anarchisten Bakunin befreundet war, aus dem Jahre 1848.

Bakunins Satz, die »Lust der Zerstörung sei eine schaffende Lust«, verbindet sich im Konzept der *Ring*-Tetralogie in sonderbarer Weise mit Gedanken des Rousseauismus und der »Rückkehr zur Natur«. Wotan frevelt an der zweck- und funktionslosen Natur, als er die Weltesche mißbraucht, um eine Vertragswelt für Menschen zu schaffen. Alberich mißbraucht die Natur, als er das Rheingold »zweckentfremdet«. Alles entartet unter den Händen der Götter und Menschen, die danach streben, Natursubstanzen in Funktionen zu verwandeln. Am Schluß steht die rousseauistische Rückkehr zur Natur. Das Gold liegt wieder – funktionslos – in der Tiefe des Rheins: ein Gegenstand ästhetischer Anschauung für Rheintöchter. Die alte Welt, samt Weltesche und Vertragsbindung, versinkt im Brande Walhalls.

Zerstörung im Dienst eines neuen Naturzustandes. Das war Rousseau plus Bakunin plus Ludwig Feuerbachs Vision vom neuen – nachrevolutionären – Menschen. Utopischer Sozialismus aus der Zeit von 1840 bis 1848 in reinster Form. Die neue Welt ersteht aus dem Brand der alten: als neue Gemeinschaft, die befreit ist von der Goldherrschaft, darum auch der Selbsthelfer Siegmund und Siegfried nicht mehr bedarf. Noch an der Schlußanmerkung zur *Götterdämmerung* kann man diese Grundkonzeption ablesen: »Aus den Trümmern der Halle sehen die Männer und Frauen in höchster Ergriffenheit dem wachsenden Feuerschein am Himmel zu.« Die neuen Menschen als Zeugen des Untergangs alter Herrschafts- und Unheilsverhältnisse.

In diesem Geist entstand das Werk noch in den ersten Jahren des Exils. Vollendet aber wurde es erst im Haus Wahnfried zu Bayreuth. Viel hatte sich in und um Richard Wagner verändert. Das spürt man nicht nur im musikalischen Bereich mit den ersten Takten des Vorspiels zum dritten *Siegfried*-Akt: Wagner hatte bekanntlich die Komposition entmutigt nach dem zweiten *Siegfried*-Akt abgebrochen. Erst nach Gründung des Kaiserreichs und Komposition des »Kaisermarsches« wird die Komposition zu Ende geführt. Ein Künstler beendet ihn, der inzwischen Schopenhauer las und den Bakunin oder Feuerbach von einst in sich zurückgenommen hatte. Komponiert ist im wesentlichen der Text aus dem Geiste des Revolutionsjahres: aber von einem tief verwandelten Künstler. Das spürt man nicht bloß daran, daß musikalisch im dritten *Siegfried*-Akt plötzlich die *Meistersinger* umgehen; stärker wird die Diskrepanz spürbar zwischen ursprünglichem Textentwurf und musikalischer Ausdeutung in der *Götterdämmerung*. Der Siegfried des Schlußtages ist weder Held noch tragisch. Das Werk, das als Tragödie angelegt war, nimmt Züge eines Mysterienspiels an.
Darum auch besitzt der *Ring des Nibelungen* einen dreifachen Schluß, also keinen. Komponiert wurde die ursprüngliche Fassung aus Bakunin und Rousseau. Aber Wagner entwarf auch in einer zweiten, nichtkomponierten Versgruppe einen Schluß im Sinne utopischen Menschentums. Bei Veröffentlichung des Textes zur *Götterdämmerung* machte er mit einer später entstandenen Versgruppe bekannt, die reinen Schopenhauer darstellt:

der Welt-Wanderung Ziel,
von Wiedergeburt erlöst.

Allein, komponiert hat Wagner diese Sinngebung nach Schopenhauer gleichfalls nicht.
Dies also muß heute dargestellt werden: mit allen Brüchigkeiten und dem historischen Perspektivenwechsel. Das hat Wieland Wagner getan. Keine *Ring*-Darstellung als Germanentheater. Mit den Bärten und blonden Perücken fielen die mittelalter-

lichen Ritterrequisiten, die man jahrzehntelang unsinnigerweise in dieser mythisch-geschichtslosen Welt für unentbehrlich hielt. Dadurch wird die Tragödie Siegmunds und Sieglindes »entrümpelt«. Man erlebt das Schicksal von zwanghaft und schuldhaft liebenden Menschen, Siegmund nicht als riesigen Wikinger, sondern als einen unruhigen Stifter gesellschaftlicher Unordnung, der überall Unrecht beseitigen will und dadurch Unordnung schafft, und der den Mut hat, um seiner Liebe und Menschlichkeit willen, auf Wotan und Walhall zu verzichten.
Möglich ist von nun an ebensowenig die Darstellung der Tetralogie als eines Mythos, der vom heiteren Beginn unaufhaltsam in den Untergang führen müsse: ohne daß einzusehen wäre, warum diese prächtigen Götter, die unter prächtigem Fanfarenklang auf prächtigem Regenbogen ins prächtige Walhall ziehen, schließlich zugrunde gehen müssen.
Wieland Wagners Gesamtkonzeption zeigt, warum diese Interpretation nicht schlüssig ist. Weil es bei Richard Wagner in Text und Musik anders gelesen werden muß. Der Regisseur hat vom Vorspiel zur *Götterdämmerung* her den Gesamtaufbau angelegt: von der Nornenszene, die den Urfrevel enthüllt, dem Wotans Vertragswelt entstammte. Die Erda-Szene des *Siegfried* hat diese Deutung vorbereitet, die Wagner als geschickter Dramatiker erst gegen Ende der Handlung enthüllt, um dadurch den Rückblick und die rückdeutende Bewertung des dramatischen Geschehens möglich zu machen. Daher muß man den Beginn des Werkes im *Rheingold* von dieser dramatischen Ursituation her, die so spät erst vom Dichter enthüllt wird, inszenieren.
Nahezu alle bisherigen Gesamtdarstellungen des *Ring* begannen mit einer *Rheingold*-Inszenierung, als ob das tiefe Es des musikalischen Werkbeginns zugleich den Anfang der dramatischen Geschichte bedeuten könnte. Man tat so, als gäbe es keine Vorgeschichte, als sei einzig Alberich der Sünder und als sei es »bestens« um die Herrlichkeit Wotans und seiner Götter bestellt, während wir bereits die erste Götterszene als Inbegriff ohnmächtig gebundener, gleichzeitig arroganter und schuldverstrickter Potenzen verstehen müssen.
Die Unschuld der Natur war lange vor Alberich zerstört. Mit

Frevel begann Wotans Weg, mit Betrug will er ihn – als Hüter der Verträge – weiterführen. Wie kann unter solchen Auspizien der Einzug in Walhall als strahlendes Fest gezeigt werden? Das Jubeln der Musik ist, hört man genau hin, nicht durchaus ehrlich. Wagner hat sich gehütet, die von ihm bevorzugte Tonart der Reinheit C-Dur, die er Siegfried und Brünnhilde gewährt, den einziehenden Göttern zuzubilligen.

Das Spiel vom Rheingold ist ein böses Spiel. So hat es Wieland Wagner auch inszeniert. Das Publikum war durch den Schluß bedrückt, nicht erhoben, wie es gehofft hatte. Die Götter steigen hinab in eine Zwingburg mit Namen Walhall: Loge bleibt zurück und konstatiert ihren unausweichlichen Untergang; der erschlagene Fasolt liegt sichtbar als erstes Opfer des Fluchs auf der Szene. Diese Dreiheit des Schlusses wurde rücksichtslos und klar in Szene gesetzt. Damit ergab sich die organische Verbindung zur *Götterdämmerung* schon vom Beginn her. Zwischen Vorspiel und Schlußtag wurde geistige Einheit hergestellt, die nicht erbaulich wirkt. Die Welt des Goldes ist gehaßte Bankierswelt. Der Nibelungenhort als Lösegeld für Freia wird durch Wieland Wagner als götzenhafte, aus Goldblöcken aufgebaute Frauenfigur demonstriert. Die Liebe wurde in einer Waren-Gesellschaft gleichfalls zur Ware.

In diesem Rahmen entfaltet sich – in der *Walküre* – die Geschwisterliebe der Wälsungen Siegmund und Sieglinde mit der Wucht einer antiken Tragödie. Sie ist gedoppelt durch die tragische Beziehung, die gleichfalls der erotischen Bindung nicht entbehrt (die Musik plaudert es aus), zwischen Wotan und Brünnhilde. Hier entfaltet sich – fern aller Germanenspielerei – ein bürgerliches Trauerspiel, wie es Wagner nur allzuoft selbst erleben mußte.

Seltsam beziehungslos steht daneben der *Siegfried*. Da gab es weder das bürgerliche Parabelspiel noch die bürgerliche Tragödie. *Siegfried* vermittelte Märchenwelt, von einem, der auszog, das Fürchten zu lernen. Das ergibt im ersten Akt einen reizvollen geistigen Kontrapunkt aus Märchenhandlung und musikalischem Scherzo. Der zweite Akt hat die Reize der Naturlyrik, die bösartige Börsianer-Satire zwischen Mime und

Alberich, aber die Gestalt des tumben Toren, das kann keine Musik und Regie verhindern, geht auf die Nerven. Der ausgepichte Künstler Wagner hatte die Naivität und Brutalität nur allzu kunstvoll serviert.

Wenn Siegfried mit Waldvöglein-Motiven auf Brünnhilde einsingt, die ihm mit Walkürenrufen antwortet, bevor die Umarmung beginnen kann, muß man ein leidenschaftlicher Wagnerianer sein, um dergleichen ertragen zu können. Dies ist kein Problem Wieland Wagners, sondern hat mit Richard Wagner zu tun.

Die Welt der Gibichungen ist neurasthenische moderne Welt, ohne daß eine einzige Geste oder Kostümierung in äußerlichem Sinne modernisiert wäre. Siegfried im Gespräch mit den Rheintöchtern wurde zur tragischen und wissenden Gestalt. Die Märchenwelt hat ihn verlassen. Der Trauermarsch ist, wie Wagner gewollt hat, ein Abgesang auf ein gescheitertes Menschentum, das zur Freiheit strebte. Unvergeßlich das Schlußbild des von den Rheintöchtern hinabgezogenen Hagen. Der Schluß bleibt – wie könnte es anders sein? – vieldeutig und fragwürdig. Bedeutet das Festland im Morgenschein, das einen Augenblick sichtbar wird, wenn der Rhein zurückgeflutet ist, das neue Utopia, wie die Musik andeuten möchte, oder hat man einem Endspiel beigewohnt?

Bildnis Wieland Wagners

Er war, wie sein Vater, das Kind eines alternden Mannes und einer jungen Frau. Als Wieland Wagner am 5. Januar 1917 in Bayreuth zur Welt kam, stand sein Vater im 48. Lebensjahr, die Mutter in ihrem zwanzigsten. Er ist 13jährig beim Tode Siegfried Wagners und erlebt, wenige Wochen nach seinem 16. Geburtstag, den 30. Januar 1933, und damit den Aufstieg eines Mannes, von dem man im Haus Wahnfried seit Jahren geschwärmt hatte. In einem Weihnachtsbrief Siegfried Wagners an Rosa Eidam vom 25. Dezember 1923, sechs Wochen also nach dem Bürgerbräu-Putsch in München, schäumte es auf: »Am

8. und 9. Nov. erlebten wir in München in nächster Nähe die ganzen Ereignisse. Himmelhoch jauchzend, zu Tode betrübt. So ein schändlicher Verrat ist noch nie geschehen! Gegen solche Gemeinheit ist allerdings ein so reiner Mensch wie Hitler und Ludendorff nicht gefeit. Der Deutsche kann so etwas nicht fassen! Und diese Zwietracht in den Reihen der Nationalen! Es ist zum Verzweifeln! Eitelkeit, Bockbeinigkeit, nur nie Eintracht. Da hat's der Jud u. Pfaff leicht.«

So ist der älteste Enkel von Richard und Cosima aufgewachsen: unter Nationalisten und Antisemiten, Ideologen und Deutschtümelei und Hassern der Demokratie. Die Konstellation seines Elternhauses machte ihn überdies zum Mitglied einer Herrenschicht in Deutschland, die ihren Status als gleichsam naturgegeben empfand und mit Hilfe von Thesen Richard Wagners, übrigens auch von Friedrich Nietzsche, weltanschaulich zu unterbauen liebte.

Wieland Wagner und Heinrich Böll sind Jahrgangsgenossen. An ihrem Antagonismus läßt sich die Besonderheit der Jugendgeschichte Wieland Wagners demonstrieren. Wieland Wagner mußte den 30. Januar 1933 als offizielle Bestätigung alles dessen empfinden, was man in seinem Elternhaus ersehnt oder auch verflucht hatte. Heinrich Böll hat erzählt, wie er jenen 30. Januar erlebte: als Kind eines durch Wirtschaftskrise und Arbeitslosigkeit verarmten Mittelstandes. Man hat Schulden, der Rundfunkapparat ist abgeschaltet worden. Der 16jährige Heinrich liegt mit einer Grippe zu Bett, die Mutter erfährt beim Nachbarn die Radionachrichten und teilt sie mit. Heinrich Böll hat die klaren und plebejischen Frauengestalten seiner Bücher wahrscheinlich stets nach dem Bild seiner Mutter entworfen. Damals sei die arme und fromme Frau mit der Kunde vom neuen Reichskanzler nach Hause gekommen und habe hinzugesetzt: das bedeute den neuen Krieg.

Wieland Wagner war 1927 ins Humanistische Gymnasium aufgenommen worden, machte 1936 sein Abitur und leistete sechs Monate lang den obligaten Arbeitsdienst. Damals war er 19 Jahre alt und konnte zum ersten Mal, in Lübeck, die Bühnenbilder zu einer Oper entwerfen: zur ersten Oper seines Vaters, dem *Bärenhäuter*. Für die Festspiele entwarf er, noch innerhalb des Bühnenbildes von Alfred Roller zum *Parsifal* aus dem Jahre 1934, das Bild der »Blumenaue«. Am 16. Oktober wurde er für ein Jahr zur Wehrmacht eingezogen. 1936 kann er für Bayreuth alle Bilder zum *Parsifal* entwerfen. Regie führt Heinz Tietjen. Im selben Jahr gastiert er zum ersten Mal im Ausland, in Antwerpen, abermals für eine Oper seines Vaters, diesmal für *Schwarzschwanenreich*. Im Frühjahr 1938 wird ihm und seinem Bruder Wolfgang eine Studienreise nach Italien bewilligt. Nach der Rückkehr beginnt er ein Malstudium bei Professor Ferdinand Staeger in München; er übersiedelt Anfang 1939 nach München. Vom Kriegsdienst ist er auf ausdrückliche Anordnung des Führers freigestellt, während der Bruder Wolfgang den Feldzug von 1939 mitmachen muß und schwer verwundet, als Musiker mit einer verkrüppelten Hand, aus Polen zurückkehrt. Wieland Wagner beginnt im August 1940 ein intensives Musikstudium bei Kurt Overhoff. Er heiratet (12. September 1941) Gertrud Reissinger aus Bayreuth. Während des Krieges entwirft Wieland zum ersten Mal die Bühnenbilder zu Werken Richard Wagners: im November 1942 für Nürnberg und für den *Fliegenden Holländer*, am 1. Juni 1943, gleichfalls in Nürnberg, für die *Walküre*. Diesmal zeichnet er zugleich verantwortlich für die Regie. Seitdem hielt er an dem Grundsatz fest, bei allen Aufführungen zugleich die Verantwortung für Inszenierungen und Ausstattung tragen zu wollen. In Bayreuth freilich muß er sich in diesem Jahr 1943 noch auf die Bühnenausstattung der *Meistersinger* beschränken, die dort, zugunsten der Vereinigung »Kraft durch Freude« und zum großen Unbehagen Wieland Wagners, hintereinander gespielt werden: unter Leitung von Wilhelm Furtwängler und Hermann Abendroth.

Die entscheidende Lehrzeit als Bühnenbildner und Regisseur absolviert der Enkel Richard Wagners am ehemaligen Hoftheater des sächsischen Städtchens Altenburg. Hier wirkt er seit Beginn der Spielzeit 1943 als Oberspielleiter und inszeniert bis Juni 1944 zum ersten Mal den gesamten *Ring des Nibelungen*, dazu den *Freischütz* von Weber. Die Altenburger Aufführungen der Tetralogie werden ein Erfolg, so daß Karl Böhm im Juni

1944 bei Wieland Wagner die Entwürfe für eine Neuinszenierung der *Walküre* an der Wiener Staatsoper bestellt. Die ersten Modelle werden in Bayreuth angefertigt. Dann beginnt, auch dem Buchstaben nach, der »totale Krieg«. Alle Theater des Großdeutschen Reiches bleiben geschlossen. Wieland Wagner zieht mit seiner Frau und den beiden Kindern Iris und Wolf-Siegfried nach Bayreuth und arbeitet »kriegsdienstverpflichtet« an einem nach Franken verlagerten Forschungsinstitut.

Im Februar 1945 kommt es zu einer letzten Begegnung mit dem Reichskanzler. Dem schenkte man zum 50. Geburtstag jene Originalpartitur Richard Wagners, die der Komponist seinem Mäzen Ludwig von Bayern dediziert hatte. Die Handschriften hatten zum »Wittelsbacher Ausgleichsfonds« gehört, nun waren sie vorübergehend Eigentum des Reichskanzlers. Wieland verlangte bei dieser Unterredung, man solle die Originalpartituren aus der Reichskanzlei entfernen und an sicherem Ort deponieren, was ihm abgeschlagen wurde. Albert Speer erinnert sich (Eintragung vom 2. Januar 1962), daß Wieland damals, zum Unmut seines Protektors, von der »entarteten« Kunst schwärmte, worauf für den Führer nun auch der »Niedergang dieser Familie« feststand.

Wielands Familie war, ebenso wie seine jüngste Schwester Verena, an den Bodensee gezogen: ins Sommerhaus seiner Mutter in Nußdorf. Am 5. April wird Wahnfried bei einem Luftangriff teilweise zerstört. Nun zieht auch Wieland an den Bodensee. Bei Kriegsende ist die Familie getrennt. Friedelind lebt im Exil, die Mutter zusammen mit Wolfgang und dessen Frau Ellen in der Nähe von Bayreuth in Oberschwarmensteinach, Wieland und Verena wohnen am Bodensee. Am 22. April 1945 versuchen die beiden Familien vom Bodenseegebiet aus in die Schweiz zu gelangen, was mißlingt. Erst am 13. November 1947 kommt Wieland zum ersten Mal wieder nach Bayreuth. Damals wird die gerichtliche Auseinandersetzung über das Verhalten der Familie, von Winifred Wagner vor allem, vor der Bayreuther Spruchkammer vorbereitet.

Zu Friedelind waren gleich nach Kriegsende die Beziehungen hergestellt worden. Wieland entwirft für sie die Bühnenbilder

zu einer amerikanischen Tourneeaufführung von *Tristan und Isolde*. Daß er seinen Weg als Bühnenbildner weiterzugehen gedenkt, ist ihm keinen Augenblick zweifelhaft, mag man nun das Festspielhaus enteignen und dem Einfluß der Familie Wagner entziehen oder nicht. Wolfgang Wagner lebt zur gleichen Zeit als ein durch den Krieg und die Kriegsfolgen schwer geschädigter Musiker in Bayreuth. Der Briefwechsel zwischen den beiden Brüdern in jenen ersten Nachkriegsjahren ist kühl, pragmatisch, nicht ohne Bitterkeit auf beiden Seiten. Nicht weniger ausgeprägt ist der Gegensatz der Söhne gegenüber der Mutter und ihrer (und Tietjens) Hinterlassenschaft.
Den praktischen Lehrjahren am Theater zu Altenburg folgten am Bodensee nicht minder konzentrierte Jahre der Reflexion und der Identitätsfindung. Daß Wieland Wagner, wie viele junge Menschen seiner Generation, dem Führer und Reichskanzler, der zugleich ein Duzfreund der Familie war, eng vertraute, wird man nicht leugnen können. Noch in den scharf kritischen Briefen an die Mutter während der Kriegszeit wird der Mann der Reichskanzlei ausgespart. Lange Zeit scheint auch Wieland Wagner noch, gleich seinem Führer, an ein bestimmt berechenbares Gralswunder geglaubt zu haben. So werden die Jahre am Bodensee mit Notwendigkeit zugleich zu einer Selbstabrechnung und damit zum Versuch, um ein Wort des später von Wieland Wagner bewunderten Ernst Bloch zu gebrauchen, sich selbst von nun an »zur Kenntlichkeit zu verändern«.
Das setzte nach Kriegsende, wie bei den meisten Deutschen seiner Generation, den Entschluß voraus, all jene politischen, sozialen und geistig-künstlerischen Phänomene kennenzulernen, die ein Verbot seit 1933 tabuisiert hatte. Vergleicht man Wieland Wagners Entwürfe aus der Zeit des Dritten Reiches mit seinen späteren Arbeiten für das Neue Bayreuth, so wird man nicht von schroffer Diskontinuität sprechen können. Der offizielle Monumentalstil des Dritten Reiches wirkt nach. Verbunden ist er freilich schon früh mit einer Farbgebung und architektonischen Strukturierung, die auf den lange Zeit verfemten und als entartet verschrienen Expressionismus zurückgriff. Wielands Lehrzeit am Bodensee, das hat er selbst immer wieder

betont, galt dem Bestreben, im Nachholverfahren die ungekannten und damit unbekannten Strömungen und Hauptwerke der Bildenden Kunst im 20. Jahrhundert kennenzulernen. Die Folge dieses individuell und gesellschaftlich notwendigen Wiederholungszwanges aber war, daß in den ersten Jahren nach 1951 eine neue Kunst in Bayreuth gezeigt wurde, die in der Tat ein Neubayreuth zu begründen vermochte, jedoch in der internationalen Kunstentwicklung bereits einigermaßen »gestrig« anmutete.

Wenn ein entscheidender Verdienst der Brüder Wieland und Wolfgang Wagner darin bestand, seit 1951 mit immer größerem Nachdruck die Bayreuther Festspiele zur Gleichzeitigkeit mit der zeitgenössischen Kunst- und Theaterentwicklung gebracht zu haben, so mußte trotzdem von einer leicht »verspäteten« Gleichzeitigkeit gesprochen werden. Als Wieland Wagner starb, hatte er die Verbindung wiederhergestellt zwischen dem Werk Richard Wagners und dem modernen Denken. Richard Wagner war abermals unser Zeitgenosse geworden. Oder vielmehr: er wurde wiederum, wie zu seinen Lebzeiten, das produktive Ärgernis eines immer noch Ungleichzeitigen. In den Programmheften der Festspiele las man Beiträge von Ernst Bloch, Theodor W. Adorno, Wolfgang Schadewaldt. Mit dem Geist der einstigen *Bayreuther Blätter* hatte das nicht eben viel zu tun. Dieser moderne Mensch und unersättlich neugierige Künstler, dem man nachzureden pflegte, er sei autoritär und selbstherrlich, verstand sich im Gegenteil in bezaubernder Weise auf die Kunst des Zuhörens. Er merkte auf, wenn er etwas hörte oder las, was ihn faszinierte. Dann packte er zu oder ging auf Entdeckungsreisen aus.

Vollkommene Eintracht mit anderen freilich war nicht möglich. Sie konnte nicht gelingen, denn Eintracht auch mit sich selbst war keine Stärke Wieland Wagners. Zu seiner unersättlichen Neugier gehörte es, daß er die Werke jeweils neu zu sehen vermochte, ganz anders, als er sie vorher selbst verstanden und interpretiert hatte.

Hier lebte ein Mensch im permanenten und produktiven Widerspruch mit sich selbst. Er war ebenso höflich wie listig, hörte genau zu, gab einem auch recht, alles aber war ohne Garantie. Dieser Musiker und Bühnenbildner, Theatermann und Geisteswissenschaftler hatte sich diejenigen Werke, die er auf die Bühne zu bringen gedachte, so radikal angeeignet, nämlich von der Wurzel her, daß sie ihm, statt rascher Gewißheiten, immer neue Rätsel aufgaben.

Wieland Wagner war, wenn es ihm darum zu tun war, ein Meister im Schreiben von Werbebriefen. Ihm genügte nicht, wie noch seinem Vater, kaum zu reden vom Regisseur Heinz Tietjen, die Herausarbeitung sogenannter »Lebenswahrheit« innerhalb des musikalischen Dramas. Wieland Wagner war ein extremer Denker, kein bürgerlicher Rationalist. Das Wort »bürgerlich« hörte man aus seinem Munde stets im abschätzigen Tonfall. In einem Brief vom 20. Februar 1960 (an Karl Mühlberg in Berlin) setzte er sich geduldig mit den Einwänden seines Partners gegen die Inszenierung von *Tristan und Isolde* auseinander. Wieland Wagner replizierte: »Ich kann mich leider Ihrer Meinung, daß Isolde bis zu einem gewissen Motiv ihre Rache erhofft, nicht anschließen. Dagegen würde schon der berühmte Brief Richard Wagners an Devrient über die Auffassung der Isolde im ersten Akt *Tristan* sprechen. Ich kann mich nicht dazu entschließen, die berühmten Takte sozusagen ›medizinisch‹ zu interpretieren. Auch am Schluß kann die Wagnersche Isolde nicht den konventionellen medizinischen Tod sterben, wenn man den ganzen *Tristan* – wie ich es versucht habe – als Mysterienspiel in der Nachfolge der spanischen Mysterienspiele, die Wagner gerade zur Zeit des Tristan täglich studiert hat, betrachtet. Text und Musik schildern eindeutig Isoldes Erlebnis der unio mystica mit der Tristan-Seele. Der sogenannte Tod ist bei Wagner immer der Durchbruch in die Transzendenz, das Erlebnis des kosmischen Eros. Tristan ›stirbt‹ in einem dionysischen Rauschzustand (5/4 Takt), der Fliegende Holländer, Tannhäuser und Siegfried sterben als ›Verklärte‹. Ich habe den körperlichen Tod der Isolde stets als sehr unbefriedigend empfunden und deshalb versucht – ich darf ausdrücklich sagen, versucht –, eine vom Bisherigen abweichende darstellerische Lösung des Problems zu geben.«

In einem Vortrag vor amerikanischen Studenten über die *Kunst des Romans* hat Thomas Mann im Jahre 1942 behauptet, es gebe zwar unter den deutschen Romanen und Romanciers des 19. Jahrhunderts kaum etwas, das mit der großen Romankunst der Franzosen, Russen, Engländer, auch Amerikaner im gleichen Zeitraum zu vergleichen sei; hingegen habe Richard Wagner seit dem *Tristan* und insbesondere mit dem *Ring* ein deutsches Gegenstück zum bürgerlichen, realistischen und psychologisierenden Roman geliefert. Die Tetralogie wird hier als gleichsam episches Theater verstanden, wobei die Funktion der psychologischen Analysen in der eigentlichen Epik diesmal dem Orchester übertragen wird, das nicht bloß Sprechen oder Singen der Gestalten unterstützt, sondern bisweilen auch, mit höchster Artistik, eben das ausplaudert, was die Gestalt selbst nicht sagen will und verschweigen möchte. Tristans Schweigen und Mimes Lügen werden erst durch die Verbindung von Wortaussage und Musikaussage als Ganzheit verständlich.
Wieland Wagner lernte vermutlich diesen Text Thomas Manns erst spät kennen: als sich sein eigener Interpretationsstil bereits entwickelt hatte. Allein, bereits in seiner Programmschrift von 1951 war der Musik des Wagnerorchesters ein beherrschender Vorrang eingeräumt worden.
Das aber bedeutete immer wieder, auf mimisch-gestische Ausdeutung der Musik durch die Bühne zu verzichten. Darum eben wurde in Wieland Wagners Inszenierungen so wenig »gespielt«, daß manche Kritiker vom Oratorienstil sprachen. Es war aber alles andere als ein Konzert in Kostümen, was hier geboten wurde. Nur galt auch hier, wie bei allen modernen Bemühungen um Kunst, das Wort Franz Kafkas: »Zum letzten Mal Psychologie.« Gerade weil Wieland Wagner ein Kenner moderner Seelenforschung war, mußte es ihm unerträglich sein, die Werke seines Großvaters aus den psychologischen Motivationen des 19. Jahrhunderts zu inszenieren.
Damit war die Problematik des heutigen reproduktiven Künstlers vor dem Wagnerwerk sichtbar geworden. Romanciers in der Mitte des 20. Jahrhunderts entsagen dem psychologischen Roman und allwissenden Erzähler; ihr Realismus mißtraut

früheren Gewißheiten und tastet sich meist nur zu »Mutmaßungen« vor über das zu Erzählende. Die schöne Abrundung der großen Romane von einst wird nicht mehr erreicht, auch nicht mehr angestrebt. Noch Thomas Mann schuf im Josephsroman eine Tetralogie in bewußter Anlehnung an den Aufbau des *Nibelungenrings*. Die heutigen Romane bleiben fragmentarisch, der offenen Form verpflichtet. Das Theater hat längst auf Einfühlung und rauschhafte Einstimmung zwischen Theaterbesucher und Bühnengestalt verzichtet. Auch ohne Brecht wäre es zu einer Theaterkunst der distanzierenden Verfremdung gekommen.

Dem Verzicht Wieland Wagners auf die psychologisierende Schauspielregie entsprach daher zugleich der Verzicht auf eine rauschhafte, über Einzelheiten kühn hinwegdirigierende musikalische Interpretation. Es war also folgerichtig, daß Wieland Wagner gerade auf Karl Böhm und Pierre Boulez verfiel.

Analysiert man das Auftreten des ältesten Sohnes von Siegfried und Winifred, so fällt die Diskrepanz auf zwischen Wieland und seinem Vater. Siegfried Wagner wird, in allen Berichten über Begegnungen, sogar von solchen, die seine politischen Ideen und Kompositionen ablehnten, als überaus liebenswerter, umgänglicher und duldsamer Mann geschildert. Seine Regiearbeit war einfühlsam und helfend, vor allem auch »dienend« in jenem von Cosima tradierten Sinne. Wieland Wagner war besessen von seinen Visionen und geplanten Realisationen; dabei ging es nicht immer ohne Schroffheit ab. Wenn er in einem Brief aus der letzten Lebenszeit, der insgeheim ein Werbebrief ist, der Sängerin Christa Ludwig, die er fest für Bayreuth gewinnen möchte, zunächst einmal auseinandersetzt, er habe sie lange Zeit bloß für eine typische »Kammersängerin« gehalten und sei erst während der Arbeit mit ihr anderen Sinnes geworden, so äußert sich darin eine ziemlich ungewöhnliche Art der Huldigung. Treue zu den von ihm erwählten Künstlern war selbstverständlich: sie wurde durch leidenschaftliche Treue der Sänger und Musiker erwidert. Aber Wieland Wagner war kein Mann des freundlich-belanglosen Gesprächs. Wenn ihn Partner und Thema nicht interessierten, mochte er unverhohlen seine

Langeweile und sogar Ungeduld zeigen. Andererseits war er fast unersättlich neugierig. Nicht allein in allem, was den Bayreuther Spielplan und Kunstcharakter betraf, sondern in Fragen moderner Kunst und Literatur.

Gegen Ende seines Lebens konnte Wieland Wagner, verglich er den nunmehr erreichten Status mit den Anfängen im Jahre 1951, damit rechnen, eine neue Generation von Musikern und Sängern herangezogen zu haben, mit denen die Umsetzung seiner Visionen leichter sein würde als mit den einstigen Kammersängern und Staatskapellmeistern. Eine Sängerin wie Anja Silja, Heldendarsteller eines neuen Typs wie Thomas Stewart oder Theo Adam, ein moderner Komponist und Dirigent wie Pierre Boulez: mit ihnen und vielen anderen gedachten die Brüder die Theaterarbeit fortzusetzen. Freilich machte man sich nichts vor. Daß das Inszenierungskonzept von Neubayreuth, mitsamt dieser besonderen Personalunion von Bühnenbildner und Spielleiter, nicht unbegrenzt fortzusetzen sei, wußten beide genau. Wieland Wagner hatte sich viel vorgenommen. Im Gespräch tauchten immer wieder Pläne auf, die um Schauspielregie kreisten. Auch hatte er in all seinen Inszenierungen für das Musiktheater die Werke von Mozart nahezu ängstlich ausgespart. Pläne der Arbeit am *Don Giovanni* beschäftigten ihn seit langem.

Zu alledem ist es nicht mehr gekommen. Im Frühjahr 1965 tauchten erste Symptome einer schweren Krankheit auf. An den Festspielen des Jahres 1966 hat Wieland Wagner nicht mehr teilnehmen können. Er mußte die Proben unterbrechen und das Krankenhaus aufsuchen. Der Gedanke, daß er vielleicht nicht alt werden könnte, schien ihm vertraut zu sein. Am 30. April 1962 schlossen die Brüder Wieland und Wolfgang Wagner einen Gesellschaftsvertrag, worin festgelegt wurde, wie die Festspiele weiterzuführen seien nach dem Tode eines Gesellschafters. Am 17. Oktober 1966 ist Wieland Wagner in der Universitätsklinik München gestorben: kaum drei Monate vor seinem 50. Geburtstag. Von nun an hatte, dem Gesellschaftsvertrag zufolge, der jüngere Bruder Wolfgang die Festspiele zu leiten.

Festspiel als Beruf
Wolfgang Wagner

Die Brüder

Das Gesamtwerk Richard Wagners seit dem *Fliegenden Holländer* hat Wieland Wagner von 1951 bis 1965 im Festspielhaus inszenieren können. In Stuttgart versuchte er sich außerdem an einer Neuaufführung des *Rienzi*, kam aber zum Ergebnis, auch weiterhin die Anweisung seines Großvaters zu respektieren und den *Rienzi* vom Bayreuther Repertoire fernzuhalten. Gelungen waren die Verwirklichungen des *Parsifal* und des *Tristan*. Auch die beiden antagonistischen Deutungen der *Meistersinger von Nürnberg* vermochten, just in ihrer extremen Profilierung, die Möglichkeiten zu erproben, die sich für eine Regie des ausgeleuchteten und leeren Raums ergeben mußten. Die Inszenierung des *Nibelungenrings* vom Jahre 1965 stimmte im Konzept, war aber in vielen Einzelheiten nicht fertig geworden. Das wußte der Spielleiter, machte auch im Gespräch daraus kein Geheimnis. Hier sollte weitergearbeitet werden. Mit dem *Tannhäuser* ist Wieland Wagner, wie er sich und anderen eingestand, trotz vieler Anläufe nicht zurechtgekommen, obwohl er schon als junger Mensch und mitten im Krieg nichts sehnlicher angestrebt hatte als einen erfolgreichen Gegenentwurf zur *Tannhäuser*-Inszenierung seines Vaters im Jahre 1930. Der *Fliegende Holländer* in Wieland Wagners Regie erhielt ein heikles, aber erstaunliches Gleichgewicht durch die Zusammenarbeit der Regie mit einer ungewöhnlichen und in der Tat blutjungen Senta: der Sängerin Anja Silja. Wieland Wagners Inszenierung des *Lohengrin* war statisch gehalten; hier hatte ein Bildender Künstler inszeniert, dem es auf Farben und Konturen ankam.

Viel Arbeit war in kurzer Zeit geleistet worden, gar nicht zu reden von den Inszenierungen Glucks, Mozarts, Verdis oder Alban Bergs und von den Übertragungen des Bayreuther Modells auf deutsche und außerdeutsche Opernhäuser. Noch ein

Jahrzehnt nach Wieland Wagners Tod sind die Wagner-Inszenierungen der großen Opernhäuser durch ihn und die neue Bayreuther Ästhetik geprägt.
Es war aber nicht fortzusetzen. Das haben die Brüder nach dem ersten Jahrzehnt gemeinsamer Arbeit geahnt. Mit jeder neuen Einstudierung wurde ein solches Wähnen zur Gewißheit. Auch Wolfgang Wagner hatte bis zum Tode des Bruders den größten Teil seiner Versionen im Festspielhaus vorstellen können: einen *Lohengrin* (1953), den *Fliegenden Holländer* (1955), die Tetralogie im Jahre 1960. Ein Jahr nach Wielands Tod, und damit im ersten Jahr seines Amtierens als alleiniger Festspielleiter, hatte er abermals den *Lohengrin* neu einstudiert, unter Rudolf Kempes musikalischer Leitung. Die Jubiläumsinszenierung der *Meistersinger von Nürnberg*, hundert Jahre nach der Uraufführung in München im Jahre 1868, schloß sich an. Im Jahre 1970 inszenierte Wolfgang Wagner zum zweiten Mal die Tetralogie; fünf Jahre später (1975) kam eine Neuinszenierung des *Parsifal* hinzu. Den *Tristan* hatte Wolfgang Wagner zwar nicht für Bayreuth entworfen, aber mehrfach bei Gastinszenierungen in Italien gezeigt: in Venedig (1958) und in Palermo (1960). Eine Bayreuther Aufführung des *Tannhäuser* unternahm er nicht.
Dies war auf die Dauer kaum mehr fortzusetzen. Wie sehr alle Inszenierungen der beiden Brüder einem gemeinsamen ästhetischen Konzept folgten, wurde evident, als der Kreis der Werke ausgeschritten worden war. Natürlich gab es Divergenzen im Grundkonzept einer Deutung und Darbietung des *Nibelungenrings* zwischen Wieland und Wolfgang Wagner; andererseits war die Gemeinsamkeit des Ansatzes ebensowenig zu verkennen. Auch Wieland Wagner hatte sich für seine Inszenierung der Tetralogie im Jahre 1965 jener »Weltscheibe« erinnert, die als Totalität und durch die Auflösung in Segmente charakteristisch gewesen war für Wolfgang Wagners Regieplan vom Jahre 1960.
Der neue Bayreuther Stil hatte sich von Anfang an aus der Negation entwickelt und aus der Destruktion. Wieland Wagners Terminus der »Entrümpelung« meinte weit mehr als das Forträumen von Requisiten und den Verzicht auf Vorspiegelungen irgendeiner historischen oder gar mythischen »Wirklichkeit«

im Bühnenbild. Die Inszenierungen der beiden Brüder waren expressiv, nicht realistisch. Das war nicht mehr Expressionismus wie im *Fliegenden Holländer* von Otto Klemperer und Jürgen Fehling, aber hinter den entschlossenen Stilisierungen spürte man das Mißtrauen der Enkel Richard Wagners gegenüber aller Bühnenkunst der Illusionen. Allein die Konstruktion, welche nach der Destruktion hier gewagt wurde, also nach einer Götterdämmerung im Leben und nicht im Opernhaus, präsentierte sich als ein neuer Illusionismus: als Illusion einer neuen Ausdruckskunst. Man hatte den Opernstil der Stadttheater ebenso in Bayreuth überwunden wie das psychologisierende und pseudorealistische Theater von Tietjen und Preetorius; allein, man hatte es nicht gewagt, auch das Werk Richard Wagners mit Hilfe von Verfremdungen zu inszenieren. Im Jahre 1951 war versucht worden, zuerst mit ungewöhnlichem Erfolg, die Erneuerung zu bewirken mit Hilfe einer Theaterkunst und erst recht einer Bildenden Kunst, die ihrerseits hinfällig geworden war: Expressionismus nach dem Expressionismus. Mit weiterem Zeitvergang bestand für das Bayreuth sowohl Wieland wie Wolfgang Wagners die Gefahr, selbst zum neuen Anachronismus zu werden. Darüber haben die Brüder in Wieland Wagners letzter Lebenszeit immer wieder beraten müssen.

Natürlich gab es Gegensätze des Temperaments, des Verhältnisses zur ästhetischen Theorie und zur Bühnenpraxis. Andererseits ergänzten sich Wieland und Wolfgang Wagner in überaus glücklicher Weise. Keineswegs bloß darin, daß Wieland von früh auf einem ästhetischen Absolutismus zu frönen suchte und nur unwillig auf praktisch-pragmatische Schwierigkeiten reagierte. Wolfgang Wagner wurde dadurch vom ersten Augenblick an zum Mann der Verwaltung, der Finanzen, der Rechtsverhältnisse. Wichtiger war vielleicht, wenngleich weniger sichtbar für die Außenwelt, daß Wieland Wagner, seiner ganzen Entwicklung und Neigung nach, den Primat des Visuellen, und damit der Bildenden Kunst, niemals negierte.

Wolfgang Wagner war vor allem ein Musiker, dem man beim Polenfeldzug im September 1939 das Handgelenk durchschossen hatte, so daß er kein Musikinstrument mehr zu spielen ver-

mochte. Nach seiner Entlassung aus der Wehrmacht im Jahre 1940 wurde er Assistent bei Heinz Tietjen an der Preußischen Staatsoper Berlin und lernte dort als Musiker den Alltag eines großen Operntheaters kennen. Er inszenierte 1944 zum ersten Mal an der Berliner Staatsoper. Auch er debütierte, wie sein Bruder Wieland, mit einem Werk seines Vaters. Am 7. Juni 1944 wurde Siegfried Wagners Oper *Bruder Lustig* unter dem neuen Titel *Andreasnacht* zum 75. Geburtstag Siegfried Wagners in der Regie seines Sohnes aufgeführt. Im August dieses letzten Kriegsjahres wurden alle Theater geschlossen. Wolfgang Wagner kehrt nach Bayreuth zurück: kriegsdienstverpflichtet und dem Städtischen Bauamt zugeteilt. Das Kriegsende erlebte er in Bayreuth. Seine erste Tätigkeit bestand in Aufräumungsarbeiten in den Trümmern von Haus Wahnfried. Da der jüngere Bruder niemals Mitglied einer nationalsozialistischen Organisation gewesen war, kamen in seinem Falle keinerlei Berufsbeschränkungen in Frage. Vier Jahre nach Kriegsende wurde beiden Brüdern die Leitung der Festspiele übertragen. Die interne Abmachung zwischen Wieland und Wolfgang legte fest, daß Wolfgang eine bereits für 1952 geplante Inszenierung zurückstellte, um sich ganz den organisatorischen Aufgaben widmen zu können. Er leitete aber zusammen mit Wieland ein Gastspiel der Bayreuther Festspiele in Neapel mit *Rheingold* und *Walküre*. Drei Jahre später (1955) inszenierte er zum ersten Mal in Braunschweig den *Don Giovanni*. Es blieb die einzige Inszenierung Wolfgang Wagners auf fremdem Gelände, nämlich außerhalb des Gralsbereichs der Werke von Richard Wagner – von jenem Berliner Debüt abgesehen.
Nach dem Tode Wieland Wagners war es für den Überlebenden klar, daß neue Spielleiter und Ausstattungsleiter für Bayreuth gewonnen werden mußten. Fünfzehn Jahre lang hatten die Brüder alle Arbeit geleistet, einen Stil entwickelt, mit bis in seine extremen Möglichkeiten erprobt. Wenn Bayreuth aber, nach einem Lieblingswort Wieland Wagners, eine »Werkstatt« bleiben sollte, so mußten neue Leute von nun an mit neuen Mitteln proben und sich erproben. Ein Gespräch Wolfgang Wagners mit Martin Gregor-Dellin zu Beginn der Festspiele von 1967

macht das deutlich. Noch liegen für 1968 die Pläne vor, die gemeinsam mit Wieland erarbeitet worden waren. Die Jubiläumsinszenierung der *Meistersinger* gedenkt Wolfgang Wagner selbst vorzubereiten. Allein, bereits für den *Fliegenden Holländer* des Jahres 1969 muß ein Spielleiter gewonnen werden, der von außerhalb kommt und nicht mehr zur Familie Wagner gehört. (Die Inszenierung übernahm dann August Everding.) Die Hauptaufgabe sieht Wolfgang Wagner in jenem Gespräch darin, im Sinne auch seines Bruders »Bayreuth ... als Stätte einer sich ständig erneuernden, besonderen Form des Musiktheaters weiterzuführen«. Ein Jahr später (1968) entwickelt er im Gespräch mit dem Bayreuther Musikschriftsteller Erich Rappl seine in entscheidenden Fragen divergierenden Ansichten zum *Ring*-Konzept Wieland Wagners. Zu Wielands Inszenierung vom Jahre 1965 meint er jetzt: »Ich bin sicher, daß sie, würde mein Bruder noch leben, jetzt nach vier Jahren schon ganz anders aussehen würde. Mein Bruder hat das Werk damals ganz aus der Perspektive des Schwarz-Alben inszeniert – daher auch die vorwaltende Dunkelheit und Schwärze der Bilder. Diese Bilder aber sind für mein Empfinden zu präpotent, sie schieben sich zu sehr in den Vordergrund allen Erlebens. Richard Wagners Bildersprache ist zu vielschichtig, als daß man sie auf die Dauer auf eine einzige – sei es auch noch so interessante – extreme visuelle Ausdeutung festlegen könnte. Für die Zukunft glaube ich voraussagen zu können, daß das Musikalische wieder sehr viel stärker in den Vordergrund treten wird und daß die rein bildnerische Idee dahinter zurückzutreten hat. Im übrigen hat mein Bruder seiner *Ring*-Inszenierung selber nicht mehr als fünf Jahre Laufzeit gegeben ...«
Veränderungen gab es auch bei den Mitwirkenden der Festspiele. Karl Böhm konnte sich mit zunehmendem Alter immer weniger entschließen, alle vier Abende der Tetralogie selbst zu leiten. Man einigte sich vorübergehend dahin, daß Otmar Suitner das Vorspiel und den *Siegfried* dirigieren sollte, während sich Böhm auf *Walküre* und *Götterdämmerung* konzentrierte. Auch den *Fliegenden Holländer* von 1969 hat Böhm noch geleitet. Wolfgang Windgassens plötzlicher Tod ließ die Kon-

stellation Birgit Nilsson/Wolfgang Windgassen (Tristan und Isolde, Siegfried und Brünnhilde) vergehen. Wolfgang Wagner baute planmäßig ein neues Ensemble auf, nach dem Grundsatz, den er oft und etwas provokatorisch gegenüber der Presse dahin zu formulieren liebte, daß es in Bayreuth nicht darauf ankomme, berühmte Namen zu gewinnen. Man suche vielmehr begabte junge Künstler zu entwickeln, die in Bayreuth und durch die Festspiele berühmt werden könnten. Wolfgang Wagner hat in seiner Lehrzeit an der Berliner Staatsoper die Fähigkeit entwickelt, künstlerische und stimmliche Möglichkeiten an jungen Sängern wahrzunehmen. Mit Wieland hatte er die weithin unbekannten Künstler der ersten Festspiele von 1951 zum Weltruhm geführt. Im Jahrzehnt nach dem Tode Wieland Wagners mußten eine neue Isolde und Brünnhilde erprobt werden (Catarina Ligendza), ein neuer Lohengrin und Stolzing (René Kollo), die Elsa und Eva der Hannelore Bode. In der Engländerin Yvonne Minton holte sich Wolfgang Wagner eine neue Brangäne nach Bayreuth. Als Karl Böhm, der von Anfang an fest an Salzburg gebunden war, immer weniger bereit sein wollte, die Anstrengungen des Sommers zwischen Bayreuth und Salzburg zu teilen, mußten neue Dirigenten erprobt werden. Horst Stein wurde ein neuer Bayreuther Hausdirigent: zunächst für den *Parsifal*, dann für den *Ring des Nibelungen*. Silvio Varviso übernahm den *Lohengrin* und die *Meistersinger*. Im Jahre 1974 erschien zum ersten Mal Carlos Kleiber am Dirigentenpult: der Sohn jenes Erich Kleiber, den Bayreuth niemals hatte berufen wollen. Nun leitete der Sohn vom »mystischen Abgrund« aus das alte Spiel von *Tristan und Isolde*.

Ein freischwebender Künstler namens Tannhäuser

Die Inszenierungen des *Lohengrin, Holländer,* der *Meistersinger* und des *Nibelungenrings* wurden im allgemeinen vom Bayreuther Publikum am Premierenabend mit gewaltigem Applaus aufgenommen. Es gab einzelne Rufe des Mißbehagens, gerichtet gegen Dirigenten, Spielleitung, einzelne Sänger, manchmal wohl auch gegen das Ganze; aber diese Dissonanz gehörte dazu, wirkte bisweilen wie mitkomponiert. Die stürmischen Proteste, die man an Wieland Wagners Anschrift seit jenen denkwürdigen *Meistersingern* zu richten pflegte, wurden unter der Festspielleitung Wolfgang Wagners nicht mehr fortgesetzt. Auch gegen Everdings Neuinszenierung des *Fliegenden Holländer* hatte das Premierenpublikum offensichtlich nichts einzuwenden.

Die Festspiele des Jahres 1972 wurden eröffnet mit einer neuen Aufführung des *Tannhäuser*. Mit Richard Wagners »Großer Romantischen Oper« hatte Siegfried Wagner im Jahre 1930 seine Bayreuther Theaterarbeit gleichzeitig gekrönt und beendet. Der Sohn Wieland unternahm zwei Versuche, die ihn selbst nicht befriedigten. Wolfgang Wagner kam zur Entscheidung, dies in der Realisierung vielleicht schwierigste Werk des Bayreuther Meisters einem Spielleiter anzuvertrauen, dem die Bayreuther Tradition so fernzustehen schien wie nur denkbar. Der Regisseur Götz Friedrich wirkte im Augenblick, da er die Einladung erhielt, den neuen Tannhäuser in Bayreuth zu inszenieren, an Walter Felsensteins *Komischer Oper* in Ostberlin. Das repräsentierte ein Programm. Übereinstimmend mit Richard Wagner und der Bayreuther Überlieferung insofern, als auch Felsenstein mit seinen Schülern, aus ähnlichen Erwägungen wie Richard Wagner in seinen theoretischen Schriften, den Begriff der höfisch-bürgerlichen Oper ablehnte und ersetzen wollte durch den Terminus »Musiktheater«. Andererseits unterschied sich Felsensteins Konzept von jenem Richard Wagners durch einen entschiedenen Rationalismus. Den Kreislauf von Mythos und Aufklärung lehnte man ab in der *Komischen Oper*. Auch der Mythos sei Gegenstand der realen Interpretation: der Aufklärung. Hier öffnete sich ein Konflikt zwischen den ästhetischen Maximen der Bayreuther Tradition und jenen des realistischen Musiktheaters. Felsenstein selbst war redlich genug, in seiner eigenen Theaterarbeit das Werk Richard Wagners auszuklammern. Man spielte Verdi, Offenbach, Mozart und den *Freischütz*, vieles andere noch, durchaus nicht immer Lustspielhaftes, doch nicht Richard Wagner. Eine Ausnahme wurde mit dem *Fliegenden Holländer* gemacht, allein, auch dieses Werk übergab der Begründer der Komischen Oper einem Mitarbeiter. Er selbst versagte sich sogar noch diesem Frühwerk. Götz Friedrich war durch Felsenstein früh geprägt worden, was Spannungen zwischen Meister und Schüler beileibe nicht ausschloß. Auch er repräsentierte ein Theater der Aufklärung, des Ernstnehmens großer Operntexte, ihrer jeweils wechselnden Spannungen zwischen Text und Musik, der gleichfalls ernstgenommenen Spannung zwischen einem konkreten Kunstwerk der Vergangenheit und einem ebenso konkret vorgestellten Publikum von heute.

Daraus ergaben sich Divergenzen zur Ästhetik Richard Wagners. Vom *Tannhäuser* nämlich bis zum *Parsifal* hatte der Musikdramatiker Richard Wagner für seine Zeit geschrieben, dabei die besondere Wirkungsweise auf ein zeitgenössisches Publikum einberechnet, wozu auch die Besonderheiten des Bayreuther Festspielhauses gehörten; allein, seit jener Bayreuther Theaterarbeit war bald ein Jahrhundert vergangen. Die Erfahrungen dieses Jahrhunderts aber, schmerzlich in ihrer Mehrzahl, mußten von nun an mitinszeniert werden. Das war ein Grundprinzip Walter Felsensteins und seiner Mitarbeiter. Aufklärung hatte in kritischer Theaterarbeit auch das mythische Kunstwerk von einst zu interpretieren. Der auf Identifikation mit dem Bühnengeschehen beruhenden Bayreuther Ästhetik wurde eine Ästhetik der Verfremdung entgegengesetzt. Nicht zufällig hatte Bertolt Brecht seit der Arbeit an seiner Oper *Aufstieg und Fall der Stadt Mahagonny* (mit der Musik von Kurt Weill) ein Theater der Verfremdung immer wieder als Antagonismus zur Bühnenkunst gerade Richard Wagners verstanden.

Die Premiere dieses neuen *Tannhäuser* am 23. Juli 1972 provozierte einen Theaterskandal, der die einstigen Proteste gegen Wieland Wagners »Meistersinger ohne Nürnberg« bei weitem übertraf. Mißbehagen schon im ersten Akt über die Jagdgesellschaft des Landgrafen; der Einzug der Gäste ins Festspielhaus auf der Wartburg parodierte unverkennbar den Einzug der

Gäste ins Festspielhaus von Bayreuth. Gebet und Sterben der Elisabeth wurden nicht mit bewährtem Geschmack zur Metapher stilisiert. Die Sängerin Gwyneth Jones, die in Götz Friedrichs Inszenierung auch die Venus gespielt hatte: als Projektion erotischer Phantasien des Künstlers Tannhäuser, demonstrierte wirklich das Sterben einer tief leidenden und todeswilligen Frau.

Entrüstung wirkte nach, war nicht auf jenen Premierenabend beschränkt. Landesgewaltige der Politik schrieben Leserbriefe und beklagten die Störung des »Weihespiels« durch den Mann, den man sich aus Ostberlin geholt hatte. Auch von einer Sperrung staatlicher Zuschüsse für diese Art von Theater war die Rede. Andere Leserbriefe äußerten sich begeistert über diesen neuen Bayreuther *Tannhäuser*. In der Pressekonferenz erklärten sich die Sänger und Wolfgang Wagner solidarisch mit ihrem Regisseur. Spätere Aufführungen liefen ohne Störung ab. Als ein Jahr später (1973) die Inszenierung von neuem im Spielplan erschien, wurde Götz Friedrich begeistert vom Publikum gefeiert.

Was war geschehen? Die realistische und verfremdende Deutung der *Tannhäuser*-Geschichte hatte Gleichzeitigkeit hergestellt zwischen diesem Werk und diesem Publikum vom Jahre 1972. Das war geplant worden. Einer der »lieben Sänger« aus dem Gefolge eines bösartigen Autokraten und Landgrafen präsentierte sich in stilisierter SA-Uniform; der alte Biterolf (»Wenn mich begeistert hohe Liebe, / stählt sie die Waffen mir mit Mut ...« singt er folglich auch bei Wagner) im schwarzen Leder einer gleichfalls unverkennbaren Tracht. Entsprechende Kostümierung, vom Ausstatter Jürgen Rose sehr ambivalent entworfen, beim Festspielpublikum im Palast der Wartburg: die thüringischen »Helden, tapfer, deutsch und weise, ein stolzer Eichwald, herrlich, frisch und grün ...«, in der schwarzen Einheitstracht: gleichzeitig gerüstet als Schwarzes Korps und als gehberockte Festspielgenießer. Die Frauen, »hold und tugendsam«, nach Wolframs Schmeichelwort eines Dichterprimus, halb gewandet als Uta von Naumburg, halb als Wagnerianerin von 1876 in Makarts Zeichen.

Es kam hinzu, daß bei Wagner auch im *Tannhäuser*, wie nicht minder später im *Lohengrin*, ein wohlbekannter »froher Ruf erschallet«: »Heil! Heil! Thüringens Fürsten Heil!/ Der holden Kunst Beschützer Heil! Heil! Heil!« Was Wunder, wenn bei solchem Klang und in diesem – Bayreuther – Saal des Festspielhauses einige der Chorsänger und Wartburgedlen die Hand zum deutschen Gruß erhoben: bedauerlicherweise nicht gehindert vom Regisseur. Den militanten Antifaschisten des Premierenabends ein Greuel. Das Weihespiel jedenfalls war einem gründlich verdorben. Beweis: viele Kritiken, Leserbriefe, entrüstete Kommentare in allen stilistischen Preislagen.
Der *Tannhäuser* mußte lange warten, bis auf der Bühne, und ausgerechnet in Bayreuth, freigesetzt werden konnte, was Wagner im Vormärz, in einer vorrevolutionären Lage (1845), konzipiert hatte. Götz Friedrich hatte sehr genau gelesen und inszeniert, so daß man bei diesem *Tannhäuser* im Festspielhaus nichts hörte, was Wagner nicht komponiert hat, nichts sah, was man nicht, beim Lesen des Textes, als authentisch ansehen muß. Es bedurfte keiner Manipulation durch den Spielleiter. Manipuliert war jahrzehntelang jener Stadttheater-*Tannhäuser*. Im Weihespielschema, von der Maas bis an die Memel, lief der Wartburgakt als ein Arienwettbewerb ab, wobei der Chor bisweilen malerisch die Schwerter zückte, sich bald aber beruhigte. Immerhin ist die heilige Elisabeth da. Was Wagner, vorahnend, davon hielt, steht in einem Brief aus dem Revolutionsjahr 1849, den das Bayreuther Programmheft mit Recht reproduziert: »Die Sänger durch Gesangskünste, Verzierungen, Cadenzen sich überbieten zu lassen, hätte die Aufgabe eines Concertstreites, nicht aber eines dramatischen Gedanken- und Empfindungskampfes sein können; ... Ich hatte somit den Triumph, unser hierfür sehr entwöhntes Publikum in der Oper durch den Gedanken zu fassen, nicht bloß durch die Empfindung.«
Antithese also der Gedankensysteme und Empfindungsweisen in dieser »Großen Romantischen Oper«, die bereits mit ihrem sonderbaren Untertitel die gesellschaftliche Ambivalenz offenbart, denn der *Tannhäuser* ist weder Große Oper der Meyerbeer-Nachfolge, wie wenige Jahre vorher der *Rienzi*, noch

gemüthafte Weiterführung der deutsch-romantischen Tradition des von Wagner bewunderten *Freischütz*-Komponisten. Alle bewährten Rezepte und Zutaten werden beachtet. Tieck und Heine beim Venusberg, E.T.A. Hoffmanns serapiontische Erzählung vom *Kampf der Sänger*, die Wagner sehr genau las, Götz Friedrich auch; kaum taten es die meisten Kritiker, sonst hätten sie entdeckt, daß der Auftritt der Jagdgesellschaft im ersten, die Attitüde der landgräflichen Leibgarde im zweiten Akt von Hoffmann präzis beschrieben, von Wagner im Libretto nachvollzogen wurde. Bei Hoffmann spricht der Landgraf so zu Ofterdingen: »Ihr habt mit Euren wahnsinnigen Liedern mich, Ihr habt die holden Frauen an meinem Hofe schwer beleidigt. Euer Kampf betrifft also nicht mehr die Meisterschaft allein, sondern auch meine Ehre, die Ehre der Damen ... Einer von meinen Meistern, das Los soll ihn nennen, stellt sich Euch gegenüber, und die Materie, worüber sie singen, mögt Ihr dann beide selbst wählen. – Aber der Henker soll mit entblößtem Schwerte hinter Euch stehen und wer verliert, werde augenblicklich hingerichtet.«
Das spürte man diesmal im Wartburgakt in Friedrichs Inszenierung. Erst dadurch wird evident, was Wagner unter dem Gegensatz der Gedanken und Empfindungsweisen verstand: die Antithetik von affirmativer und negierender Kunstauffassung.
Wagner begann die Arbeit an dieser romantisch-aufklärerischen Oper nach einer der schrecklichsten Erfahrungen seines Lebens: den Hungerjahren im Paris des Bürgerkönigtums, des Barons Rothschild, der Komponisten als Warenlieferanten. Seine Reaktion war auch hier, wie stets, gesellschaftlich zweideutig: der Venusberg ist die Hölle, und die liegt in Paris. Einige Jahre später konzipiert er den Brand von Walhall, nach der Anleitung des neuen Freundes Bakunin, als Einäscherung von Paris. Gleichzeitig jedoch wagt er im *Tannhäuser* die Antithese: Romantische deutsche Landschaft mit Hirten, Schalmei, Pilgerglauben und holdem Abendstern gegen die Orgien im »künstlichen Paradies« der Frau Venus. Er kann sich nicht entscheiden. Der *Tannhäuser* ist gleichzeitig rückwärts- und folgerichtig vorwärtsgewandt. Sehnsucht nach dem verlorenen Mit-

telalter, dem durch Ludwig Feuerbach weggebannten Kinderglauben, nach deutschen Helden und holden Frauen, wie in der Manessischen Handschrift, wo die Wolfram und Walther vorkommen. Dem entspricht in der Musik die liedhafte Struktur der erschreckend beliebten Stücke, wie Pilgerchor, Lied an den Abendstern, Einzug der Gäste, und auch die Militärmarschmusik, womit der deutsche Tonsetzer Tannhäuser die Frau Venus ansingt.

Allein, da ist die andere Seite des Gedankens und der Empfindung: die mutige. Insgeheim mißtraute Richard Wagner, nach der Pariser Erfahrung, der romantischen Regression. Die Einsicht E.T.A. Hoffmanns kam schließlich auch ihm: daß in der bürgerlichen Gesellschaft die Kunst nicht als Schmuckwelt möglich sei, sondern nur als Gegenwelt. Nicht als bürgerliches Weihespiel, vielmehr als artifizielle Schöpfung einer Gegenwelt. In der Oper stehen so Wolfram und Tannhäuser gegeneinander. Der Librettist entscheidet sich nicht zwischen Wolframs romantischem Traditionalismus und Tannhäusers aggressiver Gegenkunst. Wohl entscheidet sich der Musiker Wagner: musikalisch siegt der Venusberg über den Pilgerchor.

Wie kann dies dargestellt werden, gerade wenn man das Werk und seine Konflikte ernst nimmt? Es gibt, in Text und Musik, die harmonische Symbiose aus Tod und Verklärung. Wagner hat sie, auch hier janusköpfig, gleichzeitig konzipiert und durch die Gesamtlage widerlegt. Befriedigt kann nur der fromme Katholik den Abschluß der Tragödien Tannhäusers, Wolframs, der Elisabeth entgegennehmen, allein, Wagner war weder Katholik noch Christ, als er den *Tannhäuser* schrieb. Sein Abschluß ist religiöses Kunstgewerbe aus gesellschaftlicher Verlegenheit. Diese Unsicherheit des Werks übertrug sich auf Götz Friedrich. Zuerst wagte er den großen Sprung in die Vorwegnahme. Tannhäuser umgeben von Menschen einer künftigen Gesellschaft, worin seine Künstlertragödie »aufgehoben« wurde. Entsetzen der Wartburg – Pardon: der Bayreuther Festspielgesellschaft, als »Werktätige« am Schluß angeblich auf der Bühne erschienen. Es waren Choristen in stilisierter, halbwegs zeitloser Arbeitskleidung. Das war bedenklich. Nicht wegen der Arbeits-

leute, sondern wegen einer falschen Konkretisierung der Utopie. Schließlich sind in irgendeinem heute bestehenden Staat der Arbeiter und Bauern, wie man weiß, die Konflikte zwischen der nonkonformistischen Kunst und der Gesellschaft mitnichten gelöst. Immer noch Wartburgwelt.
Dieser Abschluß wurde dann vom Regisseur zurückgenommen. Sachlich mit Recht. Tannhäusers Einsamkeit wird nicht gesellschaftlich verklärt. Entseelt liegt er da und unerlöst, am Schluß auf der nackten und alltagsmäßig beleuchteten Bretterschräge. Was noch gesungen wird, bleibt musikalischer Abschluß, kein dramatischer.

Zum Abschluß eines Jahrhunderts

Die Festspiele des Jahres 1973 wurden mit einer Neueinstudierung der *Meistersinger von Nürnberg* am 25. Juli eröffnet. Wolfgang Wagner zeichnete erneut für Regie und Ausstattung; die musikalische Leitung hatte Silvio Varviso. Im Programmheft konnte man auf der ersten Seite, gleichsam programmatisch, einen Aufsatz über *Die Richard-Wagner-Stiftung Bayreuth* lesen, kommentiert von Martin Gregor-Dellin. Es handelte sich um die authentische, von der Festspielleitung autorisierte Darstellung eines juristischen Vorgangs, der nach 97 Jahren das Werk von Bayreuth in neuer Rechtsgestalt weiterzuführen gedachte. Das Festspielhaus Bayreuth war Privateigentum Richard Wagners. Auf dem Weg über Cosima und Siegfried war es durch das Gemeinschaftliche Testament von Siegfried und Winifred Wagner zum Eigentum der Schwiegertochter des Komponisten geworden. Seit dem Jahre 1949 fielen Eigentumslage und Festspielleitung auseinander. Festspielhaus nämlich, Wahnfried, vor allem das unschätzbare und unersetzliche Archiv, waren Privateigentum geblieben. Nunmehr aber war Wahnfried zerstört und mußte neu aufgebaut werden. Die Festspiele konnten ohnehin niemals ohne Zuschüsse der öffentlichen Hand durchgeführt werden. Jede Krisensituation im Wirtschaftsleben bedrohte die künstlerischen Pläne.

Der Gedanke an eine Nationalstiftung hatte Richard Wagner schon im ersten Festspieljahr 1876 beschäftigt. Am 31. März 1880 beklagte er in einem Brief an König Ludwig die »nutzlosen Bemühungen um den Gewinn der Mittel zu einer dauernden Stiftung, welche nun einmal der elende Zustand der deutschen ›Nation‹ nicht zu gewähren vermag«. Im Zusammenhang mit dem Ablauf der Schutzfrist für *Parsifal* im Jahre 1913 hatten nicht nur Siegfried Wagner selbst, sondern auch seine Gegenspieler die Forderung nach Umwandlung des Familienunternehmens in eine nationale Institution erhoben. Maximilian Harden dachte dabei, wie schon erwähnt, vor allem an Bayern. Der Musikschriftsteller Paul Bekker schrieb am 11. August 1912 in der *Frankfurter Zeitung*: »Die Forderung nach der Isolierung des *Parsifal* ist nicht nur aus Gründen allgemeiner Art unhaltbar. Sie muß auch scheitern an der Unvereinbarkeit der dynastischen und der künstlerischen Erfolge. Wie kann ein Privileg auf Kosten der Allgemeinheit einem Unternehmen zuerteilt werden, dessen Verwaltung und Weiterbildung lediglich einer Familie anheimgegeben und mit deren Schicksal für immer verknüpft ist? ...
Es gab damals (nach 1883) die Möglichkeit einer weitausgreifenden Entwicklung für Bayreuth, die ihm nicht nur scheinbar, sondern in Wirklichkeit zentrale Bedeutung gegeben hätte: den Ausbau zu einem nationalen Festspielhaus, das nicht dem Kultus eines einzelnen, sondern der gesamten großen Kunst gewidmet worden wäre ...«
Am 2. Mai 1973 wurden in München die letzten Unterschriften unter die Gründungsurkunde einer »Richard-Wagner-Stiftung Bayreuth« gesetzt. Es unterzeichneten Winifred Wagner und ihre vier Kinder oder deren beauftragte Stellvertreter. Es unterzeichneten ebenfalls die anderen Mitglieder dieser Stiftung: die Bundesrepublik Deutschland, der Freistaat Bayern, die Stadt Bayreuth, die Gesellschaft der Freunde von Bayreuth e.V., die Bayerische Landesstiftung, die Oberfrankenstiftung und der Bezirk Oberfranken. Durch diese Urkunde übertrugen die Mitglieder der Familie Wagner unentgeltlich »das Festspielhaus Bayreuth nebst allen Nebengebäuden und allen dazugehören-

den bebauten Grundstücken« auf die neue Stiftung. Haus Wahnfried war früher bereits der Stadt Bayreuth mit der Auflage geschenkt worden, das Wohnhaus Richard Wagners wiederherzustellen, als Richard-Wagner-Museum zu planen und »der Stiftung ... mit allen Nebengebäuden und Park für dauernd leihweise zur Verfügung« zu stellen.

Wichtigstes Vermögensobjekt war natürlich das Familienarchiv. Gregor-Dellin kommentierte diesen Teil der neuen Stiftungsurkunde wie folgt: »Dieses Archiv, das schon bisher der Forschung zur Verfügung stand – Partituren, Erstschriften und Erstdrucke, die gesamte Bibliothek Richard Wagners, sowie die Bilder, Büsten, Erinnerungsstücke und das bis 1945 entstandene Bildmaterial –, ist seinem Wert nach der Kern der Stiftung. Um seinen Verbleib in Bayreuth zu gewährleisten, hat die Bundesrepublik Deutschland, die Bayerische Landesstiftung und die Oberfrankenstiftung das Archiv vor Gründung der Stiftung angekauft. Der vereinbarte Kaufpreis von 12,4 Millionen DM, der von den drei Käufern in drei Jahresraten an die Familie Wagner bezahlt wird, beruht auf zwei Schätzungsgutachten der Bayerischen Staatsbibliothek und der Firma Stargardt. Der Betrag dürfte weit unter dem tatsächlichen Marktwert der Autographen liegen und ist, gemessen an dem Verlust, der der Forschung durch eine Einzelveräußerung oder Zersplitterung entstanden wäre, gegenüber der Öffentlichkeit durchaus zu verantworten. Die Stiftungsurkunde sieht vor, daß der Bund, die Bayerische Landesstiftung und die Oberfrankenstiftung das Richard-Wagner-Archiv der Stiftung ›für dauernd leihweise zur Verfügung‹ stellen und es somit als eines der wertvollsten Einzelarchive in öffentlicher Hand der Forschung zugänglich erhalten.«

Der Finanzierungsplan für die künftigen Festspiele entsprach weitgehend den Gedanken Maximilian Hardens und später auch der bayerischen Politiker vom Jahre 1949. Der Freistaat Bayern verpflichtete sich nunmehr durch Vertrag vom 2. Mai 1973, der Stiftung »jährlich zum Verbrauch bestimmte Zuschüsse« zu gewähren, welche materiell geeignet seien, die »Erfüllung des Stiftungszweckes nachhaltig zu ermöglichen«.

Es handelte sich dabei um eine notfalls einklagbare Rechtsverpflichtung, weshalb Gregor-Dellin kommentiert: »Damit ist auch die Weiterführung der Festspiele verbrieft. Diese Klausel wird unterstützt durch § 3 der Satzung, der als Stiftungsvermögen ausdrücklich ›die Forderungen gegen den Freistaat Bayern, die Stadt Bayreuth und den Bezirk Oberfranken auf laufende Unterstützung nach Maßgabe der Stiftungsurkunde‹ festhält. Die Stiftung ist gemeinnützig (§ 10).«

Stiftung aber und Festspielunternehmen sind rechtlich scharf voneinander getrennt. Mitglieder der Stiftung können folglich keinen Einfluß nehmen auf das Programm oder die künstlerischen Entscheidungen der Festspielleitung. Andererseits versteht sich die neue Stiftung als Weiterführung der Letztwilligen Verfügung Siegfried Wagners. Das Festspielhaus Bayreuth bleibt auch in Zukunft jenen »Zwecken dienstbar …, für die es sein Erbauer bestimmt hat, also einzig der festlichen Aufführung der Werke Richard Wagners«. Die neue Stiftung vermietet von nun an das Festspielhaus an den Festspielleiter. Der Stiftungsrat wird auch über die Nachfolge des gegenwärtigen Festspielleiters, also Wolfgang Wagners, zu entscheiden haben, wobei festgelegt ist, daß »grundsätzlich« ein Mitglied der Familie Wagner mit der Leitung betraut werden soll.

»Man kann sagen, daß sich der wichtigste Gehalt dieser komplizierten Satzung in einem winzigen Satz unter § 8, Abschnitt 5, verbirgt: ›Der Mietvertrag sichert dem Unternehmer die künstlerische Freiheit.‹ Dies klingt fast geschäftlich – wie ja überhaupt die Stifter auf jeder Phrase, auch auf die nationale Gebärde, zum Glück verzichten. Aber manche Utopien, auch die Wagners, erfüllen sich eben nur auf eine ungefähre und profane Weise, und wenn sie sich in einer künstlerisch unabhängigen Fortführung der Festspiele, in ihrer materiellen Sicherung und in der Bewahrung eines wertvollen Erbes einlösen lassen, so ist der Zweck dieser – alles in allem – kulturpolitisch weit vorausschauenden Tat gewiß erreicht.« (Martin Gregor-Dellin)

Die wichtigste Theaterarbeit Wolfgang Wagners seit dem Tod seines Bruders galt im Sommer 1975 einer Neuinterpretation des Bühnenweihfestspiels *Parsifal.* Im Gegensatz zu Wieland hatte der jüngere Bruder im allgemeinen auf programmatische Manifeste und Selbstinterpretationen verzichtet. Die zahlreichen Interviews, die er jeweils vor Beginn und zum Abschluß der von ihm geleiteten Festspiele zu gewähren pflegte, wurden, manchmal unmerklich für die Fragenden, reduziert auf Organisationsprobleme, Besetzungen, Arbeitsperspektiven. Im Falle des neuen *Parsifal* jedoch durchbrach er diese Haltung einer – scheinbaren – Theoriefeindschaft. In Gesprächen mit seinem Assistenten O. G. Bauer wurden *Parsifal*-Aspekte formuliert, die man als Gegenentwurf zu Wieland Wagners *Parsifal*-Deutung von 1951 verstehen darf.

In jener Neuaufführung des Bühnenwerks, die im Jahre 1951 sogleich als Modell eines neuen Bayreuth verstanden wurde, hatte Wieland Wagner an den moralischen Antithesen nach wie vor festgehalten. Er inszenierte zugunsten einer intakten Grals-Gemeinschaft, für Titurel und – selbstverständlich – gegen den abtrünnigen Klingsor. Wielands graphische Darstellung der geistigen und geistlichen Zuordnungen beharrte auf einem manichäischen Dualismus von Gut und Böse, Reinheit und Schuld.

Wolfgang Wagners Interpretation mißtraut der von Titurel begründeten und vom siechen Amfortas ins Leid geführten Gemeinschaft der Gralsritter. Die neue Bayreuther Interpretation von 1975 war nicht allein »heller«, wie die Kritiker übereinstimmend und erfreut konstatieren durften; sie war vor allem, in der Konzeption, gegen den Schluß hin offen, im Gegensatz zur kreisförmigen Bewegung bei Wieland Wagner, die auch den neuen Gralskönig Parsifal am Schluß wieder in die statische Rittergemeinschaft integriert hatte.

Wolfgang Wagner liebt sie nicht, jene elitäre Ritterwelt, während er für den weggestoßenen Klingsor unverkennbar einige Sympathie aufbringt. Nicht zu Unrecht erinnert der neue Interpret an eine briefliche Äußerung Wagners (1859) an Mathilde Wesendonck: »Es ging mir kürzlich nämlich wieder auf, daß dies wieder eine grundböse Arbeit werden müsse.«

Diese seltsamen Worte Richard Wagners werden dann allein

verständlich, wenn die moralischen Antithesen der Eindeutigkeit entbehren. Das ist, nach Wolfgang Wagner, nach wie vor der Fall: »Die soziale Ordnungsfunktion der Ritterschaft wird eingeschränkt zugunsten des Strebens nach persönlicher Vollkommenheit, die ihren sinnfälligsten Ausdruck in der von Titurel geforderten Askese findet. Die Hüter der Mitleidssymbole sind selbst mitleidslos, unfähig, aus sich selbst heraus die Heilung oder Erlösung des Amfortas zu leisten. Das verachtungsvolle Wegstoßen des um die Gralsidee ringenden Klingsor durch Titurel und der Hochmut eines sich über den Dualismus Mann–Frau hinwegsetzenden Männerbundes zeigen mit aller Bestimmtheit die Entfremdung von der ursprünglichen Gralsidee. Das Böse in Klingsor ist nicht Urprinzip, es entsteht durch den Mangel des Guten in Titurel. Die Begriffe Gut–Böse, noch im *Ring* klar unterschieden, werden skeptisch relativiert.«
Mit Recht wehrt sich Wolfgang Wagner ferner gegen die mit Nietzsche beginnende Fehldeutung des Bühnenweihfestspiels als christliche Erbauungsoper. Der *Parsifal*, als ein Gemisch der Mythen und auch als Erzeugnis einer Privatmythologie Richard Wagners, ist weder seiner Struktur noch seiner Idee nach ein christliches Kunstwerk. Darum gibt es im Schlußakt der neuen Bayreuther Interpretation keine Rückkehr zur Tradition eines Rittertums: »Der Schluß ist keine Restauration des ursprünglichen Zustandes. Die Polarität von Titurel- und Klingsor-Welt, die sich in ihrer Erstarrung und Verzerrung gegenseitig bedingen, wird von Parsifal aufgehoben. Seine erlösende Tat besitzt die Sprengkraft, die Auseinandersetzung nicht für die Gralswelt in ihrer bisherigen Form zu entscheiden, sondern These und Antithese zugunsten einer utopischen Hoffnung aufzuheben. Die Ordnungsfunktion des Ritters, die zugunsten einer elitären Lebensform vernachlässigt wurde, wird wiedereingesetzt. Parsifal versucht, seine Erkenntnis: Achtung dem anderen gegenüber und Mitleiden mit den anderen, zum allgemeinen Gut zu machen. Im hellen, offenen Raum, unverschlossen, sind die Mitleidssymbole Gral und Speer allen zugänglich, sollen sie für alle wirksam sein. Mitleid auch als soziale Qualität.«

Im Gegensatz zu manchen Urteilen über Wolfgang Wagner als bloßen Pragmatiker und Theaterchef wird in den Überlegungen und Interpretationsversuchen am *Parsifal* ein gedankliches Experimentieren spürbar, das auch in einem höheren Verstande das Wort von der permanenten »Werkstatt« in Bayreuth rechtfertigen könnte. Wolfgang Wagner stellt seine Interpretation am Schluß ausdrücklich unter das »Prinzip Hoffnung« und will mehr dadurch demonstrieren als bloß seine Verehrung für den Philosophen Ernst Bloch.

»Damit ein Ereignis Größe habe, muß zweierlei zusammenkommen: der große Sinn derer, die es vollbringen, und der große Sinn derer, die es erleben.« Wie soll man diese Sätze Friedrich Nietzsches vom Jahr 1876 heute verstehen: die Anfangsworte seiner *Unzeitgemäßen Betrachtung* über *Richard Wagner in Bayreuth*? Was sich seit dem Jahre 1951 jeweils in der letzten Juliwoche in Oberfranken zusammenfindet, stolz auf die schwer erkämpften Eintrittskarten, ist längst nicht mehr die von Nietzsche visionär beschworene Gemeinschaft der Unzeitgemäßen. Es sind bürgerliche Theaterbesucher aus der zweiten Hälfte eines 20. Jahrhunderts. Auch das Publikum einer »Gewerkschaftsaufführung«, wie sie regelmäßig im Spielplan aufzutauchen pflegt, ist bürgerlich. Dem Betrachter würde in Kleidung und Verhalten des Publikums kein Unterschied auffallen zwischen der Gewerkschaftsaufführung und einem der üblichen Festspielabende. Der Traum Richard Wagners vom demokratischen Fest konnte auch im Ablauf eines Jahrhunderts nicht verwirklicht werden.

Dennoch bleiben die Bayreuther Festspiele unvergleichbar. Wer rasch die Premieren auf dem Festspielhügel absolviert, um weiterzureisen nach Salzburg, wird unwillkürlich des Unterschieds inne. Bayreuth unterscheidet sich von allen anderen Festspielen zwischen Edinburgh und Baalbek nicht allein durch die Exklusivität des Programms. Wer nach Bayreuth kommt, hat wenig Auswahl. Er kommt nach wie vor, um Werken Richard Wagners sich auszusetzen. Im Zeichen einer Musikentwicklung, und auch einer Entwicklung der musikalischen Vorliebe, die immer stärker die musikalische Romantik ausklammern, sogar

den Übergang von der Wiener Klassik zur Frühromantik ignorieren möchte zugunsten einer Präferenz für die Alte und die entschiedene Neue Musik, ist die Wagner-Tradition in Bayreuth in einem von Nietzsche durchaus nicht gemeinten Sinne »unzeitgemäß« geworden. Wer Wagner nicht mag, wofür es vielerlei Gründe gibt, auch sehr triftige, muß das Bayreuther Unternehmen unverkennbar als tönendes Museum ablehnen.
Aber das Gesamtwerk Richard Wagners hat standgehalten. Nicht in vielen Einzelheiten, noch weniger in den usurpatorischen Forderungen seines Schöpfers an die Zukunft, die hier, wie Wagner postulierte, das ihr gemäße Kunstwerk empfangen dürfe. Die Größe Wagners, und damit auch der heutigen Festspiele, kann nicht abgelesen werden am großen Sinn des Werkschöpfers, noch weniger am großen Sinn der Festspielbesucher. Die Größe Bayreuths beruht nach wie vor allein auf der Größe der dort aufgeführten Kunstwerke. Die Größe insbesondere der Tetralogie und des Bühnenweihfestspiels ist zu ermessen, mit Wieland Wagner zu sprechen, an ihrer dialektischen Verknüpfung von Tradition und Innovation. Noch die gescheiterten Utopien Richard Wagners, noch seine Absagen an die eigene Vision vom demokratischen Fest sind Ausdruck von Widersprüchen, die weiterbestehen. Theodor W. Adorno hat es in seinem *Versuch über Wagner* so formuliert: »Inmitten eines verzerrten Bildes von Gemeinschaft indessen geht der Blick auf, der das echte Antlitz der Gesellschaft erbarmungslos trifft. Noch die mythische Verstrickung der Weltgeschichte im *Ring* ist nicht bloß Ausdruck der deterministischen Metaphysik, sondern setzt zugleich Kritik an der schlecht determinierten Welt.« Das ist eine These, die gültig bleibt und ein Jahrhundert der Bayreuther Festspiele als permanenten Konflikt zusammenfaßt. Als Konflikt, dessen Ende nicht abzusehen ist.

Nachspiel
Im Lichte unserer Erfahrung

»Im Lichte unserer Erfahrung«. Die sonderbare Formel erfand sich Thomas Mann im Jahr 1947, als er den Festvortrag hielt beim ersten Nachkriegskongreß des PEN-Clubs in Zürich. Er hatte das Riesengeschäft seines Romans vom deutschen Tonsetzer Adrian Leverkühn, der um der Kunst willen mit dem Teufel paktiert, hinter sich gebracht. In diesem Roman vom *Doktor Faustus* ging auch der Geist Friedrich Nietzsches um. Thomas Manns Essay über *Deutschland und die Deutschen* und eben diese Züricher Rede über *Nietzsches Philosophie im Lichte unserer Erfahrung* gehörten als kritische Texte und Deutungshilfen unmittelbar zur Substanz des *Faustus*-Romans.

Nietzsches Philosophie wird mit ihren geschichtlichen Wirkungen konfrontiert: »In mehr als einem Sinne ist Nietzsche historisch geworden. Er hat Geschichte gemacht, fürchterliche Geschichte, und übertrieb nicht, wenn er sich ›ein Verhängnis‹ nannte. Seine Einsamkeit hat er ästhetisch übertrieben.«

Dann kommt der Redner Thomas Mann auf diese Urschuld des Philosophen Nietzsche zu sprechen: auf die Ästhetisierung des Bösen. Hier in der Tat sprechen die Erfahrungen von Zeitgenossen des Jahres 1947 gegen alles Spielen mit der schönen Ruchlosigkeit. »Wir haben es in seiner ganzen Miserabilität kennengelernt«, sagte Thomas Mann von dieser romantischen Bosheit, »und sind nicht mehr Ästheten genug, uns vor dem Bekenntnis des Guten zu fürchten, uns so trivialer Begriffe und Leitbilder zu schämen wie Wahrheit, Freiheit, Gerechtigkeit ... Eine ästhetische Weltanschauung ist schlechterdings unfähig, den Problemen gerecht zu werden, deren Lösung uns obliegt, – so sehr Nietzsches Genie dazu beigetragen hat, die neue Atmosphäre zu schaffen.«

Nietzsches Betrachtung über *Richard Wagner in Bayreuth* gehört mitsamt ihrem Gegenstand, dem Festspielwerk Richard Wagners, zu einer Erfahrung, die man nur widerwillig als »Erfahrungsschatz« kennzeichnen möchte. Auch Richard Wagner hatte im Leben wie im Denken, und schließlich in seinen künstlerischen Kreationen, den öden Tag mit seinen trivialen Antithesen von Gut und Böse, Recht und Unrecht verachtet: um der inkommensurablen Kunstschöpfung willen. Er blieb fasziniert vom freien Selbsthelfer Siegfried, der Konflikte löste mit Hilfe des Schwertes Nothung und den Speer als Symbol menschlicher Vertragsgesittung zerschlägt. Auch der reine Tor Parsifal steht jenseits der Normen einer menschlichen Gemeinschaft. Sein Wissen aus Mitleid, das sich von keinem Gurnemanz belehren läßt, ist ein Gegenbild zu Siegfrieds Wissen aus scheinbar »natürlichem« Instinkt. Der frühe Nietzsche war beglückt über den jungen Siegfried, der auszog, das Fürchten zu lernen: also das Leben in einer Gemeinschaft, was nicht ohne Furcht abgehen kann. Den reinen Toren Parsifal hingegen hat er bitter verhöhnt. Zu Unrecht, denn beide gehören zusammen: ganz wie Nietzsches spätere Philosophie niemals loskam von Richard Wagner. Das hat er selbst nur zu gut gewußt.

Auch Siegfried, Parsifal und Zarathustra gehören zusammen. Zunächst waren das Künstlerträume aus dem bürgerlichen 19. Jahrhundert, gedacht als ästhetische Provokation und als Gegenposition zur Bürgerwelt. Im »Lichte unserer Erfahrung« wurde daraus eine unverkennbare bourgeoise Ideologie. Die ästhetischen Konzepte sowohl Wagners wie Nietzsches wurden, als sich die bürgerliche Gesellschaft bedroht fühlte, unmittelbar politisch genutzt. Das gilt für den Mißbrauch mit Nietzsches Formel vom »gefährlichen Leben« ebenso wie für die politischen Träume, denen man im Haus Wahnfried nachsann.

Es gibt eine Schrift *Politische Ideale* von Houston Stewart Chamberlain aus dem Kriegsjahr 1915. Sie war damals sehr erfolgreich und versuchte, von der Bayreuther Ideologie her, eine politische Neugestaltung Deutschlands zu entwerfen. Daß Parlamentarismus und bürgerliche Öffentlichkeit zu beseitigen seien, ist ausgemacht für den Schwiegersohn Richard Wagners. Es ist mehr als Terminologie, wenn Chamberlain dekretiert: »Politik im heutigen Sinne soll es im neuen Deutschland nicht geben; an ihre Stelle tritt Staatskunst. Und da wird man gut tun, den genialen Vorschlag Napoleons wieder aufzunehmen und alle Beratungen unter Ausschluß der Öffentlichkeit zu führen –.« Staatskunst anstelle der Politik; Beseitigung der Öffentlichkeit zugunsten irgendeiner geheimen und folglich unverantwortlichen politischen Machination. Natürlich ist auch dies eine Ästhetisierung der Politik, allein, sie war erwünscht und erfüllte sehr konkrete Aufgaben. Chamberlain war kein isolierter Spinner, sondern ein ideologischer Repräsentant. Er hat nicht irgendeine Bayreuther »Idee« pervertiert, sondern offengelegt, was als Möglichkeit auch bei Richard Wagner bereits vorhanden war.

Auch dies gehört zu jenem schmerzhaften und bedenkenswerten Komplex *Richard Wagner in Bayreuth*. Wer sich damit abgibt, hundert Jahre nach Begründung von Festspielen in Bayreuth, zweihundert Jahre nach Entstehung jener Vereinigten Staaten, zu deren Ehren Richard Wagner im selben Jahr 1876, und gegen ein Honorar von 5000 Dollar, einen »Festmarsch zur Feier des einhundertjährigen Jubiläums der amerikanischen Unabhängigkeit« komponierte, hat die Folgen zu bedenken und auch die Möglichkeiten. Ein Jahrhundert dieser Festspiele stellt sich im Rückblick zunächst dar als bürgerlicher Kunstrausch und säkularisierte Religion. Das hatte Wagner gewollt und einberechnet. Nicht gewollt freilich war die Nebenwirkung, daß im rauschhaften Genießen die Konturen der Werke verschwimmen mußten. Das Werk, welches man hingegen auf sich einwirken ließ, wurde gerade dadurch nicht mehr befragt und ernst genommen. Ästhetisierung hatte sich zunächst als Geniekult gegen die Politik gestellt, um dann ihrerseits politisch zu wirken. Schließlich fand die *Götterdämmerung* im Alltag statt. Die Götter waren einstmals in Wahnfried eingezogen. Jetzt brannte Wahnfried als Walhall.

Auch die Kunstwerke, die Wagner schuf, wandelten sich im Lichte unserer Erfahrung. Einige von ihnen traten den Rückweg an vom Musikdrama zur Oper. Sie sind nunmehr Repertoire der Opernhäuser, ganz wie *Don Giovanni*, der *Freischütz*, oder auch wie *Tosca* von Puccini. Das gilt für den *Fliegenden*

Holländer, den *Lohengrin*, wohl auch für die *Meistersinger von Nürnberg*.
Die Entwicklung einer Musik des 20. Jahrhunderts inspirierte sich am *Tristan* und am *Parsifal*. Wer diese Werke von neuem hört, erlebt sie – hörend – als Zeitgenosse der Musik unserer Epoche. Rätselhaft geblieben sind *Tannhäuser* und der *Ring des Nibelungen*. Sie ließen sich nicht zurückführen ins konventionelle Opernrepertoire, weshalb die Interpretation dieser Werke Richard Wagners immer von neuem umstritten und folglich ernst genommen wird. Das läßt sich vermutlich aus ihrer programmatischen Bindung an die gesellschaftlichen Konflikte der Entstehungszeit erklären. Der freischwebende Künstler Tannhäuser sprach die Wahrheit über eine Epoche wachsender Entfremdung der Kunst von einer Gesellschaft, worin sie zu wirken hatte. Der *Nibelungenring* entstand als Konzept eines utopisch-sozialistischen Künstlers im Prozeß einer Revolution der Jahre 1848/49. Goldraub, Fluch und Brand von Walhall waren als Mythen des bürgerlichen Alltags zu verstehen. Am Beginn stand nicht ein märchenhaftes und gesichtsloses »Es war einmal«. Wer die Tetralogie heute interpretiert, bringt nach wie vor Gegenwart auf die Bühne. Das ist inzwischen längst wieder erkannt worden: im Lichte unserer Erfahrung.
Weshalb es nicht angeht, das Riesenwerk Richard Wagners, im Prozeß einer neuen Entfremdung, aufspalten zu wollen in eine gültig gebliebene und eine ungültig gewordene Portion. Hier die schöne Musik, dort die zeitgebundenen Texte mit Stabreimen, Gralsrittern, Heiligen und Huldinnen. Wer so verfährt, hat alles verkannt. Wieland Wagners früher Protest gegen eine gefällige Zubereitung der Werke im Sinne des üblichen Opernspielplans ist gültig geblieben. Unvermeidlich ist freilich, daß Bayreuth als »Stiftung« die Festspiele berufsmäßig organisiert. Man fährt nicht mehr nach Bayreuth, als gelte es, den Weg zum Gral zu finden. Aber *Richard Wagner in Bayreuth* bedeutet nach einem Jahrhundert immer noch Interpretation dessen, was damals geschaffen wurde.
Als Richard Wagner die Arbeit an der *Götterdämmerung* wieder aufnahm, schauderte er lange vor der Nornenszene zurück

und schrieb am 5. Mai 1870 aus Tribschen an König Ludwig: »Aus Grauen und Angst wob ich endlich selbst an dem Seile, welches, wie es nun kunstvoll gesponnen vor mir liegt, mir allerdings zu seltsam erhebender Freude gereicht: so etwas hat doch noch keiner gesponnen, – so sage ich mir nun, und ich vermute, daß Jeder mir das einst noch sagen wird.« Der Nornen Gespräch aber kreist um die Zweideutigkeit des Wissens. Weißt du, was ward? Und: Weißt du, was daraus wird? Dann reißt das Seil, welches die Welt zusammengehalten hatte. Die Nornen klagen: »Zu End ewiges Wissen! Der Welt melden Weise nicht mehr.« Die Darstellung aber dieses Nichtmehrwissens durch Richard Wagner sollte Wissen vermitteln. Das hat Richard Wagner gewollt. Er hat damit seinen Bayreuther Festspielen nach wie vor den Sinn gegeben.

Bayreuth 1976
Der Jahrhundert-Ring des Nibelungen *in Patrice Chéreaus Inszenierung*

Verstehen wir doch jetzt, was es heißen will,
in der Tragödie zugleich schauen zu wollen
und sich über das Schauen hinaus zu sehnen.

Friedrich Nietzsche, *Die Geburt der Tragödie aus dem Geiste der Musik*

Es liegt nahe, bei einem Bayreuth-Bericht aus dem Jahre 1976 zuerst vom Publikum zu sprechen. Das freilich ist notwendig, denn dabei entsteht unvermeidlicherweise ein politisches Gespräch. Andererseits ist dergleichen auf die Dauer ermüdend. Es gab turbulente Proteste mit Exzessen, die am Schlußabend offensichtlich darauf hingelenkt wurden, den Abbruch des dritten Aktes der *Götterdämmerung* zu erzwingen, was mißlang, weil Pierre Boulez unbeirrt weiterdirigierte. Wer die letzten Jahrzehnte in Bayreuth miterlebte, konnte jedoch bloß eine quantitative Steigerung des Lärms und den Einsatz neuer Lärminstrumente konstatieren. Im Prinzip hatte sich an der Motivation der unentwegten Altbayreuther kaum etwas geändert. Sie selbst, oder ihre Eltern, hatten sich im Jahre 1934 insgeheim entrüstet, als eine neue Dekoration des *Parsifal* dargeboten wurde, um jene uralte Kulisse vom Jahre 1882 zu ersetzen, worauf bekanntlich, wie wörtlich geschrieben wurde, »noch das Auge des Meisters geruht hatte«. Damals freilich wagte man nicht, im Festspielhaus zu demonstrieren. Es hatte sich herumgesprochen, daß der Führer höchstpersönlich die neue Dekoration bestellte und billigte.

Tobende Entrüstung dann gegen Wieland Wagner im Jahre 1956, als er es wagte, seine Konzeption, wie die Gegner spotteten, der »Meistersinger ohne Nürnberg« vorzuführen. Auch bei seiner Inszenierung des *Nibelungenrings* im Jahre 1965, ein Jahr vor dem frühen Tode, wurde der Regisseur Wieland Wagner mit Schmähungen empfangen. Wütende Exzesse des

Protestes darauf im Jahre 1972 gegen die Bayreuther Inszenierung des *Tannhäuser* durch Götz Friedrich. Ein Jahr später konnte sich Götz Friedrich bei der Wiederaufnahme seiner Inszenierung für einhelligen und jubelnden Beifall bedanken.
Im Jahre 1934 wurde die Tempelschändung beklagt; im Jahre 1956 war Wieland Wagner ein unwürdiger Enkel; im Jahre 1972 zeterte man über den »Kerl aus Ostberlin«. Diesmal hörte man haßerfüllte Reden gegen »die linken Franzosen«. Spaßvögel erklärten: dies sei eine französische Rache für 1871. Besagte Witzbolde übersahen dabei freilich, daß jene Rache bereits zweimal und höchst wirkungsvoll gewaltet hatte, und nicht bloß auf dem Theater: in den Jahren 1918 und 1945.
Bayreuth war ein Jahrhundert lang ein Politikum, und die Festspiele des Jahres 1976 sind nicht minder zum Politikum geworden. Bei der Pressekonferenz demonstrierten vor dem Glasfenster des Restaurants die treuen Wagnerianer: zumeist im jugendlichen Alter. Auf den Tafeln standen markante Fragesprüche wie »Gesamtkunstwerk oder Kitsch?« oder auch: »Mythos oder Blechtrommel?« Freundbilder und Feindbilder mithin scharf akzentuiert. Das Gute ist authentisches Gedankengut des Meisters, woran nicht gerüttelt werden darf. Es ist überdies mythisch, was immer das sein mag. Auf der Pressekonferenz beklagte ein italienischer Professor, in Chéreaus Inszenierung komme der »Kosmos« zu kurz. Chéreau antwortete, übrigens in ausgezeichnetem Deutsch, darunter könne er sich nichts vorstellen.
Den Protesten im Publikum hatten sich, unverkennbar und schließlich geradezu unverschämt, die Proteste innerhalb des Bühnenraums zugesellt. Ein gefeierter Bassist, der keine Gelegenheit vorübergehen läßt, offen zu verkünden, daß er auf ein abermals erwachendes Deutschland gesetzt hat, fand Bundesgenossen bei der Bühnentechnik und im Orchester. Die hervorragenden Solisten freilich der *Ring*-Tetralogie hatten sich mit leidenschaftlicher Überzeugung für die Konzeption des Spielleiters Chéreau und des Musikers Pierre Boulez eingesetzt. Eine Photographie erschien in der Tagespresse, wo Patrice Chéreau, den man soeben vor dem Vorhang ausgebuht hatte, hinter der

Bühne von Ovationen seiner Solisten empfangen wird. Dem Dirigenten Boulez freilich ging es mit dem Festspielorchester weniger gut. Es gab Widerstände gegen seine Konzeption. Am Schlußabend häuften sich die Patzer bei den Hornisten, Flötisten, beim Blech. Es war schwer, dabei an Zufall zu glauben. Unwahrscheinlich auch, aller technischen Schwierigkeit der Inszenierung ungeachtet, daß es bei gutem Willen zu den vier markanten Pannen beim Vorhangziehen gekommen wäre. Ungeklärt blieb schließlich die auch in der Pressekonferenz vernehmlich gestellte Frage, warum plötzlich, mitten in der *Götterdämmerung*, hinter der Bühne eine Autohupe zu hören war. Sie gehörte zu einem Fahrgestell der Bühnentechnik. War das Fahrlässigkeit oder ein »dummer Scherz«, wie Wolfgang Wagner als Alternative mitzuteilen hatte? Nehmen wir an, daß es ein Versehen war.

Zur Reaktion der Mitwirkenden und des Publikums gehörte auch alles, was am Vorabend der *Ring*-Premiere auf dem Festspielhügel produziert worden war. Die griechische Tragödie, als deren Nachfolger und Fortsetzer sich Richard Wagner verstand, darin philosophisch unterstützt durch Friedrich Nietzsches Buch über *Die Geburt der Tragödie aus dem Geiste der Musik*, war im Athen des fünften vorchristlichen Jahrhunderts als Trilogie konzipiert worden. Ihr pflegte dann ein Satyrspiel zu folgen, um den kathartischen Abschluß zu bilden.

Wagners Musikdrama als neue Form der Tragödie aus dem Geiste der Musik ist als Tetralogie aufgebaut. Ein Satyrspiel fehlt. In Bayreuth jedoch wurde es, entgegen altgriechischer Tradition, am *Vorabend* geboten bei der festlichen Säkularfeier der Festspiele.

Richard Wagner wurde im Festspielhaus gepriesen in vier schönen Reden. Walter Scheel war »ausgewogen«, wie zu erwarten stand. Er sei kein Wagnerianer, doch ebensowenig ein Antiwagnerianer. Die Beziehung zwischen Meister und Führer wurde nicht ausgespart, was den eingeladenen Gästen aus der Stadt Bayreuth sichtbarlich mißfiel. Man fand es unpassend, daß der Präsident der Bundesrepublik Deutschland eine »politische« Ansprache gehalten hatte. Wo aber, wäre zu entgegnen, gäbe es

einen besseren Anlaß für eine politische Rede, als eben hier und an diesem Abend?
Der Ministerpräsident des Freistaates Bayern bekam viel Jubel. Alfons Goppel versicherte treuherzig, daß Bayern und die Bayern stets fest und treu, voran offensichtlich die Bürokraten in München, zu Richard Wagner gestanden hätten. Im Geschichtsbuch liest man es anders.
Der Bayreuther Oberbürgermeister zählte auf, was Bayreuth für Richard Wagner geleistet hat. Er hatte die leichteste Aufgabe, denn Schönfärberei war diesmal entbehrlich. Der Festspielleiter schließlich und Enkel Richard Wagners hatte eine kurze Ansprache vorbereitet, die er jedoch nicht verlas, sondern am nächsten Tag verteilen ließ. Der Gegensatz zur Redefreudigkeit seines Großvaters war evident.
Der Abschluß des Festes war gut ausgedacht. Da ein demokratisches Fest in jenem Sinne, den sich der utopische Sozialist und Revolutionär Richard Wagner einst erträumt hatte, auch hundert Jahre nach Eröffnung der Bayreuther Festspiele nicht zu erwarten stand, konzipierte man etwas wie eine verlängerte Festwiese der *Meistersinger von Nürnberg.* Das Bayreuther Volk, das sich hier eingefunden hatte und auf rohen Holzbänken rund um das Festspielhaus die Würstchen aß und das Bier aus dem Pappbecher trank, war kleinbürgerlich gleich jenem Volk im Schlußbild der *Meistersinger,* das den Merker Beckmesser auslacht, den Junker Stolzing begabt und sympathisch findet, vor allem aber dem Schuhmacher und Poeten Hans Sachs zujubelt. Wem wurde diesmal zugejubelt?
Man benahm sich innerhalb der Festspielmauern wie draußen, als hätte man, gleich dem jungen Siegfried aus der *Götterdämmerung,* einen Vergessenstrank heruntergeschluckt. Da nichts an diesem Eröffnungsabend ernst genommen wurde: nicht die geistige Auseinandersetzung mit einer hundertjährigen Geschichte dieser Institution, erst recht nicht die utopische Grundkonzeption Richard Wagners, präsentierte sich die Festivität als vorangestelltes Satyrspiel ohne Lust und Laune: als Abend der Beschönigung und der Verdrängung.
Damit freilich war es am nächsten Tag zu Ende, als sich der

Vorhang hob zum ersten Bild des *Rheingold.* Plötzlich war Gleichzeitigkeit hergestellt zwischen dem Werk Richard Wagners und seinen Zuhörern vom Jahre 1976.

Die Grundfrage für jede Inszenierung der *Ring*-Tetralogie, die vor jeglicher Einzelheit beantwortet werden muß, lautet bekanntlich: Wann und wo spielt Richard Wagners *Ring des Nibelungen*? Die herkömmliche Replik, das Werk des Meisters spiele natürlich im mythischen Bereich, vermag nicht zu genügen. Auch Mythen sind datierbar. Patrice Chéreau als Spielleiter entschied sich, zusammen mit seinem Bühnenbildner Richard Peduzzi und dem Kostümbildner Jacques Schmidt, eindeutig dahin, die vier Abende innerhalb der bürgerlichen Gesellschaft spielen zu lassen. Damit waren die alten Germanen von vornherein ausgeschaltet. Blieb die Sorge, was mit den Göttern anzustellen sei, mit den Rheintöchtern und Nornen, den Riesen und Zwergen. Chéreau ging von dem Grundkonzept aus, daß man dem chronologischen Fortgang der Handlung innerhalb der vier Abende nicht unbedingt vertrauen dürfe. Das war richtig. Wotan im *Rheingold* ist verändert bereits in der *Walküre;* im *Siegfried* büßt er sogar seinen Namen ein und tritt bloß noch als »Der Wanderer« auf. Der junge Siegfried, den Chéreau in seiner Inszenierung kräftig »demontierte«, nach eigenem Eingeständnis, weil der Spielleiter einen Typ nicht liebt, der sich ein Schwert schmiedet, dann zwei Menschen erschlägt und unbekümmert weiterzieht, um die Braut zu freien, ist wesentlich verändert in der *Götterdämmerung.* Siegfried im Smoking und in der feinen Gesellschaft der Gibichungen am Ufer des Rheins hat ausgiebig das Fürchten gelernt, was heißen soll: er hat sich der bürgerlichen Gesellschaft angepaßt, den Gunthers und Gutrunen.

In Bayreuth wird dies aber nicht als ein zeitliches Nacheinander dargestellt, *sondern als ein dialektisches Nebeneinander* verschiedener Bewußtseins- und Gesellschaftsschichten. Die von Ernst Bloch immer wieder entwickelte Interpretation gesellschaftlicher und ideologischer »Ungleichzeitigkeiten« tritt hervor an diesen vier Theaterabenden. Weshalb es Chéreau sorgfältig vermied, innerhalb der Fixierung auf die bürgerliche

Gesellschaft etwa zwischen Neuzeit und Jetztzeit, also zwischen 1876 und 1976, allzu konkret zu werden. Es gibt in Bayreuth nicht, wie in Kassel, eine Architektur der Reichskanzlei; ebensowenig eine Evokation, wie in Leipzig, des Capitols von Washington beim Brand von Walhall. Umgekehrt hat man sehr oft den Eindruck, und zwar gerade bei den gelungensten szenischen und bildlichen Visionen, daß Chéreau und Peduzzi bemüht waren, auch unsere scheinbare Gegenwart bereits als historische Vergangenheit darzustellen. Das ist nicht weiter verwunderlich, denn die Tetralogie, die als Götterdämmerung ausläuft, repräsentiert sich, zum ersten Mal aufgeführt vor hundert Jahren, als ein Endspiel im modernen Sinne. Von hier aus führt der Weg weiter zu Karl Kraus und den *Letzten Tagen der Menschheit* und zu den Endspielen eines Samuel Beckett. Es ist deshalb folgerichtig, wenn die szenische Interpretation eine Welt vorführt, die bereits gestorben ist, auch wenn sie, mit Smokings und Karabinern und weißen Abendkleidern, scheinbar lebendige Gegenwart zu sein behauptet.

Der Bühnenbildner Peduzzi arbeitet deshalb mit Collagen und Bildzitaten. Auch Chéreau hat gelegentlich mit Zitaten gearbeitet. Im zweiten Akt der *Walküre* wirkt Wotan, wenn er seine Vergangenheit der Lieblingstochter erzählt, in bewußter Imitation wie der alternde »Leopard« Burt Lancaster im Film von Visconti. Viele Bildzitate: von den Friedhofsbildern jenes Arnold Böcklin, der Richard Wagners Bildphantasie immer wieder anzuregen wußte, bis zu de Chirico oder Dali. Wenn Siegfried in der Verkleidung des Gunther das Feuer durchschreitet, um Brünnhilde für den König der Gibichungen zu freien, erscheint er in Gunthers Smoking mitten in der mythischen Welt des Walkürenfelsens und der Waberlohe. Das Erschrecken der Zuschauer bei diesem Anblick ist legitim: allein, es entspringt einer genauen Analyse der dramatischen Situation wie der Musik. Nachher erinnert man sich, außerdem in diesem Augenblick gleichsam ein Bild von René Magritte gesehen zu haben.

Die Welt des *Nibelungenrings* strotzt von Aktionen der Geilheit und der Mordlust. Vor Jahrzehnten hat einmal ein Wagnerianer und strebsamer Jurist die vier Abende untersucht nach »strafbaren Handlungen« im Sinne unseres Strafgesetzbuches. Das ergab eine stattliche Broschüre. Chéreau beschönigt nichts. Morden ist abscheulich; Sterben ist sehr häßlich. Ein entsetztes Publikum im Festspielhaus bekommt das vorgeführt. Wer hinterher freilich den Text nachliest, um sich über die Willkür des Spielleiters zu entrüsten, muß immer wieder feststellen, daß Chéreau genau las und eifrig bemüht war, die Regieanweisungen Richard Wagners getreulich zu befolgen.

Daraus ergab sich mit Notwendigkeit ein Kontrast zwischen 1876 und 1976. Der war bewußt und gewollt. Indem Wagners Theatervorstellungen von 1876 peinlich genau befolgt werden, entsteht Belustigung als Folge der zeitlichen Distanz. Zu den sichtbar gemachten Widersprüchen innerhalb des Werkes treten, gleichsam als Verschärfung der Interpretation, die Gegensätze zwischen einstiger und heutiger Theater-Erwartung.

Um diese Widersprüche sichtbar zu machen, bedient sich Chéreau aller modernen Techniken des Theaters, des Musicals, des Balletts und nicht zuletzt des Zirkus. Wenn die Riesen Fafner und Fasolt auftreten als Zirkusriesen, wobei stattliche Bassisten auf den Schultern stämmiger Untermänner zu stehen haben, in herunterwallende Kaftane gekleidet und so plaziert, daß sie gelegentlich die Schultern der Untermänner an einer Brüstung verlassen können, um den Gesangseinsatz nicht zu verfehlen, findet plötzlich Zirkus statt auf der Festspielbühne. Die Nibelungen, ein verkleideter Kinderschwarm, sind dazu als folgerichtige Ergänzung inszeniert. Hier findet die Geburt der Tragödie statt aus dem Geiste des Grand Magic Circus.

Am meisten Aufregung verursachte das erste Bühnenbild des *Rheingold*. Keine schöne, unberührte Natur, worin sich die Rheintöchter wohlig tummeln, an den obligaten Seilen schwebend oder auch ersetzt durch Ballettmädchen, während die Sängerinnen im Orchester Platz genommen haben. Ein Stauwerk wird sichtbar, der Rhein fließt spärlich hindurch, die eindeutigen Damen, genannt Rheintöchter, warten auf Kunden. Alberich erscheint als frustrierter Mann, der von seiner Schicht kommt. Als sich fünf Tage später der Vorhang hob zum dritten

Akt der *Götterdämmerung*, wurde abermals das Stauwerk sichtbar. Nun brach ein Sturm der Entrüstung los. Eine Minderheit beleidigter Wagnerianer hatte es darauf angelegt, den Abbruch zu erzwingen. Das Bühnenbild jedoch war verändert. Nach dem Raub des Rheingolds hatte das Fließen aufgehört. Der Stahl war verrostet, die Rheintöchter präsentierten sich als armselige Vetteln.

Natürlich ist es leicht, von hier aus den Protest gegen interpretatorische »Willkür« des Spielleiters zu begründen. Das Stauwerk findet sich nicht bei Richard Wagner. Das fließende Es-Dur der Musik spricht für eine unzerstörte Natur. Allein, der Widerspruch liegt trotzdem in Richard Wagners Werk. Das hatte schon Wieland Wagner erkannt bei seiner Inszenierung vom Jahre 1965. In Wirklichkeit beginnt nämlich der *Ring des Nibelungen* durchaus nicht mit dem ersten Bild des *Rheingold*. Die Natur ist nicht unberührt im Augenblick, da die Tetralogie anhebt. Als die Tetralogie beginnt, ist die Natur bereits geschändet.

Im *Rheingold* ist die Natur mithin bereits domestiziert. Als Wotan auftritt mit dem Speer, der die Weltesche verdorren machte und den Quell allmählich versiegen ließ, war eine moderne Zeit angebrochen. Der Widerspruch liegt in Wagners dramatischer Konzeption. Die erste Szene vom *Rheingold* täuscht, mitsamt der Musik, einen absoluten Anfang vor. Die Musik steht jedoch im Widerspruch zum dramaturgischen Konzept. Chéreau ist folgerichtig, wenn er eine durchaus nicht unberührte Natur darstellt. So genau kannten die meisten Wagnerianer im Publikum das Werk jedoch nicht, um diesen gedanklichen Ansatz zu verstehen. Sie hatten sich bereits vor elf Jahren über Wieland Wagner entrüstet, als er den scheinbar so wonnigen Aufstieg der verbrecherisch-ohnmächtigen Götter nach Walhall als Abstieg inszenierte und Loge den Kommentar dazu sprechen ließ:

> Ihrem Ende eilen sie zu
> die so stark im Bestehen sich wähnen. –

In einem Aufsatz vom Jahre 1929 schrieb Ernst Bloch über die Möglichkeit einer *Rettung Wagners durch surrealistische Kolportage*. Dadurch erst werde das Werk in seiner Unheimlichkeit von neuem spürbar. »Dient die Ingenieurkonstruktion dieser Zeit dazu, daß der gekommene Hohlraum nun wenigstens nicht einstürzt, so bildet – unter anderem – das XIX. Jahrhundert genug Symbolstoff, der im Hohlraum schwebt, auch dialektisch leuchtet, auch Fragmente neuer Substanz bezeichnet. Versuche mit offenem Bühnenraum wären darum lehrreich, mit sichtbaren T-Trägern um die Kitschmythologie und ihre Requisiten; völlige Illusionsleere umher, Blockhaus, Rheinterrasse, Brünnhildenfels, vu par un surréaliste, in der Mitte. Und auf jeden Fall kann jetzt schon Kolportage in Wagner einbrechen, Jahrmarkt, Zirkus, Rummelplatz in ihr darin …«
Die musikalische Leitung durch Pierre Boulez entsprach dem szenischen Konzept. Es war eine geistige Zusammenarbeit erreicht worden, die es auf deutschen Opernbühnen nur selten gegeben hat. Der Dirigent hatte seinen Regisseur und Bühnenbildner gefunden, und umgekehrt. Die Gesangsleistungen waren außerordentlich. Chéreau hatte wirklich als Schauspielregisseur mit den Opernsängern arbeiten können. Wenn der grimme Hagen plötzlich im Selbstgespräch in die Haltung seines Vaters Alberich verfällt, so ist damit eine Intensität des Verstehens erreicht worden, wie man sie weder in Bayreuth noch auf anderen Opernbühnen seit langer Zeit erleben konnte. Das Ergebnis? Wenn man hören und sehen wollte: doch wiederum die Geburt einer Tragödie. Nicht rauschhaft genossen, sondern in Betroffenheit erlebt.

IV. Gespräche

Hans Mayer / Pierre Boulez
Der Interpret vor der Objektivität der Partitur

MAYER: Ich stelle mir Ihre Überlegungen vor, nachdem Sie eingewilligt hatten, zusammen mit Patrice Chéreau den *Ring des Nibelungen* in Bayreuth ganz neu einzustudieren. Sie mußten sich doch sagen: Nun werde ich also das Bayreuther Orchester während der ganzen Dauer der Festspiele und der drei Zyklen der Tetralogie dirigieren. Welche Probleme der Interpretation stellen sich mir bei dieser Gelegenheit? Mich selbst interessieren nun diese Ihre Fragen und Antworten. Vor allem möchte ich gern wissen, welche Rolle der subjektive Faktor des Interpreten gegenüber dem objektiven Faktor der Partitur in Ihrer Gestaltung gespielt hat. Es handelte sich doch für Sie um die Interpretation einer extrem subjektiven, ausdrücklich romantischen Musik. Wo sind nun die Grenzen zu finden für eine objektive Interpretation einer solchen Partitur? Wird eine Identifikation des Interpreten mit der *Ring*-Partitur erlebt?
BOULEZ: Das läßt sich schwer im einzelnen voneinander trennen, denn natürlich gibt es Teile des Werkes, wo man sich sehr identifiziert ... oder sagen wir besser: wo ich mich identifiziere, denn es ist wohl richtig, wenn ich hier in der ersten Person spreche. Wo ich mich also sehr leicht und sehr persönlich identifizieren kann. Und es gibt andere Teile des Werkes, mit denen ich mich sehr schwer zu identifizieren vermag, deren künstlerische Qualität ich natürlich nicht abstreite, aber das Verhalten vor solchen Abschnitten, mit denen ich innerlich sehr schwer zurechtkomme, stellt mich vor ein Problem. Es gibt zum Beispiel Abschnitte, die ich für sehr pompös halte. Es sind vor allem diese pompösen Elemente, diese – sagen wir einmal – etwas aufgeblähten und übertriebenen Passagen, die mich stören. Mich stört dabei nicht eine übertriebene Heftigkeit, wohl aber eine übertriebene Feierlichkeit, die ich an Wagner als am meisten veraltet empfinde. Und es gibt ganz sicher solche Aspekte, die

ich persönlich als sehr veraltet empfinde. Eben dieser Pomp. Jedesmal, wenn Wagner vom Helden spricht, erlebt man sogleich, daß die Musik sehr konventionell wird oder uns heute jedenfalls sehr konventionell vorkommt. Deshalb stören mich solche Abschnitte recht stark. Das Gegenteil finde ich besonders in der *Götterdämmerung*. Alles, was zum Beispiel mit dem Motiv des Tarnhelms zu tun hat, alle jene Teile der Partitur, wo Wagner die Motive übereinanderpflanzt, so daß die Musik zur absoluten Kontinuität wird, wo die Musik praktisch nur noch Thema ist: alle diese Partien ziehen mich ganz unmittelbar und sehr stark an und erwirken eine Identifikation.
MAYER: Sie sind ein Komponist, ein schöpferischer Musiker des 20. Jahrhunderts. Ich bin der Zuhörer. Als ich in Bayreuth im Sommer hörte, wie Sie die vier *Ring*-Partituren dirigierten, spürte ich eigentlich zum ersten Mal, daß die vier Werke zu sehr verschiedenen Lebensphasen Richard Wagners gehören. Das Publikum erfuhr, und ein großer Teil des Publikums wollte das gar nicht wissen, daß es sich um Werke handelt von sehr verschiedenem Erlebnisgehalt ihres Schöpfers und auch von sehr unterschiedlicher Beherrschung der musikalischen Mittel durch Richard Wagner. Im Grunde stehen *Rheingold* und *Walküre* noch ganz in der Nähe des *Lohengrin*. Sie wurden nicht zufällig vor *Tristan und Isolde* geschrieben.
BOULEZ: Ja. Es gibt einen ungeheuren Unterschied in der Komplexität des musikalischen Gedankens zwischen den ersten beiden und den letzten beiden Werken der Tetralogie.
MAYER: Mit welcher Absicht haben Sie den Bayreuther Auftrag übernommen? Kam es Ihnen darauf an, den mehr oder weniger herkömmlichen Interpretationen der Tetralogie eine betont antagonistische entgegenzusetzen? In meiner Rezension der Bayreuther Aufführungen von 1976 habe ich versucht, den Gegensatz zwischen Ihrer Art, den *Ring* zu dirigieren, und derjenigen Wilhelm Furtwänglers herauszuarbeiten. Furtwängler ist leidenschaftlich bemüht, sich mit jeder Note, jeder musikalischen Wendung zu identifizieren. Er war ein sehr großer Musiker und besaß eine unmittelbare Beziehung zur Romantik, vielleicht überhaupt zur herkömmlichen »Tragik«. Das merken Sie, wenn

Sie die sehr lange Symphonie oder das nicht minder lange Klavierkonzert anhören, das dieser so große Dirigent offenbar unbedingt schreiben mußte. Furtwängler interpretierte die Tetralogie vom tragischen Ende her, von der *Götterdämmerung*, im Grunde aus dem Geist des sogenannten Trauermarsches für Siegfried. Folglich hat man, wenn Furtwängler das *Rheingold* dirigierte, sogleich den Eindruck, selbst beim fließenden Es-Dur des Beginns, daß hier eine Tragödie vorbereitet wird. Ironisch gesprochen, konnte man bei Furtwänglers Interpretation gleich zu Anfang den Eindruck gewinnen: »Diese Geschichte wird nicht gut ausgehen.«

BOULEZ: Nein, die Geschichte konnte in der Tat von Anfang an nicht gut ausgehen. Sie haben von Furtwängler gesprochen, und ich nehme ihn als Beispiel für eine Generation. Furtwängler und Strawinsky oder Bartók gehörten, wenn ich nicht irre, ungefähr zur selben Generation. Im Falle Furtwänglers haben Sie sicherlich recht, wenn Sie behaupten, daß ihm die Einfälle eines Komponisten nicht zur Verfügung standen. Und ich glaube, daß für ihn, eben infolge des Fehlens eigener Schöpferkraft, die Lösung nur in der vollkommenen Identifikation mit der Musik der großen Meister bestehen konnte. Hätte er sich nicht in solcher Weise vollständig identifiziert, er hätte nicht dirigieren können. Er identifizierte sich schöpferisch mit einem anderen Schöpfer, indem er leidenschaftlich dessen Vokabular übernahm und bisweilen sogar übersteigerte.

Ich vermute aber, daß zur Zeit Richard Wagners weniger »Leidenschaft« investiert wurde als in späterer Zeit, etwa bei Furtwängler.

MAYER: Das ist vollkommen richtig. Die Dokumente des Richard-Wagner-Archivs bestätigen es. Für Richard Wagner stand bei der Theateraufführung die Wirkung der Tragödie im Vordergrund. Und wenn das Orchester zu laut war, so daß man der Tragödie nicht mehr genügend folgen konnte, dann verlangte Wagner, daß leiser gespielt werde.

BOULEZ: Ja, so einfach war das.

MAYER: Und es ging auch gar nicht so leidenschaftlich zu.

BOULEZ: Die Leidenschaft ist bei Wagner an eine Formel gebunden, die mich frappiert hat. Wagner sagt, die Musik müsse den Kothurn der Sänger darstellen. Nun, wenn man den Kothurn zu hoch ansetzt, dann wird schließlich und natürlicherweise die Tragödie nicht mehr stattfinden. Unabhängig davon aber war ich persönlich ganz und gar überzeugt von den Schallplattenaufnahmen, die Wilhelm Furtwängler hinterlassen hat. Aber ich glaube, daß es sinnlos ist, eine solche Interpretation wiederholen zu wollen. Furtwängler ist Furtwängler, und ich bin ich, und da ist überdies der Altersunterschied zwischen uns. Nein, eine solche Imitation hätte keinen Sinn.

MAYER: Ich hatte jedesmal den Eindruck, wenn ein Dirigent den Stil Furtwänglers imitieren wollte, daß Hysterie dabei herauskam.

BOULEZ: Und es entsteht dabei Manierismus. Ich meine den Manierismus aus der Geschichte der Malerei, wo die Maler sich bemühten, die Schrullen und Tricks der großen Maler zu imitieren, und dabei genötigt waren, Karikaturen zu produzieren.

MAYER: Furtwängler besaß die expressive Leidenschaft, sogar die expressive Heftigkeit. Wenn man ihn heute nachahmen möchte, so entsteht daraus Manierismus der Form und Hysterie des Ausdrucks.

BOULEZ: Unbedingt. Mir ist das eine vollkommen fremde Konzeption. Ich finde, daß sich ein Kunstwerk in der Zeit und mit ihr entwickelt, und wenn man sich an eine vergangene Epoche zu klammern sucht, so entsteht daraus keine authentische Interpretation. Die Interpretation wird dann, im Gegenteil, vollkommen künstlich. Wollte man versuchen, sich mit der Tetralogie zu identifizieren, nach Art der früheren Generation, so würde das schlechthin artifiziell, und es hätte wenig Sinn.

Man sieht das sehr deutlich an der Reaktion jener schöpferischen Musiker, die zur Generation eines Furtwängler gehört haben. Ein Bartók oder Strawinsky, beide haben sehr brutal auf Wagner reagiert. Oder man hat, wie Arnold Schönberg, versucht, einige charakteristische Elemente der Musik Richard Wagners so stark in neuem Sinne umzugestalten, daß daraus eine neue und andere Botschaft entstehen konnte. Musiker wie Schönberg haben sich zunächst mit Wagner identifiziert, um sich dann besser von ihm trennen zu können. Am Beispiel Schönbergs habe ich es einmal so formuliert, daß da eine Identifikation mit der Tradition stattfand, doch mit dem Ziel, diese Tradition besser absorbieren zu können. Im entgegengesetzten Fall eines Strawinsky oder Bartók kam es zu einer Art der Rebellion gegen Wagner, weil man von ihm nicht verschlungen werden mochte. Genauso verhält es sich im Falle von Claude Debussy.

Daran kann man sehr gut den Unterschied zwischen einem schöpferischen und einem nichtschöpferischen Temperament erkennen. Das Temperament eines nichtschöpferischen Musikers braucht vollständige Identifikation, die ein Schönberg oder Strawinsky, Debussy oder Bartók verweigern mußten. Überdies bin ich davon überzeugt, daß Furtwängler seinen Wagner aus dem Erlebnis Anton Bruckners heraus interpretiert. In diesem Falle spielt der gesamte Kontext einer Epoche die entscheidende Rolle. Für Furtwängler war es besonders wichtig, die innere Kontinuität der musikalischen Entwicklung, überhaupt der Kultur, sichtbar zu machen.

MAYER: Das ist sehr richtig. Ich habe häufig Wilhelm Furtwängler als Wagnerdirigent erlebt. Einmal sogar in Paris. Das war im Jahre 1934: Furtwängler dirigierte an der Oper den *Tristan* und die *Meistersinger* unter Mitwirkung von jüdischen oder »unerwünschten« Künstlern, die im Dritten Reich bereits nicht mehr auftreten durften. Lotte Lehmann war dabei und die jüdische Altistin Sabine Kalter ... Was mir an der Wagner-Interpretation Furtwänglers stets auffiel, das war sein Versuch, die Musikdramen als gewaltige Symphonien zu interpretieren. Furtwängler besaß nicht allein die flammende Überzeugung von der Größe der Musik, er besaß auch einen überaus feinen Sinn für die Struktur dieser Musik.

BOULEZ: Ganz gewiß. Die Aufnahme Furtwänglers, die mich am meisten frappiert hat, war seine letzte Einspielung der *Walküre*, das muß etwa um 1954 gewesen sein. Meiner Meinung nach ist diese Interpretation sehr bedeutend, vor allem vom Standpunkt der Kontinuität. Furtwängler hatte eine große Fähigkeit, solche Kontinuität zu vermitteln. Natürlich könnte man heute bei einigen Akzenten meinen, sie seien übersteigert, oder man möchte einige musikalische Abschnitte in anderer Weise hören. Besonders die heroischen Passagen grenzten für mich bisweilen an eine Verzerrung. Aber es gab in der Interpretation eine bedeutende Kontinuität. Freilich möchte ich selbst mir, wenn ich das höre, eine größere Klarheit der Partitur wünschen. Ich möchte einige Motive weniger aus dem Gesamtzusammenhang gerissen sehen. Ich erstrebe für mich eine beweglichere und stärker durchanalysierte Partitur gegenüber der Interpretation eines Furtwängler.

MAYER: Man kann nicht alles haben.

BOULEZ: Nein, man kann nicht alles haben.

MAYER: Sie haben von schöpferischen Musikern in ihrem Verhältnis zu Wagner gesprochen: von Bartók, Strawinsky, auch von Schönberg. Wie steht es nun mit dem sehr komplexen und schwierigen Fall Gustav Mahlers, der selbst schöpferischer Musiker war und ein großer Dirigent? Wie sehen Sie die Verbindung Gustav Mahlers zu Richard Wagner?

BOULEZ: Mahler hat sehr vieles übernommen, und Richard Wagner hat er ganz gewiß sehr genau verstanden. Aber die Quellen der Inspiration eines Gustav Mahler waren so verschieden, sein musikalisches Grundmaterial war so verschieden, nicht minder die Zielsetzung seiner Musik, daß sich aus alledem ein ganz verschiedener Ausgangspunkt ergeben mußte. Was Gustav Mahler in Wirklichkeit, wie ich glaube, von Wagner übernahm, das war die dramatische Form der Musik, man könnte sagen: die dramatische Kontinuität der Musik. Aber das musikalische Vokabular Gustav Mahlers ist im allgemeinen viel weniger dramatisch als bei Wagner. Das hat Adorno mit Recht herausgehoben. Die musikalische Sprache Mahlers ist vielleicht schlichter, auch die musikalischen Zusammenhänge sind gegenüber Wagner vereinfacht. Natürlich gibt es auch die Komplexität der Form bei Mahler, die von Wagner herstammt, und die Dramatisierung der Form läßt sich sicher auf Wagner zurückführen. Den Unterschied merkt man sehr deutlich – das habe ich einmal genauer ausgeführt – am Vergleich zwischen Bruckner und Mahler. Beide sind Zwillingsbrüder der Symphonie, und man sieht genau die Unterschiede zwischen ihnen. Bruckner übernimmt die Elemente des harmonischen Vokabulars von Richard Wagner, hält sich aber weitgehend an die erweiterte Form der klassischen Symphonie. Bei Gustav Mahler wird die symphonische Form durch den Inhalt seiner Musik vollkommen gesprengt. Und dieser dramatische Inhalt der Mahler-Symphonien kommt eher von seinem Kontakt mit dem Musiktheater her und von Mahlers Sinn für dramatische Kontinuität oder dramatische Kontraste.

MAYER: Gewiß, aber Gustav Mahler hat andererseits niemals ernsthaft daran gedacht, für das Musiktheater zu schreiben.

BOULEZ: Nein, obwohl in seiner Jugend …

MAYER: Sie meinen das dramatische Element im *Klagenden Lied* oder Mahlers Bearbeitung der *Drei Pintos* von Carl Maria von Weber?

BOULEZ: Ganz richtig. Die *Drei Pintos.*

MAYER: Aber später kam es gleichfalls zu einer Arbeitsteilung. Einerseits der Operndirigent Gustav Mahler, zum anderen der Komponist, der seine dramatischen Visionen, wie Sie sagen, in die Symphonie einbringt.

BOULEZ: Er bringt sie ein in die Symphonie. Dadurch entsteht diese sonderbare Kreuzung zwischen einer Art von abstrakter dramatischer Handlung, die einer Bühnenhandlung nicht mehr bedarf, und einer theatralischen Ausrichtung der Symphonie.

MAYER: Aber finden sie nicht, daß das letzte Stück »Abschied« im *Lied von der Erde* im Grunde eine Opernszene darstellt?

BOULEZ: Doch, gewiß, aber eine Opernszene, die des Theaters nicht bedarf. Ich nenne das ein »imaginäres Theater«.

MAYER: Es ist außerdem auch episches Theater.

BOULEZ: Ja.

MAYER: Da ist der epische Tonfall des Berichts: »Er stieg vom Pferd …«

BOULEZ: Ja, durchaus. Übrigens gibt es bei Mahler bereits seit den Anfängen, schon im *Klagenden Lied,* die Tendenz zu dem, was ich ein »Theater des Imaginären« nennen möchte: ein Theater also, das einer Bühnenwirklichkeit nicht bedarf. Und Mahler hat hier übrigens einen Vorgänger, nämlich Hector

Berlioz. Wenn nämlich Berlioz wirklich für das Operntheater schreibt, beispielsweise in den *Trojanern,* so wird das kein gutes Theater. Wenn er jedoch musikalisches Theater schreibt, kein Musiktheater, etwa in der Musik zu *Romeo und Julia,* so entsteht eine sehr gute Musik. Sonderbar. Sogar in *Fausts Verdammnis* gehören die einfallsreichsten Stücke zu einem Theater der Einbildungskraft, zu einem eingebildeten Theater, und nicht zu einem wirklichen Theater. Jedesmal wenn sich Berlioz an eine konkrete Geschichte klammert, wie im *Benvenuto Cellini* oder in den *Trojanern,* wird sein Operntheater ganz traditionell. Das ist merkwürdig. Wenn er sein Theater jedoch bloß imaginierte, wenn seine musikalische Einbildungskraft sich mit einem Theater der Einbildungskraft einließ, dann wurde Berlioz kühn und abenteuerlich. Bei der Arbeit jedoch für ein konkretes Operntheater erwies er sich immer wieder als ungemein schüchtern. Diese Mischung zwischen Schüchternheit und Kühnheit in der Einbildungskraft eines Berlioz ist sehr eigentümlich. Und Gustav Mahler hat das vermutlich sehr gut verstanden. Da Mahler sich mit dem realen Operntheater sehr genau auskannte, so vermute ich, daß er als Komponist bei der Arbeit für das wirkliche Operntheater viel vorsichtiger gewesen wäre als in seinen Symphonien.

MAYER: Ich möchte noch einmal auf die Beziehungen zwischen Wagner und Mahler zurückkommen. Da gibt es bei beiden das Thema der Nachtstücke. Sie haben, wie ich las, die *Siebente Symphonie* von Gustav Mahler dirigiert.

BOULEZ: Ja, ich habe die *Siebente* und auch die *Neunte Symphonie* dirigiert.

MAYER: In der *Siebenten Symphonie* von Mahler gibt es zwei Nachtstücke. Welches ist, nach Ihrer Meinung, der Unterschied im Konzept zwischen solchen Nachtstücken Gustav Mahlers und dem Zweiten Akt von *Tristan und Isolde*? Gehören diese Nachtstücke auch bei Mahler zum imaginären Theater?

BOULEZ: Ja, ich glaube nämlich, daß es sich bei Mahler um eine Sublimierung von Werken der Genremusik gehandelt hat. Ich sehe hier keine Beziehung zum Theater. Diese beiden Nachtstücke sind für mich eine Sublimierung ...

MAYER: Von Schumann und von Chopin?
BOULEZ: Jawohl. Von Schumann und Chopin. Aber es ist deren Sublimierung. Noch dazu mit einem Einschuß der Volksmusik, den man weder bei Schumann noch bei Chopin findet. Bei Mahler ist die Verbindung zum Volkslied beibehalten. Vor allem das zweite Nachtstück in der *Siebenten Symphonie* läßt mich an die *Lieder eines fahrenden Gesellen* denken, jedenfalls an das letzte dieser Lieder.
MAYER: Der Beginn dieses zweiten Nocturnos in der *Siebenten Symphonie* ist sehr merkwürdig, diese absteigende Wendung. Mahler beginnt mit dem traditionellen Abschluß eines Liedes, mit dem Ende eines musikalischen Klischees, und er bedient sich bewußt dieses Klischees, dessen Gewalt, wie Mahler findet, sich so erschöpft hat, daß nichts Neues daraus entstehen kann.
BOULEZ: Und diese beiden Nachtstücke rahmen den zentralen Satz ein und lassen dadurch erkennen, daß hier eine musikalische Ruhepause geschildert wird: durch zwei Arten des Zwischenspiels. Natürlich sind das symphonische Sätze aus eigenem Recht, aber trotzdem handelt es sich um Zwischenspiele von geringerem Gewicht im Vergleich zu den anderen Sätzen der Symphonie. Und außerdem sind sie zu verstehen als »Genrebilder«, aber natürlich als sublime Genrebilder. Das ist sehr sonderbar. Was mich bei diesen beiden Nocturnos interessiert, das ist ihre Mischung aus Ironie und einer sehr leichten Sentimentalität. Nicht sehr sentimental, obwohl Mahler bisweilen sehr sentimental sein kann. Auch nicht sehr ironisch, wie es Mahlers Musik gleichfalls sein kann, sondern hart an der Grenze zwischen Ironie und Sentimentalität.
Das findet man auch bei Schönberg, zum Beispiel in der *Serenade.* Auch hier diese sehr leichte Ironie, die stets der Sentimentalität benachbart ist. Aber auf keinen Fall würde ich eine solche Nachtmusik bei Mahler identifizieren mit den Nachtmusiken bei Richard Wagner, etwa im zweiten Akt von *Tristan und Isolde,* weil die Musik dort in eine ganz andere Richtung geht, die weder mit Ironie zu tun hat noch mit Sentimentalität.
MAYER: Ich frage mich manchmal, ob Richard Wagner über-

haupt Sinn gehabt hat für Ironie. Hinsichtlich der Sentimentalität habe ich keine Bedenken. Aber Ironie? Wenn man die *Tagebücher* von Cosima Wagner betrachtet, so gibt es da, jedesmal wenn Wagner das Wort nimmt, schreckliche und oft widerwärtige Dinge. Er spricht über alles, er weiß alles, er belehrt über alles. Aber gleichzeitig spürt man eine Frische und Naivität der Reaktion und des Denkens, die ungewöhnlich sind. Er sagt abscheuliche Dinge, wirkt aber selbst nicht abscheulich.

BOULEZ: Nein, aber was er sagt, ist zum mindesten »überraschend«, um es höflich auszudrücken.

MAYER: Das ist eine andere Frage. Es gibt ein Element der Abscheulichkeit in alledem, besonders wenn man die Hintergründe kennt, aber Wagner selbst ist naiv im Augenblick, wo er es sagt. Auch die erstaunlichsten Dinge, die er äußert, scheint er wirklich zu glauben.

BOULEZ: Das gehört wohl zu den beiden Seiten seiner Natur. Einmal eine unmittelbare Gläubigkeit, und dann wieder eine extreme Verschlossenheit ...

MAYER: Und dann lügt er bewußt von Zeit zu Zeit. Cosima berichtet, wie er ihr klarmacht, daß er nun eine unangenehme Arbeit vor sich habe: er müsse im offiziellen Huldigungsstil an König Ludwig von Bayern schreiben ...

Lassen Sie mich noch einmal auf unsere Frage zurückkommen. Sie sagen: Richard Wagner ist niemals ironisch und selten sentimental.

BOULEZ: Jedenfalls nicht in seinen Nachtmusiken.

MAYER: Nicht in seinen Nachtstücken, das ist richtig. Wagner kann sentimental sein, aber er ist es viel weniger, als man im allgemeinen vermutet.

BOULEZ: Ja, ja. Er ist viel weniger sentimental, als man glaubt. Sie haben von der Nachtmusik im allgemeinen gesprochen, besonders auch von dem zweiten Akt von *Tristan und Isolde.* Es gibt aber auch andere Teile bei Wagner, die sehr stark den Charakter von Nachtstücken haben. Ich denke hier an den Anfang des dritten Akts von *Parsifal.* Das ist ein wunderbares Nocturno. Praktisch schreitet Parsifal durch die Nacht. Hier aber

gibt es weder Ironie noch Sentimentalität. Der Anfang dieses dritten Akts ist außerordentlich expressiv, doch überhaupt nicht sentimental; die Musik hat im Gegenteil den Ausdruck außerordentlich konzentriert und zurückgenommen.
MAYER: Es ist eine schmerzhafte Musik. Der Mann wandert suchend zum Gral, aber der Gral entzieht sich.
BOULEZ: Es ist praktisch ein Schreiten in einem Labyrinth. Es ist eine, wie ich finde, sehr labyrinthische Musik.
MAYER: Aber dieses Labyrinth ist verstanden als Welt, oder die Welt wird verstanden als Labyrinth. Lassen Sie mich zum Vergleich auf ihre Interpretation des *Nibelungenrings* zurückkommen. Was mir bei Ihrer Bayreuther Interpretation sehr gefallen hat, war das Element des Humors, das stark hervortrat: viel stärker als bei anderen Dirigenten. Vor allem im *Siegfried*.
BOULEZ: Der Humor hat im *Siegfried* seine besondere Bedeutung.
MAYER: Aber der Humor wurde auch beim *Rheingold* spürbar. Auch hier gab es sehr spaßige Momente in der Musik.
BOULEZ: Aber natürlich. Alle Interjektionen Loges zum Beispiel sind ganz ungemein boshaft. Wenn ich Loge richtig verstehe, so macht er sich ironisch über die Sentimentalität der Götter lustig, etwa wenn er von Freia spricht. Also schön, er ist gebannt, denn das ist eine Welt, die ihm fremd ist. Aber gleichzeitig macht er sich über die Sentimentalität der anderen lustig. Und diese Art von Violinsolo, die Wagner hier einlegt, muß verstanden werden, wie ich meine, als eine ironische Verfärbung der sentimentalen Thematik der Götter.
MAYER: Eine andere Passage Loges ist gleichfalls von wunderbarer Ironie: »Immer ist Undank Loges Lohn«, der weinerliche Tonfall.
BOULEZ: Oh ja, ganz genau. Und sogar die erste Szene mit den Rheintöchtern muß ähnlich verstanden werden.
MAYER: Als ich hörte, wie Sie in Bayreuth das *Rheingold* interpretierten, wurde mir klar, wie nahe diese Musik doch der damaligen italienischen und französischen Oper benachbart war. Da gibt es von Zeit zu Zeit Meyerbeer und auch den von Wagner bewunderten Bellini.

BOULEZ: Im *Rheingold* kann man die musikalischen Quellen Richard Wagners viel deutlicher spüren als in den späteren Werken.

MAYER: Und vielleicht deshalb waren manche Zuhörer enttäuscht. Dies war nicht Furtwängler, dies war auch nicht die Musik der *Götterdämmerung*, sondern ein offenbar für viele Zuhörer unerwarteter Richard Wagner. Als ich diese Interpretation hörte, wurde mir klar, wie stark sich die musikalischen Konzepte Richard Wagners im Verlaufe der Komposition dieser Tetralogie gewandelt haben.

BOULEZ: Es scheint mir besonders wichtig zu sein, daß das Gesamtwerk des *Ring* im großen Zeitverlauf entstand, es brauchte lange Zeit, bis der Ring geschmiedet war. Als Wagner beispielsweise die Themen für *Rheingold* entwarf, wußte er selbst noch nicht, welche Komplexität sie viel später erhalten würden. Und wenn wir diese Themen heute erleben, so erleben wir sie in der Retrospektive, vom Ende der Tetralogie her. Wir erleben also, was Wagner selbst beim Schreiben nicht erleben konnte. Daraus folgt aber nach meiner Ansicht, daß man seiner Partitur diese Art der Originalität des Anfangs zurückgeben muß, genauer gesagt: ihre ursprüngliche Qualität. Die Themen sind bereits vorhanden und sie werden auch als Material sehr gut genutzt, aber noch nicht mit allen Tiefen. Und es gibt im *Rheingold* auch noch musikalische Momente, deren spätere Entwicklung auch Richard Wagner selbst noch nicht voraussieht.

Für mich ist der typische Fall in dieser Beziehung das Motiv des Tarnhelms, wenn es zum ersten Mal erklingt. Es ist ein sehr eindrucksvolles Motiv, man ahnt seine Möglichkeiten, aber genutzt werden diese Möglichkeiten vorerst fast nicht. Und wenn man später erlebt, wie dieses Motiv in der *Götterdämmerung* genutzt wird, besonders in den Szenen Siegfrieds im Tarnhelm, in der tiefen Verwandlung des Grundmotivs, dann merkt man erst, wie wenig man beim Hören von *Rheingold* zu ahnen vermag, wie außerordentlich diese musikalische Möglichkeit sich entwickeln würde. Und darum neige ich dazu, dieses Motiv im *Rheingold* sehr einfach erklingen zu lassen, gleichsam ohne Ahnung von dem, was später daraus werden könnte. Das scheint mir richtiger, als wenn man gleich im Anfang das Motiv mit allen Folgerungen belastet. Tut man das nämlich, so nimmt man alle musikalischen Entdeckungen und Überraschungen praktisch vorweg.

MAYER: Das kann ich als Zuhörer nur bestätigen. Während der ganzen Tetralogie empfand ich in Bayreuth keinen Augenblick ein so lähmendes Entsetzen wie im Augenblick, da Siegfried im Smoking Gunthers und mit dem Motiv des Tarnhelms vor Brünnhilde steht. Ich habe niemals die Ungeheuerlichkeit der Musik wie der dramatischen Konstellation so stark vorher empfunden.

BOULEZ: Technisch gesprochen muß man wohl die Musik des Tarnhelms sehr einfach, ohne großen Wellenschlag einführen: gerade um dieser Musik alle Überraschungen offenzulassen. Kommt es dann später zu dieser komplexen Situation, so kann man das Motiv auch in der Temponahme so manipulieren, daß die inzwischen abgelaufene Fülle der Geschichte und der musikalischen Verwicklung hervortritt. Beginnt man aber bereits im *Rheingold* mit dem großen Wellenschlag, so nimmt man viel von dem vorweg, was später folgen wird. Das erkennt man am besten an solchen praktischen Einzelheiten.

MAYER: Man könnte es auch noch in einer anderen Weise deuten, und ich glaube, daß ihre Interpretation auch dann stimmt. Das Motiv des Tarnhelms gehört im *Rheingold* noch zum Feenmärchen, zum Märchenzauber, wodurch sich ein Wesen in ein anderes Wesen zu verwandeln vermag. Die Tarnhelmmusik in der *Götterdämmerung* hingegen schildert die Tragödie einer verlorenen Identität.

BOULEZ: Ja, genauso. Es ist nun ein Element des Betruges geworden.

MAYER: Ja, des Betruges und auch des Selbstbetruges. Wagner zeigt in der *Götterdämmerung* am Beispiel Siegfrieds und der Tarnhelmmusik, daß man seine eigene Identität verlieren kann. Darum verstehe ich auch recht gut und begrüße die Inszenierung von Patrice Chéreau, weil sie die *Götterdämmerung* in einer gegenüber dem Beginn der Tetralogie gänzlich veränderten Welt spielen läßt.

BOULEZ: Einer völlig veränderten Welt.
MAYER: Die *Götterdämmerung* spielt in einer sozialen Welt, die man als eine Welt der Selbstentfremdung verstehen muß.
BOULEZ: Es ist jener Teil der Tetralogie, den man, meine ich, als am meisten bürgerlich kennzeichnen muß. Aber diesen bürgerlichen Ausklang hat Wagner von Anfang an entworfen, denn seine ersten Gedanken bei der Entstehung der Tetralogie waren auf die *Götterdämmerung* gerichtet. Die *Götterdämmerung* ist daher, vom Standpunkt des dramatischen Aufbaus, das konventionellste Werk der Tetralogie und auch das konventionellste Werk hinsichtlich der Reflexion auf die Gesellschaft der Wagner-Zeit. Hier schneiden sich, in der *Götterdämmerung*, die Entwicklungen des Theatralikers und des Musikers Wagner. Im dramaturgischen Aufbau, also im literarischen Konzept, begann Wagner mit der unmittelbaren Reflexion gesellschaftlicher Probleme seiner Zeit und ging dann über zum allgemeinen Mythos. Im musikalischen Konzept ging Wagner von der unmittelbaren Illustration des dramatischen Geschehens über zur mythologischen Erweiterung der Themen. Das ist sehr schwierig zu erfassen und zu interpretieren: dies Auseinanderfallen der dramaturgischen und der musikalischen Entwicklung.
MAYER: Ich möchte noch einmal auf den Schluß der *Götterdämmerung* zurückkommen, insbesondere auf die sogenannte Musik zu Siegfrieds Trauermarsch. In der Bayreuther Inszenierung ist diese entscheidende Episode unterschätzt und wohl auch vernachlässigt worden. Es hängt damit zusammen, daß Patrice Chéreau, der sehr genau alles durchdacht hatte, diese Musik nicht richtig interpretiert, weil er sich an dem Ausdruck »Trauermarsch« stieß, während diese Musik ganz und gar keinen Trauermarsch darstellt. Wir beide haben an der Bayreuther Pressekonferenz teilgenommen und gehört, wie Chéreau erklärte: »Wissen Sie, dieser Siegfried ist eigentlich recht widerwärtig, und doch hat ihm Wagner einen wunderbaren Trauermarsch bewilligt. Während Siegmund, der Rebell, der ein Mann von ganz anderem Format ist, keinen Trauermarsch bekam.«
BOULEZ: Siegmund hätte wirklich einen Trauermarsch verdient.
MAYER: Chéreau war wütend. Er neidete dem Siegfried seinen

Trauermarsch. Aber es handelt sich gar nicht um einen Trauermarsch und eine musikalische Trauer über den Tod eines Helden. Wir sind nicht in der *Eroica* von Beethoven. Ich stütze mich bei meiner Ansicht auf die Interpretation, die Thomas Mann der Musik zum Trauermarsch gegeben hat. Eine wunderbare Deutung, die sorgfältig die Verflechtung der Motive nacherzählt. Die Interpretation findet sich in einem Züricher Vortrag Thomas Manns über den *Ring des Nibelungen*. Wagner verstand, als er sie schrieb, diese Musik viel umfassender. Er dachte nicht bloß an eine Musik zu Ehren des toten Siegfried. Den Titel »Trauermarsch« entwarf er später, um das Orchesterstück im Konzert aufführen zu können. Aber es handelt sich nicht um einen Trauermarsch für Siegfried.

BOULEZ: Wagner selbst hat es übrigens geäußert. Aus Anlaß der Premiere im Jahre 1876 sagte er: »Das ist keine Trauermusik, das ist eine …« nein, nicht Angstmusik, aber etwas dergleichen. Ich kann mich im Augenblick nicht mehr genau erinnern. Er gab der Musik auch einen ganz anderen Titel als den einer Trauermusik.

MAYER: Thomas Mann spricht von einem »Erinnerungsfest«.

BOULEZ: Ja, es ist die praktische Zertrümmerung einer Illusion. Die Illusion Siegfried wird vor uns absolut zertrümmert.

MAYER: Hören Sie, das ist merkwürdig. Ich habe mich genauso einmal in einem Aufsatz geäußert.

BOULEZ: Wirklich?

MAYER: Ich habe damals geschrieben, diese Musik nach Siegfrieds Tod könnte den Titel tragen »Verlorene Illusionen«, also den Titel des berühmten Romans von Balzac.

BOULEZ: Das ist lustig. Genauso verstehe ich auch den Zusammenhang.

MAYER: Diese Musik schildert den tragischen Augenblick, da alle Illusionen verloren sind, auch ausdrücklich, wie die Musik zeigt, »zerschlagen«.

BOULEZ: Es ist die Demolierung der Illusion.

MAYER: Die Demolierung. Die Welt ist mit all diesen Illusionen und Utopien schließlich doch noch fertig geworden.

BOULEZ: Genauso ist es. Verlorene Illusionen.

MAYER: Darum ist die Musik so schmerzvoll. So viele Hoffnungen, so viele Projekte, so viele Modelle. Alles wurde zerschlagen, grausam zerschlagen. Sollte man darum nicht die Folgerung ziehen, daß der sogenannte Trauermarsch eigentlich den wirklichen Abschluß der Tetralogie darstellt?

BOULEZ: Nein, für mich kommt das Ende der Tetralogie etwas später: bei den Worten der Brünnhilde »Ruhe, ruhe, du Gott!« Es ist übrigens eine Art Orgelpunkt. Und das ist das Ende. Alles übrige ist nur noch eine Art von Coda, um diesen Abschluß zu erweitern. Aber im Grunde muß auf die Zertrümmerung der Illusionen noch eine notwendige Konsequenz folgen: das Opfer. Und dieses »Ruhe, ruhe, du Gott!« ist für mich wirklich der Abschluß. Und praktisch hält die Musik hier in typischer Weise gleichsam inne. Ein Orgelpunkt, und dann kommt ein Ende als musikalische Erweiterung.

MAYER: Ist der Schluß also als eine Coda zu verstehen?

BOULEZ: Es ist eine notwendige Erfüllung.

MAYER: Eine sehr schöne Musik, aber verbunden mit einer nicht faßbaren Idee der Utopie. Wenn der Trauermarsch aber nicht eigentlich eine Musik zu Siegfrieds Tod darstellt, sondern jenes »Erinnerungsfest«, dann wurde es in Bayreuth sowohl in der musikalischen Interpretation wie in der Inszenierung unterschätzt.

BOULEZ: Diese Trauermusik hat für mich ungefähr dieselbe Funktion wie das große musikalische Zwischenspiel vor der letzten Szene des *Wozzeck* von Alban Berg. Es steht ungefähr auch an der gleichen Stelle. Und es hat schließlich die gleiche Funktion.

MAYER: Das gilt auch für das große Adagio der Lulu in der zweiten Oper von Alban Berg.

BOULEZ: Ja, das gilt auch für das große Adagio der Lulu. Aber die Ähnlichkeit der *Götterdämmerung* mit dem *Wozzeck* ist noch schlagender. In beiden Fällen folgt auf den großen musikalischen Epilog nur noch eine Szene. Gerade im *Wozzeck* ist das sehr frappierend.

MAYER: Aber die Musik des Trauermarsches und auch die Musik des Schlusses der *Götterdämmerung* ist großartig.

BOULEZ: Es ist auch eine sehr, sehr schöne Musik. Und wenn es hier Schwierigkeiten gibt, so liegen sie nicht im Konzept, sondern bei der Interpretation. Denn ich verstehe diese letzte Musik der *Götterdämmerung* auch als eine sehr brutale Musik. Keineswegs nobel im herkömmlichen Sinne, es gibt immer wieder sehr brutale Akkorde.

Es ist sogar eines der wenigen Stücke wahrhaft brutaler Musik im Werk von Wagner.

MAYER: Aber die Brutalität kommt daher, daß die Illusionen zerschlagen wurden, nicht durch eine göttliche Gewalt, sondern durch eine sehr irdische und gesellschaftliche Macht, die alles zerstörte.

BOULEZ: Ich frage mich aber, wie man das auf der Szene und im Orchester verwirklicht: diese brutale Musik der verlorenen Illusionen. Die Gefahr besteht, daß man immer wieder einen Trauerzug szenisch und musikalisch vorführt. Und das nun wieder …

Darum bevorzuge ich eine sehr statische Lösung, die nachdenklich macht. Da ist jemand gestorben. Man besichtigt die Leiche. Man sieht einen Toten ausgestreckt und denkt nach über alles, was er war und was er getan hat.

MAYER: Aber wo findet man dafür eine szenische Lösung? Haben Sie schon eine gefunden?

BOULEZ: Oh nein.

MAYER: Man müßte auch eine neue Form der Lösung finden für das letzte Bild, diese Bewegung der Masse. Die Grundidee von Chéreau ist sehr überzeugend. Man stellt sich die Frage: wird es nach der Götterdämmerung, der Rückkehr des Rheingolds zu den Rheintöchtern einen neuen Beginn geben? Wir hatten im Frühjahr in Paris bereits einmal über diese Frage gesprochen und kamen zu dem Ergebnis: Alles kann von neuem beginnen.

BOULEZ: Ja, alles kann von neuem beginnen.

MAYER: Da ist eine verängstigte Menschheit, und sie wendet sich an die Musik, die Wagner für den Schluß gefunden hat. Aber die Musik ist keine Antwort. Die Musik hat nichts zu bieten als sehr schöne Musik.

BOULEZ: Nichts anderes. Da ist nichts als eine Art Abschluß. Wie im Nebel …

Hans Mayer / Heinz-Klaus Metzger / Rainer Riehn
Ideologie. Recht. Unrecht. Alternativen.

METZGER: Lieber Herr Professor Mayer, wenn Sie erlauben, möchte ich aus Ihrer Münchner Rede *Wir Wagnerianer heute* eine Passage, zu der mir einige Fragen eingefallen sind, als Ausgangspunkt dieser Diskussion vorschlagen, von der ich hoffe, daß sie einen Verlauf nehmen wird, der zu diesem Zitat wieder zurückkehrt, dergestalt daß sich dann der *Ring* entweder schließt oder kaputt ist. Das Zitat aus Ihrem Vortrag lautet: »Es gibt auch keine Alternative zu Richard Wagner. Nicht einmal die totale Negierung von Mann und Werk könnte das repräsentieren. Sie bewiese nur, daß in höchst ungeschichtlicher Weise und in der Nachfolge Friedrich Nietzsches versucht wird, die Kunst des Vergessenkönnens zu erlernen. Die aber ist nicht zu erlernen, weder beim einzelnen Menschen noch bei den Generationen.« Das ist wohl wahr; dennoch habe ich mir überlegt, ob es auf die Musik, auf die Musikgeschichte, wirklich streng zutrifft. Eine Alternative wäre Liszt. Die h-Moll-Sonate halte ich als Zukunftsmusik für bedeutender als den *Ring,* aus einer Reihe von Gründen: die motivisch-thematische Arbeit der h-moll-Sonate ist aus einer einzigen Intervallzelle entfaltet, es handelt sich tatsächlich um eine Vorform der seriellen Technik, Liszt ist hier, wenn man ihn in Relation setzen will zur Wiener Schule und zur Neuen Musik, eigentlich präkursorischer gewesen als selbst Wagner, gerade durch diese Vorformen von Reihentechnik, die eben nicht nur eine einheitsstiftende Funktion bei Liszt haben, sondern im kompositorischen Zusammenhang auch wieder dergestalt aufgelöst werden, daß es zu einer Suspension des Zusammenhangs und damit zu einer Kritik des prätendierten »Sinns« des musikalischen Diskurses kommt, also zu einem negativen Moment der Konstruktion. Was diesen Komplex – Suspension des Zusammenhangs – betrifft, ist Liszt fast ein Vorläufer sogar von Cage gewesen; ich halte also Liszt für pertinenter als selbst Wagner in dieser immanent musikgeschichtlichen Funktion, die sein Werk gehabt hat. Die spezifischen Innovationen Wagners – Adorno versucht sie einzugrenzen auf die Dimensionen der Harmonik und der instrumentalen Farbe, der Koloristik –: darin stand Liszt Wagner kaum nach, manche Akkorde kommen sogar bei Liszt früher vor als bei Wagner; demgegenüber steht bei Wagner auch recht viel Regressives, er hat wesentliche Errungenschaften des Wiener Klassizismus eigentlich verschlampt oder nicht bewältigen können. So hat Adorno darauf hingewiesen, daß durchbrochener Satz bei Wagner praktisch nicht vorkommt, daß in der harmonischen Konstruktion ein Kleben an der schulmäßigen Vierstimmigkeit vorwaltet, und dergleichen. Liszt wäre also eine mögliche Alternative, die den musikgeschichtlichen Verlauf vom neunzehnten Jahrhundert zur Neuen Musik vielleicht ohne Wagner auch hätte retten können. Nun war Wagner nicht nur Musiker, sondern Theatraliker. Ich weiß nicht, ob *Boris Godunow* von Mussorgskij keine Alternative zu *Tristan* ist, ich würde ihn fast dafür halten. Und ich würde selbst Brahms für eine Alternative zu Wagner halten, weil er gewisse progressive Errungenschaften des Wiener Klassizismus – eben den durchbrochenen Satz, die motivisch-thematische Arbeit – im Unterschied zu Wagner gerettet hat. Die Leitmotivtechnik ist im Vergleich zu dieser Art der Formentwicklung ein primitiveres Verfahren. Wenn es also musikalisch doch Alternativen zu Wagner geben sollte, deren Anerkennung nicht davon abhängt, daß man die Kunst des Vergessens erlernen muß, liegt dann die erschreckende Wahrheit der Passage aus Ihrem Vortrag, die ich eben verlesen habe, nicht eher darin, daß es keine Alternative gibt zu dem Ideologen Wagner als Propheten der nationalsozialistischen Macht, und zwar als des affirmativen, nicht kritischen Propheten dieser Macht?

MAYER: Ich will die sehr komplexen Fragen, die Sie eben gestellt haben, zunächst ein bißchen ordnen, es sind ja mehrere Fragen, die Sie gestellt haben. Die Frage allgemein einer historischen Alternative. Was heißt das? Gibt es historische Alternativen, auch wenn die Wirklichkeit gezeigt hat, daß die andere

Seite der Alternative nicht zum Zuge gekommen ist: das ist ein Beispiel, über das ich gern nachher sprechen werde, Liszt oder Wagner, wenn wir zur Frage der Musik kommen. Ich will aber zunächst nochmal den Zusammenhang der Rede erwähnen und dann erläutern, was ich gemeint habe mit der Formulierung: es gibt auch keine Alternative zu Wagner.

Mein Vortrag war am 165. Geburtstag Richard Wagners, also am 22. Mai 1978 gehalten worden, im Cuvilliéstheater in München: im Zusammenhang mit einer zyklischen Aufführung der *Ring*-Tetralogie. Man hatte mich gebeten, einen Vortrag zu halten, und ich versuchte, in dem Vortrag *Wir Wagnerianer heute* zu zeigen, daß sowohl die bisherige Form des Wagnerianismus wie auch die durch Nietzsche begründete Form einer Anti-Wagner-Position obsolet, hinfällig geworden ist, und fragte anschließend – das war ja die Hauptthese meines Münchner Vortrags –, welche Möglichkeit besteht denn heute, da wir nun die *Tagebücher* der Cosima Wagner haben und sehen können, welche erschreckenden Dinge Wagner dort gesagt hat. Dinge, die weit über das hinausgehen, was im *Judentum in der Musik* von ihm gesagt worden ist: die These etwa, die Wagner der Cosima heimlich morgens anvertraut, man müßte alle Juden in einer einzigen Aufführung von *Nathan der Weise* verbrennen, oder zu sagen: »wir Deutsche sind schauderhaft, ich kann es sagen«, ich zitiere Wagner weiter, denn plötzlich zitiert er französisch, »J'en suis«: denn ich gehöre ja auch dazu. Seit wir das alles kennen von Wagner, wird die Frage der Bewältigung dieser Dinge, des Zugangs zu Wagner immer prekärer. Immer mehr drängt sich gerade auch bei der jüngeren Generation die Empfindung auf: mit dem Mann will man nichts mehr zu tun haben.

In diesem Zusammenhang kam ich nun auf das Problem des geschichtlichen Denkens zu sprechen, auf die Frage, ist Historismus gleichzusetzen mit geschichtlichem Denken. Offensichtlich nicht. Nietzsche hat in der zweiten *Unzeitgemäßen Betrachtung*, die er noch als Wagnerianer geschrieben hat, zwar über Nutzen und Nachteil der Historie für das Leben gesprochen, meinte aber, daß eigentlich nur Nachteile der Historie für das Leben dabei zu finden seien, sehr wenig Nutzen. Und

brauchte dabei das von mir erwähnte Wort, man müsse die Kunst des Vergessenkönnens erlernen, das heißt, man müsse bestimmte Formen von Erbschaft grundsätzlich negieren. Die Kunst des Vergessenkönnens: man überwindet den Historismus, der antiquarisch alles, was vergangen ist, als relevant und damit als wichtig betrachtet. Das geschichtsphilosophische Denken, erst recht das historisch-materialistische und dialektische Denken, wird die gesellschaftlichen Positionen einer aufsteigenden und absteigenden Gesellschaft – man muß es ja nicht immer Fortschritt und Dekadenz nennen mit Lukács – berücksichtigen, und da ist nun die Frage: haben wir eine Alternative zu Richard Wagner, oder muß man auch an Richard Wagner die Kunst des Vergessenkönnens exerzieren und praktizieren.
Meine These lautete: das kann man nicht, und ich will jetzt den Begriff der Alternative noch einmal genauer fassen. Ich habe früher einmal einen Titel eines für mich wichtigen Essays ähnlich überschrieben. Der lautete – Sie werden gleich sehen, daß wir damit einen Präzedenzfall haben –: *Lenz oder die Alternative.* Eine große Studie über Jakob Michael Reinhold Lenz, den Verfasser also der *Soldaten,* den ja auch Zimmermann vertont hat, den Verfasser des *Hofmeister,* den Brecht bearbeitet hat, usw. Damals vertrat ich die These, und die halte ich nach wie vor für richtig: wäre Lenz gesund geblieben, wäre Lenz nicht an der deutschen Misere zu Grunde gegangen, so hätten wir in Lenz eine Alternative zur Weimarer Klassik gehabt. Das heißt, wäre der höfisch-bürgerliche Kompromiß, den der deutsche Klassizismus, der sogenannte Geist der Goethe-Zeit, repräsentiert, ersetzt worden durch eine konsequente Weiterführung der Positionen des Sturm und Drang, über den Sturm und Drang hinaus bis in die Situation der bürgerlichen Revolution und damit der Machtergreifung des Bürgertums auch in ideologischer Weise, dann wäre da eine Alternative gewesen, die im Grunde zweimal abgebrochen wurde durch unglückliche Menschen, die beide diese Alternative gegen Weimar weiterführen wollten: Lenz und Hölderlin. Beide brechen ab. Hier ist eine wirkliche Alternative gewesen, die nicht zum Zuge kam, so daß die deutsche Entwicklung aus Gründen, die wir ja kennen,

geprägt worden ist durch diese Vernunftehe zwischen Schiller und Goethe, durch die, wie Heine das genannt hat, Wolfgang-Goethische Kunstperiode.

Nun die Frage: kann man von Wagner ebenso sprechen als von einer Alternative, wie man von Lenz als einer möglichen Alternative gesprochen hat? Sie deuten, Herr Metzger, es einen Augenblick eben an, indem Sie sagen – ich würde jetzt das Beispiel *Boris Godunow* weglassen, weil ich mich auf die deutsche Situation konzentriere –, Sie sagen: sogar Brahms wäre eine mögliche Alternative gewesen. Daß Brahms sich selbst als solche Alternative gesehen hat, ist zweifellos. Ebenso, daß Hans von Bülow, als er von Wagner als Dirigent des *Tristan* und der *Meistersinger* übergegangen ist zu Brahms, nicht nur einen persönlichen Bruch mit Wagner vollzog, sondern auch eine andere künstlerische Alternative sah. Ich habe in meinem Vortrag in München davon gesprochen, daß Wagner sich lustig macht über die *Dritte Symphonie* von Brahms, daß die Leute darüber klatschten, sei unbegreiflich, und er war natürlich wütend darüber, daß Bülow die *c-Moll-Symphonie* von Brahms als die »Zehnte Symphonie« gefeiert hat.

Trotzdem frage ich mich, ob das, was damals als eine Gegenposition zu Wagner sich präsentierte – der späte Verdi war eine Gegenposition, Brahms und seine Nachfolger, die Brahminen, wie Bülow sie nannte –, wirklich Alternative war. Auf der anderen Seite ist *Boris Godunow,* das führt dann wieder in eine andere Richtung, eine Alternative gewesen. Aber das ist nicht das Problem. Das Problem scheint mir zu sein, Sie haben keine Alternative zu Wagner: nicht nur aus historischen Gründen. Aber wenn ich das behaupte, dann ist das eine Tautologie, dann heißt es, ich habe keine Alternative zu Wagner, weil keine Alternative sich gegen ihn durchgesetzt hat. Ich glaube, daß Wagner, und zwar in den Elementen der Brüchigkeit, des Widerspruchs, der Auflösung der ganzen Formen der klassischen und romantischen Musik, die Sie eben auch mit anderer Akzentuierung selbst gegeben haben, notwendig war und daß da sowohl destruierende wie doch auch wieder freisetzende Elemente gewesen sind.

So meine ich in der Tat, daß Wagner zunächst als ein gesellschaftliches Gesamtphänomen in der gleichzeitig extremen Weiterführung der deutschen Romantik und ihrer Auflösung und ihrer Überwindung, und daß Wagner in seinem Bruch mit den Traditionen der klassisch-romantischen Musik, also mit dem Symphonietyp von Schubert, von Mendelssohn, von Robert Schumann und auch in der neuen Form – auf Liszt wollen wir später vielleicht kommen –, der neuen Form, in der er sich mit Berlioz und auch mit Liszt, zunächst mal mit den symphonischen Dichtungen, auseinandersetzt, in der Tat die einzige Möglichkeit, die produktivste Möglichkeit gewesen ist. Denn im Vergleich zu diesen dissolvierenden, destruierenden Elementen in Wagner, dem Freisetzen auch des Destruktiven, das sich in seinem Werk findet, der Zerstörung, mit Bakunin zu reden, als einer schaffenden Lust, hat es keine Alternative gegeben.
Also zusammenfassend: ich würde sagen, es gab keine Alternative zu Wagner, weil Wagner – und das ist natürlich auch negativ zu verstehen – in einem höchsten Verstande der Mann einer geschichtlichen Situation gewesen ist.
METZGER: Er war es als Musiker weniger denn als Demagoge.
MAYER: Ich würde den Ausdruck Demagoge nicht gebrauchen.
METZGER: Sagen wir Politiker als euphemistischen Ausdruck für Demagoge.
MAYER: Ich will zunächst noch auf die Frage der Musik kommen, weil wir damit auch zu Ihrem Eingangsgedanken …
METZGER: Ich möchte, wenn Sie erlauben, die Frage nach der Kunst des Vergessenkönnens noch schärfer fassen, indem ich einen schärferen Begriff statt dessen einfüge: Was wäre dann, wie stünden wir als Musiker da, wenn wir auf Wagner den schärfsten rituellen Fluch des Judentums anwenden würden, nämlich: Nicht gedacht soll seiner werden? Was verlören wir?
MAYER: »Nicht gedacht soll seiner werden« ist ja ein Heine-Zitat, ist ein berühmtes Gedicht von Heine. Was verlören wir? Wir verlören unendlich viel historische Zusammenhänge. Und damit komme ich zunächst einmal auf Liszt. Das Beispiel der h-Moll-Sonate finde ich sehr gut. Daß das in der Form der ab-

soluten Musik eine außerordentliche Leistung darstellt, ist sicher, das kann man nachweisen, daß es über die meisten Innovationen Wagners hinausführt, ist klar. Ich habe im vorigen Jahr einmal ein Konzert der Akademie der Künste in Berlin vorbereitet, zusammen mit Fischer-Dieskau und Aribert Reimann, und zwar hatten wir Musik der Gründerzeit gemacht, Fischer-Dieskau sang, und er spielte auch Klavier, vierhändig mit Aribert Reimann; ich konnte damals nicht nach Berlin kommen, aber ich habe dann einen Artikel im Programmheft für beide geschrieben, und wir haben Texte durchgesehen, Musik Nietzsches, Musik von seinem Freunde Gast, ich glaube: Erwin (METZGER: Peter), Peter Gast, ganz unmögliche Dinge, ganz schwache Dinge, und dann wurde später Liszt gespielt. Und das war einfach ganz grandios. Da sind also vor allem die beiden großen Barcarolen, nicht wahr, die er 82/83 geschrieben hat: die eine als er im Winter in Venedig war mit Wagner und Cosima, seiner Tochter, und die zweite Barcarole hat er dann geschrieben bei der Nachricht vom Tode Richard Wagners. Und das ist nun auch in den harmonischen Kühnheiten etwas, das reiner früher Schönberg ist, das weit über Wagner hinausgeht, das ist keine Frage.

METZGER: Eben. Schauen Sie, es ist doch so: man hat versucht, Schönbergs konstruktive Innovationen auf diesen Nenner zu bringen: er habe die Brahmssche Technik angewandt auf das Wagnersche Material; aber in Wirklichkeit hat das schon Liszt getan, nur daß weder das Material wagnerisch war, es war nämlich lisztsch, noch war die Technik brahmsisch, sie war nämlich lisztsch. Nur haben sowohl Material als auch Technik dem genügt, was bei den Antipoden, Wagner und Brahms, dispers, nicht an den beiden Extremen als bloßes Moment ihrer kompositorischen Sache vorhanden war und sich auswirkte. Das war bei Liszt, ohne daß eine Abhängigkeit in diesen Dingen – weder von Wagner noch von Brahms – bestanden hätte, zusammen. Er ist der unmittelbare Vorläufer Schönbergs, es ist eigentlich das schon da, was man später Schönberg zugeschrieben hat. Schönberg brauchte das nur weiterzuentwickeln und zum Umschlag zu treiben.

MAYER: Ja, nun passen Sie mal auf. Wir kommen auf Ihre Frage zurück: großer Fluch des Judentums, nicht gedacht soll seiner werden, was wäre verloren, wenn wir diese Alternative Wagner eben ablehnen. Ich habe da eine einzige Begegnung gehabt, die ich auch einmal in Kranichstein zitiert habe. Ich war ein junger Student in Berlin, der sich schon sehr früh viel mit Musik beschäftigte, und so hatte ich die Freude, in Berlin bei einer der seltenen Aufführungen nach der Premiere des *Wozzeck* Alban Berg vorgestellt zu werden, der damals wieder in Berlin war bei Erich Kleiber, um sich eine neue Aufführung des *Wozzeck* anzusehen. Und es kam ein Kapellmeister, der dann später auch emigrierte, machte mich mit ihm bekannt, der wohnte zufällig in derselben Pension, so habe ich also das Glück gehabt, einmal Alban Berg kennenzulernen, der überwältigend aussah und überwältigend auch war, von seiner Höhe herab auf mich schaute mit einer außerordentlichen Freundlichkeit. Und nun – und das gehört genau zu unserem Zusammenhang – ich war damals als junger Mensch und Postexpressionist leidenschaftlicher Antiwagnerianer und benutzte die Gelegenheit, auf Wagner zu schimpfen. Und Alban Berg – unvergeßlich – sah von oben auf mich herab und sagte: »Ja, so können Sie reden, Sie sind ja nicht Musiker.« Das heißt: ich kann das nicht, ich, Alban Berg, kann einfach diesen Fluch, nicht gedacht soll seiner werden, nicht für mich gelten lassen: ich komme ohne diese Alternative nicht aus.

Wir wollen jetzt nicht die Frage stellen, inwieweit der *Otello* von Verdi, vieles im *Falstaff* undenkbar wäre ohne die Kenntnis der Wagnerschen Partituren, ohne die Kenntnis der Wagnerschen Musikdramaturgie. Richard Strauss wollen wir überhaupt einmal weglassen. Aber auch der frühe Schönberg, überhaupt die Wiener Schule, Alban Berg ganz zweifellos, vieles andere – auch in der Opposition, man braucht's beim Debussy nur nachzulesen, wenn er den *Ring* nicht ausstehen kann und über den *Parsifal* mit Begeisterung spricht –, das ist ja auch musikalisch, glaube ich, nicht wegzubringen. Aber das scheint mir gar nicht das Wesentliche zu sein. Daß Wagner einfach die Entwicklung der Kunst – und zwar sehr wichtiger Kunst wie

etwa Schönbergs, wie Alban Bergs, wie etwa Debussys und vieler anderer – geprägt und beeinflußt, bestimmt hat, ist evident; ich meine, das alles wissen wir. Die Frage ist, in welcher Weise wäre eine Alternative gegen Wagner auch sonst denkbar. Die hätte ja nur kommen können von einer nicht mehr bürgerlichen Welt, aus einer nicht mehr bürgerlichen Gesellschaftstheorie und mit einer nicht mehr bürgerlichen Ästhetik. Und die hat uns der damalige Marxismus ja nicht gegeben, er konnte sie uns auch nicht geben. Wenn Marx den »Staatsmusikanten« Wagner ablehnt, so ist das eine politische und sehr verständliche Ablehnung des Mannes, der vor dem Kartätschenprinzen Wilhelm 49 flüchten muß, geächtet wird und nun in der Loge mit Bücklingen den König von Preußen und deutschen Kaiser katzbuckelnd begrüßt, das ist eine politische Situation, die Marx gemeint hat. Aber die Ästhetik des Marxismus hat sich sehr viel später erst, und gerade nicht durch die orthodoxen Marxisten, sondern natürlich durch Männer wie Benjamin, wie Adorno, wie Ernst Bloch überhaupt mit dem Phänomen Richard Wagner auseinandergesetzt. In keinem Falle aber möchte ich meinen, ist es dabei, bei dieser Auseinandersetzung, zu der These gekommen: man kann das ignorieren, man sollte das vergessen.
RIEHN: Ja, das war natürlich vor 33 ...
MAYER: Das war nicht vor 33, denn Adornos *Versuch über Wagner,* der ja erst noch vor Kriegsausbruch in der *Zeitschrift für Sozialforschung* erschienen ist, die erste Fassung des *Versuchs über Wagner,* und die späten Aufsätze Blochs im *Prinzip Hoffnung,* die eingehen auf Richard Wagner, sind ja längst nach 33. Nein, nein, die Auseinandersetzung geht schon weiter. Ich wollte zusammenfassend sagen, es wäre eine mögliche Alternative gewesen, wenn wir ein ideologisch ausgereiftes Proletariat, wenn wir eine gegenbürgerliche Kunst, Kultur und Ästhetik gehabt hätten. Die haben wir in dieser Form bis heute nicht, in der Sowjetunion weniger als irgendwo anders. In der Sowjetunion ist im Gegenteil das regressive Zurückgehen auf alle Tabus und Klassizismen des Zarismus und der bürgerlichen Gesellschaft evident geworden. Wir unterhalten uns heute darüber, daß wir bisher vom Standpunkt einer nicht mehr bürger-

lichen Gesellschaft keine ästhetische Alternative entwickeln konnten. Wenn Ihr den Begriff einer »musica negativa« entwickelt, so ist das ja auch zunächst nur die Negation. Und man kann noch nicht sagen, in der Negation liegt eine neue Position doch. Sicherlich, aber sie ist nicht ausformuliert.
METZGER: Nein, das ist auch gar nicht gemeint.
MAYER: Das ist auch nicht gemeint.
METZGER: Das ist gar nicht gemeint, also wir halten es da schon mit der Negativen Dialektik.
MAYER: Ich wollte gerade sagen, man kann daraus kein Abbild machen.
METZGER: Wäre Wagner rechtzeitig, nämlich rechtzeitig vor der Heraufkunft des Nationalsozialismus, im Gedächtnis annihiliert worden – das ist natürlich ein reines Gedankenexperiment –, wäre dann der Verlust, den die Musik und das Theater erlitten hätten, so groß gewesen wie der Verlust, den der Nationalsozialismus erlitten hätte, indem er seinen einzigen Propheten auf den Höhen der hohen Kunst verloren hätte?
MAYER: Zwei Fragen. Die zweite zuerst. Ist Wagner wirklich – wir sollen das vielleicht erstmal nennen und dann später darüber sprechen –, ist Wagner wirklich so ohne weiteres als »Prophet des Nationalsozialismus« zu sehen, oder sind da so viele Vermittlungsglieder zu berücksichtigen, daß man im Grunde dabei den dialektischen Zusammenhang verliert? Die andere Frage aber, wäre er rechtzeitig erkannt worden, ja wer hätte es tun können? Wir haben ein Kaiserreich gehabt, das Kaiserreich war ganz entscheidend bürgerlich-feudaler Kompromiß nach wie vor, nur eben nicht mehr in der Form der Goethe-Zeit, daß man ein progressives, aufsteigendes – liberal tolerantes – Bürgertum hatte, das sich mit einem immer noch einigermaßen aufklärerischen Feudalismus verständigte, sondern ein bösartiges Bürgertum der Diederich Heßlings, »Untertanen« im Sinne von Heinrich Mann, das mit einem imperialistischen Feudalismus in Form von Wilhelm II. unter der gesamten Rubrik eben der imperialistisch-kapitalistischen Welt koaliert. Welches sollte der Überbau sein, den man an die Stelle Wagners hätte setzen können? Wagner ist natürlich im entscheidenden Sinne der ideolo-

gische Überbau dieser imperialistischen Ära gewesen, das hat Adorno mit Recht gesagt, ich habe es ja in meiner Münchner Rede zitiert und habe ausdrücklich in meiner Rede auch immer wieder darauf hingewiesen, daß Wagner hier ganz zweifellos die Funktion der spätbürgerlichen Ideologie erfüllt hat und daß dieses Kunstwerk, das ja ein kühnes, innovatorisches Kunstwerk trotz allem in seiner Zeit gewesen ist – nicht nur im *Tristan*, nicht nur im *Parsifal*, in vielen anderen Dingen auch –, daß dieses Kunstwerk gleich nach dem Tod von Wagner – und zwar schon unter Cosima – benutzt wurde, um systematisch alle anderen kommenden Innovationen niederzuknüppeln, kaputt zu machen im Dienste des Wagnertums.
Das heißt, die verachtete und verspottete Zukunftsmusik war nunmehr so heilig, daß alles, was darüber hinauszustreben bemüht war, niedergeknüppelt wurde. Und dann erst recht natürlich niedergeknüppelt wurde – da haben Sie recht – im Jahre 1933 durch alle Leute, die sagten, alles, was nicht auf der Nachfolge Wagners liegt, ist undeutsch, entartet, dekadent usw. Insofern hat Wagner sehr schnell aus der Innovation sich zur Affirmation, die ja immer in ihm war, und schließlich zur Regression, als Überbau entwickelt. Aber – dann kommt nun, nach dem Kaiserreich, keine Revolution 1918, kein Weitertreiben einer ersten Bewegung, die ja im Grunde noch eine schwächliche bürgerliche Revolution, ein jämmerliches 1789 gewesen ist, und das sogleich nicht mit der Liquidierung der Aristokratie, sondern mit der Liquidierung von Karl Liebknecht und Rosa Luxemburg begonnen hatte. Und nun kommt eine Weimarer Republik. Und die erkennt sich doch wieder in Richard Wagner, in Richard Strauss, in Max Liebermann und in Max Reinhardt, das heißt: in einer in jeder Weise affirmativen Kultur. Ich habe im vorigen Jahr gegenüber der Lüge der Europaratsausstellung in Berlin »Tendenzen der Zwanziger Jahre« diesen tief regressiven Charakter der offiziellen Kulturpolitik der Weimarer Republik herausgearbeitet: Gerhart Hauptmann mit dem *Florian Geyer*, das ist repräsentativ gewesen. Die *Meistersinger*-Aufführungen in der Weimarer Republik – und zwar dirigiert auch von Leuten wie Bruno Walter und sogar von

Erich Kleiber – sind ja doch entscheidend affirmativ gewesen. Vergessen Sie nicht, in den zwanziger Jahren in der Berliner Staatsoper hat immer Erich Kleiber selbst die *Meistersinger* dirigiert, er hat es nie erlaubt, daß es ein anderer machte. Den *Tristan* hat immer wieder Bruno Walter dirigiert, den *Tristan* hat auch Klemperer dirigiert. Den *Tristan*, mein Lieber, das wird Sie befremden, aber es ist eine Wahrheit, den *Tristan* habe ich im Oktober des Jahres 1933, also einige Monate nach der Machtergreifung des Herrn Hitler, in Straßburg erlebt, also in Frankreich, eine Festaufführung von *Tristan und Isolde.* Der Dirigent hieß Hermann Scherchen. Das ist eine konkrete Situation, welcher Überbau sollte an diese Stelle gesetzt werden, sie paßten ja haargenau dazu.

METZGER: Und dann folgte Wagner im Dritten Reich – (MAYER: Natürlich.) –, wo diese Bayreuther Institution ihren Höhepunkt erlebt hat und zugleich ihr Ende; denn es war ja so, daß in jenem Moment, wo die Kriegsgeschichte des Nationalsozialismus den Punkt erreicht hatte, da es mit der Götterdämmerung für die Nazis ernst wurde, die Bayreuther Festspiele aufhören mußten.

MAYER: …, nachdem sie zwei Jahre lang noch bewußt als Kriegsfestspiele firmiert hatten.

METZGER: Ja, aber dann hatte die Realität die Götterdämmerung eingeholt, jedenfalls im nationalsozialistischen Verstande, oder besser: Unverstande …

MAYER: Darf ich nur einen Satz zwischenschalten zur Bestätigung. In meinem Buch *Richard Wagner in Bayreuth* habe ich dieses Kapitel der Ära Winifred unter den Titel *Götterdämmerung* gestellt. Selbstverständlich, es endete mit der realen Götterdämmerung, ja. Und dem Brand auch von Wahnfried.

METZGER: Und das Ende der Bayreuther Festspiele ist also von den Nazis dann selbst besorgt worden – (MAYER: Natürlich.) –, gewissermaßen als Vollendung dieser Sache. Und dann begann nach der Befreiung jene Rehabilitation Wagners und das Wiederaufleben der Bayreuther Institution unter allmählich anderen Vorzeichen. Es hat hier Rettungsversuche gegeben für den durch die politische Geschichte inzwischen so tief kompromittierten Wagner, und vor allem Rettungsversuche von zweierlei Art: das eine war die systematische Verdrängung seines Antisemitismus, so daß jetzt, nachdem die Cosima-*Tagebücher* erschienen sind, unendlich viele Leute völlig überrascht sind, was Wagner für ein Mensch war, als ob man das nicht vorher schon gewußt hätte, wenn auch vielleicht nicht so genau, aber immerhin. Gewußt hat man es. Diese Überraschung, die jetzt durch die Lande geht und die man in Gesprächen, auch in Artikeln über die Cosima-*Tagebücher* zu spüren bekommen hat, ist ja nur zu erklären aus der Verdrängung wohlbekannter Sachverhalte, nämlich der ganzen antisemitischen Seite, ja ich möchte sagen: des antisemitischen Kerns Wagners. Und da man einiges davon doch gespürt hat, gab es außer der Verdrängung noch einen anderen Versuch der Rettung, nämlich die Reinigung. Die »Entrümpelung« Bayreuths durch Wieland Wagner hatte ja diesen Charakter einer gewissen Tempelreinigung ...

MAYER: Ich habe sehr spöttisch mal das entsprechende Kapitel in meinem Buch unter die Überschrift gestellt *Austreibung und Weihe des Hauses*, wobei ich »Weihe des Hauses« natürlich im Sinne dieser miserabel komponierten Ouverture von Beethoven verstand. Also wenn ich »Weihe des Hauses« sage, so ist das natürlich in Anführungszeichen.

METZGER: Nun, diese Reinigung – Du hast da, glaube ich, Belegstellen, daß es solche Bestrebungen schon sehr viel früher gegeben hat ...

RIEHN: Ja, Appia, wenn man gewisse Sätze von Appia liest, dann meint man, man liest ein Regiekonzept von Wieland Wagner.

MAYER: Ja, was Wieland Wagner ganz bewußt auch immer anerkannt hat, er stützt sich auf Appia.

RIEHN: Ja, aber selbst Winifred hat 33 oder sogar vor 33 auch schon Versuche gemacht, zum Beispiel *Parsifal* anders aufzuführen als der Meister oder die nachfolgenden »Meister« es haben wollten ...

MAYER: Jetzt haben wir aber Pech, das hat sie nämlich in engster Verbindung mit ihrem damaligen geliebten Führer gemacht, denn der Führer war auch für diese neue Auffassung der *Meistersinger*, des *Parsifal* 1934, den dann Richard Strauss dirigiert hat, und die Dekoration entwarf, wie wir heute wissen auf Wunsch ihres Führers, Alfred Roller, der enge Bühnenbildner von Max Reinhardt und der Mann, der mit Hofmannsthal und Reinhardt als erster den *Rosenkavalier* ausgestattet hat (RIEHN: Ja, und mit Mahler zusammengearbeitet hat …), der den Mahlerschen *Tristan* gemacht hat. Und wissen Sie, warum Hitler damals vorgeschlagen hat, daß Roller die Bühnenbilder machen sollte, was er auch gemacht hat? Der *Parsifal* von 34 ist mit den Bühnenbildern von Roller unter der Direktion von Richard Strauss mit Billigung des damaligen Führers und Reichskanzlers gemacht worden. Die positive Stellung des damaligen Machthabers lag darin, daß Alfred Roller in Wien als Professor an der Kunstakademie der einzige gewesen war, der ein positives Urteil abgegeben hatte für eine mögliche Aufnahme des Kandidaten Hitler in die Kunsthochschule; alle anderen haben es abgelehnt: er fiel also durch, wurde nicht genommen. Roller hat ihn genommen. Nun sagte Hitler, ja, das ist ein großer Mann. Ich glaube aber, das führt nicht zu dem wirklichen Problem, Adolphe Appia, Alfred Roller, diese Innovationen bedeuteten nur ein Abgehen von dem musealen Charakter der Cosima, das wäre im Grunde zu vergleichen mit der Bemühung, die heute einige begabte jüngere Regisseure anstellen – (RIEHN: Mit Brecht.) –, um das Werk von Brecht von dem musealen Charakter des Berliner Ensembles zu befreien, damit ist aber doch die Auseinandersetzung mit Brecht ebensowenig gegeben, wie durch Appia und Wieland eine wirkliche neue Auseinandersetzung mit Richard Wagner erfolgt wäre.

METZGER: Ich bin auf diese Bayreuther Innovationen mit ihrem Reinigungscharakter deshalb gekommen, weil das, wie sich gezeigt hat, nicht zu haben ist, ohne daß dafür der Preis einer strukturellen Verfälschung der Musik gezahlt wird. Dieter Schnebel hat in einem Aufsatz über den *Ring* nachgewiesen, daß die Regieanweisungen Wagners sehr wohl eine immanent musikalisch-strukturelle Bedeutung haben, nämlich das spatiale Element der Komposition darstellen. Also: ob ein Sänger von rechts oder von links oder von der Mitte singt oder sich während des Singens bewegt, das ist nicht nur etwas Szenisches. Sondern die Schallrichtung, die Komposition mit Schallrichtungen, also spatiale Komposition – Wagner ist in diesem Punkte sogar ein Prophet von Varèse und ein Prophet der elektronischen Musik gewesen, das geb' ich gern zu – bedeutet eine Dimension der Musik. Der musikalische Sinn dieser Regieanweisungen realisiert sich aber nur, wenn man sie peinlichst genau ausführt, wie Wagner sie hingeschrieben hat. Sobald ein Metteur-en-scène kommt, der, um da szenisch etwas anderes zu machen, die Szene zu »entrümpeln« oder eine moderne Auffassung des Wagnerschen Dramas vorzustellen oder es zu aktualisieren oder vom Ballast zu befreien – oder was immer da die Motive sein mögen –, gegen diese präzisen Regieanweisungen verstößt, hat er einen Parameter der Musik auf dem Gewissen, der dann wegfällt. Denn wenn die räumliche Disposition der Schallquellen und ihrer Bewegungen, die in der Partitur verbal notiert sind, unterschlagen oder verändert wird, ist das – wenn man diesen Parameter einmal ernst nimmt, und seit Schnebels Analyse muß man das einfach tun – bei einer Aufführung genauso katastrophal, als wenn man die Tonhöhen ändern würde oder die Intensitäten oder die Dauern.

MAYER: Ich meine folgendes: ich glaube, das ist richtig, das gilt ganz zweifellos als Einwand gegen die sogenannte Entrümpelung. Der Ausdruck ist von Wieland Wagner gebraucht worden, wir sollten ihn weglassen, er wollte damit zunächst nur mal im äußerlichen Sinne sagen: keine Germanenbärte mehr und keine Weltesche oder keine Esche in der Hundingshütte, die auch dann keine Hütte mehr ist usw. Daß die Tendenz musikalisch – und die Folgerungen, die Schnebel zieht, sind sicherlich auch richtig –, daß dadurch das Werk konzertant geworden ist, daß etwas anderes entstanden ist, wie jeder, der eine Wieland-Aufführung zum Beispiel des *Ring* zum Schluß gehört hat, daß das über Wagner und gegen Wagner hinzielte, ist evident. Bei Wagner gibt es zahllose interne Anweisungen, in denen er den Primat der Tragödie und nicht den Primat der Musik gesehen hat. Wagner hat immer wieder den Standpunkt vertreten in Bayreuth: wichtig ist, daß alles über die Rampe kommt, daß der

tragödienhafte Zusammenhang klar wird. Und wenn zu stark instrumentiert wurde, muß der Dirigent einfach dämpfen. So einfach – ich hab' das mit Boulez mal in einem Gespräch behandelt, und Boulez grinste und sagte: »So einfach war das also damals.« Sicher. Daß hier vieles im musikalischen Ablauf preisgegeben wurde, weil Wieland im Grunde nicht mehr an die Tragödie des Großvaters geglaubt hat, daß er ein innerlich, also, ja ein unglückliches Bewußtsein hatte, ist offensichtlich. Nun aber, wenn wir auf das heutige Bayreuth gehen – wir sollten vielleicht das nicht zu sehr intensivieren, weil wir ja auf andere Fragen noch zurückkommen wollen –, dann würde ich sagen: Patrice Chéreau aber mit Boulez macht ja das Gegenteil. Ich weiß nicht, ob Sie die Aufführung in Bayreuth gesehen haben.
METZGER: Nein, natürlich nicht, ich war in meinem Leben noch nicht in Bayreuth.
MAYER: Ah ja, da ist nun folgendes: all das, was die Leute so sehr entrüstet an scheinbaren Innovationen, ist im Gegenteil ein peinliches Beobachten und Beachten aller Regieanmerkungen von Richard Wagner. Sogar die unsinnigsten Dinge am Schluß des ersten Aktes von *Siegfried* mit Mime, dem Koch, der Eier in die Pfanne schlägt und den Sud macht, während der Siegfried seine gräßlichen Schmiedelieder singt und mit Nothung als deutscher Held dann in den Wald zieht zu seinen geliebten Bären, stehen in den Regieanweisungen und stehen – wie eben Schnebel mit Recht sagen würde – auch in der Musik von Richard Wagner. Und damit kommen wir einen Augenblick doch noch mal auf das Problem des Musikertums von Richard Wagner. Was mich bei den Cosimaschen *Tagebüchern* am meisten immer wieder überrascht, ist Wagners Verdrängung der Situation vor sich selbst, der Situation, die er als Musiker einnimmt, wenn man ihn oder wenn er sich vergleichen muß mit den großen Meistern der – wie man das so schön sagt – »absoluten Musik«, vor allem – Mozart ist für ihn ja ein kleiner Mann – mit Beethoven und Carl Maria von Weber – und Gluck. Das ist ja die Linie, die Wagner immer wieder zieht: Gluck, Beethoven, Carl Maria von Weber. Er sieht sich als ihren Fortsetzer, und er sieht sich als ihren Vollender – und nicht die Linie Men-

delssohn, Robert Schumann, den er ungeheuer haßt und beschimpft –; er sagt einmal: von Robert Schumann gibt's überhaupt nicht eine einzige Melodie, und ähnliche Dinge. (RIEHN: Umgekehrt sagt's der Schumann von ihm.) Umgekehrt sagt's Schumann von ihm.
Ich wollte gerade auf diese Dinge kommen: hier ist ein Schock bei Wagner gewesen, ein Schock – er fühlt sich als minderwertig gegenüber diesen Meistern des musikalischen Handwerks. Er geht zu Cosima nach oben und kommt plötzlich und sagt: »Ich muß hier modulieren, und ich schaff' das nicht.« Er sagt einmal: »Mendelssohn hätte das sofort geschafft, was bin ich für ein Musiker.« Wagner sagt: »Wenn ich komponiere, inspiriert durch meine Klangvorstellung und durch meine dramatische Komposition, dann geht das wunderbar. Wenn ich jetzt überlege – sagen wir mal –, wie komm' ich jetzt aber nach As-Dur ...«, dann kann er plötzlich nicht komponieren, so wie ein Mendelssohn, wie die anderen Meister, wie ein Brahms, wie ein Robert Schumann mühelos den Weg gefunden hätte. Da ist ein Minderwertigkeitsgefühl. Und wenn ich mich frage, warum hat Wagner nach dem Schluß des *Parsifal*, der Uraufführung, gesagt: »Jetzt schreibe ich nur noch Traktate und ein dutzend Symphonien.« Symphonien, von denen er sagte, die sollten alle um eine poetische Idee zentriert werden: also der Gedanke der Lisztschen Zyklen, der zyklischen symphonischen Dichtung und der Berliozschen, schwebte ihm natürlich vor. Ich frage mich, warum wollte er nun plötzlich nur noch Symphonien schreiben. Um vor sich selbst auch dieses letzte Minderwertigkeitsgefühl noch zu zerstören: »Du kannst im Grunde gar nicht als Meister – du läßt dich zwar als Meister anreden – so komponieren wie die wirklichen Meister der Vergangenheit, du mußt das eben auch noch beweisen.« Und wenn wir das dann sehen, dann ist es ganz offensichtlich, daß Richard Wagner ein Arrangement gefunden hat für sein besonderes Talent, das hohe Leistungen – ja auf welchem Gebiet ergeben hat? Ja, auf einem ganz neuen, unbekannten Gebiete sowohl der Dichtung, sowohl der Musik, sowohl der Theatralik, die aber in jeder Einzelphase vielleicht nicht erstklassig war: keine erstklassige

Musik, keine erstklassige Poesie, vielleicht auch keine erstklassige Theaterkunst. Und da käme dann der Ausdruck, den Sie gebrauchten, »Demagogie«, den Nietzsche immer wieder gegen Wagner angewandt hat. Dieses Gefühl des Ungenügens, des Traumatischen geht sehr tief, das trifft nämlich Wagner auch als kreative Persönlichkeit.
Darum meine ich, daß wir jetzt vielleicht doch fragen sollten, wo ist die Ursache sowohl der traumatischen Verwundungen Wagners wie auch seines Versuchs, darauf zu reagieren durch den Haß gegen Mendelssohn, den Haß gegen Robert Schumann, die ja die Meister waren in Leipzig und Dresden und die Wagner verachtet haben, wobei Schumann die *Tannhäuser*-Partitur liest und sagt: »Damit kann ich gar nichts anfangen.« Dann aber später sagt er, wenn es aufgeführt wird in Dresden: »Ach, so schlecht ist das gar nicht, das ist eigentlich ganz interessant.« Bei Mendelssohn liegt wahrscheinlich auch noch ein persönliches Trauma vor. Der muß also diesen jungen Wagner, der ja doch dilettantisch begann, als ein Spätentwickler, der sich langsam und mühevoll, nie aus einer wirklich großen Schule kommend, entwickelte, ja doch nur verachten und auch als unangenehm empfinden. Wohl auch mit Recht als unangenehm empfinden. Wagner behauptet ja, Mendelssohn habe ihm seine Symphonie verschlampt. Er kommt immer wieder darauf zurück, es sei eine Jugendsymphonie gewesen, die habe Mendelssohn aufführen wollen, dann habe sie ihm nicht gefallen und man habe sie nicht wiederfinden können und er hätte sie ihm verloren gegeben. Meyerbeer hat wirklich generöser Weise, in jeder Weise in Paris sich Wagners angenommen, ihm geholfen, ihm Empfehlungen gegeben. Da ist nun wirklich der Haß eines Mannes, der antichambrieren mußte, auf den Mann, der ihm Wohltaten erwiesen hat, das heißt, Wagner hat ihm nie vergessen im Haß, daß er sich gut zu ihm benommen hat. Bei Mendelssohn, bei Robert Schumann gab es auch persönliche Gründe zwischen Künstlern. Die Infamie Wagners, dann nun aus diesen individuellen, persönlichen Abneigungen diese Theorie zu machen, die in so ungeheuerlicher Weise wirkungsvoll gewesen ist und die natürlich Auschwitz möglich gemacht

hat auf dem Weg über diese Wagnerianer, die dann Auschwitz befahlen, das ist offensichtlich. Aber das ist eine Entwicklung, die hängt nun wirklich mit den ganzen deutschen Situationen zusammen; denn es ist ja nicht der Antisemitismus Richard Wagners als eine isolierte, traumatisch-neurotische Situation, die ganz spät ihre Wirkungen entfaltet hätte, sondern das gesamte Bayreuth, das gesamte wilhelminische Deutschland, die gesamte bürgerliche Situation ist zusammen mit Wagner und nicht nur durch Wagner antisemitisch gewesen.

METZGER: Aber sie waren doch nicht alle so wie der Wagner. Die Dokumente, die man in diesem Fall hat, sind ja doch wohl nahezu einzigartig auch in dieser Zeit.

MAYER: Ja, weil Wagner sich so sehr gehen ließ und so sehr von der Gott-Ähnlichkeit alles dessen, was er sagte und meinte und fühlte, überzeugt war, daß er ausgesprochen hat, was die anderen verdrängten. Die Verdrängung bei Wagner geht viel tiefer, aber sie führt dann zu einer Form der Explosion und der Aggression, die auf Verdrängungen reagiert, aggressiv reagiert, die dann aber Dinge sagt, die viele andere gemeint und gedacht haben. Was Ludwig Klages und viele andere Philosophen damals nach 33 gesagt und geschrieben haben, auch Elemente des jüdischen Selbsthasses wie bei Theodor Lessing und anderen, sogar Karl Kraus wäre hier zu nennen, ist gegeben. Ein Wagnerianer und Nietzscheaner, der in seinem Herzen nie von einem tieferen Antisemitismus losgekommen ist, obwohl er eine jüdische Frau geheiratet hat, war Thomas Mann. Die Tagebücher, wenn wir die *Tagebücher* der Cosima mit den Tagebüchern von Thomas Mann vergleichen, die entsetzlichen Elemente eines virulenten Antisemitismus bei Thomas Mann, bei Thomas Mann, der dann ganz glatt sagt 1933: »Na ja, daß man so Juden wie Kerr und Tucholsky ausbürgert, das ist ja in Ordnung, aber doch nicht unsereinen.« Das heißt, hier ist – schön, Sie können sagen, die alle sind Wagnerianer gewesen, sind ja Wagnerianer geworden, das heißt, in ihnen war ja schon das Element angelegt und damit auch das Element des Antisemitismus. Vergessen wir nicht, sogar bei einem Mann, der doch starke jakobinische Elemente in sich gehabt hat, wie Heinrich Mann, haben Sie sein ganzes Leben hindurch ganz virulente antisemitische Elemente. Sogar bei einem Mann, der nichts als Güte und Freundlichkeit erfahren hat durch Mendelssohn-Bartholdy, bei Robert Schumann, finden Sie in den Tagebüchern, die Robert und Clara gemeinsam führen, dann plötzlich antisemitische Ausfälle. Sogar – was jetzt ein neuerer Doktorand bei mir herausarbeitet – bei einem Mann, den wir durchaus als fast französisch, liberal, fast sozialistisch und wirklich demokratisch human betrachten, Theodor Fontane, finden Sie entsetzliche und unangenehme antisemitische Ausfälle. (RIEHN: Ja, da habe ich auch schon einiges gelesen.) Eben. Das heißt also, wir müssen das, glaube ich, schon als Elemente der deutschen Misere sehen. Zu Beginn unseres Gespräches meinte ich: keine Alternative zu Wagner, weil wir eine Gesellschaftsstruktur hatten, deren idealer Überbau sich eben in Richard Wagner erfüllte. Hätten wir eine andere Möglichkeit gehabt – wir haben sie nicht gehabt. Und die Tatsache, daß etwa die Wiener Schule, daß Schönberg mit seinen Schülern in einem langsamen Purifikations- und Reinigungsprozeß vom Wagnertum loskommen mußte, auch übrigens auf dem Wege von Wagner zu Brahms. Die große Bedeutung von Brahms für die Pädagogik und auch später für die Schönbergsche Komposition ist evident, ist auch ein Zeichen – wie bei Hans von Bülow – des Übergangs von dem einen zum anderen. Also wenn er das g-Moll-Klavierquartett dann als Brahms-Symphonie bearbeitet, so ist das natürlich auch eine kulturpolitische Entscheidung bei Arnold Schönberg gewesen. Aber das war ja keine wirkliche Alternative. Beide standen ja nebeneinander. Und mit Brahms hatten wir, wenn Sie so wollen, eine Weiterführung des liberalen, goetheanisch Weimarer klassizistischen Kulturbegriffs, der weitergeführt wurde. Am Ende der Brahmslinie konnte nur das Epigonentum stehen; nur ein blasses Epigonentum des Klassizismus in der Literatur und in der Musik, eine Rückschau wie bei Hebbel etwa in der Dramaturgie gegenüber der Entwicklung von dem »Sturm und Drang«, über Schiller bis zu Heinrich von Kleist. Und Wagner war die wirkliche Alternative, die nun dalag und um die kein Weg herumführte. –

METZGER: Wir sind mit dem Kern des Problems, glaube ich, noch nicht durch. Es geht mir eigentlich darum, um es ganz krud zu sagen: soll man die Werke einer Person wie Wagner, die so war, wie wir wissen, daß sie war, und die die geschichtliche Rolle gespielt hat, die wir mehr oder weniger gut kennen, und schreckliche Folgen gehabt hat – wir haben mindestens von Brecht gelernt, daß man die Folgen, die Kunstwerke haben, bedenken soll, Wagner hat, weiß Gott, solche Folgen gehabt –, soll man so etwas öffentlich aufführen?
MAYER: Ich glaube, man kann den Standpunkt vertreten, den Israel vertritt – (METZGER: Ja.) –: wir spielen ihn nicht, und wir spielen Richard Strauss auch nicht. Das Problem bei Richard Strauss führt …
METZGER: Richard Strauss war nicht so schlimm wie Wagner.
MAYER: Richard Strauss war schlimmer.
METZGER: Es war niemand so schlimm wie Wagner.
MAYER: Richard Strauss war viel erschreckender als Wagner, ich gebrauche diesen Ausdruck ganz bewußt. Sie kennen die Dokumente nicht, ich kenne sie. Ich kenne die Dokumente, ich kenne viele Dokumente, die da sind, Briefe und Texte von Richard Strauss aus dem Dritten Reich, bei denen sehr intensive Interessen vorliegen, daß die nie gedruckt werden. Das Verhalten von Richard Strauss im Dritten Reich – und zwar nicht monomanisch neurotisch, traumatisch wie bei Wagner, sondern in der erschreckendsten Weise des Opportunismus, der Geldgier, der Egozentrik – »Ich bin für das Regime, das Richard Strauss am meisten spielt und ihm die höchsten Tantiemen zahlt.« –, die Art und Weise, wie er die Situation akzeptiert, wie er den Opportunismus vornimmt, er mit der jüdischen Schwiegertochter, der nur daran denkt, daß die jüdische Schwiegertochter verschont werden kann – alle übrigen sollen ruhig den Weg nach Auschwitz gehen –, das ist eine entsetzliche Situation. Ich bin vor kurzem gefragt worden in irgendeinem Zusammenhang, ob wir irgendwelche Aufnahmen, die dann auch nur um Richard Strauss gehen, in Garmisch machen sollten. Ich habe erklärt: »Dieses Haus betrete ich nicht.« Ich habe Wahnfried betreten.

METZGER: Aber die Geschichte Wahnfrieds ist doch auch nur eine Geschichte der Anpassung an politische Gegebenheiten.
MAYER: Das ist gar keine Frage, das ist sogar in gewissem Sinne kompliziert. Die Situation der Winifred – ich würde Winifred ohne weiteres verteidigen, aber Richard Strauss unter keinen Umständen: einfach in Kenntnis von Dokumenten.
RIEHN: Nun hat Richard Strauss tatsächlich im Dritten Reich gelebt; wir wissen nicht, wie Wagner sich verhalten hätte, wenn er im Dritten Reich gelebt hätte.
MAYER: Ja gut, das ist eine Konjektur, eine Hypothese; das weiß man nicht.
METZGER: Wir wissen nur, wie die Winifred sich verhalten hat.
RIEHN: Eben, und insofern ist es nicht ganz legitim, jetzt Strauss und Wagner so einfach zu vergleichen.
MAYER: Nein, ich vergleiche sie ja nicht.
METZGER: Ein Vorläufer des Nationalsozialismus war Richard Strauss eigentlich nicht.
MAYER: Ein ideologischer Vorläufer? Nein. Strauss war ein sehr üppiger Überbau über einer imperialistischen, repräsentativen Bürgerkultur. Die Verbindung – die Tatsache, daß er mit dem Juden Hofmannsthal und dem Juden Stefan Zweig gearbeitet hat –, ganz zweifellos ... Das Verhalten von Strauss im Dritten Reich halte ich für tief unmoralisch. Das Problem Richard Wagners ist ein anderes, ein historisches Probelm. Die Frage, wo sich Wagner in seinem Leben tief unmoralisch verhalten hat – es gibt eine Fülle von Ereignissen –, hat aber nichts mit den historischen Dingen zu tun. Im Gegenteil: der Antisemitismus Richard Wagners hat ihn nicht am Opportunismus gehindert, daß er Hermann Levi eben die Uraufführung des *Parsifal* dirigieren ließ, und zwar sagen die Leute dann immer gleichsam, so stark kann der Antisemitismus Wagners also nicht gewesen sein, daß er sich den Levi geholt hat. Das ist keine Exkulpation, wenn Sie die Dinge sehen, das war ein reiner Opportunismus. Levi war der beste Dirigent für den *Parsifal*. Richtig. Vor allem, nachdem Wagner entdeckt hatte, daß Hans Richter als Dirigent des *Ring* im Jahr 76 völlig unzulänglich war. Levi hat eine gute musikalische Einstudierung des *Parsifal* gegeben. Aber der

eigentliche Grund war, daß Levi Hofkapellmeister in München war und daß das Orchester von München gratis – durch den König – nicht bewilligt wurde, wenn der Dirigent nicht genommen wurde. Das heißt, wenn Wagner sagte, den Juden Levi will ich nicht haben, dann kriegte er die bayerische Hofkapelle nicht, und dann konnten die Festspiele nicht stattfinden, das heißt, es war der reine Opportunismus.

METZGER: Ja, so wie bei Strauss, der sagte, wenn ich nicht mit den Nazis mich arrangiere und sogar kollaboriere, dann werde ich in Deutschland keine Aufführungen mehr haben, und die will ich ja schließlich haben.

MAYER: Ja gut, nun ist der große Unterschied, daß Richard Strauss, wenn er einfach ein Antifaschist gewesen wäre, gesagt hätte – wie viele andere auch –: »Ich, Richard Strauss, werde nicht verhungern, wenn ich Deutschland verlasse. Dann werd' ich eben, wird Richard Strauss in den andern Opern der Welt aufgeführt werden. Dann geh' ich eben nach Amerika.« Wir wollen jetzt nicht über die Alternative reden, die als Lebensentscheidung gestellt wurde ... Der Opportunismus bei Wagner war ganz offensichtlich. Er mußte Levi nehmen und hat sich dafür entschieden. Die Infamie liegt darin, daß er während der Probe Levis, während Levi da probierte, Cosima zuflüsterte – (RIEHN: Ja, ich weiß.) –: »Ich würd' nicht unterm Juden spielen als Musiker.«

RIEHN: Ja, und Levi ist dann ja auch einmal weggefahren.

MAYER: Ja, und sie haben ihn dann wieder geholt, und sie haben ihn immer wieder beleidigt, es ist eine fürchterliche Tragödie, was sie mit ihm angestellt haben. Der war nun ein gläubiger Wagnerianer, und er hat geglaubt, er muß sich sozusagen reinigen vor Richard Wagner. Aber schauen Sie, da gibt es diese merkwürdige Schrift von Otto Weininger, dem Mann, der sich erschossen hat und der *Geschlecht und Charakter* geschrieben hat. Aus seinem Nachlaß (*Von kommenden Dingen*) sind seine Aphorismen veröffentlicht worden. Da schreibt der Jude Weininger: »Es wird einem Juden niemals gegeben sein, die ganze Tiefe eines Kunstwerks wie des *Parsifal* zu erfassen.« Merkwürdige, dialektische Situation: ein Jude sagt, ein Jude kann niemals die ganze Tiefe eines Kunstwerks erfassen, und damit negiert er eigentlich seine eigene Aussage als Jude. Hoch merkwürdige Situation. Das heißt, die Komplikationen, ich würde sagen, und damit komme ich wieder zu Ihrer Frage – oder wir sind eigentlich wieder beim Ausgangspunkt. Gibt es eine Alternative? Nein, es gibt keine Alternative. Ich kann ohne weiteres verstehen, wenn alle Dokumente über Richard Strauss da sind, daß einige Leute sagen: »Da geh' ich nicht mehr hinein, die Musik dieses Mannes, der sich so verhalten hat, die will ich nicht mehr kennenlernen. Und hundertmal Hofmannsthal und hundertmal Stefan Zweig. Der hat sich in einer entscheidenden Situation, die dazu geführt hatte, daß eben Millionen Menschen umgebracht wurden einfach um ihrer Herkunft willen, unwürdig verhalten. Das will ich nicht mehr hören.« Das Problem Wagner ist ein historisches Phänomen, und ich glaube, da gibt's keine Alternative. Das ist eine subjektive Entscheidung zu sagen, ich will Wagner nicht hören, ich geh' nicht nach Bayreuth. Das heißt, die Situation muß jeder für sich entscheiden. Aber die Situation, einfach zu sagen, ich nehme das nicht zur Kenntnis, Wagner sollte verboten werden ..., ja da würd' ich dann sagen, die Grenzen sind sehr schwer zu treffen. Ich bin an sich gegen Verbote – (METZGER: Ja.) –, ich bin gegen Verbote, denn im Endergebnis, wenn man das legalisiert, werden immer die falschen Dinge verboten.

METZGER: Freilich. Ich unterstelle Ihnen ja auch nicht, daß Sie im Falle Pounds für ein Verbot wären, dergleichen haben Sie nie gesagt. Aber ...

MAYER: Ich habe nie etwas mit Ezra Pound zu tun haben wollen, ja. Und auch nicht mit Céline und Léautaud und vielen anderen Kollaborateuren.

METZGER: Eben. Ich habe den Eindruck, daß Sie mit Pound viel strenger verfahren als mit Wagner.

MAYER: Ja, das will ich Ihnen genau sagen. Ich habe die antisemitischen Rundfunkreden von Pound aber in der Schweiz gehört und die von Wagner nicht.

RIEHN: Das Verdienst Wagners besteht also lediglich darin, daß er etwas früher gelebt hat.

METZGER: In einem Gedicht von Pound aus *The Pisan Cantos* steht folgender Vers, hier in einer deutschen Übersetzung:

»der Judd ist ein Stimulans und die Gojim sind Rindvieh
zum großen Teil ...«

Und an anderer Stelle heißt es:

»doch wenigstens achteten sie die Thora
...
kein Unrecht in Elle und Maß (des Preises)
und die Christen brauchen nicht so zu tun als ob
sie Levitikus geschrieben
besonders Kapitel XIX
mit Gerechtigkeit Zion ...«

Ist das so ohne weiteres unter den Faschismus zu subsumieren?
MAYER: Ja, Verzeihung, das ist ja viel später geschrieben, das ist ja viel später geschrieben, das hat der reuige Pound geschrieben, als er in seinem Käfig gewesen ist, als er in Pisa da herumgereicht wurde, das ist der spätere Pound. Und dann gucken Sie sich mal die Originaltexte der Poundschen antisemitischen Reden – (METZGER: Der Rundfunkreden, ja gewiß.) –, der Rundfunkreden an, die er von Italien aus hielt.
METZGER: Offenbar sind die aber – darüber gibt es Zeugnisse – von vielen Hörern nicht verstanden worden, die wußten nicht, was der Pound eigentlich will mit diesen Reden.
MAYER: Ja, die Engländer und Amerikaner haben es sehr genau gewußt und waren entsetzt. Und die Tatsache, daß Pound dann im Grunde – wie viele andere Kollaborateure – eigentlich hätte exekutiert werden müssen, wie Robert Brasillach und andere Kollaborateure, die weniger schlimme Dinge geschrieben haben als Pound, ...
METZGER: Also Pound war Gesellianer, nicht wahr, er war gegen den Wucher, und er hat eigentlich – hier gibt es wirklich Parallelen zu Wagner – ...
MAYER: Ja sicher, zum »wahren Sozialismus« von Wagner.
METZGER: ..., nicht wahr, er hat diese irrige Vorstellung gehabt, das Geld hätten eben die Juden, was ja statistisch nicht der Fall war. Aber diese Vorstellung teilte Pound mit Wagner.
MAYER: Sicher, das sind sehr vage freiwirtschaftliche, »wahre

sozialistische« Utopien. Vergessen wir nicht, es hat bei einer ganzen Reihe unter den »wahren Sozialisten« der dreißiger und vierziger Jahre des 19. Jahrhunderts scharf antisemitische Auffassungen gegeben, die auf die Rothschild-Welt reagierten. Ich weiß nicht, ob Ihnen bekannt ist, in welchem Maße ein genialer Vorläufer des utopischen Sozialismus wie Fourier ein Antisemit – (RIEHN: Ja.) – war, ein sehr scharfer Antisemit aus der damaligen Situation heraus. Aber was 1834 bei Fourier noch möglich war, war 1939 bei Ezra Pound ja ganz zweifellos faschistische Ideologie. Warum sollen wir hier ...

METZGER: Und bei Wagner?

MAYER: Bei Wagner war sie sicherlich keine faschistische Ideologie, weil es noch keinen Faschismus gab.

METZGER: Aber hat Wagner nicht dazu beigetragen, daß es zum Faschismus, also speziell zum Nationalsozialismus, kam?

MAYER: Da würde ich sagen: nein, sicherlich nicht.

METZGER: Pound hat sicher nicht dazu beigetragen, daß es zum Faschismus in Italien kam.

MAYER: Nein, er hat ihn vorgefunden und hat sich ...

METZGER: Über den dafür notwendigen Einfluß hat Pound nicht verfügt.

MAYER: Nein, er hat sich aber einem etablierten faschistischen System, der etablierten faschistischen Unmenschlichkeit als Ideologe und Propagandist zur Verfügung gestellt. Da ist überhaupt für mich kein Verständnis.

RIEHN: Sie sagten gerade, es hat zu Wagners Zeiten noch keinen Faschismus gegeben, das ist richtig. Nun ist aber die Frage zu stellen, ob nicht vielleicht die Oper oder auch das Musikdrama den Faschismus begünstigte oder eine Art Vorform des Faschismus bereits ist. Ich darf in diesem Zusammenhang über die italienischen Verhältnisse, die doch weit weniger schlimm sind als zu Zeiten Wagners in Deutschland, vielleicht einiges vorlesen von Luigi Rognoni, den Sie vielleicht kennen – (MAYER: Ja, ja.) –, einem italienischen Musikwissenschaftler. Der schreibt: »Vielleicht spiegelt sich in der blinden kollektiven Hinneigung zur Oper, wie sie das der italienischen Masse im 19. Jahrhundert gebotene Musikprodukt charakterisiert, schon etwas von jenem

Entfremdungsprozeß des Individuums in der Masse wider, von dem Adorno und Horkheimer in unseren Tagen sprechen – eine Folge der Illusion, die die Masse dem Individuum verschafft, Illusion der ›Nähe und Einheit‹. Doch eben diese Illusion setzt die Atomisierung, die Entfremdung und Ohnmacht des Individuums voraus. Die objektive Schwäche jedermanns in der modernen Gesellschaft – die der Psychoanalytiker Nunberg die ›Ich-Schwäche‹ genannt hat – macht jeden auch für die subjektive Schwäche, für die Kapitulation in der Masse der Parteigänger anfällig. Das Sich-Identifizieren, sei es mit dem Kollektiv, sei es mit dem allmächtigen Bild des Führers, bietet dem einzelnen einen Ersatz für das, was ihm in der Wirklichkeit fehlt. Möglicherweise haben wir in der politischen und wirtschaftlichen Wirkung des Opernkults auch eine unbewußte ontogenetische Wurzel für den Mißerfolg unseres Risorgimento, ja sogar einen Teil der Ursachen, die zum Faschismus geführt haben, so wie in Deutschland der Wagnerkult zum Nazismus (wie es Adorno in seinem *Versuch über Wagner* – 1939 – so klar aufgezeigt und womit er so heftigen Anstoß erregt hat).«

MAYER: Das ist nicht neu. Und das steht alles viel besser und pointierter formuliert bei Nietzsche. Das steht bei *Nietzsche contra Wagner.* Ich hab's ja zitiert, nicht wahr, wo Nietzsche sagt, in Bayreuth, im Amphitheater wird man Pharisäer, wird man Idiot, wird man Wagnerianer. Eine wunderbare Formulierung von Nietzsche: »Man ist nicht Nachbar, man wird Nachbar.« Es ist im Grunde das, was Rognoni andeutet, und das ist das Problem überhaupt, das ist nicht neu; denn das ist im Grunde typisches 19. Jahrhundert, das ist Le Bon, das ist die Situation der Massen, Le Bon über die Entwicklung der Massen, das führt dann sogar zu Ortega y Gasset, das führt dann auch wieder zu präfaschistischen Ideologien der Verachtung des Massenhaften zu Gunsten irgendeines Elitären, das dann auch wieder ein imperialistisch-elitäres Verhalten ist. Also das überzeugt mich nicht sehr. Die Oper ist ein Massen-Phänomen, ja, aber die italienische Oper des 19. Jahrhunderts und...

METZGER: Und Rognoni sagt das nun ja sogar über die wirklich demokratische Oper Verdis.

MAYER: ...über die demokratische Oper des Risorgimento, Verdis, ja natürlich, ein Werk... Ich hab' jetzt den *Don Carlos* in Hamburg gesehen, in dem ja nun wirklich die Tradition der Schillerschen Aufklärung weitergeführt wird in der haßvollen Darstellung des Großinquisitors und des Autodafés. Da ist eine große demokratische Tradition, eine Aufklärungssituation gegeben.

METZGER: Für die es gewiß bei Wagner keinerlei Äquivalent gibt.

MAYER: Davon bin ich nicht so überzeugt. Das müßte aber jetzt an den einzelnen Werken gezeigt werden.

METZGER: Und wenn Rognoni das selbst über die demokratische Oper Verdis sagt, die ihm hier ja vorschwebt, wieviel mehr muß es dann erst für das Wagnersche Musikdrama gelten. Im übrigen: der Kern der Rognonischen These, nämlich die Oper habe zur Heraufkunft des Faschismus beigetragen und das Musikdrama zu der des Nationalsozialismus, konnte von Nietzsche noch nicht formuliert werden, weil er das noch nicht hat kennen können.

MAYER: Und weil es ja außerdem falsch ist.

METZGER: Würden Sie zum Schluß etwas dagegen sagen? Also eine Begründung, warum die These falsch ist, nicht mehr.

MAYER: Ja. Ein Werk ist, jedes Kunstwerk ist sicherlich Ausdruck einer bestimmten gesellschaftlichen Konstellation. Es kann die Situation affirmativ behandeln, opportunistisch bejahend, dann ist es eine Verklärung von klassengespaltenen Situationen. Es kann die scharfe Zurücknahme, Gegenposition vornehmen in Form der Destruktion, der Negativität, der Gesellschaft und ihrer Kunstvorstellung und in der weiteren Form des Gegenentwurfs eines utopischen Bewußtseins. Bei Richard Wagner ist ein Element zweifellos affirmativ – und ich würde sagen, es ist das geringere, unwichtigere Element des späten Richard Wagner, ich meine also des Wagner des *Tristan*, des Wagner der Tetralogie und des Wagner des *Parsifal*. Das geringste Element ist affirmativ, das geringste Element ist ideologischer Überbau. Das heißt, das Werk als ideologischer Überbau der Gründerzeit, das ist spottbillig, das liegt so auf der Hand, daß man es einfach mühelos zeigen kann.

Das andere in Wagner, das Element des Negativen, der Destruktion, der Brand von Walhall als Versuch einer Überwindung des Imperialismus in dem Einverständnis mit der Destruktion, in dem Rückgriff auf Proudhon, den Wagner ja noch in seinen letzten Tagen vorgenommen, liegt ja auch vor. Und noch mehr: wir haben in Wagner am Schluß der *Ring*-Tetralogie, sogar im *Parsifal,* der gar nicht ein geschlossener Kreis ist, wie Wieland Wagners Inszenierung glaubte, eine Öffnung, ein utopisches Gegenelement. Es gibt bei Wagner ein Element des »Prinzips Hoffnung« und das ist auch drin, und darum kann man keine Alternative zu Wagner haben. Wie ich in meiner Rede in München gesagt habe: Wer sich mit Richard Wagner abgibt, muß sich auf das Ganze einlassen. Und ich glaube darum, daß auch die italienische Oper – aber das wäre ein ganz anderes Thema – Ausdruck einer bestimmten Situation des Risorgimento gewesen ist.

Hier war eine konkrete historische Situation, in der das Werk von den Massen als Ausdruck der Utopie, der Negativität, des Hoffens empfunden wurde. Das ist so bei Verdi und in vielen Fällen auch bei Wagner. Der *Tannhäuser* ist ganz zweifellos ein Werk sowohl der Destruktion wie auch der Utopie, einer hoffnungslosen Utopie. Die Tetralogie ist konzipiert von einem Menschen, der schließlich 1849 auf die Barrikaden gegangen ist und der schließlich der Freund Bakunins war und geblieben ist. Diese Elemente sind bis zum Schluß in Wagner drin, und darum halte ich eigentlich alle Versuche, von Wagner her eine gerade Linie zum Faschismus, oder gar eine Verantwortung, die auch eine subjektive, moralische Verantwortung sein müßte, zum Faschismus oder zum Nationalsozialismus zu führen, einfach für dialektisch falsch.

Hans Mayer / Harry Kupfer
Bayreuther Gespräch über den Ring

Moderation: Volkmar Parschalk

MAYER: Ich glaube, daß es richtig ist, anfangs darüber nachzudenken, warum von allen Werken Richard Wagners gerade der *Ring* – stärker noch als *Parsifal* oder auch *Tristan und Isolde* – so etwas wie ein Schlüsselwerk für uns geworden ist. Es ist ein weitverbreiteter Irrtum, und gerade ein Irrtum jener Leute, die sich gegen die Interpretation von Neu-Bayreuth, also von Wieland und Wolfgang Wagner in ihren Anfängen, in den fünfziger und sechziger Jahren, dann später auch gegen die Interpretation von Patrice Chéreau und Pierre Boulez und jetzt von Harry Kupfer und Daniel Barenboim wenden, zu glauben, daß es unmittelbar nach Wagners Tod Interpretationen des *Ring* gegeben hat. Interpretation des *Ring,* das heißt nach unserem heutigen Verständnis doch, daß wir uns fragen: Warum beschäftigt uns der *Ring*? Diese Frage hat aber zwischen der Uraufführung des *Ring,* 1876 in Bayreuth, bis zum Anfang der sechziger Jahre unseres Jahrhunderts in den Theatern und auch bei den Opernleuten überhaupt keine Rolle gespielt. Man sagte: der *Ring*, der ist doch von Richard Wagner, ein großes Werk, und das spielen wir eben. Aber was man spielt, warum man es spielt, das hat sich gar niemand gefragt. Und so behaupte ich, und ich habe es als Mann in den besten Jahren, der ich heute bin, in der Zeit der Weimarer Republik noch gesehen: Die Ausläufer der Wagner-Aufführungen in den zwanziger Jahren – an den ehemaligen Hoftheatern, die dann Staatstheater geworden waren – bis hin zum Jahr 1933 haben im Grunde nichts anderes gemacht, als alles noch einmal so auf die Bühne zu stellen, wie es Wagner mit seinen Regieanweisungen angeordnet hatte und wie es in Bayreuth bei der Uraufführung 1876 und später unter der Herrschaft Cosimas und Siegfried Wagners gemacht worden war. Im Unterschied zu heute deutete man die Werke nicht neu, sondern versuchte sie neu zu arrangieren. Das heißt, die Wandlun-

gen, die Alternativen gab es nur im Bereich des Bühnenbildes, wo man vom Bayreuther Historismus abging und Versuche mit Adolphe Appias abstrahierenden Dekorationen machte. Später dann freute man sich über die sehr geschmackvollen Ausstattungen, die Emil Preetorius in den Inszenierungen von Heinz Tietjen nach Bayreuth brachte. Aber das alles waren keine echten Alternativen. Das ist wie bei einer Reihe von »Interpretationen« der *Meistersinger* oder des *Rosenkavalier*, wo die Unterschiede darin bestanden, daß einmal von rechts statt von links aufgetreten wurde oder das Bett im *Rosenkavalier* dort stand, wo es bei Alfred Roller nicht gestanden hat. Nun war der *Ring* tatsächlich Wagners Lebenswerk, trotz aller Wandlungen, die er durchmachte. Aber niemand fragte nach der aktuellen Bedeutung, auf die es Wagner ankam. Nein, das waren einfach die alten Germanen. Man wurde etwas geschmackvoller, ließ die Widder der Fricka weg, ließ auch das bejahrte Bühnenroß nicht mehr als Grane auftreten, aber das war auch alles. Es gab neue Dekorationen, ein neues Arrangement, aber was das Rheingold tatsächlich ist und was da am Schluß der *Götterdämmerung* alles geschieht oder nicht geschieht, das ist überhaupt nicht gezeigt worden.
Das nur als Einleitung für unser Gespräch, um zu zeigen, daß wir es mit einer ganz kurzen Epoche der Interpretation zu tun haben. Ich will es noch einmal überspitzt sagen: Eine Interpretation des *Ring* gibt es erst seit 1965, nämlich seit Wieland Wagners erstem Versuch, nicht etwa den *Ring* zu machen, den hat er ja schon zu Anfang der Bayreuther Festspiele gemacht, sondern ihn nun wirklich zu befragen und zu interpretieren. Damit rief er auch sofort einen Skandal in und außerhalb von Bayreuth hervor. Spricht man von den ersten *Ring*-Interpretationen in unserem Sinn, darf man Wolfgang Wagner nicht vergessen, denn seine Arbeit ab 1970 ist eine Weiterentwicklung des Wielandschen *Ring*. Ich glaube, man tut überhaupt gut daran, die Anfänge von Neu-Bayreuth als ein gemeinsames Werk von Wieland und Wolfgang Wagner zu sehen. Es ist nicht so, daß Wolfgang der Manager und Wieland der Schöpfer des Neu-Bayreuther-Stils war. Wieland hatte bestimmte neue, spekula-

tive Ideen, und er war ein spekulativer Geist, ein philosophischer Geist, auf den es zum Beispiel zurückzuführen ist, daß in Bayreuth die Programmhefte plötzlich eine wichtige ideologische Funktion bekamen. Er nahm die Arbeiten Adornos, Blochs oder Wolfgang Schadewaldts und vieler anderer zur Begründung und Erweiterung der Wagner-Interpretation in die Programmhefte. Er hat auch mich geholt. Nachdem er meine frühe Arbeit über Richard Wagner gelesen hatte, kam ein Brief, in dem er mich zur Mitarbeit nach Bayreuth einlud. Wieland war also einerseits der spekulative Geist, andererseits eben der bildende Künstler, der von den Bildern und von einer gewissen nachexpressionistischen Expressivität ausgegangen ist. Der Musiker in dieser Arbeitsgemeinschaft war Wolfgang. Als ausgebildeter Musiker hat er vor allen Dingen auch immer wieder Sänger entdeckt, so daß er später sagen konnte: Wir engagieren keine Stars, wir machen Stars. Aber von der ersten *Ring*-Interpretation Wielands ist es noch ein weiter Weg gewesen bis zu dem Augenblick, als man allgemein erkannte, daß eine völlig neue Interpretation gewagt werden mußte. Das waren dann Patrice Chéreau und Pierre Boulez von 1976 bis 1980, und nun Harry Kupfer und Daniel Barenboim seit 1988. Über Peter Halls Inszenierung von 1983 möchte ich nur sagen, daß sie ein Versuch war, nicht das bereits Erreichte an Interpretation zu überschreiten, sondern zurückzugehen. Der etwas anmaßende programmatische Ausspruch der damaligen Macher, »wir werden jetzt den *Ring* in der schönen romantischen Art vorführen, wie ihn Wagner geschrieben hat«, ist ja falsch. Um eine schöne romantische Art ist es Wagner nie gegangen, und daher mußte Halls Inszenierung zu einem Rückschlag führen.
Zurück zu den Anfängen der *Ring*-Interpretation in Bayreuth. Ich sehe das so: Wieland Wagner ist nicht nur der erste, der das Werk kritisch hinterfragt und sich neue Gedanken über die Tetralogie macht, sondern er ist auch der erste, der richtig verstanden hat, daß der Anfang der Tetralogie nicht mit dem Beginn des *Rheingold*, mit dem tiefen Es und mit der Tiefe des Rheins zusammenhängt, sondern daß das Vorspiel eben im Vorspiel zum Vorspiel, in der *Götterdämmerung*, zu finden ist. In

der Szene, wo die Nornen berichten, daß es keine ungetrübte Natur mehr gibt und Wotan sich aus dem Holz der Weltesche den Speer geschnitzt hat und damit Zivilisationsgrundlagen geschaffen hat für Recht, vielleicht auch für Gerechtigkeit und für menschliche Ordnung. Seitdem kränkelt der Baum, und seitdem kränkelt auch das Wasser, das heißt: Die Natur ist nicht mehr unberührt. Daraus zog Wieland den Schluß, *Rheingold* nicht mehr als einen triumphalen Sieg der Götter, die nach Walhall gehen, zu inszenieren, sondern im Sinne von Loges Ausspruch: »Ihrem Ende eilen sie zu, die so stark im Bestehen sich wähnen.« Dazu kann ich auch als Zeuge sprechen. Als es 1965 großen Ärger über die Interpretation von Wieland Wagner und Karl Böhm gab, bat mich Wieland, hier in Bayreuth auf der Probebühne zu referieren. Er selbst leitete die Diskussion. Ich habe noch eine schöne Photographie, auf der wir zusammen zu sehen sind. Dort wurde auch von jüngeren Menschen gefragt: »Warum steigen die Götter am Schluß des *Rheingold* denn bei Ihnen hinab, statt triumphal, wie man das gewohnt war, auf dem Regenbogen nach oben, nach Walhall zu gehen?« Und Wieland antwortete: »Weil Wagner diesem Triumph mißtraute. Hätte er diesen Triumph von ganzem Herzen unterstützt, dann hätte er in C-Dur komponiert, so wie er die große Begegnung, die Liebesszene zwischen Siegfried und Brünnhilde, komponiert hat. Er hat aber in Des-Dur komponiert, und die Götter steigen ab, das Ende ist schon gegeben.« Diese beiden Überlegungen sind wesentlich gewesen für Wielands Interpretation, und auch der Schluß der *Götterdämmerung* mit der leeren Bühne, in der die Musik aussprechen soll, was die Inszenierung nicht sagt, weil man Zukunft nicht voraussagen kann. Das kann die Musik auch nicht, aber sie faßt in wunderbarer Weise das Geschehene zusammen. Und hier setzt Patrice Chéreau ganz konsequent mit seiner Interpretation an. Der Hauptpunkt des Skandals damals war ja das Stauwerk im *Rheingold*: Der Vorhang geht auf und da sind die Rheintöchter an einem Stauwerk – eine gezähmte, domestizierte Natur. Folgerichtig war am Anfang des letzten Aktes der *Götterdämmerung* das Stauwerk auch schon verrostet und zerfressen. Eine Spätzeit, die auf die

Bühne gebracht wird. Und der zweite Gedanke Chéreaus war, das zu zeigen, was Wagner in seiner Zeit vor Augen hatte. Nämlich die Welt der Bourgeoisie, die Welt des Frühkapitalismus, Wotan im Gehrock, aber gleichzeitig mit den Emblemen von einst. Wotan hat noch den Speer, den er dann eben mal wieder holt, aber im Grunde wird hier eine bourgeoise Welt gezeigt. Die große Schwierigkeit jeder *Ring*-Interpretation besteht darin, daß am Anfang des *Rheingold* die Musik nicht mit der historischen Situation übereinstimmt. Die Musik suggeriert eine Unschuld, ein absolutes Werden, ein Beginnen, während es sich in Wirklichkeit, folgt man dem Aufbau der Tetralogie, um einen späteren Zeitpunkt handelt. Wie löst man diesen Widerspruch? Die Abstraktion Wieland Wagners von 1965, die mir ungeheuer stark in Erinnerung ist, konnte schon Wolfgang nicht mehr in dieser Form weiterführen. Dann kommt Chéreau mit der sehr schönen und klugen und richtigen Bemühung, darzustellen, daß die Konflikte der Welt der Entstehungszeit bis in unsere Zeit wirken. Und jetzt, wenn ich das Neue sehe, das Kupfer und Barenboim gemacht haben, so ist es das, daß sie entschlossen waren, nicht noch einmal diese Historisierung des *Ring* vorzunehmen, weil es einerseits nur ein Remake gewesen wäre, und wir andererseits eben nicht mehr in der Welt von 1876 leben.

KUPFER: Das ist genau das Stichwort und umreißt das Problem, wie es sich zur Zeit der Konzeptionsfindung für uns stellte. Ich kannte die Aufführungen um Chéreau herum ja alle, genauso wie ich Wielands Inszenierungen in meiner Jugend- und Studentenzeit noch miterleben konnte: Die Frage stand doch so, daß nach Chéreau – und schon vor Chéreau, wenn ich zum Beispiel an Joachim Herz in Leipzig erinnere – das 19. Jahrhundert als Begründung für eine Konzeption ausgeschritten war. Und inzwischen hatten wir dann auch die Science-fiction-Versionen. Ich war sehr zerrissen: Wie soll man es nach Chéreau noch anders machen? Aber der Globus hat sich weitergedreht, und sehr bedrohlich weitergedreht. Die Situation ist so brisant geworden, daß es fraglich ist, ob wir auf unserem schönen Stern morgen noch existieren können. Genau diese Fragestellung bot nun die Möglichkeit, von der 19. Jahrhundert-Konzeption wegzugehen, sie einfach als bekannt vorauszusetzen und zu prüfen, ob das *Ring*-Gleichnis ein auf unsere Zeit angewandtes Konzept zuläßt. Abzugehen von der Kapitalismus-Kritik, die natürlich Grundlage des Werkes ist, und an deren Stelle Kritik an der gesamten Menschheitsgeschichte, der gesamten Kulturentwicklung zu üben bis hin zu ihrem Ende, an dem wir ja kräftig mitarbeiten, indem wir täglich an dem Ast sägen, auf dem wir sitzen. Das mußte man von Szene zu Szene, von Werk zu Werk überprüfen. Daraus hat sich dann dieser Gedanke von der »Straße der Geschichte« als Grundidee für das Bild herauskristallisiert, und da hatten wir dann die Idee der doppelten Verfremdung. Das heißt, auf der Bühne wird unsere Gegenwart gezeigt, auch wenn sie vergangene Welt ist, verrottet und fossil geworden. Die nicht mehr zu dechiffrierende Vergangenheit, in der beschwörenden Zeichenhaftigkeit der Straße dargestellt, das ist unsere Welt. Und wenn es dann darum geht, daß auf dieser alten Welt sich Neues gründet, sich aufbaut durch die Wesen, die ihren Weg auf dieser Straße der Geschichte gehen, ist auch das wieder unsere Welt: die fossile Welt, in der Mime haust; die nackte, Gegenwart und Vergangenheit verbindende Straße und das, was in der Gibichungenwelt neu auf die Straße gebaut worden ist – gemeint ist immer unsere Gegenwart, also eine doppelte Verfremdung. Wagner hat mit diesem Werk Kritik an der Entwicklung der Menschheit bis in sein Jahrhundert und in die Zukunft angemeldet. Kritik an der Vernichtungswut des Menschen, an der Lieblosigkeit und Entfremdung. Er behandelt den ewigen Widerspruch zwischen Anspruch auf absolute Freiheit des Individuums und der nun einmal notwendigen gesellschaftlichen Ordnung – das große Problem in der Wotan-Figur. Das war unser Ausgangspunkt für diese Sicht des *Ring.* Wir strebten eine Konzentration an, eine Form eines modern aufgefaßten Mythos, eines Mythos unserer Zeit. Ich kann jetzt nicht entscheiden, inwiefern das gelungen oder noch zu leisten ist, aber das waren unsere Absichten.

MAYER: Jetzt haben Sie mir wieder ein Stichwort geliefert, nämlich den Mythos. Ich glaube, wir sollten nun auch die zweite

Frage, die wir uns eingangs gestellt haben, genauer betrachten. Warum geht uns gerade diese Tetralogie heute so besonders an? Und zwar unabhängig von dem, was Wagner vorgegeben hat. Wagner hat natürlich eine sehr besondere Synthese aus Mythos und Aufklärung schaffen wollen, das ist gar keine Frage. Er hat den Mythos der Germanen, den Mythos des Goldes, den Mythos der zerstörten Natur, den Mythos Freiheit und Ordnung, wie Ernst Bloch das genannt hat, aber in einem durchaus aufklärerischen Sinn gehandhabt. Er hat gezeigt, daß Freiheit und auch Kunst und Liebe in der Welt der Gibichungen unmöglich sind. Wotan selbst trägt Schuld daran, weil er die Doppelrolle haben wollte: einerseits die des Freiesten aller Freien – »der Unfreieste bin ich von allen«, sagt er dann in der *Walküre* zu Brünnhilde – und auf der anderen Seite die des Speers. Der unglückliche Speer, der die Natur zerstört, der die Gesellschaft zerstört, aber gleichzeitig zusammenhält, und der ihn schließlich zwingt – durch Fricka –, nicht zur Liebe, sondern, weil er der Gott der Ordnung ist, den Respekt vor der Ehe und den menschlichen Institutionen zu wahren. Nun stellt sich uns aber das Problem Mythos und Aufklärung heute völlig anders, als es bei Wagner gestellt wurde. Wir erleben: Mythos ist degeneriert und – nicht zuletzt hier in Bayreuth – in eine entsetzliche Barbarei, in Lüge, in Humbug ausgeartet, und Aufklärung hat sich im allgemeinen Bewußtsein weitgehend zu einer verlorenen Illusion gewandelt. »Was soll überhaupt Aufklärung?« – das ist ein Lieblingsthema für evangelische Akademien und Symposien geworden. Und nun habt Ihr den Versuch gemacht, in eurer Inszenierung Mythos und Aufklärung als Teile des heutigen Bewußtseins auf der Straße der Geschichte immer gleichzeitig zu zeigen. Für mich ist das am erschütterndsten, schaurigsten möchte ich fast sagen, beim Beginn des dritten Aktes der *Walküre* sichtbar geworden. Da haben wir plötzlich eine hochmoderne, eiserne Architektur, auf der die Walküren mit ihren archaischen Speeren und Schilden auf- und abjubeln, so wie Wagner es geschildert hat, mit ihrer grandiosen Musik und ihrer Totenfeier – und Ihr zeigt den Zug der Massentoten von heute. Und zwar sind das nicht Kriegsgefangene, edle Helden, die dekorativ sterben wie auf nazarenischen Bildern, sondern es handelt sich um gesichtslosen Menschenmassentod, wie wir ihn ständig in den Medien sehen. Und plötzlich ist die Verbindung von Archaik und schrecklichster Gegenwart hergestellt, ebenso wie sie in unserer Wirklichkeit tatsächlich existiert, wie sie in unserer Sprache zum Ausdruck kommt. Wir verwenden doch unentwegt archaische Wendungen, wie zum Beispiel: »Wir kämpfen mit offenem Visier.« Die Straße der Geschichte bringt, wie Bloch das genannt hat, immer Ungleichzeitigkeiten. Und Richard Wagner ist ein Meister der Ungleichzeitigkeit. Er hat nie etwas abgeleugnet von dem, was er jemals vertreten hat. Er war ein Anarchist und Freund von Bakunin, mußte mit Bakunin fliehen, beide wurden steckbrieflich gesucht. Er war ein glühender Anhänger von Ludwig Feuerbach, dem Mann, der zur Säkularisierung der christlichen Religionen beitrug, indem er sagte: »Alles Jenseits ist nur eine Projektion aus dem Diesseits.« Feuerbach hat Wagner stark beeinflußt. Die Erstausgabe von Wagners *Kunstwerk der Zukunft,* seinem Exil-Werk in Zürich, ist mit einer langen, dankbar-demütigen Widmung für Ludwig Feuerbach versehen. Danach kommt dann Schopenhauer. Und nun könnte man sagen, und die Wagner-Forschung hat das im allgemeinen getan: Zuerst kam Bakunin, dann Feuerbach, dann Schopenhauer, und dann Gobineau mit seiner Rassenlehre, und so hat Wagner schließlich seinen Spätstil entwickelt. Nichts davon stimmt. Wagner hat nichts aufgegeben. Feuerbach ist voll integriert in der *Ring*-Tetralogie. Bakunin ist bis zum Schluß vorhanden. Der Brand von Walhall ist immer noch der Traum von Bakunin: die Einäscherung der Zivilisation. Wagner verstand den Brand von Walhall als Niederbrennen von Paris, der Hauptstadt des 19. Jahrhunderts. Alles, auch die Rassentheorie, auch Schopenhauer – aber Schopenhauer viel weniger als man denkt! – ist in dem Werk integriert. Und nun stellt sich die Frage: Wie inszeniert man diese Mischung aus Mythos, aus Aufklärung, aus Bakunin, aus Feuerbach, sogar aus Christentum mitten im Heidentum?

KUPFER: Man scheitert, glaube ich, sofort, wenn man das alles inszenieren will, und zwar alles einzeln. Man muß das alles zur

Kenntnis nehmen und sich dann an die Fabel, die Charaktere und ihre Widersprüche halten. Man muß das *Ring*-Gleichnis erzählen und nicht den Kommentar zum Phänomen *Ring* und Richard Wagner. Ich bin sehr glücklich, daß Sie so ausführlich darlegten, wie Wagner sich nicht von einem zum anderen entwickelt hat, sondern daß er wie ein Schwamm alles an Philosophie und Ideologie aufgesaugt hat. Er hat es verarbeitet und ein Eigenes daraus gemacht. Der berühmte Beweis ist doch sein Brief, in dem er die Korrektur Schopenhauers durch Feuerbach im *Tristan* beschreibt, der den Begriff der Askese durch den der sinnlichen Liebe aufheben läßt. Wo er den Feuerbach in den Schopenhauer hineinnimmt, also etwas völlig Unglaubliches.
MAYER: Das ist das Gegenteil von dem, was Schopenhauer gewollt hat. Schopenhauer wollte ja den Weltwillen zerstören, und Wagner sagte nein, man muß ihn offenbar machen.
KUPFER: So ist es. Man muß ganz vorsichtig sein mit der Wagner-Literatur, mit der sogenannten, man muß zu den Quellen zurückgehen und alles selber lesen. Dann empfindet man diese merkwürdige, alles aufsaugende, große Persönlichkeit Wagners, der sich aus alledem ein eigenes Weltbild, eine eigene Philosophie gemacht hat. Man muß nicht darüber streiten, wohin gehört das oder jenes. Es wurde sein Ureigenstes, und so sieht auch das Werk aus. Ich habe auch immer Schwierigkeiten, wenn man mir von Brüchen im *Ring* spricht. Gut, der *Ring* ist also ein Lebenswerk, jeder Mensch verändert sich von Jahrzehnt zu Jahrzehnt, und es gibt andere Einsichten. Und trotz alledem glaube ich, daß der *Ring*-Komplex, da er die Grundfragen des Lebens überhaupt auf diesem Stern behandelt, auch die Grundwidersprüche spürbar werden lassen muß. Das sind aber gestaltete Widersprüche und Brüche und keine zufälligen im Schaffen Wagners. Man kann durch die lange Schaffensperiode natürlich zeitliche Differenzierungen und Einordnungen auch stilistischer Art konstatieren. Aber es ist ja schon Unfug, daß man immer jene Stelle im *Siegfried* als Bruch- oder Nahtstelle bezeichnet, wo er ihn im Wald hat einschlafen lassen, um dann einige Jahre danach weiterzumachen. Das war damals schon bis zum Ende konzipiert. Daß Wagner später andere Mittel an-

wendet, daß er musikalisch reifer geworden ist im Gebrauch der Mittel, das ist etwas ganz anderes. Aber ich meine, es war da ein einheitlicher Gedanke vorhanden. Um nun zurückzukommen auf das, was ich vorher sagen wollte: Für mich ist eben das, was man gemeinhin als Bruch bezeichnet, der Grundwiderspruch des Lebens, der aus jeder Zeile, aus jeder Szene, aus jeder Note des Werkes spricht. Mir wird dieses Werk dadurch unerhört glaubwürdig. Ich werde nirgendwo durch Glättungen von meinen Fragen zum Leben und zur Entwicklung abgebracht. Da ist Wagner konsequent, ehrlich und tiefgründig. Man darf sich wahrscheinlich bei einer Interpretation nur nicht davor drücken, diese Widersprüche auf die Bühne zu bringen. Das heißt, eben nicht zu sagen, das ist das, das ist das, das kommt daher und daher – sondern die Fabel, die Geschichte, die Wagner gestaltet hat, muß man erzählen mit all ihren Widersprüchen. Das geht bis ins kleinste Detail. Die große Straße der Geschichte – ich weiß nicht, ob Sie das bemerkt haben, daß man sie auch aus verschiedenen Blickwinkeln betrachten kann. Zum Beispiel: Wenn Brünnhilde auf der Straße eingeschläfert wird, ist der Kopf rechts. Wenn sie wieder im Feuerkubus erscheint oder bei ihrem Erwachen im *Siegfried*, ist der Kopf links. Mir ist das als Schlampigkeit vorgeworfen worden. Das waren aber Absichten, Veränderungen des Blickwinkels auf der Straße der Geschichte.

MAYER: Es hat sich ja auch einiges abgespielt zwischen Wotans Abschied und Siegfrieds Besuch auf dem Brünnhilden-Felsen.

KUPFER: Aber ja, ein ganzes Menschenleben liegt dazwischen! Mich hat eigentlich, das wissend, nur interessiert: Wie widersprüchlich vollzieht sich die Entwicklung der Charaktere? Für mich persönlich war es eine große Entdeckung, als ich begriffen habe, warum Wagner das Stück von hinten her konzipiert hat, mit Siegfrieds Tod als Beginn, nämlich weil er gemerkt hat, daß sein auserwählter Held Siegfried nicht zum Helden taugt. Da hat er die Geschichte dann von hinten nach vorne weitergesponnen bis zum *Rheingold*, und plötzlich war ein neuer Held da, nämlich Wotan. Für mich ist Wotan das Zentrum der Tetralogie, der eigentliche Held. In der Figur des Wotan ist die komplexe Widersprüchlichkeit aller bisher unlösbaren Probleme unseres Lebens auf diesem Stern eingefangen.

MAYER: Ich finde es sehr schön, wie Sie die Geschichte der Genese des Librettos von *Siegfrieds Tod* an beschreiben. Es muß eine Vorgeschichte geben, dann muß es eine Vorgeschichte der Vorgeschichte geben – das ist vollkommen richtig. Die Entdeckung, daß Siegfried nicht zum freiesten Helden taugt, ist auch, das ist ja nun interessant, die Wurzel der Interpretation von Patrice Chéreau gewesen. Patrice Chéreau hat gesagt: Ich kann den Siegfried nicht ausstehen, aber der Siegmund, das ist ein großartiger Mann. Der Siegmund ist eine wesentliche Figur, der ist ein wirklicher Revolutionär, an den kann man sich halten. Die Frage ist nun: Hält Wotan? Ich glaube, wir sollten zunächst die Frage Wotan, die wir sehr ausführlich nochmal diskutieren müssen, in Zusammenhang mit der *Walküre* und dann auch natürlich mit der Wandlung vom Wotan in den Wanderer sehen. Ich möchte aber einen Augenblick noch bei der Frage der Widersprüche bleiben, die Sie erwähnt haben. Wie sehen Sie die im Musikalischen?

KUPFER: Ich würde sie immer in bezug setzen zu dem, was die Musik im *Ring* und bei Wagner überhaupt bedeutet. Es gibt ein sehr großes und oft mißverstandenes Wort von Wagner in *Oper und Drama*, wo er sagt, der Zweck ist das Drama, und das Ausdrucksmittel ist die Musik. Wenn wir nicht über die handwerklichen Entwicklungen bei Wagner sprechen wollen, die also von der Phase noch um *Lohengrin* herum bis in die Spätphase reichen – man kann es von Werk zu Werk der Tetralogie hörend verfolgen, was er an Meisterschaft in der Beherrschung der Mittel und des Materials dazugewonnen hat –, sondern von den Notwendigkeiten, wie er Musik einsetzt, dann gibt es für mich im gesamten *Ring* keinen Widerspruch zwischen Text und Musik. Es gibt kontrapunktische Spannungen oder den produktiven Widerspruch. Das ist jetzt sehr unwissenschaftlich, was ich sage, aber ich meine, es gibt nicht Reibungen zufälliger Art zwischen Musik und Text, sondern es gibt nur die bewußt gestalteten. Musik bei Wagner ist so vielfältig in seinem Verhältnis zum Text. Es gibt das absolute Nebeneinanderherlaufen, es gibt den absoluten Kontrapunkt, es gibt den Kommentar, es gibt vielfältigste Formen, wie Musik zu einem Text in einem Verhältnis steht, und letztendlich ist alles, wenn ich mich musikalisch ausdrücken müßte, bei aller Widersprüchlichkeit, trotz alledem harmonisch. Es gibt nicht den unbewußten, nicht bewältigten Konflikt der Materialien, mit denen er umgeht. Es ist für mich bewußt eingesetztes Handeln und Umgehen mit Musik zum Zwecke der Erreichung eines bestimmten Ausdrucks zu seinem Text, zu seiner Absicht, zu seiner Aussage.

MAYER: Ja, das kann man nur unterstreichen, wenn man die Schriften Wagners zu diesem Thema liest. Er hat sich immer wieder gegen den Ausdruck Musikdrama gewandt, er wollte das nicht. »Tönend gewordene Taten der Musik im Drama«, nannte er das. Eines war für ihn vollkommen unbestreitbar: der Vorrang des Wortes, der Vorrang der Handlung. Die Musik hatte zu dienen. Insofern ist eure Inszenierung für mich so ereignisreich, weil sie eine maximale Deutlichkeit des Wortes erreicht. Und das bei aller Schönheit und Nuancierung der Partitur durch Barenboim, wo das Orchester auch immer wieder begleitet, immer wieder die Handlung erläutert. Es erklärt die Wandlungen im Geschehen auch in musikalischen Wandlungen. Das ist bei Wagner vorgegeben. Daher wieder das Befremden vieler Kritiker und Theaterbesucher, die das Gegenteil des Wagnerschen Prinzips erwartet hatten: nämlich den absoluten Primat der Musik, diese berühmte »unendliche Melodie«. Diese Kritiker und Besucher denken: »Die Handlung« – und damit sind wir wiederum beim Anfang unseres Gespräches – »und was da auf der Bühne passiert, was soll man da interpretieren? Man kennt doch Siegmund und Sieglinde und weiß, was da geschieht. Und jetzt sollen die mal schön singen, und um so lauter das Orchester strömt, um so besser.«

Zur Frage der Entstehungsgeschichte möchte ich noch ein Beispiel geben, das ich selbst miterlebt habe. Für uns, für meine Generation, war die musikalische Interpretation des *Ring* im weitesten Sinne durch die große Persönlichkeit Wilhelm Furtwänglers bestimmt. Furtwängler »inszenierte« den *Ring* aber vom ersten Augenblick an von der *Götterdämmerung* her. Das heißt vom tiefen Es, von dem Es-Akkord hinauf in die Rheingestaltung, in die Verschmutzung, die ja sehr schnell einsetzt, wird das Dramatische, das Tragische zur reinen Harmonie hineingenommen, und das widerspricht nun dem Charakter der Musik, die ja weitgehend nach dem *Lohengrin* geschrieben wurde, vor dem *Tristan* und vor den *Meistersingern.* Vieles, was Boulez damals dirigierte, war vom Geist der Entstehungszeit geprägt. Er versuchte das nicht aufzumotzen, er versuchte nicht, im *Rheingold* ein *Götterdämmerung*-Orchester vorzutäuschen, sondern er spielte vieles, was auch Elemente der italienischen Oper enthielt. Und deshalb freue ich mich, daß ein Kritiker etwa zu eurer Inszenierung gesagt hat: Im *Siegfried* ist es gelungen, auch musikalisch die Auseinandersetzung Mime und Alberich vor der Neidhöhle in einem trockenen, rossinischen Ton darzustellen. Man muß also die Wandlungen der Musik auch zeigen, auch die Brüche, und darf nicht nach einer Synthese streben. Nicht nur die Brüche zwischen der Musik des *Rheingold*-Beginns und einem Geschehen, das sehr weit von jeder Reinheit der Natur entfernt ist, sondern die Brüche, die mit der Entstehung des *Ring* gekommen sind. Das Grandiose ist ja, daß auch in den rossinischen und romantischen, tannhäusermäßigen Passagen der frühen Musik von *Walküre* und *Rheingold* schon das künftige Schicksal der Motive vorhanden ist. Das Motiv des In-Schlaf-Sinkens, das Motiv des Tarnhelms und – das ist mir beim Nachhören, und das ist sicher auch ein Verdienst von Daniel Barenboim, so klar geworden – wie die reine harmonische Musik des *Rheingold*-Beginns immer wieder dann auftritt, wenn ein Unglück geschieht. Das heißt: Die reine Harmonie des Rheingolds in der Tiefe des Rheins, die Musik des Rheingolds, das Goldmotiv, sie alle sind schon mit dem Fluch Alberichs beladen. Von Anfang an ist auch das Gegenteil immer drin, in allen positiven Momenten. Auch im Motiv des Tarnhelms ist die schreckliche Täuschung der Brünnhilde schon vorhanden, die dann erfolgt, als sie den vermeintlichen Fremden sieht, der zu ihr eindringt.

KUPFER: Das meinte ich vorhin, daß es bei allen Brüchen doch eine solche Einheit geworden ist. Man sollte von einer dialekti-

schen Kompositionsweise sprechen. Wagner hätte sich vielleicht gegen den Begriff verwahrt, aber es ist so dialektisch konzipiert und komponiert, daß eigentlich immer Seiten des Widerspruchs musikalisch miterfaßt sind.
MAYER: Darf ich unterbrechen? Ich glaube, er hätte sich nicht gewehrt. Ein Mann, der im *Parsifal* den Satz schreibt: »Du siehst, mein Sohn, zum Raum wird hier die Zeit«, der hat schon Dialektik gekannt.
KUPFER: Für mich ist das Faszinierende, daß man bei der Erzählung der Situation den Widerspruch oder den Bruch als etwas Produktives im Werk auffassen kann. Auch die Brüche, die Widersprüche, sind in bezug zu setzen zur Geschichte, die in dem Werk behandelt wird. Sie sind inhaltlich bedingt und nicht ein Zufallsprodukt von Entwicklungsphasen des Schöpfers.
MAYER: Schauen wir uns das doch einmal konkret an. Wagner hat in seinen verschiedenen Entwicklungsphasen gerade die Nibelungen immer grundverschieden dargestellt. Was mir aufgefallen ist an eurer Inszenierung – im Gegensatz sowohl zu Wieland wie auch zu Chéreau – ist, daß im Grunde die Nibelungen nicht auftreten. Außer natürlich, wenn der Hort gebracht wird oder wenn gearbeitet wird. Das war ein grandioser Augenblick in der Inszenierung von 1965 – auch musikalisch bei Böhm –, als Loge und Wotan von Walhall niederfuhren und in eine riesige Werkstatt kamen, in der Mime sich aufregte und Alberich als Aufseher und Boß rücksichtslos herrschte. Bei Ihnen hingegen sind riesige Massen, eine Proletarierwelt, nicht vorhanden.
KUPFER: Nein, das hat sich in unserer Konzeption verboten. Hätten wir 19. Jahrhundert gemacht, hätte es so sein müssen. In dieser Welt, die wir gewählt haben, eine hochtechnisierte Arbeitswelt, mußten wir die Zwänge durch den *Ring* in anderer Weise zeigen. Die Nibelungen haben Elektroden, sie sind mit dem *Ring* verbunden, sie werden wie durch Elektroschock durch den Gebrauch des Rings gepeinigt, getrieben und ausgebeutet. Die Nibelungen sehen auch nicht mehr wie Proletarier des 19. Jahrhunderts aus. Sie schaufeln nicht Kohle, sondern machen kunstvolle, feinmechanische Arbeiten. Es wird ein

Hort geschmiedet, kleine Kunstwerke gearbeitet. Gold wird bekanntlich nicht im Hochofen geschmolzen. Gehen Sie einmal in eine große Werkhalle, wo heutzutage alles technisiert ist, wo der Arbeiter, den es ja eigentlich schon gar nicht mehr gibt, im weißen Kittel steht, mit einem Augenschutz versehen. Er bedient einige Knöpfe. Daß das eine genauso harte oder vielleicht noch schlimmere Form menschlicher Ausbeutung ist, wissen wir. Wir wollten also Bilder schaffen, die an die heutige Arbeitswelt erinnern, in der die Ausbeutungsmechanismen nicht mehr so schmutzig aussehen. Sie sind raffinierter, funktionieren aber genauso.

MAYER: Ja, aber hier kommen wir wieder zum Thema der Verbindung von Heutigkeit, Zeitgenossenschaft und Mythos. Denn auf der anderen Seite – das gilt für das *Rheingold* und genauso wieder für den *Siegfried* – haben wir die Märchen. Die Riesen im *Rheingold,* dann im *Siegfried,* nach Wagners Wunsch »das Märchen von einem, der auszog, das Fürchten zu lernen«. Ich finde es vollkommen in Ordnung, daß Ihr gar nicht versucht, realistische Riesen darzustellen. Riesen sind zwar da, aber man hätte genausogut die Schauspieler oder die Sänger, die den Fasolt und den Fafner spielen, einfach auf ein riesiges Podest stellen können und ihnen ein Brustschild geben: Fasolt und Fafner. Dieses Element ist mit hineingenommen, und es gehört auch dazu. Aber jetzt kommt die wichtigere Frage, die Sie ja andeuteten und auf die wir, glaube ich, jetzt erst kommen können. Wer ist dann in Ihrem Konzept Wotan?

KUPFER: Wagner hat einen wunderbaren Satz dazu geschrieben: »Wotan ist die Summe aller menschlichen Intelligenz.« Das schließt eigentlich alles ein. Die Möglichkeit, menschlichen Verstand im Sinne von Vernunft, von Fortschritt, von Aufklärung als gesellschaftlicher Organisationskraft, von Verantwortung gebrauchen zu können. Das schließt aber auch den Mißbrauch ein. Wenn einer über mehr Intelligenz verfügt als der andere, unterliegt er der großen Gefahr, das, was ihn vor anderen auszeichnet, für sich selber auszunutzen. In dieser Situation befindet sich Wotan. Gehen wir vom *Rheingold* aus. Es ist interessant, daß das Stück mit zwei parallelen Sündenfällen beginnt. Das Stück hat ja eine doppelte Exposition. Während Alberich am Grunde des Rheins nach der Liebesverweigerung den Rheintöchtern das Gold raubt und den Plan schmiedet, sich unendliche Macht zu schaffen, läuft ja parallel schon der große Betrug der Wotansippe an den Riesen. Walhall wird gerade vollendet.

MAYER: Und ist er fest entschlossen, Freia den Riesen zu geben?

KUPFER: Die Götter haben zwar im Moment übersehen, daß sie damit auch den Ast absägen, auf dem sie sitzen, das bekommen sie dann ein paar Minuten später zu spüren: Nachdem die Riesen Freia mitgenommen haben, verwelken die Götter und sehen plötzlich alt aus. Aber eigentlich waren sie nie, oder besser, war Wotan nie der Meinung, daß es zur Preisgabe Freias kommen muß – es war ein Hinhaltemanöver. Also wir haben zwei Sündenfälle nebeneinander. Das sollte auch im Bild optisch deutlich werden. So taucht zum Beispiel der eine Stützpfeiler Walhalls, der der einzige architektonische Hinweis auf das nicht vor- und darstellbare Phantasiegebilde Walhall ist, in den Rhein, seine Fundamente reichen bis nach Nibelheim und werden von unten durch die Nibelungen ausgehöhlt, die Walhall untergraben. Es ist wichtig zu zeigen, daß das eine mit dem anderen zusammenhängt. Der brutale Machtkampf ist durch die zwei Sündenfälle eröffnet. Walhall, gerade erst durch Betrug erbaut, wird gleichzeitig schon wieder untergraben. Alberich hat durch den Goldraub, durch die Verfluchung der Liebe und die Schaffung des Rings die Macht dazu. Wotan steht zu Beginn der *Rheingold*-Handlung schon auf dem Zenit seiner Entwicklung, eigentlich hat er ihn schon überschritten. In der Vorgeschichte war er Sachwalter von Ordnung und Gesetz, dafür steht auch der Speer. Wir müssen annehmen, daß seine Haltung ehemals von Lauterkeit geprägt war. Er war der Fähigste, der Tüchtigste, der Intelligenteste, er hat Verantwortung übernommen, war Organisator, Sachwalter eines gesellschaftlichen Gefüges, damit die unterschiedlichen Wesen nebeneinander existieren konnten. Wir erleben Wotan nach dem Sündenfall, Machtbedürfnis und Machtgier haben schon von ihm Besitz ergriffen. Interessant, wie er in der *Walküre* bei seiner Rückschau erzählt, daß in dem

Moment, wo die Liebe aufhörte, das bestimmende Element seines Lebens zu sein, da »verlangte nach Macht mein Mut«.

MAYER: Ja, die ursprüngliche Lauterkeit Wotans ist verlorengegangen – das sagt er selbst in dieser ergreifenden Rückschau eines schon alternden Mannes, der erkennt, was aus ihm geworden ist. Er wollte ja das Richtige. Er wollte die menschliche Gesittung herbeiführen und beging damit den Frevel an der Natur, an der Weltesche. Er sagt auch noch, im Gegensatz zu dem, was man im *Rheingold* ursprünglich gesehen hat: Loge überredete mich, dem Alberich das Gold wegzunehmen, das mir gar nicht gehörte. Das heißt, das Bewußtsein davon war immer vorhanden. Trotzdem verspricht er den Riesen das Gold.

KUPFER: Natürlich, da steht er schon unter Vollzugszwang, da bleibt ihm nichts mehr anderes übrig, um Freia nun wirklich auszulösen. Aber das Faszinierende für mich an der Wotan-Figur ist seine große Entwicklung. Dieser schreckliche Wotan – in der schwarzen Komödie *Rheingold* ist er von einer Grausamkeit, von einer Bedenkenlosigkeit und zum Teil auch von einer merkwürdigen Dummheit. Dann, in der *Walküre*, von selbstverschuldeten und objektiven Zwängen gejagt, entwirft er Utopien, wird er groß. Die erste Utopie mit Siegmund geht ganz schnell kaputt. Fricka erklärt ihm klipp und klar, und er versteht das dann auch endlich, daß Siegmund für ihn nicht taugt, daß er sich selbst und seine bisher noch existierende Welt damit zu Grabe tragen würde. Fricka, die Reaktionärin – wenn man das ohne moralische Wertung betrachtet – hat den Finger genau auf die Wunde gelegt. Vom Standpunkt der Götter aus gesehen, die sich ja ewig im Bestehen wähnen, sich nicht als vergänglich anzweifeln, sagt sie die Wahrheit. Wenn man sich selbst nicht in Zweifel zieht, nicht in die Kette des ewigen Werdens und Vergehens miteinbezieht, muß man dogmatisch und starr werden – politische Systeme beweisen das: Wotan muß seinen Sohn opfern. Das Wunderbare an der Wotan-Figur ist dann aber, daß er nie kleinkariert, nur für sich, für das Heute, für den Moment denkt, sondern auch in seinen schwächsten und unmenschlichsten Momenten immer für Zukünftiges offen ist. Zum Beispiel in dem Gespräch mit Brünnhilde, vor allem im

dritten Akt der *Walküre.* Er ist ein wirklich intelligentes, ein göttliches Wesen, wenn auch ein Mensch. So läßt er sich von Brünnhilde provozieren und eine neue Utopie einreden ...
MAYER: die Utopie Siegfried ...
KUPFER: Man muß eher sagen: die Utopie Siegfried und Brünnhilde. Denn Brünnhilde begründet ja den Gedanken des Menschenpaares der Zukunft. Wotan soll Brünnhilde als das Beste der alten Welt für die nächste Generation konservieren. Brünnhilde und Siegfried sollen dann tun können, was Wotan nicht kann und darf. Wotan ist erst in dem Moment bereit, Brünnhilde nicht grausam einfach für jeden ersten Besten auf die Straße zu legen, sondern sie ins Feuer einzuschließen, als er begriffen hat, daß Brünnhilde eine neue Idee für die Zukunft hat. Da steigt er voll ein, es bricht aus ihm heraus: »Du kühnes, herrliches Kind« – und er schläfert sie ein. Wotan hat immer Zukunftsideen für die Welt, und das macht ihn bei allen Widersprüchen, bei aller Grausamkeit und bei allem Egoismus sympathisch. Er ist eben nicht der Wallstreet-Boß, der über so etwas nie nachdenkt, sondern er ist eine faszinierende, große Persönlichkeit – allerdings eine sehr widersprüchliche und deshalb so menschliche. Und so ist es folgerichtig, daß Wotan und Brünnhilde, bevor sie sich auf ewig trennen, die Erde küssen. Es geht wieder um Utopisches, Zukünftiges. Und da wären wir dann auch schon beim Wanderer, der in unserer Auffassung auf die meiste Kritik gestoßen ist. Zum Beispiel, daß er so aktiv in die Geschichte eingreift, wo ihm doch nun mal Wagner die Rolle des Wanderers zugebilligt hat – aber vielleicht sollten wir jetzt noch nicht darüber sprechen.
MAYER: Ich glaube, wir sollten im Augenblick noch über die neue Utopie Siegfried und Brünnhilde sprechen. Hier hat Wagner nun wieder einen sehr großen Gedanken gehabt, er entspricht dem, was Ernst Bloch in *Prinzip Hoffnung* die »Utopie des hohen Paares« nennt. Ein menschliches Ideal harmonischer, aufgeklärter Einheit – Mann und Frau. Da haben wir eine große bürgerliche Tradition, die Wagner noch einmal fortsetzen möchte: da ist Tamino und Pamina, Florestan und Leonore und schließlich Brünnhilde und Siegfried. Wagner hat das auch für

sich, für sein Leben geträumt, in einer Zeit, in der der Zerfall der Bindung zwischen Mann und Frau immer deutlicher wird, in der die Männerphantasien die sündige Frau imaginieren, die Carmen, die Lulu, die Salome. Es gibt diesen sonderbaren Satz in den *Tagebüchern* von Cosima, daß Wagner in einem Augenblick, in dem er wieder ganz mit Cosima im Einklang ist, zu ihr gesagt hat: »Alle tausend Jahre gelingt es einmal.« So hat er das für sich und Cosima auch gesehen, für ein Paar, das ja durch Betrug – und welchen Betrug! – zustande gekommen ist. Aber dagegen gestellt nun Siegmund und Sieglinde. Bei Chéreau hatte Siegmund alle Sympathien des Regisseurs. Wie ist es beim Regisseur Harry Kupfer?

KUPFER: Er hat auch meine Sympathien, nur würde ich deshalb nicht auf mein Mitleid für Siegfried verzichten. Ich kann Siegfried nicht verdammen oder verachten. Ich habe mit Siegfried viel Mitleid, weil er ein Ausgelieferter ist, mehr noch als sein Vater. Er ist völlig unerzogen und nicht humanisiert. So wird er auf diese Welt geschleudert und von Anfang an als Werkzeug gebraucht; zuerst von Mime.

MAYER: Siegmund dagegen wurde vom Wotan/Wälse bewußt zur Inhumanität erzogen.

KUPFER: Und das Wunder in dieser Figur ist, lieber Professor, daß Siegmund sich im entscheidendsten Moment diese Humanisierung in der Begegnung mit Sieglinde selbst erwirbt und sich dazu bekennt, indem er die Liebe höher stellt als Walhall. Er schlägt Walhall aus und damit die Auszeichnung mit den höchsten Wonnen nach dem Tode …

MAYER: … aber er will trotzdem wissen, ob Frauen da sind …

KUPFER: … das will er wissen, aber als er erfährt, daß Sieglinde nicht da sein wird, verweigert er sich und sagt nein zu Walhall. Das ist für mich einer der größten Momente des Menschseins von Siegmund. Siegmund hat noch etwas: Er hat Wotan als Vater, und von einer Mutter wird gesprochen und von der Schwester als Kind. Wenn auch Wotan die Erziehung in andere Richtungen gelenkt hat, ist Siegmund nicht allein gelassen worden. Siegfried dagegen hatte niemanden. Siegfried hat in Mime einen Erzieher, der keiner ist. Siegfried sagt selbst, daß er jedes

Wort, das er lernen wollte, mit Gewalt aus Mime herauspressen mußte. Mime ließ ihm das Notwendigste angedeihen, er bildete seine Körperkraft als Kampfmaschine gegen Fafner aus. Wotan hält sich da völlig heraus. Er erscheint als Wanderer erst justament in dem Moment, wo er für Siegfried und die Weiterentwicklung hin zur Erfüllung der Utopie notwendig wird. Siegfried ist flügge geworden, und die Frage steht: Wie bringt man die Schwertstücke zusammen? Nothung muß neu geschmiedet werden. Da erscheint der Herr Wanderer in der Schmiede und verrät, wie das zustande kommen kann. Dieser Siegfried ist von vorneherein menschlich zum Scheitern verurteilt. Ich glaube, an Siegfried vollzieht sich schuldhaft ein noch größeres Verbrechen als an Siegmund. Beide sind Objekte, beide werden benutzt. Aber in welch schrecklicher Weise Siegfried! Dagegen scheint mir das Schicksal Siegmunds noch menschlicher, obwohl auch er ein Ausgelieferter, ein Verlassener, ein Verratener ist, der auf diese Straße geschickt wird, allem ausgesetzt wird, der aber das große Glück hat, doch noch, sagen wir mal, seine Liebesfähigkeit entdecken und nutzen zu können. Siegfried ist sogar das versagt in der Begegnung mit Brünnhilde. Es entsteht ja zwischen Brünnhilde und ihm nie so etwas wie das Wunder der Begegnung bei seinen Eltern. Wir kommen jetzt vom Hundertsten ins Tausendste, aber das ist für mich ein wichtiges Thema in der ganzen *Ring*-Inszenierung gewesen: der Unterschied in der Beziehung der Geschlechter. Sieglinde und Siegmund, dieses Elementarereignis des menschlichen Sichfindens und des Einswerdens mit der höchsten Möglichkeit an Humanisierung beim Mann Siegmund einerseits und das Nichtfunktionieren der Beziehung zwischen dem für die Zukunft geplanten utopischen Paar Siegfried und Brünnhilde andererseits. Die Wiedererweckung Brünnhildes im dritten Akt *Siegfried* und der Abschied Siegfrieds von Brünnhilde in der *Götterdämmerung* gehören für mich schon zu den grausigsten Szenen des *Ring* und bereiten jene schauervolle Begegnung Brünnhildes mit Siegfried als falschem Gunther vor.

MAYER: Wir kommen gar nicht vom Hundertsten ins Tausendste, wir sind bei unserem Problem: Siegfried und Brünnhilde können nicht ein hohes Paar im Sinne der großen klassisch-romantischen Tradition werden. Sind Siegmund und Sieglinde ein hohes Paar? Auch nicht. Das scheint im ersten Akt so zu sein, aber dann kommt diese erschütternde Szene der beiden Flüchtlinge, und Sieglinde hat dann plötzlich das Gefühl der Minderwertigkeit: Wer bin ich denn, daß Du mit mir gehst? Da ist dann kein gemeinsames Menschentum mehr möglich, da fühlt sie sich selbst nur als Opfer. Aber auf der anderen Seite ist Sieglinde die einzige, die, bevor sie verschwindet, weil sie durch Brünnhilde gerettet wurde, das große »Erlösungsmotiv« ausspricht. Warum gerade sie und warum nur an dieser Stelle?

KUPFER: Das wird ja dann das zentrale Thema des Schlusses der *Götterdämmerung*, wo dieses Prinzip Hoffnung eigentlich komponiert ist. Ich weiß kein Werk, wo Utopie deutlicher komponiert ist als am Schluß der *Götterdämmerung*. Aber ich glaube, man soll vielleicht nicht so sehr, wenn ich mir das einmal gestatten darf, Erlösungsmotiv sagen, sondern ...

MAYER: ... nein, ich setze es in Anführungszeichen ...

KUPFER: ... diese Musik bricht aus Sieglinde heraus, in dem Moment, wo sie erfährt, daß sie Leben im Schoß trägt ...

MAYER: ... es ist das Prinzip Hoffnung.

KUPFER: Ja, und es ist das Leben, das sich immer wieder neu aus sich selbst erzeugt. Sieglinde lebt doch in dem großen Widerspruch zwischen den anerzogenen Konventionen und dem, was freiheitlich im Menschen sich ausleben will: Sieglinde als verkaufte, verschacherte Frau, den bürgerlichen Normen, der sogenannten bürgerlichen Ehe ohne Liebe sich unterwerfend und gezwungen lebend. Den Ausbruch, der so elementar in der Begegnung mit Siegmund passiert, den muß sie wagen, und sie tut es auch mit allem Mut. Und dann kommen die bürgerlichen Gewissensbisse. Das heißt, daß sie die bürgerliche Scheinmoral als Echtes angenommen hat. Das ist dieser rührende, große Widerspruch in der Sieglinden-Figur. Wenn sie dann, nachdem sie mit Siegmund geflohen ist und allein mit ihm ist, diese verlogenen bürgerlichen Maßstäbe, die für sie gar nicht stimmen können, annimmt und sich selber zum Vorwurf macht, indem sie sagt: Ich als verheiratete Frau, als Ehebrecherin, noch dazu deine Schwester, mit dir jetzt fliehend – ich bin unrein. Sie tut hier etwas, was mir an dieser Szene immer weh getan hat. Ein Mensch wurde gezwungen, in ein inhumanes Bett einer institutionalisierten Ehe zu steigen. Daß ihr die Scheinmoral bis ins Herz gebrannt worden ist, ist schon schrecklich genug. Noch schrecklicher ist, daß sie sich nach dem Ausbruchsversuch nicht frei fühlen kann. Das bringt mir die Sieglinde natürlich ungeheuer nah und macht sie menschlich sympathisch. Sie darf nicht einmal vor sich selbst ihren befreienden Ausbruchsversuch als etwas Positives empfinden. Wagner spielt immer wieder bestimmte Modelle, Handlungsmodelle, Charaktermodelle oder Grundsituationen, die wir aus der Aufklärung, aus der Klassik kennen, durch. Allerdings mit der Erfahrung und Erkenntnis seines Jahrhunderts, in dem das nicht mehr möglich ist, in dem das alles nicht mehr gilt. Das spätbürgerliche Zeitalter hat die bürgerliche Aufklärungsidee pervertiert. Wir sprachen von Pamina und Tamino, von Leonore und Florestan. Das sind Figuren, die die Frage nach der »Liebe Wesen« mit ihrem Handeln, ihrem Tun, ihrem Einstehen beantworten. Im *Tannhäuser* wird die Frage auch noch gestellt.

MAYER: Und Wolfram von Eschenbach beantwortet sie nicht.

KUPFER: Keiner der Sänger oder Künstler im *Tannhäuser* kann die Frage beantworten. Auch Tannhäuser selbst beantwortet sie als echter Revoluzzer und Anarchist nicht. Er zerstört nur die große Beziehung zu Elisabeth. Einzig Elisabeth tut das, aber für sie hat es dann keinen Effekt mehr. Mit ihrem seelischen und körperlichen Einstehen für Tannhäuser, obwohl sie es nicht begreifen kann und zu Tode verletzt ist, rettet sie sein Leben und beantwortet die Frage nach dem Wesen der Liebe. Für Wagner ist dieses Thema ein zentrales Anliegen. Wagner hat – siehe das Beispiel Sieglinde – an einer scheinbar mythologischen Figur einen modernen zeitgenössischen Charakter geschaffen. Das ausgehende 19. Jahrhundert wird mit seinen gebrochenen und zerbrechenden Charakteren befragt und in Frage gestellt. Um nochmals auf Sieglinde zurückzukommen: in der Begegnung mit Siegmund gibt es keine Lösung für sie in der Befreiung aus der Hunding-Welt; auch nicht eine vielleicht anarchische, mit dem Tod zu bezahlende. Dahinter steht der bürgerliche Gewissensbiß, der sie in Wahrheit vernichtet.

MAYER: Es gibt eine erschreckende Bestätigung dieser Rolle, dieser Gestalt, die Wagner lange vor seiner Begegnung mit Cosima geschaffen hat. Wenn wir heute Cosimas *Tagebücher* lesen, hat sie genau diese Skrupel und diese bürgerlichen Sorgen erlebt, die Sieglinde erlebt hat: uneheliche Tochter der Marie d'Agoult und des Liszt, Kind aus Ehebruch, selbst Ehebrecherin mit Richard Wagner. Sie ist über den Verrat an Hans von Bülow nie hinweggekommen, und selbst wenn sie es versuchte, hat ihre älteste Tochter, die Bülow-Tochter Daniela, spätere Daniela Thode, ihr hier in Bayreuth immer den Widerpart geboten. Das heißt: Cosima ist in dieser Sieglinden-Situation gewesen, und das gehört, wie Sie mit Recht sagen, ganz in diese konkrete Situation hinein. Wir sind jetzt bei der Interpretation von *Rheingold* über *Walküre* zu dem Augenblick gekommen, wo beim Übergang zum Beginn des *Siegfried* sich der brütende Mime, der Intellektuelle, in seinem Gehäuse präsentiert. Und wir erinnern uns an die Frage, die Adorno gestellt hat: Ist Mime eine Judenkarikatur gewesen? Ist er die Karikatur eines Intellektuellen? Damit kommen wir natürlich auch zu dem Problem der Zweideutigkeit des Wissens in der Gesamtkonzeption des *Ring* – was kann Wissen bewirken, welcher Art ist Wissen überhaupt, wenn es wirksam werden soll. Und damit müssen wir zurückkommen zu Loge, der ja am Ende der *Walküre* steht.

Wie beginnt nun der *Siegfried*? Vom musikalischen her kann man es vielleicht am besten interpretieren. Da ist nicht mehr ein glänzendes, virtuoses Spiel der Dreiklänge in Es-Dur wie zu Beginn des *Rheingold*. Da ist nicht mehr das scharfe, harte, rhythmische Motiv, das den Regen und das Nachmittagsgewitter für die Szene in Hundings Haus am Anfang der *Walküre* vorbereitet. In *Siegfried* beginnt es ganz leise, in der Tiefe, schmerzhaft und immer wieder mit Dissonanzen. Eine dissonante Bewegung von oben nach unten, eine Art Stöhnen, manchmal sogar eine Art Schlafen. Aufgenommen von den verschiedenen Klangformen, zunächst von den Holzbläsern, später von den Streichern. Ein Mensch, der sich quält – dann erfährt man es: Ein Mensch, der denkt und unglücklich denkt, der mit dem Denken nicht zu Rande kommt. Der »brütende Mime«, hat man es genannt. Mime denkt. Mime ist sehr scharfsinnig, er weiß ungeheuer viel, das erfahren wir erst jetzt. Wir hatten ihn in *Rheingold* nur als einen Handlanger kennengelernt, der sich über den Chef, den Bruder Alberich, beschwert. Mime lebte unter den Nibelungen – nun ist er alleine da, und nun ist die Zukunft zu besprechen. Die Zukunft mit diesem Kind da, das er aufziehen mußte, »das zullende Kind«, über das er immer so selbstgefällig spricht, daß Siegfried sich die Ohren zuhält, weil er die Masche nicht mehr ertragen kann. Aber was wird aus Siegfried? Wie kommt Mime, denn darum hat er »das zullende Kind« ja aufgezogen, zu dem Hort? Wie macht er es, den Ring doch noch zu bekommen? Zu diesem Zweck muß er natürlich Fafner töten – aber er kann es nicht. Also wer kann es? Und: man braucht ein Schwert. Aber das Schwert, das dies bewerkstelligen könnte, Nothung, ist am Speer Wotans zerschellt. Das ist das Nachdenken des Mime, und damit sind wir beim Thema Mime und mit Mime beim Problem des Intellektuellen, denn das ist Mime. Mime ist ein Polyhistor. Er weiß alles, aber, wie sich herausstellt, nur das eine, wenige, was er wirklich wissen müßte, um sich selbst zu retten, das weiß er eben nicht. Und er ist auch nicht so intellektuell, daß er auf den Gedanken kommt, gerade diese Frage zu stellen. Er ist also nicht nur ein Intellektueller, sondern er ist außerdem auch ein unproduktiver Intellektueller. Er ist nun nicht nur in der hiesigen Inszenierung von Kupfer–Barenboim, sondern auch bei Boulez–Chéreau immer durch denselben Sängerdarsteller besetzt worden, der auch den Loge gesungen hat. Da ist eine merkwürdige Verbindung, die offenbar im Werk angelegt ist: Loge und Mime. Und darum, glaube ich, sollten wir uns zunächst Loge zuwenden.

Wie hat man in der guten, alten Zeit, in der Weimarer Republik, den Loge gesehen? Zunächst einmal als eine interessante Rolle für einen Charaktertenor oder sogar für einen Heldentenor. Die älteren Heldentenöre drängten sich, den Loge zu singen, denn das war nicht mehr schwer, auch wenn sie ein bißchen ausgesungen waren. Es gab so eine Reihe von Rollen, die die abgesungenen Heldentenöre gerne sangen. Zum Beispiel den Pedro in *Tiefland* von Eugen d'Albert, eine Heldentenor-Rolle, die nicht so schwierig ist. Manche alternde Heldentenöre, denen damals auch das Alter äußerlich anzusehen war, stürzten sich auch gerne auf den *Parsifal,* denn mit Routine und nicht allzuviel Schwierigkeiten war auch der noch zu bewältigen. Und eben Loge. Die Gewohnheit war so stark geblieben, daß noch 1965 Wieland Wagner den Loge mit dem Sänger der beiden Siegfriede, mit dem großen Wolfgang Windgassen, besetzt hat, der das virtuos machte, auch spielerisch, denkerisch gut machte, aber der Charakter kam nicht zum Ausdruck. Und jetzt ist die Frage, was man sich damals dabei gedacht hat, wenn man sagte: Loge ist eine schöne Tenor-Rolle, und im übrigen ist er der Schurke. Der Schurke in einem Spiel, so sah man es früher, in dem alle anderen im wesentlichen Edelleute, häufig eben auch germanische Götter waren. Auch in der früheren Wagner-Literatur wird der Loge immer ungeheuer gehässig behandelt. Als ob das stimmte, was Wotan in einem unsinnigen Augenblick der Verdrängung zu Brünnhilde sagte: »Listig verlockte mich Loge/der schweifend nun verschwand.« Also zu allen Untaten hätte ihn Loge verführt, später dann sagt er freilich: »Wie ich dich band.« Was bedeutet, daß er ihn sich überhaupt erst geholt hat. Ja wozu denn? Damit er ihn verführen soll? Jedenfalls kommt hier diese Mischung aus Aufrichtigkeit und Unaufrichtigkeit zum Ausdruck, die immer wieder für Wotan so charakteristisch ist. Die früheren Wagner-Interpreten haben Wotan einfach geglaubt. Nicht Wagner! Denn Wagner sah den Loge wesentlich differenzierter und weitgehend doch wohl so, wie wir ihn heute sehen. Er ist also nicht der Schurke im Spiel der edlen Leute, die dann mit Glanz und Gloria nach Walhall fahren. Nur später wird, warum, weiß man nicht so recht, alles doch wieder schlecht, und es kommt zur *Götterdämmerung.* Nein, Loge ist doch etwas ganz anderes. Was ist er nun? Er ist der Gott des Feuers, das ist klar. Er ist gezähmt worden von Wotan. Das wissen wir. Er spielt die entscheidende und letzte Rolle in der Tetralogie, er äschert Walhall ein. Und zwar liefert die Weltesche das Holz, mit deren Verdorren, als Wotan den Speer aus dem Holz der Esche schnitt, alles begonnen hat. Das ist das eine Element. Nun kommt aber Loge auf die Szene, und Loge weiß alles im voraus: »Ihrem Ende eilen sie zu / die so stark im Bestehen sich wähnen« – er kennt die Zukunft, und er kennt sie noch anders als die Nornen. Wir werden nachher fragen: Wer hat welches Wissen? Wir erleben, daß das ganze Werk immer wieder – unter anderem – bestimmt ist von dem gedanklichen Leitmotiv: Wissen und Nichtwissen. Auch mit einer merkwürdigen Schillerschen Variante, die Richard Wagner genau gekannt hat, dem Satz: »Nur der Irrtum ist das Leben und das Wissen ist der Tod.« Ich glaube, wir sollten zunächst einmal diese Dinge besprechen, denn damit kommen wir überhaupt erst an die Siegfried-Gestalt heran. Also wir haben Loge, wir haben Mime, wir haben das Vorbild des Wissens im *Ring*.

KUPFER: Bleiben wir einmal bei der Loge-Figur. Sie haben das völlig klar beschrieben, wie sich der Blick auf Loge aus der Erkenntnis der inneren Wahrhaftigkeit gewandelt hat. Ich glaube, der Prozeß des Erkennens der Loge-Figur begann damit, daß man die Götter so kritisch gesehen hat, wie Wagner das gemeint hat. Daß man vor allen Dingen auch die musikalische Diktion Wagners, zum Beispiel Schluß des *Rheingold*, die Auffahrt der Götter nach Walhall, so hört und so analysiert, wie es gemeint ist. Diese hohle Bombastik, die dort vorherrscht, und der Kommentar Loges, daß sie ihrem Ende entgegengehen. Diesen Widerspruch habe ich in meiner Jugend in den ersten Aufführungen auch nicht gesehen. Das war immer sehr geglättet, und wenn man sich erst einmal klar ist und analysiert hat, was denn eigentlich in *Rheingold* passiert, wer wen betrügt und wer wen gebraucht, dann kommt man zu einer Ehrenrettung des Loge. Daß er nicht der Verbrecher oder der Bösewicht ist, sondern der Gott des Feuers, gebändigtes Element. Und dieses gebändigte Element steht den real existierenden Menschen oder Götterwesen gleichgültig gegenüber. Es wird gebraucht, es läßt sich zu bestimmten Zwecken gebrauchen, aber es greift nicht ein. Das hat etwas Mephistophelisches in seiner Widersprüchlichkeit und in seiner Dialektik. Dieser Gott des Feuers ist mehr ein Provokateur, der, wenn er um Rat gefragt oder gebraucht wird, oder für eine kurze Zeit dienen muß, wenn er von Wotan gebändigt ist, oft den Göttern die Möglichkeit aufzeigt: Ihr könnt so, ihr müßt aber nicht.

MAYER: Mir fällt gerade ein – so ein Gespräch stimuliert ja –, bei Hölderlin heißt es in einer Zeile: »Denn unfühlend ist die Natur.«

KUPFER: Das ist es ganz genau! Das ist für mich das Wesen der Loge-Figur. Und somit erlebt man das merkwürdige, daß er nur in einem einzigen Stück wirklich in dieser personifizierten Form auftritt. Nachher ist er wieder frei, er wird von Wotan nochmal gerufen, das Feuer um den Brünnhilden-Felsen zu bilden und er vernichtet am Schluß Walhall. Aber dort ist er nicht mehr faßbar, nicht mehr als Figur im dramatischen Gefüge, sondern reagiert wieder völlig unabhängig als Element. Und diese merkwürdige Haltung des freien kritischen Geistes ist der Grund, warum er den Wesen, die interessiert sind an den materiellen Dingen, um die es hier geht – an Herrschaft, an Macht –, als Provokateur erscheint oder vielleicht sogar als Manipulator. Eben weil sie ihn in Wirklichkeit nicht verstehen. Sie benutzen ihn, und sie verstehen nicht, daß er eigentlich nicht – so wie sie – interessiert ist an Entwicklungen, an bestimmten Zielen, die sie erreichen wollen. Loge läßt zum Beispiel bei jedem Satz, den er sagt, den Schluß offen, er überläßt ihn dem Partner. Er erzählt von Alberich und von der Gewinnung des Goldes, vom Schmieden des Ringes – und die Riesen steigen darauf ein. Womit er Wotan im Moment rettet, aber das ist ja gar nicht sein Interesse. Er läßt eigentlich alles offen – genauso wie er Wotan bei der Frage des Baus von Walhall und von Freia alles offen gelassen hat. Für Wotan ist es schon Verrat, daß er zu spät kommt, daß er ihn hängen läßt. Aber das ist einfach diese Gleichgültigkeit dieses Stückchen Elements, oder sagen wir besser Geistes. Deswegen gibt es etwas, ich meine das nicht im negativen Sinne, Mephistophelisches in der Dialektik der Figur. Indem sie etwas darstellt und der andere, der Partner, der Mensch, der Gott in dem Fall hier, kann damit etwas tun, wenn er richtig versteht.

MAYER: Noch etwas anderes kommt hinzu. Alberich sagt zu

Loge: »Untreu trau ich / nicht Deiner Treu!«, wobei gerade Alberich nicht gerade ein Modell der Treue ist. Diese herrliche boshafte Dialektik gibt es bei Wagner immer. Figuren sagen immer wieder Dinge, die ausgerechnet sie nicht sagen sollten, bei allem, was wir von ihnen wissen. Aber aus alledem, was Sie eben gesagt haben und was stimmt, kommt heraus: Loge ist ein fremdes Element, er gehört nicht dazu …

KUPFER: … er wird auch nicht von den anderen akzeptiert …

MAYER: … im Gegenteil, sie sprechen alle schlecht von ihm, aber sie brauchen ihn. Und jetzt müssen wir uns doch fragen, weil das historisch wichtig ist und weil es später auch wichtig ist für die Interpretation des Mime: Wie ist Wagner auf die Figur des Loge gekommen, was ist Ihre Meinung?

KUPFER: Es gibt Belege dafür, aber keine Beweise, daß der Dichter Heinrich Heine für diese Figur Pate gestanden haben soll, also ein Mann des Geistes, ein Mann der Provokation, aber auch ein Mann der überlegenen Weltsicht. Und ich glaube, daß bei dem, was Sie mit fremd umschreiben, vielleicht auch das Judentum eine Rolle spielt, das Jüdische als Gebrauchtes, oft Mißbrauchtes, aber doch immer Fremdes.

MAYER: Ich denke, das kann auch nachgewiesen werden. Es gehört absolut zum Geist der Zeit, also zu den vierziger bis fünfziger Jahren des 19. Jahrhunderts, daß selbst bei durchaus liberalen Autoren der jüdische Intellektuelle als das Element des Undeutschen, des Fremden, des Unheimlichen angesehen wurde. Am stärksten spürt man das – und das ist etwa zur gleichen Zeit entstanden wie die Tetralogie von Wagner – im *Hungerpastor* von Wilhelm Raabe, wo zwei Menschen, Schulfreunde, der Moses Freudenstein und Hans Unwirsch, der Hungerpastor, ins Leben hineintreten. Der kleine Deutsche und der kleine Jude. Der Jude wird ein Intellektueller, wird später Dr. Theophil Stein, ein Hegelianer, den Raabe in allen Formen des Abscheus und der Fremdheit schildert. Alle Elemente, die Loge hat, finden sich auch in diesem Roman. Die finden Sie auch später bei Felix Dahn, Sie finden sie natürlich in *Soll und Haben* von Gustav Freytag. Es ist für mich gar keine Frage, daß Loge eine dieser Judengestalten ist, und zwar das Element des fremden, schweifenden, flackernden, wie man das später nannte, nicht erdgebundenen Geistes. Und damit entsteht auch das Mißtrauen gegen diesen Geist und die Überlegenheit des schweifenden Intellektuellen. Schweifen ist ein Ausdruck, der immer wieder im *Ring* gebraucht wird, wenn von Loge die Rede ist. Und damit wäre auch die Verbindung zu Mime gegeben. In eben diese Richtung zielt die These Adornos in seiner Wagner-Interpretation, wo er behauptet hat, daß Mime mit seinem Nicken und Augenzwinkern eine Judenkarikatur sei, ebenso wie Beckmesser und die Nibelungen in gewissem Sinn Judenkarikaturen seien. Wobei man nicht übersehen sollte, daß sich Richard Wagners Beschreibung des Mime – ich glaube, Adorno hat auch das schon gesagt, das müßte man nachsehen – wie eine karikaturmäßige Selbstbeschreibung Richard Wagners liest. Der allzu große Kopf, die kleine Figur mit der überlebhaften Gestik, mit dem überlebhaften Minenspiel – also Richard Wagner müßte eigentlich für einen Jungen wie Siegfried ein Greuel gewesen sein. Vielleicht hat da auch ein unterirdischer Selbsthaß von Richard Wagner mitgespielt. Adorno deutet das an, man kann so etwas ja nur andeuten. Wichtiger erscheint mir aber, daß durch diese intellektuellen Typen, durch Loge und Mime und durch die Unfruchtbarkeit ihrer Intellektualität und ihrer Realitätsfremdheit nun doch die Frage gestellt wird nach dem Nutzen des Wissens. Denn Wissen wollen sie ja alle. Als Erda Wotan vor dem Ring warnt, begreift er, daß er viel zu wenig weiß und mehr wissen muß. Und so löst er durch seinen Wissensdurst die folgenreiche Entwicklung der ganzen Geschichte aus, aus der schließlich der Konflikt Erda / Wotan mit der großartigen und erschütternden Szene im dritten Akt *Siegfried* entsteht, in der sich Vater und Mutter plötzlich über das Schicksal der Tochter Gedanken machen müssen – natürlich ganz ergebnislos. Es gibt also zwei Stränge im *Ring*, die auch musikalisch ganz verschieden sind: auf der einen Seite die Verachtung des Wissens zugunsten der reinen Tat, des Dreinschlagens, aber auch zugunsten der unberührten Natur, und auf der anderen Seite das Streben nach dem notwendigen Wissen, um etwas zu erreichen. Wie habt Ihr das gesehen?

KUPFER: Was Sie jetzt zu Mime gesagt haben, scheint mir sehr präzis, vor allem die Unproduktivität des Wissens des Intellektuellen in der Mime-Figur. Er weiß handwerklich alles, er ist ein Künstler auf seinem Gebiet, er schmiedet den Tarnhelm, er ist ein Spezialist. Spezialistentum bezeichnet ja gewöhnlich Enge, das ist geistige Enge, die dort damit gemeint ist …
MAYER: … daher der spätere Ausdruck Fachidioten …
KUPFER: … so etwas, ja, sein Fach versteht er. Er versteht auch bestimmte Zusammenhänge. In der Wissenswette, zum Beispiel, weiß er recht gut Bescheid, bis hin zu den intimsten Geschlechterbeziehungen Wotans. Er weiß sogar etwas über die Wälsungen. Das sind also Dinge, die er weiß, aber sein Wissen ist unproduktiv, nicht schöpferisch, er kann keine neue Methode finden, das Schwert Nothung wieder zusammenzuschmieden. Er kann nur im Altgewohnten, im Vorhergedachten, im Wiederholten schaffen und denken. Also er kann löten, aber er kann nicht Schwertstücke auseinanderraspeln, neu schmelzen, neu gießen – diese Methode erfindet erst Siegfried.
MAYER: Nachdem Wotan ihm geholfen hat.
KUPFER: Und da sind wir beim entscheidenden Punkt. Ich hatte große Schwierigkeiten, bei der Erarbeitung der gesamten Konzeption mit dieser Szene der Wissenswette überhaupt klarzukommen. Am Anfang habe ich gedacht, man kann die eigentlich streichen. Was soll das eigentlich? Bis ich sie dann doch begriffen habe – und dabei haben mir auch bestimmte Analysen und Beschreibungen der Sekundärliteratur nicht viel geholfen, in denen begründet wurde, auf welche Sagen und Märchen sie sich stützte. Das hilft nicht weiter bei einem solch klugen Dramatiker wie Wagner, wo jede Szene ihre ureigenste Bestimmung nur aus dem Gesetz des Dramas selbst findet. Diese Situation, die wir analysieren wollen, ist davon geprägt, daß alle warten müssen. Wotan muß warten, bis die Utopie, die er mit seiner Tochter ausgebraten hat, nämlich Siegfried, flügge wird, er muß warten, bis Siegfried herangewachsen ist. Deshalb beginnt das Stück auch mit dieser brütenden Wartesituation. Jetzt ist etwas reif geworden. Siegfried ist alt genug, um das zu tun, was Mime von ihm erwartet, nämlich etwas ganz anderes als das, was

Wotan von ihm erwartet. Er ist soweit, zu wissen oder zu erfahren, wie man die einzige Waffe, die Fafner fällen kann, wieder zusammenschmiedet. Aber natürlich darf man – Sie haben das vorhin so wunderbar gesagt – nicht immer alles glauben, was die Figuren sagen. Das ist eine alte Binsenweisheit, und zumal bei Wagner muß man ungeheuer aufpassen. Wenn Wotan zehnmal vor der Welt sagt, er hält sich raus, er ist nur noch Wanderer, er beobachtet nur noch die Welt – es stimmt nicht! Aber er verhält sich so geschickt, daß er immer wieder die Welt glauben macht, daß er sich raushält. Warum warnt er am Anfang des zweiten Aktes Fafner in der Neidhöhle?

MAYER: Er weiß natürlich, daß der nicht reagieren wird.

KUPFER: Natürlich, das weiß er genau, aber er sagt: »Bitte, ich überlasse Dir den, ich warne sogar Fafner davor und stehe also wieder mal als Wanderer vor der Welt da, der das Gesetz, das er vertreten muß, nicht verläßt.« Aber das war jetzt ein Abschweifen, zurück zur Wissenswette.

MAYER: Ich glaube, sie hat doch eine große dramaturgische Funktion, und zwar eine bedenkliche Funktion, darum mußte sie hineinkommen. Schauen wir sie uns zunächst noch einmal genau an, sie ist ja von einer herrlichen Komik, und sie ist musikalisch ein Meisterwerk. Sie war ein Meisterwerk bei Chéreau und Boulez und auch in eurer Interpretation, wenn da nun zwei so Vollblutschauspieler wie John Tomlinson und Graham Clark singen und spielen, das ist eine Freude. Wotan erzwingt ja die Wette. Ich habe mich immer wieder gefragt und auch früher einmal mit Wieland und später mit Wolfgang Wagner darüber gesprochen: Wann erkennt Mime, daß der Wanderer Wotan ist? Wie würden Sie es sagen?

KUPFER: Es geht stufenweise. Es geht über Ahnungen, Vermutungen. Und in dem Moment, wo die Wissenswette kippt, wo sie umgekehrt wird, wo Mime direkt sagt: »Lang schon mied ich mein Heimatland...«, dort wird es schon gewisser, und dann an einer Stelle, wo er davon spricht: »Mir leuchtete Wotans Auge, zur Höhle lugt' er herein...«, da weiß Mime mit Sicherheit, daß es Wotan ist. Aber da ist es schon zu spät. Ich möchte aber noch einmal auf unseren Ausgangspunkt zurückkommen. Für mich ist entscheidend: Wotan darf eigentlich nicht in die Schmiede gehen und einen Tip für das Zusammenfügen von Nothung geben. Er tut es mit einer unglaublich geschickten List, indem er Mime zu dieser Wissenswette zwingt. Er geht von einer Verletzung des Brauchs – des Gastrechts – aus, die er benutzen kann, und Mime steigt natürlich, weil er immer auf das Nächstliegende nicht kommt, darauf ein. Um ihn loszuwerden, geht er schnellstens auf diese Wissenswette ein. Obwohl Wotan ihm dringlichst ans Herz legt, zu fragen, was ihm frommt, was das Wichtigste im Moment wäre, und das ist nur Nothung. Das Thema steht, aber Mime fragt nicht. Es schweift nun durch die ganze Entstehungsgeschichte des *Ring* – bösartige Zungen haben oft behauptet, das dient dazu, daß diejenigen, die die Stücke vorher nicht gesehen haben, nun erfahren, worum es eigentlich geht. Also Mime versagt. Er nimmt die Chance, die ihm durch Wotan geboten wird, nicht wahr. Das Lustige daran ist, daß Mime durch sein Versagen Wotan in eine verzweifelte Situation bringt. Dieser muß nämlich jetzt die Wissenswette umkehren, um seine Botschaft loszuwerden. Wotan bringt nun mit seinen Fragen Mime systematisch auf Nothung und Siegfried, da ist es aber schon zu spät. Und spätestens jetzt – ich bin gleich an dem Punkt, der mich am meisten interessiert hat – müßte Wotan unverrichteter Dinge abziehen, ohne seine Botschaft, wie man Nothung zusammenfügt, loszuwerden. Statt dessen erklärt er es, verkleidet zwar in eine orakelhafte Form, was er nicht dürfte, wenn er sich wirklich aus allem heraushielte: Daß nur derjenige, der das Fürchten nicht kennt – was nur Siegfried sein kann –, Nothung neu schmiedet und daß an den auch das Haupt des Zwerges verfällt. Wotan sagt das erst, nachdem die Wissenswette schiefgegangen ist. Die anderen Fragen, die mit der Wissenswette zusammenhängen, waren für mich nie der Hauptstrang der Geschichte, der dramaturgischen Erzählung – der ist einzig und allein, daß eine Information zu Mime gelangt und über ihn sofort, im ersten Moment, wo er wieder auftaucht, an Siegfried weitergegeben wird: eben die Frage, wie diese Waffe wieder neu zu schmieden sei. Der dramaturgische Zauberer Wagner macht das zu einer monumental

grotesken Szene. Aber die ist von einer unglaublichen Notwendigkeit und gibt mir als Regisseur die Möglichkeit, oder sagen wir einfach die Motivation, das zu tun, was wir mit Wotan im zweiten Akt mit dem Vögelchen gemacht haben, nämlich die Manipulation im Weitergeben von Informationen weiterzuführen. Denn auch der kleine Waldvogel schwätzt nicht einfach – im Gegensatz zu dem, was Wotan später aus anderen Gründen sagt: »Ein Vöglein schwatzt wohl manches«, er gibt Siegfried nur die notwendigen Informationen: Erstens, daß ihm Tarnhelm, Ring und Hort gehören, zweitens, daß Mime in unredlicher Absicht kommt, um ihn zu töten, und drittens, daß auf dem Walkürenfelsen die Frau ist, für die Siegfried aufbewahrt ist und die für ihn aufbewahrt wird. Alle drei notwendigen Informationen stammen von einem nicht unbegründet schwatzenden Vögelchen, und somit ist einfach die Verbindung zur Wotan-Figur in dieser Inszenierung hergestellt. Aber die eigentliche moralische Motivation für mich, das einzufügen, obwohl es nicht im Text steht, war der dramaturgische Stellenwert der Wissenswette im dramatischen Gefüge des ersten Aktes.
MAYER: Was Sie gesagt haben, das ist sicher richtig, ausgehend von Ihrer Aufgabe als Spielleiter und mitgehender Interpret. Betrachten wir die Sache einmal von außen: Welche dramaturgische Notwendigkeit hatte Wagner für die Wissenswette? Einmal muß sie die Ermordnung Mimes legitimieren, das ist entscheidend. Weiter muß die zweite Tötung im zweiten Akt vorbereitet werden, nämlich die Tötung Fafners im Kampf. Wagner hatte hier einen kühnen Gedanken: Er läßt Mime gleichzeitig lügen und die Wahrheit sagen, und Siegfried hört beides, hört die Wahrheit aus der Lüge, weil er das Blut des Drachen zu sich genommen hat. Das andere Element – und das ist sicher von außen her gesehen dramaturgisch notwendig, aber doch eine Schwachstelle in der Dramaturgie – ist das Märchenelement, das Wagner nun plötzlich hereinnimmt. Das Märchen, von einem der auszog, das Fürchten zu lernen. Es gibt den berühmten Brief Wagners an König Ludwig, wo er ihm die Geschichte Siegfrieds erzählt, und dann in den Ausruf »ja, mein Herrscher, mein Siegfried ist herrlich ...« mündet. Er schildert

alles, auch dieses Element, das musikalisch ein Fremdkörper ist: In die mythische Welt hat er die deutsche Märchenwelt hineingenommen und damit diese merkwürdige Vorliebe für die Musik des Waldwebens. Eine sehr schöne Musik, die dann von der dramaturgischen Funktion losgelöst wird und von Wagner auch als Konzertstück eingerichtet ist. Die Wissenswette legitimiert also erstens, daß Mime »sein weises Haupt« verliert und bringt zweitens das Motiv »nur wer das Fürchten nicht gelernt, der schmiedet Nothung neu« ein. Und damit ist der dritte Akt *Siegfried* vorbereitet, die Liebesszene. Auch mit der Wissenswette sind wieder schreckliche Dinge verbunden. Die Art, wie Wagner den Mime abschlachten läßt, halte ich nach wie vor für eine schreckliche Sache.

KUPFER: Das ist sie. Aber die Komplikation ist dadurch so groß, daß man bei der Interpretation nicht recht weiß, wie man die Gewichte genau verteilen muß. Denn natürlich ist das Schuldhafte bei Mime in der Wissenswette, aber auch in der gesamten Entwicklung der Mime-Figur schon durch sein Verhalten vorgegeben. Die Art und Weise, wie er Siegfried manipuliert oder ihn nicht erzieht, sondern nur gebraucht – mit welcher Freude, mit welcher Boshaftigkeit! Das mündet in diese wunderbare Szene, wo er gleichzeitig lügt und die Wahrheit sagt; man hat da den Eindruck, Mime befindet sich in einer Art von Rauschzustand, wo er nicht mehr weiß, was er sagt. Es ist sein Triumph, als er annimmt, jetzt Herr der Welt zu werden. Fafner ist tot, und Mime glaubt, daß der Hort schon ihm gehört und damit der Ring – er muß nur noch Siegfried beseitigen. Das ist grausam und geht Hand in Hand mit der Grausamkeit, die dieser Figur durch Siegfried widerfährt. Wobei Siegfried sich für mich auch in einer entsetzlichen Situation befindet – dieser Junge, ein Wildwuchs, aufgezogen ohne Wissen, ohne Humanisierung. Er hat, wie er selber sagt, Mime jedes Quentchen Wissen quasi mit Gewalt abringen müssen, bis hin zur Sprache. Er hat nichts freiwillig bekommen.

MAYER: Bis hin zur Kenntnis seiner Eltern.

KUPFER: Das sehen wir in der Szene, in der er Mime zwingen muß, seine Herkunft zu erfahren, den Namen seiner Eltern.

Und so erleben wir das Zutreiben auf diesen Kulminationspunkt, der Tötung des Mime, mit gemischten Gefühlen. Siegfried ist nicht nur der Schlagetot, der brutale, rücksichtslose Totschläger, der alles, was ihm in den Weg kommt, vernichtet, sondern er hat Motive für sein Handeln, vor allem natürlich, nachdem er erfahren hat, daß Mime ihm ans Leben will: leben oder nicht leben. Die Art, wie er es tut, und wie sich Aggressionen von beiden Seiten aufstauen bis zu dieser Tötung, ist schrecklich, aber wenn ich an die jüngste Geschichte zurückdenke, die wir gerade hier in Deutschland erlebt haben …
MAYER: … nicht zuletzt in Bayreuth …
KUPFER: … so wird das Schaudern noch größer. Wie prophetisch hat Wagner diese Entwicklung bis zur Katastrophe in diesem Stück gestaltet.
MAYER: Darf ich hier einmal fragen: Wie sehen Sie dann Siegfried? Wir sprachen darüber schon, als wir über *Rheingold* und die *Walküre* sprachen, auch über die Interpretation von Chéreau, der zu mir sagte: »Siegfried ist mir unerträglich. Aber Siegmund« – da sprach Chéreau natürlich als der Mann der Ereignisse von 1968 –, »das ist der anarchische Mann, der libertäre Freidenker, der Feind der Gesetze, der Feind aller Ordnungen, der zugrunde gehen muß.« Er hat für ihn ergreifende Szenen geschaffen, hat die Todesverkündigung sehr schön inszeniert, und so hat er eben auch das Ende des Siegmund geschildert. Die Tatsache, daß Siegmund in den Armen des Vaters stirbt, ist ja auch in Ihrer Inszenierung dann aufgenommen worden. Früher hätte man nie daran gedacht, so etwas zu machen. Aber Siegfried war für Chéreau ganz unerträglich. Ein Schlagetot eben, der zunächst nichts anderes macht, als völlig berechtigt zu sagen: Ich will in die Welt, ich will hier weg. Und warum er das will, und mit Recht will, das wird ja nun zur Genüge gezeigt. Aber was erlebt er zuerst? Was tut er denn? Er tötet den Drachen. Hohnvoll, mit einer doch sehr rüden Sprache. Der Dialog während des Kampfes oder vor dem Kampf ist von beiden Seiten sehr rüde: »… dir fahr ich zu Leibe …« oder: »… den Schlund dir zu schließen …« Unmittelbar darauf die Ermordung Mimes, und dann legt Siegfried sich hin und hört dem

Vögelchen zu. Daraus ergab sich bei Chéreau natürlich von Anfang an eine Abwertung der Siegfried-Figur. Die ist bei Ihnen nicht vorhanden, warum?

KUPFER: Weil Siegfried kein Held ist. Diesem – sagen wir einmal – anfänglichen Fehlgriff Wagners auf Siegfried als Helden verdanken wir die Tetralogie. Und nun ist etwas passiert, was diesen wunderbaren Denker Wagner auszeichnet: Er hat diesen Irrtum korrigiert, indem er den gesamten Kosmos zu einer viel größeren Sicht erweitert, die Wotan-Figur dazu erfindet und die Siegfried-Figur relativiert. Genausoviel Schrecken wie ich vor Siegfried empfinde, vielleicht aber mehr noch vor dem, was die Siegfried-Figur in der Interpretation unseliger Vergangenheit war...

MAYER: ... ich glaube, das ist sehr gut, daß Sie das sagen...

KUPFER: ... davor habe ich Schrecken, und genausoviel Mitleid habe ich aus der Analyse seines Schicksals gewonnen. Was erlebt dieser Mensch? Ausgesetzt, nicht erzogen, nicht humanisiert, gebraucht, benutzt. Er weiß eigentlich nichts. Für ihn ist auch die Frage...

MAYER: ... er weiß, daß er ausgenutzt wird...

KUPFER: ... das weiß er, das hat er gelernt, und er hat gelernt zu beißen, sich zu verteidigen und schneller zuzubeißen als der andere, aus Selbsterhaltungstrieb. Er weiß nicht, was Fürchten ist. Da gibt es zum Beispiel diese unglaublich musikalische Dialektik im ersten Akt, wenn Mime ihm vom Fürchten spricht. Siegfried verwechselt es mit seinen ersten pubertären Gefühlen der Liebe. Immer dort taucht Walküren-Musik auf, taucht Brünnhilde schon auf – musikalisch.

MAYER: Auch das Waldweben ist auf demselben Prinzip aufgebaut.

KUPFER: Auch das! Siegfried weiß nichts, und er verwechselt die Gefühle miteinander, und so kommt es natürlich auch zu dieser merkwürdigen Verbindung Mutter – Geliebte, Mutter – Frau, so daß er in dem Moment, wo er Brünnhilde auf dem Felsen begegnet, wo er sie als Frau sieht und begreift, sofort den Gedanken Mutter hat – aber gemischt mit dieser merkwürdigen pubertären erotischen Vorstellung, in der Mutter und Geliebte eins ist. All das erfährt er immer spontan, immer wie einen Faustschlag. Er ist nicht gebildet, nicht vorbereitet, er ist gar nicht in der Lage, auf bestimmte Dinge des Lebens, wie sie ihm widerfahren, differenziert zu reagieren. Somit ist es ihm auch nicht möglich, wie es seinem Vater noch möglich war, in der Beziehung zu Sieglinde, sagen wir, das humanste und humanisierendste Verhältnis aufzubauen, das bei Siegmund zur Überwindung der wölfischen Haltung, zu der Wotan ihn getrieben hat, führt: zum Verzicht auf Walhall und auf all diese Dinge – das ist für Siegfried nicht möglich. Und die doppelte Tragik: Auf dem Höhepunkt seines Liebesbedürfnisses, das er ja hat, geht er an Brünnhilde vorbei. Und auch Brünnhilde ist erst einmal enttäuscht, denn das Ideal, das sie sich erträumt hat, ist Siegfried nicht.

MAYER: Das Ideal für sie ist Wotan.

KUPFER: Natürlich! Sie hat es aber erhofft in dem neuen jungen Helden, für den sie aufgespart wurde, und statt dessen begegnet ihr etwas völlig anderes, mit dem sie zuerst gar nicht fertig wird. Sie unterliegt dem jungenhaften Drängen schließlich aus erotischen Gründen. Aber das Problem, das zwischen den beiden steht, vom ersten Moment ihres Sich-Erkennens an, wird in diesem Duett nicht gelöst. Es wird vertagt.

MAYER: Darf ich hier einmal unterbrechen? Ich möchte nämlich gerne, daß Sie das noch weiter präzisieren, weil es doch sehr wichtig ist. In Eurer Inszenierung sind die Phasen der Abstoßung und Annäherung in der berühmten Schlußszene des *Siegfried* so deutlich herausgearbeitet worden wie nie zuvor. Es ist ja gleichzeitig eine schreckliche Szene und teilweise eine etwas banale Musik. Ich kann dafür einen sehr illustren kritischen Geist anführen, der diese Szene verabscheut hat, und das ist Hugo von Hofmannsthal. Hugo von Hofmannsthal schreibt an Strauss während der Arbeit am *Rosenkavalier*, er möchte diese seine Figuren, also den Oktavian und die Sophie, unter gar keinen Umständen aufeinander erotisch einschreien lassen wie am Schluß des *Siegfried.* Und auch die musikalische Inspiration erscheint mir fragwürdig, diesen Eindruck habe ich immer wieder beim Schlußduett, diesem berühmten C-Dur-Jubel. Das wird sofort von den Wagnerianern wütend bekämpft werden, aber ich glaube – und das kann man auch zeigen –, in dieser wunderbaren Partitur der Tetralogie ist das musikalisch eine Schwachstelle. Im Vergleich zu der musikalischen Substanzfülle im Siegfried-Idyll, in dem Wagner das ja zum ersten Mal gestaltet hat, ist das ungefähr so, wie es zu Beginn von Wagners Karriere gewesen ist, als er eine fulminante Ouvertüre des *Rienzi* schrieb, und wenn man die gehört hat, kann man sich den ganzen übrigen *Rienzi* schenken, denn alles andere ist nur eine Wiederholung. Es erscheint mir banal, stellenweise zumindest, daß Wagner, wenn Brünnhilde plötzlich emotional auf ihre Walkürenvergangenheit zurückgeführt wird, das einfach nur gleichsam rezitativisch mit den Walkürenmotiven oder Bruchteilen davon darstellt – eine sehr unbefriedigende Lösung. Nach der traditionellen Interpretation ist das der Höhepunkt des Glücks, und hat es Wagner auch so ausdrücken wollen, daß genau dieser Siegfried, der sie erlöst hat, der ist, auf den sie gewartet hat.

KUPFER: Dieses Befremden teile ich mit Ihnen. Vom ersten Moment an, wo ich mich mit dem *Ring* beschäftigt habe, hat mich diese Szene immer am unbefriedigendsten gelassen, sie hat mich nervös gemacht, bis ich dann eine andere Art von Zugang dazu entdeckt habe. Ob es bewußt passiert ist oder unbewußt, ob Absicht bei Wagner, das wage ich jetzt nicht mehr im nachhinein zu behaupten. Eigentlich ist die musikalische Diktion, die mich auch verunsichert, irritiert, nicht restlos befriedigt, absolut deckungsgleich mit diesem Vorgang, der hier stattfindet. Es findet eben nicht das statt, was zwischen Siegmund und Sieglinde stattgefunden hat. Hier geht plötzlich eine Manipulation, eine Planung über Generationen hinweg, nicht mehr auf. Hier zeigt sich schon das Ende der gesamten Utopie zwischen Wotan und Brünnhilde quasi im Beginn der Begegnung zwischen diesen beiden. All das, was für dieses neue Paar an Hoffnung am Schluß der *Walküre* steht, für die Brünnhilde fast wie Schneewittchen im Glassarg konserviert wird, was uns zu dieser Kubuslösung animiert hat, endet für mich merkwürdigerweise, trotz Jubel, trotz C-Dur, im düsteren Zwielicht. Und

jetzt müßte man die Akkorde untersuchen, die Harfen-Arpeggien und das ganze musikalische Material des beginnenden Erwachens der Brünnhilde. Den Beginn der *Götterdämmerung*, im Vorspiel, bei Siegfrieds Tod, kehren diese hohlen Akkorde, eigentlich Todesakkorde, wieder und stehen am Anfang dieser Szenen. Das ist schon im einzelnen ein musikdramatischer Geniestreich. Ich glaube, daß Wagner hier nicht die Inspiration ausgegangen ist, sondern daß er an den kompliziertesten Punkt seiner Tetralogie gekommen ist, wo er zeigt – und ich rede jetzt nicht von den Interpretationen und von dem Klischee, sondern von dem, was er wirklich gemeint hat –, daß im Jubel, im Finden eine Utopie schon ihr Ende erfährt. Das ist für mich das Entscheidende in dieser Begegnung der beiden. Und das kann man verfolgen – es ist interessant, wenn Sie mal untersuchen, wie oft Siegfried in diesem Duett schweigt. Oder wie gesprächig, fast verzweifelt gesprächig, Brünnhilde ist, bis hin zu hymnischen Deklarationen, die im nächsten Moment, wo sie ausgesungen oder ausgesprochen sind, schon wieder zusammenbrechen und sie plötzlich Frau wird; wie sie sich nicht wehren kann, wie Wahnhaftes oder erotischer Wahnsinn ihre Wahrnehmung von der Nichtstimmigkeit der Begegnung wieder überdecken. Für mich ist das psychologisch, musikdramatisch meisterhaft gemacht. So unbefriedigend diese Situation ist, so unbefriedigend ist für mich auch die sich nicht einstellende musikalische Befriedigung in dieser Szene.
MAYER: Darf ich noch eine Zwischenfrage stellen? Sie ist nicht wirklich zu beantworten, aber ich möchte gerne sehen, wie Sie es versuchen: Wofür hält Siegfried diese Frau, die ihm da gegenübersteht?
KUPFER: Sie ist für ihn das, was er unter Mutter, Frau versteht. Es ist für ihn beides. Es ist das mit Sehnsucht vermißte und gespürte Feminine, das der Mutter anhaftet und das sich in allen pubertären Erlebnissen von jungen Männern mit der Vorstellung von der geliebten Frau vermischt. Es ist all das, was Siegfried fehlt, würde ich sagen. Das sieht er in der Frau. Das begreift er in dem Moment, wo er glaubt, jetzt das Fürchten gelehrt bekommen zu haben. All das, was man vergessen hat

und was die Generationen um ihn herum, inklusive Großvater Wotan, an Siegfried versäumt haben, all das transponiert er in die Frau. Und merkt nicht, während seiner fordernden Phrasen, die er Brünnhildes Geschwätzigkeit gegenüberstellt, daß das Erotische bei ihm Oberhand gewinnt und daß er alles andere nicht bedenken kann. Für kurze Zeit zieht er die so bedenkliche, so geplant habende Brünnhilde in diesen Strudel herein und verwandelt sie von der Halbgöttin zur Menschenfrau. In diesem Moment muß sie den Wandel durchmachen, provoziert durch das, was Siegfried ihr entgegenbringt.
MAYER: Damit stehen wir sofort auch bei der Szene, die dieser vorausgegangen ist. Wotan und Siegfried – die Zerstörung des Speers und damit der Ordnung. Was ist in dieser Szene vorgegangen? Zunächst einmal, wenn man das zu Ende denkt, was Sie eben gesagt haben, ist das natürlich eine vollkommen ödipale Situation. Das ist heiliger Freud, das heißt, den Vater töten und sich mit der Mutter vereinigen. Daß Wagner diese Dinge gekannt hat, von Ödipus her, von Hamlet her und dank seiner immensen literarischen Bildung, ist ersichtlich. Die Verwandtschaftsbeziehungen im *Ring* sind immer das Gespött des 19. Jahrhunderts gewesen. Es hat einen Juristen gegeben, ich glaube um 1890, der ein schönes Buch geschrieben hat über alle strafbaren Handlungen im Sinne des Strafgesetzbuchs der bürgerlichen Gesetzgebung, die im *Nibelungenring* verübt werden. Aber die Frage ist natürlich, was ist da wirklich gewesen? Dankt Wotan freiwillig ab?
KUPFER: Wotan hat es vor. Und das ist eine der schönsten und menschlich zutiefst wahrsten Begebenheiten in diesem *Ring*. Wir erleben einen Verwalter der Macht, der sich zum Mißbraucher der Macht entwickelt, einen Diktator, der für kurze Zeit die Allmacht des Rings an seinem Finger trägt, der durch die Warnung der Erda begreift, daß er, der sich ewig wähnt, auch nur vergänglich ist. Deshalb steigt er zu ihr hinab, denn sie erklärt ihm, daß alles, was ist, endet. Also auch er. Das ist für ihn neu. Er ist auch der einzige der Götter, der das überhaupt begreift, das zeichnet seine Intelligenz aus. Und er will es begreifen.

MAYER: Loge weiß es zuerst.

KUPFER: Loge weiß es, Loge muß es sich aber nicht mehr erkämpfen, er weiß es ohnehin, und er steht auch außerhalb, er ist Element. Wotan muß nun erleben, daß durch sein schuldhaftes Verhalten sich eine Entwicklung vollzieht – er spricht später vom rollenden Rad, das nicht mehr aufzuhalten ist–, die er nicht mehr in der Hand hat, die er nicht aufhalten kann. Er erkennt, daß der betrügerische Versuch, mit Siegmund den Helden zu haben, der für ihn nicht nur die Kastanien aus dem Feuer holt, sondern der das schlimmste Unheil für Stern und Welt und Schöpfung aufhält, nicht funktioniert, daß das gleichsam sein Ende und das Ende des gesamten bisherigen Kosmos bedeutet. Und so ist er, glaube ich, ernsthaft bereit, dieser neuen Generation, diesem neuen Menschenpaar, damit ist ja auch seine Tochter Brünnhilde gemeint, die Welt zu überlassen, um vielleicht doch noch die große Katastrophe zu verhindern. Aber nun tritt ein Problem auf. Das An-das-Abdanken-Denken ist das eine, das Tun, das Durchleben ist das andere – und in diesen Konflikt kommt Wotan. Deshalb auch die erfundene Szene im zweiten Akt *Siegfried,* mit dem Hornkonzert, in der Wotan lange mit Siegfried im Wald spielt, dazu hat mich die Musik einfach provoziert. Woher kennt Siegfried dieses Motiv, »wer meines Speeres Spitze fürchtet«? Von Wotan natürlich, er nimmt es auf, daraus haben wir dieses Spiel gemacht des noch liebevollen Großvaters, der seinem Enkel, solange der noch nicht ganz flügge ist, mit Wohlwollen, mit Hoffnung auf die Zukunft zusieht. Aber dann, nachdem alles getan ist, ist der Zeitpunkt zur Abdankung da! Ich stelle mir immer vor, Thomas Mann begegnet seinem Enkel, der plötzlich ein Punker ist, mit einer Rasierklinge um den Hals und einer Sicherheitsnadel durch die Nase. Man muß sich das einmal vergegenwärtigen, der kommt einfach in die Wohnung und schiebt den Flügel zum Fenster raus und sagt: Was willst Du mit diesem Instrument, das ist unzeitgemäß, hier kommt ein Keyboard her. Ob der vorher dem Enkel gegenüber liebenswerte Thomas Mann noch genauso reagieren würde? Hier stoßen einfach unvereinbare Welten und Generationen aufeinander. Wotans Zeit ist abgelaufen, die ist vorbei, es ist etwas Neues entstanden. Auch die Gibichungenwelt, die wir erst im nächsten Stück erleben, entsteht mit *Siegfried* zusammen, die existiert schon, obwohl im *Siegfried* davon noch nicht die Rede ist. Es entsteht also eine von Wotan völlig unabhängige Weltsituation, und somit ist die Zerschlagung des Speeres, der alten Ordnung, die nicht mehr funktioniert, nur die letzte Konsequenz.

MAYER: Und da, in dieser Szene, findet sich nun eine der großen Wortformulierungen Richard Wagners, es ist wirklich eine erschütternde Situation. Der Junge, der sehr rüpelhaft ist, ein Punker, sagt, wie siehst denn du überhaupt aus und was für ein mieser Penner bist du doch eigentlich und hast auch nur ein Auge, da hast du dich wahrscheinlich mal gekloppt und – um bewußt weiter in dieser Terminologie zu sprechen – wenn du also jetzt nicht aus dem Weg gehst, wirst du das andere auch noch verlieren. Und dann dieser großartige, für den Jungen völlig unvorstellbare, unverstehbare Satz, »mit dem Auge, / das als andres mir fehlt, / erblickst Du selber das eine« – die Sonne, die Schöpfung, die Weltschöpfung, die dich dazu gebracht hat, überhaupt hier zu stehen. Und der Junge meint, ist doch Blödsinn, was soll denn das. Hier wird die Mythologie noch einmal hineingenommen und zu einem Ende geführt – in diesem Augenblick ist Wotan der Weltschöpfer, offenbar verstanden in einem jüdisch-christlichen Sinn. Er hat die Sonne geschaffen. In dem Augenblick haben wir ein Aufleuchten der *Schöpfung* von Joseph Haydn. Das stößt natürlich auf absolutes Unverständnis. Und damit sind wir schon mitten in den Problemen der *Götterdämmerung.* Hier tritt nämlich konzentriertes Wissen der Menschheitsgeschichte vor eine Generation, die das alles nicht nur nicht mehr hat, was nicht schlimm wäre, sondern auch gar nicht mehr haben will. Wir kommen damit zur Nornen-Szene: Wir haben die *Götterdämmerung* mit dem Vorspiel eines Vorspiels; auf die Nornen-Szene folgt die Szene Siegfried – Brünnhilde als Vorspiel, und erst dann führt Wagner die Tetralogie weiter. Und diese Nornen-Szene, das Vorspiel zum Vorspiel der *Götterdämmerung,* ist das eigentliche Vorspiel zum *Rheingold,* so hat es Wieland Wagner als erster aus dem

Werk herausgelesen: Aus dem, was die Nornen über den Hergang der Natur, des Speeres, der Gesittung erzählen, muß die Geschichte gesehen werden. Und von den Nornen erfahren wir, daß ihr wahrscheinlich recht habt, wenn Ihr zu Beginn eurer Inszenierung schon das Schlußbild einer Weltgeschichte zeigt: Da ist wieder einmal etwas passiert, und nun beginnt es noch einmal neu, auf der Straße der Geschichte, wie Ihr es genannt habt. Aber es reißt das Seil – und: »Zu End ewiges Wissen! / Der Welt melden / Weise nichts mehr.« Hier sind wir wieder bei der Zweideutigkeit des Wissens und der Frage, wer sind die Nornen?

KUPFER: Eine ganz schwierige Geschichte. Sie sind die Töchter der Erda, die nichts verändern und nichts bewirken können. Sie können nur konstatieren, was geschieht, können das Wissen sammeln, in ihr Geflecht hineinweben, sie haben aber nicht die Möglichkeit, mit ihrem Wissen irgend etwas zu verändern. Das hält Wotan Erda dann vor und meint, er muß sie nicht fragen, da sie nichts bewirken können. Wenn die Welt sich mit einer gewissen Kontinuität, sprich Normalität entwickelt, kann man mit Hilfe des Wissens der Nornen Weissagen treffen, solange bestimmte Gesetze, bestimmte Normen noch funktionieren, noch stimmen. Am Beginn der *Götterdämmerung* ist die Welt schon weit aus den Fugen geraten. Nichts mehr geht so wie ursprünglich vereinbart. Daß der Speer das Symbol für Recht und Gesetz ist und daß einer, der das Recht und Gesetz verwalten, bewachen, beobachten muß, es nicht mißbrauchen darf, all diese Dinge stimmen nicht mehr – mir kommt es immer so vor, als hätte ein Zeitalter sich selber überlebt und ginge seinem Ende entgegen, auf die nackte Katastrophe zu. Jetzt können die Nornen, obwohl sie schon ein Anachronismus sind, für kurze Zeit noch Teile zusammenlegen, an bestimmte Dinge erinnern. Aber es ist interessant, daß es in der Erzählung der Nornen keine richtige Kontinuität gibt, es geht sprunghaft vonstatten, und sie kommen an einen Punkt, wo das Seil reißt. Also das Bild des absoluten Anachronismus. Man stelle sich vor – ich meine das jetzt nicht vom Kostüm her, sondern von der Geisteshaltung –, drei Beduinenfrauen auf einem Dach eines Wolkenkratzers in Manhattan zwischen den Fernsehantennen. Sie wollen sich verständigen und verstehen sich nicht mehr. Das war für uns das Bild: der absolute Anachronismus einer nicht mehr möglichen Konservierung von Wissen aus Erfahrung zum Zwecke der Vorhersage oder Beratung des Zukünftigen. Das funktioniert hier nicht mehr.

MAYER: Es ist sehr interessant, daß Sie das Wort Anachronismus gebrauchen. Man kann es auch noch anders formulieren und kommt auf ein weiteres Element. Es ist nicht nur anachronistisch, es ist auch restaurativ.

KUPFER: Auch das.

MAYER: Es ist auch restaurativ, denn die Nornen konservieren natürlich nicht nur Informationen, die sie miteinander austauschen. Sie erzählen sich auch Geschichten, die sie ohnehin wissen. »Weißt Du, was aus ihm ward?« – Sie wissen es natürlich ohnehin, sie vertreiben sich die Zeit damit, daß sie die Geschichten nochmal erzählen, so ungefähr in dem Sinn: Weißt du noch, wie das damals gewesen ist? Damit haben sie eine Gesellschaft zur Grundlage genommen, in der sich nichts verändert, die restaurativ ist, in der ein Status quo ante, ein sich Nichtverändern, gegeben ist. Dann allerdings gibt es diesen wirklich genialen Ausbruch, in dem Wagner die restaurative Situation mit einer einfachen sprachlichen Veränderung deutlich macht: Aus dem »weißt Du, was aus ihm ward?«, wird »weißt Du, was aus ihm wird?« Aus dem Imperfekt geht es jetzt in das Futurum, und da ist das Seil schon gerissen, denn das wissen sie nicht.

KUPFER: Das wissen sie nicht, nein.

MAYER: Und indem sie die Frage stellen, haben sie ihre Funktion als Nornen aufgegeben und sind wirklich arbeitslos, funktionslos geworden. »Der Welt melden Weise nichts mehr –«, denn die Weisen haben ja nur die Bibliotheken, sie haben alles aufgehoben, aufbewahrt. Die Nornen sind – ich improvisiere das jetzt, weil es mir gerade durch den Kopf geht – auch wieder einmal Mime. Es ist genau die gleiche Situation: Es ist der Historismus, der alles weiß und nichts verändern kann. Oder nur noch wissen will und nicht mehr verändern möchte. Der Welt können Weise wie die Nornen nichts mehr sagen, weil offenbar eine Situation entstanden ist, in der Wissen nichts mehr bewirkt und nicht mehr gefragt ist. Ich glaube, wir brauchen den Abschied Siegfried – Brünnhilde nicht mehr weiter zu interpretieren, das ist bereits durch die Schlußszene des *Siegfried* geschehen. Wir sind nun bei den Gibichungen, aber ich habe noch vorher eine Frage, die mir nie klargeworden ist, der weise Kupfer wird sie mir sicher beantworten: Warum mußte Siegfried denn überhaupt »zu neuen Taten teurer Helden« ausgehen?

KUPFER: Das hängt damit zusammen, was Wotan und Brünnhilde einmal geplant haben, das hat man bloß vergessen. Inzwischen ist schon der bitter-heitere Siegfried über uns hereingebrochen, und wir haben die *Walküre*, mit ihrem Schluß, nur noch als Legende in Erinnerung, als schönen Abschiedsgesang. Brünnhilde hat doch im Grunde genommen fast eine Generation übersprungen, sie erwacht in dem Moment, wo wir schon sehr viel erlebt haben, mit dem jungen Siegfried ...

MAYER: ... der ja ihr Neffe ist ...

KUPFER: ... natürlich, die Verwandtschaftsbeziehungen sind sehr kompliziert und sehr merkwürdig, der alte Freud hätte sein helles Vergnügen daran gehabt. Als Brünnhilde erwacht, erinnert sie sich daran, daß sie zu einem bestimmten Zweck auf den Felsen in das Feuer gelegt worden ist. Jetzt muß Siegfried handeln, das ist auch das Problem im ersten Duett am Schluß des *Siegfried* – wir sprachen vorhin schon darüber –, sie will etwas von Siegfried, er will nur die Frau. Jetzt ist – da muß man nicht rechnen, ob das nun Tage, Wochen oder Monate waren, die sie zusammen in ihrem Felsensaal gelebt haben, das ist unwichtig – der Punkt gekommen, wo Brünnhilde die Aufgabe der Walküre noch im Nacken spürt, hier etwas ausrichten zu müssen, auf der anderen Seite ist sie liebende, an diesen Mann gebundene Frau. Sie muß sich überwinden, sie muß ihn wegschicken. Das Entsetzliche an der ganzen Geschichte ist, daß sie nicht versteht, daß Siegfried, der die Tat nicht begreift, die von ihm verlangt wird, gar nicht auf die Idee kommt, daß dadurch etwas Gemeinsames zwischen ihnen geschaffen werden könnte. Nicht das Menschenpaar der Zukunft findet sich hier, sondern Brünnhilde ist dazu verdammt, als Hausfrau in ihrem Felsensaal zurückzubleiben und zu warten, bis der Herr Gemahl irgendwann mal wieder auf dem Rhein vorbeischwimmt, um sie zu besuchen. Ich finde, das ist aus der Komposition abzulesen. Es ist rührend komponiert, wie sie sich immer wieder zu hymnischen Ausbrüchen zwingt, um ihm einzureden, was er jetzt zu tun hat, um sich selbst zu überwinden, nicht schwach zu werden. Und tragisch endet diese Szene mit dieser Verabschiedung, mit den Heilrufen. Wir haben es immer das Heilgeschrei genannt: Wo zwei Menschen sich stumm die Hand geben oder in die Arme sinken, ist hier ekstatisch provoziertes Heilgeschrei. Er stürmt in die Welt und sie bricht in den ersten Takten des Zwischenspiels musikalisch zusammen, weil sich das Geplante an Utopie nicht einlöst.

MAYER: Und vergessen wir nicht, in der Musik ist der Alberich-Fluch auch vorhanden. Wie ist das überhaupt zu erklären? Brünnhilde weiß doch um den Fluch, und trotzdem trägt sie den Ring des Nibelungen.

KUPFER: Es gibt doch unentwegt in der *Götterdämmerung* so etwas wie Auslöschungen ganzer Komplexe in der menschlichen Erinnerung, komplizierte Verdrängungs- und Auslöschungsmomente. In dem Moment, wo die Walküre von Siegfried den Ring bekommt, zur Menschenfrau wird, also ihr Göttliches verliert, verliert sie auch, wie sie sagt, ihr ewiges Wissen. Sie verliert diese Dinge alle.

MAYER: Das ist eine sehr überzeugende Formulierung!

KUPFER: Können wir bei dieser Frage des Wissens bleiben? Dieses unglaubliche Geflecht von Wissen und Nichtwissen hat mich immer beschäftigt. Durch den Trank wird für Siegfried die Geschichte mit Brünnhilde zu einer Episode degradiert, er vergißt sie. Alles andere behält er. Er behält zum Beispiel, wie er zum Ring gekommen ist, das erzählt er noch, bevor der Gegentrank gereicht wird. Aber dann geschieht etwas Merkwürdiges, dann gibt es noch einmal eine Differenzierung. Er entreißt der Brünnhilde in der Maske des falschen Gunther den Ring, und auch das hat er, wenn er in die Gibichungenwelt zurückkommt, schon wieder vergessen. Das führt dann zu dieser Explosion im zweiten Akt, weil er im Moment, wo er Brünnhilde in der

Maske des Gunther bezwungen hat, nicht weiß, daß er ihr den Ring weggenommen hat. In der ganzen *Götterdämmerung* bildet diese Frage, was man vergißt und was man unter bestimmten Konstellationen nicht mehr weiß, ein ganz eigenartiges Motivationsgeflecht.

MAYER: Ja, und das ist natürlich sehr interessant, darüber habe ich auch einmal mit Boulez gesprochen. Hier ist die Musik dazu immer mit dem Schlafmotiv und dem Tarnhelmmotiv verbunden.

KUPFER: Das ist ja eines: schlafen und tarnen.

MAYER: Das ist das einheitliche Motiv des Vergessens. Wir würden vielleicht sagen: der Entfremdung. Der *Ring des Nibelungen* ist ein grandioses Kunstwerk der beginnenden Selbstentfremdung des Menschen in der bürgerlichen Gesellschaft und damit überhaupt in der neueren Gesellschaft und der neueren Geschichte. Und so wird nun auch die Gibichungenwelt gesehen. Vielleicht können wir das Problem des Vergessens noch einmal genauer betrachten. Warum kommt Siegfried zu den Gibichungen, und warum gefällt es ihm dort so gut?

KUPFER: Vielleicht ist es ein ganz dummes Bild, aber mir hat es in der Arbeit sehr geholfen. Ich habe mir immer vorgestellt: Ein Eskimo wird mit seiner Eisscholle abgetrieben, er hat vorher mit seiner Brünnhildensquaw oben auf einer Eisscholle gelebt, das war seine Welt. Nun landet er vor Manhattan, und die Monroe tritt ihm entgegen. Was braucht der noch für einen Vergessenstrank? Man muß ihm einen Whisky geben, und die Sache ist gelaufen. Man muß einfach, glaube ich, diesen Phantasiesprung mitmachen: Da ist ein Mann, wen kennt er? Er kennt Geschöpfe der Natur, den Bären, er kennt Mime, er kennt seinen Großvater, von dem er nicht weiß, daß er es ist, und erkennt Brünnhilde – mehr nicht. Das sind die Erfahrungen, die er gemacht hat, und er hat …

MAYER: … jetzt eine Rheinreise gemacht …

KUPFER: … und steht vor etwas ihm vollkommen Neuen. Denn immerhin ist die Gibichungenwelt die höchst entwickelte Kulturstufe, die wir in dem ganzen Kosmos des *Ring* erleben. Also, was ich vorhin mit Manhattan bezeichnet habe, ist die Gibi-

chungenhalle, die am weitesten entwickelte Kultur, die raffinierteste, und dort erlebt er zum ersten Mal Gesellschaft, durch Erfahrung geschulte gesellschaftliche Struktur. Er erlebt das Andersartige der Frau, er erlebt ja erst die zweite Frau in seinem Leben, und sie ist so anders als die andere, daß dieser Mann im nächsten Moment verloren ist. So funktioniert für mich der Trank, er ist so etwas wie ein dramaturgisches Mittel. Er ist aber etwas völlig anderes als der Trank im *Tristan.* Der Tristan-Trank ist ganz anders zu motivieren. Der ist ja ein Irrtum.
MAYER: Das ist ein psychologisches Problem, kein existentielles.
KUPFER: Hier ist es aber ein existentielles und ein dramaturgisch raffiniertes. Zwei Dinge werden dadurch erreicht: Zum einen einfach Zeit zu raffen, so daß die Ereignisse nicht noch einmal in einer Trilogie abgehandelt werden müssen, sondern in Sekundenschnelle passieren können; zum anderen ist dieser Trank dem Richard Wagner sehr willkommen gewesen, weil er gemerkt hat, wohin er sich selbst hineingeritten hat mit der Erfindung dieser Siegfried-Figur. Er dient ihm auf eine gewisse Weise als Entschuldigung für Siegfried. Es ist ein bißchen ein Mittel, Siegfried an bestimmten Stellen für Handlungen, die jetzt passieren, zu entschuldigen, weil man immer sagen kann: er hat ja den Trank. Das Wunderbare in dieser Dramaturgie ist, daß Siegfried in dem Moment, wo er den Gegentrank bekommt, von dieser Entschuldigungsmöglichkeit, die ihm damit gegeben ist, keinen Gebrauch macht.
MAYER: In früheren Inszenierungen wird doch die Gibichungenwelt, gerade auch durch die Gestalt des Hagen, der mit Alberich verbunden war, als eine Welt dargestellt, die zum bisher im Ablauf der Handlung Erlebten dazugehört. Wir dagegen heben den Gegensatz der Gibichungenwelt zu allem, was wir in den drei Abenden davor erlebt haben, sehr deutlich heraus, und während Sie eben sprachen, dachte ich mir, im Grunde ist die Brünnhilde in der *Götterdämmerung* eine Art Medea.
KUPFER: Ja!
MAYER: Sie ist eine Medea aus Kolchis, die plötzlich nach Korinth, in eine höchstentwickelte Zivilisation gekommen ist, und in dem Augenblick, wo mir das auffiel, erinnerte ich mich an

den wunderbaren Film von Pier Paolo Pasolini, die Medea mit der Callas. Da wird Kolchis als eine Welt der Menschenopfer gezeigt, und Medea kommt nun in die raffinierteste Hochkultur von Korinth und ist natürlich nicht nur ebenso vollkommen heimatlos und überwältigt wie etwa der Eskimo Siegfried in Manhattan, wenn er die Monroe trifft, sondern auch ihre Reaktionen müssen archaisch sein. Die zivilisierte Gesellschaft kann das gar nicht begreifen. Ganz geht diese Konzeption der völlig neuen, anachronistischen Spätgesellschaft nicht auf, und zwar aus zwei Gründen. Einmal, weil Wagner hier nun mal das Nibelungenlied genommen hat, mit dem Gunther, der dann von der Brünnhilde an den Bettpfosten gehängt wird, zum anderen durch die Verbindung von Alberich mit Hagen. Hier ist etwas großartig zu einer Einheit gezwungen, was doch eben die Frage der Gesamtkonzeption und -komposition sehr stört. Da rächt sich natürlich die Konzeption vom Märchen von einem, der auszog, das Fürchten zu lernen. Er kommt jetzt in die Hochzivilisation, die für ihn fremd ist, aber in dieser Hochzivilisation regieren am Rhein, in der Nähe von Worms, die Gibichungen, noch nicht die christliche Welt der Burgunder. Wagner muß also das Nibelungenlied in die Edda zurücktransponieren und diese Welt gleichzeitig mit dem Fluch des Alberich und mit der Gestalt des Hagen verbinden. Wie sehen Sie das nun?
KUPFER: Genauso. Und die Zwänge, die man in keinem anderen Teil der Tetralogie merkt, merkt man in der *Götterdämmerung* besonders. Auch daß hier manchmal das Konstruierte überwiegt, wie eben so ein dramaturgisches Vehikel wie der Trank. Das ist aber trotz alledem, glaube ich, ein hocherlaubtes und geniales Mittel, um eine solche Geschichte unter Verbindung aller dieser Linien, die Sie gerade genannt haben, an ihren Endpunkt zu führen, zu dieser Endkatastrophe. Das resultiert daraus, daß die *Götterdämmerung* am meisten zur großen Oper tendiert. Das findet man weder bei *Siegfried* noch bei *Walküre* oder *Rheingold,* aber bei der *Götterdämmerung* in ihren Zuspitzungen, in ihren Konstruktionen, auch in ihrer merkwürdigen Gewichteverteilung der Ungleichheit der Akte. Wenn man zum Beispiel den Überakt Vorspiel und ersten Akt im Vergleich zu den bei-

den anderen Akten sieht, hat man den Eindruck, das Material mußte im letzten Stück gezwungen werden, um zu jener großen Schlußaussage zu kommen. So wie der Schluß aber in der letzten Fassung gelungen ist, würde ich sagen, das rechtfertigt alles.

MAYER: Auf der anderen Seite hat das den großen Vorteil, daß der zweite Akt der *Götterdämmerung* von einer dramaturgischen, opernhaften Wucht ist wie nur noch der erste Akt der *Walküre.* Hier gibt es wirklich klassische Oper mit Terzetten und allem, was dazu gehört. Das ist sehr gearbeitet, übrigens eine der musikalisch reichsten Phasen Wagners. Aber nun müssen wir doch mit dieser unendlichen Geschichte, auch unseres eigenen Gespräches, über eine unendliche Geschichte – und das ist die Geschichte Wagners und des *Nibelungenrings* und unserer Welt überhaupt, denn darum geht's ja – zu einer weiteren Perspektive kommen: zu Siegfried und den Rheintöchtern und eben zum Schluß. Das andere, Siegfrieds Tod, das ist klar, darüber ist auch schon weitgehend gesprochen worden. Was ist das mit den Rheintöchtern und Siegfried?

KUPFER: Auch so eine ähnlich merkwürdige Geschichte. Das, was Sie vorhin zu der Nornen-Szene gesagt haben, kommt mir sofort wieder in den Sinn, wenn ich an diese Rheintöchter-Szene denke. Sie hat eine ähnliche Fatalität wie diese Nornen-Szene. Es wird fast spielerisch umgegangen mit einer Prophezeiung, mit dem Objekt, um das es also nun schon vier Abende geht: mit dem Ring. Man hat plötzlich fast den Eindruck, bisher haben sich ganze Generationen abgeschlachtet, umgebracht, um in den Besitz des Rings zu kommen, und hier spielt man mit dem Gedanken, ihn einfach ins Wasser zu werfen. Und da, als Siegfried bereit ist, das zu tun, wollen sie es wieder nicht. Mich erinnert diese Szene an etwas, das man manchmal erlebt, wenn man vor Katastrophen gewarnt hat, wenn man sie beschrieben hat, wenn man ihre Folgen ausgemalt hat. So wie es vor dem Zweiten Weltkrieg war, als plötzlich ein Punkt eintritt, wo man den Eindruck hat, daß das Uhrpendel nur noch sinnlos pendelt, und keiner hat mehr die Kraft oder den Mut, irgendwie einzugreifen – alles steuert absolut der Katastrophe entgegen. So kommt mir diese Szene der Rheintöchter immer vor.

MAYER: Ist es nicht noch etwas anderes? Vielleicht ist es sogar eine sehr schöne Geschichte, die Sie eben angedeutet haben. »Denn unfühlend ist die Natur«, ich habe Hölderlin schon einmal zitiert im Zusammenhang mit Loge, mit dem Feuer. Hier haben wir das unfühlende Element des Wassers. Die Rheintöchter sind doch an dieser Stelle von Wagner wohl als Elementarwesen gesehen. Elementargeister, übrigens interessanterweise eine Formulierung und ein Text, den Wagner sehr genau kannte und der von Heinrich Heine stammte. All diese Undinen und auch Melusinen kommen mit hinein in die Gestalt der Rheintöchter. Wagner hat sie alle gekannt, diese Elementargeister, die den Ring wiederhaben wollen für das normale Funktionieren des Rheins, des Wassers. Aber sie haben keine menschlichen Empfindungen. Eine menschliche Katastrophe hat damit nichts zu tun. Die Natur ist unfühlend! Ich glaube, wir sollten Loge und die Rheintöchter als Elementarwesen sehen, die sich an der Katastrophe nicht beteiligen, aber sie auch nicht verhindern.
KUPFER: Man müßte sogar Erda noch dazunehmen, dann hätte man diese ganze ...
MAYER: ... und die Nornen.
KUPFER: Dann hat man diese Gruppierungen, die außerhalb stehen und die deshalb Möglichkeiten zur Warnung, zur Provokation haben, die aber letztendlich doch der Katastrophe gleichgültig gegenüberstehen.
MAYER: Und nun der Schluß: Wunderbare Musik. Da haben wir das Motiv, das man dann Erlösungsmotiv genannt hat, Gott weiß warum, da es ja zuerst bei Sieglinde kommt, an dem Höhepunkt der Verkündigung, ihres Jubels, daß sie doch noch ein Wesen ist, das mit einer Aufgabe weiterzuleben hat und das nun die Schlußmusik bildet. Wieland Wagner zeigte eine leere Bühne und ließ uns zuhören. Aber die Musik sagt uns nicht, wie es weitergeht. Chéreau hat an den Schluß eine fragende Welt gestellt, eine angstvoll fragende Welt, die ins Orchester schaute und uns anschaute. Wie endet bei Harry Kupfer und Daniel Barenboim die *Götterdämmerung*?
KUPFER: Die Handlung wird so zu Ende erzählt, daß Hagen ins Wasser gezogen wird, Alberich sichtbar wird und die Rhein-

töchter den Ring zurückbekommen, die Welt brennt, die Gibichungenhalle oder die Gibichungenwelt stürzt ein, und dieser Einsturz erweitert sich total zu Einsturzbildern unserer Zeit, die wir noch gut in Erinnerung haben. Das Zusammenbrechen der Photographien an den Seiten und dann ein Feuer, in das die bisherigen Gibichungenverkörperer, die Menschen, hineingesaugt werden. Es brennt! Und eine andere Welt, die eigentlich sehr unsere ist, in unseren Kostümen und Trachten, mit unserer heutigen Art und Weise, sich zu bewegen: eine Gesellschaft von Bier trinkenden Bürgern bis zur Partygesellschaft hochgestochenster Art steht vor den Fernsehern und genießt die Katastrophe jetzt aus zweiter Hand. Ein Bild, wie man den *Götterdämmerung*-Schluß, die Warnung, die in ihm steckt, das Menetekel, bisher eigentlich selten oder nie verstanden hat. Das Bild ist so gemeint, daß man den Katastrophen zusieht, sie sogar als Genußmittel betrachtet, so wie der Schluß der *Götterdämmerung* vom Publikum betrachtet wird. Je mehr es auf der Bühne brennt, je schöner das Bild aussieht, je rauschhafter die Musik ist, um so größer der Genuß. Für mich war das allerwichtigste, bei aller Gefährdung durch die immer anwesende Alberich-Figur – die übrigens auch am Anfang im *Rheingold* schon daliegt, in diesem stummen, ersten Bild –, daß zwei Kinder, eingezwängt in die Uniformität der Kostümierung der bürgerlichen Gesellschaft, sich mit einer Taschenlampe den Weg suchen, wohin wissen sie nicht, aber sie gehen. Damit ist nicht gesagt, ob sie nun in eine rosige, in eine optimistische Zukunft gehen. Sie gehen aber, sie suchen, so wie die Musik Wagners am Schluß nicht sagt: so ist es, so muß es sein. Ich finde es wunderbar, daß er die Schlüsse, die er verbal geschrieben hat, nicht komponiert hat, sondern der eigentliche Schluß ist die Musik und der Gedanke: Ihr könnt, wenn Ihr wollt – der Gedanke der Liebe im totalsten Sinne. Wenn man ihn versteht, könnte der Stern bewohnbar werden, aber wie – das bleibt offen. Und über dem ganzen geht ein Vorhang, der die Form der Guillotine hat, herunter. Ein offener Schluß, wie er auch bei Wagner kompositorisch offen ist, aber eben mit diesem Prinzip Hoffnung.

Aus Wagners Welt. Dialektische Bilder

Nachwort von Wolfgang Hofer

Zuvor

> Beziehung ist alles. Und willst du sie näher beim Namen nennen, so ist ihr Name Zweideutigkeit. Musik ist die Zweideutigkeit als System.
>
> Thomas Mann: *Doktor Faustus*

Kunst ist wahrhaft potenziertes Dasein. Deshalb sollte der wahre Leser und Interpret bekanntlich auch der erweiterte Autor sein. Doch zwischen Produktion, Reproduktion und Rezeption des Ästhetischen klaffen Abgründe. Im Fall Wagner insbesondere deshalb, weil in seinem – ohnedies nicht ganz einfach überschaubaren – Œuvre die musikalischen Hochglanzfassaden oft nur notdürftig verdecken, was darunter an Abgründen und Hohlräumen, Historien und Hieroglyphen von Mythos und Märchen, Archaik und Vorwelt rumort. Weshalb die Risse und Sprünge, die Brüchigkeiten und Widersprüche, die das Werk und einige Klangbilder durchfurchen, gerade das Spannende und aufregend Interessante sind. Wie etwa ist es zu verstehen, daß die *Nibelungen*-Tetralogie, insgesamt doch als musikalisch-dramatischer Versuch einer Rettung der Welt angelegt, mit unerbittlicher Logik des Zerfalls in ein Szenario der letzten Tage der Menschheit mündet? Sollte der Weltherrschaft verheißende Ring nur aufgrund Alberichs unheimlich-schauerlichem Bühnenfluch seinen jeweiligen Besitzer in ein eigentlich wehr- und machtloses Wesen verwandeln? Oder herrscht insgeheim noch ein ganz anderer verhängnisvoller Bann über Göttern, Helden, Natur und den Menschen, den keine Musik zu lösen vermag? – Das sind nur einige Beispiele. Da gäbe es noch ganz andere kardinale Widersprüche aufzulisten anhand Wagners ersichtlich gewordenen Taten der Musik. Auf welch verwackelten Grundrissen aber hat Wagner seine musikalischen Architekturen mit Ausblicken ins Unendliche in der Tat installiert?

Da herrscht keine geringe Konfusion. Nietzsche hatte dafür ein untrügliches Gespür: ihm waren die Musikdramen seines Antipoden insgesamt Opern der Erlösung, und höchst trefflich hat er Wagner konzediert, er sei erst als Orpheus alles heimlichen Elends zu wirklicher Größe gelangt. Allein, es gibt in Wagners Musiktheater keine Orpheus-Figur (obwohl, wie bemerkt wurde, der Volker des *Nibelungen*-Epos dafür geradezu prädestiniert gewesen wäre), und Wagner hat über dem fortwährenden Schmieden an den alten Mythen fast vergessen, daß Musik immer auch ein Medium des Widerrufs war als Versuch, mit ästhetischen Mitteln deren universale Schuld- und Schicksalszusammenhänge aufzusprengen.

Gleichviel – das ist ein weites, allzuweites Feld. Und es verwundert kaum, daß in Sachen Wagner zwischen musiktheatralischer Aufführungspraxis und ästhetisch-politischer Theorie stets wieder alte und neue Unübersichtlichkeiten herrschen. Also ist kritisch sondierende Landvermessung umfassend aufdeckender Art nötig. Im Fall Wagner heißt dies, sich stets erneut den melismatischen Rätselfragen und -figuren seiner Werke zu stellen, um an die Grenze jenes Fruchtlands zu gelangen, wo die Idee der Aufhebung von Kunst in Erkenntnis umschlägt – als Perspektive. Diesem Projekt, und in dieser Perspektive, hat sich Hans Mayer mit einer Intensität und Konsequenz ohnegleichen gewidmet.

Obwohl alles ganz anders begonnen hat. Mit dem existentiellen Erlebnis eines jungen Mannes nämlich, der sich anläßlich einer Aufführung von *Tristan und Isolde* mit unbewußt einschlagender Plötzlichkeit in den schrecklich-schönen Sog dieses tönenden Schweigens versetzt sah und der Magie solch musikalischen Theaters erst viel später bewußt-reflektierend zu begegnen vermochte: durch aufklärende Auseinandersetzung, bewußte Ästhetisierung. Tristan und die Einsamkeit der Helden – im Alter von sechzehn Jahren in der Städtischen Oper Berlin und unter der Leitung von Bruno Walter erstmals durchlebt. Dieser kurze Weg zu Wagner sollte, mit allem Für und Wider weiterverfolgt werden im Prozeß lang anhaltender Erkenntnisarbeit. An Loskommen war nicht zu denken. Später dann und abermals in Berlin – Hans Mayer ist nunmehr Student der Jurispru-

denz und mehr mit dem *Lohengrin*-Auszug als den Problemen der Rechtsprechung beschäftigt – findet nach einer *Wozzeck*-Aufführung unter Erich Kleiber eine andere Begegnung statt, und zwar mit Alban Berg, einem Exponenten der damals fortgeschrittensten musikalischen Moderne. Der Paradigmenwechsel des ästhetischen Zeitgeists zeigte damals gerade Postexpressionismus als aktuelle Strömung an, und damit verbunden leidenschaftliches Antiwagnerianertum, dem Mayer im Gespräch mit Berg wohl gehörigen Ausdruck verlieh. Mild und freundlich winkte der Komponist der Wiener Schule demgegenüber ab: »Ja, so können Sie reden, Sie sind ja nicht Musiker.«
Der Komponist spricht: Eine Korrektur. Alban Berg, der musikdramatische Meister des kleinsten Übergangs, wollte an der grassierenden Opposition gegen Wagner nicht teilhaben, wissend um die unzähligen Schwierigkeiten beim Schreiben der Wahrheit als unablässiger Suche nach dem richtigen Ton.
Hans Mayer teilt diese Erfahrung übrigens mit Elias Canetti, der in seinen Erinnerungen ein ähnliches Erlebnis mit Alban Berg aufgezeichnet hat. Er habe sich, so Canetti im *Augenspiel*, im Verlauf eines Gesprächs mit Berg mitunter einige vorlaute Bemerkungen über Wagner herausgenommen, die dieser »bestimmt, aber ohne Schärfe verwies. Was er vom *Tristan* hielt, schien unverrückbar. ›Sie sind kein Musiker‹, sagte er, ›sonst könnten Sie nicht so reden‹.« Merkwürdige Koinzidenz. – Canetti war es übrigens auch, der einmal eine ebenso kurze wie instruktive Physiognomik des Dirigenten gegeben hat als einen mit schlagenden Gesten über die Massen verfügenden Exponenten der Macht. Für die Menge im Saal sei er ein Führer, für das Orchester stelle er allwissend das ganze Werk vor, »und da während der Aufführung die Welt aus nichts anderem bestehen soll als aus dem Werk, ist er genau so lange Herrscher der Welt.«
Der Dirigent als Herrscher der Welt. Vielleicht spielt diese Vorstellung unbewußt in den unbedingten Willen des jungen Wagner mit hinein, indem er seinen Wunschtraum vom Leben mit der Vorstellung scheinbarer Bescheidenheit drapiert: nicht Kaiser, nicht König nämlich wollte er werden, sondern »einmal so

dastehen wie ein Dirigent«. Understatement eines hochbegabt Pubertierenden, Kinderspiel zwischen Traumberuf und Berufung? Wie auch immer. Es sollte ein langer Weg in der Entwicklung werden: vom jungen Kapellmeister, der sich komponierend durch die musikalischen Provinzen schlägt, bis zum anrührenden Augenblick, als Wagner anläßlich der letzten Aufführung des Bühnenweihfestspiels zu Bayreuth 1882 Hermann Levi zum Schlußakt den Stab aus der Hand nimmt, um inwendig zu dirigieren.

Weshalb noch eine Anekdote unwahrscheinlicher Wahrhaftigkeit für die Konstellation Mayer / Wagner hier kurz erinnert sei. Als Fritz J. Raddatz nämlich Hans Mayer anläßlich eines runden Geburtstags in höherem Alter befragte, ob in seinem erfüllten Dasein auch Defizite zu erinnern wären, war die Antwort sogleich zur Hand. Der Traum vom verlorenen Leben, der Traum vom Dirigent. Worin sich folgendes ereignet: Man ist ja nicht gerade bescheiden, stellt sich also am Pult der Wiener Philharmoniker vor, geht in den Graben der Wiener Staatsoper, hebt den Dirigierstab – und fällt ins Nichts. Das Pult ist leer, die Partitur verschollen, das Stück vergessen. Ergo auch nichts auswendig zu dirigieren. – Der dunkle Traumfall ins Nichts des ungelebten Augenblicks hat es wahrhaft in sich. Denn es wäre gut vorstellbar, daß Mayer sich da traumgemäß Wagners »glücklichen Tod« imaginierte, des alten Meisters allerletzten Plan eines musikdramatischen Werks, den er dann, nach seiner angeblich letzten Karte, nicht mehr zu realisieren vermochte.

Nachdenkend über Richard Wagner, sah sich im Jahr 1934 anläßlich einer Aufführung des *Rienzi* ein Musikkritiker mit der verblüffenden Frage konfrontiert, wie es denn möglich sei, daß ein Genie als Routinier begonnen hat. Dies Paradoxon rührt zunächst keineswegs an das finstere Faktum, daß die Ouvertüre des Werks späterhin wie *Die Meistersinger* zur funesten Begleitmusik der Reichsparteitage zu Nürnberg degenerieren mußte; die Bemerkung des jungen Wiesengrund-Adorno hält mit der Bodenlosigkeit ihres Erstaunens etwas fest, was der Philosophie seit Platon höchst vertraut ist: daß das Staunen nämlich ein essentielles Moment für die Erkenntnis der Sache selbst darstellt. Dabei gilt es freilich, nicht schon bei der ersten besten Antwort innezuhalten, um darüber das Beste zu vergessen. Es geht vielmehr darum, den Prozeß der ästhetisch-politischen Spiegelungen, Brechungen und Verwandlungen forschend aufzudecken, den Richard Wagner mit der Bahn seiner Werke von den *Feen* bis zum *Parsifal* beschrieben hat. Die Widersprüche, Risse und Brüchigkeiten darin sind das eigentliche Ferment ihres Fortschritts, dessen Idee mit der Devise Hegels korrespondiert, wonach Kunst weder angenehmes noch nützliches Spielwerk sei, sondern konkrete »Entfaltung von Wahrheit«. Diesem Anspruch hat sich Wagner – mit all jenen so unangenehm-unnütz-verfluchten Spielwerken und Requisiten wie Speer, Schwert, Ring, Tarnhelm samt seltsamen Elixieren mit und ohne Gral – verschrieben, und nichts weniger sollte die abstrakte Konzeption seines Gesamtkunstwerks bedeuten als eben eine produktive Entfaltung von Wahrheit: im Sinne einer Moderne nicht bloß in zeitlicher Folge und Entwicklung mit diversen Prä- und Postludien, sondern im Zeichen von Qualität, die haltbar ist, aktuell und akut bleibt, über die eigenen Lebzeiten hinaus. Was ist denn wirklicher Nachruhm anderes als das immer wieder kritisch-sprengend sich freisetzende Potential im Nachleben der Werke?

Die Analyse solcher Potentialitäten – als Aufhebung von Kunst im Interesse von Erkenntnis und Kritik – ist das Programm, dem sich Hans Mayer in seinem Projekt einer konsequenten und kontinuierlichen Auseinandersetzung mit dem Fall Wagner widmet. Wie Wagner über Genese und Entwicklung seiner Werke zu Wagner wurde, ist demnach eine der wesentlichleitenden Fragen, denen Mayer nachgeht: und angesichts der Fülle von Beziehungszauber-Irrgärten, die da im ästhetischen Fruchtland aufgespürt werden, kommt man wie der Baron Lerchenau zuweilen »aus dem Staunen nicht heraus«. Das hat aber immer und unmittelbar mit der Substanz von Werk und Leben Richard Wagners zu tun – und manchem Moment von Hybris darin –, die jedenfalls in jenem Augenblick steckt, als der junge

Wagner beschloß, Richard Wagner zu werden: das grenzt an einen Akt von Hochstapelei jenseits der Fälle Keith und Krull. Wie Wagner zu Wagner wurde, ist in einem Satz aus dem Schweizer Exil aufgehoben, als er 1851 dekretierte: Ich schreibe keine Opern mehr. Alle Unordnung und frühes Leid wird in dieser entscheidenden Zäsur zur Folie der künftig sich anbahnenden Ausformung der Werke, worin die Auffächerung der Idee von »Musik und Drama« als Zukunftsmusik betrieben wird.

Spätestens seit seiner Wesendonck-Zeit wäre denn auch eine Geschichte der ästhetischen Praxis von Richard Wagner zu schreiben unter dem Signum eines Versuchs über den Erfolg. Doch Hans Mayers Nachdenken über Richard Wagner ist kein Erforschen der Biographie als Spiel um Ruhm und Nachruhm, vielmehr reflektierter Nachvollzug von Lebens- und Schaffensgeschichte, worin kritisch differenziert wird zwischen allen Abgründen von höherer und tieferer Bedeutung. Mayers gesamte Aufzeichnungen über Wagner gehen von der Prämisse aus, daß Genese und Entwicklung seines Œuvres nicht Spielwerk waren, gleichsam Noten zur Biographie, vielmehr habe der Komponist sein gesamtes Leben zum kreativen Medium der Produktion seiner Werke umfunktioniert – die umfassende Realisierung der Kunstpläne wird zum alles bestimmenden Rahmen im Dasein von Richard Wagner.

Wie nun dergestalt zu lesen sei, daß über Kommentar und Kritik der Werke der Interpret zum erweiterten Autor wird, läßt sich an Mayers Anmerkungen zu Wagner erhellend und einleuchtend nachvollziehen. Immer wieder wird da fern Entlegenes und Unbekanntes zutage gefördert, als notwendige Voraussetzung dafür, die Quellgründe der Werke verbindlich zu erschließen, um dann die jeweilige Ausformung und Entfaltung der Werke, ihren ästhetisch-politischen Gehalt als klingenderscheinende Phänomenologie zwischen Geist und Geschichte, zu befragen nach der wahren oder falschen Logik ihres Produziertseins. Dies geschieht stets im Lichte unserer Erfahrung. Will sagen: in Mayers gesellschaftsgeschichtlich-kritischer Auseinandersetzung mit Wagner re-flektiert sich stets auch das Bewußtsein über die Traditionen und Tendenzen der Kunst und der Künste unseres 20. Jahrhunderts. Dies ist das eine. Das andere hat mit den Medien der Erkenntnis zu tun, also mit einer konkret bestimmten Dialektik zur Aufklärung. Das *Tristan*-Erlebnis der Frühe war die unbewußte Initialzündung: Wagner als Droge. Noch ganz ohne *Faust* und *Parsifal.* Mayers Essay über *Richard Wagners geistige Entwicklung* (im Titel übrigens auf Humboldts *Schiller und den Gang seiner Geistesentwicklung* anspielend) markiert dann die Eingangspforte zu ganz anderer Erkenntnis: der von Wagners Zweischneidigkeiten und Ambivalenzen. So ging dann der Krug dieser frühen Erfahrung immer weiter zum Brunnen, dessen Vergangenheit bei Wagner so tief ist, bis die historischen Auslotungen und erkenntnistheoretischen Sondierungen des ästhetischen Landvermessers Hans Mayer immer genauere Seismogramme schufen von Leben und Schaffen eines typischen Repräsentanten und Märtyrers im 19. Jahrhundert: im Spektrum zwischen Kunstwollen und Weltlauf, Größe und Leiden, Fortschritt und Reaktion, bürgerlicher Misere und Feudalität zweiten Grades.

Item: Sein Weg zu Wagner, sagte Hans Mayer, war kurz. Dieser kurze Spruch indes ist zur Devise einer langen Erkenntniswanderung zu *Wagner ohne Ende* geworden. Pilgerfahrt war dabei nie gemeint. Und Reisen zu Wagner nach Bayreuth sollten bis auf Widerruf im Niemandsland der fränkischen Provinz verlaufen. Mayer mochte kein Wagnerianer, geschweige denn Bayreuthianer sein. Zu viele Widersprüche, zuviel Abendland. Wahrtraumdeuterei sollte permanent umgedacht werden in Reflexionen auf die Zumutbarkeit von Wahrheit, in Reflexionen über Kunst als gesellschaftliche Antithese zur Gesellschaft im Sinne historischer Analysen, ästhetischer Erörterungen und politischer Erwägungen – kurz: über die Widersprüche Richard Wagners. Allzu leicht tut sich da – wie am Ende des *Rings* – der Himmel als Abgrund auf. Weshalb man freilich nicht aufgeben, sondern mit dem Kopf, ergo wirklich verbindlich denkend, weiterzugehen versuchen muß.

Mayers stets weiter sich ausdifferenzierende *Versuche über Wagner* dokumentieren in zeitlicher Folge genau diesen Prozeß einer permanenten Anstrengung des Begriffs – als kritische Annäherung, Nuancierung, Umkreisung. Darüber erst tritt das Verhältnis zwischen Autor und Interpret zur authentischen Klangfigur zusammen, wird das vielstimmige Geflecht der Werke und Figuren im Kommentar belangvoll beredt. Vordergründige Thesen und plakative Eindeutigkeiten führen bei Wagner stets auf die falsche Spur. Er hat – lange vor Brecht, der sich darauf so viel zugute hielt – das epische Theater erfunden, mit den ihm zur Verfügung stehenden Instrumentarien die Potentiale einer musikalischen Schaubühne der Dialektik entdeckt. Die Leitmotive seiner Musikdramen sind nichts anderes als fragende Zeichen zwischen Musik und Drama, musiktheatralische Konfigurationen, die sich immer wieder und eben erst neu bilden in Gestalt von umfassend alten »unanswered questions«. Worin, nicht zuletzt, die Ambiguitäten und Mehrdeutigkeiten der Wagnerschen Werke begründet sind. Alles nötigt zur Dialektik im Sinne erkenntniskritischer Konstellationen: »Als Konstellation umkreist der theoretische Gedanke den Begriff, den er öffnen möchte: nicht durch einen Einzelschlüssel oder eine Einzelnummer, sondern eine Nummernkombination«. Im Sinne dieser Konstellation ist Hans Mayers Auseinandersetzung mit Wagner zu verstehen: als Versuch, Leben und Werk des Komponsiten wahrhaft auf den Begriff zu bringen. Die Studien, Analysen und Gespräche selbst sind der Weg. Ursprung ist – vielleicht – das Ziel.

Weshalb hier zuletzt darauf verzichtet werden muß, irgendwie digestgemäß-bündig etwas zu resümieren. Das hieße, den Wahnsinn eines Unterfangens zur absurden Methode erheben, vielschichtig-dialektische Prozesse fortschreitender Erkenntnis auf fragmentarisch-leitmotivische Formeln, also Runenstenogramme zu reduzieren. Man fände sich unversehens in jenen eiligen Tendenzwandel unseres herrschenden Zeitgeistgestöbers versetzt, worin »Leute, die vielleicht nur eine winzige Erkenntnisfussel vom großen Teppich der Schöpfung aufgelesen haben, über diese im großen und ganzen reden, als existierte sie eigentlich nur im Überblick«. So hat Botho Strauß in seiner

Beginnlosigkeit die geistferne Situation unserer Zeit einmal treffend diagnostiziert, die grassierende Dämmerung wirklich intellektueller Autorität monierend und zugleich die dubiose Devise ausgebend: »Ohne Dialektik denken wir auf Anhieb dümmer; aber es muß sein: ohne sie!« – Ohne Dialektik über Wagner und seine Werke eines episch-dialektischen Musiktheaters nachzudenken, geht aber nicht.

»Nach Gott hat Shakespeare am meisten geschaffen«, heißt es einmal im *Ulysses* von Joyce. Wagner steht dem in nichts nach. In diesem Horizont wollen folgende Nachbemerkungen als dialektische Fußnoten zu Mayers *Wagner* verstanden sein.

Zwischen Eigensinn und Geschichte
Traumarsenale

Wir sind aus jenem Stoff, aus dem die Träume werden.
Unser kleines Leben umfaßt ein Schlaf.
William Shakespeare: *Der Sturm*

»Die Welt besitzt längst den Traum von einer Sache, von der sie nur das Bewußtsein besitzen muß, um sie wirklich zu besitzen«: Dieser Sprengsatz des jungen Karl Marx ist – als Traumdepesche in Sachen Vorschein von Weltveränderung – in einem Brief an Arnold Ruge in jenen vierziger Jahren des 19. Jahrhunderts deponiert, an deren Ausgang Richard Wagner mit Michail Bakunins Genossen, vielen Künstlerkollegen im Gefolge und nichts als einem Haufen sozialutopisch-anarchistischer Gedanken im Kopf ausgezogen war, der deutschen Revolution eine Barrikade in Dresden zu errichten. Der Erfolg dieses Unternehmens ist bekannt: die Barrikaden waren, dem baumeisterlichen Geschick Gottfried Sempers zum Trotz, von begrenzter Haltbarkeit. Die Dresdner Revolutionsbrigade wurde von den andrängenden Truppen der preußischen Restauration mitten aus ihrem Traum gerissen und gefangengenommen. Nur Richard Wagner gelang die Flucht.

So fand die Revolution, in Deutschland ohnedies selten mehr als ein Budenzauber der Weltgeschichte, wegen (politisch) schlechter Witterung tatsächlich in der Musik statt. Hatte doch Richard Wagner, nunmehr steckbrieflich verfolgt, auf seinen – Pässe wie Länder rasch wechselnden – Irrwegen ins Exil noch einen anderen »Traum von einer Sache« im Kopf, der die Kunstwelt revolutionieren und radikal verändern sollte. Seine Imago vom musikalischen »Drama der Zukunft«, dem Gesamtkunstwerk, entstand im Schweizer Exil, mitten in der Hälfte des Lebens. Theoretische Reflexion und textlich-dramaturgische Gestaltung des *Ring*-Plans gingen dabei einher mit bestimmter Negation und konstruktiver Kritik der zeitgenössisch-etablierten Opernformen französisch-italienisch-deutscher Konvention: Wagners Adjektive und Zuordnungen für diese unseligen drei Schwestern – kaltlächelnde Kokette, lasterhafte Lustdirne, heuchlerisch Prüde – waren denn auch nicht gerade freundlich gewählt.

Nun ist Denken im Vorschein immer auch träumerisches Denken. Im Fall Wagner indes geht solch träumerisches Wunschbildnern zusammen mit einem unbändigen Kunstwollen von rastlos-unablässiger Konsequenz und Kontinuität. Wobei die Schriften *Die Kunst und die Revolution, Das Kunstwerk der Zukunft, Oper und Drama* mehr sind als bloß produktive Begleitumstände künstlerischen Schaffens. Sie sind theoretisch-kritische Folie und erkenntnisleitender Umriß, aus denen die Genese der Werke in ihrer kompositorischen Konkretion sich herausschält. Nach der *Ring*-Dichtung, vom dämmernden Ende *Siegfrieds* den Bogen zum *Rheingold* retour beschreibend, wird die musikalische Umsetzung dieses Projekts zu einer schier ins Unendliche weisenden Parabel ins Offene. Vorwärts, zur Natur zurück schöpft Wagner mit dem Uranfang des *Rheingold*-Vorspiels sein musikalisches Prinzip Hoffnung aus dem Geist der Um- und Neudeutung mythischer Vorgeschichte.

Seine mythenbesessene Perspektive auf die Vorwelt verwandelt sich unter einer doppelten Optik in eine andere Art Rückblick auf die Zukunft. So ist Wagners Werk in seiner Entwicklung von *Lohengrin* zu *Rheingold* als Kunst des Übergangs ein musikalisch mythologischer Tigersprung aus dem Vergangenen: vordem nur jener Zäsur vergleichbar, die die kompositorische Entwicklung von Beethoven zu jenem Hector Berlioz kennzeichnet, dessen idées fixes Wagner die Logik seiner Leitmotivik ebenso verdankt, wie er seiner Emanzipation der Klangfarbe manch eigenes Runenzeichen koloristischen Klangbeziehungszaubers ablistete. Jahrzehnte später erst sollte Richard Strauss, anläßlich der Herausgabe von Berlioz' Instrumentationslehre, solch intrikate kompositorische Voraussetzungen auf seine Weise – und ganz anders domestiziert – adaptieren.

Das macht: Richard Wagner fand erst im Exil seine eigentliche Heimat, in der Fremde also sein Zuhause im Imaginären des

Schreibens und Komponierens. Die Züricher Essays und Traktate bildeten dabei, zwischen Revolution und unabsehbarer musikalischer Zukunft changierend, entscheidende Bruchstücke jener großen Konfession, deren Trauminhalt die Veränderung der Musik- und Theaterwelt zuletzt wichtiger war als die Veränderung der realen. Wagner, der Revolutionär, wurde seinerzeit vom Theatraliker und Shakespeare-Kenner gleichen Namens überlistet, dem die Bretter die Welt nicht nur bedeuten, sondern Projektionsflächen und -räume darstellen sollten: bislang ungekannt gigantomanischen Ausmaßes. Der *Ring* ist, von seiner Konzeption her, nichts weniger als die ins Metaphysische übersteigerte (Vor-)Welt samt entzauberter Götterschar und einem total-verabsolutierten Schuld- und Verschuldungszusammenhang, deren Kosmos zwischen universaler Verstricktheit und Verfall zuletzt vollkommen mit Musik überflutet wird.

Doch diese unerbittliche Logik des Zerfalls herrscht zunächst nur in der Traumbühne des Imaginären. An Aufführungen des großen zyklischen Plans ist nicht zu denken. Wagner verfügte zu dieser Zeit weder über weltbedeutende Bretter noch über sonstige Produktionsmittel zwecks Realisierung der – ohndies musikalisch noch lange nicht abgeschlossenen – Tetralogie. Und bis zur szenisch-musikalischen Umsetzung im Rahmen der Verwirklichung des exzeptionellsten und exzentrischsten Künstlertraums seiner Zeit, der Einweihung von Bayreuth, war es noch weit. Vorläufig bleibt von Wagners großer ästhetischer Fahrt ohne Fracht nur das Fazit einer zweischneidigen Zwischenbilanz: auch wenn sich sein Kindertraum nicht am Bild königlicher Hoheiten orientierte, sondern am Leitbild des Dirigenten – ganz ohne Hilfe eines königlichen Potentaten kam, wie bekannt, die Geschichte mit Bayreuth doch nicht zustande.

So haben auch Träume ihre Zeit und ihre Zweideutigkeiten.

Ist die Erfüllung erwarteten Vorscheins vom Weltlauf verstellt, so folgt in der Tatsachenwelt der Fall ins Nichts. Im Jetzt herrscht Dämmerung. Anderes Traumgut bleibt oft unfertig,

abgerissen, kommt nie an, strandet und versickert als ästhetisch verschlossene Flaschenpost an den Gestaden der Realität.
Ganz anders bei Wagner. Was er in Kindheit und Jugend erträumte, hatte er im Alter in Überfülle. Was nicht zuletzt damit zu tun hat, daß Wagner es – nicht bloß im *Ring* – zeitlebens nicht aufgab, den versteinerten Verhältnissen seine unendliche Melodie so lange vorzuspielen, bis sie darüber ins Tanzen gerieten. Des Jugendtraums vom Dirigenten wurde bereits gedacht, und von den damals allenthalben herrschenden Niederungen komponierenden Provinzkapellmeistertums sollte sich Wagner sogleich nachhaltig emanzipieren, als er nach dem überlebensnotwendigen Verkauf seines Librettos vom »vaisseau fantôme« an einen gewissen Pierre-Louis-Philippe Dietsch beschloß, den *Fliegenden Holländer* selbst zu komponieren. Diese Konstellation erinnert nicht zufällig an den Gestus jenes Ludwig van Beethoven, der sich anläßlich einer Wiener Aufführung der *Leonoren*-Oper von Ferdinando Paër diesem zuwandte mit den Worten: das Sujet gefalle ihm außerordentlich – und: er selbst werde es komponieren. Darüber ist dann *Fidelio* entstanden. Ebenso hatte Richard Wagner mit dem *Fliegenden Holländer* zu sich selber gefunden.
Der weite, oft höchst einsame Weg, auf dem Wagner zu Wagner werden sollte, ist dann auch eine stets konsequent durchgefochtene Traumgeschichte des Komponisten nach vorwärts – mit immer wieder neu zu fundierendem ästhetischen Zukunftspotential darin. Ihm war, aller Entbehrung, Unordnung und frühem Leid entgegen, die Kindheit das goldene Buch der Musik: auf allen Ebenen der kommenden Lebens- und Schaffenshorizonte. Dies auch dann, wenn dem alten Mythenschmied nicht sogleich alles zu jenem Gold werden sollte, das ihm im Vorschein des Schaffens so glanzvoll schien.
Ganz geheuer ging es dabei ohnedies nicht immer zu und schon gar nie bescheiden. Bereits der sechzehnjährige Wagner fühlt sich mit seinem *Leubald*-Ritterdrama als Universalkünstler vom Rang des Verfassers seiner sämtlichen Werke und agiert im Stil eines begnadeten Dichterkomponisten nach Shakespeares und Beethovens Manier. Deren Bilder flossen ihm – so Wagner

– jugendlich visionär ineinander: »in ekstatischen Träumen begegnete ich beiden, sah und sprach sie; beim Erwachen badete ich in Tränen«. In diesem Kindheitskünstlertraum scheinen Shakespeare und Beethoven nachgerade allzu infantil und panisch-naiv addiert: die Träne quillt, und die Erde hätte uns wieder. Wenn da nicht noch ein anderes Traumblatt in Sachen Beethoven aus dem Jahre 1876 von Cosima Wagner aufgezeichnet wäre:

»R. träumte, daß er die 9te Symphonie zu dirigieren habe, in Dresden oder München, vorher sehr hungrig durch eine Eisenbahnrestauration gegangen, wo die Wirtin nicht nur die Frankfurter Würste, sondern auch Bier ihm verweigert; er ist heftig, dann gibt es gute Worte, alles vergebens. Endlich verläßt er fluchend das Lokal, kommt zum Saal, durch das Orchester, wird mit Applaus empfangen, hat aber zu klettern, verläßt sich auf seine Behendigkeit, kommt aber an eine Stelle, die zu tief ist; wo er nicht springen kann, erwacht! Er sagt: Es brauchen bloß die Gehirnkräfte durch schlimme Erfahrungen an der Tätigkeit, für welche sie bestimmt sind, verhindert zu sein, um daß alle Dämonen sich ihrer bemächtigen und nichts als scheußliche Bilder hervorbringen.«

Dem inneren Traumfutteral dieses dialektischen Bilds sind die Schwierigkeiten der Erneuerung von Musik und Drama aus dem Geiste der Tonsprache von Beethovens *Neunter Symphonie* eingewirkt, mit dem Erwachen wendet sich der Traum aber der Außenseite der Realität zu. In Wirklichkeit nämlich hat Wagner nach vielen schlimmen Erfahrungen Bayreuth begründet und sich als Theaterdirektor und Herrscher im ästhetischen Hauptquartier einer machtgeschützten Innerlichkeit der Gründerzeit etabliert; als Künstlerregent wurde er – souverän über die (Ohn)Macht deren Gefühle verfügend – eine Art erster Showmaster der Oper zugleich. Die Geschichte, wonach der ästhetische Imperator den szenisch-musikalisch leitenden Stab zum Schlußakt des letzten *Parsifal* 1882 »zu Tränen gerührt« habe niedersinken lassen, paßt genau hierher. Wagner scheint, wie im Traum zwischen Trauer und Todesahnung, am Ziel.

Was nimmt es wunder: hatte der schlaue Mythenschmied doch unterdessen sein unsichtbares Orchester erfunden, mit Blick auf die Bayreuther Bedingungen also den einst an Liszt briefgemäß mit »viel herzlichen Tränen« unter der Linde verabschiedeten jungen Siegfried in den dritten Akt samt Götterdämmerung und Opfertod entführt und das alles endende Mysterienweihfestspiel in den mythischen Abgrund der indirekten Klangperspektive geleitet. Zuletzt wollte er noch, im Licht dieser Erfahrungen, für sich das unsichtbare Theater kreieren. Und vielleicht sind gerade die Verwandlungsmusiken, in deren Magie die Musik samt dazugehöriger Wandeldekorationen selber zur Szene wird, Modelle und Vorformen einer Utopie Film in Wagner, von der Hans Jürgen Syberberg im Zusammenhang mit seiner *Parsifal*-Produktion gesprochen hat.
»Richard Wagner stand an der Schwelle des Films, nicht als Filmmusiker: die Musik der Zukunft war der Film. Am Ende aller abendländischen Mythen, mit deren Untergang wir diesen *Parsifal* begonnen haben, steht Richard Wagners Musikdrama als Film.«
Es war Heiner Müller, der in seinem – Syberberg gewidmeten – Kommentar zur Einsamkeit des Films diese Perspektive noch zugespitzt und verschärft hat: »Syberberg leistet Sterbehilfe am Krankenbett des Spielfilms: Sargdeckel werden aufgesprengt wie Gesteinsschichten. Im Rauchvorhang der Illusion von Kino und Theater, Wagner und Brecht, bildet sich eine mobile Architektur heraus, das Protoplasma des Gesamtkunstwerks. Das Ende der Traumfabrik: die Einsamkeit des Films. Allein mit der Leinwand, nehmen die Bilder in den Träumen Platz.«
Ob Richard Wagner im Exil der Traumfabrik reüssiert hätte, steht dahin. Nicht nur die Beispiele Schönberg und Brecht sprechen dagegen. Das Protoplasma des Gesamtkunstwerks noch die alles überbordenden Dimensionen des *Rings* nehmen sich gegenüber der Hollywood-Erfolgsformel – mit einem Weltuntergang beginnen und langsam steigern – wie ästhetische Prolegomena und denkbar bescheiden aus. Was dauernder Größe und höherer Haltbarkeit von Wagners Projekten keinen Abbruch tut, ist deren Utopie zwischen Musik und Drama doch

stets auch das radikale Bewußtsein und kritische Potential von den verlorenen Illusionen und Träumen mit eingeschrieben.

Was besonders auch mit den Traum- und also ephemeren Zwischenwelten der »künstlichen Paradiese« zu tun hat. Venusberg und Zaubergarten: die ästhetisch sublimierten Phantasmagorien der geträumten Bordelle in *Tannhäuser* und *Parsifal.* Hier explodieren die Frachten der Exzentrizität verfehlter Talentgabe des frühen Wagner mit unterschiedlich langer ästhetischer Zeitzündung. Hatte doch der junge, noch mit Sondergenehmigung immatrikulierte Student der Musik an der Plünderung zweier Bordelle in Leipzig partizipiert, was ihm, in autobiographischer Restrospektion, folgend beschönigende Legitimation abforderte: »Ich glaube nicht, daß die vorgebliche Veranlassung zu diesem Exceß, welche allerdings in einem das Sittlichkeitsgefühl stark verletzenden Vorfalle lag, hierbei auf mich Einfluß übte; vielmehr war es das rein Dämonische solcher Volkswuthanfälle, das mich wie einen Tollen in seinen Strudel mit hineinzog.«
Tolles Treiben und ästhetischer Aktionismus – traumverwirrt. Das Exzessiv-Dämonische in diesem die moralischen Gefühle allerdings stark verletzenden Vorfall wurde folgerecht aufgehoben in den erlösungsheischenden Gestus des Alleszertrümmerers Parsifal, dem mit dem heilsbringenden Speer auch die Macht der verfluchenden Verfügung über das Blendwerk des Klingsor-Zauberreichs zugeflogen kam: »In Trauer und Trümmer stürze die trügende Pracht.« – In diesem trompe l'oreille am Ende des zweiten Akts *Parsifal* singt sich vielleicht das aus, was Adorno hinter den Fassaden des letzten mysteriösen Spielwerks von Wagner vermutete: der Fluch jenes gealterten Rebellen, der musikalisch-mythologisch ganz anders gewandet und gewandelt, noch einmal die unvergessenen Bordelle seiner Frühzeit kompositorisch zu stürmen versucht. Was freilich in dieser Phantasmagorie anderer Zustände nicht ohne Folgen bleiben kann. Wagners ausgeträumt erträumte Bordelle nämlich werden »diffamiert als Orte, die keiner heil verläßt«: demgemäß hebt der dritte Akt *Parsifal* zunächst als Ödnis und Irrfahrt ins

Ungewisse sich stets weiter entfernender Traumlandsbezirke der Gralsutopie an.
Bleibt noch, der ominösen Blumenmädchen und ihrem seltsamen Schicksal genauer zu gedenken. Wagner hat sie zunächst nur als »nichtige Blendwesen« empfunden. Und eben deshalb jene »alten Farbtöpfe«, aus denen er ihre kurios-heiteren Klangstoffe mischte – ornamentale Girlanden und Luftwurzeln, um den Toren (vergeblich) zu bestricken – erst in Kundrys Anrufung des Parsifal mit blitzhaft einschlagender Plötzlichkeit beiseitgestellt. Die Klangwelt nämlich, die die Verführungsszenerie rahmend umwölbt, gipfelt in einem moment musical jener erhaben-nüchternen Gestalt, wie sie Parsifal und die Welt vordem noch nicht vernommen hatten.
Der Schock des Erwachens, worin Parsifal das Versäumnis seiner verlorenen Frage – und damit der Grund seiner vergeblichen Suche nach der verlorenen Zeit – dämmert, hat seinen Quellgrund in den hochgestaut-andrängenden Traumdissonanzwogen eines achttaktigen Orchesterintermezzos, worüber die Dämme verschütteter Erinnerung in musikalische memoire involontaire einbrechen. Das Unbewußte von Parsifals bislang scheiternd-erlösender Sendung setzt sich in der Unmittelbarkeit neuer Welthellsichtigkeit frei. Der akustische Gedankenstrom tritt dann über dem anschwellenden Bocksgesang Kundrys mit Parsifal in die befruchtenden Ufer der Erkenntnis zurück. Womit in dieser entscheidenden Zäsur des Werks Wagners Kunst des Übergangs auch als ästhetisches Medium der Dialektik kenntlich wird: Kundrys seherisch-sehrende Zwischenrufe aus ihrem Entbehrten polen Parsifals wiedergefundene Erinnerung in Perspektiven auf wahrhaft Kommendes um. Genau in diesem Prozeß aber ist das Ziel dieses und aller Träume fundiert: das Erwachen – nach Walter Benjamins Wort »die dialektische, kopernikanische Wendung des Eingedenkens«. Bis dahin nämlich hat Parsifal sein Dasein allein und im Dunkel von Erfahrungen zugebracht, worin ihm nur träumte, daß er erwacht sei: inklusive Zaubergartenerlebnissen und Blumenmädchenprozessionen.

Mit deren musikalischen Projektionen hat es indes noch eine ganz andere Bewandtnis. Hat doch Gösta Neuwirth, die Hinweise von Glasenapp und Lorenz bündelnd, in den Skizzen von Wagners Gelegenheitskomposition zum hundertjährigen Jubiläum der Unabhängigkeit Amerikas das geheime Modell und die Keimzelle für ihre Blütenträume entdeckt. Geträumtes Exil (»amerikanisch sein wollend«) und imaginäre Huri-Projektionen verwirren sich hier in der Koseszene (»Komm, holder Knabe«) zu Wagners magischer Operette. So ungerecht und verquer Nietzsches Vorwurf insgesamt anmuten mag, wonach *Parsifal* ein »Operettenstoff par excellence« sei: an dieser Stelle geträumter Bordellphantasmagorien trifft er ins Schwarze. Womit sich dieser Operettentraum im Bühnenweihfestspiel freilich noch nicht erschöpft, keimen doch – einem Hinweis Constantin Floros zufolge – im Klingsor-Girl-Garten auch Vorboten und Ornamente einer substantiellen Ästhetik des musikalischen Jugendstils. Der Wiesengrund der Blumenmädchen ist nämlich auch Bodensatz und Abhub jener klingenden Erscheinungswelt, die – vokalisenchiffriert und Frau / Stimmengemäß – den hochnuancierten Klangfarbensatz von Debussys *Sirenes* entschwebend erweitert. Dergestalt hat der Verfasser des Anti-Tristan *Pelleas und Melisande* dem alten Meister nocturnehaft und wortlos Tribut gezollt, ästhetische Kompanie haltend im Sinne von Tradition als kritisch aufhebender Negation.
Worüber freilich gleich noch jemand auf den dramatischen Plan der Geschichte einer musikalischen Zukunft tritt, der zeitlebens von der Kreation eines neuen *Parsifal* träumte: Franz Schreker. Er hat Wagners Phantasmagorien jugendstilgemäß, also pubertätstraumpermanent, aus den iberisch-maurischen Bergwelten in die Bezirke eines Traumbordells von Venedig transponiert und dessen erotisch zergehende Fata Morgana in einer zeitgemäß irisierenden Welt *Fernen Klangs* aufgehoben dergestalt, daß es kaum verwunderte, würde darin der imaginäre Komponist als Annoncenacquisiteur umgehen, in Gestalt des Odysseus verkleidet, um im verwandelten Bordellreich von Kirke seine ferne Geliebte zum Freudenmädchen verfremdet wiederzufinden. Man mag – für diesen einen Augenblick – an Hans Jürgen

Syberbergs freundlich-erinnernde Beschwörung des Bordells denken, das in angeblich guten und früheren Zeiten noch Freudenhaus hieß, mit dienstbaren Damen darin, die sich als Freudenmädchen titulieren ließen: Koinzidenz, welcher Art auch immer. – Stets aber wohnt diesen ebenso unerwartet wie überraschend-einschlagenden Nachklängen der Klingsor-Girls als Sirenengesangsverein ein Zweideutig-Schönes inne, das jeweils nichts anderes ist als »des Schrecklichen Anfang«.

Wovon ein anderer Komponist sein ganz eigenes Schicksalslied singen könnte, indem kurz nach Richard Wagners Tod in Venedig der Doktor Faust in Gestalt von Adrian Leverkühn seine Wiedergeburt erlebt aus dem – hier wahrhaft imaginären – Geist der Musik. Wobei es, naturgemäß, nicht ohne die Elixiere jenes Teufels abgehen kann, der den Komponisten Adrian Faustus am Ende heimholen wird. Das Vorspiel zu dieser Teufelspaktlebenshypothek samt letal verseuchtem Finale kommt mit hoher epischer Kunst des Nebenbei einher, von Thomas Mann als Briefsendung Leverkühns präpariert, die den jungen Studenten der Musik in Leipzig präsentiert, auf dämmernden Um- und Abwegen plötzlich und unversehens in eine »Lusthölle« entführt, ein gleisnerisch schimmerndes Gemach voller Nymphen und Töchter der Wüste darin. »Ich stand und verbarg meine Affecten, sehe mir gegenüber ein offen Klavier, einen Freund, geh über den Teppich drauf los und schlage im Stehen zwei, drei Akkorde an, weiß noch was es war, weil mir das Klangphänomen gerade im Sinne lag, Modulation H – C-Dur, aufhellender Halbton-Abstand wie im Gebet des Eremiten im *Freischütz*-Finale. Neben mich stellt sich eine bräunliche, in spanischem Jäckchen, mit großem Mund, Stumpfnase und Mandelaugen, Esmeralda, die streichelt mir mit dem Arm die Wange. Kehr ich mich um, stoß mit dem Knie die Sitzbank bei Seite und schlage mich über den Teppich zurück durch die Lusthölle an der schwadronierenden Katzenmutter vorbei, durch den Flur und die Stufen hinab auf die Straße.« Der Ausgang dieser Episode ist bekannt: von »tief geheimstem Verlangen nach dämonischer Empfängnis« getrieben, wird Adrian von

Esmeralda hinangezogen und infiziert sich mit jener syphilitischen Seuche, von der ihn am Ende kein Eremit und keine Stimme von oben rettend zu erlösen vermag.
Und doch hat diese seltsam schicksalshafte Begegnung mit der gestachelten Höllenrose noch Spuren anderer und höherer Bedeutung hinterlassen. Runenhaft nämlich geht im Gang der Werke von den Brentano-Liedern bis hin zu Dr. Faustis Wehklag eine bestimmte musikalische Signatur in enigmatischer Wiederkehr um: die »Klang-Chiffre h e a e es: Hetaera esmeralda.« Derlei musikalische Kryptogramme gemahnen nicht von ungefähr an Alban Bergs Verfahren, seine Kompositionen zuweilen mit erotischen Geheimdepeschen zu durchwirken, in jener *Lyrischen Suite* für Streichquartett zumal, in deren letztem Satz sich auch ein *Tristan*-Zitat ins Zwölftongewebe hineinvexiert findet. Worüber noch manch andere überraschende Spur forschend aufzudecken wäre unterm Aspekt episch-musikalischer Traumerbschaft: bis hin zur nächtlich ungeschürzten Schenkenszene im dritten Akt *Wozzeck,* dieser – wie Morton Feldman einmal schmunzelnd anmerkte – sinistren Freudenhausphantasmagorie samt Honky-Tonk-Klavier mitten darin.
Allein, die hetaerische Klangchiffre rührt mit ihren Intervallkonstellationen auch unmittelbar an die Regionen jener neuen Musik im 20. Jahrhundert, deren Eingangspforten Arnold Schönberg am Beginn seiner ersten Kammersymphonie mit den aufsteigenden Quartsprüngen ins Offene freigesprengt hat. Die Grenze ins Fruchtland des Ästhetischen ist überschritten, »Luft von anderem Planeten« wird fühlbar, und der Musikstrom der Zukunft zerfließt in immer unüberschaubarer werdende Gefilde einer ästhetischen terra incognita. Die aufragendsten Monumente in diesem Zwischenreich von sich emanzipierender Dissonanz und expressiv freisetzender Atonalität manifestieren sich dann als singuläre Modelle eines »Musikstils der Freiheit«, als musikalische Traumbühnen ganz besonderer Art.
Schönbergs *Erwartung* und *Die glückliche Hand* sind – als konkrete Gestaltung existentieller Einsamkeit und Visionen von Angst – analytischen Traumprotokollen vergleichbar: nur daß die von Schönbergs »Triebleben der Klänge« aufgewirbelt/

umhergetriebenen Protagonisten nunmehr auch das Fürchten lernen davor, erwachen zu müssen. Daß Schönbergs einsam Schmuck schaffender Mann wie ein geisternder Nachfahre Siegfrieds in einem abstrakt gewordenen Nibelheim umgeht, ist dabei ebensowenig zufällig wie – Adornos Nachweis zufolge – die Erwartungs-Reminiszenz der Frau, die an der Stelle »Liebster, der Morgen kommt« das »Lausch, Geliebter« des zweiten Akts *Tristan* beschwört.

Kehren wir zu Richard Wagner zurück und seinen Spielarten einer ästhetischen Traummetaphysik. Mit diesem Epitheton hat Jürg Stenzl in seiner groß angelegten Studie über *Musik und Traum* das Wagner-Kapitel höchst treffend überschrieben. Nicht daß die szenisch-musikalische Gestaltung von Träumen in Wagners Werken eine überragende Rolle spielen würde, wird da behauptet. Vielmehr instrumentalisiere er »in der Beethovenschrift 1870 Schopenhauers Traumtheorie mit dem Ziel, das Musikdrama philosophisch und vor allem metaphysisch zu rechtfertigen«. Mit dieser Brille wird der Komponist unversehens zum Hellseher und Übersetzer einer sich sonst nur im Traum offenbarenden Wahrheit des Willens. Und sogleich werden sie auf den Plan Wagnerscher Traumtopographien berufen, die so bekannt-schwankenden Gestalten mit manch versprengt-melismatischen Depeschen. Auftritt also Erik: mit seiner Traumerzählung als Antizipation des realen Geschehens, worin der Holländer dann, von Sentas Ballade magisch angezogen, tatsächlich aus der undefinierbaren Tiefe seines Bildes mitten ins Zentrum der Szene tritt. Auftritt Elsa: mit ihrer entrückten Erzählung vom Traumritter in Gralsgestalt, die sich erst zum Ende hin um einen Halbton nach oben, also zur Kenntlichkeit der *Lohengrin*-Utopie in A-Dur, verfremden wird. Eintritt Walther von Stolzing: in Sachsens Schusterstube mit seiner sich verlierenden Morgentraumballade, die der Meister quittiert mit der Sentenz, daß Dichtkunst und Poeterei nichts anderes sei als Wahrtraumdeuterei. – Ob Wagners Werke, ja Kunst insgesamt, der analytischen Idee genügen, Un- und Unterbewußtes aufklärend zu erhellen, steht freilich dahin. Man wird sich, wie

Wotan, mit Erdas kryptischer Sage begnügen müssen, wonach ihr »Schlaf Träumen, ihr Träumen Sinnen und ihr Sinnen Walten des Wissens« sei. Über diesem scheinbar definitiven Nicht-Mehr des mythisch-orakelnden Wissens hat sich das Bewußtsein der Aufklärung indessen noch nicht ganz erschöpft. Es gibt kein Traum-Ende als rien à faire. Bleibt Stenzls Hinweis: »Es ist Richard Wagner, dessen Musik jene neuen Möglichkeiten eröffnet, die es Komponisten nach ihm ermöglichten, eine traumlogische, das heißt gleichzeitig eine radikal moderne Musik zu schreiben«.

In diesem Sinne sei Gustav Mahlers gedacht, in dessen Musik Schopenhauer/Wagners Traummetaphysik so ganz andere und neue, »schattenhaft«-verkappte musikalische Dimensionen annehmen sollte. Nicht bloß, daß ihm, wie vordem nur Wagner, eine ebenso radikale Aufhebung wie produktive Umfunktionierung von Kapellmeistermusik gelang, diesem an Monumentalität in nichts nachstehend. In seinem Schaffen wächst der fortschreitend-musikalischen Moderne jenes spezifisch Neue zu, worin der Komponist mittels bewußt verfügender Instrumention zum Orchestrator wird – mit ebenfalls bedeutend-innovativen Nachwirkungen bis hin zu Varèse oder Feldman. Auch an die vom kunstvoll changierenden Klangkolorit des *Lohengrin*-Vorspiels ihren Ausgang nehmende Linie sei erinnert, die sich über Mahlers symphonische Modelle differenzierten Klangfarbenwechsel bis hin zu Schönbergs Entdeckung der Klangfarbenmelodie erstreckt. Und: so vehement Mahler mit seinen zuweilen undomestiziert-zerrissenen Klanggesten den wohlbalancierten Farbreichtum von Wagners Orchesteridiomatik auch aufsprengte – er hat dessen letzten, uneingelösten Traum erfüllt, seiner Idee vom unsichtbaren Theater im *Lied von der Erde* ein spätes Denkmal gesetzt. Schon der Frühlingstrunkene hört die Stimme des Vogels – anders als Siegfried – »wie im Traum«. Der Abschied aber ist dann, in seinem nicht enden wollenden Abgesang auf irdische Hoffnungslosigkeit, mit Mayer/Boulez zu sprechen, singulär musikalisches Paradigma eines episch-imaginären Theaters, das der Szene gleichwohl nicht mehr bedarf.

Gustav Mahler – dermaleinst ausgezogen, jene hohen Lieder weiterzuschreiben, wie sie Wagner in seinen Wesendonck-Gesängen als Traum- und Treibhaus-Präludien abgründig-tiefdunkel vorwegnehmende *Tristan*-Seelenseismogramme noch gelungen waren – hat mit dem trostlos symphonischen Abgesang auf die irdische Welt nicht nur jegliche Metaphysik musikalisch entzaubert (und damit ein Modell für die fast ein Dreivierteljahrhundert später, aus dem Albdruck der Erinnerung an eine ferne Musik entstandenen *Tristan*-Preludes von Hans Werner Henze abgegeben), sondern mit dieser Art Abschied auch an jenen Vortraum einer negativen Utopie gerührt, wie sie Wagner in seiner späten Zeit, den Aufzeichnungen über *Religion und Kunst,* überliefert hat. Darin dämmert dem Verfasser, daß »die fortschreitende Kriegskunst immer mehr, von den Triebfedern moralischer Kräfte ab-, sich auf die Ausbildung mechanischer Kräfte hinwendet: Hier werden die rohesten Kräfte der niedrigsten Naturgewalten in ein künstliches Spiel gesetzt, in welches, trotz aller Mathematik und Arithmetik, der blinde Wille, in seiner Weise einmal mit elementarischer Macht losbrechend, sich einmischen könnte. Bereits bilden uns die gepanzerten Monitors, gegen welche sich das stolze herrliche Segelschiff nicht mehr behaupten kann, einen gespenstisch grauenhaften Anblick: stumm ergebene Menschen, die aber gar nicht mehr wie Menschen aussehen, bedienen diese Ungeheuer, und selbst aus der entsetzlichen Heizkammer werden sie nicht mehr desertieren: aber wie in der Natur alles seinen zerstörenden Feind hat, so bildet auch die Kunst im Meere Torpedos, und überall sonst Dynamit-Patronen und dergleichen. Man sollte glauben, dieses Alles, mit Kunst, Wissenschaft, Tapferkeit und Ehrenpunkt, Leben und Habe, könnte einmal durch ein unberechenbares Versehen in die Luft fliegen.«

Man muß, angesichts solch negativ-exponierter Alptraum-Passagen nicht darüber spekulieren, wie Mahler und sein jüdisch-böhmischer Landsmann Franz Kafka ihrerseits die finsteren Zeiten kommender Weltkriege apokalyptisch vorausgeahnt haben mochten. Vielmehr sei an dieser Stelle ein Abschnitt aus Prousts epischer Recherche der verlorenen Zeit wiedergefun-

den und als ästhetisches Echo über den Ersten Weltkrieg memoriert: »Ich gebe zu«, sagt Saint Loup da im Gespräch mit Marcel, »daß der Moment sehr schön ist, in dem die Flugzeuge aufsteigen und sich zu einer Art Sternbild fügen. Aber findest du nicht auch den Augenblick am schönsten, in dem sie, schon ganz unter die Sterne versetzt, sich doch noch wieder von ihnen loslösen, um auf die Jagd zu gehen oder auf das Signal zum Sammeln wieder heimkehren, den Augenblick, in dem sie etwas Apokalyptisches bekommen, da ja dann selbst die Sterne offenbar nicht an ihrem Platze bleiben? Und diese Sirenen, ist das nicht wirklich wie Wagner – was ja im Übrigen sehr gut für eine Begrüßung der Deutschen paßt. Man muß sich wirklich fragen, ob es sich um ein Aufsteigen von Fliegern oder nicht vielmehr von Walküren handelt. (Der Vergleich der Flieger mit den Walküren schien ihm zu gefallen; er erklärte ihn übrigens aus rein musikalischen Momenten.) Tatsächlich, ja, das stimmt! Diese Sirenentöne klingen wirklich nach ›Walkürenritt‹! Da müssen erst die Deutschen kommen, damit man in Paris Wagner hören kann.«
Da müssen erst die Deutschen kommen – samt Wagners apokalyptisch tingierter Sirenenbegleitungsmusik zu einer Szenerie, die nicht bloß des Schrecklichen Anfang signalisierte, sondern den Anbruch der letzten Tage der Menschheit einläutete. In der Tat: »Das Wort entschlief, als diese Welt erwachte.« Bleibt der Musik – begrifflos – vorbehalten, klingend zu beschreiben, was ansonsten umsonst und also unmöglich zu sagen gewesen wäre. Alban Berg, der kritische Zeitgenosse und ästhetisch Verbündete jenes Karl Kraus, der so höchst beredt-schweigend den Untergang der Welt aus schwarzer Magie monierte, hat am Vorabend des Ersten Weltkriegs mit seinen drei Orchesterstücken op. 6 jenes Entsetzen und Grauen einer fortschreitenden Kriegskunst geradezu panisch-dämmernd vorausgeahnt und mit Präludium, Reigen und Marsch als musikalischen Signalcharakteren die fatalen Fanale kommend-hereinbrechender Katastrophen aufgezeichnet. Die Benennung dieser Musik als Vorzeichen, als »Sprengpulver der Welt« (Ernst Bloch) gewinnt freilich – im Sinne der Proustschen Beleuchtung – noch eine

ganz andere Bedeutung. In diesem Licht ist nicht mehr ganz so leicht und gut reden von ihr: vielmehr genauer zu fragen, was sie denn dann sei – die Kunst? Wagner hat Cosima im Jahre 1870 hierzu – wie immer – ganz auf seinem Gebiete, folgendes überliefert: »Sie gleicht den schönen blauen, flackernden Flammen, die zuweilen über dem Herd sich erheben. Alles übrige aber ist Zerstörung, Vernichtung. Daß sie bildend leuchten soll während einer tatenreichen Zeit, das ist freilich der Traum.« – Er wußte nur zu genau und wahn-wann-wahrtraumdeutendgemäß Bescheid über diese flackernde Dialektik und hat sie austräumend weitergeträumt: als kompositorisches Alter Ego Mimes samt mythischem Feuerofen und flackernd-vernichtenden Flammen darin.

Zwischen Edda und Erda
Entweder-Oder am Ende des Rings

Gold? Nein Götter! Nicht eitel fleht –
Dieser Sklave löst und bindet geweihte Bande
Verdammt Metall, gemeine Hure du der Menschen
Die die Völker tört, kommt, sei was du bist.

William Shakespeare: *Timon von Athen*

Was anders und übrig ist – außer Zerstörung und Vernichtung – wie soll es bildend noch leuchten im *Ring*, dessen Musik, nach Hagens Ruf zum letzten Retour, am Ende so rätselhaft-vieldeutig ausschweigend beredt wird? Schon die Kontamination von *Edda*-Sage und *Nibelungen*-Lied stellt eine genialisch-zwielichtige Mythenklitterung Wagners dar, worin nicht immer genau unterscheidbar ist, ob da im Trüben oder im Drüben gefischt wird. Das musikalische Senkblei, mit dem Wagner die tiefen Brunnen von Mythos und Märchen episch-dramatisch auszuloten gedachte, um damit Antike und Vorwelt sprengend aufzudecken, sondierte zuweilen auch im Akut einer werdenden Verflachung durch Tiefe. Ist doch, paradox genug, Wagners *Nibelungen*-Version zugleich lesbar als spiegelnd-gebrochene Parabel auf Geschichte und Dämmer vom Verfall bürgerlicher Ideologie und Gesellschaft seiner eigenen Zeit, in deren Projektionsflächen und -folien das verlogene Macht- und Intrigenspiel einer vernutzten Götterschar ums Rheingold zur Kenntlichkeit verfremdet erscheint: als facies hippocratica eines menschlich allzumenschlichen Getu um nichts, mit zerspringender musikalischer Glasur darüber. Obwohl – einem Hinweis von Patrice Chéreau gemäß – gerade der Vorabend der Tetralogie am besten ungeschminkt, ohne weiteres Kostüm- und Requisitenzutun als *Edda*-Geschichte in pur erzählbar, also szenisch historisch in bar auszuzahlen wäre. So steht es seit je um die Ambivalenzen im *Ring* zwischen Beginn- und Endlosigkeit.

Imagination morte imaginez heißt eines der Beckettschen Bruchstücke, eingereiht in die von ihm so genannten Residua –

und das beginnt ohne Ende so: »Nirgends eine Spur von Leben, daran soll's nicht liegen, noch nicht ausgeträumt träumen. Inseln, Wasser, Blau, Grünes, eine Ewigkeit, schweigen«. Auch das Ende des *Rings* bildet so eine Art Anfang im Rest, als Appendix von Losigkeit. Alles in diesem musikalischen Schlußtableau weist ins Offene, ins Zwielicht eines großen Vielleicht zwischen Dämmer, Chaos und Schein. Und im Schatten der verlorenen Utopie toben sich zum letzten Mal die tönenden Turbulenzen an der schaukelnden Wiege des Menschengeschlechts aus, dessen Perspektive in totale Schräglage verrutscht ist. *Le ciel n'a plus de firmament* war ein – nicht zustande gekommenes – Opernprojekt von Edgard Varèse in Zusammenarbeit mit Antonin Artaud überschrieben: dieser Titel gäbe kein schlechtes Weltmotto ab für die Deutung des *Rings,* dessen Universum am Ende nicht nur der Walhall-Überbau total abhanden gekommen ist, sondern auch von einem Himmelszelt überwölbt wird, in dessen Sternen keine rechte Ordnung mehr herrscht.
Und dennoch zeichnet sich in diesen so endlos-letzten 23 Des-Dur-Takten des *Ring*-Finales auch ein Stilleben anderer Zeitordnung ab: worin Bildbeschreibung in musicis – nature morte – übersetzbar wird in Klangbeschreibung sur scene – still alive.

Durch das Nicht-Menschliche einer verschollenen Götterwelt hindurch nämlich beschreibt die *Ring*-Musik ihre heroisch-monumentale Bahn vom Es-Dur-Urlicht im *Rheingold* hinein in die Schattenwelt eines Dämmerbezirks, der am Ende einen imaginären Zwischenraum visiert und die Aufhebung des Mythos im dubiosen Dämmerreich eines höheren Humanum suggeriert. Das ist allerdings eine höchst buchenswert-vage Rettung ins Ungenaue, samt Erlösungsmotiv höherer Erwartung: wider alle Vernunft. Womit sollte Sieglindes gescheiterte Verheißung vom »hehrsten Wunder« denn noch einmal schwanger gehn? Zu welchem Ende, zu welchem Erwachen aus jeglichem Traum?
Wagners Traum von einer »mündigen Musik« trifft am Ende

des *Rings* auf eine Menschheit, die weit davon entfernt scheint, aus ihrer »selbstverschuldeten Unmündigkeit« herausgetreten zu sein. Er hat es wohl selbst gewußt und verspürt – und in den skeptischen Betrachtungen eines Unzeitgemäßen im ausgehenden Jahr 1882 folgendermaßen dokumentiert: »Wer kann ein Leben lang mit offenen Sinnen und freiem Herzen in diese Welt des durch Lug, Trug und Heuchelei organisierten und legalisierten Mordes und Raubes blicken, ohne zuzeiten mit schaudervollem Ekel sich von ihr abwenden zu müssen? Wohin trifft dann sein Blick? Gar oft wohl in die Tiefe des Todes.«

Was Wagners Blick da traf, dämmert Jean Paul in der entsetzten Rede seines »toten Christus vom Weltgebäude herab, daß kein Gott mehr sei«, und überblendet sich mit dem Materialismus von Georg Büchners Frage, was es denn sei, das in den Menschen so unaufhörlich »hurt, lügt, stiehlt und mordet«. In dieser kritischen Korrespondenz von Siegfrieds und Dantons Tod wird ein Spannungsbogen aufgerissen, in den ein Zeitpfeil eingelegt ist, der weithin nach vorne leuchtet mit der Frage, ob denn die Menschheit je schon aus ihrer perennierenden Vorgeschichte herausgetreten sei. Es geht ums sogenannte Große und Ganze des Werdens von Welt, Mensch und Schicksal. Weshalb Dantons Alptraum vom fliehenden Weltpferd gar nicht so wunderlich wirkt, wie es zunächst scheint: »Unter mir keuchte die Erdkugel in ihrem Schwung, ich hatte sie wie ein wildes Roß gepackt, mit riesigen Gliedern wühlte ich in ihren Mähnen und preßte ich ihre Rippen, das Haupt abwärts gewandt, die Haare flatternd über dem Abgrund; so ward ich geschleift.« Traumverschoben wird in diesem Bild das Verhältnis von Göttern, Helden und Menschen zu Welt und Natur im *Ring* aufgezeichnet, das stets nur auf deren Beherrschung ausgerichtet ist anstatt auf Einrichtung eines richtigen Verhältnisses zu ihr.

Unaufhörlich und bis zuletzt setzt sich dagegen der Weltlauf zur Wehr. Wobei naturgemäß nicht jedes Eintreten von Wassernot gleich die Sintflut ist. Wenn aber der Rhein am Ende des *Rings* in seine Ufer zurücktritt, ist keineswegs gesichert, daß der Musikstrom, samt letzter Leitmotivflaschenpost mit Erlösungsetikett darin, wahrhaft in Bereiche zukünftigen Fruchtlands führen wird. Zu ungewiß ist, ob mit dem Ende dieser Welt nicht auch das Weltende an sich ansteht. Das musikalische Material hat sich erschöpft, ist aufgebraucht. Was zuletzt, in klingend-metaphorisch ineinandergeschichteter Sukzession angeschwemmt kommt, ist zunächst einmal ein musikalischer acte sans paroles, ein rein instrumentaler Epilog, musiksprachlich-semantisch relativ leicht dechiffrierbar: als holzbläsergetragene Rheintöchter-Thematik mit blechgepanzerter Walhall-Motivik darunter und dem aus *Walküre III* bekannten, nun also Sieglinde in höherer Erwartung wiederbeschwörenden Erlösungsmotiv – vorgetragen von Geigen, die man mit Thomas Mann noch einmal höher als alle Vernunft nennen könnte.

Allein, alle Dimensionen von Raum und Zeit haben sich unterdessen vollkommen verschoben. Gewiß: die Rheintöchter erhalten mit der Rückgabe des Rings schließlich wortlos höheres Recht im Sinne ihrer prophetischen Parolen vom Ende des *Rheingolds,* wonach es »traulich und treu« nur in der Tiefe sei. Aber wenn diese höheren Wasserwesen das funkelnde Geschmeide in scheinbar glücklichen Händen halten, wirkt das allzu traulich verspielt – im Doppelsinn des Wortes: war alles nur gestaltetes Geräusch um Nichts, oder ist tatsächlich alles verspielt? Ist denn in der Tat alles um Ring und Hort vom Fluch befreit und entsühnt? Dies ist nicht nur eine Frage von Besitz- und Eigentumsverhältnissen – auch nicht mehr nur im Sinne der Diebstahlstheorie von Proudhon. Was »falsch und feig« sich dort oben in der Götterwelt von Walhall so vorschnell freute, schwebt nun tatsächlich in der Luft, von der festen Burg wird nach dem großen Weltenbrand nichts als Schutt und Asche bleiben. Man bedenke: sie wurde regenbogengemäß, über ätherisch-harfenglitzernde Klangbrücken betreten – auf mythisch-naturphantasmagorische Hilfskonstruktionen gebaut, die ins Nichts führen müssen. Der Bogen, den der *Ring* musikalisch-dramatisch zwischen Sein und Nichtsein ausspannt, trägt nicht über die Ursache allen Übels – die Verträge – hinweg.

Auffahrend aus ewigem Schlaf in einer Musik des Übergangs von *Ring*- in *Walhall*-Motivik, ruft Fricka ihren Wotan-Gemahl auf den Weltenplan und »aus der Träume wonnigem Trug: Erwache, Mann und erwäge«. In diesem kurzen Erwachen und Wägen schon sind alle schillernd-trügenden Tendenzen des Tauschprinzips aufgehoben, die sich im langen Abschied des Wotan auf seiner Lebensrutschbahn entrollen werden: der Hüter der Verträge wird sich in deren Knecht, der große Gott in den umhergehend-namenlosen Wanderer und Bettler verwandelt sehen. So hebt die zweite Szene des Vorabends der Tetralogie nicht zufällig und unvermittelt in der Tonart jenes Des-Dur an, in deren Vorzeichen sich die *Götterdämmerung* so verhängnisvoll beschließt. Wenn sich dann szenisch der *Ring* rundet, ohne geschlossen zu sein, wird im Dämmer die wahre Gestalt dessen ersichtlich, was am Anfang so prachtvoll zu glänzen schien: Walhall war schon immer ein gefährlich hoch droben und über bodenlosen Hypotheken errichtetes Luftschloß, das sich zuletzt wie ein anderes Wolkenkuckucksheim irgendwo zwischen Himmel und Erde sang-, aber nicht klanglos in Rauch auflöst.

Wo es raucht, ist nämlich immer auch Schall. Insofern wäre der *Ring*-Epilog auch bildend-einleuchtender musikalischer Kommentar über Szenen des Verfalls einer (Götter)Familie samt katastrophischem Anhang von Natur- und Menschheitsgeschichte. Mit dem Rest einer Klangwelt, die irgendwie ortlos verschwebt, um sich darüber – wie Wotan – in tönendes Schweigen zu verhüllen.

Aber das ist es noch nicht. Wenn der *Ring* auch als Parabel universaler Auslöschung angelegt ist, bedeutet das zugleich, daß am Ende dieser Welt alles einfach kompliziert geworden ist. Neben starken Scheiten sind da noch ganz andere metaphysische Welträtsel aufgeschichtet nach Brünnhildes Beschluß, sich mit einem Rösselsprung ins Endspiel ihrer Ewigkeit zu begeben. Nicht bloß Pferde sollten dabei die Überlebenden der Helden sein.

Noch einige andere Exponenten dieser Götter-Helden-Menschen-Genealogie im Zeichen der Inversion herkömmlicher Hierarchien haben (sich) überlebt, den Rahmen von Wagners mythisch-märchenhafter Kosmologie überschreitend. Als da sind und verbleiben in dieser Dämmerwelt: die Rheintöchter, als Sirenengeschöpfe und Wasserelementarwesen mit dem *Ring*; Alberich als betrogen abhanden gekommener Betrüger samt seinem Nibelheim (schon der erste Prosaentwurf des *Rings* kannte die Nibelungen jedoch nur als ein »dem Schoße der Nacht und des Todes entkeimtes Geschlecht«), die Erde repräsentierend, in deren Abgründe sich Erda in ewigem Schlaf mythisch raunend hinabversenkt hat; Loge, stetig zwischen Schwarz- und Lichtalberei listenreich changierend, mit seinem letzten Feuerzauber, in dem die Walhall-Welt sich vollkommen verzehrt, endgültig aufgelöst in Luft. Alles ist evaporiert. Unter diesem Blickwinkel wäre dem *Ring*-Kosmos zuletzt alles abhanden gekommen im Zeichen einer Endspiel-Musik, die über den vier Elementen nur in sich selber kreist.

Bleiben die Menschen. Doch auch zu deren ruhmlosen Ehren kehrt diese von den Furien des Verschwindens getriebene Musik sich nicht. Die Menschen sind, im Angesicht der Urflutszene, die den katastrophischen Verlauf dieser Geschichte an die Schwelle des Endes spült, zu Däumlingen geworden, zur wahrnehmungslos-abwesenden Masse, die bar jeglicher Hoffnung, geschweige denn Zukunft, ratlos auf das Dasein blickt: fraglos ist ihnen das *medium* dieser Musik keine *message.* Die Schlußmusik der *Götterdämmerung* ist auf Entfernung von den Menschen angelegt. Selbstvergessen zieht sie über ihnen ihre klingende Bahn, bleibt bloß Schall, Memorial auf einen Rauch. Auch dieses Chaos ist aufgebraucht, dahin die beste Zeit. Wie eine ohnmächtig staunende Statisterie blickt die Menschheit auf die Horizonte einer entschwundenen Zeit, die sich zur negativen Ewigkeit zu dehnen droht. Nichts als regloses Dasein, völlige Passivität und hoffnungsloses Warten. – War das Geschehen rund um den *Ring* insgeheim auch als Rettung vom Mythos in der Entstehungsgeschichte eines sich emanzipierenden Menschengeschlechts angelegt: mit diesem unaufgeklärten Nebenpersonal allein fiele alles bedingungslos wieder den Niederungen gealterter Mythen anheim.

Also müßten, wie etwa Paul Celan vermutete, noch andere Lieder, jenseits der Menschen zu singen sein, wie »Fadensonnen über der rauchwarzen Ödnis«, wo »ein baumhoher Gedanke sich den Lichtton« ergreift. Dann wäre man am Ende bei jenem Zuvor, von dem alles seinen Ausgang nahm: bei der Weltesche Yggdrasil, dem Speer – und würde aus den Nornen die Wurzeln ins Imaginäre ziehen zwischen Vorgeschichte, Jetztzeit und Zukunft. Allein, auch in diesem tönenden Licht ist man, den weihevollen es-Moll-Weltenklatschgeschichten der Nornen gemäß, am »Ende ew'gen Wissens«, samt abreißend-goldenen Fäden ins Nichts. Und abermals wie Fernando in Shakespeares *Sturm* vor die Frage gestellt: wo sie denn sei – die Musik – »In der Luft, auf Erden?«
Der in der Luft sich spiegelnde Schein des ausgelöschten Walhall hat seinen klingenden Widerhall in einer Musik, deren gebrochenes Echo die verbleibenden Reste und Scherben im Spiegel alles endender Fülle des Wohllauts zusammenzusetzen versucht. Aber ist nicht auch dies bloßes Surrogat, akustische Fata Morgana?

So viel zum Einst des ausgebrannten Prachtpalasts, dem Scheingebilde luftgen Baus und näher hin zum Erdenrest, der bleibt, und gar nicht so peinlich zu tragen ist. Hin zur Erde also, die sich eingedunkelt, verdüstert und zwischen immer und nie in ein Ende mit höherem Nihilismus in Musik geschürzt hat. Was sollte denn Erda noch weis(e)sagen, nachdem sie endgültig abgetaucht war in den Orkus ihrer chtonischen Orakel, versunken im mythischen Abgrund ewigen Schlafs, aus dem sie ohnedies besser nicht hätte erwachen sollen? Zu fragen ist nämlich mit Recht, ob es Wotan mit seinem Willen zur Macht nicht besser ergangen wäre, wenn er die Urmutter mit seinen Beschwörungsformeln in Ruhe gelassen, und uns die Welt im Licht ihrer Vorstellung erspart hätte. Gleichviel – die Frage samt ihrer Folgen bleibt müßig. Ist Erda doch auch und vor allem musikalischer Ursprung und eigentliche Keimzelle dieser mythen- und märchenumraunten Welt. Alle leitmotivischen Irrungen und Wirrungen, alle Ableitungen und Abweichungen im Zeichen des *Rings* samt seiner Protagonisten sind – einem Hinweis Ulrich Schreibers zufolge – ihrer leitmotivischen Emblematik entsprungen. Allein, Ursprung ist hier nicht mehr das Ziel. Wenn Erda nämlich schweigt, ist auch die Erde selber keine verbindliche Auskunftinstanz mehr zwischen allem und nichts. Was im Nachtrag eines berühmten philosophischen Diskurses über Erkenntnis und Interesse zwischen Niemandsland und Utopie aufscheint: als spekulative Rettung aus dem Ungenauen. Also gehört ein Anhang ans Niemandsland hierher zu den Erörterungen über das Ende vom *Ring,* aus den *Spuren* Ernst Blochs. Und das geht so:

»Erinnerung: Als einer zu seinem weisen Freund sagte: unsere Gespräche mögen fein und tief sein, aber wie stumm sind die Steine und wie unbewegt bleiben sie von uns; wie groß ist das Weltall und wie armselig steht die Höhe unsrer Peterskirchen davor; was müßte erst die Erde selber zu sagen haben, wenn sie einen Mund von Lissabon bis Moskau öffnete und nur wenige Urworte donnerten, orphisch; – da erwiderte der weise Freund, als Lokalpatriot der Kultur: eine Ohrfeige ist kein Argument und die Erde? sie würde vermutlich lauter Unsinn reden, denn sie hat weder Kant noch Platon gelesen.«

Der sich hier, Goethe- und Hiobgemäß gewappnet, gegen Georg Lukács verteidigt, ist jener vom Geist der Utopie erfüllte Denker, der – in Sachen Wagner und Ende des *Rings* – nicht die geringsten Skrupel hatte, dessen musikalische Endspieldepeschen als Erfüllung zu deuten im Sinne eines konkreten Prinzips Hoffnung:

»Das Ende der *Götterdämmerung* setzt nochmals aufs Paradoxe. Indem es nämlich, mittels der hallenden Bogenbewegung, Perspektivenbewegung seines Erlösungsthemas, gar kein Ende findet; trotz den aufgelösten Dreiklängen und dem Fortissimo-Schlag zuletzt, diminuendo. Der strömende Urton, womit die Tetralogie im *Rheingold* ihren Anfang als den Anfang von allem nehmen wollte, macht sich im hochbauenden Abgesang der *Götterdämmerung* nicht fertig. Wenn Brünnhilde ehedem gesungen hatte: ›Götterdämmerung, dunkle herauf, Nacht der Vernichtung, neble herein‹, so gehen demungeachtet gerade in dieser Schlußnacht die Erwachens-, Entzückungs-, Erlösungs-Themen der *Ring*-Musik weiter, selbst im Abbrechen. Das Erlösungsmotiv am *Götterdämmerungs*-Ende, obwohl an melodischen Triebkräften nicht reich, ist viel zu weithin-hallend, um ein Ende zu sein statt des Paradoxes einer Wiederholung hin ins Neue.«

Da wird, geheimnisvoll im Dämmerzustand des *Ring*-Endes, plötzlich das Potentielle zur eigentlichen Domäne Ernst Blochs und Futurum in der Wiederholung fundiert, aber seine Aufzeichnungen zu Wagner sind nicht zufällig mit der Parole von Paradoxa und Pastorale überschrieben. Erda hat weder Platon noch Kant gelesen, wohl aber Schopenhauer, mit dessen Erkenntnissen, wie Nietzsche ironisch vermerkte, Wagners große ästhetische Ausfahrt im *Ring* auf ein Riff stieß. »Was hatte er in Musik gesetzt? Den Optimismus, für den Schopenhauer ein böses Beiwort geschaffen hatte, – den ruchlosen Optimismus. Er schämte sich, besann sich lange, seine Lage schien verzweifelt … Endlich dämmerte ihm ein Ausweg: das Riff, an dem er scheiterte, wie? wenn er es als Ziel, als Hinterabsicht, als eigentlichen Sinn seiner Reise interpretierte? Hier zu scheitern – das war auch ein Ziel … Und er übersetzte den *Ring* ins Schopenhauerische. Alles läuft schief, alles geht zugrunde, die neue Welt ist so schlimm wie die alte: das Nichts, die indische Circe winkt …«

So wurde der einst groß angelegte Plan einer Erlösungsgeschichte samt Wotan und Siegfried zur Phantasmagorie der begrabenen Revolution. Das Nichts und das Chaos. Dazwischen Dämmer und Lüge. Wagner, der sich selbst als Plenipotentarius des Weltuntergangs empfand, »entsetzlich schlau und mit unendlich viel Mythos im Kopf«, hat mit dem *Ring*-Epilog in der Tat eine andere Pastorale als Zukunftsmusik geschrieben, worin sich Spuren fundierter Hoffnung auf Kommendes zusehends verflüchtigen. 23 Schlußtakte als komplementäres Klangkonzentrat des Endes zum Uranfang, dessen so rein aufsteigende Es-Dur-Klangbilderwelt nach 132 Takten doch ebenfalls auch schon ein wenig verschmutzt zu sein scheint.

Man muß am Ende auch damit rechnen, daß die letzten Leit-

motive nicht mehr mit höherer Bestimmung erfüllt sind, einzig ihre vernutzte Bedeutungslosigkeit zu Bedeutung erhoben wird. Das Material hat sich erschöpft. Welche schöne neue Welt sollte da aufleuchten, mit welchem Prinzip Hoffnung und in welcher Erwartung?
Arnold Schönberg hat sein Monodram *Erwartung* mit den musikalischen Signaturen einer vergeblichen Suche beschlossen. Weshalb man getrost auch auf andere Modelle ästhetisch-politischer Weltbild-Entwürfe schließen darf, die Wagners *Ring*-Unternehmen als Parallelaktion vergleichbar wären: immer eingedenk dessen, daß die Kunst und die Künste – und insbesonders die Musik – stets auch als unanswered questions zu begreifen sind. Man muß nur versuchen, ihre unbeantworteten Fragen genauer zu verstehen.

Erster Versuch:
Wäre denn Wagner, über allem strebenden Bemühen seiner halluzinierenden *Ring*-Gebärden, zuletzt auch bei einer der freundlich-gelassenen, nach- und hellsichtigen Auskünfte Johann Peter Hebels angelangt, dem es mit wahrhaft höherer epischer Einfachheit gelang, das gesamte Universum zu verbauern: »Und alles nimmt ein End, und nüt stoht still. Z'schletzt fuults im Fundament und 's hilft nüt meh. Und wemme nootno zweitusig zehlt, isch alles zsemme gkeit.« So lautet der erschütternd-schüttere Rest der Erkenntnis des von Lörrach nach Basel wandernden Ätti an seinen Bueb, der ihm und der Welt ein Loch in den Bauch gefragt hat. Man darf bei dieser kleinen, sich übrigens mehr und mehr eindunkelnden Szene nicht nur ans Ende des *Rings,* sondern durchaus auch an des Wanderers Auseinandersetzung mit Siegfried mit nachfolgend-großem Weltenwandel denken. Und kaum mag überraschen, daß Dieter Schnebel in Hebels Endzeitvisionen samt Weltenbrand noch einmal jenen Stoff gefunden hat, aus dem die Szenen über Vergänglichkeit zum musikalisch-dramatischen Endspiel im Lichte unserer Erfahrung geworden sind: *Jowegerli.* Ja, wahrlich – von da her ist kein weiter Weg ins Jahr 2000 und zu jenen »Populationen, die den Stil der Zitate leben, deren sie mächtig sind«: mit diesem

Motto war Oswald Wiener mit gewaltigem literarischen Hammer aufgebrochen zur ästhetischen *Verbesserung von Mitteleuropa,* um dabei ebenso das Fürchten zu lernen wie etwa Hans Magnus Enzensberger mit seinen luzid-unzeitgemäßen Betrachtungen über *Ach Europa.*

Zweiter Versuch:
Wagner hat so tief in den Vorwelten geschürft, sich mit mythischem Blick so sehr darin festgesaugt, daß sein Entwurf einer Musik der Zukunft zuletzt keine utopischen Perspektiven ausmalen konnte: deshalb verebbt seine den *Ring* beschließende Musik wie eine Sammlung letzter Mouvements (– vor der Erstarrung). Etwas klingt weiter, aber am Rand des Verstummens. Irgend etwas ging seinen Gang. Die Götter verharren reglos in dem, was sich fügt. Die Helden sind der Welt abhanden gekommen. Und die ist vollkommen aus den Fugen. Mit Büchner zu sprechen, liegt die Erde da wie ein umgestürzter Hafen. Der Mensch darin: ein vollkommener Niemand. Nichts anderes. – Von den subkutanen Korrespondenzen zwischen Siegfrieds und Dantons Tod im Zeichen gescheiterter Revolutionen war schon die Rede. In folgerichtiger Konsequenz – ergo in diesem Dunkel – fällt noch manch anderes Licht auf die Weltkarte, die sich am *Ring*-Ende mit verfransenden Kontinentaldriften abzeichnet. Georg Büchners kritisch-sensibler Sinn für die Risse und Brüche im Weltlauf nämlich hätte den klingend-erscheinenden Runenstenogrammen Richard Wagners mit erkenntnisorientierter Neugier konkrete Motive der Abweichung abgelauscht – mit Sätzen wie folgt:
»Die Welt ist das Chaos. Das Nichts der zu gebärende Weltgott. / Die Nacht schnarcht über der Erde und wälzt sich in wüstem Traum. Aber die Zeit verliert uns.« Büchner hat stets weitergesucht, über alle verlorenen Zeiten hinaus, bis hin zum Versuch einer ästhetischen Rettung jenes verschollenen *Lenz'*, den Wolfgang Rihm mit konzisen Klanggesten und schneidenden Tongesichten musikdramatisch für uns heute noch einmal wiedergefunden hat: mit Wolken, die ganz hoch droben ziehen, wie in Träumen. – Genau das ist es, woran Lenz stürmisch und

drängend gescheitert war, mit seinem verträumten Wunsch, doch endlich auf dem Kopf gehen zu können – was nichts anderes heißt, als den Himmel als Abgrund wahrzunehmen, unter uns. So lebte er denn hin, ganz ohne Wahn, und suchte »nach etwas, wie nach verlorenen Träumen, aber er fand nichts. Er hätte die Erde hinter den Ofen setzen mögen«.

Das ist es, mit aller Konsequenz, auch bei Wagner. Die Erde erscheint, im aufdämmernden Ende, tatsächlich wie hinter einen musikalischen Ofen versetzt – und nichts ist geheuer, was bleibt: im Partikelgestöber zwischen Schall und Rauch. Die Rätsel in diesem Endland, dieser Ödnis der Erde, sind nicht nur R(h)ein entsprungene. Sie haben ihren Ursprung auch, wie Nietzsche bewundernd konzedierte, in Wagners »Reichtum der Farben, an Halbschatten, an Heimlichkeiten absterbenden Lichts«.

Weshalb das Prinzip Hoffnung darin, hoch und weit ausgespannt in himmelblauem Azur, durchaus identisch werden kann mit dem Grau als Totale einer negativen Dialektik.

Ohnedies ist ja bekanntlich nichts zwischen Himmel und Erde, was nicht vermittelt ist. In diesem Sinn wäre die Schlußmusik dann auch eine Art Nachlaß von Lebzeiten. Der Final-Epilog eine Klangwelt jenseits von Gut und Böse – was die Menschheit betrifft: ein Rauschen à la Zarathustra: Musik für alle und keinen.

Bleiben die Ambivalenzen um diesen größten Entwurf eines Musikdramas der Zukunft, das jemals geschrieben ward. Ist Musik/Theater im Sinne Wagners denn, wie Richard Strauss vermutete, der Versuch, durch das Leitmotiv vom Mythos zu erlösen, oder – wie Thomas Mann im Gegenteil dachte – die (erkenntnis)leitmotivische Aufhebung der Oper in Mythos und Psychoanalyse? Im Zwischenreich dieser unentschiedenen Vorläufigkeit verströmt eine ums Ende ringende/*Ring*-endende Musik wie in einem Fluß ohne Ufer. Und die bislang alles geleitenden Motive münden wie von weither umgetriebene Haltestellen in einem Meer der unerhörten Klänge: als hätte Wagner mit seiner Endspielmusik in diesem Ozean inkognito einer

Musik der Zukunft wenigstens noch eine kleine akustische Arche Noah ausgesetzt. So wäre denn Wagners Schlußmusik ins Offene doch als ein großes Vielleicht zu verstehen, zwischen dem Niemandsland gescheiterter Utopie und möglicher neuer Hoffnung oszillierend. Oder ist die verlorene Zukunft zurückübersetzt in falsch verstandene Hoffnung aus dem Vergangenen? Dann würde absehbar, daß Wagner, dieser scheinbar so souverän-verfügende Feldherr seiner Figuren, sich am Ende des *Rings* in einen musikalischen Rückzugsgeneral verwandelt, dessen letzter Rest auf die vage Hoffnung setzt, daß Pferde die Überlebenden der Helden seien.
Womit freilich, nicht erst seit Shakespeares Tragödie um Richard, den verwegenen Dritten, mit seinem letzten Satz vom Königreich für ein Pferd und ums Überleben, eine seltsame Geschichte anhebt, in der es mehr als schade ist um den Menschen. Wenn nämlich Adorno seinem *Versuch über Wagner* das wunderliche Motto von den die Helden überlebenden Pferden voranstellte, leuchtet im geheimen Selbstzitat die Möglichkeit glückhaften Entrinnens aus der Vorwelt auf: »Was immer gegen die Echtheit der Wagnerschen Mythologie mag eingewandt werden, eine Gestalt erscheint darin geradenwegs versprengt aus der Vorwelt: die des Pferdes. ›Was ruht dort schlummernd / im schattigen Tann? / – ein Roß ist's, / rastend im tiefen Schlaf‹ – das klingt, im äußersten Pianissimo, mit dem zitierten Walkürenthema über den abgesunkenen Akkorden, älter als je das Schwert der Helden und das Walhall der Götter; so alt wie bloß Erinnerung selber.« Selbst dieser erfüllte Einstand von Erinnerung aber wird nach Brünnhildes Schlußgesang endgültig verabschiedet, indem sie mit dem fröhlich wiehernden Roß Grane in den feurigen Abgrund der Geschichte reitet und eine musikalische Jetztzeit zurückläßt, die sich zurüstet auf einen umfassenden Abschied von jeglicher Utopie.

So verquer steht es zuletzt um die Dialektik von Mensch und Kreatur im *Ring* in unglücklicher Allianz. Und kaum überrascht – in dieser Konstellation – jenes plötzlich einschlagende Moment von Don Quixote in Wagner, der freilich – wie in

Franz Kafkas verschobener Optik – das episch-musikalische Geschehen dann unversehens durch die Brille von Sancho Pansa betrachtete, der gelassen hinter den seltsam-weihevollen Weltentaten seines letzten Ritters zum Ruhme des Menschen samt Rosinante einhertrottete, als hätte er alles bloß geträumt oder als Ablenkung erfunden. In genau diesem Sinn überließ sich Richard Wagner der autonomen Dynamik des *Ring*-Geschehens, diesem dramatischen Immerzu zwischen Schöpfung und Erschöpfung der Welt und seiner immanenten Bewegung nachfolgend. Er schuf nicht nur, sondern ließ geschehen.

In diesem schwebenden come and go tritt schließlich das Erlösungsmotiv über allem (ver)nebelnden Gewölk der Schlußmusik in Gestalt einer ganz anderen Frage auf den Plan zwischen bloßer Hoffnung und möglicher Verwandlung zur Kenntlichkeit. Franz Kafka hat einmal Max Brod gegenüber bemerkt, daß die Welt »nur eine schlechte Laune Gottes, ein schlechter Tag« sei, mit »unendlich viel Hoffnung: nur nicht für uns«. – »Für wen aber denn sonst?« hätte Ernst Bloch sogleich dagegen gefragt, wäre der Denker des Prinzips Hoffnung Kafkas Gesprächspartner in Sachen Weltbilderabsturz gewesen. Worauf sich freilich bloß schwer verbindliche Antworten finden lassen. Es sei denn, man wollte auf Walter Benjamins Vorschläge vertrauen, der die Exponenten jener Überfülle von Hoffnung nur nicht für uns mit Blick auf Kafka im »Geschlecht der Türhüter und der Gehilfen, der Hunde und Maulwürfe, der Titorelli und Sortini, der Kübelreiter und der Statisten von Oklahoma« vermutete.

Schade, daß Benjamin dabei die beiden irdisch überirdischen Pferde der desperaten *Landarzt*-Erzählung vergessen hat. Die nämlich sind Kafkas Parabeln des beschädigten Lebens im doppelten Wortsinn entsprungen wie Wagners die Helden überlebenden Pferde dem mythischen Bann, um sich gemeinsam auf der Trabrennbahn von Clayton wiederzufinden: jenem Ort einer ästhetischen Geographie, wo auch alle sonstigen von Gott und der Welt verlassenen Geschöpfe und unbedacht jeglicher Herkunft so seltsam freundlich willkommen sind. Kaum nähme es dann mehr Wunder, hätte inmitten dieses Bildes der imaginären Utopie des Naturtheaters von Oklahoma mit einer Menschheit am Rande, die sich einzuüben sucht in die Regeln des aufrechten Gangs, ein doch befruchtend in seine Ufer zurückgetretener Rhein seinen geheimen Quellgrund. In solchem Wasser wäre dann nicht unbedingt mehr jedes musikalische Welt-Rätsel nur ein Reinentsprungenes.

Weshalb noch manch andere Mutmaßung über diese letzte und scheinbar alles endende Klangbeschreibung vonnöten ist. Die Sache selbst scheint rasch abgetan. Wagner benötigt für das Ende des *Rings* als einem »Bewußtsein von Nöten« nur 23 Takte. Kürzer war nur der *Lohengrin*-Schluß. Ein musikalischer Epilog. Instrumentales Nachspiel als acte sans paroles. Was geschieht, macht die Unzulänglichkeit freilich mehr als zum letzten Ereignis. Sollte Sieglinde, die sich schwanger mit Siegfried nächst Mimes Waldbezirken verloren hat, sollte sie noch einmal als andere Erda erscheinen und erlösende Mutter eines kommenden Menschengeschlechts sein? Das musikalische Zitat als Chiffre von Erlösung ist zunächst einmal klingende Beschwörung von gealtertem Vorschein. Da rundet sich nichts, und nichts ist geschlossen. Der Fluch mag vom Ring genommen sein, die Rheintöchter mögen mit ihm in der Tiefe weiter spielen. Welches Spiel aber wird da getrieben? Zu welchem Ende? Zu welchem möglichen Neubeginn? Vieles in dieser Musik als Wiederholung deutet auf Abgesang, Abdankung hin. Ich habe nicht(s) mehr zu sagen, sagt diese Musik. Alles am Ende des *Rings* scheint ausgebrannt. Nicht nur Walhall erloschen. Was Schall ist, tönt bloß als Echo über dem, was da verraucht. Nichts mehr geschieht, wo alles zerfließt.
Dann hätte Adorno Recht mit seinen Prinzipien einer negativen Dialektik, wonach sich auch alle Metaphysik um die *Ring*-Welt am Ende in der schlechten Unendlichkeit einer Musik als bloßer Reprise erschöpfte. »Wagner gewährt keine Weltuntergangsmusik, wie er sie verheißt, sie fällt ab, löst die Erwartung der obersten Katastrophe nicht ein. Durch das in sich Kreisende, Ausweglose in der Konzeption der Tetralogie, wie es schon das Wort Ring im Titel indiziert, ist vorweg das qualitativ

Andere und Neue versperrt, das doch zugleich an der kritischen Stelle gefordert wäre. Das Ende der *Götterdämmerung* wird, wie das Schlußkapitel von Hegels *Phänomenologie des Geistes* vom absoluten Wissen zur bloßen Rekapitulation – musikalisch gesprochen zur Reprise: mit dem Enttäuschenden, was allen Reprisen eignet. Das Absolute, die Erlösung vom Mythos, sei es auch die Katastrophe, ist nur als Reprise möglich. Der Mythos ist die Katastrophe in Permanenz. Was ihn abschafft, vollstreckt ihn, und der Tod, das Ende der schlechten Unendlichkeit, ist zugleich die absolute Regression.«

Bleibt – mit der ebenfalls scheiternd eingedenkenden Reminiszenz ans wirklich Hohe Paar des *Rings*, Sieglinde und Siegmund, deren selig-inzestiöse Allianz nicht zufällig mit dessen bewußt entsagendem Abgang in Hellas Bezirke endet, samt schillernd nachleuchtender Mitgift des Erlösungsmotivs – nur noch der sondierende Blick der Erkenntnis auf das Schicksal der von Wagner zum eigentlich Hohen Paar erkorenen Siegfried und Brünnhilde. Auch hier jedoch wird alles ganz anders enden als in leuchtender Liebe und lachendem Tod. All ihre musikalische Heraldik zerbirst über der Motivik einer Erbschaft aus leidend-überkommener Vorzeit, und die vermeintliche Geburt der Utopie zergeht im Geist der Destruktion, die sich als Mesalliance von Musik und Drama herausstellt, wo nichts mehr zwischen Ohnmacht der Gefühlswelten und unerbittlicher Macht des Schicksals vermittelt.

Nur die Verträge bleiben und binden. In vager Vorzeit geschlossen und über Generationen und ihre Geschichten hinweg mit immer wieder tödlichen Irrtümern eingelöst und erfüllt. Wenn Brünnhilde mit eben solch einem Irrtum und vermeintlich »alles, alles wissend« im musikalischen Schein des Schicksalmotivs ihr Ende beschließt (nachdem doch schon die Nornen, von der Thematik des immerwährenden musikalischen Fluchs geleitet, sich in die Fluchten alles endenden Nicht-Wissens begeben hatten), ereignet sich ein vielschichtiges Ineinander der szenisch-musikalischen Ereignisse. Und zwar folgendermaßen: der Ring wird auf mysteriöse Weise und durch seltsame Feuer- und Wasserproben hindurch zuletzt in die

Hände der Rheintöchter gespielt. Höchst ungewiß, ob darüber alles entsühnt, gar versöhnt erscheint: kommt ganz darauf an, wie man das abbrechende Fluch-Fragment in der Endspiel-Musik deutet. Aber wie kam Brünnhilde zum Ring, um ihn der »Wassertiefe weisen Schwestern zu überlassen«, vor ihrem alles endenden Absprung ins Nichts? Sie hat ihn aus Siegfrieds Hand friedlich entwunden, der sich zuvor, mit aufragendem Arm und dem zum letzten Mal aufblitzenden Schwertmotiv gewappnet, noch im Tod gegen Hagens Entwendungsversuch zu wehren wußte, wie sonst nur das eigensinnige Kind. Dieses kürzeste und schrecklichste aller Märchen aus dem Fundus deutscher Geschichte nämlich hat Wagner mit Hagens vorletztem szenischen Akt in ein musikalisches Gleichnis übersetzt: der Sohn des Schwarzalben greift demgemäß ringfordernd »nach Siegfrieds Hand: diese hebt sich drohend empor. Allgemeines Entsetzen«. In diesem Entsetzen klingt, ganz ohne Tarnhelm-Geleit, die Möglichkeit einer umfassenden Korrektur herauf, als hätte Wagner seinem letzten Helden, nach einem ohnedies nicht viel mehr als grandios sein wollenden Trauermarsch noch ein anderes Epitaph gesetzt: als entsterbend-entzaubertes Kindertotenlied. Ob Brünnhilde mit ihrer intendierten Rückkehr nach Walhall Waltrautes fragmentarische Bildbeschreibung mit Wotan als Laokoon, gebrochenen Blicks in seine Familienbande verwickelt, vervollständigend korrigieren kann, steht dahin. Er ist nicht umsonst zur Götterdämmerung wie blind geworden und vollkommen verstummt, als wäre er dessen innegeworden, daß er ein Auge hingab für seinen aus der Weltesche geschnittenen Speer – das andere als Opfer für seine Ehe mit Fricka.

Man wird sich dieser lang anhaltenden Erblindung in Form einer musikalischen Auslöschung durch Tetralogie stellen müssen. Alles am Ende des *Rings* ist verlorene Illusion. Verbrannte Erde. Stunde Null. Zum Ende wird, daß es kein Ende mehr gibt. Fabula rasa und keine tabula narrat. Nichts als Dämmer und Ödnis. Kein Tag, geschweige denn Morgen zwischen wohnen, dämmern, lügen. Jetztzeit bricht an, als Chaos leer einziehender Gegenwärtigkeit. Der Rest wäre Suche nach den verlorenen Möglichkeiten hinter dem Dasein. »Wenn es einen

Wirklichkeitssinn gibt, muß es auch einen Möglichkeitssinn geben«, heißt es einmal in Robert Musils *Mann ohne Eigenschaften,* dessen Zentralfigur freilich auch die potentielle Abschaffung der Welt nicht fremd war.

Erst Luigi Nono ist dann mit Prometheus aufgebrochen, noch einmal ästhetische Toposforschung zu betreiben im Licht des U-Topischen, dem Niemandsland Oper heute also neues Terrain aufdeckend jenseits musealer Bezirke. *Prometeo* war nicht zur Aufführung in Opernhäusern gedacht, sondern für andere Räume, aufgelassene Fabrikhallen oder säkularisierte Kirchen bestimmt. So wird denn mit dieser Tragödie des Hörens auch keine Oper mehr in die Luft gesprengt, sondern eine ganz andere Welt zur Bühne des Imaginären. Renzo Pianos Installation anläßlich der ersten Realisierung des Werks in Venedig war ein paradigmatisches Modell in adäquater Korrespondenz zur prometheischen Klangarchitektonik: ein riesiger schiffartiger Rahmen aus Holz, in dem die schier ins Unendliche gedehnten Fermaten risonanze senza erranti fanden: als hätte sich in dieser Konstruktion zwischen den so rätselhaft-zerklüfteten Felsgebirgen von Musik und Theater heute eine letzte Arche Noah der neuen Musik freigesetzt. Nicht alles darin allerdings singt und ruft laut heraus, was wichtig ist. Nonos Prometheus-Projekt ist eher eine noch über alle Grenzen des Verstummens hinaustreibende Recherche, die verlorener Zeit und Geschichte ein Echo auf Zukunft ablauschen will: ein musikalisches Passagenwerk, das über die herrschende Horizontlosigkeit hinweg produktive Neudeutung und Umfunktionierung des Mythos versucht. Eine große musikalisch/theatralische Ausfahrt mit Hölderlins Schicksalsfragen und zuletzt nichts an Bord, außer der fragilen Fracht von Walter Benjamins geschichtsphilosophischer These auf Rettung durch »schwache messianische Kraft«. Mit Prometheus, in griechisch-antiker Parallelaktion furchtlos wie Siegfried ausziehend, die alte göttliche Ordnung und Obrigkeit zu stürzen im Zeichen heraufkommender Menschheit, hat bekanntlich alles begonnen. Heinz-Klaus Metzger hingegen hat zuletzt Luigi Nonos schwebend-abhebenden *Prometeo*-

Evokationen musikalisch fundierter Hoffnung auf Zukunft aus dem Vergangenen vollkommen andere fragende Zeichen geschichtsphilosophischer Erkenntnis entgegengesetzt. Des Komponisten Ansichten über »Ascolto-Silenzio-Possibile« denkt Metzger strikt im Sinne einer Tragödie des Hörens weiter: Nonos beiläufige Bemerkung, »Klang und Raum existieren nicht mehr, an die erste Stelle tritt das Hören, und es gilt einzig noch dem Schweigen und der Möglichkeit« wird in konkrete Botschaft übersetzt: »Es hängt dies mit der Frage des Weltuntergangs zusammen.« Solch strikte Ableitung dialektisch-erkenntniskritischer Art findet sich allerdings im Spannungsfeld von Fragen wieder, ob Musik solch prometheischer Art heute Sprache sei oder Feuer. Antwort: »Die Stellung von Musik ist unsicher.«

Man ist, verunsichert von diesen prometheisch geschürzten Fußnoten zwischen Feuermusik und Weltuntergang, unmittelbar vor die fragenden Zeichen des Endes von Wagners *Ring* versetzt. Auch dessen Musik ist zuletzt ein unendliches Rebus zwischen Reprise und Reminiszenz, Retrospektive und Echo des Eingedenkens. Abgebrochenes Denkmal also und akustisch-dialektisches Denkbild mit Klangchiffren höchst unterschiedlicher Tiefendimension. Wie etwa sollte es zuletzt wirklich um den tönenden Rest des Fragments von jenem Fluch bestellt sein, der von Alberich einst ein für alle mal ausgestoßen ward, samt unerhörter Unheimlichkeit einer orchestralen Untermalung, die, wie Bernard Shaw zu bedenken gab, für die Ohren von Wagners Zeitgenossenschaft geklungen haben muß »wie melodisches und harmonisches Teufelswerk«? Ist mit diesem Rest heute »aller abscheulicher Aberglaube« von einer Musik als negativer Prophetie wegerklärt, der große Fluch zum bloßen Budenzauber einer Bühnenmusik verflacht? Oder verendet dieses Finale in eben jenen Bezirken des Schweigens, von denen Thomas Mann nach dem Ende des *Tristan* einmal mutmaßte, daß dies gar keine Musik mehr sei? Nur noch eine Art akustischer Gedanke? Dann wäre alles ultima scena, letzte und komprimierte Szenenfolge im Sinne von fin de partie mit imaginärer Musik: im Zeitraffer werden klingende Denkbilder von

Vorzeit und Zukunft eingesammelt, gebündelt und konzentriert freigesetzt. In diesem Licht würde das orchestrale Nachspiel plötzlich doch auch zum Präludium eines Kommenden, die alles beschließende Reprise zur resumierenden Intrada eines Départ im Sinne von Auf- und Ausbruch: abhebend vom ewig wiederkehrenden Immergleichen bloßen Dahinlebens in Dämmer und Schatten zeit- und geschichtslosen, also mythischen Bewußtseins. Und doch bleibt, was am Ende zum Schicksal des *Rings* sich fügt, nichts als der Schuldzusammenhang des Lebendigen.

Weshalb sich zusammengefaßt – nach Botho Strauß – heutzutage verbindlich überhaupt nichts mehr sagen läßt: »Epochenbruch und Ärasturz, nun, wir haben uns erschöpft in geschichtstrunkenem Bewußtsein. Jetzt muß man wieder, der Künstler zuerst, zur Tagesordnung des Ewigen übergehen. Um in allem, was geschah, die aufwärtige Bewegung, Anagoge, zu ermitteln.«

Allein, auch dieses aufstrebende Bemühn droht zu zergehn unter den dämmernden Forderungen der drei Tage des *Rings* und im Dunkel eines Vorabends, worin die toten Götter – mit Carl Dahlhaus zu sprechen – doch nur zurückkehrten, um noch einmal zu sterben. Sie lassen, dem Leitbild von Wotans Prinzip Lebenslüge gemäß, eine Erde zurück, worin zwischen Göttlichkeit und Bettlertum nur noch die Lüge zur Moral der musikalisch-dramatisch herrschenden Weltordnung erhoben wurde.

So wäre denn Wagners *Ring* am Ende denn doch auch eine antikisiert sein wollende Antizipation seiner Gründerzeit-Gegenwart, hinter deren auf Hochglanz polierten Fassaden freilich nichts als die verschmutzten Kryptogramme von Verfremdung und Verfall gealterter Vorzeit zu finden sind. In dieser Perspektive erst gewinnen die Umrisse von Wagners dämmerungsgemäß-offenen Enden des *Rings* zeitgenössisch konkrete Kontur – finden seine akustischen Gedanken Widerhall in kritisch-aufklärender Erkenntnis.

Am Ende von Adornos Minima Moralia findet sich beispiels-

weise folgende Aufzeichnung: »Philosophie, wie sie angesichts der Verzweiflung einzig noch zu verantworten ist, wäre der Versuch, alle Dinge so zu betrachten, wie sie vom Standpunkt der Erlösung aus sich darstellen, Perspektiven müßten hergestellt werden, in denen die Welt ähnlich sich versetzt, verfremdet, ihre Risse und Schründe offenbart, wie sie einmal als bedürftig und entstellt im Messianischen Lichte daliegen wird.«
Bedürftig und entstellt, mit einem musikalischen Bildersturm hinter sich, wie ihn keine Welt vordem noch kannte, präsentiert sich die Erde am Ende des *Rings* mit nichts als ihren vier Elementen. Die Perspektiven auf Erlösung scheinen identisch zu werden mit der Hoffnung auf eine schwache messianische Kraft. Alles andere endet im Zwielicht des Zweifels, im Zwischenreich eines musikalischen chiaro-scuro. Wenn Dämmerung die Flügel spreitet, hat darin zuletzt Paul Klees *Angelus Novus* seinen Auftritt. Dieser Engel der Geschichte steht mit dem Rücken zur Zukunft und sieht in den Ruinen des Vergangenen ein unüberschaubares Trümmerfeld der Geschichte vor sich: »Er möchte wohl verweilen, die Toten wecken und das Zerschlagene zusammenfügen. Aber ein Sturm weht vom Paradiese her, der sich in seinen Flügeln verfangen hat und so stark ist, daß der Engel sie nicht mehr schließen kann. Dieser Sturm treibt unaufhaltsam in die Zukunft, der er den Rücken kehrt, während der Trümmerhaufen vor ihm zum Himmel wächst. Das was wir den Fortschritt nennen, ist dieser Sturm.«
Keine schlechte Bildbeschreibung für Wagners umfassende Auslöschung von Geschichte im *Ring*, die identisch ist mit Wotans Wandlungen vom Bild des Gottes zum Wanderer und zum Bettler, der nichts mehr will außer das Ende. Der Engel der Geschichte in Lumpen. Diese Verfremdung zur Kenntlichkeit ganz ohne Odysseus spiegelt sich schließlich in Benjamins sprengendem Leitsatz zur Dialektik der Aufklärung: »So lange es noch einen Bettler gibt, solange gibt es noch Mythos.«

An Fortschritt glauben heißt demnach eben nie glauben, daß er schon geschehen sei. Im Sinne dieser Erkenntnis hat Richard

Wagner im *Ring* mit seiner zu kleinen leitenden Logik des Erlösungsmotivs am Ende wohl die Notwendigkeit des Übergangs zu einer größeren Logik erkannt: worin das Bühnenfestspiel des *Rings* mit seinem kargen Rest von Vorschein auf Hoffnung sich zur Keimzelle erweitert für das Bühnenweihfestspiel mit der alles endenden Parole »Erlösung dem Erlöser«.

Zwischen Lachen und Schweigen
Nachruf auf Kundry

Sterben – schlafen – nichts weiter
Schlafen! Vielleicht auch Träumen
Was in dem Schlaf für Träume kommen mögen.

William Shakespeare: *Hamlet*

Erglänzt aber das verschmutzte Geschmeide aus dem *Ring des Nibelungen* wirklich wieder rein und funkelnd in der strahlend-leuchtenden Aura des Grals? Ist denn die Gralsburg wahrhaft entsühntes Walhall, wie Ernst Bloch vermutete, der zugleich darauf hinwies, daß der Gral, dieses Traumsymbol imitativen Allvermögens samt Himmelsrose über den sieben Sonnenringen direkt aus den Händen Sarastros weitergereicht worden sei? Liegt die Zauberbergwelt von Montsalvat mit ihrem hüben und drüben in diesem trüben Schein nicht als allzu verdächtig genau nachgebautes Szenario der *Zauberflöten*-Hemisphären da – inklusive raunender Freimaurerei und fataler Frauenfeindlichkeit im Tempel des Geheimen? Merkwürdig genug, daß noch der Sarastro-Darsteller in Ingmar Bergmanns Verfilmung des Mozartschen Machwerks in der Pause zwischen erstem und zweitem Aufzug so tief in das Studium der *Parsifal*-Partitur versunken scheint.
Nicht aber die Rätselbezirke der männerbündlerischen Gralswelt und die zwiespältige Erlösungs-Enigmatik um Parsifal selbst seien hier näher betrachtet. Das Religionskunst in unermeßliche Kunstreligion hochsteigernde Bühnenweihfestspiel sei vielmehr mit erhabener Nüchternheit durch die Brille jener Figur besehn, die dessen geheimes und unerlöstes Zentrum bildet – aus dem Blickwinkel Kundrys. In dieser Perspektive, die allerdings manches mit Ein- und Ausblicken zu tun hat, wird zunächst absehbar, warum sich Wagner, spätestens seit 1842 – und immer wieder scheiternd – mit dem *Parsifal*-Plan herumgeschlagen hat, um erst vierzig Jahre später sein Werk des Endes zu schreiben, um alles zu enden. Er hat, über alle Unsicherheiten, Vorstufen und Verwerfungen (*Jesus von Nazareth* und *Die*

Sieger) hinweg, die Komposition dieses musikalischen Endspiels um die Erlösung in jenem Augenblick beschlossen, als ihm Kundry in Originalgestalt ein-, vielmehr zufiel: als Koinzidenz von fabelhaft wilder Gralsbotin und wunderbar weltdämonischem Weib. Hellsichtig hat Nietzsche einmal angemerkt, bei Wagner stünde am Anfang immer die Halluzination: dies ist bei der letzten Oper Wagners, die freilich keine mehr sein will, ganz besonders der Fall. Denn *Parsifal* ist über diesen Halluzinationen zu einem der wenigen Kunstwerke jenes exzeptionellen Ranges geworden, in dem eine Gattung aufgehoben und neu begründet wird zugleich. Was vor allem mit Schicksal und Charakter der Kundry und ihrer unendlichen Geschichte zu tun hat, aller eigentlichen Geschichte zwischen Zeit und Raum rätselhaft enthoben. Vollkommen unvergleichlich ragt sie als absolute Ausnahmeerscheinung aus der großen Galerie nicht nur Wagners Frauengestalten, sondern der Musikliteratur insgesamt heraus.

Als singuläre Figur entgleitender Grenzüberschreitung ist Kundry im *Parsifal* in beiden, diametral entgegengesetzten Sphären von Grals- und Zauberbezirk zu Hause, auf jeweils höchst unterschiedliche Art und Weise nicht nur dienend. Im Grunde aber ist sie ohne alle Grenzen auch vollkommen heimatlos, ohne jedwede Hoffnung auf Heimat. Es ist, als wäre ihr eigentliches Verhängnis im verlorenen Lachen begründet, also ganz woanders entsprungen. Weshalb die musikalische Konfiguration einer doppelten Optik, womit Wagner Kundry versehen hat – dem immer wieder jäh und gellend abstürzenden Chroma ihres Schicksalsmotivs und den beseelt aufklingenden, verführerisch wissenden Momenten der Suche nach Versöhnung, die zwischen Befriedigung und Befriedung immer wieder scheitert –, nicht einfach nur als klingende Emblemata einer Doppelnatur existentiellen Außenseitertums in schillender Personalunion erscheinen.

Der schwarzmagischen Zauberfee Kundry wird durch ihre Begegnung mit Parsifal etwas ganz anderes zuteil, als ihr vordem jemals verheißen. Noch dann nämlich, wenn sie im Karfreitagsbezirk vollkommen abhanden kommt und sich zurückzieht in ihr dienendes Schweigen, wird sie als szenisches Ereignis in ganz anderer Kenntlichkeit um so präsenter. Karfreitag und dessen Zauber ist ihr Geheimbezirk Erlösung. Über das entseelte Versterben wissen wir nichts. Womit aber über ihren nicht nur musikalischen Taten ersichtlich wird, daß Kundry selbst Rätselfigur bleibt und Geheimnis, neben und über Wagners kreativ schaffende Horizonte hinaus. Noch nach ihrer Magdalenisierung bleibt Kundry Hauptfigur im Geheimen des Erlösungsgeschehens. In musikalischer Absenz um so anwesender als Gestalt sinnlicher Gewißheit. Indem Kundry aus dem musikalischen Rahmen des Geschehens heraustritt, ohne szenisch abhanden zu kommen, wird ihre Klangbeschreibung eigentlich erst kenntlich: als der Unruhe erstarrtes Bild, das im Schweigen Versöhnung findet.

Der wunderlich seltsame Rest ist musikalisch-dramatische Differenzierung zwischen heiligem Hain und künstlichem Paradies – mit versprengt-diversen Verfluchungen und Irrfahrten dazwischen. Was aber ist das für ein doppelt verschwindender Rahmen um *Parsifal,* zwischen weihevollem Mysterienspiel und gewagter Geschlechtsoper einer gleichsam in Kirchentonartenmusik gesetzten Säkularisierung des Sexus, worin der Musiker den Priester ersetzen und die Bühne zum Altar werden soll? Was passiert, wenn Wagner sich geriert wie ein mythischer Theaterdionysos und Bauchredner Gottes zugleich? Was schwankt da wirklich noch einmal an alten Göttern und Helden heran, aus mythologischen Waldungen heraufgerufen, in Schemen und Schatten christ-buddhistischer Überlieferung wandelnd und von Richard Wagner im Licht seiner Erlösungsphantasmagorien freigesetzt?

Schon Thomas Mann hat sich über die schillernden Seltsamkeiten des *Parsifal*-Personals gewundert, das da rettend-erlösend zum letzten Ringverein zusammentritt:

»Der Personenzettel des *Parsifal* – was für eine Gesellschaft im Grunde! Welche Häufung extremer und anstößiger Ausgefallenheit! Ein von eigener Hand entmannter Zauberer; ein desperates Doppelwesen aus Verderberin und büßender Magdalena mit kataleptischen Übergangszuständen zwischen den beiden

Existenzformen; ein liebesiecher Oberpriester, der auf die Erlösung durch einen Knaben harrt; dieser reine Tor und Erlöserknabe selbst, so anders geartet als der aufgeweckte Erwecker Brünnhildes und in seiner Art ebenfalls ein Fall entlegener Sonderbarkeit –: ein Sammelsurium von Unheimlichkeit.« Und weiter, mit genau fokussierendem Blick auf die dämonisch umhergetriebene Gralsbotin: »Die Figur Kundrys, der Höllenrose, ist geradezu ein Stück mythischer Pathologie; in ihrer qualvollen Zweiheit und Zerrissenheit, als instrumentum diaboli und heilssüchtige Büßerin, ist sie mit einer klinischen Drastik und Wahrheit, einer naturalistischen Kühnheit im Erkunden und Darstellen schauerlich krankhaften Seelenlebens gemalt, die mir immer als etwas Äußerstes an Wissen um Meisterschaft erschienen ist. Kundry ist gewiß die stärkste, dichterisch kühnste Figur, die Wagner je konzipiert hat.«
Das ist sie: dichterisch gewiß, ganz sicher aber auch musikalisch, sind es doch die ihr zugeordneten Klangbilder und -chiffren, die die Partitur am prägensten durchherrschen. Die Abundanz, mit der die Kundry-Motivik den Erlösungsmaelstrom der *Parsifal*-Musik durchtränkt, macht sie quantitativ wie qualitativ zum eigentlichen Zentrum der gesamten Geschichte.

Was aber hat es genau auf sich mit ihrem Dasein in den Korrelationen und Konkordanzen zwischen musikalischen und sprachlichen Erscheinungen? Schon Kundrys erster Auftritt ist gezeichnet von fliehend-aufgewirbelten Klanggestalten: die wilde Reiterin – alles andere als feminine Entsprechung der legendären reitenden Boten der Rettung – bringt Balsam aus Arabia, wahrscheinlich also Klingsors Welt, um sonst sämtliche Auskünfte zu verweigern. Gurnemanz' Frage nach ihrem Herkommen fährt sie schneidend in die Parade: »von weiter her, als du denken kannst.« Hier klingt etwas an, was mit Kundrys absolutem Zeit- und Raumvorbei zu tun hat, auch in ihrer entscheidenden Auseinandersetzung mit Parsifal im zweiten Akt wiederkehren wird: »fern – fern ist meine Heimat«. Den Rest charakterisieren nicht Wort und Musik im Sinne von Text-Ton-

Konkordanzen, vielmehr Wagners verräterisch genaue Szenenanweisungen. Demnach stürzt Kundry schon zum ersten Auftritt hastig, fast taumelnd herein, um sich sogleich an den Boden zu werfen. Am liebsten würde das wilde Weib wohl sogleich wieder im Erdboden versinken, sich abwenden in ihre radikale Abwesenheit. Auffallend nur ihr merkwürdiges Augenspiel, ihr Blick: »stechend schwarze Augen, zuweilen wild aufblitzend, öfters wie todesstarr und unbeweglich«. Den naiven Knappen erscheint die büßende Botin zunächst als wildes Tier (als ob Tiere im Gralsbezirk nicht heilig wären – siehe Auftritt Parsifal), als Heidin dann und Zauberweib, ehe Gurnemanz zur Raison ruft: »Eine Verwünschte mag sie sein, zu büßen Schuld aus früh'rem Leben«, worüber der musikalische Übergang von Grals- und Abendmahlsmotivik in die abstürzende Kundry-Sequenz einen Fall ganz besonderen Zusammenhangs signalisiert. Erstmals leuchtet auf, was Kundrys Ego an Nicht-Identischem eignet. Ihr Dienen im Gralsbezirk wird im Sinne von Selbsthilfe, Vergeltung als Termingeschäft zwecks höherer Kompensation kenntlich. Mit immer gleichen Vorzeichen für ihre Auftritte aus bedeutsamer Abwesenheit: schon Titurel fand sie einst schlafend im Waldgestrüpp – erstarrt, leblos, wie tot. Das war, signalisiert die Musik mit ihren Zauberdepeschen, zu jener Zeit, als Klingsor seine Gegen-Gralsburg errichtete. Dies ist die eine konstante Komponente im verhängnisvollen Daseinskreislauf von Kundrys vergeblich-falschem Leben, das sich nicht aufhebt im Tode. Immer wieder wird sie aus ihrem Todesschlaf gerissen und in falsche Versuchung geführt. Daß dem Gralsbezirk während Kundrys Abwesenheit verstärkt Unheil droht, dämmert Gurnemanz in der Amfortas-Erzählung von Wunde und Speerverlust und der fragenden Wendung an Kundry: »Wo schweiftest damals du umher?« – Die Antwort ist wiederum in einer Szenenanweisung versteckt: Kundry schweigt düster. Nur die Musik plaudert etwas davon aus, daß sie als furchtbar schönes Weib am Werk war bei Amfortas Verwundung. So verharrt Kundry fortan mit wütender Unruhe im Abseits bis zum Auftritt Parsifal samt Gurnemanz-Quiz und dem stereotypen »Das weiß ich nicht«.

Was zu einem Lulu-Exkurs in *Parsifal* führt. Auch Lulu, das mythische Niemandskind, weiß den bohrenden Fragen des Malers nur ihre Unwissenheitsformel entgegenzuhalten. Constantin Floros hat Parallele und Kontrast zwischen Wagner und Wedekind/Berg einmal genau analysiert, um mit überraschender Wendung zum gleichen Ergebnis wie Gurnemanz zu gelangen: »so dumm wie den fand ich die Kundry nur«. Merkwürdig genug nur, daß Kundry, dieses andere Niemandsgeschöpf – insgeheim freilich fast alles wissend –, ausgerechnet hier ihr Schweigen bricht und in den Diskurs aufklärend eingreift. Irgend etwas scheint sie an der Torheit dieses jungen Mannes ohne Eigenschaften zu faszinieren. Für einen entscheidenden Moment tritt sie aus ihrer tagwandlerischen Abwesenheit heraus und wendet sich Parsifal zu, um ihm ein Stück Inkognito seiner selbst zu entreißen. In tristanesk gezackten Klangbildern unterbreitet sie ihm jäh intermittierende Kunde vom Tod seiner Mutter, der Törin, die ihn zum Toren erzog – und: sie lacht. Hier ist sie zum ersten Mal, diese verhängnisvolle Chiffre des Lachens, worüber Kundrys ewiges Leben in Unheil und Schuld stürzte. Die Musik kommentiert kaum, kurz und abgebrochen signalisiert sie in einem eintaktig aufleuchtenden Fragment, daß es beinahe keine Stelle gibt, wo sie Kundry nicht sieht. Bloß daß Kundry ihr Leben, das sich Jahrtausende von Welt zu Welt und endlos durch das Dasein quält, darüber nicht ändern kann. Parsifals so emphatische Aufwallung der Gefühle als Reaktion auf ihre kargen Andeutungen seiner unbewußten Vorgeschichte nehmen nicht Wunder, es ist dies die erste entscheidende Er-Innerung auf dem langen Weg zu seiner inneren und äußeren Läuterung. Als er darüber zuletzt in heftiges Zittern gerät, bringt Kundry sogleich Wasser zur Labung und Linderung. Was Gurnemanz nach Gralsart gutheißt, ist freilich nichts anderes als doppeltes Vorspiel en miniature für die Begegnungen Parsifal/Kundry in Klingsor- und Karfreitagsbezirken – wenn auch unter jeweils ganz anderen Vorzeichen. Und Kundrys scheinbar gar nicht zu dieser Situation passendes, ratloses Nebenbei »Nie tu ich Gutes« entspringt einem Vorgefühl, über dem sie ebenfalls in heftiges Zittern verfällt. Die nur Ruhe will und (ent)schlafen, ahnt die flackernde Unruhe der Klingsorsignale voraus und ihre unmittelbar anstehende Funktionalisierung im Fluch. So kommt sie der Gralswelt abhanden, um in den Zauberbann zu entschwinden, aus dem kein Entrinnen möglich ist. Der Akzent bei ihrem »schlafen – schlafen – ich muß« liegt auf dem muß. Von machtloser Wehr geschüttelt, weiß sie, daß sie der gestundeten Zeit nicht entkommen kann. Und der kataleptische Übergangszustand, von dem sie eingeholt wird, hat eine Inschrift: »Die Zeit ist da«.

Genau dies ist die prägende Formel, mit der Klingsors Kundry-Beschwörung anhebt und der Meister die Marionette des mythisch verteufelten Fluchs aus ihrer chtonischen Flucht heraufholt, nachdem das Orchestervorspiel zum zweiten Aufzug in alles beschließender Koinzidenz von konstant drohender Klingsor-Chromatik und hier endlich vollends über drei Oktaven und durch das ganze Orchester abstürzende Kundry-Motivik endete. Kundrys Fall ins Haus Klingsor stellt sich freilich als vollkommene Verfremdung zur Kenntlichkeit dar. Auffallend nämlich ist, daß Klingsor gar nicht Kundry selbst, sondern zunächst nur ihre Gestalt erweckt: indem der Meister die Namenlose ruft, steigt »Kundrys Gestalt herauf. Sie scheint schlafend.« Und wenn sie schreiend, klagend, wimmernd ihr Nachtlied zwischen Jammer, Wahnsinn und Tod anstimmt, als hätte Gustav Mahler hier Zarathustra komponiert, erwacht sie, ganz als weltdämonisches Weib verkleidet, auch klanglich in ganz anderem Kolorit, Kontur und Umriß gewinnend im musikalischen Gewande ihres Verführungsmotivs. Der heftig entbrennende Streit mit Klingsor, der sie »nicht halten, wohl aber fassen kann« und zuletzt eine Teufelsbraut nennt, entspinnt sich als windschiefer szenisch-musikalischer Dialog in Mißverständnissen, über dem kenntlich wird, daß nicht er es eigentlich war, der sie weckte, sondern ihr Fluch, dem sie dienen muß. Daß sie an erhobener Stelle – »bist du keusch?« – einmal mehr in ihr unseliges Lachen ausbricht, paßt genau zur Sache. Und ehe noch schallende Hörnersignale Parsifals Ankunft verkünden und Klingsors Blumenkinder in den Lustgarten ausschwärmen, ist Kundry längst schon am Werk.

Allein, auch ihre alles entscheidende Begegnung mit Parsifal hebt nicht in unmittelbarer Konfrontation an, sondern ereignet sich indirekt, durch musikalische Vermittlung – mit um so nachhaltigerer Wirkung aus Ursache. Kundry, über ein erhaben dialektisches Instrumentarium im Spiel von Liebe und Verführung verfügend, erscheint nicht als Gestalt, sondern in purer Physiognomik der Stimme sur scene. Indem die Namenlose den Namenlosen anruft und benennt: »Parsifal! – Weile!«, verlieren sich die letzten Zaubergarten-Klangfelder ins Nichts, und Kundry tritt selbst mit leuchtender Plötzlichkeit auf den Plan, um den fliehen wollenden Helden in ihren Bann zu ziehn. Über dem Schock ihrer Invokation, der Parsifal als Ruf aus dem Entbehrten im Innersten trifft, wird die musikalische Gefühlswelt quasi neu aufgeladen, und Kundrys strömend-betörender Gesang geleitet in Regionen, wo nichts mehr geheuer ist. Wenn sie dann plötzlich Worte in Versen versendet, sich verführerisch-bezwingend ins Bild seiner Herzeleide hineinschiebt und Parsifals ödipale Muttergefühle ins unbewußt Erotische hinüberfließen läßt, enthüllt sich diesem so viel Ungereimtes aus seiner Vorgeschichte, daß er Kundrys Verlockungen schließlich wehrlos verfallen und von ihren Mutter-getarnten Verführungsschlingen vollkommen gefangengenommen scheint: »sie beut dir heut – als Muttersegens letzten Gruß, der Liebe ersten Kuß«.

Mit dem Kuß aber hebt jenes Orchesterzwischenspiel an, dessen acht Takte dieser Verführungsszene ganz anders Sinn und Richtung verleihen. Das Dickicht und Gewirr von Motivresten, das in einem nicht mehr genau definierbaren Ausdruck des Klangfarbenverlaufs zuletzt unaufgelöst bleibt, führt – wie das Vorspiel zum ersten Aufzug – musikalisch an die Schwelle zur Atonalität und entführt in die Zonen entscheidender (Selbst)Erkenntnis. Alles ist Einheit im Entgegengesetzten. Der Ausruf: »Amfortas! – Die Wunde!« aber markiert die entscheidende Zäsur, ist Anlaß für Wende und innere Umkehr, Ausgangspunkt für Parsifals weitere Wege ins Offene, das noch so verhangen ist. Der Rest wäre Kundrys andere Lust auf List der Verführung, Fluch und Flucht.

Wenn da nicht eine doppelt verschobene Dialektik der Aufklärung stattfände. Kundrys Scheitern an Parsifal ist zunächst darin begründet, daß ihre aufklärenden Be- und Erkenntnisse dazu geleiten, »Schuld in Reue zu enden, und Torheit in Sinn zu wenden« – ihm also die Möglichkeit aufscheint, seiner selbst ohne Angst innewerden zu können. Daß er sie in dieser neu gewonnen Identität sogleich als Verderberin erkennt und zurückstößt, hindert sie nicht, Parsifal hingegen als wiedergekehrten Heiland zu verkennen. Eros wird umfunktioniert in Mitleidsstrategie, sinnliche Ekstase verwandelt in die Exaktheit des Eingedenkens ihrer eigenen Leidensgeschichte, die in der Schilderung der Urszene ihres verlorenen Lachens kulminiert: »Ich sah – ihn – und – lachte ... da traf mich sein Blick –«. In diesem verflucht-wiederkehrenden Lachen, in diesem negativ-ewigen Blick sind Kundrys Bann und Verhängnis begründet. Als hätte alles seinen Ausgang genommen in jenem Augenblick, als Maria von Magdala Christus auf seinem Kreuzweg nach Golgatha verlachte: für immer ihr Schicksal im Angesicht des sich zum Sterben anschickenden Christus verlierend.

Kundrys unglücklichem Sein und Bewußtsein indes ist mit biblischen Mutmaßungen allein nicht beizukommen. Mit ihrem Lachen hat es noch eine ganz andere, und zwar musikalische Bewandtnis. Wenn nämlich ihr »lachte« vom H über fast zwei Oktaven zum Cis abstürzt und haltlos gewissermaßen im Nichts zerbricht, gähnt in diesem Intervallhorizont nicht nur der Abgrund ihrer Geschichte. Dieses H ist der exponierteste und höchste Ausdruck von Kundrys Stimme, der nur an drei weiteren Stellen der musikalischen Schilderung ihres negativ-ewigen Lebenslaufs nochmals auftaucht: im Kontext eben des Lachens, der Gottheit und des Fluchs. Die These scheint nicht zu gewagt, daß in diesem exponiert-abgehobenen Einzelton sich ihr ganzes Schicksal konzentriert und zusammenzieht.

Und fast scheint es kein Zufall, daß die letzten Worte der Marie in Alban Bergs *Wozzeck* in eben jenem H ersticken, gefolgt von einem mörderisch-gesteigerten Crescendo, das denselben Ton über das gesamte Orchester versprengt: als hätte Berg hier eine Art Requiem für Kundry – als Andenken an einen anderen Engel – geschrieben. Dann wären Kundrys Tongesichte doch auch klingende Expressionen einer verlorenen Seele, die sich im Bann ihrer Klangchiffren immer wieder den vermeintlichen Jenseitsschlaf aus den Augen reiben muß.

Aber ist Musik nicht insgesamt, wie Claude Debussy einmal bemerkte, für das Unaussprechliche geschrieben? Gurnemanz' Erweckung der Kundry im dritten Akt *Parsifal* somit der Versuch, noch einmal letzten tönenden Ausdruck für eine verlorene Seele zu finden? Wie auch immer. Wenn der gealterte Trevriezent-Hieronymus vor dem Gralsgehäus Kundry aus ihrem Todesschlaf löst, tritt sie in abermals vollkommen verwandelter Gestalt und gelöst in Erscheinung: alle Züge von Wildheit, Unruhe und Rastlosigkeit sind von ihr gewichen. Und wenn sie über ihrem Dienen – Dienen in definitives Schweigen verfällt, ist auch im Orchester ihr musikalisch-leitendes Motiv zum letzten Mal und endgültig verklungen. Stimmen verstummen.
Aber vielleicht wird Kundrys Schweigen im Dienen auf andere Weise beredt. Denn Kundry kommt diesem Karfreitag nicht abhanden. Sie agiert und reagiert darin so ähnlich wie jene legendäre Prinzessin, die scheinbar ewig in eine vollkommen fremde Welt verbannt leben muß und plötzlich Kunde davon erhält, daß Rettung und Erlösung unmittelbar bevorstünden. Der Retter – so heißt es in der Legende – sei der Messias, die Prinzessin die Seele, und weil sie ihrer entfremdeten Umwelt, von der sie so gar nichts versteht, ihre Vorfreude nicht anders vermitteln kann, versucht sie verschwiegen, der Fremde ein Fest vorzubereiten.
Insofern hängt alles mit Parsifals Rückkunft und Heimkehr zusammen, nach endloser Odyssee durch der Irrnis und der Leiden Pfade. Damit hat sich auch Kundrys Schicksal gewendet. Die ewig lange zwischen allen Welten wandelte, ohne je wirklich Neues unter der Sonne entdecken zu können im Licht ihrer Versöhnung, erkennt nun, daß Fluch und Verwünschung gegen Parsifal nichts bewirkt haben. Das Spiel scheint verloren. Doch

genau darüber wird ihr die entscheidende Möglichkeit absehbar, aus dem Bann heraustreten zu können, der verfluchten Erbschaft ihrer Zeit entronnen zu sein. In diesem Entronnensein kommt für Kundry erstmals Heimat auf, ganz ohne Magdalenisierung samt Fußwaschung und Taufe. Sie hat sich still und schweigend umentschieden. Im Vorgefühl einer ganz anderen Erwartung. All ihre letzten Wege sind eine Art Heimgang in Regionen und Horizonte, worin sie noch niemals war. Ihre namenlose Sehnsucht gilt der härtesten Anti-Utopie des Lebens: es bedeutet ihr – wie Kafkas enigmatischem Jäger Gracchus – unendlich viel, endlich sterben zu können. Und sie weiß um die mögliche Erfüllung ihrer bislang hoffnungslosen Hoffnung auf endgültiges Ableben. Der immer wiederkehrende Schlaf war ihr eine Art Vorschule des Sterbens, und die Karfreitags-Szenerie eröffnet einen dialektischen Vorschein von Heimat. Weshalb sie zuletzt nicht von Parsifals Seite weicht, bis hin zu ihrem letzten Augenspiel. Wenn diesem aus hohen und höchsten Regionen die Gralslosung »Erlösung dem Erlöser« entgegenklingt, sinkt sie, den Blick auf ihn gerichtet, langsam entseelt zu Boden. Was dahinter an Raum und Dunkel ist, bleibt unbekannt – jenseits der Erda-Depesche: »Alles, was ist, endet«.

Womit sich freilich abermals etwas rundet, ohne vollkommen geschlossen zu sein. Es ist, als sei Kundry über die Ränder dieser Geschichte hinaus- oder ins geheime Zentrum deren musikalisch-dramatischer Bilderwelt hineinverschwunden, ohne die eigentlichen Geheimnisse ihrer verwunschenen Weltenwanderung durch Raum und Zeit wirklich preisgegeben zu haben. Immerhin: Kundrys Schweigen und Sterben ereignen sich an eben jenem Karfreitag, an dem für sie alles begonnen hat. So markiert dieser allerheiligste Tag nicht nur im Neuen Testament, sondern auch im Gralskalender ein ganz besonderes Datum.

Wagners musikalische Imago hat sich bekanntlich zunächst an Karfreitagsgefühlen entzündet, um dann ihre eigentlichen musikalischen Gravitationsfelder in den so heimlich-unheimlichen

Verstricktheiten von Kundrys Bezirken zu finden. Wenn aber der Karfreitagszauber sich dann musikalisch über die Gralsgegend wölbt, erwirbt – nach Gurnemanz' Erzählung – die entsündigte Natur ihren Unschuldstag. Genau dasselbe mag jetzt endlich auch für Kundry gelten: Entsühnung und Befreiung von der Schuld. Was keineswegs gleichzeitig heißen kann, daß Kundry in Maria Magdalena ihre geheime Identität im Karfreitagsbezirk wiedergefunden hätte, analog zu deren schicksalhafter Verwandlung von Hure in Hetäre und Heilige. Zu tief sind die Abgründe ihrer eigenen Passionsgeschichte, in der sie fast zwei Jahrtausende lang erkennen mußte, daß ihr kein richtiges Ableben vergönnt war im falschen Dasein, als daß sich ihre absolute Nicht-Identität in all ihren Abweichungen und irrationalen Übergängen in perennierender Permanenz einfach zurücknehmen ließe.

Wo aber hat diese so inkommensurable, exzessiv-radikale und zerrissene Existenz ihre eigentlichen Wurzeln, indem sie vollkommen entwurzelt und heimatlos durch die Hemisphären ihres unglücklichen Daseins schwebt, zwischen traumlosem Schlaf und alptraumhaft aufgewirbelter Getriebenheit, stets gleich weit entfernt von den heiligen Dingen und dem zeitlosen Fluch? Hat das alles mit dem Doppelsinn des Lachens zu tun?
Vielleicht wäre folgende Notiz ein Wegweiser in Kundrys geheimes Gelände:
»Ist Lachen bis heute das Zeichen der Gewalt, der Ausbruch blinder, verstockter Natur, so hat es doch das entgegengesetzte Element in sich, daß mit Lachen die blinde Natur ihrer selbst als solcher gerade innewerde und damit der zerstörenden Gewalt sich begebe. Dieser Doppelsinn des Lachens steht dem des Namens nahe, und vielleicht sind die Namen nichts als versteinertes Gelächter. Lachen ist der Schuld der Subjektivität verschworen, aber in der Suspension des Rechts, die es anmeldet, deutet es auch über die Verstricktheit hinaus. Es verspricht den Weg in die Heimat.« – Im Sinn dieser Aufzeichnung zur *Dialektik der Aufklärung* taugte Kundry nicht schlecht zu deren weiblicher Zentralfigur, hat doch schon Parsifal so vieles an

Irrfahrten samt Sirenengesang mit Odysseus gemein, den Horkheimer/Adorno zur Leitfigur ihrer Erkenntnisse erhoben haben. Kundrys musikalische Metaphorik, quer gelesen zwischen Geschichte und Eigensinn, wäre ein adäquates Paradigma und feminines Pendant für einen Perspektivenwechsel in Sachen Dialektik und Aufklärung – über die Projektionen imaginierter Weiblichkeit hinaus.

Indem Kundrys Gestalt höchst mehrdeutig zwischen Namen und Namenlosigkeit oszilliert, wird ihre Figur, jenseits aller Metempsychose und Transmutation, mit der schillernden Aura des Anonymen belehnt. Je näher man sie ansieht, desto ferner blickt sie zurück.

Wagner hat Kundry nicht einfach als weltgewandt-wahrsagende, seltsam vertierte Gralsbotin im Sinne Wolframs adaptiert, vielmehr auch Aufklärungs- und Verführungszauber von Sigune und Orgeluse aus dem alten Epos adoptiert, um in konzentrierter Projektion vielfacher Weiblichkeit sein Ur-Frauenzimmer in Musik zu setzen. – Allein schon dieser Fall einer Potenzierung des Daseins zur Kunstfigur wäre merkwürdig genug. Erst Klingsors Kundry-Beschwörung aber, mit der Anrufung der Namenlosen anhebend, reißt stufen- und absatzlos eine Falltür auf ins absolute Nichts: »Urteufelin, Höllenrose! Herodias warst du, und was noch? Gundryggia dort, Kundry hier« – in dieser Namensgalerie versinkt Kundry haltlos in den unermeßlichen Abgründen zwischen Urschuld und Sündenfall. Worüber absehbar wird, daß Kundry mehr noch und anderes ist als ein Fall mythischer Pathologie. Ernst Bloch hat in Kundry – »seelenwandlerisch durch alles Weibstum gejagt, lachend verzweifelt« – eine schier unerschöpfliche Musikgestalt erkannt, die sich nicht nur am venerischen Weltknoten aufgehängt, vielmehr eine ganz anders geheime Genealogie in sich beschlossen hat: Lilith-Astarte-Magdalene. Nachtdämonin, Windsbraut und Adams erste Frau, die orientalische Fruchtbarkeitsgöttin samt sakraler Prostitution und ausgerechnet der Taube als heiligem Tier und die entsühnte Verderberin. Ein einziger Abgrund. So wurde Kundry, in dieser schlechten Unend-

lichkeit von Geschichte und Weltlauf verschlungen, ohne Verwandlungsmusik aller Raum-Zeitlichkeit enthoben.
Allein, Wagner hat als höheres Nebenbei aus dem Edda-Grund einmal erwogen, Kundry Gundrigia zu nennen. Das wäre »die Strickerin des Krieges«. Pandora und Penthesilea tun sich da in Kundry auf, samt Rosenkrieg und Kampf der Geschlechter wie weiland Elektra, Lulu und so weiter. Dann hätte Kundry in abermals anderer Gestalt weiter überlebt, bloß daß die anderen musikalischen Inkarnationen ihr an Größe und Geheimnis nicht gleichen. Viel eher ließe sich eine Szene für Wagner imaginieren, in der Kundry, als Astarte verkleidet, durch das babylonische Ischtar-Tor entschwindet, während sie selbst dort schon als pythische Seherin wartet, im Gewand der cumäischen Sibylle ... – je näher man diese Kunstgestalt anzusehen versucht, desto entfernter entschwindet sie, namenlos.

Anläßlich so breit gefächerter Vorgeschichte ist auch mit Analyse und Professor Freud nicht zu helfen. Welches Über-Ich sollte der Namenlosen kenntlich werden zwischen Eros und Todestrieb? Kundry ist zuletzt eine Personifizierung des Es im war einmal. Weshalb die aufdeckende Devise der Psychoanalyse – »Wo Es ist, soll Ich werden« – nicht ganz zu ihr paßt: aufgrund unaufdeckbarer Vorgeschichten von Religion, anderem Überbau und sonstig undefinierbarem Überhang von Traditionen. Der Rest ihrer Ich-Findung ist Schweigen. Worin Kundry kenntlich wird als Figur einer absoluten Losigkeit. Samt stets wiederkehrendem Urschrei des Aufbegehrens im unfreiwilligen Erwachen aus unverabredeter Tiefe. Entbundenheit davon wird sie erst finden in den abhanden kommenden Tonblicken ihres dienenden Da-Seins zum Tode.
Weshalb Alexander Kluges apartes Aperçu, daß die jeweils letzten Akte von Opern, in denen Frauengestalten der Erlösung zum Opfer fallen, abzuschaffen wären, hier nicht ganz zutrifft. Kundry hofft unentwegt auf Erfüllung ihres geheimen Eigensinns entgegen allem Zuvor an Gesichten und Geschichten. Sie besetzt bis zuletzt alle verlorenen musikalischen Zwischenräume von Fallissement und Suavität, um darüber – ortlos und

nirgends wie Odradek, dieser Miniatur-Engel ohne Geschichte – jegliche bestimmte Orientierung zu verlieren. Kein fester Wohnsitz. So büßt sie, wie der gefallene Engel Melancholie, an der Lust, die sie nie hatte. Die ausweglosen Labyrinthe des Daseins waren ihr keine Heimat. Im Glissando steten Entgleitens findet sie ihre Bestimmung erst im Schweigen. Verlorene Koloratur. Im Dienen endet alles, ohne daß Ende je absehbar wäre. Erlösung ist ungewiß. »Das Tragische an der Figur dieser Kundry ist, daß sie es auf sich nehmen muß, erlöst zu werden, obwohl sie doch die Erlöserin ist. Hinter der Maske der Versuchung ist sie es, die liebt und erlöst im Tod. Das Paradox von Liebe und Tragik.« Hans Jürgen Syberbergs Fußnote zu Kundry memoriert insgeheim Wagners letzte Worte vor seinem Tod in Venedig: »Liebe – Tragik«. Aber auch Wagner, der sich Kundry wie eine Tizianische Venus nackt daliegend vorstellte, hat nicht alles gesagt und auskomponiert über die Geheimnisse seiner Figur. Malerei hieß für Franz Marc »Auftauchen an einem anderen Ort«. Insofern ist Kundry immer wieder gezeichnet von den Malen des Verschwindens im Un-Ort, im Unbekannten ihrer Utopie. Sie bleibt ewig Enigma. Halluzination der ungesungenen Schrift.

Quellennachweise

Richard Wagners geistige Entwicklung
In: Sinn und Form. Jg. 5. Berlin 1953

Nicht-Mehr und Noch-Nicht im *Fliegenden Holländer*
In: Jahrbuch der Komischen Oper Berlin 1963

Tannhäuser und die künstlichen Paradiese
In: Programmheft *Tannhäuser.* Bayreuther Festspiele 1962

Tannhäuser als Außenseiter
In: Programmheft *Tannhäuser.* Bayreuther Festspiele 1978

Lohengrin oder die Utopie in A-Dur
In: Programmheft *Lohengrin.* Bayreuther Festspiele 1968

Ortrud und Lohengrin
In: Hans Mayer: *Außenseiter*. Frankfurt a. M. 1975

Der tragische Held und seine Freunde. Bemerkungen zu Wolfram, Brangäne, Kurwenal
In: Programmheft *Tristan und Isolde.* Bayreuther Festspiele 1981

Tristans Schweigen
In: Programmheft *Tristan und Isolde.* Bayreuther Festspiele 1963

Die Vergöttlichung der Kunst in den *Meistersingern von Nürnberg*
In: Programmheft *Die Meistersinger von Nürnberg.* Bayreuther Festspiele 1973

Parnaß und Paradies. Anmerkung zu den *Meistersingern von Nürnberg*
In: Programmheft *Die Meistersinger von Nürnberg.* Bayerische Staatsoper München 1979

Zerstörung und Selbstzerstörung im *Ring des Nibelungen*
In: Programmheft *Das Rheingold.* Bayreuther Festspiele 1965

Der *Ring* und die Zweideutigkeit des Wissens
In: Programmheft *Götterdämmerung.* Bayreuther Festspiele 1971

Siegfrieds Trauermarsch
In: Programmheft *Götterdämmerung.* Coventgarden London 1976

Wagners *Ring* als bürgerlicher Roman
In: Programmheft *Walküre.* Bayreuther Festspiele 1990

Anmerkungen zu *Parsifal*
In: Programmheft *Parsifal.* Württembergisches Staatstheater Stuttgart 1976

Erlösung dem Erlöser. Richard Wagners *Parsifal* im Lichte unserer Erfahrung
In: Programmheft *Parsifal.* Staatsoper Unter den Linden, Berlin 1992

Alberich und die Rheintöchter. Gedanken Richard Wagners in seiner letzten Nacht
In: Programmheft *Rheingold.* Bayreuther Festspiele 1983
Richard Wagner in Bayreuth. 1876–1976. Stuttgart/Zürich 1976
Der Ring des Nibelungen in Patrice Chéreaus Bayreuther Inszenierung
In: Theater heute 9/1976
Hans Mayer / Pierre Boulez. – Der Interpret vor der Objektivität der Partitur
In: Pierre Boulez: *Wille und Zufall.* Stuttgart/Zürich 1977
Hans Mayer / Heinz-Klaus Metzger / Rainer Riehn. – Diskussion über Recht, Unrecht und Alternativen
In: Richard Wagner: *Wie antisemitisch darf ein Künstler sein? Musik-Konzepte* 5, hg. v. Heinz-Klaus Metzger und Rainer Riehn. München 1978
Hans Mayer / Harry Kupfer. – Bayreuther Gespräch über den *Ring des Nibelungen*
In: Michael Lewin: *Wagners Ring. Bayreuth 1988–1992.* Hamburg 1991

Namenregister